디지털 트랜스포메이션 시대의

Electronic Commerce

전자상거래

노규성, 김의창, 문용은, 박성택, 이승희, 임기흥, 정기호 지음

생능

디지털 트랜스포메이션 시대의 **전자상거래**

초판인쇄 2019년 8월 2일
초판발행 2019년 8월 12일

지은이 노규성 · 김의창 · 문용은 · 박성택 · 이승희 · 임기흥 · 정기호
펴낸이 김승기, 김민정
펴낸곳 (주)생능 / **주소** 경기도 파주시 광인사길 143
출판사 등록일 2014년 1월 8일 / **신고번호** 제406-2014-000003호
대표전화 (031)955-0761 / **팩스** (031)955-0768
홈페이지 www.booksr.co.kr

책임편집 권소정 / **편집** 신성민, 김민보, 유제훈 / **디자인** 유준범
마케팅 최복락, 심수경, 김민수, 차종필, 백수정, 최태웅, 김범용
인쇄 · 제본 천일문화사

ISBN 979-11-86689-27-1 93320
정가 28,000원

- 이 도서의 국립중앙도서관 출판예정도서목록(CIP)은 서지정보유통지원시스템 홈페이지(http://seoji.nl.go.kr)와 국가자료공동목록시스템(http://www.nl.go.kr/kolisnet)에서 이용하실 수 있습니다. (CIP제어번호: CIP2019028583)

머·리·말

오늘날 기업들의 ICT(Information Communication & Technology)를 활용한 혁신, 시스템화, 비즈니스화는 경쟁우위 창출의 근간이 되기에 이르렀다. 디지털 기술의 발전으로 기업에는 많은 변화가 일어나고 있다. 컴퓨터의 등장 초기에는 컴퓨터가 기업의 역할에 많은 변화를 주었고, 인터넷의 등장으로 인해 전통적인 산업과는 다르게 인터넷을 활용한 기업들이 등장을 하였다. 스마트폰과 모바일의 급속한 발전으로 인해 페이스북, 구글, 애플, 삼성 등이 등장을 하거나 성장을 하고 있으며, 이러한 변화는 앞으로도 지속될 것으로 보인다. 최근에는 디지털 트랜스포메이션이 화두로 등장을 하였고 시대적 흐름이 되고 있으며, 이에 따라 전자상거래도 다양한 형태로 변화 발전하면서 그 영역을 넓혀가고 있다.

특히 디지털 트랜스포메이션의 등장으로 인해 단순한 규모의 경제나 고객 친화적 대응이 아니라 시스템과 사물로부터 발생하는 수많은 빅데이터의 분석을 인공지능을 통해 고도의 전략적 접근을 할 수 있고 새로운 비즈니스 기회를 발견하여 보다 유용한 가치를 창출할 수 있게 된 것이다. 디지털 트랜스포메이션 시대가 등장을 하면서 우리의 생활에는 많은 변화가 일어나고 있다. 인터넷의 등장으로 e-비즈니스와 전자상거래가 등장을 하였고, 4차산업혁명으로 인해 촉발된 변화는 전통적인 사업의 영역을 디지털에 기반의 비즈니스의 영역으로 변환해 가고 있다.

디지털 트랜스포메이션의 근간이 되는 인프라는 ICBMA(IoT, Cloud, Bigdata, Mobile, AI)로 불리고 있으며, 최근에는 DNA(Data, Network, AI)로도 불리우고 있다. 이중 가장 정점에는 인공지능(AI)이 있으며, 최근에는 전자상거래에도 인공지능이 활용되고 있다. 향후 전자상거래의 많은 영역이 인공지능 기술로 대체가 될 것으로 보인다.

이 책은 디지털 트랜스포메이션 시대의 전자상거래에 관한 지식과 정보를 필요로 하는 후학들과 여러 전문가들이 새롭게 등장하는 ICT 기술과 그에 따른 전자상거래의 진화적 현상을 학습하여 비즈니스 경쟁력을 배양하는 데 도움이 되도록 구성하였다. 이에 본 책에서는 디지털 트랜스포메이션 시대의 전자상거래 분야에 관한 일반적인 이론과 사례를 다루고, 이를 현실에 적용하는데 있어 필요한 실용적인 부분을 총체적으로 정리하였다.

먼저 도입 부분에서는 전자상거래 입문 과정으로서 전자상거래의 등장과 패러다임 변화 메커니즘, 전자상거래의 개념과 유형, 비즈니스 모델과 수익모델, 전자상거래 영향, 모바일과 SNS 상거래의 태동에 대해 소개하였다. 다음으로는 소비자 전자상거래와 조직 간 전자상거래에 대해 살펴본다. 소비자 전자상거래에서는 경제주체별 소비자 전자상거래, 기반서비스, 서비스 사업모델, 금융모델에 대해 살펴보고 조직 간 전자상거래에서는 B2B, B2G, EDI, e-마켓플레이스, 전자무역에 대해 소개하였다.

다음 스마트 전자상거래 부분에서는 스마트기기와 소셜커머스의 출현에 따른 전자상거래 변화의 전반적인 내용을 학습하는 단계로서, 스마트시대의 비즈니스와 모바일 상거래, 빅데이터와 IoT, 전자상거래와 인공지능의 활용에 대해 정리하였다.

이어 전략 및 시스템 관리 부분에서는 전자상거래 전략 및 시스템 관리에 대한 전반적인 내용을 학습하는 단계로서, 전자상거래 전략, e-마케팅 관리와 전략, 뉴미디어 활용 마케팅, 물류와 배송관리, 쇼핑몰 구축과 웹사이트 관리, 전자지불관리에 관한 지식과 정보를 제공하였다.

끝으로 이 책이 출간될 수 있도록 도움을 주신 많은 분들께 감사를 드린다. 특히 저자들이 재직하고 있는 각 대학의 석박사과정 대학원생들과 학부생들 그리고 생능출판사의 사장님을 비롯한 임직원 여러분의 노고에 깊은 감사를 드린다.

2019년 7월
저자 일동

강의진도표

디지털 트랜스포메이션 시대의 전자상거래 강의진도표를 제안합니다. 제안한 강의진도표를 활용하여 강의할 수도 있고, 제안한 강의진도표의 장을 책의 순서대로 강의할 수도 있습니다.

주	강의제목	강의내용 및 목표
1	강좌 및 강의일정 소개	
2	전자상거래 입문 (1장)	1. 인터넷의 등장과 발전 2. 전자상거래의 등장과 스마트 비즈니스로의 발전 3. 모바일과 소셜커머스의 확산 4. 전자상거래의 개념과 유형 5. 비즈니스 모델과 수익모델 6. 전자상거래의 영향 7. 디지털 트랜스포메이션
3	소비자 전자상거래 (2장)	1. 소비자 전자상거래 개요 2. 경제주체별 소비자 전자상거래 3. 기반 서비스 4. 서비스 사업 모델 5. 금융모델
4	조직 간 전자상거래 (3장)	1. 기업과 기업 간 전자상거래(B2B) 2. 기업과 정부 간 전자상거래(B2G) 3. EDI 4. e-마켓플레이스 5. 전자무역
5	스마트 시대의 비즈니스와 모바일 상거래 (4장)	1. 스마트 혁명과 스마트폰 2. 스마트 비즈니스 환경 3. 모바일 플랫폼 4. 모바일 상거래 5. 앱스토어를 활용한 상거래
6	빅데이터와 IoT (5장)	1. 빅데이터의 개요 2. 빅데이터 전략과 활용 3. IoT(사물인터넷)의 개요 4. IoT 전략의 활용
7	전자상거래와 인공지능 활용 (6장)	1. 인공지능의 개요 2. 인공지능 전략과 활용
8	중간고사	

9	전자상거래 전략 (7장)	1. 전자상거래 전략 개요 2. 전자상거래 추진전략 3. 전자상거래 전략수립과 실행 4. 전자상거래 전략과 사물인터넷 전략
10	e-마케팅 관리와 전략 (8장)	1. e-마케팅 개요 2. 마케팅 패러다임의 변화 3. e-마케팅 전략 4. e-마케팅의 유형
11	뉴미디어 활용 마케팅 관리 (9장)	1. 모바일 마케팅 2. 스마트폰 마케팅 3. 소셜마케팅
12	물류배송과 재고관리 (10장)	1. 물류관리 2. 배송정책 3. 주문의 이행 및 클레임처리 4. 수요예측 및 재고관리 5. 4차산업혁명 시대와 물류의 트랜드
13	쇼핑몰 구축과 웹사이트 관리 (11장)	1. 쇼핑몰 구축 방법과 절차 2. 성공적인 웹사이트 설계 전략 3. 웹사이트 내비게이션 전략 4. 웹사이트 프로젝트 관리 5. 모바일 웹사이트 6. 전자상거래 보안관리
14	전자지불관리 (12장)	1. 전자지불관리시스템 2. 전자지불수단의 유형 3. 간편 결제 관리 4. 모바일 결제 관리
15	기말고사	

차례

머리말 3

CHAPTER 1 전자상거래 입문

1. 인터넷의 등장과 발전 19
1.1 인터넷의 성공 배경 23
1.2 비즈니스 패러다임의 이동 25
2. 전자상거래의 등장과 스마트 비즈니스로의 발전 26
2.1 전자상거래의 등장과 발견 26
2.2 e-비즈니스, m-비즈니스, 스마트 비즈니스로의 발전 27
3. 모바일과 소셜커머스의 확산 28
3.1 소비자 주도 시장 28
3.2 메트카프 법칙 29
3.3 무형 자산 30
3.4 수확 체증의 메커니즘 31
3.5 스마트 시대의 비즈니스 트렌드의 변화 32
4. 전자상거래의 개념과 유형 33
4.1 전자상거래의 정의 33
4.2 전자상거래의 장점 34
4.3 전자상거래의 단점 35
4.4 전자상거래와 e-비즈니스의 개념 비교 36
4.5 전자상거래 유형 37
4.6 전자상거래 시장 규모 39
5. 비즈니스 모델과 수익모델 43
5.1 e-비즈니스 모델의 이해 43
5.2 e-비즈니스의 수익모델 49

6. 전자상거래의 영향 50
6.1 공급자와 소비자의 관계에 미치는 영향 50
6.2 비즈니스 형태에 미치는 영향 52
6.3 산업에 미치는 영향 53
7. 디지털 트랜스포메이션 55
7.1 디지털 트랜스포메이션 시대의 모바일 상거래 대두 55
7.2 핀테크 산업의 확산 56
7.3 스마트폰 시장 경쟁 심화 58
7.4 블록체인 기술의 등장 60
■ 연습문제 66

CHAPTER 2 소비자 전자상거래

1. 소비자 전자상거래 개요 69
1.1 소비자 전자상거래의 개념과 유형 69
1.2 소비자 전자상거래의 규모 및 현황 69
2. 경제주체별 소비자 전자상거래 71
2.1 기업과 개인 간 전자상거래(B2C) 71
2.2 기타 소비자 전자상거래의 유형 74
3. 기반 서비스 78
3.1 웹 기반 서비스의 태동과 발전 78
3.2 포털(Portal) 79
4. 서비스 사업 모델 81
4.1 이러닝 82
4.2 전자책 86
4.3 온라인 영화 89
4.4 디지털 음악 92
4.5 온라인 게임 95
4.6 디지털 만화 101
5. 금융모델 103
5.1 인터넷뱅킹 104
5.2 사이버 증권거래 107

5.3 온라인 보험 110
5.4 금융모델의 최근 추세 111
■ 연습문제 117

CHAPTER 3 조직 간 전자상거래

1. 기업과 기업 간 전자상거래(B2B) 119
1.1 B2B 개념 119
1.2 B2B 서비스 120
1.3 B2B 사례 121
2. 기업과 정부 간 전자상거래(B2G) 123
2.1 B2G 개념 123
2.2 G2B 사례 124
3. EDI 125
3.1 EDI의 개요 125
3.2 EDI의 구성요소 128
3.3 EDI 작동 개요 130
3.4 전통적인 EDI의 한계와 웹 EDI 130
3.5 웹 EDI 응용사례 132
4. e-마켓플레이스 134
4.1 e-마켓플레이스의 등장배경과 현황 134
4.2 e-마켓플레이스의 정의 및 유형 136
4.3 e-마켓플레이스의 사례 137
5. 전자무역 138
5.1 전자무역의 개요 138
5.2 전자무역의 정의 139
5.3 전자무역의 일반적인 절차 143
5.4 전자무역의 구성요소 144
5.5 전자무역의 특성 145
5.6 KTNET 전자무역 서비스 사례 149
5.7 블록체인을 활용한 수출거래 151
■ 연습문제 154

CHAPTER 4 스마트 시대의 비즈니스와 모바일 상거래

1. 스마트 혁명과 스마트폰 157
1.1 아이폰의 상륙과 스마트폰의 확산 157
1.2 스마트기기의 출현과 확산 159
1.3 스마트혁명의 진화 160
2. 스마트 비즈니스 환경 163
2.1 신규 콘텐츠 비즈니스 확산 163
2.2 신규 비즈니스 시장 창출 및 앱스토어 활성화 163
2.3 ICT 산업구조 개편과 산업 간 영역 붕괴 165
2.4 융합 비즈니스의 활성화 165
3. 모바일 플랫폼 166
3.1 생태계로서의 플랫폼 166
3.2 모바일 웹 2.0 167
4. 모바일 상거래 172
4.1 모바일 상거래의 이해 173
4.2 모바일 상거래의 응용분야 173
5. 앱스토어를 활용한 상거래 181
5.1 앱스토어 개념과 운영 모형 181
5.2 애플의 앱스토어 182
5.3 구글의 플레이 183
■ 연습문제 187

CHAPTER 5 빅데이터와 IoT

1. 빅데이터의 개요 189
1.1 빅데이터의 등장 189
1.2 빅데이터의 개념 190
1.3 빅데이터의 특징 191
1.4 빅데이터의 가치 192
1.5 빅데이터 비즈니스 모델 194

2. 빅데이터 전략과 활용 196
2.1 미래 사회의 빅데이터의 역할 196
2.2 빅데이터 활용 방안 197
2.3 성공적인 빅데이터 활용 전략: 자원, 기술, 인력 198
2.4 빅데이터를 활용한 전자상거래 사례 분석 200
3. IoT(사물인터넷)의 개요 201
3.1 사물인터넷의 등장 배경 201
3.2 IoT의 개념 202
3.3 사물인터넷의 주요 3대 기술 203
3.4 사물인터넷 생태계 204
3.5 사물인터넷 시장참여자 205
4. IoT 전략의 활용 207
4.1 사물인터넷에서 빅데이터의 흐름 207
4.2 사물인터넷 비즈니스 모델 208
4.3 IoT를 활용한 전자상거래 사례 분석 209
■ 연습문제 213

CHAPTER 6 전자상거래와 인공지능 활용

1. 인공지능의 개요 215
1.1 인공지능의 등장 215
1.2 인공지능 관련 기술 218
1.3 인공지능의 특징 220
1.4 인공지능 비즈니스 모델 221
2. 인공지능 전략과 활용 223
2.1 미래사회의 인공지능의 역할 223
2.2 인공지능 활용 225
2.3 인공지능을 활용한 전자상거래 사례 분석 228
2.4 음성인식 인공지능을 활용한 전자상거래 사례 233
2.5 블록체인을 활용한 전자상거래 사례 235
■ 연습문제 239

CHAPTER 7 전자상거래 전략

1. 전자상거래 전략 개요 241
1.1 경영환경과 경영전략 241
1.2 전자상거래 전략의 의미 246
1.3 기존기업의 전자상거래 변환 전략 248
2. 전자상거래 추진 전략 250
2.1 전자상거래 개체들에 따른 추진 전략 개요 250
2.2 전자상거래 추진 전략 유형 253
2.3 e-마켓플레이스 참여 전략 258
3. 전자상거래 전략수립과 실행 260
3.1 비전설정과 포지셔닝 262
3.2 전략설계 273
3.3 전략실행 274
3.4 효과분석과 평가 275
4. 전자상거래 전략과 사물인터넷 전략 275
4.1 포터의 사물인터넷 전략 276
4.2 전자상거래와 사물인터넷 전략 277
■ 연습문제 281

CHAPTER 8 e-마케팅 관리와 전략

1. e-마케팅 개요 283
1.1 e-마케팅의 정의 283
1.2 e-마케팅의 장단점 284
1.3 e-마케팅과 전통적 마케팅의 비교 286
2. 마케팅 패러다임의 변화 289
2.1 시장의 변화 289
2.2 소비자의 변화 290
2.3 제품의 변화 291
2.4 가격의 변화 293

2.5 유통의 변화 294
2.6 촉진의 변화 295

3. e-마케팅 전략 296
3.1 인터넷 시장 환경 분석 297
3.2 e-마케팅 목표 설정 298
3.3 e-마케팅 전략 수립 304
3.4 e-마케팅 전략 수립 313
3.5 e-마케팅 관리 및 평가 320
3.6 성공적인 e-마케팅 전략을 위한 6단계 과정 329

4. e-마케팅의 유형 330
4.1 웹을 이용한 광고 330
4.2 웹을 이용한 홍보(PR: Public Relationship) 333
4.3 웹을 이용한 판매 촉진 334
4.4 검색엔진 마케팅(SEM: Search Engine Marketing) 335
4.5 웹을 이용한 고객관리 336

5. 빅데이터 마케팅: 4P 337
5.1 성과(Performance) 337
5.2 개인화(Personalization)와 선호도(Preference) 339
5.3 예측(Prediction) 339
5.4 개인정보(Privacy) 340
■ 연습문제 343

CHAPTER 9 뉴미디어 활용 마케팅 관리

1. 모바일 마케팅 345
1.1 모바일 마케팅 개요 345
1.2 모바일 마케팅 기능과 특성 346
1.3 모바일 마케팅 기법 348

2. 스마트폰 마케팅 351
2.1 스마트폰 마케팅 개요 351
2.2 스마트폰 마케팅의 특성 352
2.3 스마트폰 마케팅의 유형 353

2.4 스마트폰 활용 마케팅 사례 362

3. 소셜마케팅 363

3.1 소셜마케팅 개요 363

3.2 소셜마케팅의 효과 364

3.3 소셜마케팅 활용 사례 365

3.4 소셜마케팅 기법과 성공가이드 368

3.5 소셜마케팅의 시장 전망 373

■ 연습문제 377

CHAPTER 10 물류배송과 재고관리

1. 물류관리 379

1.1 물류관리의 개념과 범위 379

1.2 전자상거래와 물류환경 382

2. 배송정책 392

2.1 배송시스템 392

2.2 전자상거래와 배송 394

2.3 배송관리 398

3. 주문의 이행 및 클레임처리 402

3.1 주문의 이행 402

3.2 클레임처리 403

4. 수요예측 및 재고관리 406

4.1 수요예측 406

4.2 재고관리 409

5. 4차산업혁명 시대와 물류의 트렌드 416

5.1 옴니채널과 온디맨드 416

5.2 물류 프레임의 변화 418

5.3 기술인프라의 변화 420

■ 연습문제 425

CHAPTER 11 **쇼핑몰 구축과 웹사이트 관리**

1. 쇼핑몰 구축 방법과 절차 427
1.1 개발요청서와 개발계약 체결 427
1.2 사이트 전략 및 콘셉트 설정 428
1.3 사이트 기획 429
1.4 사이트 구현 및 테스트 431
1.5 임대형 쇼핑몰 433
2. 성공적인 웹사이트 설계 전략 438
2.1 성공적 사이트의 조건 438
2.2 디자인 및 인터페이스 443
2.3 사이트 구조 446
3. 웹사이트 내비게이션 전략 448
3.1 내비게이션 보드(navigation board) 449
3.2 성공적 내비게이션 전략 451
4. 웹사이트 프로젝트 관리 457
4.1 프로젝트 계획 458
4.2 프로젝트 팀 구성 460
4.3 예산수립 461
4.4 위기관리 462
5. 모바일 웹사이트 463
5.1 웹에서 모바일로 463
5.2 웹사이트와 모바일 앱 연동 463
5.3 모바일 친화적인 웹사이트 구축 12선 465
6. 전자상거래 보안관리 467
6.1 보안 요구 사항 및 기능 468
6.2 보안기술 469
6.3 인터넷 보안 470
6.4 스마트기기 보안 472
6.5 블록체인 기반 보안 472
■ 연습문제 476

CHAPTER 12 **전자지불관리**

1. 전자지불관리시스템 479

1.1 전자지불관리시스템의 개념 479

1.2 전자지불 게이트웨이(PG) 480

1.3 유형별 전자지불수단과 그 기능 482

1.4 전자지불의 특징 486

2. 전자지불수단의 유형 487

2.1 전형적인 전자지불수단 488

2.2 P2P 전자지불 결제 495

3. 간편 결제 관리 498

3.1 간편 결제 개념 498

3.2 간편결제서비스 유형 501

3.3 간편 결제 시장 동향 503

4. 모바일 결제 관리 506

4.1 모바일 지급결제의 정의와 분류 506

4.2 모바일뱅킹 515

4.3 모바일 지급결제 서비스의 시장 동향 516

4.4 모바일 간편결제 서비스 517

■ 연습문제 519

찾아보기 520

1

CHAPTER

전자상거래 입문

ICT의 끊임없는 진화, 소비 패턴의 변화, 플랫폼의 다양화, 기업의 혁신 요구 증대 등으로 인해 기업 비즈니스의 대내외적으로 환경변화가 가속화되고 있다. 이러한 환경 변화를 극복하고 경쟁력을 확보하기 위한 수단으로 기업은 ICT를 비즈니스에 적극적으로 활용을 하고 있다. 또한 인터넷이라는 기술은 전자상거래를 등장시켰으며, 최근에는 모바일 기술의 급속한 성장으로 인해 발전을 거듭하고 있다. 이 장에서는 전자상거래에 대한 개념적인 틀에 대해 학습해 보기로 하자.

1. 인터넷의 등장과 발전

2. 전자상거래의 등장과 스마트 비즈니스로의 발전

3. 모바일과 소셜커머스의 확산

4. 전자상거래의 개념과 유형

5. 비즈니스 모델과 수익모델

6. 전자상거래의 영향

7. 디지털 트랜스포메이션

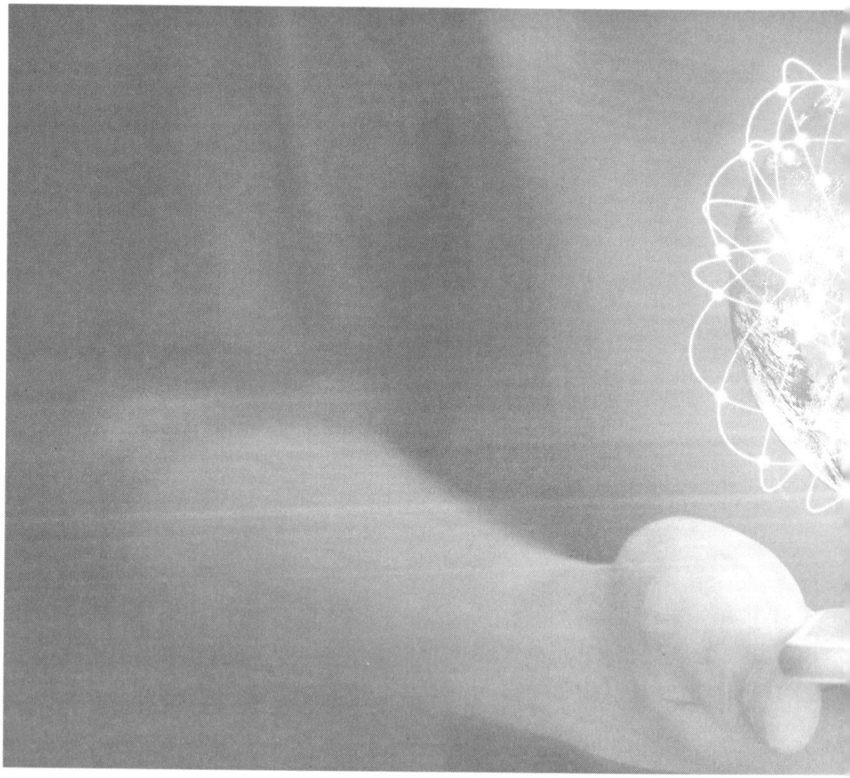

1. 인터넷의 등장과 발전

인터넷(Internet)

인터넷(Internet)이란 네트워크의 네트워크, 즉 여러 네트워크들이 묶여 이루어진 네트워크라고 말할 수 있으나 어떤 단체나 기관도 이를 총괄적으로 관리하고 있지는 않다. 작은 네트워크들은 자체적으로 관리되고 있으나 인터넷 전체가 관리되는 것은 아니다. 인터넷은 1960년대 미국 국방부에서 군사적 목적을 위하여 여러 곳의 컴퓨터들을 하나의 네트워크(ARPANET)로 구성하여 연결했던 것이 그 시작이다. 그 후 인터넷은 계속 발전하여 그 군사망뿐만 아니라 이제 학술, 연구, 기업 및 개인의 정보망이 되었다.

웹 4.0
웹 2.0

이제 인터넷은 전 세계 통신 시설이 갖추어진 나라의 모든 컴퓨터 통신망들을 상호 연결할 수 있는 통신망 중의 통신망이 되었다. 더구나 인터넷은 멀티미디어 데이터를 쉽고 편리하게 송수신할 수 있는 정보통신 기술과 정보기술이 뒷받침되면서 다양한 서비스를 제공하게 되었고, 이에 따라 인터넷 사용자도 계속해서 증가하고 있다. 특히 웹 브라우저(Web Browser, 1993), VRML 2.0(1996), 멀티미디어 데이터(Multimedia Data)의 압축, 초고속 정보 통신망(Optical Fiber), ATM 기술, 사용자 상호작용(User Interactivity), 웹 4.0(Web 4.0) 시대가 도래할 것으로 예측하고 있다. 독일 IT 전망 분석기업인 'TrendOne'의 CEO 닐스 뮬러(Nils Muller)는 "기술과 인간이 하나가 되는(technology and human become one)" 시대가 빠르게 다가오고 있다고 주장했다. 그는 기존 TV와 같은 수동적 오락은 1.0 시대를 의미하며, 웹 2.0은 블로그(blog)와 포드캐스트(podcasts) 등과 같이 수용자가 생산하는 콘텐츠 시대를 의미한다고 말했다. 지금 진행되고 있는 3.0 시대는 가상세계(virtual worlds)와 같은 미디어에 그야말로 이용자들이 뛰어드는(jump into) 것으로, 그 수준이 더욱 활발해지는 것을 의미한다고 덧붙였다. 그러나 4.0 시대는 인간이 기술의 연장으로 업그레이드되면서 '언제나 온라인과 연결(always-on)'되는 것으로서, 이

미 젊은 세대를 중심으로 시작되고 있다고 주장했다. 그는 이미 젊은 세대들은 친구에게 이야기하는 것처럼 웹과 대화하고 있으며, 컴퓨터 이외에 3차원 기술이 보다 폭넓게 적용될 것이라고 말했다. 현재 값비싼 디자인 등에 이용되는 3차원 프린터가 500유로(760달러, 한화 약 65만 원)에 달할 것으로 보여, 나중에는 모든 사람들이 집에 갖추고 있을 것이다.[1] 이와 같이 컴퓨터 및 3차원 기술이 눈부신 속도로 발전해서, 2018년 전체 웹사이트 수는 12억 4천만 개에 달하며 전 세계 인터넷 사용자는 2017년 12월 기준 4,156,932,140명, 활발한 소셜미디어 이용자는 32억 명으로 예측되고 있다. 그중 아시아에서 전 세계 인터넷 사용자의 거의 절반을 차지하고 있다. 모바일 이용자는 2019년 현재 PC사용을 추월하여 꾸준히 성장하고 있다. 현재 한국의 경우 전체인구의 71.5%가 모바일 사용자이다. 모바일 상에서 소셜미디어 이용자는 30억 명으로 예측되고 있다.[2]

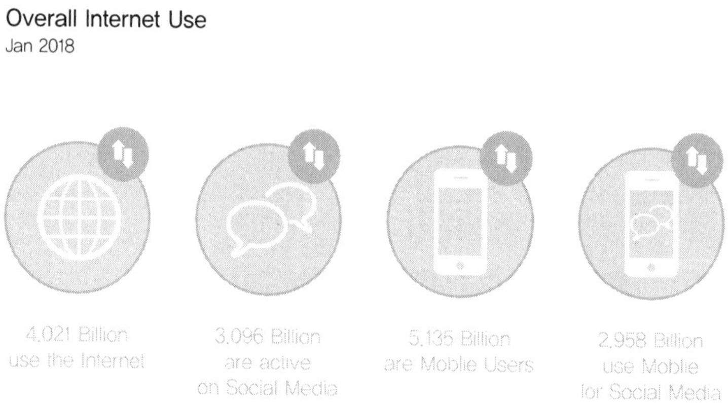

[그림 1-1] 인터넷 및 모바일 이용자수 (단위: 억 명)

*자료원: vpnMentor, 2018 년 미국 및 전 세계적 인터넷 동향, 분석 & 현황

1) KISTI 『글로벌동향브리핑(GTB)

2) vpnMentor, 2018년 미국 및 전 세계적 인터넷 동향, 분석 & 현황

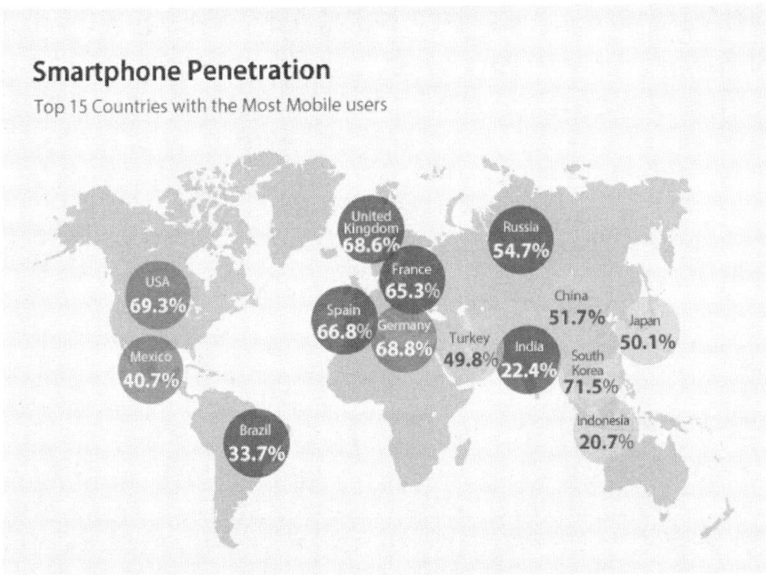

[그림 1-2] 모바일 이용 주요 15개국 (단위: %)

*자료원: vpnMentor, 2018 년 미국 및 전 세계적 인터넷 동향, 분석 & 현황

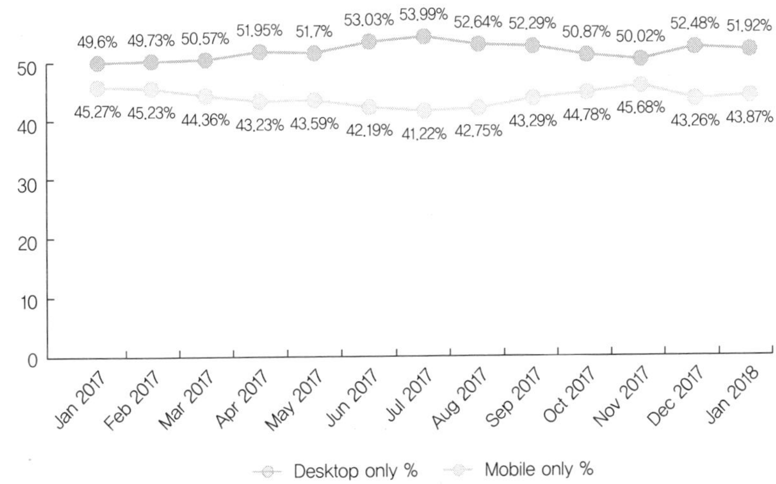

[그림 1-3] 전체 디지털 인구 중 모바일 이용자율 (단위: %)

*자료원: vpnMentor, 2018년 미국 및 전 세계적 인터넷 동향, 분석 & 현황

한국인터넷진흥원의 '2018년도 인터넷 이용실태'에 따르면, 만 3세 이상 인구의 최근 1개월 이내 인터넷이용률은 91.5%로 '10년 간 15.0%가 증가하였으며 가구당

인터넷접속률은 99.5%로 '16년 대비 0.3%로 증가되어 거의 모든 가구에서 인터넷 접속이 가능한 것으로 조사되었다.

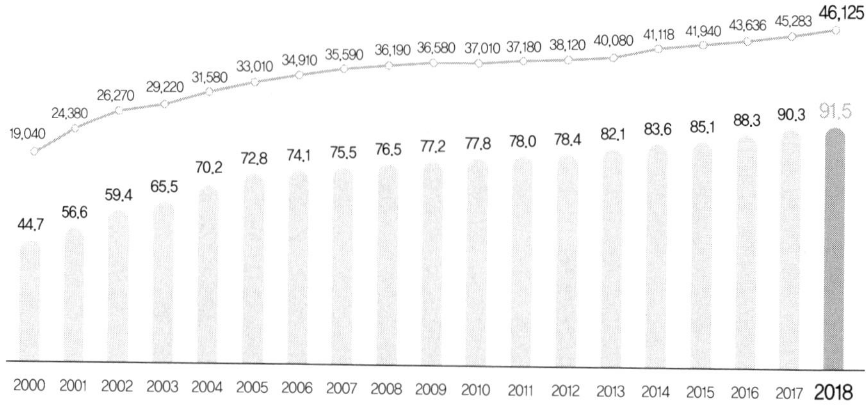

[그림 1-4] 인터넷 이용률 및 이용자수 추이 (단위: %, 천 명) – 만3세 이상 인구

*자료원: 2018년 인터넷이용실태조사보고서, 한국인터넷진흥원

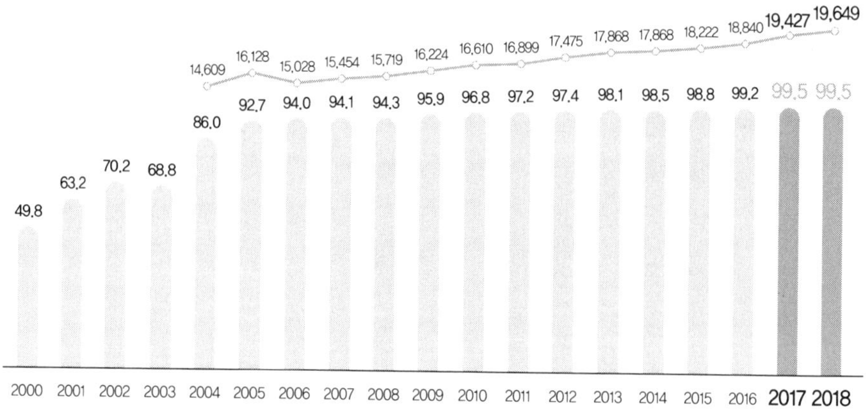

[그림 1-5] 가구 인터넷접속률 및 접속가구수 추이 (단위: %, 천 가구) – 국내 전체 가구

*자료원: 2018년 인터넷이용실태조사보고서, 한국인터넷진흥원

인터넷 접속 가구 중 가구 내 '모바일인터넷', '무선랜' 이용이 가능한 가구의 비율은 100.0%, '광랜'의 경우 80.8%, 'xDSL'은 6.2%, '케이블 모뎀' 6.8%, '이동형 무선 인터넷공유기'는 3.7%로 나타났다.

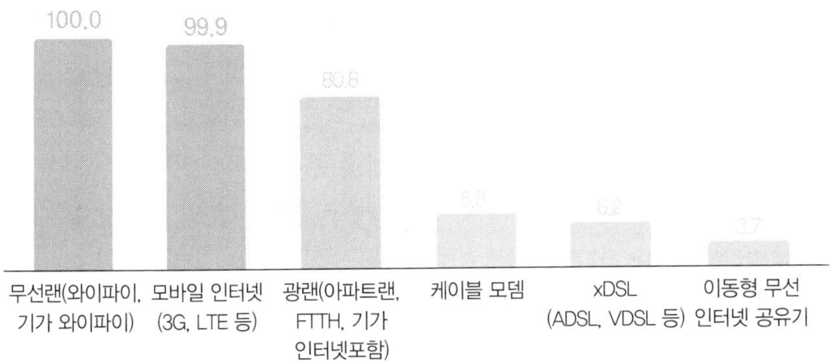

[그림 1-6] 가구 인터넷 접속방법 (복수응답, 단위: %) – 인터넷 접속가구

*자료원: 2018년 인터넷이용실태조사보고서, 한국인터넷진흥원

1.1 인터넷의 성공 배경

이와 같이 인터넷이 초고속 성장을 하면서 네티즌의 사이버 커뮤니티를 급속도로 성장시킨 배경에는 너나 할 것 없이 네티즌이 되겠다고 덤빌 수 있도록 하는 매력과 유인 요소가 있었다. 즉, 인터넷은 기술적 배경과 경제적 배경의 두 가지 배경을 가지고 전 세계의 네티즌을 급속히 확대시키면서 비즈니스 세계는 물론 모든 분야에서 혁명적인 변화를 일으키고 있다.

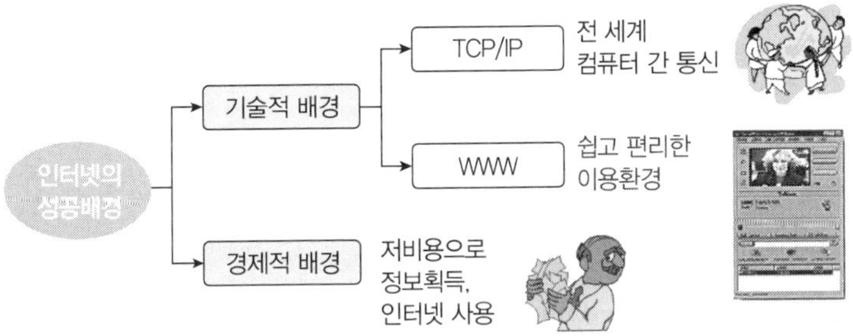

[그림 1-7] 인터넷의 성공 배경

1.1.1 기술적 배경

먼저 기술적 배경을 살펴보면, 인터넷을 광범위하게 사용하도록 하는 요인으로서 TCP/IP(Transmission Control Protocol/Internet Protocol)와 WWW(World Wide Web)을 들 수 있다. TCP/IP는 인터넷을 통하여 컴퓨터들 간에 의사소통을 할 수 있도록 하는 프로토콜, 즉 통신 표준 체계를 말한다. 인터넷은 이러한 TCP/

TCP/IP(Transmission Control Protocol/Internet Protocol)

WWW(World Wide Web)

WWW

IP를 통해 어디에서든, 어떤 컴퓨터든 서로 커뮤니케이션을 원활하게 할 수 있는 것이다. 다시 말해, 전 세계 어떤 컴퓨터든 통신이 가능하게 되었다는 의미이다. 다음으로는 WWW이다. WWW는 하이퍼텍스트와 멀티미디어를 기반으로 모든 인터넷 서비스를 통합하여 제공할 수 있는 인터넷 통합 서비스를 말하는데, WWW는 멀티미디어 데이터를 송수신할 수 있어 텍스트, 그림, 음성, 동화상 등 다양한 멀티미디어 데이터를 편리하게 전송한다. 이는 노인, 어린이, 컴맹할 것 없이 누구든지 인터넷을 쉽고 편리하게 이용할 수 있도록 하는 환경을 제공함을 의미한다.

인터넷은 이와 같은 기술적 요인(TCP/IP와 WWW)으로 인해 전 세계 어디에서나 누구든지 손쉽고 편리하게 이용할 수 있는 편리한 정보 기술로 자리매김하면서 세계 시장을 급속도로 잠식해 나간 것이다.

1.1.2 경제적 배경

한편 인터넷은 가장 최근의 발전된 정보 기술의 집약체로서 사용자가 많으면 많을수록 비용이 적어지고 대신 수익성은 증가한다는 경제적 속성을 가지고 있다. 정보 생산 비용과 관련되는 사례를 가지고 이해해 보자.

A라는 사람이 특정 과제에 관한 의사결정을 하고자 할 때 이와 관련하여 자문을 받고 도서관을 뒤지고 수집된 데이터를 편집, 가공하여 필요로 하는 정보를 생산하는 과정에서 100만 원의 비용이 소요되었다고 하자. 그런데 이렇게 생산된 정보를 A라는 사람만 사용하면, 그로 인한 이익은 100만 원 이상이 되어야 정당성을 인정받는다. 그런데 만약 그 정보를 두 명이 사용하면(정보는 복사해서 사용하면 된다), 비용은 50만 원씩 분담하면 되고, 그로 인한 이익도 각각 50만 원 이상이면 정당성을 인정받는다. 계속해서 세 명, 네 명, …백 명, …만 명이 그 정보를 사용하면 각 개인에 대한 정보 사용료는 33만 원, 25만 원, … 1만 원, … 100원으로 나누어지고 그에 따른 이익도 33만 원, 25만 원, …1만 원, …100원 이상이면 된다.

이와 같은 논리가 발전하면 거의 무료에 가까운 정보 생산 비용을 가지고 정보를 얻을 수 있는 환경이 만들어지는데, 정보의 바다인 인터넷이 그런 도구가 될 수 있는 것이다. 즉 인터넷은 사용자가 많으면 많을수록 비용 분담 효과가 증가하여 최저의 비용(즉, 최저의 원가)으로 비즈니스할 수 있는 환경을 제공하게 된다. 결국 인터넷은 무료로 혹은 아주 적은 비용으로 정보를 얻게 해 주고 이메일(e-mail)과 각종 데이터를 송수신할 수 있게 해줌에 따라 전 세계에서 수많은 이용자를 확보하게 된 것이다. 그리고 이를 이용한 비즈니스가 탄생하여 그 영역을 급속도로 확대해 가고 있다.

1.2 비즈니스 패러다임의 이동

앞에서 보았듯이, 인터넷의 등장과 비약적 발전으로 비즈니스 환경에는 새로운 차원의 비즈니스 도구로서 전자상거래와 e-비즈니스가 각광받기에 이르렀고, 한편으로는 고객과의 실시간 쌍방향 의사소통 수단이 탄생된 것이다.

즉, 인터넷은 1) 세계의 어떤 컴퓨터든 의사소통을 가능하게 하므로 비즈니스를 전개할 때 범세계적인 의사소통을 가능하게 하며, 2) 의사소통 당사자 간에 실시간 쌍방향으로 상호작용하도록 지원하며, 3) 장소와 시간적 제약을 완전히 해소시키므로 자연스럽게 고객에게 정보의 주도권이 이양되는 결과를 초래하게 된다. 인터넷

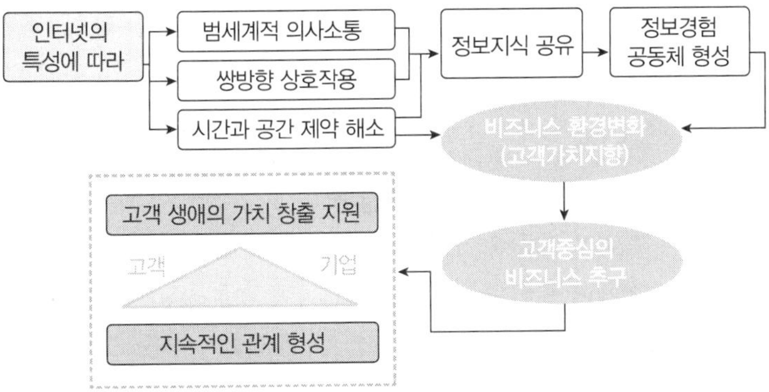

[그림 1-8] 인터넷의 등장과 비즈니스 전개 방향

[그림 1-11]에서 볼 수 있듯이, 소비자들이 중심이 되어 인터넷을 통해 자연스럽게 지식/정보를 공유하는 커뮤니티(community)가 형성되며, 서로 간의 의사소통을 통하여 얻은 정보를 토대로 다양한 개인적, 소비자적 요구 사항을 기업에 제시한다. 이때 기업이 소비자 개인이나 집단을 대상으로 요구받은 사항을 즉시 해결해 주지 못하면 소비자는 개인적 혹은 집단적으로 제재를 가하거나 그 기업으로부터 떠나가는 상황이 발생하게 될 것이다. 따라서 오늘날 비즈니스 환경은 고객 가치 지향적 환경으로 변화되었으며, 이에 잘 적응한 기업만이 생존, 발전할 수 있 커뮤니티(community)

다. 즉, 기업은 고객 생애의 가치 창출을 지원하는 방향으로 사업을 전개하면서 고객과 지속적으로 우호적이고 충성스러운 관계를 유지해야만 성장 발전하는 비즈니스 패러다임[3)]의 변화를 맞이하게 되었다.

2. 전자상거래의 등장과 스마트 비즈니스로의 발전

2.1 전자상거래의 등장과 발견

전자상거래(EC: Electronic Commerce)
EDI
CALS

전자상거래(EC: Electronic Commerce)라는 용어는 1989년 미국의 LLNL(Lawrence Livemore National Laboratory)이 미 국방성의 프로젝트를 수행하면서 처음 사용하였다. 당시에는 거래의 전 과정에 서류를 사용하지 않는 기업 환경을 정보 기술(ICT: Information & Communication Technology)에 의해 달성하고자 하는 데 목적이 있었다.

원래 전자상거래는 인터넷이 보급되기 전에 이미 전자 문서 교환(EDI: Electronic Data Interchange), CALS(Commerce At Light Speed) 등의 형태로 존재하여 왔다.

그러다가 최근 네트워킹과 컴퓨터 기술이 빠르게 성장하고, 멀티미디어 자료 처리 기술 등이 급속도로 발전함에 따라 인터넷을 기반으로 하는 전자상거래 시대가 도래하게 되었다. 초기의 데이터 통신은 주로 기업 내부에서 업무를 처리하는 데 목적을 두었기 때문에 조직 · 국가 간의 호환성이 문제가 되었다.

그러나 개방성을 가진 인터넷의 등장으로 세계 어느 곳, 그리고 누구와도 정보를 교환할 수 있는 환경의 조성이 가능하게 되었다. 특히 1990년대 인터넷에 등장한 WWW은 전자상거래의 발전에 획기적인 전환점을 마련해 주었다. 웹의 출현으로 정보 게시와 제공의 범위에 관한 문제가 해결되었고, 동시에 사용의 편의성도 제공되어 웹을 기반으로 하는 비즈니스의 범위가 보다 넓어지게 되었다.

---

3) 일반적으로 패러다임이란, 세상에서 일어나는 여러 가지 일들을 생각하고 기술할 때 사용하는 '마음의 거울'이나, 아이디어를 말한다. 즉 기업 구성원이 공유하고 있는 세계관, 사물의 인식 방법, 사고의 가치, 규범, 신념 체계 등을 통칭하는 개념이다. 이를 요약하면, 사물을 보는 관점이나 사고의 틀을 패러다임이라 한다. 따라서 '비즈니스 패러다임'이란 비즈니스의 인식 방법, 비즈니스를 전개하는 사고의 틀과 신념 체계를 말한다.

이러한 여러 가지 기술적, 사회적 차원에서의 정보화 진전과 함께 초고속 정보 통신 기반이 구축되면서 이제 전자상거래는 기업의 필수적 활동으로 자리 잡게 되었다. 전자상거래는 정보 기술과 초고속 정보 통신 인프라를 바탕으로 한 소위 콘텐츠 산업에서 가장 핵심적인 부분이라는 점에서 기업의 전략 기획 부문과 정보 기술의 담당자는 새로운 기술에 대한 이해가 필수적이다.

특히 2000년에 들어와서 무선 인터넷 관련 기술의 발전으로 인하여 모바일 상거래(Mobile-Commerce)가 활발하게 진행되고 있으며, RFID(Radio Frequency Identification)의 비즈니스 활용에 힘입어 유비쿼터스 상거래(Ubiquitous-Commerce)가 진행되고 있다. 따라서 차후 전자상거래 관련 기술의 발달은 새로운 사업 기회의 창출은 물론, 기존의 비즈니스 모델에 대한 지속적인 수정 · 발전을 가능하게 할 것이다.

Mobile-Commerce
RFID

〈표 1-1〉 전자상거래 발전 과정

1970년대 후반 ~1980년대 초반	• EDI, E-mail 등 전자메시징 기술의 출현과 확산 - 종이에 의한 작업 감소, 자동화의 확산 - 결제, 구매요구서, 선적문서 등의 전자화 - 재고관리, 자금관리 등 업무의 전자적 처리
1980년대 중반	• EC 관련 신기술의 확산(온라인 서비스) - 대화형 통신 기술의 등장(IRC, News Group, FTP) - 가상사회의 창출, Global Village 개념의 태동 - 인터넷에 의한 세계시장에서의 경제교류 가능성 제시
1980년대 후반 ~1990년대 초반	• 전자메시징 기술의 Workflow 또는 Groupware 기술과의 통합, ERP의 출현
1990년대 초반 ~1990년대 후반	• WWW의 출현으로 인터넷의 쉬운 사용법 제공 - EC 활용의 보다 체계적인 수단과 다양한 기업응용 제공 - 범세계 시장에서의 동등한 경쟁력 제공
2000년대	• 무선인터넷, 유비쿼터스 컴퓨팅, 스마트폰과 SNS, 빅데이터, AI, 사물인터넷(IoT)의 등장

2.2 e-비즈니스, m-비즈니스, 스마트 비즈니스로의 발전

인터넷에서 구현되는 전자상거래는 무형의 서비스와 재화로서 금융, 신용, 소프트웨어, 영상 산업의 글로벌 거래를 가능하게 하였을 뿐만 아니라 서적과 같은 유형의 상품까지도 국경을 초월하여 거래되는 세계적 시장을 형성하면서 발전을 거듭해 왔다. 그러나 1990년대 초 이후의 전자상거래는 인터넷의 상용화와 멀티미디어 기술이 기반이 된 웹(Web) 기술을 바탕으로 한 재화나 용역의 거래행위로서, 비교적 좁은 의미로 사용되었다(노규성외, 2013).

e-비즈니스
m-비즈니스
스마트 비즈니스

그런 가운데 전자상거래 분야의 학계와 산업계의 활발한 연구 및 비즈니스 활동에 힘입어 전자상거래의 적용 기술이 다양해지고 응용 범위도 단순한 거래 행위를 벗어나 기업 간, 또는 기업 내로 확대되면서 새로운 개념인 e-비즈니스가 등장하게 되었다. 이 과정에서 다양한 개념과 유형에 대한 분류도 정리되고 있다. 즉 전자상거래는 비즈니스로의 적용개념으로 변화되면서 인터넷 비즈니스(Internet Business), 전자상거래(e-Commerce), e-비즈니스(e-Business) 등의 개념으로 분류되고 확대 발전된 것이다. 특히 최근 전자상거래의 무게 중심이 기업과 소비자 간(B2C) 전자상거래에서, 기업 간(B2B) 전자상거래로 전이되었고, 무선인터넷과 유비쿼터스 관련기술의 비약적인 발전에 따라 e-비즈니스의 고도화, m-비즈니스와 스마트 비즈니스의 등장 및 발전 등 새로운 경영환경이 속속 전개되고 있다.

3. 모바일과 소셜커머스의 확산

소비자 주도 시장

인터넷의 보급이 e-비즈니스로의 흐름에 기폭제가 된 것은 분명하다. 하지만 e-비즈니스가 형성되는 패러다임은 이것만이 아니다. 뉴 이코노미 시대의 가장 중요한 열쇠가 되는 '소비자 주도 시장', 시장을 e-비즈니스로 향하게 한 메트카프 법칙, 무형 자산, 수확 체증 메커니즘 등이 비즈니스 패러다임의 변화를 촉발시켰다(아더앤더슨, 2000).

3.1 소비자 주도 시장

디지털 기술을 토대로 하는 e-비즈니스 시대에 가장 중요한 포인트가 되는 것은 '소비자 주도'라는 패러다임이다. 인터넷이 만들어내는 상호 커뮤니케이션을 축으로 한 새로운 시장에서 소비자의 힘은 기존과는 아주 다르다.

소비자는 인터넷을 통하여 물건을 구입하기 전에 필요한 정보를 원하는 만큼 편리하게 수집할 수가 있다. 또한 소비자는 그 정보를 토대로 여러 공급자가 제공하는 상품이나 서비스의 가격이나 질을 비교하고 교섭한다. 그러므로 상호 커뮤니케이션 환경에서 공급자는 소비자가 찾는 정보나 요구 사항을 신속하게 제공하지 못하면, 물건이나 서비스를 팔기 힘들며, 아울러 그에 대한 이익도 기대할 수가 없다.

이와 같이 소비자가 정보를 기반으로 시장에서 주도권을 확보하고 공급자는 이에 따라 행동해야 하는 비즈니스 환경이 형성되면서 실제로 판매되는 물건과 서비스를 둘러싼 정보 자체가 소비 가치를 갖게 되었다.

이상의 '소비자 주도 시장'의 특징을 정리하면, 1) 소비자가 공급자보다 시장의 주도권을 갖는다, 2) 구입 전에 상호 커뮤니케이션이 이루어진다, 3) 정보가 소비 가치를 갖는다, 4) 서비스의 맞춤화가 이뤄진다고 할 수 있다.

3.2 메트카프 법칙

메트카프 법칙이란, '네트워크 가치는 가입자 수에 비례해 증가하며 어느 시점부터 그 가치는 비약적으로 높아진다'는 것을 말한다. 이는 쓰리컴사의 설립자인 밥 메트카프가 1995년에 제창하기 시작하면서부터 패러다임 변화의 키워드가 되었다.

메트카프 법칙

이를 팩시밀리 사례에 적용해 보기로 하자. 팩시밀리(Fax)가 처음 등장했을 때는 팩시밀리를 구입한 사람은 보낼 상대가 없거나 아무도 보내오지 않기 때문에 커뮤니케이션 수단으로서의 이점을 하나도 얻을 수가 없었다. 그러나 보급 대수가 서서히 증가함에 따라 송수신할 수 있는 상대가 많아지면서 충분히 혜택을 누릴 수 있게 되었다.

또한 팩시밀리 사용자가 증가하면 팩시밀리 판매사들의 경쟁이 심해져, 결과적으로 기술의 발전을 가져왔기 때문에 새로운 기능을 가진 팩시밀리가 계속 시장에 출시되었고 그 혜택은 기하급수적으로 증가하게 되었다. 이와 같은 내용은 인터넷 접속 인구의 증가를 기폭제로 하는 e-비즈니스에도 딱 들어맞는다.

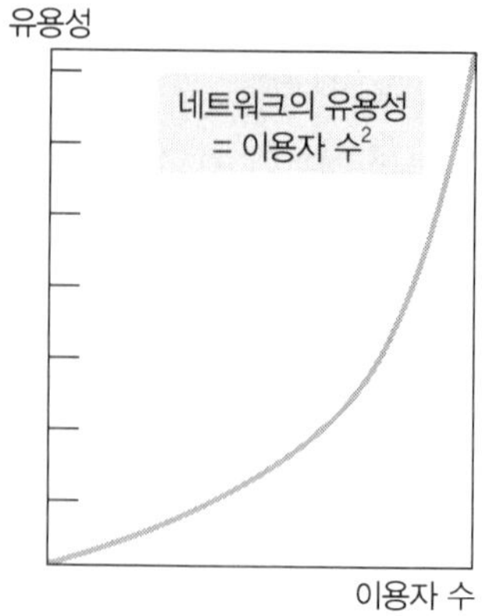

[그림 1-9] 메트카프 법칙과 네트워크의 유용성

*자료원: 아더앤더슨, 2000

3.3 무형 자산

무형 자산

인터넷 관련 기업이나 정보 관련 기업을 중심으로 시장 가치와 실질 자산의 가치가 큰 차이를 보이는 기업이 늘고 있으며, 그 차이를 설명하는 요인이 바로 무형 자산이다. 모두 알고 있듯이, 무형 자산이란 '눈에 보이지 않는 자산'으로 유형 자산에 비해 그 중요성이 더욱 높아지고 있다.

아더앤더슨은 가치 역학이라는 프레임워크를 개발, 무형 자산을 비롯하여 전체적인 고객의 가치를 평가하려는 시도를 전개하였다. 이들의 가치 역학에서는 무형 자산을 고객 자산, 공급자 자산, 조직 자산의 3가지 가치로 분류하고 있다.

고객 자산
공급자 자산
조직 자산

- 고객 자산: 고객, 판매 채널이나 판매 제휴처 등
- 공급자 자산: 인재 및 공급업자, 전략적 파트너십 등
- 조직 자산: 명성, 경영자의 리더십, 전략, 브랜드, 기업 문화, 프로세스, 조직 구조, 지식, 지식재산권 등

구글이나 아마존 등에서는 기업 가치의 80~90% 이상을 무형 자산이 차지하고 있다. 많은 e-비즈니스 선진 기업들은 무형 자산을 확보해 기업의 이해 관계자들에게 핵심역량으로서의 무형 자산의 가치를 어필함으로써 자금이나 인적 자원의 조달, 파트너와의 전략적 제휴를 성사시켜 왔다. 그리고 주식 시장에서 조달한 풍

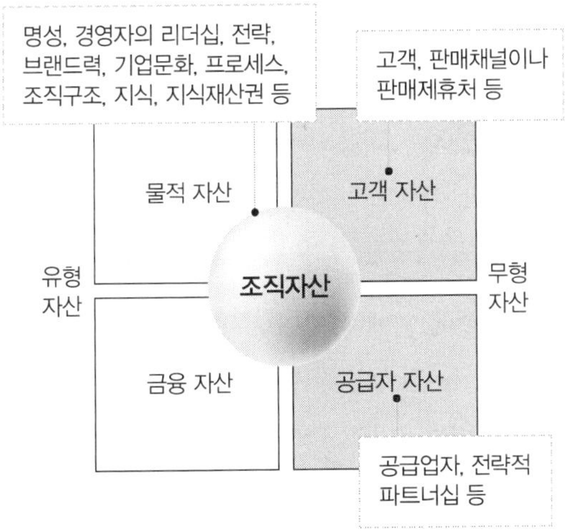

[그림 1-10] 조직의 자산과 무형 자산

*자료원: 아더앤더슨, 2000 변형

부한 자금력을 기반으로 기업 가치를 높이기 위한 연구 · 개발에 재투자해 호황을 누리고 있다.

3.4 수확 체증의 메커니즘

브라이언 아더 교수는 대량 생산시대를 지배했던 수확 체감의 원리는 오늘날과 같은 하이테크 산업에는 수확 체증의 원리로 대체된다고 간파했다. 여기서 아더 교수가 말하는 '수확 체감'의 원리는 어떤 사업이 일정 규모를 초과하면 수익성이 급격히 저하한다는 원리를 말한다. 반면 '수확 체증'이란 사업 규모가 두 배가 되면 생산이 더욱 효율적으로 이루어져 산출량은 두 배 이상이 된다는 '규모의 경제'를 말한다. 수확 체증

이와 같은 수확 체감의 메커니즘은 전통적인 분야인 제조업에 적용되는 반면, 수확 체증은 경제의 새로운 분야, 즉 지식 주도형 산업에 적용된다. 예를 들어, 소프트웨어 개발의 경우 초기에는 많은 비용이 투자되지만, 한번 개발된 이후로는 내용을 원하는 만큼 복사할 수 있어 대량으로 생산하면 할수록 비용은 상품화에 소요되는 원가에 가까워진다.

일단 어느 정도의 이용자 수만 확보하면, 메트카프 법칙에 따라 다른 사람들도 그 소프트웨어를 사게 되고, 그로 인해 확대된 시장이 다시 새로운 이용자를 확보

하는 원동력을 갖게 된다. 이렇듯 새로운 수요 창출이 계속 시작되면서 그 생산자는 대단한 성공을 거둘 수 있으며, 시장에서의 경쟁 우위성도 확보된다.

e-비즈니스에서도 이 법칙이 적용되어 '초기 투자 부담은 크지만, 한 번 경쟁력 있는 프로그램을 개발하면 급속도로 시장이 확대되고, 단위당 원가의 하락으로 수익이 증가해 나간다'고 아더 교수는 그 우위성을 지적하였다.

대기업이 기존의 상 관행에 얽매여 제대로 변화해 나가지 못하는 상황에서 e-비즈니스의 노하우로 앞서가는 외국인 투자 기업이나 벤처 기업이 빠르게 기존의 시장을 잠식하는 예도 적지 않다(아더앤더슨, 2000).

3.5 스마트 시대의 비즈니스 트렌드의 변화

스마트 시대의 IT 혁명은 스마트 경제를 이끄는 촉매제 역할을 하며, 기업의 환경 변화를 주도하고 있다. IT의 발달은 단순히 편리성, 효율성을 추구하는 수단을 넘어 새로운 가치를 창출함으로써 경제성장에 중요한 부분을 차지하고 있으며, 지능화된 기술 · 서비스의 소비 증가 및 혁신적인 융합 기술의 등장 등 스마트가 새로운 경제 키워드로 급부상하고 있다.[4]

스마트 비즈니스(Smart Business)

IT의 끊임없는 진화, 소비패턴의 변화, 플랫폼의 다양화, 기업의 혁신 요구 증대 등 기업 경영활동의 대내외 환경변화 가속화되고 있다. 이러한 환경변화를 극복하기 위해 기업은 IT를 비즈니스에 전략적으로 활용하여 스마트 비즈니스(Smart Business) 체제로 개편 중이며 스마트 시대의 창의적 비즈니스 활성화를 위한 비즈니스 패러다임 변화 진단이 필요하다.

미래 경제 환경의 불확실성에 대비하고 우리나라 기업의 비즈니스 경쟁력 강화를 위해 주요 비즈니스 트렌드 변화 요인의 진단이 필요하며 스마트 시대의 IT를 통한 경제 성장을 위해서 국가차원의 전략적 지원 방향 도출 및 정부서비스에 벤치마킹 등이 필요하다(주윤경, 2011).

4) The Economist는 '2010년 세계경제 전망(The World in 2010)'에서 '스마트(Smart)'가 변화의 키워드로 부상하며 새로운 성장 동력이 될 것이라고 지적하였으며, '09년 국내 ICT생산 222조 원, 수출 1,209억 달러, GDP의 10.4% 차지 등 ICT산업은 경제성장을 견인하는 핵심 동력이다.

〈표 1-2〉 비즈니스 트렌드 변화 요인 및 속성 진단

	IT 진화	소비패턴 변화	플랫폼의 확대	기업의 혁신
환경 변화	온라인화, 지능화, 융복합화 등 기술적 특징의 빠른 변화	개인화, 맞춤화 등 세분화된 소비트렌드 확산	단일 플랫폼 · 일방향 소통에서 통합 플랫폼 · 쌍방향 소통으로 확대	기술 중심 · 양적 확장에서 감성 중심 · 질적 향상으로 비즈니스의 가치지향화
	⇓	⇓	⇓	⇓
비즈니스 변화	비즈니스 채널의 다양화	신개념의 비즈니스 등장	비즈니스 수익모델 진화	가치지향적 비즈니스 확산
	인터넷 · 모바일 활성화, 융합 비즈니스 등장	스마트 쇼핑, 1인 기업 및 크라우드 소싱 활성화	인터넷 · 모바일 광고 급부상, 크로스 미디어 시대의 도래	고객지향적 마케팅 활발, 사회공헌 비즈니스 확산

*자료원: 주윤경, 2011 수정

4. 전자상거래의 개념과 유형

4.1 전자상거래의 정의

10년이면 강산이 변한다고 하는데, 요즘은 하루 만에 세상이 변하기도 한다. 이렇게 급변하는 시대에 전자상거래에 대한 정의가 아직 명확하지 않은 것은 어쩌면 당연한지도 모른다. 따라서 전자상거래는 보는 관점에 따라 다양하게 정의할 수 있다. 전자상거래

〈표 1-3〉 전자상거래의 정의

정의의 주체	정의
Kalakota & Whinston	네트워크를 통한 상품의 구매와 판매
미 국방부	종이에 의한 문서를 사용하지 않고 전자문서교환, 전자우편, 전자게시판, 팩스, 전자자금이체(EFT: Electronic Fund Transfer) 등과 같은 IT를 이용한 상거래
OECD	문자, 소리, 시각이미지를 포함하여 디지털화된 정보의 전송, 처리에 기초하여 이루어지는 모든 형태의 상업적 거래
전자상거래 기본법	재화나 용역을 거래함에 있어서 그 전부 또는 일부가 전자문서에 의하여 처리되는 거래

오스틴 대학의 윈스톤 교수는 전자상거래를 '네트워크를 통한 상품의 구매와 판매'로 정의한다(Kalakota & Whinston, 1996). 미 국방부(1996)는 '전자상거래란 종이에 의한 문서를 사용하지 않고 전자 자료 교환, 전자우편, 전자 게시판, 팩스, 전자 자금이체 등과 같은 IT를 이용한 상거래'라고 정의했다. OECD는 '문자, 소리, 시각 이미지를 포함하여 디지털화된 정보의 전송, 처리에 기초하여 이루어지는 모든 형태의 상업적 거래'로 정의하고, 전자상거래 기본법에서는 "재화나 용역을 거래함에 있어서 그 전부 또는 일부가 전자문서에 의하여 처리되는 거래"로 정의하고 있다.

4.2 전자상거래의 장점

전자상거래는 오늘날 인터넷의 급속한 발달로 인해 누구나 쉽게 이용할 수 있게 되었고, 전 세계인들이 시간과 장소에 관계없이 상거래를 할 수 있는 방법으로 활용할 수 있게 됨에 따라 더욱 주목 받게 되었다. 전통적인 상거래에서는 기업에서 물건을 생산하면 여러 유통 단계를 거쳐 최종 소비자가 이를 구매할 수 있었으나, 전자상거래에서는 기업이 인터넷이라는 전자적인 매체를 통해 직접 소비자에게 판매할 수 있게 됨으로써 소비자가 저렴한 가격에 물건을 구입할 수 있게 되었다. 그리고 기존에는 제한된 지역에서 제한된 영업시간에만 물건을 판매할 수 있었지만, 전자상거래를 이용하여 365일 24시간 전 세계를 대상으로 판매가 가능하게 되었다. 또한 전통적 상거래에서는 고객의 수요와 욕구를 파악하는 데 대체로 긴 기간이 소요되었으나, 전자상거래에서는 이의 신속한 파악 및 대응이 가능해져 기업의 경쟁력을 신장시킬 수 있다.

전자상거래의 장점

전자상거래의 도입으로 인한 장점은 소비자 측면과 기업 측면으로 나누어 볼 수 있다. 먼저 소비자 측면에서의 전자상거래의 장점을 정리하면 다음과 같다.

- 가상공간(cyber space) 자체가 갖는 장점 중의 하나로, 상품 구매 시 시간적 · 공간적 제약을 받지 않는다.
- 상품 구매 의사결정 과정에서 상품에 대한 가격 정보는 물론 유사 상품에 대한 정보까지도 쉽게 확보할 수 있어 좋은 구매 결정을 내릴 수 있다.
- 시장 공급 측면에서는 진입 장벽이 약화되어 기업 간의 가격 경쟁이 심화되고, 이에 따라 소비자는 저렴한 가격으로 상품을 구매할 수 있게 된다.

- 쌍방향 커뮤니케이션을 이용하여 소비자는 자신의 욕구를 전달할 수 있으며, 기업의 즉각적인 조치에 의해 자신의 욕구에 맞는 제품을 공급받을 수 있다.
- 전자상거래에서는 정보 탐색 비용 및 시간이 저렴하여 충분한 사전 조사를 통해 구매할 수 있어 계획구매가 가능하게 된다.

쌍방향 커뮤니케이션

다음으로 시장의 공급자인 기업 측면에서 전자상거래의 장점은 다음과 같다.

- 네트워크를 이용하여 거래가 이루어지기 때문에 값비싼 물리적 전시 공간과 고용 등 고정, 간접비용을 절감하여 상대적으로 저렴한 비용으로 판매가 가능하다.
- 가상공간에서는 시간 및 공간의 제약이 심각하지 않기 때문에 상대적으로 저렴한 비용으로도 광고가 가능하다.
- 영업시간의 제약 없이 24시간 거래가 가능하다.
- 기업의 운영상 측면에서 오류 및 재작업의 감소와 전자 주문 등 업무의 전산화로 시간과 비용을 절감하는 효과를 얻을 수 있다.
- 재화 및 용역의 판매 및 운송에서 중간 유통 단계를 생략함으로써 유통비를 절감하여 시장에서 가격 경쟁력을 확보할 수 있는 기반이 조성된다.
- 고객과의 쌍방향 커뮤니케이션이 가능함에 따라 고객 정보의 획득을 통한 고객 구매 행태의 자동 분석이 가능해진다.

4.3 전자상거래의 단점

전자상거래의 단점 역시 소비자와 사업자의 입장에서 나누어 볼 수 있다.

전자상거래의 단점

먼저 소비자의 입장에서는 제품에 대한 정보탐색에 한계가 항상 존재하고 있고, 거래 및 결제 시 개인정보(신용정보 포함) 등의 누출이 우려된다. 또한 오프라인 구매에 비해 편리하며 비대면을 가지고 있는 인터넷의 특성상 전자상거래 사기의 가능성이 높으며, 결국 전자상거래 사업자에 대한 신뢰성 부족을 결과를 가져오게 된다.

사업자의 입장에서는 다른 산업에 비해 진입장벽이 낮아 치열한 다수의 경쟁업체가 존재하는 시장에서 소비자의 선택을 받지 못하면, 경쟁에 살아남기가 어렵다는 점이다. 또한 상품 규격의 표준화 문제, 물류 및 배달 체계의 의존성이 다른 산업에 비해 크기 때문에 이를 해결할 수 있는 방안의 효율적 구축이 요구된다. 그리고 전자상거래법에 명시된 대로 소비자의 개인정보보호와 안전결제를 위한 신뢰할 수 보안시스템과 결제시스템 구축에 따른 추가적인 비용부담이 생기게 된다.

4.4 전자상거래와 e-비즈니스의 개념 비교

현재 여러 선진국들에서는 인터넷을 이용한 새로운 비즈니스 환경으로서의 전자상거래가 급속히 발전하고 있다. 최근에는 인터넷을 기업 경쟁력 향상을 위한 전략적 도구로 활용하고, 인터넷을 이용하여 다양한 경영 활동을 수행하며, 나아가 수익을 창출하거나 원가 절감을 시도한다. 이런 점에서 데이터 네트워크의 형태로 단지 비즈니스 거래 측면만을 지원하는 데 중점을 두었던 종래의 전자상거래 개념과 많은 차이가 있다.

인터넷이 발전하는 과정에서 수많은 개인과 기업들이 e-비즈니스에 참여하고 있다. 어떤 기업은 인터넷을 이용할 수 있는 서비스를 제공하고, 어떤 기업은 소프트웨어를 개발하여 판매하며, 어떤 기업은 인터넷을 통하여 제품이나 서비스를 유통시키기도 한다. 또한 어떤 기업은 인터넷을 이용하여 기업 내부와 외부를 연결하는 등 프로세스를 혁신하기도 한다. 그러므로 이제 전자상거래를 단순히 디지털 매체를 통해 제품이나 서비스를 사고파는 개념만으로 정의하기는 어려운 실정이다.

Kalakota & Robinson(2001)은 미래의 기술에 입각해 오늘날의 e-비즈니스를 정의할 필요가 있다고 말했다. 즉, 전자상거래가 e-비즈니스로 전환되는 것이 아니라 고객의 가치를 극대화시키기 위해 과거의 비즈니스 모델을 재정의한다. e-비즈니스는 전체적인 전략이고, 전자상거래는 이 중에 가장 중요한 한 측면으로 볼 수 있다는 것이다.

e-비즈니스

Price Waterhouse Coopers사도 e-비즈니스를 '전통적인 사업 수행 방식을 개선, 진화 또는 대체하기 위해 새로운 기술과 프로세스를 적용하는 것'으로 정의함으로써 앞의 정의들과 맥락을 같이한다. 이렇게 볼 때 e-비즈니스를 전자상거래의 광의의 개념으로 보아도 될 것이다. 앞으로는 좁은 의미의 전자상거래로부터 가장 많은 가치를 창출하기 위한 더욱 광범위한 e-비즈니스로의 이동이 강조될 것이다. 즉, 기업들이 미래 지향적인 기업으로 나아가기 위해 비즈니스와 기술, 그리고 프로세스 등의 정교한 결합을 통하여 비즈니스를 다시 설계 · 조직하는 방향이 강조될 것이다. 스마트 비즈니스를 유사 개념인 인터넷 비즈니스 및 전자상거래와 비교하면서 그들의 관계를 정리하면, [그림 1-11]과 같다.[5)]

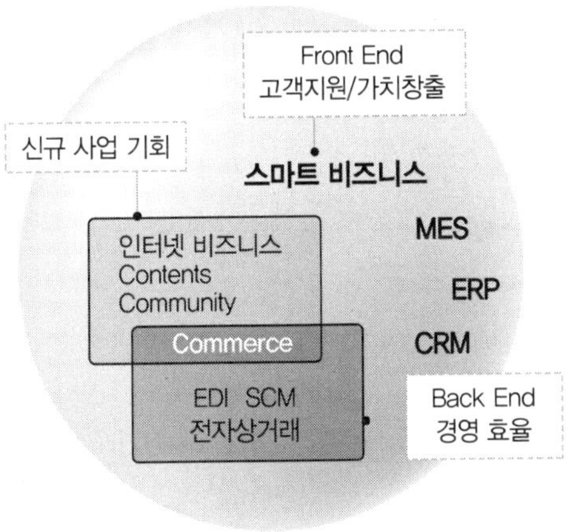

[그림 1-11] 인터넷 비즈니스, 전자상거래, 스마트 비즈니스 관계도

*자료원: http://www.bestpractice.co.kr 수정

4.5 전자상거래 유형

4.5.1 경제주체에 따른 전자상거래 유형 분류

전자상거래는 정보통신기술을 기반으로 가상공간에서 디지털 정보를 서로 교환하면서 거래가 이루어진다. 전자상거래의 주체는 개인(Consumer), 기업(Business), 정부(Government)이며, 거래 특성과 거래 방향에 따라 기업과 기업 간 전자상서래

5) CRM(Customer Relationship Management)이란 고객관계를 체계적으로 관리하는 것을 말하는 것으로, 선별된 고객으로부터 수익을 창출하고 장기적인 고객관계를 가능케 하는 솔루션이다. 즉, CRM이란 우리 회사의 고객이 누구인지, 고객이 무엇을 원하는지를 파악하여 고객이 원하는 제품과 서비스를 지속적으로 제공함으로써 고객을 오래 유지시키고 이를 통해 고객의 평생가치를 극대화하여 수익성을 높이는 통합된 고객관계 관리 프로세스를 말한다.
ERP(Enterprise Resource Planning)란 기업 내의 생산, 물류, 재무, 회계, 영업 및 구매, 재고 등 경영활동 프로세스들을 통합적으로 연계하여 관리해 주며, 기업에서 발생하는 정보들을 서로 공유하고 새로운 정보의 생성과 빠른 의사결정을 도와주는 전사적 자원관리 시스템 또는 전사적 통합시스템을 말한다.
MES(Manufacturing Execution System)는 주문으로부터 제품생산에 이르기까지 가장 효과적으로 활용할 수 있는 정보를 제공할 수 있도록 현재의 정확한 데이터를 사용하여 데이터들이 발생할 때마다 현장의 활동을 관리, 착수, 응답하고 보고하는 생산실행관리 시스템이다(노규성, 조남재, 경영정보시스템, 사이텍미디어, 2010).

B2C
B2G
C2B
C2C

(B2B), 기업과 개인 간 전자상거래(B2C), 기업과 정부 간 전자상거래(B2G), 개인과 기업 간 전자상거래(C2B), 개인과 개인 간 전자상거래(C2C) 등 여러 가지 유형으로 구분된다. 소비자 전자상거래와 조직 간 전자상거래는 2장과 3장에서 상세하게 다루고자 한다.

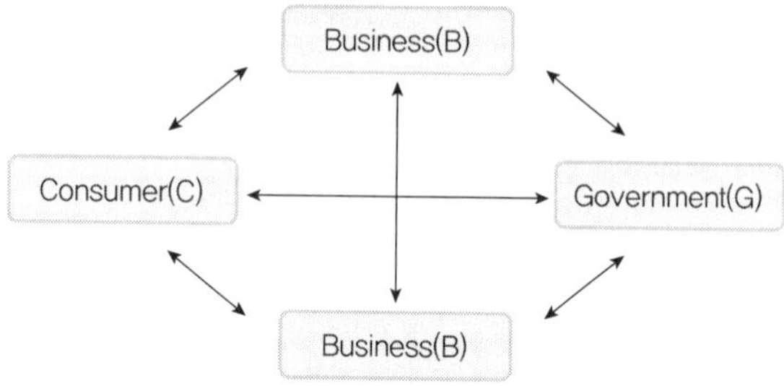

[그림 1-12] 경제주체에 따른 전자상거래 유형

B2B는 원료 공급자와 수요자인 기업 간의 거래 및 기업과 금융기관 간의 자금결재 등을 포함한 전자거래를 말하며, B2C는 기업이 인터넷 쇼핑몰 등을 통해 최종 소비자에게 전자적으로 상품과 서비스를 판매하는 유형을 말한다. B2G는 조달청과 같은 정부기관과 기업 간의 상거래를 말하며, C2B는 동호회나 포털 사이트를 통하여 필요한 상품을 공동구매하는 유형을 말한다. C2C는 경매와 같이 서버를 통해 상품, 서비스, 정보 등을 가상공간에서 거래하는 유형을 말한다.

4.5.2 새로운 유형의 전자상거래

(1) TV를 이용한 상거래

IPTV

TV를 이용한 전자상거래는 TV에 의해 전자상거래가 이루어지는 새로운 형태의 상거래로서, TV를 통해 인터넷을 이용하고, 은행과 주식 등의 금융업무와 오락, 쇼핑, 교육 등의 일상생활의 많은 문제를 해결할 수 있게 되었다. 상거래 유형에는 IPTV와 스마트 TV가 있다. IPTV(Internet Protocol Television)는 광대역(broadband) 연결 상에서 인터넷 프로토콜을 사용하여 소비자에게 디지털 텔레비전 서비스를 제공하는 시스템을 말한다. 또한 같은 기반구조를 이용하는 주문형 비디오(VOD: Video on Demand)는 물론 기존 웹에서 이루어지던 정보검색, 쇼핑이나 VoIP(Voice over Internet Protocol) 등과 같은 인터넷 서비스를 부가적으로 제공할 수 있다. 스마트 TV는 TV와 휴대폰, PC 등 3개 스크린을 자유자재로 넘나들면서 데이터의 끊김 없이 동영상을 볼 수 있는 TV를 말한다. 인터넷 TV 또는 커넥티드 TV 라고도 불린다. 스마트 TV는 콘텐츠를 인터넷에서 실시간으로 다운받아 볼 수 있고, 뉴스 · 날씨 · 이메일 등을 바로 확인할 수 있는 커뮤니케이션 센터의 역할을 한다. 이제 TV는 기존에 보는 것만으로 끝나는 것이 아닌 여러가지 부가적인 기능을 추가하여 TV로 모든 거래를 할 수 있다. 즉, TV에 인터넷 접속 기능을 결합, 각종 앱을 설치해 웹 서핑 및 VOD 시청, 소셜 네트워크 서비스, 게임 등의 다양한 기능을 활용할 수 있는 다기능 TV이다. 기존 TV에 PC의 기능을 더했다 하여 한 때는 하이브리드 TV라 부르기도 했지만, 2010년경부터 스마트폰이 크게 유행하면서 덩달아 스마트 TV라는 명칭 역시 보편적으로 자리 잡기 시작했다(위키피디아).

스마트 TV

(2) 모바일 상거래

모바일 상거래(M-Commerce)란 이동전화나 휴대 단말기를 이용하여 지불처리가 가능한 모바일 전자상거래를 의미하며, 기존 PC에 의한 전자상거래의 한계를 넘어 모바일 단말기에 이동성과 휴대성을 부여한 것이다. 모바일 상거래에 대한 개념은 연구자에 따라 조금씩 다르게 정의되고 있지만, 기본적으로 이동하기 편리한 노트북, 스마트폰 등을 단말기를 이용하여 이동 통신망을 활용하는 제반 활동을 의미한다. 자세한 내용은 4장에서 다루고자 한다.

모바일 상거래 (M-Commerce)

(3) SNS 상거래

SNS(Social Network Service) 상거래(혹은 소셜커머스)는 온라인상에서 재화와 서비스를 사고파는 행위에 있어서 소셜미디어 및 온라인 미디어를 연계하여 소비자의 인맥을 마케팅에 활용하는 형태의 e-커머스로 정의할 수 있다. 소셜미디어의 활용방법에 따라 소셜링크형, 소셜웹형, 공동구매형, 오프라인 연동형 등으로 구분된다.

SNS(Social Network Service)

4.6 전자상거래 시장 규모

전자상거래는 온라인에서 이루어지는 모든 상업적 거래를 의미한다. 일반적으로는 월드와이드웹을 통해 상품이나 서비스를 사고파는 모든 경우가 전자상거래에 해당된다. 서비스에는 광고, 마케팅, 고객 지원 등이 포함되는 만큼 사업 분야가 광범위하다. 당초 전자상거래는 업체가 개인 소비자를 대상으로 제품이나 서비스를 판매하는 B2C(Business to Consumer) 모델이 일반적이었다. 월마트, 이케아, 아마존 등 온라인 사업을 시행하는 대부분의 업체가 이 모델을 채택하고 있다. 전자상거래 정보업체인 이커머스 가이드에 따르면 이후 두 개의 비즈니스 간 거래와 관련된 B2B(Business to Business), 크라우드소싱과 같이 소비자가 비즈니스에 금전적 가치를 부여하는 C2B(Consumer to Business), 소비자 대 소비자의 거래인 C2C(Consumer to Consumer), 정부 간 상품과 서비스, 수수료 등의 지불 방식인 G2B(Government to Business), 정부 기관이 인터넷을 통해 기업체에서 상품이나 서비스를 구매하는 B2G(Business to Government), 교통비 지불이나 자동차 등록 갱신 등 개인 소비자가 정부와 거래하는 G2C(Government to Consumer) 모델 등으로 확장된 상태다. 전자상거래 업체의 성공사례로는 아마존과 버치박스(Birchbox), 웨이페어(Wayfair) 등이 대표적이다. 온라인 상점에서 시작해 오프라인 판매와 의료 분야까지 사업을 확장한 아마존은 현재 세계 전자상거래 업계 일인자에 올라선 상태다. 버치박스는 매달 10달러를 내면 5가지 메이크업, 스킨케어, 향수 샘플 제품 등이 담긴 커스터마이징 정보를 구독할 수 있는 서비스로 주목 받고 있다. 2015년 기준 버치박스에 입점한 브랜드만 800가지가 넘는다.

전 세계 전자상거래 시장규모는 2018년 기준 2조 8,600억 달러로 예측되고 있으며 2020년 4조 580억 달러로 예측된다. 리테일 분야 전체 판매율은 2018년도 전체 전자상거래 규모의 11.5%, 2020년 14.6%로 3.1% 상승할 것으로 예측되고 있다.

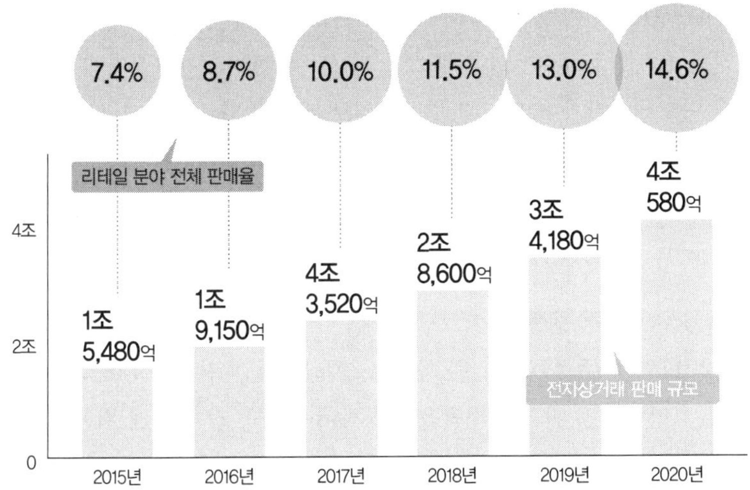

[그림 1-13] 전 세계 전자상거래 시장규모

*자료원: 시장조사사업체 이마켓닷컴

국내 전자상거래 시장규모는 111.5조 원이며, 2019년에는 전년대비 신장률이 19.8%(133.6조 원), 19.6%(159.8조 원)에 달할 것으로 예측된다.[6]

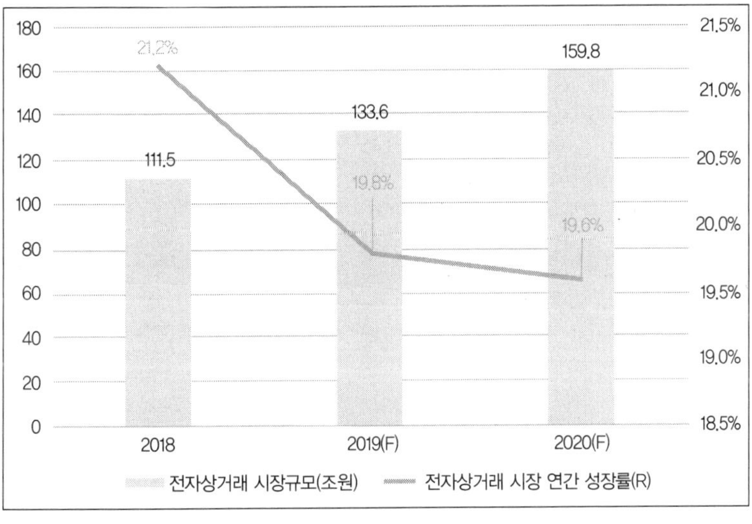

[그림 1-14] 국내전자상거래 시장규모

*자료원: 통계청, 우정경영연구센터, 미래에셋대우증권(2019)

6) www.biznews.or.kr/news/article.html?no=8625

시장조사 기관인 이마케터(eMarketer)에 따르면 아세안 주요국의 전자상거래 거래액 총액은 186억 4,000만 달러(약 21조 원)로 집계됐다. 전자상거래 거래액 기준으로 보면 인도네시아가 82억 1,000만 달러로 가장 컸다. 이어 태국 34억 5,000만 달러, 싱가포르 24억 3,000만 달러, 말레이시아 24억 1,000만 달러, 베트남 20억 8,000만 달러, 필리핀 6,000만 달러 순이다. 국내에서 아세안 시장으로의 역직구 수출액도 늘었다.

통계청 온라인 쇼핑 동향에 따르면 아세안 시장에 판매된 한국 상품의 온라인 거래액은 2017년 기준 1,079억 원 규모로, 지난 3년간 연평균 188%씩 증가했다. 2017년 2분기만 415억 원의 거래액을 기록하며 통계청 집계 이래 처음으로 국가별 온라인 수출 규모 3위에 오르기도 했다.

〈표 1-4〉 아세안 온라인 직접 판매액 (단위: 원)

-	2014	2015	2016	2017
금액	45,311,000,000	58,358,000,000	75,496,000,000	107,903,000,000

*자료원: 통계청

〈표 1-5〉 아세안 주요국 전자상거래 거래액(소매) (단위: 10억 달러)

-	2015	2016	2017	2018	2019	2020
인도네시아	3.22	5.29	8.21	10.92	13.16	15.59
태국	2.39	2.89	3.45	4.10	4.84	5.69
싱가포르	1.85	2.13	2.43	2.73	3.03	3.32
말레이시아	1.63	1.97	2.41	2.84	3.32	3.84
베트남	1.37	1.71	2.08	2.47	2.88	3.26
필리핀	0.04	0.05	0.06	0.07	0.09	0.10

*자료원: 시장조사업체 이마켓닷컴

5. 비즈니스 모델과 수익모델

e-비즈니스는 유통, 금융, 주식거래, 경매, 오락, 택배서비스 등 산업 전반에 빠르게 확산되고 있다. 전문가들은 e-비즈니스 시장이 향후에도 지속적으로 성장할 것으로 전망하고 있다. 많은 인터넷 기업들은 빠른 기업 환경의 변화에 적응할 수 있는 다양한 e-비즈니스 모델의 개발을 시장 개척의 기회로 삼고 있다. e-비즈니스 모델

그러나 지난 몇 년간의 인터넷 열풍에도 불구하고 사업 잠재력이 매우 크다고 인정되었던 인터넷 기업들 중에서 실제로 수익을 보는 기업들은 별로 많지 않았다. 다양한 e-비즈니스 모델의 상업적 성공 가능성에 대한 철저한 분석이 부족했기 때문이다. e-비즈니스는 전통적인 비즈니스 방식을 단순히 온라인으로 대체하는 방식이 아니다. 따라서 새로운 비즈니스 모델이 개발되었을 때 기업의 수익성을 보장할 수 있는 것인가에 대한 철저한 사전 분석이 필요하다. 성공적인 e-비즈니스를 위해서는 수익모델에 관한 정확한 이해와 개념을 바탕으로 사업을 착수해야 성공적인 기업 경영을 할 수 있다.

5.1 e-비즈니스 모델의 이해

인터넷을 이용하여 뭔가 새로운 사업을 해 보고 싶은 욕망을 가져 보지 않은 사람은 아마 없을 것이다. 인터넷은 적은 자본으로도 아이디어를 비즈니스로 실현시킬 좋은 수단이자, 공간이라는 것을 알기 때문이다. 실제로 독특한 아이템을 가지고 쇼핑몰을 구축하여 톡톡히 재미를 본 사람이 적지 않다. 그런 반면, 엄청난 돈을 투자하고도 수익실현은커녕 시장에서 재대로 힘 한번 못 써보고 문을 닫은 기업도 부지기수이다. 아마도 인터넷 기반의 비즈니스 환경을 제대로 이해하지 못했거나, 기존의 사고방식과 행태를 가지고 e-비즈니스를 전개했기 때문일 것이다.

오늘날의 e-비즈니스는 변화무쌍한 인터넷 환경을 기반으로 이루어지므로 이전의 전통적인 오프라인 환경에서 이루어지는 비즈니스 방식과 다른 모델로 전개되어야만 한다. 과거의 성공 경험이 e-비즈니스의 성공을 보장하지 못하기 때문이다. 따라서 e-비즈니스 모델과 그 설계에 대한 이해는 필수적이다. 본 절에서는 e-비즈니스 모델의 정의와 모델 설계의 기본 개념 및 모델 개발의 중요성에 대하

여 알아보기로 한다.

5.1.1 비즈니스 모델의 정의

수익모델(Revenue Model)

e-비즈니스 모델이란, 기업이 인터넷을 이용하여 수익을 유지하게 하는 일련의 활동, 즉 '수익모델(Revenue Model)'로 정의된다. 인터넷을 이용하는 기업은 인터넷을 이용하여 어떻게 수익을 올릴 것인지를 설계하는 e-비즈니스 모델이 있어야 한다. 기업이 가진 비즈니스 모델이 훌륭하다면 이 기업은 이로 말미암아 경쟁우위를 가지게 되어 많은 수익을 얻을 수 있게 될 것이다.

비즈니스 모델

비즈니스 모델은 기업의 행동이 명시적이든 암묵적이든 다음의 여러 가지 질문에 대한 답변을 할 수 있어야 한다. 즉, 고객에게 어떠한 가치를 제공하는가, 어떤 고객에게 가치를 제공하는가, 가치의 가격은 어떻게 책정하는가, 누구에게 비용을 청구할 것인가, 가치를 제공하기 위한 전략은 무엇인가, 어떻게 가치를 제공하는가, 그리고 가치제공으로부터 얻는 이익을 어떻게 유지하는가가 그것이다. 이러한 질문에 충실한 답변을 할 수 있는 비즈니스 모델이야말로 기업의 이익창출에 기여할 수 있을 것이다.

그렇다면 인터넷 시대에 걸맞는 비즈니스와 그 모델은 어떤 것인가? 인터넷에서 사이버 서점을 운영하는 아마존(Amazon)이 대표적인 예라 할 수 있다. 아마존은 설립 4년 만에 전 세계 160개국에서 800만 명의 고객을 확보한 초우량 기업으로서, 미국 49개주에서 1,009개의 서점을 운영하는 미국 최대의 서점인 반즈앤노블(Barnes & Noble)을 제치고 세계 최대의 서점으로 성장하였다.

이러한 아마존이나 이베이, 이트레이드, 델 컴퓨터와 같은 인터넷 기업들에 있어 대형 건물이나 생산설비, 대규모 자본, 대리점망, 종업원 수는 더 이상 경쟁우위의 원천이 될 수 없다. 무형의 정보와 지식, 아이디어만 있으면 소수의 인원, 적은 자본으로 얼마든지 경쟁력을 확보할 수가 있는 것이다.

인터넷은 사업방식과 비즈니스 사고의 틀을 완전히 변모시키고 있고 기업 간 경쟁에 있어서도 새로운 게임의 룰을 끊임없이 만들어 내고 있다. 이와 같이 인터넷 시대의 비즈니스 모델은 완전히 다른 환경과 출발점을 가지고 있기 때문에 먼저 비즈니스 모델에 대해 이해하고, 사례를 통해 e-비즈니스가 어떻게 수익성을 확보하는지에 대해 살펴보는 일은 매우 중대하다.

5.1.2 e-비즈니스 모델 개발의 중요성

어떠한 비즈니스 모델을 개발하여 사업을 전개할 것인가라는 의사결정은 사업 전략과 마케팅 전략과 같은 전통적 경영 의사결정과 마찬가지로 사업 성패에 결정적인 영향을 미친다. e-비즈니스 시스템을 개발하기 위하여 시스템에 어떤 내용이 들어가고, 어떤 구조와 항해 절차를 구비하여야 하는지, 화면 설계는 어떻게 해야 하는지 등을 결정하는 과정에서 비즈니스 모델이 명확하게 구상되어 있다면 경제적, 시간적 낭비를 막을 수 있다.

e-비즈니스의 특성은 다양한 사용자에 의해 결정된다는 것이다. 따라서 e-비즈니스 모델의 개발은 바로 고객의 관점에서 출발해야 성공할 수 있다. 인터넷이 가지고 있는 개인화(personalization)라는 장점을 충분히 살려 각 고객에게 어떠한 상품을 제공할 것인가가 정확히 제시되어야 한다. 그리고 고객에 대한 이해를 바탕으로 고객이 원하는 것을 아주 편리하고 유익하게 제공해 줄 수 있는 독창적인 비즈니스 모델을 만들 수 있을 때, 성공적인 마케팅 전략과 광고, 시스템 개발과 구현, 평가 등을 일관되게 추진할 수 있게 된다. 이것이 바로 실물 세계와 차별화될 수 있는 특징이다.

개인화(personalization)

e-비즈니스의 주체가 누구인지에 대한 인식은 초기 단계에 이루어져야 할 것이다. e-비즈니스의 주체가 기업이냐, 일반 소비자냐에 따라서 거래 방식, 규모, 마케팅, 물류 등 e-비즈니스를 운영하는 방식이 확연히 달라지기 때문이다. 기업이 수요자인 경우에는 상품이 상대적으로 소품종 대량 거래가 이루어지고, 일반 고객이 수요자일 때에는 상대적으로 다품종 소량의 상품 거래가 이루어진다. 따라서 e-비즈니스를 하고자 하는 사업자는 우선 취급할 상품이 '기업'을 상대로 하는 것인가, 아니면 '소비자'를 주로 상대로 하는 것인가에 대한 결정을 하여야 할 것이다. [그림 1-15]는 이러한 e-비즈니스의 모습을 보여주고 있다.

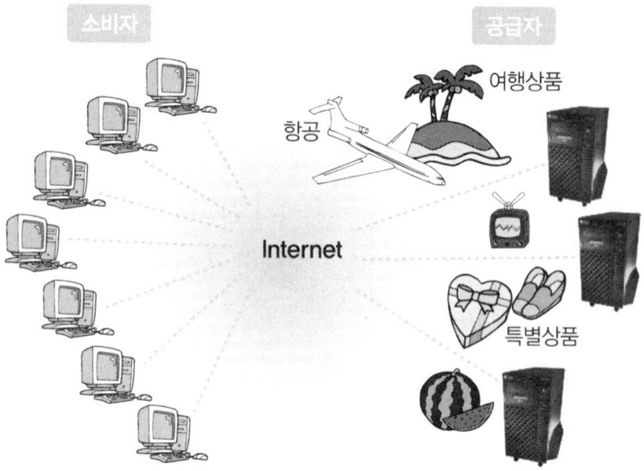

[그림 1-15] e-비즈니스의 모습

창의적이고 수익모델이 확보된 비즈니스 모델의 개발이 성공적인 e-비즈니스의 첫걸음이다. 성공적인 사례를 찾아보면 프라이스라인(www.priceline.com)을 들 수 있다. 짧은 시간에 많은 사람을 모을 수 있는 인터넷 특성을 활용한 모델인 프라이스라인닷컴은 고객이 정하는 항공 요금으로 좌석을 판매할 수 있는 항공회사를 찾아 예약해 준다. 그야말로 기존의 시장 메커니즘을 완전히 뒤집어 놓은 비즈니스 유형이다. 바이닷컴(www.buy.com)은 원가 판매로 유명해지면서 웹 사이트의 방문자 수가 증대하는 것을 이용, 광고 게재를 통해 수입을 올리는 비즈니스 모델이다. 이 모델 역시 인터넷만이 제공할 수 있는 특성을 잘 활용한 비즈니스 모델 중의 하나이다. 이 외에도 커뮤니티를 통해 광고 수익을 얻는다거나, 커뮤니티를 활용해 판매 수익을 올리는 모델들도 인터넷의 특징을 잘 살린 비즈니스 모델들이다. 비교쇼핑 정보 제공 사이트들 역시 인터넷에서만 가능한 모델들이다.

모델을 개발할 때 아이디어에 의한 비즈니스 아이템이 대상 시장과 잠재 고객으로부터 어떠한 평가를 받을 수 있는지, 시장에서의 경쟁 상황은 어떤지, 가격구조와 소비자들의 행태는 어떤지 등에 관한 외부환경 분석도 전제되어야 한다. 또한 우리 회사가 과연 이 아이템을 잘 소화해서 경쟁력 있는 제품으로 만들어내어 성공적으로 시장에 진출시킬 수 있는지 등에 대한 내부 역량 평가도 고려되어야 한다. 모델 개발 시에 검토되어야 하는 항목으로는 고객, 거래내용, 거래형태, IT(Information Technology) 기반, 서비스 등을 들 수 있다.

성공적인 모델 개발을 위해서는 다음과 같은 점을 고려하여야 한다. 첫째, 우리 제품과 서비스를 어떤 고객에게 제공할 것인가에 대한 세밀한 조사가 필요하다. 둘째, 분석된 고객 집단을 대상으로 어떤 제품과 서비스를 제공할 것인가에 대해서도 면밀히 검토되어야 한다. 셋째, 거래형태이다. 기존의 방문판매 형태에서 인터넷 등의 판매 채널을 활용하는 것이 포함된다. 넷째, 현재 고객에 대한 서비스를 어떤 방식으로 변화시켜 고객에게 서비스 차별화를 도모할 것인가의 문제이다. 마지막으로, 지금까지 정의한 네 가지 요소를 어떤 정보 기술(IT)을 기반으로 실현할 것인가 검토하여야 할 것이다.

5.1.3 e-비즈니스 모델 설계의 기본개념

확실한 비즈니스 모델(Business Model)의 설계는 인터넷을 기반으로 한 새로운 비즈니스 환경에서 매우 중요한 사업 성공요소로 인식되고 있다. 이에 따라 비즈니스 모델이라는 개념이 널리 확산되었으나, 그 형태가 매우 단순한 사업모델에서 매우 복잡한 사업모델까지 다양하여 아직 이 용어에 대한 정의가 확립되지 않은 상태이다. 그러나 통상적으로 거래 당사자들과 이들의 역할을 포함해 상품, 서비스와 정보의 흐름을 나타내는 아키텍처, 거래 당사자들에게 주어지는 편익, 수입원에 대한 정확한 묘사로 이해될 수 있다. 이를 간략하게 요약하면, 비즈니스 모델은 사업을 영위하고 이익을 창출하는 방식, 즉 어떤 상품을 어떤 방식으로 누구에게 판매할 것인가를 설계해 보는 것이다.

오늘날 비즈니스 모델의 설계를 중요하게 여기는 이유는 e-비즈니스와 같이 새로운 경영 환경에서는 비즈니스 모델이 사업의 시작 단계에서 사업의 목표를 정확히 규정하는 설계도의 역할을 수행하여 비즈니스의 성공 가능성을 높여 줄 수 있기 때문이다. 물론 사업이 성장함에 따라 목표 시장과 목표 고객을 확장하는 전략을 고려할 수도 있다. 그러나 사업의 시작 단계에서는 목표로 하는 시장과 고객을 뚜렷이 하는 것이 무엇보다 중요하다.

e-비즈니스 모델 설계의 기본 개념은 [그림 1-16]과 같이 사업성 모델, 프로세스 모델, 데이터 모델로 구성된다. 먼저 사업성 모델은 새로운 사업의 아이디어로 이익을 창출하는 방식을 정리한 것으로서 아이디어, 수익원천 유형, 인프라 구조로 구성된다.

사업성 모델

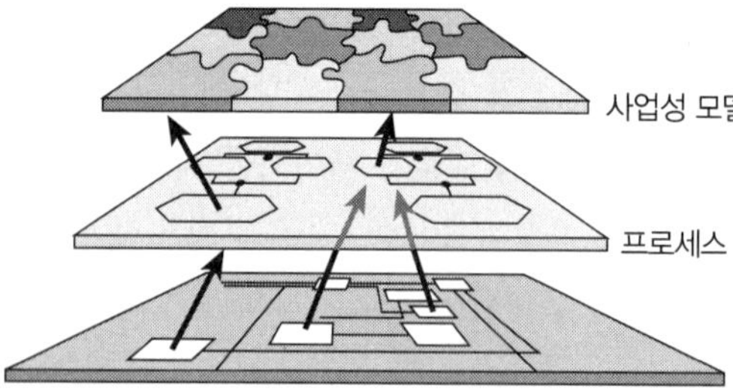

[그림 1-16] 비즈니스 모델의 기본 개념

아이디어는 어떤 내용의 비즈니스 아이템(제품이나 서비스)을 어떤 소비자와 시장을 대상으로 어떻게 차별화하여 판매할 것인가, 서비스할 것인가에 대한 독창적인 사업 아이템을 포함한다.

수익 원천

수익 원천의 유형이란, 예를 들면 수수료, 판매마진, 회비와 같이 돈이 어디에서, 어떤 가치를 위해서, 누가 언제 지불하는가에 대한 내용을 말한다. 그리고 인프라 구조란, 사업을 추진하기 위해 필요한 조직구조와 각종 소요자원, 공급자나 협력업체 등의 네트워크가 포함된다.

프로세스 모델

둘째, 프로세스 모델은 사업 수행에 필요한 제반 프로세스를 정리한 모델로서, 제조회사라면 회사 내의 활동들로서 자원 조달, 생산, 마케팅, 판매, 인적자원 관리, 회계, 서비스 등의 활동들, 또 이들 활동들 간의 원활한 연계 등으로 구성된다.

데이터 모델

셋째, 데이터 모델은 그 비즈니스를 수행함에 있어 필요한 제반 데이터를 관리하기 위한 모델이다. 따라서 데이터 모델은 비즈니스 아이템, 수익 원천, 인프라, 프로세스 등과 관련되는 제반 데이터를 누가 언제 어디에서 입력, 저장, 검색, 출력하여 사용할 것인지에 대해 정의하고 이들을 관리하기 위한 방법과 도구를 설계한다.

e-비즈니스 모델을 설계한 후, 경쟁기업으로부터 지속적인 경쟁력을 지키기 위해서는 이의 특허 출원이 필요하다. 국내에서 비즈니스 모델로 특허를 취득하려면 사업성 모델 외에 추가적으로 프로세스 모델(데이터 처리 과정)과 데이터 모델(영업 업무를 다루는 데이터의 집합 및 속성 정보)이 결합되어야 한다. 기술적인 데이터 처리의 노하우가 뒷받침되지 않는 사업 아이디어만으로는 특허를 따는 것이 불가능하다. 이와 같은 여건이 갖추어졌다고 해도 모든 비즈니스 모델이 특허 대상이 되는 것은 아니다. 특허 대상이 되는 비즈니스 모델은 새로운 영업 방법과 기존 기술

로, 기존 영업 방법을 새로운 기술로, 새로운 영업 방법을 새로운 기술로 구성된 비즈니스 모델만이 해당된다.

5.2 e-비즈니스의 수익모델

수익모델(revenue model)이란, 간단히 말해 수익을 창출하는 모델, 즉 돈이나 기타 재산을 벌어들일 수 있도록 하는 경영 방식을 의미한다. 수익모델을 이해하기 위해서는 먼저 수익의 개념을 명확히 해야 한다. 수익(revenue)이란, 일정 기간 동안 사업을 하고 벌어들인 돈(재산)을 말한다. 다시 말해서 상품이나 서비스를 판매(제공)하고 그 대가로 받은 현금이나 기타 자산을 말한다. 예를 들어, 인터넷 쇼핑몰에서 물건을 팔아 고객으로부터 받은 돈이 수익이 된다.

수익모델(revenue model)
수익(revenue)

e-비즈니스는 그들이 취하는 주된 수익원천(수익모델)이 무엇이냐에 따라 사업 방식이 달라진다. 예를 들어 네이버(naver.com), 네이트(nate.com)와 같은 포털(Portal) 업체들은 인터넷 광고 수입이 주된 수익 원천이며, 아마존과 같은 온라인 쇼핑몰은 제품이나 서비스의 판매(이용) 수익이 주된 수익 원천이다. 따라서 e-비즈니스 모델은 수익원천(수익모델)의 유형에 따라 각기 달리 정의되고 전개된다.

수익원천(수익모델)

다음 〈표 1-6〉은 e-비즈니스 모델을 설계할 때 고려할 수 있는 e-비즈니스의 유형과 수익원천들을 정리한 것이다.

일반적으로 e-비즈니스는 위에서의 한 가지 비즈니스 유형이나 수익원을 택하지 않고 복합적으로 구성한다. 예를 들면 네이버, 네이트, 다음과 같은 포털 서비스 업체는 검색서비스뿐만 아니라 온라인 판매와 커뮤니티 운영을 동시에 하는 비즈니스 유형을 나타내고, 수익 모델도 광고 수입과 거래 수수료 수입 등 여러 가지 형태로 가져간다. 온라인 판매업체인 아마존 역시 서적이나 CD에 풍부한 콘텐츠를 가미하여 고객에게 판매하면서 동시에 다양한 커뮤니티를 운영하며 판매 수익을 올리고 있다. 그러나 무엇보다도 비즈니스 모델 설계시 가장 중요한 기준은 어떠한 방식으로 고객을 끌어들이고 제품이나 서비스를 어떻게 판매할 것인가이다.

〈표 1-6〉 e-비즈니스의 유형과 수익원천

비즈니스 유형	수익의 원천
온라인 판매	판매 수익
검색 서비스	스폰서십
커뮤니티 운영	회원 가입비
전자 출판	구독료
콘텐츠 서비스	거래 수수료
온라인 광고 서비스	광고 수입

6. 전자상거래의 영향

전자상거래는 시장에서 공급자와 소비자의 관계에 변화를 주고, 비즈니스 사이클에도 큰 영향을 주고 있다. 그리고 그것은 한 산업의 가치 시스템에 변화를 줄 것이고 종국에는 산업 전반에 엄청난 규모의 변화를 야기할 것이다. 최근에는 모바일과 SNS의 등장으로 인해 사회 전반에 미치는 영향력은 파급효과가 매우 크다고 할 수 있다.

6.1 공급자와 소비자의 관계에 미치는 영향

전자상거래의 발전은 시장에서 공급자와 소비자의 관계에 극적인 변화를 가져온다. 이미 '패러다임의 변화'에서 언급했듯이, 인터넷에 의한 공급자와 소비자의 상호 커뮤니케이션 환경 속에서 소비자의 주도권이 점점 더 증대하고 있다.

왜 주도권이 공급자에서 소비자에게로 이동하는가? 그 대답은 정보의 흐름에서 찾을 수 있다. 기존에는 상품과 서비스에 관한 정보를 주로 공급자가 제공했고, 그들은 정보 제공력으로 시장 주도권을 잡고 거래를 유리하게 끌고 갔다. 결국, 소비자는 공급자의 정보 제공에 대해 대가를 지불해 왔다. 그러나 인터넷이 보급되면서 상품과 서비스에 관한 풍부한 정보를 소비자가 자유롭게 수집할 수 있는 환경이 마련되고, 이로 인해 정보에 대한 공급자의 우위성은 급속히 줄어들고 있다.

또한 인터넷에서 공급자와 소비자를 연결하고, 여러 공급자가 공급하는 상품과 서비스의 기능이나 가격을 소비자가 신속하게 비교할 수 있는 시장을 주도할 새로운 중개업자의 등장이 큰 역할을 하고 있다. 소비자에게 매력적인 시장을 제공하는 중개업자가 주도하는 웹 사이트에는 많은 소비자를 끌어 모으는 힘이 있으며, 이런 힘을 바탕으로 수량적인 면에서 구매력을 획득한 것도 소비자에게로 주도권이 이행되는 중요한 요인이 되고 있다. 특정의 구매 목적을 가진 소비자가 구매 조건을 제시하면, 공급자가 소비자의 구매 정보를 토대로 판매권을 경합하는 역경매형 비즈니스 모델은 소비자로의 주도권 이행을 더욱 가속화하고 있다.

한편 e-비즈니스에서 비즈니스 형태의 진화 과정을 살펴보면, 소비자의 주도권이 더욱 강화되는 것을 알 수 있다. [그림 1-17]은 e-비즈니스에서의 비즈니스 형태가 진화해 가는 모습을 나타내고 있다.

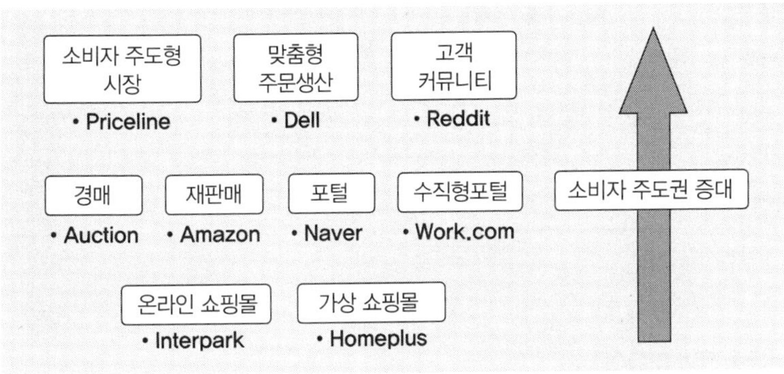

[그림 1-17] 소비자의 주도권 증대에 의한 시장 변화

*자료원: 아더앤더슨, 2000 수정

전자상거래 초기에는 온라인 점포나 가상 쇼핑몰이 대부분이었다. 그 후에 이용자의 유연성을 제공하는 경매 사이트나 단순한 상품 판매에만 머물지 않는 재판매업자가 등장한다. 그리고 다시 포털 사이트나 특정한 분야로 특화한 수직형 포털로 진화하는 모습을 보여 왔다.

그러다가 최상위 단계에서는 공급자가 시장을 제공한다기보다는 e-비즈니스 제공자가 소비자 주도의 장소를 제공한다는 의미가 강해진다. 이 단계가 되면 B2C가 아니라 C2B라고 하는 것이 더 적절할 것이다. [그림 1-17]에서 볼 수 있듯이, e-비즈니스의 진화는 바로 소비자의 주도권이 증대되는 비즈니스 모델의 실현이라고 할 수 있다.

6.2 비즈니스 형태에 미치는 영향

전자상거래는 기존의 구매 사이클이나 조달 사이클의 모든 비즈니스 프로세스에 영향을 미치고 있다. 〈표 1-7〉은 비즈니스의 속도, 제품의 속성, 가격 설정 방법, 생산 타이밍, 제공하는 가치, 전략적인 자산 등 비즈니스를 특징짓는 요소를 '전통적 비즈니스', '초기 단계의 웹', 'e-비즈니스'로 구분하여 비교한 것이다.

〈표 1-7〉 전통적인 비즈니스와 전자상거래

구분	전통적 비즈니스	초기단계의 웹	전자상거래
속도	매주	매일	매분
제품속성	공급자가 선택	공급자가 선택	소비자가 선택
가격	리스트	리스트	시장이 형성
생산	판매 전	판매 전	판매 후
가치 제공	제품	정보	통합 서비스
전략적 자산	장소	외관	소비자 정보

*자료원: 아더앤더슨, 2000

(1) 속도-유동적인 미디어

소비자는 상품과 서비스에 관한 정보와 그 평가를 언제라도 갱신할 수 있다. 따라서 항상 상품과 서비스를 개량하지 않으면 진화하는 고객의 요구를 따라가지 못하고, 결국 고객을 잃어버리게 될 것이다.

(2) 제품 속성

소비자가 제품의 특징과 속성을 결정하고 주문을 한다. 미리 결정된 제품의 사양은 시장에서의 실패를 초래할 수가 있다. 다양한 사양과 속성을 선택하도록 소비자에게 선택권을 주는 것이 성공의 비결이다.

(3) 직접 판매와 주문 생산

전자상거래에서는 점포가 필요 없기 때문에 제조업자가 직접 소비자에게 상품을 판매할 수 있다. 이와 같은 직접 판매 방식의 도입은 판매할 때 중간 비용을 절감하고, 동시에 소비자의 주문을 받고 나서 제품을 생산하는 주문 생산을 가능하게 한다. 한편 제조업자는 재고를 쌓아 둘 필요가 없기 때문에 재고 관리에 드는 비용을 절감할 수 있으며, 항상 최신 제품을 판매할 수 있게 된다.

(4) 신뢰성: 하루 24시간, 1년 365일 영업

고객의 요구가 계속 높아지고 있으므로 항상 그에 대처하는 방법을 찾아 나가야 한다.

(5) 규모: 글로벌 마켓

시간과 장소에 구애받지 않고 비즈니스를 해야 하므로 비즈니스 모델 자체를 기존대로 내버려 두어서는 안 된다. B2C 시장에서는 더욱 그렇다.

(6) 전략적 자산: 소비자 정보

전략적 자산은 장소나 웹 사이트의 외관이 아니라 소비자에 대한 정보이다. 이 정보를 토대로 소비자의 욕구와 필요 사항을 분석하고 추출하여 그에 걸맞는 제품과 서비스를 고안해 내고 평가받을 때에 가업 가치는 상승하게 된다.

6.3 산업에 미치는 영향

전자상거래에 의해 가장 큰 영향을 받는 업종은 금융, 엔터테인먼트, 여행 등 제품과 서비스가 주로 정보 자체인 산업이나 서비스 지향적인 산업이다. 인터넷은 정보를 전달하기엔 훌륭한 수단이므로, 가령 계좌 잔액 조회나 계좌 이체, 증권의 매매나 입출금 확인, 광고 페이지나 화상, 음악이나 비디오, 소프트웨어, 해외여행의 예약이나 취소 등을 취급하는 산업이 먼저 영향을 받는다. 최근에는 스마트 기기의 발달로 인해 이동 중에도 실시간으로 소통을 하고 있다.

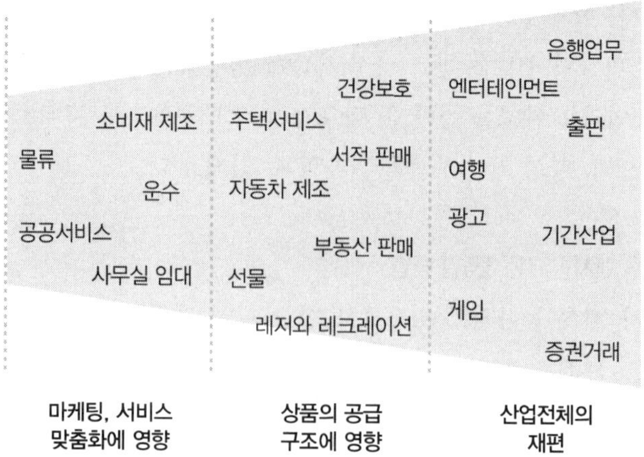

[그림 1-18] e-비즈니스의 영향을 받는 산업

*자료원: 아더앤더슨, 2000 수정

지점이나 점포에 고객이 나갈 필요성이 대폭 줄어들면, 기업 입장에서는 판매용 시설이나 점포 유지에 드는 비용이 줄어든다. 따라서 인터넷에서 제공하는 제품과 서비스에 점포에서 제공하는 것과는 다른 가치가 포함되기만 하면 기업은 저렴한 비용으로 고객을 확보할 수가 있다.

소매업이나 유통업 등 소비자를 주요 고객으로 하는 산업에서는 가능한 한 중개업자를 경유하지 않는 직접 판매 같은 비즈니스 모델을 전개하고 있다. 제품이 생산된 후 소비자의 손에 건내질 때까지 제품 유통에 중개업자가 다수 끼어 있었던 기존의 소매 유통업 비즈니스 모델에 생산자와 소비자를 직접 연결하는 인터넷은 큰 위협이 되고 있다.

생산자는 고객의 소비 동향을 직접 파악함으로써 민첩한 마케팅을 할 수 있게 되고, 또 상품을 직접 소비자에게 전달함으로써 물류비용을 절감해 상품 자체의 가격을 낮추어 경쟁력을 확보할 수가 있다(아더앤더슨, 2000).

7. 디지털 트랜스포메이션

7.1 디지털 트랜스포메이션 시대의 모바일 상거래 대두

전자상거래 시장규모를 살펴보면 2017년 전 세계 16억 6천만 명의 사람들이 온라인으로 물건을 구입하였으며 전 세계 전자 소매 판매액은 2조 3천억 달러의 실적을 나타내고 있으며, 2021년에는 4조 4,800억 달러까지 증가할 것으로 예측된다. 아시아 태평양 지역의 온라인 소매 판매액은 2016년 소매판매액의 12.1%를 차지하였으며, 북아메리카에서는 8.1%, 중동과 아프리카에서는 1.8%의 판매율을 기록하였다(IOU, 2018).

2018년 5월 기준 국내 온라인쇼핑 거래액은 최근 소비 트렌드 변화(1코노미[7], 소확행[8], YOLO[9] 등)에 부응한 고객지향 서비스(빅데이터 기반 서비스) 제공 및 결제의 편리성으로 전년동월대비 22.7%(1조 6,723억 원) 증가한 9조 544억 원을 기록하였다. 상품군별로는 여행 및 교통서비스[10](24.2%), 음 · 식료품[11](29.9%), 화장품[12]32.0%), 음식서비스(70.2%) 등에서 증가한 반면, 문화 및 레저서비스[13](−12.1%), 자동차용품[14](−2.8%)에서 감소하였다.

1코노미
소확행
YOLO

모바일쇼핑 거래액은 간편 결제의 편리성 등으로 여행, 음식 관련 서비스가 증가하고 음 · 식료품, 가전 · 전자 등의 상품거래도 늘어 전년동월대비 1조 4,230억 원(33.8%) 증가한 5조 6,285억 원이다. 모바일쇼핑 거래액이 온라인쇼핑에서 차지하는 비중은 62.2%로 지난 4월 최고치(61.3%)보다 0.9%p 증가하였다.

온라인쇼핑의 취급상품범위별 거래액은 전년동월대비 종합몰은 22.6% 증가한 6조 2,579억 원을, 전문몰은 22.7% 증가한 2조 7,965억 원을 기록하였으며 온라인쇼핑의 운영형태별 거래액은 전년동월대비 온라인몰은 22.8% 증가한 5조 9,919

7) 1인 소비 경제
8) 작지만 확실한 행복
9) You Only Life Once
10) 여름휴가 및 국외여행 예약 증가와 교통서비스 등 온라인 구매 증가
11) 1인 가구 증가와 주부들의 간편식 선호
12) 중국 관광객 증가로 온라인 면세점 거래 증가
13) 영화 흥행 부진, 연극 상영 및 관람 감소
14) 모바일 내비게이션 사용 증가와 자동차 내장용품 및 편의용품 거래 감소

억 원을, 온 · 오프라인 병행몰은 22.4% 증가한 3조 625억 원을 기록하였다.

이러한 국내 온라인 쇼핑 시장의 급성장으로 글로벌 전자상거래 기업들의 관심 증가하였다.

높은 수준의 스마트폰 보급률과 온라인 쇼핑 인프라, 온라인 쇼핑에 적극적인 소비자 등이 한국 전자상거래 시장의 매력 포인트로 분석되었다.

액티브X

액티브X 의무화 폐지로 온라인 쇼핑 환경이 크게 개선될 것으로 기대되는 것도 간편결제 플랫폼을 보유한 글로벌 전자상거래 업체들이 국내 온라인쇼핑 시장에 관심을 집중시키고 있는 이유 중의 하나로 분석되었다. 이러한 추세에 따라 알리바바와 아마존을 중심으로 국내 온라인 쇼핑 및 전자상거래 시장 진출을 강화할 것으로 예상된다. 아마존은 현재 클라우드 사업을 진행하고 있지만, 기업 대상 전자상거래 사업을 시작으로 소비자까지 단계적으로 국내 시장 진출을 확대할 전망이나 현재까지는 마케팅 및 비즈니스 개발 인력확보에 주력하고 있다. 알리바바는 인천시와 물류센터 건설을 추진하고 있으며, 알리페이를 앞세워 국내 모바일 결제시장까지 진출할 것으로 예상되며, 이마트 · 롯데마트 등 국내 대형 유통업체들은 알리바바와의 협력을 통해 중국 시장 진출을 진행할 계획이다.

모바일 기술의 급속한 발전으로 모바일 인터넷 속도가 빨라지고 모바일 애플리케이션과 전용 앱스토어의 등장으로 모바일 상거래 환경이 개선되고 있다. 제한된 콘텐츠 유통에서 고화질 영상 콘텐츠의 전송이 가능해짐으로써 디지털 콘텐츠 비즈니스에서 수익을 창출할 수 있는 창구(window)가 다양해지고 있다. 각 모바일 사업자들이 제공하는 앱스토어의 매우 다양한 애플리케이션들은 각각 하나의 수익 창구로 기능할 수 있으며, 4~5세대 모바일 기술(4G, 5G)로 인해 모바일 상거래 시장에서 게임, 영화, 드라마, 뮤직비디오 등을 포함하는 동영상 콘텐츠, 전자책 등의 콘텐츠가 핵심 디지털 콘텐츠로 부상하고 있다(이양환, 2012).

7.2 핀테크 산업의 확산

FinTech (Finance+Technology)

모바일 상거래에서 IT와 금융이 융합된 IT 기술 기반 금융 서비스인 FinTech (Finance+Technology) 트렌드가 확산되고 있는 추세이다. 모바일 결제, 모바일 송금, 온라인 재정관리 등 IT 기술 기반 금융서비스뿐만 아니라 혁신적 비금융 기업이 신기술을 활용하여 금융서비스를 직접 제공하는 것도 의미한다. 가장 기본적인 지급결제에서부터 금융데이터분석, 금융소프트웨어 제공, 플랫폼 역할 등 다양한 범위로 확장이 가능하다. 모바일 결제시장이 2015년 4,500억 달러에서 2019년 1조 800억 달러로 성장할 것으로 예측하고 있다(TrendForce). 얼라이드 마켓 리서치(Allied Market Research)는 전 세계 모바일 결제시장이 2016년부터 2022년까지 연평균 33.4%의 성장률을 보이며, 2022년까지 약 3조 4,000억 달러에 달할 것으로 예측하고 있다.

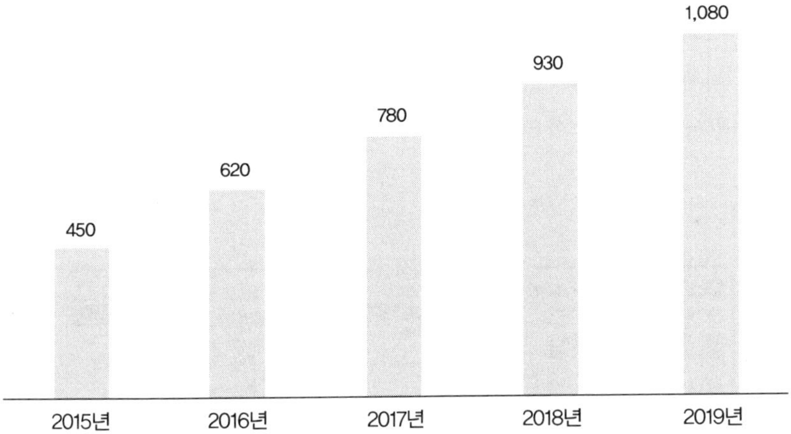

[그림 1-19] 세계 모바일 결제시장 (단위: 10억 달러)

*자료원: TrendForce(https://www.trendforce.com)

금융기관과 IT 기업이 핀테크 시장 선점과 주도권을 둘러싼 치열한 경쟁을 펼치면서 시장이 급속하게 확대되고 있다. 금융기관은 IT 기술을 활용하여 기존 오프라인 영업방식을 온라인 · 모바일로 확장하면서 핀테크 서비스들을 제공(모바일 · 스마트폰 뱅킹, 앱카드 등)하고 있으며, 빅데이터를 통한 금융데이터 분석 서비스도 제공하고 있다. IT 기업들이 혁신적 IT 기술을 활용한 간편결제 서비스와 금융관련 인허가 획득을 통해 금융 서비스를 제공하고 있다.

핀테크 확산으로 금융 상품의 수명주기와 진화속도가 가속화되고, 금융비즈니스에 큰 변화를 초래하고 있다. ICT 기술 발전과 금융산업의 적용으로 글로벌 금융위기 이후 정체되었던 금융산업의 성장성을 높일 수 있는 계기로 작용하고 있으며 금융상품과 서비스의 판매 채널이 금융기관에서 통신사 · 유통업체 · 인터넷 업체 등으로 확대되면서 고객 편의성이 한층 더 제고될 것으로 전망되고 있다.

핀테크 시장 내 전방위 경쟁이 심화되면서 금융상품 및 서비스의 양적 확대와 질적 업그레이드가 빨라질 전망된다. 오프라인 및 인터넷에서 모바일 · 스마트폰 및 IoT로 금융 산업의 무게 중심 재편과 함께 금융기관과 IT 기업의 협력도 증가하고 있으며 알리페이와 페이팔이 전세계 양강 구도를 형성하고 있는 가운데, 다양한 분야의 IT 및 금융기업들이 핀테크(모바일 결제)시장에 참여하고 있으며 알리페이와 페이팔은 시장 지배력을 가진 유통사업자(알리바바, 이베이)의 독점적 결제수단으로 사용하면서 성장하는 추세이다.

SNS 사업자(SNS/메신저 이용자 기반), 통신사(통신가입자 기반), 스마트폰 OS기업(모바일 결제 앱과 임베디드 경쟁력 기반), 금융기관(모바일 결제앱과 가맹점 기반), 전자상거래(전자상거래 사이트와 결제 유발 기반) 등이 핀테크 시장에서 경쟁하는 상황이다.

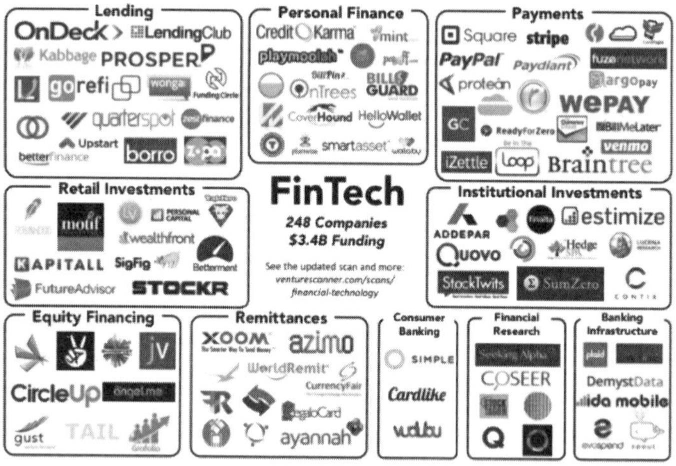

[그림 1-20] 핀테크 생태계

*자료원: Venture Scanner

7.3 스마트홈 시장 경쟁 심화

스마트홈 글로벌 시장은 2017년 374억 달러에서 2023년 1,454억 달러로 연평균 25.4%의 고성장이 전망된다. 국내 시장은 2017년 15조 원에서 2025년 31조 원으로 연평균 9.5%의 성장이 전망된다. 성장성이 높은 스마트TV · 홈엔터테인먼트와 스마트융합가전은 2025년 기준 각각 전체 시장의 58.7%, 32.7% 비중에 달할 것으로 예상된다.

무선통신 기술을 기반으로 엔터테인먼트, 에너지, 보안, 교육, 가전 산업 등이 융합되면서 시장이 급속히 성장하고 있다.

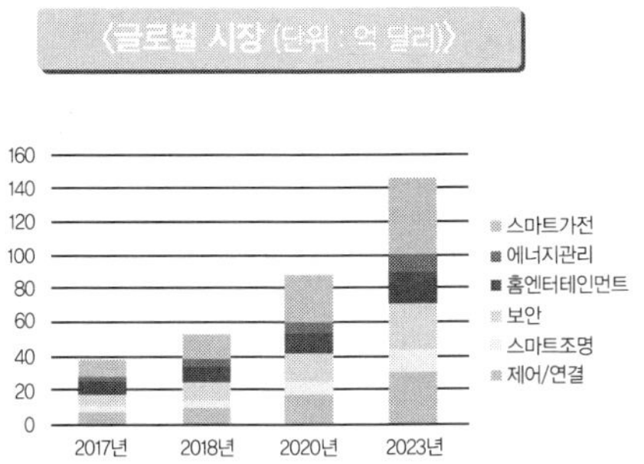

*자료원: Statista(2018.11), 2018년부터 전망치

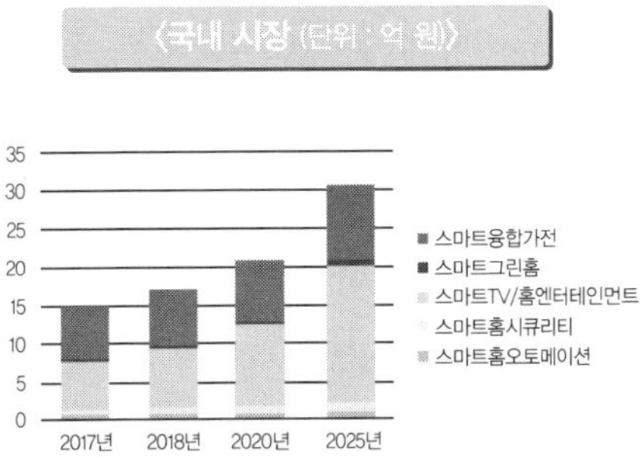

*자료원: 한국스마트홈산업협회(2019.1), 2018년부터 전망치

[그림 1-21] 국내외 스마트홈 시장 추이 및 전망

이는 스마트 기기 확산, IoT 기술 발전, 플랫폼 사업자의 시장 참여 확대가 스마트홈 시장 성장의 주요요인이다. 2000년대 중반까지는 홈오토메이션 중심의 홈네트워크 시장이 건설사들을 중심으로 신규 아파트에 도입되기 시작하면서 활성화되고 있으나 표준화 부재, 유지보수 문제, 킬러 애플리케이션 부족 등의 한계점을 노출하면서 지속적인 성장은 실패한 것으로 나타났다.

무선통신기술 발전, IoT 플랫폼 기반 확대 및 적용 제품 다양화, 통신사들의 신규 시장 창출을 위한 적극적인 참여 등으로 시장이 활성화되고 있으며 스마트홈에 대한 소비자들의 인식 변화도 스마트홈 시장이 활성화되는 주요 요인 중의 하나이다. 보안, 외부에서의 가정 내 활동 감시, 에너지 비용 절감, 편리한 생활, 화재·침수 방지 등이 스마트홈 도입의 혜택으로 인식하고 있다. 미국 광대역 서비스 가입 가구 중 26%는 12개월 내 스마트 홈 기기/시스템을 구매할 의도가 있는 것으로 나타났으며, 최소 한 개의 스마트홈 기기 구매 의도가 있는 가구도 13%인 것으로 나타났다(Parks Associates & CEA).

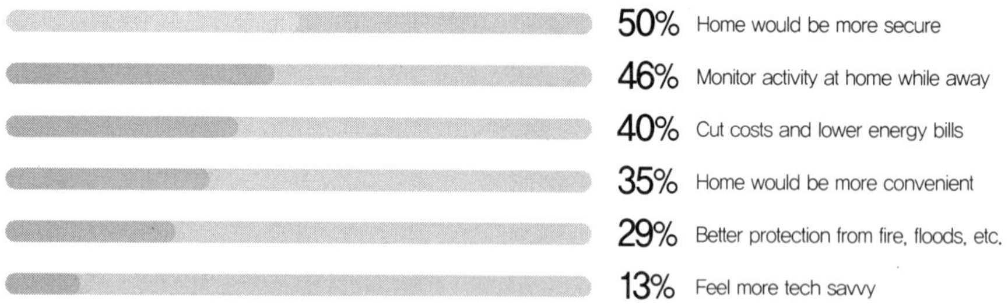

[그림 1-22] 스마트홈 도입의 혜택 (미국 소비자 기준)이슈 및 쟁점

*자료원: Harris Poll(2014.7)

국내 스마트홈 시장은 삼성전자, 애플, 구글 등 글로벌 ICT 기업들의 주도권 확보를 위한 치열한 경쟁이 펼쳐질 전망이다. 삼성전자는 5년 내 모든 삼성제품을 IoT로 연결하는 것을 목표로 후각센서, 동작인식센서, 모바일 애플리케이션 프로세서, D램, 임베디드 패키지 온 패키지 반도체 개발에 주력하고 있으며, IoT 플랫폼 개발사인 스마트싱스와 유통사업자 콰이어트 등을 인수하면서 본격적인 사업추진 에 박차를 가하고 있다. 구글은 스마트홈 기기 제조업체인 네트스랩스를 32억 달러에 인수하고 구글 나우와의 연동 강화 및 서비스 개발에 주력하고 있다. 또한, 애플의 경우 아이폰을 중심으로 각종 가전기기를 연결하는 스마트홈 플랫폼 홈킷을 공개하였으며, 스마트홈 기업 M&A, 디바이스 사업자인 허니웰과의 협력(스마트홈 온도조절장치)에 주력하고 있다.

7.4 블록체인 기술의 등장

블록체인(Blockchain)
블록체인 기술

2018년도 국가정보화예산은 총 5조 2천억 원이며 이중 정보보호에 4,487억 원을 정보보호에 투자할 계획이며, 상당수가 해킹과 위조를 막는데 사용될 예정이다(한국정보화진흥원, 2018년도 국가정보화추진반향설명회). 즉, 해킹이나 디도스 공격을 막는 시스템을 구축하고, 거래 시스템의 보안을 높이기 위한 것이다. 그런데 이런 노력 없이 근본적으로 해킹과 위·변조를 할 수 없도록 하는 기술이 주목받고 있다. 그것이 바로 '블록체인(Blockchain)' 기술이다. 블록체인은 일종의 디지털 거래장부이며, 보안 측면을 강조해 새로운 해킹 방어 기술로 부르기도 한다. 블록체인 기술은 2008년 10월 31일 사토시 나카모토(본명: Craig Steven Wright)가 인터넷에 발표한 논문에서 처음 소개되었다. 사토시 나카모토는 이 논문에서 비트코인(Bitcoin)을 "P2P 네트워크를 이용해 이중 지불을 막을 수 있으며, 전적으로 거래 당사자 사이에서만 오가는 전자화폐"라고 소개했다. 즉, 블록체인 기술이란 이중 지불과 복제를 막기 위하여 P2P 네트워크를 이용, 거래를 관리하는 중앙 기관이 없이 다수의 비트 코인 사용자가 거래 기록을 함께 관리하는 것이다. 거래 기록은 블록(Block)이라는 곳에 보관되고 블록별로 정리된 거래내역 전체를 블록체인(Blockchain)이라고 한다. 인터넷에서 교환된 정보를 블록에 저장한 후 과반수 이상의 참여자들이 블록에 기록된 정보가 이상이 없음을 검증한 후 블록들을 연결하여 하나의 체인으로 생성한 후 참여자들의 컴퓨터에 저장하는 것이 블록체인을 활용한 P2P 기반 거래내역 관리 프로세스이다. 인터넷에서 거래 기록을 10분마다 모든 사용자가 갱신하여 공유하기 때문에, 사용자 중 일부가 거래내역을 분실하거나 훼손하였더라도 다른 사람들이 공통적으로 '옳은' 기록으로 인정한 거래내역을 기반으로 분실되었거나 훼손된 기록들을 보완하여 관리한다.

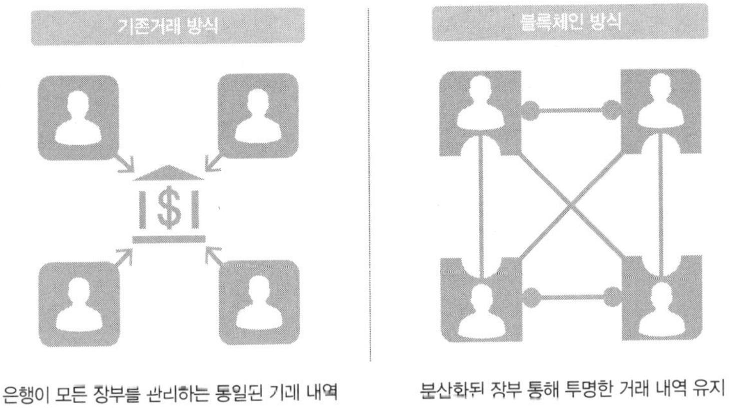

[그림 1-23] 기존 거래방식과 블록체인 거래방식의 비교

*자료원: SW중심사회, 2017

블록체인을 이해하기 위해서 '비트코인'을 살펴보고자 한다. 비트코인은 대표적인 온라인 가상화폐로 블록체인을 사용한 최초이자 최고의 성공 사례이다. 일반적인 가상화폐와는 많은 점에서 다르며, 한때 유명했던 싸이월드의 '도토리'같은 가상화폐는 이를 발행하고 운영하는 회사가 존재하지만, 비트코인은 통화를 발행하고 관리하는 중앙장치가 존재하지 않는 구조를 가지고 있다. 대신 비트코인은 P2P(Peer to Peer)를 기반으로 거래가 이루어지며, 거래내역을 저장할 때 사용되

비트코인
P2P(Peer to Peer)

는 것이 '블록체인'이다. 2019년 7월 기준 비트코인 가격은 하나당 10,423달러였다. 비트코인은 시총 217조 원을 넘어서고 있다. 불과 3년전 개당 240달러선에 비교하면 투자에 대한 매력과 가치를 보여 주고 있기도 하다. 그러나 현재 비트코인을 받는 가맹점은 줄고 있고, 실생활에서 활용되지 못하고 있는 형편이다. 또한 총량이 2,100만 개 정도이며, 대형 보유자들이 유통시키지 않아 물량이 적으며, 일시에 수요가 몰리면 수급 불균형이 발생하여 가격이 급등 또는 급락하는 사태를 보이고 있다.

블록체인의 출발은 비트코인이었지만 블록체인 활용분야의 확장 가능성은 무궁무진하다. 금융뿐만 아니라 의료데이터, 정부 행정서비스, IoT 플랫폼까지 활용범위를 넓혀가고 있다.

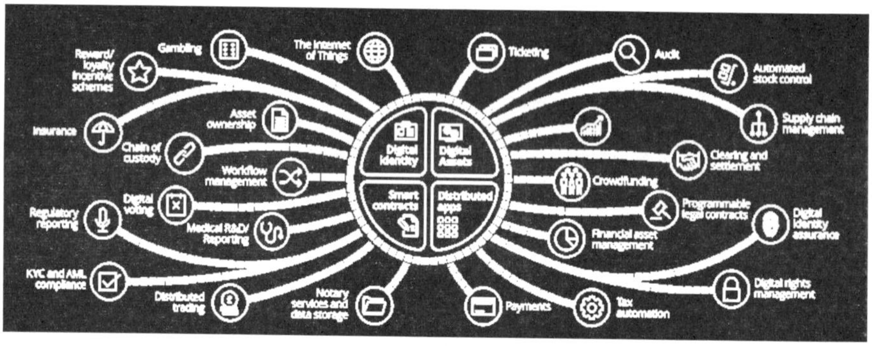

[그림 1-24] 블록체인의 활용범위

*자료원: What can you do with a blockchain?, Deloitte

국내는 아직 금융산업에만 국한되어 적용영역을 넓히고 있지만, 해외의 경우 다양한 산업에서 폭 넓게 적용을 늘려가고 있다. 자동차산업의 경우, 2018년 5월 토요타의 연구기관(Toyota Research Institute)이 스마트 자동차 시대에 대비한 블록체인 연구결과를 발표하였다. 차량 데이터 관리 측면에서 블록체인 기술을 이용하여 데이터 분류와 데이터 보호차원에서 많은 기술개발이 이루어질 것으로 예측하였다. 차량으로부터 수집된 데이터를 공개 가능 데이터, 판매가능 데이터, 보험사 송부 데이터 등 종류별로 분류하고 다양한 분야에서 활용될 때 문제가 발생하지 않도록 데이터에 대한 위 · 변조 방지 기술이 개발될 예정이다. 데이터 기반 새로운 서비스 개발 측면에서는 주행거리, 정비기록, 보험에 사용하는 데이터, 개발과정에서 얻은 시험 데이터 등 다양한 데이터 관리에 블록체인이 활용될 수 있을 것으로 예측하였다. 블록체인 기술을 활용하여 스마트 자동차라는 실물 정보와 이용 정보를 연결시키면 정보자산 소유자와 이용자가 지속적으로 바뀌는 셰어 서비스에 활용하기 적합하다고 내다보고 있다. 특히, P2P 네트워크를 사용함으로써 중앙관리자가 필요 없기 때문에 공공성이 높은 교통정보 교환과 업계 간의 공급망 관리에 유용할 것으로 판단하고 있다(한국교통연구원, 2017).

2025년이 되면 전 세계 GDP의 10%가 블록체인으로 관리될 것이라는 세계경제포럼(WEF)의 전망과, 세계의 주요금융기관이 일정한 표준과 프로세스에 합의해야 하는데 그게 가능하겠느냐는 현실적인 비관론이 공존하고 있다. 그러나 신기술이 도입되는 과정은 언제나 그래왔듯이 결국, 미리 준비하는 것과 해당 기술이 효과를 볼 수 있는 영역을 얼마나 잘 찾아 적용하느냐가 블록체인을 활용하고자하는 업계에서의 자세라고 할 수 있다(인더스트리 포커스, 2017).

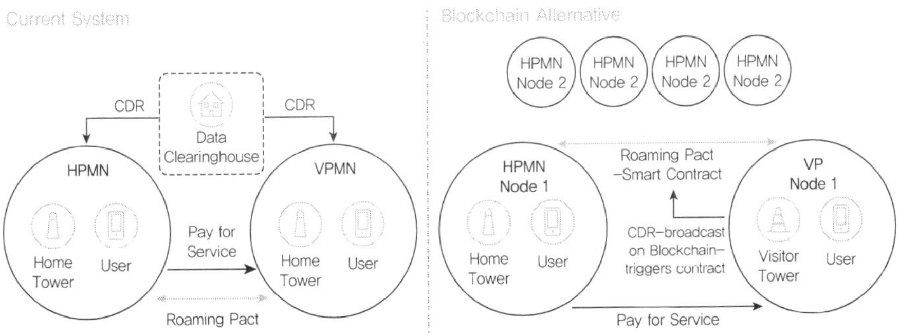

[그림 1-25] 현재 시스템과 블록체인 시스템의 비교

*자료원: 블록체인 세상을 바꾸는 기술, 인더스트리 포커스 50호, 2017.11

참고문헌

과학기술정통부, I-Korea 4.0실현을 위한 인공지능 R&D전략, 2018.05.

국가정보화위원회, 지식정보 개방과 협력으로 스마트정부구현, 2011.11.

김윤화, "SNS(소셜네트워크서비스) 이용추이 및 이용행태 분석", KISDI STAT Report 15-03-02, 2015.03.25.

김윤화(2016), "SNS(소셜네트워크서비스) 이용추이 및 이용행태 분석", KISDI STAT Report 16-07, 2016.04.15.

노규성 외, 스마트시대의 전자상거래, 생능출판사, 2013

노규성 외, 빅데이터시대의 전자상거래, 생능출판사, 2015

딜로이트 컨설팅, 블록체인 세상을 바꾸는 기술, 인더스트리 포커스 50호, 2017.11.

미디어통계포털(KISDISTAT)홈페이지, http://stat.kisdi.re.kr/MediaPanel/MediaPanel_Diary_Etc.aspx?tablename=TBS_B_DIARY_C

류한식, 빅 데이터비즈니스이슈와 전망, Issue & Trend, 2012

삼성경제연구소, '빅 데이터 분석과 활용', 2011.02.

송태민, 보건복지 빅 데이터 효율적 활용방안,보건복지포럼, 2012.11.

송민정, 빅 데이터가 만드는 미래지도,한스미디어, 2012

아더앤더슨(ARTHER ANDERSEN), 2000

이양완, 모바일 애플리케이션 비즈니스 현황과 전망, KOCCA 포커스, 48호, 한국콘텐츠진흥원, 2012

정보통신정책연구원, 2014

정지선, 신가치창출 엔진, 빅 데이터의 새로운 가능성과 대응전략, IT&Future Strategy,제18호, p.4, 2011

통계청, 2014

주윤경, 스마트 시대의 비즈니스 트렌드 변화와 시사점, 한국정보화진흥원, 2011

한국스마트홈산업협회, Strategy Analytics, 2014

한국인터넷진흥원, 2017 인터넷이용실태조사보고서, 2017

한국전자상거래연구소, 2002

Chris Anderson,'The End of Theory:The Data Deluge Makes the Scientific

Method Obsolete',WIRED MAGAZINE:16.07,www.wired.com/science/discoveries/magazine/16-07/pb_theoy

Gartner, 2013

IOU, White Paper, 2018

Kalakota, R. and Whinston, A. B., Electronic Commerce : A Manger's Guide, Addison-Wesley, 1996

Harris Poll, 2014

Kalakota, R., Robinson, M., E-Business 2.0: Roadmap for Success, Reading, MA, Addison-Wesley. p 243, 2001

KISDISTAT Report, Vol 18-21, 2018.06.15

KT경영경제연구소. 스마트 커머스, REAL 쇼핑이 가져온 변화와 기회. IT전략 보고서, pp. 1~13, 2010

Mobile Commerce Daily, Mobile commerce sales to reach $10B next year: Forrester. Available: http://www.mobilecommercedaily.com/2011/06/20/mobile-commerce-sales-to-reach-

10-billion-next-year-forrester, 2011.06.20.

Netterm, 2014

Venture Scanner

Wikipedia, 2012.10.12.

Wikibin, 2014

biz.chosun.com/site/data/html_dir/2014/07/28/2014072802548.htm

http://www.bloter.net/archives/217465

www.eMarketer.com

연·습·문·제

1. 전자상거래의 유형에 대하여 설명하라.

2. 비즈니스 패러다임의 변화 메커니즘에 대하여 설명하라.

3. 패러다임의 변화 메커니즘의 4가지에 대하여 설명하라.

4. 전자상거래의 영향에 대하여 설명하라.

5. 스마트 시대의 모바일 상거래의 중요성에 대하여 설명하라.

6. 비즈니스 모델과 수익모델의 개념을 설명하라.

2

CHAPTER

소비자 전자상거래

전자상거래는 경제주체에 따라 소비자 전자상거래(B2C, C2C, C2B, G4C 등)와 조직 간 전자상거래로 구분된다. 이 장에서는 소비자 전자상거래 유형과 포털 등의 기반 서비스에 대해 설명하고 금융모델과 서비스 사업모델에 대해 소개하여 소비자 전자상거래에 대한 전반적인 이해를 도모하고자 한다.

1. 소비자 전자상거래 개요

2. 경제주체별 소비자 전자상거래

3. 기반 서비스

4. 서비스 사업 모델

5. 금융모델

1. 소비자 전자상거래 개요

1.1 소비자 전자상거래의 개념과 유형

소비자 전자상거래는 기업과 고객 간에 이루어지는 서비스를 의미하며, 공급자와 소비자 간에 인터넷상에서 행해지는 다양한 유형의 상거래를 포괄한다. 이를 경제주체별 유형으로 분류하면, 공급자와 소비자 간에 이루어지는 소매형태의 전자상거래인 B2C, 인터넷 경매와 같이 중개기관을 거치지 않고 소비자들이 인터넷을 통해 직거래를 하는 방식인 C2C, 기업이 주도권을 가지는 B2C와는 다르게 소비자가 주도권을 가지고 거래하는 방식인 C2B, 정부가 일반 시민들에게 정보를 제공하는 방식인 G4C, 기업과 기업, 기업과 소비자 간의 거래를 결합시킨 방식인 B2B2C가 있다. 이외에도 기반서비스, 서비스 사업모델, 금융모델 등의 분야에서 여러 가지 소비자 전자상거래가 지속적으로 개발 및 확산되고 있다. 이에 대해서는 2절, 3절, 4절, 5절에서 소개할 것이다.

1.2 소비자 전자상거래의 규모 및 현황

통계청(2018)에 따르면, 2018년 연간 온라인쇼핑 거래액은 111조 8,939억 원으로 전년(91조 3,000억 원)에 비해 22.6% 증가를 나타내고 있다. 온라인쇼핑 거래액 중 모바일쇼핑 거래액은 68조 8,706억 원으로 31.7% 증가하고 있다.

〈표 2-1〉 전자상거래 규모 (단위: 억 원, %)

		2015년	2016년	2017년	2018년^{p}
○ 총 거래액		540,556	656,170	913,000	1,118,939
	모바일 거래액	248,570	355,466	522,790	688,706
- 전년비	온라인				22.6
	모바일				31.7

*자료원: 통계청

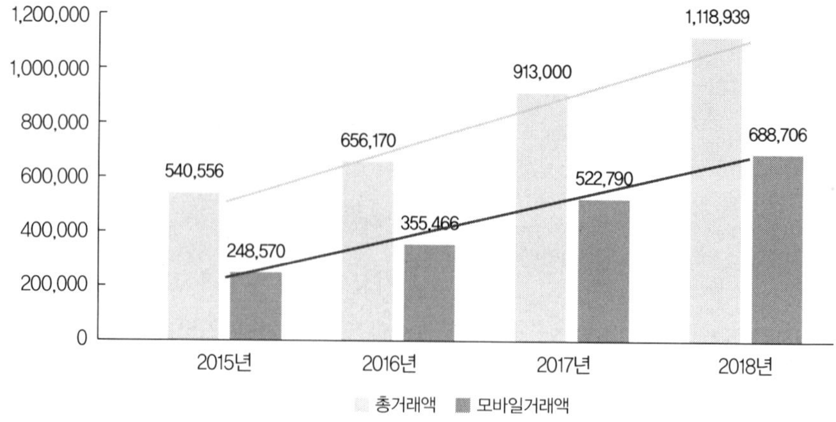

[그림 2-1] 전자상거래 규모 추이 (단위: 억 원)

통계청에 따르면, 2018년 상품군별 온라인쇼핑 거래액 구성비는 음식서비스(1.5%p), 가전 · 전자 · 통신기기(0.5%p), 음 · 식료품(0.5%p), e쿠폰서비스(0.5%p) 등은 확대되었으나, 의복(−0.8%p), 생활용품(−0.4%p), 아동 · 유아용품(−0.4%p), 컴퓨터 및 주변기기(−0.4%p) 등은 축소되고 있다.

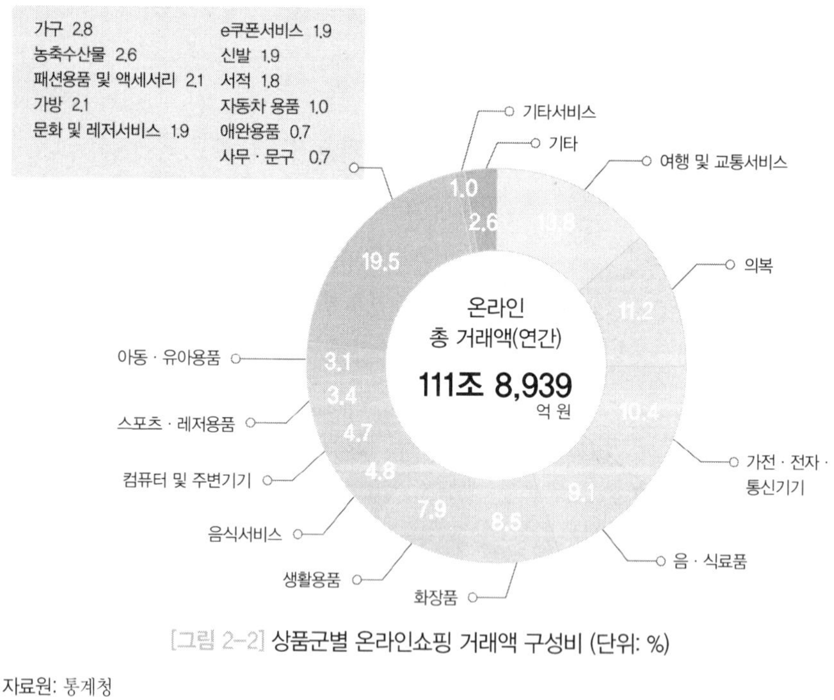

[그림 2-2] 상품군별 온라인쇼핑 거래액 구성비 (단위: %)

*자료원: 통계청

상품군별 모바일 쇼핑 거래액 구성비는 가구(2.9%p), 농축수산물(2.8%p), e쿠폰서비스(2.5%p), 가방(2.4%p), 패션용품 및 액세서리(2.3%p), 신발(2.1%p) 순으로 나타났다.

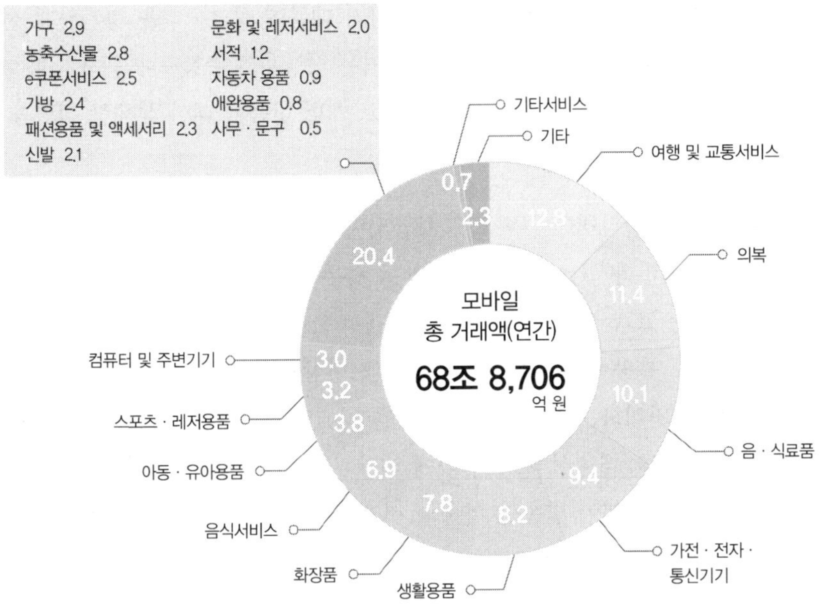

[그림 2-3] 상품군별 모바일쇼핑 거래액 구성비 (단위: %)

*자료원: 통계청

2. 경제주체별 소비자 전자상거래

2.1 기업과 개인 간 전자상거래(B2C)

2.1.1 B2C 개념

기업과 개인 간 전자상거래인 B2C(Business-to-Customer)는 대체로 쇼핑몰과 같은 형태로 기업과 고객 간에 거래관계가 형성되는 것을 말하며, 공급의 주체는 기업이다. B2C는 인터넷의 보급과 더불어 급속도로 성장한 인터넷 비즈니스분야로 상품의 생산기업이나 판매 기업들이 일반 소비자들을 상대로 가상공간인 인터넷상에 전자상점을 개설하고 상품이나 서비스를 판매하는 형태이다.

B2C(Business-to-Customer)

실제 판매장이 필요하지 않기 때문에 임대료라든가 유지비가 들지 않는다는 장점도 있지만, 사이버 공간의 인터넷 상점에서도 소비자가 편리하게 쇼핑하도록 하기 위해 항해 지원 도구를 잘 개발해야 하고, 웹 데이터베이스를 구축하는 등의 노력이 필요하기 때문에 상당한 전문성이 요구된다. 또한 일반 소비자들은 매우 다양한 동기와 욕구를 가지고 인터넷에 접속하기 때문에 목표고객을 정확하게 선정해야 한다. 기업 구매자에 비해서 일반 소비자는 상당수가 충동구매를 하기 때문에 인터넷의 쇼핑몰은 다양한 상품들을 보여주고 개별 상품에 대한 상세한 설명과 풍부한 정보를 제공해야 한다.

지난 20여 년간 인터넷이 급속도로 보급되면서 고객이 직접 컴퓨터와 인터넷을 통하여 업무를 처리하거나 물품을 구입하는 경우가 대폭적으로 늘어나고 있기 때문에 B2C에서는 고객 접점을 잘 찾아서 고객이 요구하는 정보를 제공하고 고객관리에 전략적으로 대응해야 한다. B2C는 인터넷상의 광고나 상품정보, 가격정보 등을 보고 주문, 거래하는 시스템으로 쇼핑몰 외에도 인터넷뱅킹을 통한 통장조회, 계좌이체, 통장개설, 대출신청 등이 이에 해당된다. 또한 페덱스(Fedex)사와 같은 화물운송회사에서 고객이 발송한 화물의 현재 위치와 전달 확인 여부를 인터넷을 통해 직접 파악하는 경우도 B2C에 속한다.

2.1.2 B2C의 사례: 인터넷 쇼핑몰

B2C의 대표적인 사례로는 사이버 쇼핑몰, 홈쇼핑, 홈뱅킹, 온라인 광고 등을 들 수 있다. 인터넷 쇼핑몰이란 많은 상점들이 가상공간에 밀집한 일종의 시장이라고 할 수 있다. 쇼핑몰은 인터넷상에만 있는 것이 아니라, 이미 실제 사회에 존재하고 있었던 개념으로 월마트(Walmart)나 이마트(E-mart)와 같은 실제 현실에 존재하는 쇼핑몰의 개념을 인터넷에서 그대로 구현하고 있다.

통계청에 따르면, 국내 온라인 쇼핑의 취급상품범위별 온라인쇼핑 거래액은 2018년 연간 취급상품범위별 온라인쇼핑 거래액은 전년대비(2017년) 종합몰 −0.7%, 전문몰 0.7% 증가하였다. 또한 운영형태별 온라인쇼핑 거래액은 전년대비(2017년) 온라인 업체는 −0.3%, 온 · 오프라인 병행업체는 0.3% 증가하였다.

〈표 2-2〉 취급상품범위 및 운영형태별 거래액 동향 (단위: 억 원, %)

구분		2017년		2018년	
			구성비		구성비
ㅇ 총 거래액		913,000	100.0	1,118,939	100.0
취급상품 범위별	종합몰[1]	5,997,893	67.4	7,140,008	66.7
	전문몰[2]	2,895,754	32.6	3,560,481	33.3
운영 형태별	온라인[3]	6,017,781	67.7	7,208,885	67.4
	온 · 오프라인몰[4]	2,875,865	32.3	3,491,604	32.6

주1) 인터넷상에서 취급하는 상품군이 다양하게 구성되어 여러 종류의 상품을 일괄 구매할 수 있는 온라인쇼핑몰

주2) 인터넷상에서 하나의 상품군 또는 주된 상품군만을 구성하여 판매하는 온라인쇼핑몰

주3) 컴퓨터 및 네트워크 기반(온라인)을 통해서만 상품 및 서비스를 최종소비자에게 판매하는 경우

주4) 온라인뿐만 아니라 기존의 상거래방식을 병행하여 상품 및 서비스를 최종소비자에게 판매하는 경우

인터넷 쇼핑몰은 시간과 공간의 제약이 없어지고 중간상인이 배제되어 가상공간에서 소비자와 공급자가 직접 만나서 거래가 이루어진다. 유통마진, 물류비용, 광고비용 등의 절감으로 인한 저렴한 거래비용, 편리성 등으로 인해 인터넷 쇼핑몰 시장은 급격히 증가하고 있으며, 2019년 2월 기준(잠정치) 인터넷 쇼핑몰은 총 9,596,567개로 온라인몰이 6,398,018개, 온 · 오프라인몰이 3,198,550개로 확인이 되고 있다. 이는 2018년 12월 기준 인터넷 쇼핑몰은 총 10,700,489개로 온라인몰이 7,208,885개, 온 · 오프라인몰이 3,491,604개로 2018년에 비해 소폭 감소한 것으로 보인다.

현재 인터넷 쇼핑몰의 유형으로는 백화점식 종합 쇼핑몰, 비교구매가 쉬운 복합 쇼핑몰, 특정 분야 제품 전문 쇼핑몰, 공동구매를 위주로 하고 있는 소셜 쇼핑몰 등이 있고 역경매, C2C 모델(경매나 중고품 교환 시장) 등도 발전하고 있다.

2.1.3 B2C 거래의 장단점

B2C 쇼핑몰을 통해 시간과 공간의 제약 없이 어디서나 원하는 물건을 쉽게 찾을 수 있으며 제품 브랜드 및 가격의 실시간 검색, 비교분석이 가능하므로 소비자는 최소한의 시간과 경비로 합리적인 제품구매가 가능하게 되었다. 인터넷을 통해 제품 선택에서부터 구매, 지불, 배송까지 모든 구매프로세스가 한 번에 이루어지므로 소비자에게 큰 편리성을 가져다주었고 기업의 입장에서도 유통비용과 광고비용 절

약으로 저렴하게 제품 공급이 가능하게 되었다. 한편 인터넷의 쌍방향성을 이용한 소비자 요구의 파악으로 효율적인 고객관리를 할 수도 있다. 그러나 전체 소매판매액에서 사이버쇼핑(B2C 등)의 거래 비중은 여전히 10% 수준에 머물고 있다. 소비자가 사이버 쇼핑을 꺼리는 이유는 여전히 인터넷 접근 기회가 모든 소비자에게 열려 있지 않은 데 따르는 정보기회의 부족을 들 수 있으며, 제품 불신, 제품정보 부족, 제품다양성 부족 등 쇼핑몰 자체의 문제점도 존재한다. 그리고 소비자는 특히 개인정보의 유출을 우려해서 자신의 신상 정보(예금계좌번호, 신용카드번호, 주민등록번호, 집주소 등)의 제공을 꺼리는 현상이 나타나고 있다.

2.2 기타 소비자 전자상거래의 유형

소비자 전자상거래 유형의 대표격인 기업과 소비자간 거래(B2C)는 기업이 고객에게 제품 및 서비스를 전달하는 수단으로 전자상거래를 사용하는 것을 말한다. 앞서 소개한 바와 같이 B2C는 제품과 서비스를 제공하는 기업과 이를 이용하는 소비자 간에 이루어지는 거래에 초점이 맞춰진 것으로 광고, 판매, 고객 서비스 등의 활동을 위해 고객 지향적인 전자상거래가 활용될 수 있다. 가장 대표적인 B2C의 유형으로는 인터넷 쇼핑몰이 있다. 포털이나 각종 미디어, 온라인 게임 등 엔터테인먼트 사이트도 일반 소비자에게 콘텐츠를 제공하고 그에 대한 비용을 받거나 광고 수익을 올리기 때문에 B2C형 전자상거래라고 할 수 있다.

소비자 전자상거래에는 B2C 외에도 C2C, G4C, C2B 등의 유형이 포함되며 최근에는 B2B2C 등의 새로운 유형도 나타나고 있다. 이하에서는 B2C 이외의 소비자 전자상거래 유형에 대해 소개한다.

2.2.1 개인과 개인 간 전자상거래(C2C)

C2C(Customer-to-Customer)

개인과 개인 간 전자상거래인 C2C(Customer-to-Customer)는 개인과 개인 간에 일대일 거래가 이루어지는 것을 말한다. 개인과 개인 간 거래에서 C2C는 중간의 매개역할을 하는 서버가 있고, 이 서버를 통해 상품, 서비스, 정보 등을 사이버 공간에서 거래하는 방식이다. 이는 고객이 공급의 주체인 동시에 수요의 주체가 되며, 인터넷은 매개 역할을 한다. C2C는 전통적 시장을 중심으로 거래가 발생하던 시기에는 불가능한 거래방식이다. C2C는 생활정보신문과 같은 것을 통해 부분적, 국지적으로 진행되던 것이 인터넷의 사용이 보편화되면서 광범위하게 확산된 것이다.

C2C는 개인이 상품의 구매 및 소비의 주체인 동시에 공급의 주체가 되기도 한다. 따라서 과거 대량생산, 대량소비의 시대에는 불가능하였으나, 인터넷이 소비자들을 직접 연결시켜 주는 시장 역할을 함으로써 가능해진 거래 유형이다. 현재는 경매나 벼룩시장과 같이 중고품을 중심으로 거래가 형성되고 있으나, 향후 더욱 다양한 상품거래가 이루어질 것으로 전망된다.

대표적인 C2C 사례로는 인터넷 경매를 들 수 있다. C2C는 비슷한 욕구와 동기를 가진 개인 소비자들이 효과적으로 의사소통할 수 있는 가상공동체를 형성하는 것이 무엇보다 중요하다. 또한 대다수의 소비자들이 상거래에 참여하기 때문에 고객이 사전 준비 없이도 거래 절차를 쉽게 이해할 수 있도록 시스템을 구축하여야 한다. C2C의 대표적인 사례로는 e-bay, 옥션, G마켓 같은 경매사이트를 들 수 있다. 최근 인터넷 경매업체들의 매출액이 빠른 속도로 증가하고 있는데, 이는 인터넷 경매 문화가 급속히 보급되는 추세에 따른 것으로 특히 저가 구매, 대량 판매가 가능해진 것이 가장 큰 요인으로 작용하고 있다. C2C 유형의 국내 인터넷 경매업체인 옥션(auction.co.kr)이 있다.

2.2.2 정부와 시민 간 전자상거래(G4C)

UN의 평가에 따르면 한국은 전자정부 선진국으로 나타나고 있다. 전자정부란 사이버 공간에서의 정부서비스를 의미하며 전자정부 서비스도 경제주체에 따라 G2B, G2C, G2G 등으로 나눌 수 있으며 G2C의 경우 G4C(Government for Citizen)로도 불리고 있다. G4C는 다양한 행정서비스를 전자화, 온라인화하여 언제 어디서나 접근과 이용을 가능하게 하는 서비스형 정부를 말하며 전자적인 민원안내와 민원처리(구직, 여권신청 등) 서비스, 전자투표 실시 시원, 국세청 서비스(hometax.go.kr) 등을 포함한다.

G2C
G4C(Government for Citizen)

일반 시민의 입장에서는 정부민원창구(http://www.gov.kr) 정부24를 통한 민원처리 서비스 지원이 대표적인 사례이다. 예컨대 경기도에서 서울로 이사 온 주민이 전입신고와 자동차 등록이전, 건강보험 주소변경을 위해서 이전에는 동사무소와 구청, 은행 등을 직접 방문해서 신고를 해야 했지만, 현재는 전자정부 단일창구를 통해 주소의 일괄적으로 갱신이 가능하다.

또한 정부24를 통해 개인의 경우 출생에서 사망까지, 기업의 경우 창업에서 폐업까지 전 과정에서 발생하는 민원의 처리절차를 체계적으로 안내하고, 안방에서 도 전자적으로 민원을 접수, 처리할 수 있게 되었다.

[그림 2-4] 정부24 화면

2.2.3 개인과 기업 간 전자상거래(C2B)

C2B(Customer-to-Business)

개인과 기업 간 전자상거래인 C2B(Customer-to-Business)는 소비자나 소비자 집단이 주도권을 가지고 거래하는 형태로 소비자가 개인이나 단체로 필요한 상품을 가격과 부대조건을 결정해서 이를 공급 기업에 제시하고 합의가 이루어지면 구매하는 것을 말한다.

즉, C2B는 고객이 개인적으로 혹은 단체를 구성하여, 상품의 공급자나 상품의 생산자에게 가격이나 수량 혹은 부대 서비스 등에 관한조건을 제시하고, 협상을 통해 서로 합의가 되면 거래가 이루어진다. 고객이 상품에 대한 많은 정보를 가지게 되면서, 거래의 주도권은 기업이 아닌 소비자가 갖게 되는 거래 형태이다.

C2B는 소비자가 직접 상품의 가격 및 부대조건을 제시할 수있다는 점이 B2C와 다른 점이다. C2B는 다양한 욕구를 가진 소비자들이 공동의 목표를 가지고 공동

체를 형성하여 공동의견을 수렴할 수 있도록 하며, 이를 위해 소비자 간에 다양한 의사소통 수단을 제공하여 주는 것이 무엇보다 중요하다. 또한 수렴된 공동의견을 가지고 대상기업과 거래에 관련된 절차를 성공적으로 수행하기 위해서는 공동체의 의견을 효과적으로 대표할 수 있는 시스템이 필요하다. C2B의 대표적인 사례로는 인터넷 역경매와 인터넷 공동구매가 있다. C2B 사례로 대표적인 것은 인터넷 역경매이다. 인터넷 역경매란 고객이 구매하고 싶은 상품을 기업에 제시하면 판매업자들이 가격 경쟁을 통해 최저가로 공급하는 경매방식이다. 역경매 시 낙찰통보는 전자우편으로 이루어지고, 소비자는 전자결제방식이나 온라인 대금결제방식을 이용하는 것이 일반적이다. 이처럼 역경매가 급속하게 발전하는 이유는 국내 인터넷 경매시장이 C2C보다 B2C 방식을 채택하고 있기 때문이다. B2C 방식으로 진행될 경우 상품을 공급하는 기업체가 거래의 주도권을 갖게 되는 일반 경매보다 C2B가 소비자에게 좀 더 유리한 경매방식으로 많은 소비자가 참여하고 있다. 인터넷 역경매는 국내 최초의 역경매 사이트와 옥션, 아이쇼핑, 하우머치, 우리네트, 이코노존 등이 서비스를 제공하였으나, 현재는 서비스가 되지 않고 있다.

C2B 사례로 인터넷 공동구매 역시 중요하다. 인터넷 공동구매는 특정 상품에 대해서 다수의 소비자가 단체로 주문하여 구입가격을 낮추는 구매방식의 하나로 기존의 쇼핑몰뿐만 아니라 공동구매 전문사이트도 새롭게 등장하여 이러한 공동구매방식을 제공한다.

2.2.4 B2B2C

B2B2C(Business to Business to Consumer)는 기업과 기업과의 거래, 기업과 소비자와의 거래를 결합시킨 형태의 전자상거래이다. 기업들을 모집하여 소비자와 만나게 해주고, 소비자에게 각종 서비스를 제공해주고 비용을 받는 형태로 되어 있다. B2B(기업과 기업 간 거래)와 B2C(기업과 소비자 간 거래)를 결합한 전자상거래로, 기업들을 모집하여 기업 제품들을 소비자에게 판매하는 형태를 말한다. 즉 B2B2C는 다른 기업에 기술관련 소프트웨어 노하우를 제공하고 그 대가로 라이선스나 개발수수료 · 유지보수비 · 서비스 비용을 받는다.

B2B2C(Business to Business to Consumer)

B2B2C는 2000년을 기점으로 B2B와 B2C 전자상거래가 수익성이 떨어지면서 대안으로 떠올랐다. B2B2C는 마케팅 비용에 대비해 수익률이 낮은 B2C에 비해 수익률이 높으며, 자금투자 회수기간이 긴 B2B에 비하여 훨씬 빠른 기간 내에

B2B2E(Business to Business to Employee)

이익을 올릴 수 있다는 장점을 지닌다. 특히 고객기업의 브랜드파워나 데이터베이스 등의 인프라를 이용할 수 있으며, 고객을 위한 맞춤형 데이터베이스를 가공할수 있는 장점도 지닌다. 미국이나 일본 등지에서 활발하게 이루어지고 있으며, 우리나라에서는 귀금속 전문 인터넷포털사이트인 골드비바닷컴이 2000년 6월 처음으로 실시하였다. 한편, 최근에는 이것의 한 형태로 볼 수 있는 B2B2E(Business to Business to Employee)도 이루어지고 있다. 한편 B2B2E는 기업 간 거래와 기업과 종업원 간 거래를 결합한 것으로 종업원들이 필요한 제품들을 생산하는 기업들을 모아서 수수료를 받고 입점시킨 뒤 종원업들을 대상으로 필요한 제품이나 서비스를 제공하는 형태이다.

3. 기반 서비스

3.1 웹 기반 서비스의 태동과 발전

한국의 웹 기반 서비스는 21세기 들어 인터넷 포털을 중심으로 발전하고 있다. 2000년 이후 닷컴 버블의 붕괴로 웹의 가능성에 대한 회의가 지배하던 때 오히려 흥미로운 웹 기반 서비스를 선도적으로 보여주었다. 1995년 천리안의 인터넷 서비스가 처음으로 제공된 이후 90년대 중반 이후 다양한 웹 기반 서비스가 개발되기 시작했는데 2000년 이후에는 본격적인 커뮤니티 기반의 서비스 경쟁 시기로 들어서게 되어, 야후나 라이코스를 제치고 다음과 네이버가 포털업계의 선두가 된다. 웹 기반 서비스의 유형에는 정보 제공, 뉴스, 이메일, 메신저, SNS 등이 있다.

정보제공은 통신망을 통하여 각각의 사용자들에게 필요한 정보를 제공하는 것을 말한다. 뉴스는 일반적으로 시사성이 있다고 판단되는 보도내용을 말한다. 이메일은 컴퓨터 통신망을 이용하여 컴퓨터 사용자 간에 편지나 여러 정보를 주고받는 새로운 개인 통신방법이다. 메신저는 인터넷에서 실시간으로 메시지와 데이터를 주고받을 수 있는 소프트웨어를 말하며, 즉시 전달한다는 의미로 인스턴트 메신저라고도 한다. SNS는 온라인 인맥 구축을 목적으로 개설된 커뮤니티형 웹서비스를 말한다.

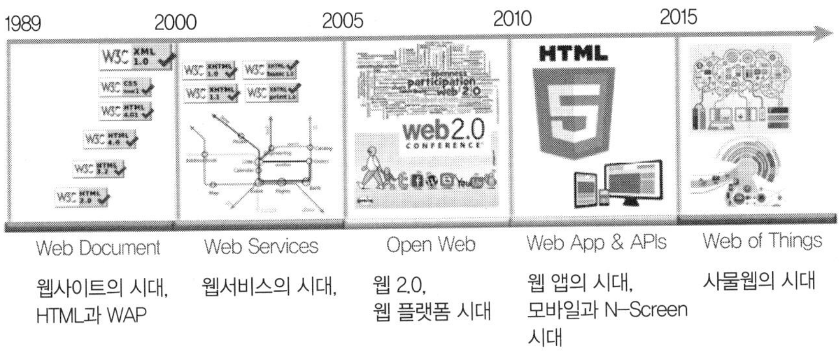

[그림 2-5] 웹 기술의 진화 발전 단계

*자료원: 전종홍외(2014), 사물웹 표준화동향

트래픽을 올리기 위해 한국 포털들이 제공하고 있는 대표적인 서비스는 커뮤니티, 검색 게임 등이다. 메일과 결합된 다음 카페는 사용자 중심의 커뮤니티를 구축하여 로열티를 확보하여 트래픽을 유발하고 이를 배너광고와 연계하였다. 네이버는 커뮤니티와 검색을 결합한 지식검색 서비스로 업계의 선두가 되었다. 한국어 콘텐츠가 부족한 상황에서 커뮤니티를 통해 지식이 생산되었고 지식콘텐츠는 다시 트래픽을 유발하여 검색광고를 가능하게 하였다. 세이클럽과 프리챌 등 다양한 커뮤니티 서비스 기반의 사이트들은 배너광고 이외에 아바타 판매로 큰 수익을 얻을 수 있었다. 싸이월드(Cyworld.com)의 미니홈피는 사진 공유와 채팅을 근간으로 한 개인 간 의사소통의 허브로 자리매김하였다. 싸이월드의 도토리 판매는 또 하나의 독창적인 수익모델을 제시하였다. 가상세계에 기반한 온라인 게임서비스는 한국이 만들어낸 성공한 독창적인 비즈니스 모델이라고 할 수 있다.

이 시기 한국의 웹 사이트들은 트래픽 기준으로 세계 선두를 차지하였다. 이때 개발된 커뮤니티 기반의 다양한 서비스들은 이른바 웹 2.0의 모습을 담고 있다. 그뿐만 아니라 아바타 판매, 도토리라는 가상화폐, 3D 온라인 게임의 가상세계는 웹 2.0을 넘어서는 것이었다.

3.2 포털(Portal)

포털 사이트(portal site) 또는 웹 포털(web portal)은 www에서 사용자들이 인터넷에 접속할 때 기본적으로 거쳐 가도록 만들어진 사이트를 말한다. 포털이라는 단어는 영어 낱말로서 '정문' 또는 '입구'를 뜻한다. 포털 사이트들은 사용자들이 필

기업 정보 포털(EIP: Enterprise Information Portal)

지식 기반 기업 포털 (KEP: Knowledge based Enterprise Portal)

기업 응용 포털(EAP: Enterprise Application Portal)

요로 하는 정보 또는 그에 대한 메타 데이터를 종합적으로 제공한다. 초기에는 검색 서비스와 전자메일 위주였으나 점차적으로 온라인 데이터베이스, 뉴스, 홈쇼핑, 블로그 등 다양한 서비스를 제공하고 있다. 분류 포털 사이트는 수평 포털과 수직 포털로 분류할 수 있다. 수평 포털은 다양한 분야를 다루며, 수직 포털은 특정 영역에 치중한다. 엔터프라이즈 포털은 분류 기준에 따라 다양하게 분류할 수 있다. 포털이 제공하는 기능을 중심으로 기업 정보 포털(EIP: Enterprise Information Portal), 지식 기반 기업 포털(KEP: Knowledge based Enterprise Portal), 기업 응용 포털(EAP: Enterprise Application Portal)로 구분된다. 세계 각국의 포털세계를 보면 각 나라마다 그곳에서 영향력을 크게 발휘하는 포털 사이트들이 다양하게 있다. 미국의 구글(Google), 그리고 중국의 바이두(baidu)와 시나닷컴(sina.com), 인도의 레디프(resiff), 그리스의 In.gr 등이 각 지역을 대표하는 포털 사이트들이다.

각 나라마다 정부 기관에서 운영하는 포털 사이트들도 있다. 대표적으로 미국에는 USA.gov, 유럽 연합에는 유로파(Europa), 영국의 Directgov 등이 있다. 대한

민국의 인터넷 포털 사이트 시장은 1990년대 말 인터넷 저변 확대와 함께 이른바 닷컴 열풍으로 급격한 성장을 하였다. 그러나 IMF(International Monetary Fund) 외환위기를 겪음과 동시에 시장의 거품이 빠지면서 지나치게 과열되었던 경쟁 구도는 구조조정을 거치기 시작했다. 20여 년이 지난 시점에선 네이버, 다음, 네이트의 3강 구도가 형성되었다. 또한 해외 포털 사이트인 구글이 한국 포털 사이트들과 경쟁하며 공존하고 있다. DMC미디어(2018)에 따르면, 포털 사이트 검색 점유율이 네이버(71.5%), 다음(16.3%), 구글(8.3%) 순으로 나타났다.

한편 인터넷 포털이 입법부, 사법부, 행정부, 언론에 이어 제5의 권력 기관으로 부상할 정도로 사회적 영향력이 커지자 이에 부응하는 사회적 책임에 더 적극 나서야 한다는 목소리가 지속적으로 나오고 있다. 예컨대 악성 댓글 자율 규제가 등장하였다. 네이버는 일부 사용자들의 악성 댓글 남발을 막기 위해 이용자당 하루 댓글 작성 수를 20개로 제한하고 욕설은 물론 음란한 단어 등을 금칙어로 지정하는 등 악성 댓글 사전 방지에 힘을 쏟고 있다. 또한 댓글에는 '댓글 지수'를 도입해 특정 댓글 지수 이하의 댓글은 화면에 뜨지 않도록 자동적으로 조절하는 방안도 마련했다. 아울러 네이버는 최근 댓글 모니터링도 대폭 강화했다. 모니터링 요원이 3교대로 각 게시물을 모니터링하고 있으며, 심각한 이슈가 발생했을 경우에는 댓글 작성을 원천 차단하는 등 근본적인 예방 대책을 도입키로 했다.

4. 서비스 사업 모델

인터넷을 통한 서비스 사업 모델은 온라인 정보 서비스(Online information service)에서 출발하였다. 공중 교환 회선, 전용 회선 또는 인터넷을 통한 온라인 데이터베이스를 제공하고 데이터베이스 이외에도 이메일, 전자 게시판, 전자 회의, 인터넷 뉴스그룹 등의 서비스를 제공하는 사업을 정보서비스라고 불렀다. 여기서 제공되는 데이터베이스는 크게 학술과 문헌, 법률과 판례, 과학 · 기술, 지적재산권(IPR: Intellectual Property Rights), 산업 · 경제 · 금융 등의 전문 정보를 축적한 전문 정보 데이터베이스와 일반 뉴스를 중심으로 하는 기상, 스포츠, 쇼핑, 여행 · 관광, 공영 등의 소비자 정보 또는 개인용 컴퓨터 관련 하드웨어와 소프트웨어 정

지적재산권(IPR: Intellectual Property Rights)

보 등 다양한 주제의 정보를 축적한 일반 정보 데이터베이스로 분류할 수 있다. 대부분의 온라인 정보 서비스는 데이터베이스 이외에 이메일 서비스를 제공한다.

온라인 정보 서비스에서 출발한 인터넷 서비스 사업은 새로운 비즈니스 모델의 발굴과 함께 지속적으로 성장하여 왔으며 국내에서는 게임 산업 분야의 온라인 게임 서비스, 교육시장에 큰 변화를 가져온 이러닝 등을 대표적인 성공사례로 꼽을 수 있다. 이외에도 온라인 멀티미디어 콘텐츠의 제공으로 수익을 창출하는 엔터테인먼트 산업이 성장하고 있다.

4.1 이러닝

4.1.1 이러닝의 개념

이러닝(Electronic Learning, e-Learning, 전자교육, 전자학습)

이러닝(Electronic Learning, e-Learning, 전자교육, 전자학습)은 ICT를 활용하여 언제(anytime), 어디서나(anywhere), 누구나(anyone) 원하는 수준별 맞춤형 학습을 할 수 있는 체제이다. 이러닝의 정의에 대해 다양한 관점이 있지만, 대체로 어떤 특성을 포함하는가에 대해서는 어느 정도 일치된 견해가 있다. 전자학습은 전통적인 교육의 장과 비교할 때 학습공간과 학습경험이 보다 확대되고, 학습자 주도성이 강화될 수 있는 교육으로 ICT 활용교육과 같은 의미를 갖는다. 단, 정보통신기술의 발전과 함께 ICT 활용교육이 학습 환경과 방법, 내용측면에서 보다 확대되고 발전된 형태로 이해할 수 있다.

형식적 측면으로 보면 교육 공간의 확장(오프라인 → 온라인 / 교실 → 가정, 사회)이며 인터넷과 같은 디지털 매체를 기반으로 기존 교실중심의 ICT 활용교육에서 사이버 공간을 적극 활용함으로써, 학습의 장이 가정과 학교 등으로 확장되고 언제, 어디서나 원하는 학습을 자기주도적으로 하는 학습체제를 의미한다. 방법적 측면으로 중요한 것은 학습자 주도성이 강화되었다는 점이다. 이러닝은 면대면 학습에서 사이버공간을 활용한 학습으로 학습장소와 시간의 제약이 약해짐에 따라 학생의 수준별 또는 자기주도적 학습 활동이 보다 강화된 학습체제를 의미한다. 이러닝이란 말 그대로 전자적 학습방식으로 정보통신기술을 활용해서 사이버공간을 중심으로 교육서비스에 대한 접근성을 개선하는 방식이며 온라인 교육과 비슷한 개념이라고도 할 수 있다.

〈표 2-3〉 이러닝의 정의

학자 또는 단체(연도)	정의
로젠버그(2001)	지식과 수행 향상을 위한 다양한 방식들을 전달하기 위하여 인터넷 기술을 활용하는 것
호톤(2001)	교육 경험을 제공하기 위해 인터넷과 디지털 기술을 이용하는 것
시스코(2002)	정보와 지식을 원하는 사람이 언제, 어디서나 그것에 접근할 수 있도록 해 주는 웹 기반 체제
이러닝 백서(2003)	인터넷 기반으로 학습자가 상호작용을 극대화하면서 분산형의 열린 학습공간을 추구하는 교육
이러닝 산업발전법 제2조(2004.1)	전자적 수단, 정보통신 및 전파 방송기술을 활용하여 이루어지는 학습
교육인적자원부 (2004.9)	정보통신기술을 활용하여 학교, 가정, 지역사회를 유기적으로 연계하고 교수학습의 질을 제고하며, 학생들의 인성, 창의성, 자기주도적 학습능력을 신장시키는 학습체제

이러닝은 인터넷, 위성통신, CATV(Community Antenna Television) 등에 접속이 가능한 곳이면, 언제 어디서든 개인 학습을 가능하게 한다. 네트워크 기반을 통해 교육이 제공되고, 상호작용이 일어나며 촉진되는 모든 형태의 교육을 지칭하며, 컴퓨터기반(Computer based) 교육, 웹 기반(Web-based) 교육 등을 포함한다.

CATV(Community Antenna Television)
컴퓨터기반(Computer based) 교육
웹 기반(Web-based) 교육

4.1.2 이러닝의 장단점

이러닝은 자기주도적 학습활동을 효과적으로 지원하여 수요자로 하여금 학습방법, 시간과 공간적인 제약을 극복할 수 있게 하여 자기주도적인 학습설계가 가능하다는 것이 장점이다. 교육자, 교육공간, 특정한 교육시간의 할애 등을 통해 교육기회와 대상을 최대화하고 교육대상의 연령, 지역, 시간 등의 제한을 최소화함으로써 가능하다. 그리고 학생의 자유로운 질문 증가도 장점이다. 면대면이 아니므로 질문, 발표 때 일어나는 수줍음이나 저항감을 줄임으로써 가능하다. 또한 이러닝 멀티미디어 콘텐츠를 통해 정보의 제공 및 공유가 용이하고 반복 학습이 가능하다는 장점도 있다.

반면에 이러닝의 단점은 교육효과에 대해 부정적 시각이 존재한다는 점이다. 전자적 도구가 교사의 몸짓, 표정, 음색을 잘 전해주지는 못하며 직접 의사소통을 하지 못하므로 교사의 몸짓, 표정, 뉘앙스, 음색 등을 통한 의사전달과 자극을 받을 수 없어서 학습자를 일일이 통제하기가 어렵다. 교사의 인격을 전달하고 친근하고도 즉각적인 의사교환을 하는 상호작용에 어려움이 있고 교우관계의 형성과 교우와의 대화 기회가 적어질 수 있다. 실험, 실습, 견학 등의 교육이 어려워서 특히 기술을 배우는 과목의 경우 강사의 시범이나 상세한 설명이 미흡할 수 있다.

4.1.3 이러닝 현황과 활용분야

직접 교육장에 가는 것보다 이러닝은 비용이 훨씬 저렴해서 교육대상의 확대가 가능하다. 국내에서는 이러닝이 재교육, 평생교육 수요에 대응하고 과도한 사교육비를 절감할 수 있게 해주어 지역과 계층 간의 지식격차 해소에 기여하고 있다. 현재 초중고교에서는 교육정보화정책에 따라 이러닝이 빠르게 확산되고 있으며 교육과학기술부는 e-강의실을 대학에도 계속 확대하고 있다. 대기업뿐만 아니라 중소기업도 사내 직원교육에 이러닝 방식을 도입하고 있으며 평생교육, 사회 재교육도 확대되는 추세여서 전체 이러닝 시장 및 산업 규모도 빠르게 커질 것으로 전망되고 있다.

이러닝이 활용되는 분야는 광범위해서 한의학, 패션 · 미용, 건강관리 등 교양강좌, 초중고등교육, 학위 취득을 위한 과정, 각종 자격시험에 대비하는 자격시험대비, 외국어 학습, 온라인 과외 등과 함께 국제공인자격증을 취득하거나 취업, 전직, 승진 준비 등 매우 광범위하다 할 수 있다. 이러한 이러닝은 시간과 공간 제약 없이 우수한 전문 교육을 서비스할 수 있다는 장점이 있어 사이버 보험연수원, 사이버 외교관교육, 영어 전문가과정, 음악치료, 아동교육, 임상영양, 향장미용, 국제회의, e-비즈니스, 실버산업, 특수교육, 박물관 · 미술관학 전문가 과정 등에 활용되고 있다. 특수교육, 기업체 인력의 재교육 등을 통해 더욱 많은 사람들에게 교육의 기회를 확대하고 있으며 장애인, 재활치료자를 위한 원격교육, 영양사, 의사, 약사, 간호사, 보건직 공무원, 대중매체 종사자 대상 재교육과정 서비스도 생겨나고 있다. 이와 같이 이러닝은 교육자원에 대한 사회적 접근성을 높이고 열린교육 및 평생교육을 가능하게 할 수 있을 것이다.

4.1.4 이러닝의 진화, 스마트러닝(Smart Learning), 이트레이닝(e-training)

스마트러닝이란 스마트형 정보통신기술을 학습 활동에 접목하여 학습원천정보에 가장 손쉽게 접근할 수 있고, 학습자간, 학습자-교수자간 상호작용을 효과적으로 지원하며, 자기주도적인 학습 환경 설계를 가능하게 하는 학습자 주도형의 인간중심적인 학습 방법으로 정의할 수 있다. 미국의 교육미래재단에서 발표한 미래학습의 창조(미래교육 2020 보고서)에 따르면, 2020년의 교육 환경은 경제나 사회의 변화로 인해 전통적인 교육이 소멸하게 될 것이라고 전망하고 있다. 이 보고서에서 전망하는 교육 변화는 전통적인 교육기관 밖에서 이루어지는데 인터넷, 모바일 등 각종기기와 기술의 변화에 영향을 받은 교육 수요자의 욕구 변화에 기인하며, 이에 상향식 방식의 변화가 주를 이룰 것이다. 그리하여 교육수요자가 수동적으로 정보를 전달받는 기존의 방식이 아닌 개방적이면서도 현장에서 바로 연결되는 능동적인 교육 형태가 실현될 것이다.

국내 이러닝 산업은 교육적 당위성 및 산업적 필요성에 의해 정책적으로 육성되는 특징을 보이고 있다. 이는 시장가격을 정책에 의해 형성되게 하고 산업의 자생력 저하와 수익성 악화를 초래한 측면이 있다. 이외에 이러닝의 교육 효과적 한계, 이러닝 시장의 낙후성, 교육 패러다임의 변화, 스마트기기와 기술의 확산 등으로 인해 자연스럽게 이러닝의 새로운 접근이 요구되고 있는 실정이다(노규성 외, 2010). 즉, 이러닝의 패러다임 변화가 요청되는 가운데 등장한 스마트러닝은 이러닝의 한계를 극복하고 산업의 질적 성장을 도모할 것으로 기대하고 있다.

최근에는 이러닝 기업의 새로운 성장 동력인 e-트레이닝(e-training)이 등장을 하였다. e-트레이닝이란, 직무능력 향상을 위해 PC(Personal Computer), 스마트폰, 태블릿 등의 다양한 디바이스 상에서 3D, 가상현실, 증강현실 등의 ICT 기술을 활용하여 수행하는 반복학습 훈련을 의미한다.

e-트레이닝

4.1.5 에듀테크

이러닝은 최근 4차산업혁명 신기술 대두에 따라 에듀테크로 진화하고 있다. 에듀테크는 교육과 기술의 합성어로 전통적인 교육과 미디어, 디자인, 소프트웨어, VR, AR, 3D 등 ICT 기술이 융합하여 완전히 다른 새로운 학습 경험을 제공하는 것을 의미한다. 즉 교육 분야에 ICT의 주요 기술을 융합하는 것을 의미하는데, 인공지능 빅데이터, 증강현실, 사물인터넷, 클라우드, 온라인 공개 수업(Mooc : Massive Open Online Course) 등이 있다. 이러한 에듀테크는 개인별 맞춤 학습이 가능하다는 장점이 있다. 그리고 빅데이터를 활용하여 효율적인 분석과 피드백

에듀테크

온라인 공개 수업(Mooc : Massive Open Online Course)

이 가능하고 마이크로 러닝으로 학습 흥미를 유도한다는 장점을 가지고 있다(노규성외, 2019).

최근의 에듀테크 기술 및 콘텐츠는 VR/AR 기반, 게임 기반, IoT 물리적 시뮬레이터 학습기반의 3가지 유형으로 분류할 수 있다.

VR/AR 기반은 실감형 콘텐츠를 활용해서 몰입형 교육이 가능하다는 장점을 가지고 있어서 우리가 쉽게 접할 수 없는 바닷속 탐험, 곤충 생애주기 등의 경험 기반 교육에 유용하다. 게임 기반은 재미와 몰입을 학습자에게 제공함으로써 학습을 보다 재미있게 해주고 이를 통해 학습 동기를 유발하고 자발적인 참여를 이끌어낼 수 있다는 장점이 있다. 이를 통해 역사 체험을 위한 시뮬레이션이나 수학적인 문제 해결 기반 교육에 유용하다고 할 수가 있다.

IoT 물리적 시뮬레이터 학습기반은 눈으로만 보는 것이 아닌 손으로 만지는 방식의 교육으로 저연령의 아이들에게 적합한 교육 방법이다. 물리적 체험이 필요한 물리 교육, 코딩 교육 등에 활용할 수 있다(백정열, 2018).

4.2 전자책

4.2.1 전자책의 개념

전자책(e-book)

전자책(e-book)은 디지털로 처리된 출판 콘텐츠를 컴퓨터, 휴대폰, PMP, 전자사전이나 전용단말기에서 볼 수 있게 만든 것을 말한다. 전자책은 책의 내용을 디지털 파일로 만들어 음악파일(MP3)처럼 유·무선통신을 통해 내려받아 이용하는 형태를 취한다. 전자책은 PC나 휴대폰, PMP 등으로 파일을 다운로드 받아 전용뷰어로 보는 형태와 전자책 단말기로 보는 두 가지 형태가 있다. 단말기는 다시 전용단말기와 범용단말기로 나누어진다. 전용단말기는 전자책을 읽을 수 있게 특화된 단말기로서 아마존의 킨들이나 삼성전자의 전자책 단말기, 아이리버의 전자책 단말기 등이 있다.

대부분 이페이퍼(e-Paper)를 채용한 것이 특징이다. 범용단말기는 아이폰(iPhone)과 같은 스마트폰(Smart Phone), PMP(Portable Multimedia Player), 넷북(Netbook) 등 전자책(e-book) 기능이 부가돼 있어 전자책을 이용하는 데 큰 불편이 없는 기기를 의미한다. 그간 전자책은 종이책을 그대로 단말기로 보이게 만든 개념에 가까웠다. 킨들이나 삼성 전자책 단말기에서 볼 수 있는 전자책은 대부분 종이책의 내용과 디자인을 그대로 화면으로 볼 수 있게 만든 것이다. 그러나 최근 전자책의 개념은 책, 신문, 잡지, 블로그를 이용할 수 있는 서비스뿐만 아니라 오디오북, 전자사전, TTS(Text to Speech), 인터넷 검색 등의 서비스를 포괄하는 개념으로 확대되고 있다.

전자책은 인쇄와 물류비용이 안 들기 때문에 종이책에 비해 대개 50% 이상 저렴하다. 그리고 전자책은 책의 정형성에서 탈피하여 멀티미디어 기능을 사용할 수 있도록 제작할 수 있으며, 콘텐츠의 수정 및 추가에 따른 신속한 업데이트와 이에 따른 최신 정보의 유지가 가능하다. 이러한 장점들에 힘입어 전자책은 기존출판시장의 대체 · 보완이 아닌, 새로운 출판 시장을 형성해가고 있다. 전자책 비즈니스는 출판 콘텐츠에 기반한 비즈니스 블루오션인 것이다(김원제, 2010).

통계청에 따르면, 국내 출판 시장 규모는 약 3조 163억 원(2016년 기준)으로 추정되며, 전자책 출판은 약 2,310억 원 규모인 것으로 파악되었다.

4.2.2 전자책 수익 모델

아마존 킨들

아마존 킨들의 성공 이유는 전자잉크(e-ink)를 사용하여 LCD(Liquid Crystal Display)나 LED(Light-Emitting Diode) 모니터보다 오랜 시간 책을 읽어도 눈이 피곤하지 않으며, 한 번의 충전으로 7일을 사용할 수 있고, 무료 무선통신을 제공하여 전자책을 구매할 때 별도의 통신료가 들어가지 않게 배려했기 때문이다. 또한 책값은 종이책의 1/2에서 1/3가격인 9.99달러로 책정하였고, 단말기의 가격은 399달러에 판매하였다. 그 결과 2009년 킨들의 판매량이 3백만 대에 육박하는 것으로 알려졌으며, 덩달아 전자책의 판매량도 급성장하였다. 아마존은 킨들과 전자책 콘텐츠의 판매 호조로 매출액과 순이익이 대폭 늘어났으며, 킨들은 비즈니스위크(BusinessWeek)지가 발표한 2009년 최고의 기술 제품(Tech Gadgets) 1위를 차지했다(김원제, 2010).

[그림 2-6] 아마존 킨들

*자료원: https://www.amazon.com

2014년 7월 아마존은 '킨들 언리미티드(Kindle Unlimited)' 서비스를 시작하였다. 사용자들이 월 9.99달러를 지불하면, 아마존에 소장된 70만 권 이상의 전자책과 수천 권의 오디오북을 마음대로 골라서 무제한 이용할 수 있다. 2014년 9월 출시한 새 전자책 '보이지(Voyage)'의 경우는 "종이책보다 가독성이 좋다."라는 평이 뉴욕타임즈지에 게재되기도 했다.[1]

현재 아마존 킨들은 89.99달러, 129.99달러, 249.99달러의 가격을 책정하여 다양한 소비계층을 흡수하려고 노력을 경주하고 있다. 스마트폰의 등장으로 전자책 시장이 나날이 커지고 있다. 이에 유료 콘텐츠 판매뿐 아니라 다양한 비즈니스 시도들이 늘어나고 있다. 스마트폰 전자책에 광고를 붙여서 콘텐츠를 무료로 배포하는 방법이 등장했다. 스마트폰 전자책 회사 '북팔(www.bookpal.co.kr)'은 양질의 콘텐츠를 만드는 작가들을 규합하여 그들의 글을 적절한 분량으로 엮어서 전자책으로 만들되, 이를 직접 판매하지 않고 광고를 붙여 무료로 배포하는 방식으로 시장을 확대하고 있다.

스마트폰 사용자들은 광고를 보는 대신 무료로 양질의 전자책 콘텐츠를 볼 수 있고 저자들은 전자책이 다운로드 되는 만큼 계속해서 수익을 얻게 된다. 이런 모델

1) http://biz.chosun.com/site/data/html_dir/2014/12/31/2014123102302.html

은 작가로서 지명도는 떨어지지만, 좋은 글을 쓰고자 노력하는 많은 사람들에게 창작의 열정을 살릴 수 있는 기회를 준다는 점에서 상당히 매력적이다.

현재 유료로 제공되는 웹소설 플랫폼은 카카오페이지, 문피아, 조아라, 북팔 등이 있다. 이중에서 가장 큰 웹소설 플랫폼인 카카오페이지는 3,000개가 넘는 웹소설이 연재 중이며, 하루 최대 거래액은 6억 2,000만 원 정도가 된다고 한다. 물론 웹툰과 합산된 금액이지만, 독자들이 연간 2,000억 원을 웹소설과 웹툰을 보려고 투자를 하고 있다는 점이다. 예를 들면, 외전까지 총 188편으로 쪼개져 있는 '황제의 외동딸' 전편을 보려면 3만 원 정도가 필요하다. 적지 않은 비용이지만, 소비자들은 기꺼이 지갑을 열고 있다. 수익률의 배분은 작가와 플랫폼 운영사가 7대 3으로 하는 경우가 보편적인 것으로 알려져 있다.

2013년 서비스를 시작한 네이버 웹소설은 무료로 제공되지만, 작가나 작품에 따라서 별도의 대여료를 받기도 한다.[2] 월간 실사용자수는 약 680만 명 정도이며, 그 추세도 갈수록 늘어나고 있다. 2018년 2월 기준으로 웹소설의 누적 조회수는 130억 건이다. 네이버는 소속 웹소설 작가에게 원고료를 주는 형태로 운영하고 있으며, 2018년 2월 기준으로 248명의 작가가 있고 400편의 작품이 연재 중이다.

카카오페이지의 아마추어 리그(챌린지 리그)를 합하면 작가만 28만 명이고, 제공되는 작품만 44만 편이 된다.[3]

4.3 온라인 영화

4.3.1 온라인 영화의 개요

ICT 콘텐츠 중에서 가장 성장 가능성이 높은 콘텐츠는 영화이다. 기존의 콘텐츠를 온라인상에서 스트리밍으로 서비스를 제공하는 것이 바로 온라인 영화이다. 영화사는 우리나라 양대 포털인 네이버와 다음에 정식 서비스를 개시하였다. 상영관 중심의 영화 수익 모델에서 죽어버린 DVD(Digital Video Disc) 및 렌탈(rental) 시장을 대처할 만한 신규시장으로서 온라인을 택한 것이다. 이러한 흐름은 국내뿐만이 아니라 해외에서도 이루어지고 있는 만큼 성장가능성은 매우 높다고 할 수 있다.

온라인 영화

2) 네이버는 웹 소설을 무료로 제공하고 있지만, 광고와 판권으로 수익을 얻는 구조임

3) https://news.joins.com/article/22342889

2018년 디지털 온라인 시장 매출은 4,739억 원으로 2017년 대비 8.6%가 증가하였다. IPTV, 디지털케이블TV 등 TV VOD 시장의 성장에 힘입어 전년 대비 8.6% 성장하였다. 국내외 OTT 사업자 간 경쟁으로 인터넷 VOD 시장이 주목받고 있지만 아직 한국영화 디지털 온라인 시장은 TV VOD가 주도하고 있고 매출 비중은 83%이다. TV VOD 전체 영화 매출 1위는 170만 건 이상의 이용건수를 기록한 〈신과함께-죄와 벌〉이며, 기타 범죄 액션물의 강세도 예년과 비슷한 수준이다. 인터넷 VOD 시장의 경우 웹하드 등 특수유형 OSP에 대한 규제 강화로 매출이 전년 대비 3.2% 감소하였다. 매년 축소되고 있는 패키지(DVD 및 블루레이) 시장의 추세도 예년과 비슷한 수준으로 감소하고 있다.[4)]

4.3.2 온라인 영화 수익 모델

넷플릭스(Netflix)

넷플릭스(Netflix)는 1997년 8월 29일 캘리포니아주 스콧츠 밸리에서 리드 해스팅스와 마크 랜돌프가 설립한 미국의 주문형 인터넷 엔터테인먼트 서비스 분야의 세계적 선도 기업으로, 한국에는 2016년 1월에 진출하여 현재 서비스를 제공하고 있다.

넷플릭스 회원들이 오리지널 시리즈, 다큐멘터리, 드라마 등 다채로운 콘텐츠를 향유하는데 들이는 시간은 하루 평균 1억 2천 5백만 시간 이상으로 알려져 있다. 또한 넷플릭스의 모든 콘텐츠는 인터넷 연결이 가능한 모든 디바이스에서 언제, 어디서나 즐길 수 있다는 장점을 가지고 있다. 넷플릭스는 190여 개국 1억 4백만 명의 회원이 있으며(위키피디아), 베이직, 스탠다드, 프리미엄의 3가지 고객 맞춤형 스트리밍 서비스를 제공하여 소비자 만족도를 높이고 있다.

넷플릭스는 기존의 영화 업계와는 다른 전략을 구사하고 있다.

번들링(묶어팔기)
구독 경제(Subscribtion)

번들링(묶어팔기)과 구독 경제(Subscribtion)를 결합한 새로운 가격 차별화 전략이라는 3개의 축을 통해 새로운 비즈니스 모델을 창출한 것이다. 넷플릭스의 이러한 성공은 기존의 영화업계에도 영향을 미치고 있다. 디즈니와 폭스의 수평적 합병, 워너브러더스와 AT&T의 수직적 합병은 넷플릭스 번들 영화 판매 전략을 이용하기 위해 설계 되었다. 더 많은 스튜디오가 새로운 비즈니스 모델을 채택함에 따라 수익성 측면에서 번들링이 어떻게 사업의 밑단과 고객 양쪽으로 이익이 되는

4) 영화진흥위원회, 2018년 한국영화산업 결산보고서, 2019

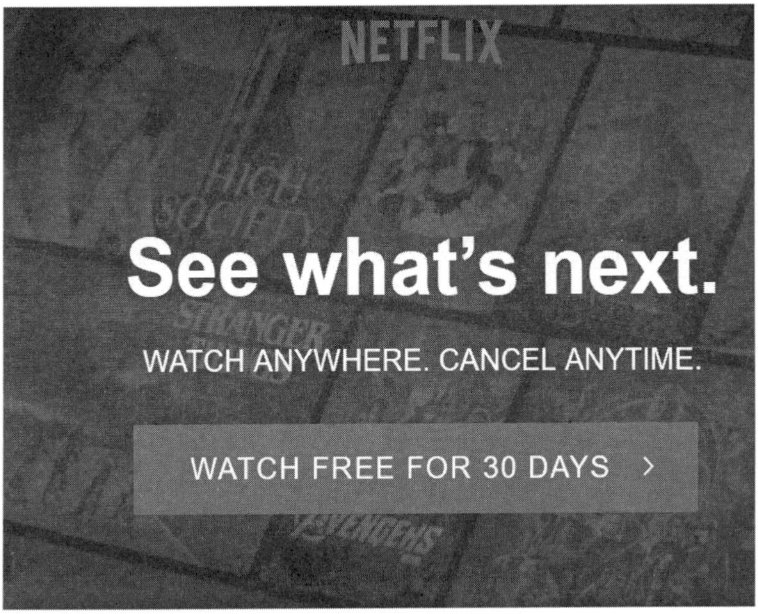

지 확인이 가능할 것으로 보인다[5].

미국 대형 유통업체 월마트가 할리우드 대형 영화사들과 손잡고 온라인 영화 스트리밍 서비스를 제공하고 있다. 월마트는 미국 내 3,500개 매장에서 자사가 보유한 매장에서 동영상 스트리밍 서비스 업체인 '부두닷컴'을 통해 온라인 영화 스트리밍 서비스를 이용할 수 있는 상품을 출시하였다. 월마트는 할리우드 대형 영화사인 소니(sony), 파라마운트(Paramount Pictures Corporation), 유니버셜(Universal Studio), 워너브러더스(Warner Bros. Entertainment, Inc), 20세기 폭스(20th Century Fox Film Corporation)가 운영하는 자체 디지털영화 서비스인 '울트라바이올렛(Ultraviolet)'과 제휴해 '부두' 이용자가 '울트라바이올렛'의 통합 온라인망을 이용할 수 있도록 했다. 울트라 바이올렛은 클라우드 시스템을 이용한 N스크린 · 콘텐츠 공유 시스템이다. 이 시스템은 구입한 영화나 TV프로그램을 온라인상에 모아뒀다 태블릿PC나 스마트폰 등 다양한 기기를 통해 언제든 꺼내볼 수 있다. 일종의 '비디오 도서관 서비스'인 셈이다. 월마트는 한 편 당 2달러로 가격을 정했고 고화질 동영상의 가격은 5달러다(중앙일보, 2012). 그러나 아직은 온라인 영화 시장이 초기단계여서 성공할지는 미지수이다. 소니픽쳐스의 경우 코미디 영화인 '인터

5) https://www.mk.co.kr/news/business/view/2019/03/146645/

뷰'의 온라인 주문형 비디오(VOD)의 수익이 4천만 달러(약 435억 원)를 넘어섰으며, 관람건수도 430만 건 이상이라고 밝혔다. 이는 소니 영화 중 온라인 수익 1위를 넘어서 역대 최고 온라인 수익을 기록할 것으로 보인다고 발표를 하였다. 이전에는 2011년에 개봉한 '브라이드메이즈(내 여자친구의 결혼식)'으로 4천만 달러의 수익을 차지하고 있었다. 일반적으로 독립 영화관의 상용 수익은 600만 달러(약 65억 원)이다. 그러나 '인터뷰'의 제작비는 4천 400만 달러이고 여기에 극장에 상영을 하지 못하고 들인 마케팅 비용이 2천 500만 달러여서 손익분기점을 달성할지는 미지수이지만, 괄목할 만한 성공을 이루었다고 할 수 있다.

4.4 디지털 음악

4.4.1 디지털 음악의 개요

다운로드(download)
스트리밍(streaming)
클라우드(cloud)

디지털 음악시장은 디지털 유통시장에 해당하며 기록 음악을 디지털화한 파일의 형태로 인터넷을 통한 다운로드, 스트리밍 등의 방식에 의해 모바일, 스마트기기 등으로의 유통, 월정액(subscription) 수익이나 광고 베이스 무료 서비스를 포함하고 있다. 디지털 음악시장의 대표적인 서비스 형태는 다운로드(download), 스트리밍(streaming), 클라우드(cloud) 방식이 있고 이는 〈표 2-4〉와 같이 분류되며, 음악 라디오-스타일 스트리밍 서비스의 경우, 서비스되는 음악의 저작권자들은 공연권(performance rights)을 통한 로열티를 받는데, 이는 기록 음악의 매출이 된다.

〈표 2-4〉 디지털 음악 시장의 서비스별 분류

<table>
<tr><th colspan="2">서비스 방식</th><th colspan="2">유통 형태</th><th>시장분류</th></tr>
<tr><td rowspan="7">디지털 유통</td><td rowspan="2">다운로드
(download)</td><td colspan="2">디지털 앨범, 트랙의 영구 다운로드</td><td>디지털 음악</td></tr>
<tr><td colspan="2">디지털 앨범, 트랙의 일시 다운로드</td><td>디지털 음악</td></tr>
<tr><td rowspan="4">스트리밍
(streaming)</td><td rowspan="3">오디오</td><td>On-Demand
(Interactive)</td><td>디지털 음악</td></tr>
<tr><td>Radio-Style</td><td>방송</td></tr>
<tr><td>클라우드(Cloud)</td><td>디지털 음악</td></tr>
<tr><td colspan="2">비디오(Music Video)</td><td>디지털 음악</td></tr>
<tr><td>모바일
(mobile)</td><td colspan="2">mastertone, ringtone, ringbacktone 등의
모바일 상품</td><td>디지털 음악</td></tr>
</table>

*자료원: 하윤금, 세계 디지털 음악시장의 유통과 수익구조 분석, 코카포커스, 2012-16호(통권64호), 한국콘텐츠진흥원, 2012

PwC(2017)에 따르면, 2016년 세계적으로 약 472억 달러인 시장 규모가 2017년 약 490억 달러에 이를 것으로 전망되며, 2021년까지 연평균 성장률이 3.5%로 예측할 것으로 예측하였다.

국제음반산업협회(IFPI)에 따르면, 2016년 세계 음악시장 규모는 2015년 대비 5.9% 증가한 157억 달러(약 17조 8,000억 원)로 집계되었다(IFPI, 2017). 그만큼 음악산업의 시장은 지속적으로 향상이 될 것으로 보인다. 이중에서도 디지털 음원 스트리밍 서비스 시장이 급속하게 성장을 하고 있다.

〈표 2-5〉 세계 음악산업 규모 및 전망(2011~2020년) (단위: 백만 달러)

구분	2011	2012	2013	2014	2015p	2016	2017	2018	2019	2020	2015-20 CAGR
레코드음악	20,501	20,159	19,066	18,478	18,591	18,733	18,979	19,243	19,431	19,478	0.9
음반	13,120	12,129	10,610	9,768	9,150	8,441	7,689	6,918	6,140	5,347	△10.2
디지털 음원	7,381	8,029	8,456	8,710	9,441	10,292	11,290	12,325	13,291	14,131	8.4
다운로드	4,986	5,341	5,238	4,776	4,325	3,848	3,371	2,892	2,433	2,020	△14.1
스트리밍	908	1,431	2,090	2,866	4,065	5,407	6,885	8,392	9,816	11,063	22.2
모바일	1,487	1,257	1,128	1,069	1,051	1,037	1,034	1,042	1,042	1,048	△0.05
음악공연	22,510	23,054	23,498	23,890	24,334	24,868	25,552	26,399	27,256	28,242	3.0
합계	43,011	43,213	42,564	42,368	42,925	43,601	44,531	45,642	46,687	47,721	2.1

*자료원: PwC(2016), Kocca(2016) 재인용

온라인 및 디지털 다운로드라고 불리우는 제1의 물결이 지나가고 이제 스트리밍이라는 서비스의 제2의 물결이 중요한 시점이 되었다. 세계 음악시장은 2015년 등장한 애플뮤직(Apple Music)과 유튜브 레드(YouTube Red), 스포티파이(Spotify)의 공격적인 경쟁을 통해 스트리밍 서비스 수익이 디지털 다운로드 서비스 시장 규모에 근접한 것으로 나타났다. 또한 세계 각국의 모바일 통신사들과 음원 스트리밍 서비스 제공 기업들 간의 제휴를 통한 번들링 서비스 또한 스트리밍 서비스 확산에 기여하고 있는 것으로 보인다.

레코드사 및 음악공연 기업들은 새로운 시장에 대한 진출을 적극적으로 검토하고 진출하기 시작하면서 과도한 경쟁과 수익감소에서 벗어나고자 다양한 노력을 경주하고 있다.

지속적으로 감소세를 보이고 있는 실물음반의 매출을 음악 공연 등을 통해 극복하려는 시도로 인해 음악 공연 시장이 확대되고 있다(음악산업백서, 2016).

2011년 세계 음악시장의 30.5%를 점유하고 있던 음반시장은 디지털 음원과 음악 공연시장의 확대로 인해 2015년에는 21.3%까지 감소되었다. 그러나 2011년 2.1%에 불과했던 스트리밍 음원서비스 시장은 스마트기기(스마트폰, 패드 등)의 확대와, 소유 보다는 소비를 하고자 하는 욕구로 소비자들의 음악 서비스 이용 패턴에 대한 변화가 본격화되면서 2015년 전 세계 음악시장의 9.5%까지 확대되었다. 향후 스트리밍 음원서비스 시장은 빠른 속도의 성장세를 보이며 2020년에는 전 세계 음악시장의 23.2%를 점유한 음반시장의 2배에 달하는 시장이 형성될 것으로 전망되고 있다(음악산업백서, 2016).

4.4.2 디지털 음악의 수익 모델

디지털 음악 시장의 경우, 수익의 많은 부분이 저작권 권리에서 발생하므로, 특히 글로벌 유통의 경우 해당 시장의 저작권 현황과 로열티 요율 등을 숙지할 필요가 있다. 디지털 음악 플랫폼에 따른 유통고정과 수익구조를 살펴보면, 다운로드 플랫폼(iTunes, Amazon, Google, eMusic 등), 기간제 다운로드(time-limited or conditional download), 온 디맨드 스트리밍(on-demand streaming) 서비스(광고를 통한 수익 창출), 라디오-스타일 스트리밍 서비스(월정액 혹은 광고-베이스 무료 서비스) 등으로 구분할 수 있다.

iTunes에서 판매된 음악에 대해 수익이 나면 30%는 Apple의 몫, 70%는 sound recording의 권리를 가진 음반사(혹은 아티스트)의 수익을 가지게 된다(하윤금, 2012).

음반사: 50%
AFM(American Federation of Musicians): 2.5%
AFTRA(American Federation of Television and Radio Artists): 2.5%
Artist, performer: 45%

*SoundExchange: 인터넷 라디오 방송국의 저작권료 징수를 위해 전미음반협회(RIAA)가 설립한 기관으로서 CRB(Copyright Royalty Board)에 의해 법적 허가를 받아 이루어지는 서비스 사업자들에 의해 지불되는 로열티를 징수하는 유일한 기관임

국내의 경우를 살펴보면, 음원 수익 분배율은 음원 서비스사 40%, 저작인접권자 44%, 저작권자 10%, 실연권자 6%로 알려져 있다. 그러나 44% 중 유통수수료로 지급해야 하는 20%의 '음원유통사' 몫을 적시하지 않고 있는 요율로 평균적인 음원 유통 수수료율인 20%를 적용해 백분율로 나타내면 실제로 시장에서 배분되는 음원 수익 분배 구조는 음원 서비스사 40%, 음원유통사 8.8%, 저작인접권자 35.2%, 저작권자 10%, 실연권자 6%가 된다. 사실상 저작인접권자(제작사)가 음원 서비스사보다 더 적은 비율로 분배되고 있다.

4.5 온라인 게임

4.5.1 온라인 게임의 개요

온라인 게임

온라인 엔터테인먼트 산업 중 우리나라에서 가장 큰 시장 확대가 이루어지고 있는 분야는 온라인 게임이라고 할 수 있다. 온라인 게임(online game)이란 기존의 패키지 게임과는 다르게 온라인 상에서만 게임을 하도록 서비스하는 게임을 말한다. 온라인 게임은 일회성인 패키지 게임과는 다르게 소비자의 지속적인 욕구를 충족시켜 주어야 하기 때문에 지속적인 업그레이드가 필요하다. 또한 충성도가 패키지 게임에 비해 높으며, 중독성도 다른 게임에 비해 강한 측면이 있다.

온라인 게임은 크게 두 가지로 나뉘는데 하나는 웹 기반의 온라인 게임과 패키지 형식의 게임에서 발전해온 온라인 게임으로 분류될 수 있다. 전자는 웹페이지에 등록된 간단한 형태의 게임이나 웹페이지를 통해 누구나 쉽게 접근해 게임을 할 수 있도록 한 게임을 말한다. 퀴즈퀴즈, 한 게임, 비주얼 고도리, 포트리스 등이 대표적이다. 후자는 PC 상에서 구현되던 게임을 온라인으로 옮겨 놓아 오직 온라인 상에서만 게임을 할 수 있도록 해 놓은 것이며 전자의 게임들보다 규모가 크고 전문적인 게임들을 말한다. 대표적인 게임으로는 울티마 온라인, 리니지, 에버퀘스트, 판타지 포유 등이 있다. 최근 들어 휴대폰을 이용한 모바일게임이 점차 그 시장을 확대해가고 있는데 이 게임들도 온라인 게임의 범주에 포함되는 게임 장르라고 한다.[6]

6) 자료원: http://blog.naver.com/chabyungsu/80114464274

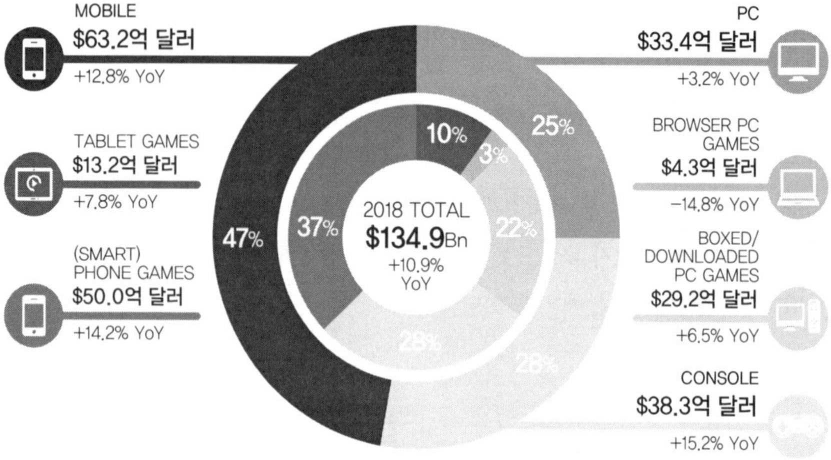

[그림 2-7] 글로벌 게임시장 규모

*자료원: Kocca, 2018 재인용

2018년 게임산업은 1,349억 달러로 예상된다. 플랫폼별로 살펴보면, 모바일게임은 632억 달러, PC게임은 334억 달러, 콘솔게임 시장은 383억 달러로 예상된다. 모바일 게임이 전체에서 차지하는 비중은 47%이며, PC 게임이 25%, 콘솔게임이 28%에 이를 전망이다(Kocca, 2018).

2018년 게임산업의 상위 10개 게임 관련 기업은 텐센트(Tencent), 소니(Sony), 애플(Apple), 마이크로소프트(Microsoft), 액티비전 블리자드(Activision Blizzard), 넷이즈(Net Ease), 구글(Google), 일렉트로닉 아츠(Electronic Arts, EA), 닌텐도(Nintendo), 반다이 남코(Bandai Namco), 테이크-투 인터랙티브(TakeTwo Interactive), 넥슨(Nexon), 유비소프트(Ubisoft), 넷마블(Netmarble), 워너브러더스(Warner Bros)로 텐센트가 191억만 달러의 매출과 9%의 매출성장률을 달성하며 1위를 차지하였다.

LOGO	RANK	COMPANY	Q1	Q2	Q3	Q4	TOTAL	CHANGE
	1	Tencent	$5,502M	$4,687M	$4,903M	$4,641M	$19,733M	9 % ▲
	2	Sony*	$3,079M	$3,117M	$3,612M	$4,410M	$14,218M	41 % ▲
	3	Microsoft*	$2,019M	$2,033M	$2,311M	$3,391M	$9,754M	32 % ▲
	4	Apple*	$2,091M	$2,303M	$2,524M	$2,535M	$9,453M	18 % ▲
	5	Activision Blizzard	$1,872M	$1,537M	$1,352M	$2,131M	$6,892M	6 % ▲
	6	Google*	$1,383M	$1,463M	$1,522M	$2,129M	$6,497M	22 % ▲
	7	NetEase	$1,346M	$1,546M	$1,590M	$1,694M	$6,177M	11 % ▲
	8	EA	$1,582M	$1,137M	$1,286M	$1,289M	$5,294M	4 % ▲
	9	Nintendo	$697M	$730M	$751M	$2,111M	$4,288M	36 % ▲
	10	Bandai Namco	$807M	$567M	$693M	$674M	$2,741M	13 % ▲
	11	TakeTwo Interactive	$450M	$388M	$493M	$1,249M	$2,580M	35 % ▲
	12	Nexon	$803M	$424M	$615M	$409M	$2,252M	8 % ▲
	13	Ubisoft	$666M	$449M	$416M	$691M	$2,221M	3 % ▲
	14	Netmarble	$475M	$469M	$493M	$456M	$1,893M	17 % ▼
	15	Warner Bros*	$404M	$432M	$435M	$564M	$1,835M	5 % ▼

[그림 2-8] 2018년 글로벌 상위 15개사 게임 매출 예상치 (2018년 12월 기준)

4.5.2 온라인 게임 장르

온라인 게임은 각종 네트워크로 하는 멀티 플레이 게임이며, 컴퓨터, 휴대전화, 휴대용 게임기 등 다양한 기기에서 각자 다양한 장르의 온라인 게임을 지원하고 있다. 예컨대 실시간 전략 시뮬레이션의 경우 온라인과 싱글이 모두 지원되는 게임이다. 인터넷 기반의 소비자 전자상거래에서 그 시장이 크게 확대되고 있으며 온라인 콘텐츠 제공 산업과 게임 산업의 발전을 가져왔다. 컴퓨터 · 비디오 게임장르는 〈표 2-7〉과 같이 구분된다.

〈표 2-7〉 게임의 종류

장르	게임의 종류
액션	액션 격투 게임(대전형 액션 게임 · 대전형 격투 게임 · 진행형 격투 게임) · 플랫폼 게임(합 앤 밥 · 건 앤 런 · 텀블 팝) · 슈팅 게임(1인칭 슈팅 게임 · 3인칭 슈팅 게임 · 전략 슈팅 게임)
액션 어드벤처	군사 게임 · 서바이벌 호러 · 스텔스 게임 · 시뮬레이션 어드벤처 게임
어드벤처	그래픽 어드벤처 게임(탈출 게임) · 인터랙티브 픽션 · 인터랙티브 무비 · 비주얼 노벨 · 사운드 노벨
롤플레잉	액션 롤플레잉 게임 · MMORPG · MUD · 로그라이크 · 전략 롤플레잉 게임 · 시뮬레이션 롤플레잉 게임
시뮬레이션	건설경영 시뮬레이션 게임(경영 · 도시 · 정부) · 생활 시뮬레이션 게임(디지털 펫 · 갓게임 · 사회 시뮬레이션) · 육성 시뮬레이션 게임 · 기차 시뮬레이션 · 비행 시뮬레이션(전투 비행 시뮬레이션) · 레이싱 게임(시뮬레이션 레이싱 게임) · 우주 비행 시뮬레이션 · 잠수함 시뮬레이션 · 자동차 전투 게임 · 걷는 시뮬레이션
전략 전술	4X · 대포 게임 · 전략 게임(턴제 전략 게임 · 실시간 전략 게임(타워 디펜스 · 멀티플레이어 온라인 배틀 아레나)) · 전술 게임(턴제 전술 게임 · 실시간 전술 게임) · 전쟁 게임
캐릭터 게임	연애 어드벤처 게임 · 연애 시뮬레이션 게임
기타 장르	광고게임 · 미술 게임 · 기독교 게임 · 교육용 게임 · 엑서게임 · 리듬 게임 · 파티 게임 · 프로그래밍 게임 · 퍼즐 게임 · 기능성 게임 · 스포츠 게임 · 고전 게임 · 오디오 게임 · 캐주얼 게임 · 미니게임 · 온라인 게임(웹 게임 · MMOG) · 전통 게임 · 아케이드 게임 · 예술 형식으로서의 비디오 게임 · 아트 게임 · 논게임

4.5.3 모바일 게임 장르

스마트폰, 태블릿 PC, 스마트 패드 등의 모바일(휴대용) 기기를 통해 이루어지는 비디오 게임이다. 그러나 플레이스테이션, 포터블, 닌텐도 DS 등으로 즐기는 핸드헬드 게임은 모바일 게임이 아니다.

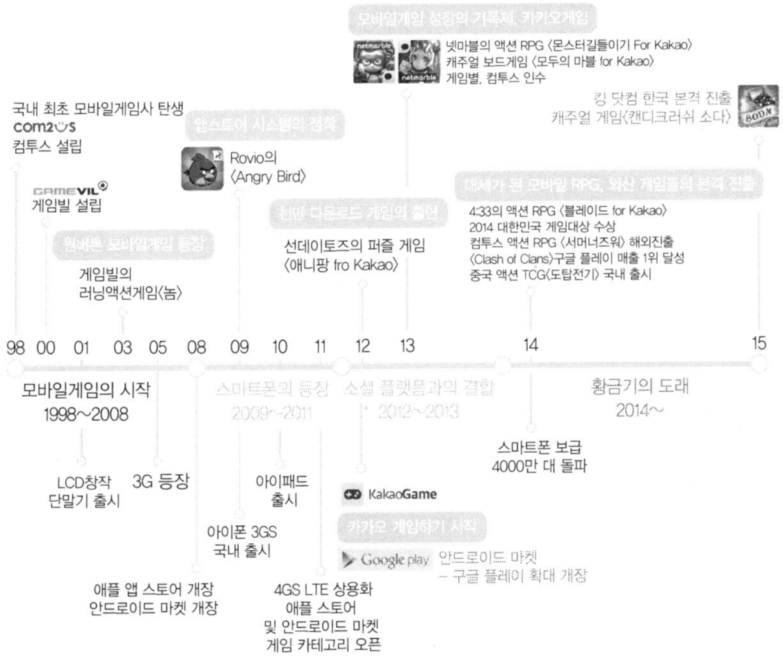

[그림 2-9] 한국 모바일 게임의 역사

*자료원: 모바일게임 시장 분석, 나스미디어, 2015.03.30

한국 모바일게임 시장은 2011년부터 고속 성장을 거듭하여, 2018년도 한국 모바일 게임 시장 매출은 전년 대비 4.1% 증가한 4조 740억 원이다. 장르별로 살펴보면 일평균 사용자 1위는 380만 명으로 퍼즐 게임이 차지했다. 역할수행게임(RPG)은 일평균 이용자 284만 명을 기록하면서 2위를 기록했다. 액션과 카드, 전략, 아케이드 게임 순이다. 장르별 매출 점유율을 보면 RPG가 67.2%로 1위를 기록했다. 전략(8.5%), 액션(4.3%), 보드(2.9%) 게임 순이다.

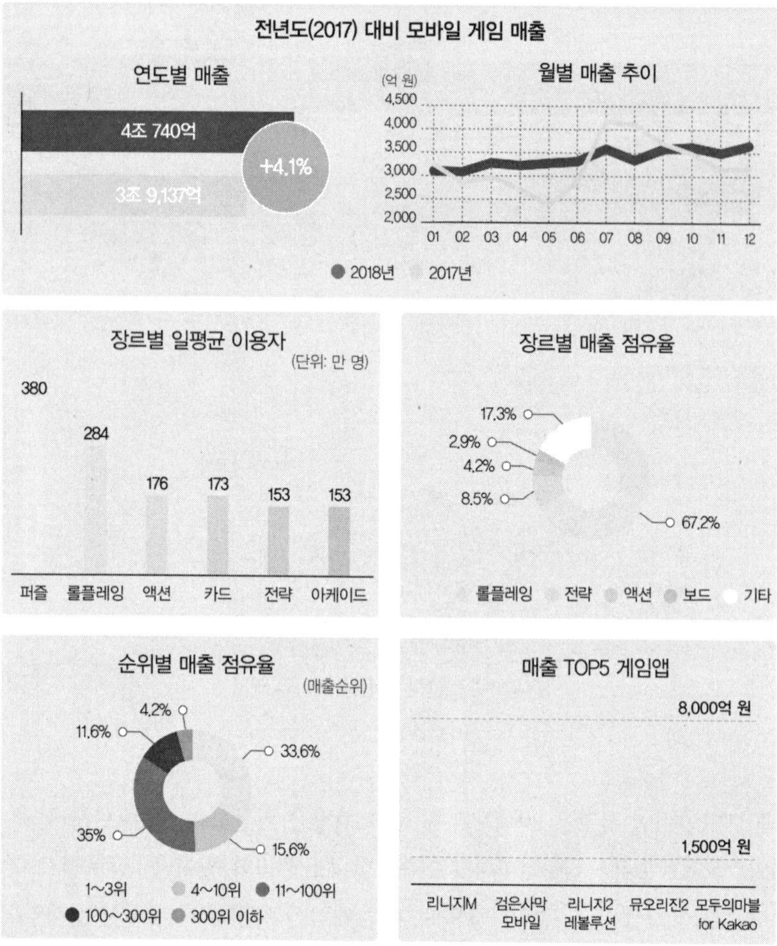

[그림 2-10] 2018년 국내 모바일 게임 시장

*자료원: mobileindex.com

모바일 게임 산업의 전체 매출 중에서 상위 3개의 게임 매출 비중은 33.6%를 기록하였다. 매출 1위 게임은 리니지M으로 8,000억 원 이상의 매출을 기록하였으며, 2위는 검은사막 모바일로 약 3,000억 원 이상의 매출을 기록했고, 리니지2 레볼루션순이다.

4.6 디지털 만화

4.6.1 디지털 만화의 개념

새로운 매체에 대한 적응 과정의 일환으로 2000년대 중반부터 포털 사이트를 중심으로 '웹만화(webtoon, web comics)'가 만화 향유문화에 있어서 하나의 주류적 위치에 올라서는 등 몇몇 유의미한 발전이 있었으나, 산업적 수익모델로서는 아직 초보단계에 불과하다.

만화의 창작 측면에서 디지털 만화라는 것은 태블릿 PC와 같은 디지털 도구를 이용해 창작되거나, 스캐너를 이용해 디지털 데이터로 변환(디지털화 · 디지털라이징)하여 저장한 만화 일반을 칭한다. 만화의 유통 측면에서 디지털 만화는 데이터 형태로 저장 매체 또는 네트워크를 통해 복제 · 전송되어 독자들을 만나는 일련의 만화 형식을 통칭한다. 현재 디지털 만화로 통칭되는 것은 창작 측면과 유통 측면을 혼용하고 있다.

디지털 만화

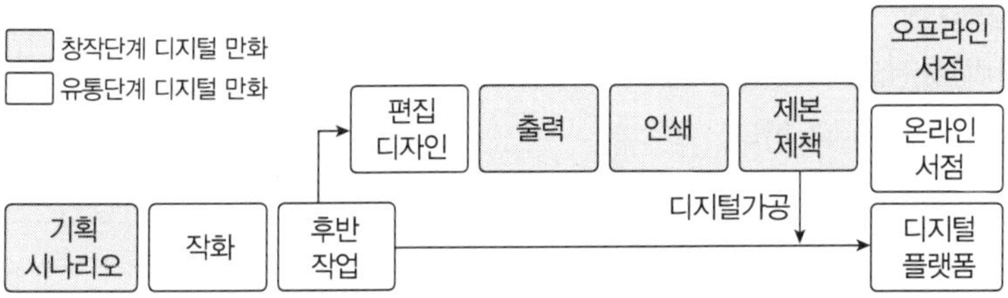

[그림 2-11] 디지털 만화의 기본 개념

현재 디지털 플랫폼 만화는 각각의 감상 단말기 특성에 따라서 웹, 모바일, 전자책, TV 수상기 등으로 나누어진다. 웹 플랫폼의 경우 주로 PC로 구현되지만, 신제품 기기들의 웹 브라우징 기능 발달에 따라서 다른 범주들과 점점 더 겹치고 있다. 「2009 한국만화연감」에 따르면 월 유료 온라인 만화 이용자 수는 56만 명 가량으로 추산되며 2008년 총결산 유료 이용자는 약 700만 명에 달한다. 주 이용자층은 30~40대가 주이며 20대, 50대, 10대가 그 뒤를 잇는 것으로 나타났다. 웹툰은 2003년 이후 무료로 제공하는 것 이상의 모델을 만들어내지 못했다. 2007년 등장했다 1년을 채 채우지 못하고 실패한 『만끽』의 유료 웹툰이 현재까지 등장한 실험적 시도의 전부다. 이 말은 곧 무료 독자를 대량으로 유치해 광고 수익을 내거나 이벤트나 주된 콘텐츠의 홍보용 수준에서 유치하는 정도에서 그칠 수밖에 없다는 이야기가 된다.

한국콘텐츠진흥원에 따르면, 디지털 만화에 대한 수요가 빠르게 증가하기 시작하면서 인쇄만화 시장에 대한 매출이 감소할 것으로 예상하고 있으며, 향후 5년간 세계 만화시장은 연평균 0.9%의 성장률을 보이며, 2018년에는 72억 3,600만 달러의 시장(인쇄만화 60억 8,900만 달러, 디지털만화 11억 4,600만 달러)을 형성할 것으로 전망하였다. 또한 일본은 전 세계 만화시장의 약 40%를 차기하고 있으며, 한국은 6위의 시장규모를 가지고 있다(Kocca, 2018)

4.6.2 디지털 만화의 수익모델

사업모델이라는 개념 자체가 종종 수익모델과 동의어로 쓰일 정도로, 수익구조는 모든 사업의 핵심요소이다. 디지털 만화 사업의 경우 세부적 변형은 있으나 크게 3가지 범주의 수익원이 현재 매체 기술의 한계 내에서 구현 가능하다. 콘텐츠 과금, 광고, 관련 상품 등이 그것이다. 여기에 기타 방식으로 강제되지 않은 금전거래인 자발적 모금을 추가할 수 있다. 실제 사업설계에서는 다음에 제시된 수익모델들 가운데 여러 가지를 콘텐츠의 성격과 타깃층의 소비성향에 따라서 적합한 방식으로 혼용하는 것이 필수적이다.

(1) 콘텐츠 과금

콘텐츠 자체의 감상이나 소유에 대한 가격을 책정하여 거래를 하는 방식이며, 가장 직관적인 수익모델이다.

(2) 광고

콘텐츠를 무료 혹은 콘텐츠 과금 기준보다 적은 가격으로 책정하며, 그 대신 콘텐츠 이용을 통해 수집하는 시간과 주목을 다른 기업 주체에게 광고 노출 제공이라는 형식으로 판매하여 수익을 내는 방식이다.

(3) 관련 상품 판매

서비스되는 만화와 관련된 관련 상품 판매로 수익을 올리는 방식이다. 미국의 경우 해당 작품의 로고가 들어간 티셔츠, 머그컵 등의 판매가 비교적 일상화되어 있고(사례: 페니 아케이드), 한국의 경우도 스노우캣, 마린블루스 등의 인기작들이 팬시

용품 디자인과 직접적으로 관련된 작가들의 활동에 연동하여 관련 상품을 해당 사이트를 통해 홍보하여 판매수익을 올리고 있다.

(4) 기타: 자발적 모금(팁 시스템)

미국의 개인 작가들 사이에 종종 활용되는 방식으로, 독자가 자신이 원하는 만큼 자발적으로 지불하는 방식이다. 페이팔 등 간편한 온라인 결제 시스템이 필수적이며, 고정된 수익성은 보장되지 않는다. 한국에서는 마사토끼 등의 작가들이 자신의 블로그에 작품을 공개하고 이런 시스템을 병행하고 있다.

〈표 2-8〉 서비스 유형별 수익 모델

		콘텐츠 과금	맞춤형 광고	고정형 광고	관련품 판매	비고	사례
웹기반	온라인 만화방	○					네이트만화
	포털 웹툰		○	○			미디어다음
	개인작품 사이트		○	○	○	단행본, 티셔츠 등	마인블루스
앱기반	개별 작품 앱	○					낢의 사는 이야기
	구독 풀			○			네이버 웹툰뷰어
	스토어 방식 앱	○		○			코믹솔로
기기	e-북	○					킨들그래픽노블
	IPTV	○		○			

*자료원: 글로벌 차세대 디지털플랫폼에서의 만화 수익모델 연구, 한국콘텐츠진흥원, 2010

5. 금융모델

온라인 금융은 컴퓨터나 무선통신기기 등의 도구를 이용하여 뱅킹, 보험, 증권 등 기존의 금융서비스 혹은 새로운 금융서비스를 제공하는 방법으로 정의할 수 있다.

다시 말해 인터넷뱅킹, PC 뱅킹, 온라인 증권, 인터넷 보험 등으로 불리는 모든 전자금융 서비스를 포괄하는 개념이다. 또한 온라인 금융은 플랫폼과 비즈니스 모델에 의해 분류도 가능하다. 플랫폼에 따라서는 PC 금융, 인터넷 금융, 모바일 금융, TV 금융 등으로 분류되며, 비즈니스 모델에 따라서는 금융포탈, 전문금융상품공급자, 금융정보비교 서비스, 기업사이트 등 4가지 유형으로 구분된다(금융연구시리즈, 2008).

5.1 인터넷뱅킹

5.1.1 인터넷뱅킹의 개념과 기능

온라인 뱅킹(Online banking)
인터넷뱅킹(Internet banking)
USIM(Universal Subscriber Identity Module)
VM(Virtual Machine)

e-뱅킹 또는 온라인 뱅킹(Online banking)은 전자 금융의 일종으로 전화 회선이나 인터넷 회선을 이용하여 은행과 사용자 간의 금융 업무를 처리하는 금융 시스템이다. 우리나라에서 자주 쓰이는 낱말인 인터넷뱅킹(Internet banking)은 온라인 뱅킹의 일부이자 유의어이며, 전화를 이용한 폰 뱅킹도 온라인 뱅킹에 포함된다. 홈 뱅킹(Home banking, 문화어: 가정은행업무)도 유의어이다. 인터넷뱅킹을 이용하기 위해서는 은행 창구에 신청해야 한다. 모바일 기기를 활용하는 IC칩 뱅킹의 경우는 2G폰에서 가능하며 IC칩을 발급받아야 하고 USIM(Universal Subscriber Identity Module)[7]칩 뱅킹의 경우는 3G폰에서 가능하며 금융거래가 가능한 USIM칩이 있어야 한다. VM(Virtual Machine)[8] 모바일뱅킹의 경우는 별도의 프로그램을 설치하면 된다. 인터넷뱅킹을 사용하기 위해서는 공인인증서를 반드시 발급받아야 한다.

OTP(일회용 비밀번호)

현재 유료 범용 인증서와 함께 은행거래용 인증서의 무상 발급이 가능하다. 공인인증서 외에도 비밀번호와 보안카드를 발급받아 안전하게 인터넷뱅킹을 할 수 있다. 한편 OTP(일회용 비밀번호) 생성기의 보안매체 사용도 권장되고 있다. 소비자

---

7) Universal Subscriber Identity Module의 약자로 우리말로는 '범용(汎用) 가입자 식별 모듈'이라 한다. 가입자 식별 모듈(SIM)이란 유럽의 2세대 통신 방식에서 사용하던 방식으로, 작은 메모리 카드 형태로 생겼으며 가입자에게 인증과 요금 부과, 보안 기능 등의 다양한 서비스를 제공할 수 있도록 개인 정보를 저장한 것이다(네이버 지식백과).

8) VM 모바일뱅킹은 금융 칩을 내장하지 않은 휴대 전화로도 해당 프로그램을 내려 받아 모바일뱅킹을 할 수 있는 서비스이다. 기존의 모바일뱅킹은 은행마다 별도로 발급하는 특정 금융 칩을 장착한 휴대전화에서만 사용이 가능했으나 VM 모바일뱅킹은 해당 프로그램을 휴대 전화로 내려받기만 하면 은행 거래를 할 수 있다(네이버 지식백과).

전자상거래 시 지급결제를 위해 활용하는 인터넷뱅킹의 공통 기능은 다음과 같이 나뉜다.

거래(계좌 이체, 청구, 새 계좌 만들기 등의 금융 거래 수행)
EBPP
지로
투자 판매
대부금
비거래(대화, 온라인 명세서, 수표 연결)
은행 명세서
금융사 관리

5.1.2 인터넷뱅킹의 문제점

한국에서는 보안을 위해 온라인 뱅킹 사이트에 해킹 방지 프로그램 같은 보안솔루션에 의지하여 강제로 설치할 것을 요구한다. 하지만 이는 근본적인 보안 문제의 해결책이 되지 않을 뿐더러 현재 나와 있는 모든 보안 솔루션은 마이크로소프트 윈도우에 맞게 작성되어 맥 오에스 텐(Mac OS 10)을 비롯한 다른 운영체제에서 접속을 시도할 경우 액티브엑스에 가로막혀 온라인 뱅킹을 이용할 수 없다. 일부는 개선을 하고 있지만 아직도 절반 이상이 다른 운영체제에서의 접속을 지원하지 않는다.

한편 인터넷뱅킹과 관련하여 피싱과 파밍 피해 사례가 급증하고 있다. 피싱(phishing)은 사람과 정보를 낚시질하듯 빼낸다는 뜻으로 유명기관을 사칭해서 "비밀번호를 바꿔라", "개인내역을 확인하라"는 식으로 전자메일을 보내며 전자 메일에 첨부된 인터넷 주소를 클릭하면 실제 사이트와 똑같은 위장 홈페이지에 접속하게 되고, 위장 사이트에서 계좌번호, 비밀번호를 비롯한 금융 관련 정보나 개인정보를 노출시키게 된다. 이렇게 빠져나간 정보는 나중에 금융 사기에 이용될 수 있다. 피싱(phishing)

파밍(pharming)은 피싱보다 발전된 사기 수법으로 트로이목마와 같은 바이러스를 몰래 설치해 제대로 된 주소를 입력해도 피싱 사이트로 이동시킨다. 파밍(pharming)

금융감독원(2007)은 더욱 교묘해지고 나날이 늘어나는 온라인 뱅킹 사기를 막기 위해 안전하게 거래하는 7가지 요령을 다음과 같이 제시했다.

- 잔액조회부터 온라인뱅킹 사이트를 모방한 피싱 공격에 속지 않으려면 잔액을 먼저 조회하라. 피싱 사이트는 잔액조회가 되지 않는다.
- 비밀번호는 서로 다르게 설정하라. 인터넷 사이트 회원으로 가입할 때 설정한 비밀번호와 공인인증서, 계좌 · 카드 비밀번호는 다르게 설정하라.
- 공인인증서는 이동식 저장장치에 보관해야 한다. 최근 공인인증서를 인터넷 편지보관함에 보관했다가 5,000여만 원이 불법 이체되는 사고가 일어났다. 공인인증서는 이동식 저장장치에 보관하는 것이 안전하다.
- 자동 업데이트 기능을 설정하면 해킹 공격을 예방해 주는 보안 프로그램의 패치를 할 수 있다.
- 문자서비스를 활용하라. 전자금융거래 이용내역을 실시간으로 알려주는 휴대폰 문자서비스를 이용하면 피해를 바로 파악할 수 있다.
- 인터넷 사이트에서 신용에 관계없이 즉시 대출을 해준다는 등 상식 수준 이상의 조건을 제시하는 경우 조심해야 한다. 이런 경우 사기일 가능성이 높은 만큼 금융회사의 콜센터 등에 직접 연락해 확인해야 한다.
- 최근 세금이나 범칙금, 보험료 등을 환급해 준다며 예금을 가로채는 사례가 늘고 있다. 정상적인 경우 비밀번호를 요구하지 않는다는 점을 기억해 두자.

5.1.3 인터넷뱅킹을 위한 도구

인터넷뱅킹을 위해서는 인터넷이 가능한 PC나 PDA(Personal Digital Assistant) 등 각종 정보단말기, 전화기, 휴대전화기 등을 도구로 활용할 수 있으며 최근 몇 년간 정보가전 등 다양한 매체가 등장하여 편리하게 활용되고 있다. PC 외에도 각종 전자기기, 통신기기 활용이 확대되어 인터넷 TV나 인터넷 냉장고 등으로도 은행에서 제공하는 서비스(조회, 계좌이체, 현금서비스 이체, 대출, 자동납부 등) 거래가 가능하다.

전화나 휴대전화를 이용한 텔레뱅킹, 폰뱅킹, 모바일뱅킹이 'e-Banking' 중에서도 친숙하게 활용될 것으로 전망되고 있다. 특히 스마트폰의 보급 확대에 따라 모바일뱅킹 이용자가 증가하고 있는데 모바일뱅킹의 경우 무선인터넷을 통해 언제 어디서나 간편하게 조회, 송금 등의 은행 서비스를 이용할 수 있고 수수료도 저렴하며 직접적인 결제 수단으로도 활용되고 있으나 보안성 문제가 여전히 존재하여 이를 해결하기 위한 기술개발과 함께 법제도적인 보완이 강구되고 있다.

5.1.4 모바일 뱅킹

2018년 말 현재 국내은행의 인터넷뱅킹(모바일뱅킹 포함) 등록 고객수는 1억 4,656만 명으로 전년 말 대비 8.5% 증가하였으며, 모바일뱅킹 등록 고객수는 1억 607만 명으로 전년 말 대비 16.7% 증가하였다. 2018년 인터넷뱅킹(모바일뱅킹 포함, 일평균)을 통한 조회, 자금이체, 대출신청서비스 이용실적은 건수는 1억 1,897만 건, 이용실적은 52조 1,557억 원으로 전년대비 각각 25.3%, 19.9% 증가한 것으로 나타났다.

또한 모바일뱅킹 이용실적(일평균)은 7,462만 건, 5조 3,435억 원으로 전년보다 27.2%, 31.9% 증가하였다. 전체 인터넷뱅킹 이용실적 중에서 모바일뱅킹이 차지하는 비중은 건수는 62.7%, 금액은 10.2%로 나타났다(한국은행, 2019).

5.2 사이버 증권거래

5.2.1 사이버 증권거래의 개념과 기능

사이버 증권거래

사이버 증권거래는 온라인 증권거래, 인터넷 증권거래, 홈 트레이딩 또는 영어로는 e-Trading, Cyber Trading 등의 유사한 용어로도 불리고 있다. 사이버 증권거래(cyber trading)는 컴퓨터에 증권사가 제공하는 CD를 깔거나 인터넷, PC 동신, 일반 유선전화를 이용해 객장에 나가지 않고 가정이나 사무실에서 증권을 사고파는 거래 형태를 말한다. 주가와 시세를 실시간으로 보면서 주식은 물론, 선물 옵션도 거래할 수 있어 이용량이 크게 늘고 있는 추세이다. 특히 회사원, 가정주부, 대학생 투자자들로부터 큰 인기를 얻고 있다. 인터넷은 물론, 일반전화를 이용한 사이버거래가 지속적으로 증가하고 있으며 최근엔 스마트폰 등 휴대전화를 통해서도 주식을 사고팔 수 있는 서비스가 등장했다. 증권사들이 사이버 거래 수수료를 내리면서 이용자가 급증해 현재 대부분 투자자가 사이버로 주식투자를 하고 있다. 사이버 거래 수수료는 거래대금의 0.1%로 일반 주식거래의 5분의 1 수준이다. 증권사들은 사이버 투자자를 모으기 위해 재테크 상담, 이메일 서비스 등 각종 부가 서비스 경쟁을 벌이고 있다. 우리나라의 경우 개인투자자의 비중이 크고 단기적 투자성향이 있어서 사이버 증권거래 규모면에서 세계최상위 수준을 나타내고 있다.

사이버 증권거래의 역사를 살펴보면 미국에서 E*Trade(미시간 주에 사는 Bill Porter라는 외과의사 투자자가 설립)라는 PC 통신을 통한 온라인 증권거래가 1992년에 시작되었으며, 인터넷을 통한 거래는 1994년부터 본격적으로 도입되었다. 우리나라의 경우 1997년 PC 통신에 의한 증권거래가 처음 시작되었으며, 인터넷을 통한 사이버 증권거래는 1998년 말부터 주식시장 활황과 함께 빠르게 보급되기 시작하였다. 이 당시 겟모아, 이트레이드, 키움닷컴 등 사이버 영업을 주로 하는 증권사도 등장하였으나 현재 사이버 증권거래는 증권회사의 시스템을 통해 주로 거래가 이루어지고 있다.

지난 10여 년간 이루어진 인터넷의 급속한 확산은 사이버 투자자들이 증권거래를 더 간편하게 할 수 있게 하였다. 비교적 적은 비용으로 즉시성, 유연성, 쌍방향성의 특성을 제공하므로 일반인들의 접근이 쉬워졌다. 고객의 요구가 증권 비즈니스의 전략을 바뀌게 한 것이다. 증권회사 객장에 나가지 않고 거래가 가능하고, 계좌이체가 가능하면서 일대일 대면 없이 실명확인 이외의 업무는 사이버 상에서 구현되고 있다. 결국, 사이버 공간을 통한 즉시성과 쌍방향성에 의한 고객의 요구가 증가되어 사이버 증권거래량을 증가시킨 것이다.

편리성에 기반한 사이버 투자자들의 요구가 시간과 공간에 대한 비용을 감소시켰을 뿐만 아니라 증권사 역시 업무처리가 간소화되어 원가절감의 효과를 가져왔다. 사이버 주식거래가 급증하는 배경은 편리성이라 할 수 있지만, 무엇보다도 성장을 이끈 원동력은 저렴한 수수료이다.

5.2.2 사이버 증권거래의 문제점

사이버 증권거래의 장점으로 거래의 편리성과 시간절감, 저렴한 수수료와 정보취득의 용이성 등을 들 수 있고 사이버 증권거래 규모가 확대되었지만 제도적인 장애요인도 있다. 금융실명제로 계좌개설을 위해서는 창구에 나와 대면하고 실명을 확인해야 하며, 시스템으로 인한 장애요인은 투자자의 피해를 발생시킨다. 사이버거래의 급속한 증가로 주문이 몰려들 경우 컴퓨터 시스템 장애로 제대로 소화하지 못하면 투자자의 의도와는 무관하게 피해를 보는 상황이 발생할 수도 있다. 그리고 비밀번호 관리 등 보안상의 문제와 매매 시 통신상의 문제 등도 제기 될 수 있다.

[그림 2-12] 사이버 증권거래 사이트

사이버 증권거래 규모가 계속 확대되면서 사용자가 안심하고 활용할 수 있는 환경 조성의 필요성이 대두되었다. 사이버 증권거래 사용자는 여전히 해킹의 위험과 보안문제를 가장 우려하는 것으로 나타나고 있다. 한편 투기의 조장, 시스템 장애시의 문제, 사이버 투자사기 등의 우려도 가지고 있는 것으로 보인다. 많은 사이버 증권거래 사용자들이 데이트레이딩에 집착하며, 인터넷 중독의 일종으로 집이나 직장에서 모니터상의 시황정보만 바라보며 시간낭비를 하는 것도 문제이다.

사이버 증권거래 사이트들은 편리하고 신뢰성 있는 사이버 거래서비스 제공을 위해 더욱 노력해야 한다. 보다 광범위한 서비스의 제공과 수준 높은 정보의 제공 그리고 혁신적인 상품의 개발이 가속화될 것으로 전망된다. 현재 모든 증권회사는 전자서명 공인인증서비스를 사용하여 사이버 증권거래에서 고객의 신원확인, 거래내용의 위조, 변조 방지 및 거래 사실의 부인방지를 위한 사이버트레이딩 시스템을 구축하여 서비스하고 있으나 거래의 신뢰성과 안전성을 유지하기 위한 노력을 지속하여야 한다.

5.3 온라인 보험

온라인 보험

온라인 보험이란 보험설계사 없이 자기 스스로 보험을 설계하고 온라인으로 직접 가입하는 보험을 말하며, 별도의 점포 운영비와 설계사 수수료가 발생하지 않기 때문에 보험료를 낮출 수 있는 장점이 있어, 최근 들어 많이 활성화되고 있는 보험 상품이다. 2012년 11월 7일 금융위원회가 ICT 기술 발달과 비대면 채널에 대한 수요증대 등을 고려해 기존 종합보험사가 전문화 · 특화된 형태의 보험사를 자회사로 설립하는 경우 신규진입을 허용한다고 발표하면서 많은 보험사들의 온라인 진출이 활발해질 것으로 보인다. 온라인 보험 상품은 가입절차가 간편할 뿐 아니라 설계사 수수료 비용 등의 사업비가 절감되기 때문에 보험료도 10~15% 가량 저렴해지는 장점이 있다. 이에 따라 그동안 대면채널과 방카슈랑스 채널에서만 상품을 판매하던 생명보험사들이 앞다투어 온라인 시장에 문을 두드릴 것으로 보인다. 교보생명은 국내 최초 인터넷 전업 생명보험사 교보라이프 플래닛 생명보험을 설립하였으며, 2015년 4월 생명보험업계에서는 최초로 모바일 보험가입 서비스를 시작하였다. 기존에는 설계사나 PC, 전화 등을 통해 보험 가입이 가능했지만, 스마트폰으로 보험 가입에서부터 청약까지 원스톱(one-stop)으로 가능해졌다.

[그림 2-13] 온라인 보험 사이트

온라인 전용 보험시장이 최근 5년 동안 초회보험료[9] 대비 7배 정도 증가한 것으로 나타났다.

생명보험협회(2018년)에 따르면, 국내 인터넷 · 모바일 인프라의 발전과 차별화된 온라인 상품의 인기로 온라인 채널 판매 규모가 초회보험료 기준으로 2012년 15억 원에서 2017년 102억 원으로 성장을 하였다. 5년 전 온라인 보험 채널을 통해 유입되는 월 보험료가 15억 원이었다면 최근에는 102억 원 규모로 증가를 한 추세이다[10].

5.4 금융모델의 최근 추세

금융모델의 최근 추세는 단연코 핀테크, P2P 클라우드펀딩, 사이버 은행 등이 있다. 2014년 하반기부터 국내에서는 핀테크라는 단어가 화두로 등장을 하였다. 핀테크(FinTech)는 Finance(금융)와 Technology(기술)의 합성어로, 금융과 ICT의 융합을 통한 금융서비스 및 산업의 변화를 의미한다. P2P 클라우드펀딩

금융서비스 변화로는 모바일, SNS, 빅데이터 등 새로운 ICT 기술 등을 활용하여 기존에 제공되던 금융기법과는 차별화된 금융서비스를 제공하는 기술기반의 금융서비스 혁신이며, 모바일뱅킹과 앱 카드 등이 대표적인 예이다. 산업 변화로는 혁신적 비금융기업이 보유 기술을 활용하여 지급결제와 같은 금융서비스를 사용자에게 직접 제공하고 있으며, 애플페이, 알리페이 등이 대표적인 예이다. 핀테크는 기술적으로는 이미 성숙되어 있지만, 활성화되기 위해서는 해결돼야할 과제들이 많이 있다. 현재 핀테크 중에서 가장 활발하게 진행이 되고 있는 분야가 P2P 크라우드 펀딩이다. 영국에서는 서비스하고 있지만, 국내의 경우, 관련 법제정 등의 문제로 인해 아직까지 시행이 되지 못하고 있다.

인터넷상에서 기존의 은행 업무를 모두 처리할 수 있는 기능을 가진 은행을 사이버 은행이라고 한다. 소비자의 입장에서는 굳이 멀리 떨어져 있는 은행까지 가지 않고도 인터넷상의 은행을 통하여 예금과 대금 결제가 가능하고, 은행의 입장에서는 저렴한 가격으로 사이버 공간에 점포를 개설하고 고객에게 서비스를 제공할 수 있다. 이와 같은 사이버 은행의 보급이 일반화되고 있으며, 우리나라의 경우에도

9) 초회보험료(월납+일시납)는 계속보험료와 달리 보험에 가입하고 첫 달에 내는 것으로 월납과 일시납으로 나뉨

10) https://www.mk.co.kr/news/economy/view/2018/04/263869/

대부분의 은행이 사이버 은행을 개설해 놓고 있으며, 가상 은행 혹은 버추얼 뱅크라고도 불린다.

5.4.1 핀테크

핀테크(FinTech)
NFC
O2O(Online to Offline)

핀테크(FinTech)는 금융(Finance)과 기술(Technology)의 합성어로 금융과 ICT의 융합을 통한 금융 서비스와 금융 산업을 통칭하는 용어이다. 금융서비스 변화를 살펴보면 모바일, SNS, 빅데이터 등 새로운 ICT 기술을 활용하여 기존의 금융 기법과는 차별화된 금융서비스를 제공하고 있는 "기술기반 금융서비스 혁신"이 대표적이며, 최근에는 모바일뱅킹과 앱카드 등이 있다. 금융산업의 변화를 살펴보면, 혁신적 비금융기업이 보유하고 있는 기술을 활용하여 지급결제와 같은 금융서비스를 사용자에게 직접 제공하는 것으로 애플페이, 알리페이 등이 있다. 핀테크는 NFC 통신 기술을 기반으로 하며, 핀테크의 기술은 개인화를 기반으로 한 개인 행동패턴에 따른 위치 기반 O2O(Online to Offline) 금융서비스도 제공을 하고 있으며, 핀테크 기술은 통계, 머신러닝, 딥러닝 등 다양한 알고리즘을 통해 분석하는 것이 핵심이며, 이를 통해 온라인과 오프라인에서 서비스를 실시간으로 제공할 수 있다(노규성외, 2015).

재테크

핀테크와 재테크를 비슷한 의미로 생각하여 혼동할 수 있는데, 재테크는 재무테크놀러지(financial technology)의 약자로써 기업 또는 개인이 금융 수익을 얻기 위

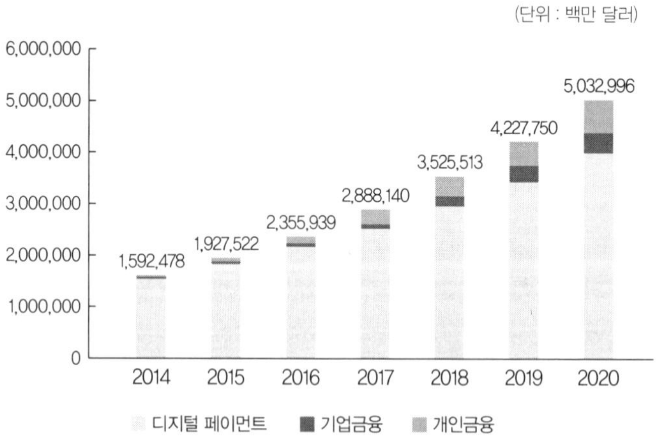

[그림 2-14] 글로벌 핀테크 거래 금액

*자료원 : Statista(2015.12)

해 벌이는 재무활동으로 기업 및 개인이 자금을 조달하고 운용하는 것이 목적이다. 그러나 핀테크는 금융(finance)+기술(technnology)의 합성어로써 ICT 기술을 기반으로 금융서비스를 제공하는 것이라고 할 수 있다.

시장조사기관 Frost & Sullivan의 보고에 따르면, 아시아태평양 지역의 핀테크 산업은 2016년과 2017년에 빠른 성장을 이루어 2020년까지 연간 성장률 72.5%를 기록하고, 2020년 핀테크 시장 규모는 719억 달러에 이를 것으로 전망하였다.

또한 Statista는 전세계 핀테크 시장 거래 금액이 2016~2020년 연간성장률 20.9%로 성장하여 2020년에는 5조 330억 달러 규모까지 증가하고, 핀테크를 통한 개인금융과 중소기업금융 사용자도 지속 증가할 것으로 전망하였다.

〈표 2-9〉는 핀테크 산업에 대한 분류이다.[11]

〈표 2-9〉 **핀테크 산업 분류**

구분		종류	특징
금융 서비스	송금	모바일 및 이메일 송금	• 온라인으로 거래 가능한 가상화폐 • 이메일과 모바일을 통해서 개인과 기업간 송금
	결제	전자결제 서비스	• 상품 및 서비스 결제 편의성 향상 • 가상계좌, 신용카드, 실물계좌로 결제가능
	자산 관리	온라인 펀드, 인터넷 은행, 보험, 증권	• 온라인으로 다양한 펀드를 살 수 있는 슈퍼마켓의 역할 • 인터넷은행, 온라인 전용으로 여수신 기능을 제공 • 인터넷만을 통해 가입하는 보험 • 온라인 전용으로 주식, 채권, 선물 투자 플랫폼 제공
	투자	금융투자 플랫폼 (소셜 트레이닝, 크라우드 펀딩)	• 대출, 창업자금 지원 등 투자 관련 금융을 서비스하는 온라인 플랫폼 • 스마트폰 등을 이용하여 투자 정보교류를 통한 가치판단 및 투자활동에 영향 • 개인 간 자금조달을 중개해 주는 서비스 제공
ICT 기술	보안 및 데이터 분석	정보보안	• 새로운 금융서비스를 보다 편리하게 사용하기 위해서는 보다 고도화된 금융보안기술이 필요
		금융 빅데이터 분석 및 금융 S/W	• 빅 데이터 분석으로 소비패턴의 인식을 통한 소비활동 증진 • 대규모 데이터를 활용한 보다 정교한 대출금리 산정

*자료원 : 여신금융연구소, "핀테크의 가치창출 요건 및 시사점", 2015.1, 재구성

11) 장상수, 핀테크가 정보보호산업에 미치는 영향에 관한 연구, Internet & Security Focus, 2015

5.4.2 핀테크 서비스

핀테크와 관련된 사업으로는 송금, 결제, 자산 관리, 투자, 정보보호 및 데이터분석 서비스 등으로 구분할 수 있다. 핀테크는 모바일 결제뿐만 아니라 해외 송금, 온라인 개인자산 관리, 클라우드 펀딩, 대출 등도 포함되며, 핀테크를 활용할 수 있는 금융 서비스는 금융 전 영역에 달할 정도로 광범위하다.

〈표 2-10〉 핀테크 기업의 주요 진출 분야와 사업 영역

구분		내용	주요기업
금융업무	지급결제	ICT 기술을 활용한 다양한 결제 방식으로 이용이 간편하고 수수료가 저렴한 지급결제서비스를 제공	이베이, 스프라이프
	송금	송금의뢰자와 수탁자를 인터넷 플랫폼을 통해 직접 연결시켜 송금 수수료를 낮추고 송금시간도 단축	구글, 아지모
	자산관리	온라인으로 투자 절차를 수행해 자금운용 수수료를 낮추고, 각종 분석시스템을 통해 고객에게 최적화된 투자 포트폴리오를 구성	알리바바, 텐센트
	대출중계	P2P 방식으로 인터넷에서 자금의 수요자(차입자)와 공급자(대출자)를 직접 중개하고, 빅데이터 활용을 통해 자체적으로 신용평가 수행	렌딩클럽, 프로스퍼
기술	금융데이터 수집 및 분석	개인 또는 기업 고객과 관련된 다양한 데이터를 수집하고 분석해 새로운 부가가치를 창출	어펌(Affirm)
	금융 소프트웨어	보다 진화된 스마트기술을 활용해 효율적이고 혁신적인 금융 업무 및 서비스 관련 소프트웨어 제공	빌가드
	플랫폼	기업과 고객들이 금융기관의 개입없이 자유롭게 금융거래를 할 수 있는 다양한 거래기반을 제공	온덱

*자료원: 영국무역투자청

핀테크 기술 및 서비스 영역이 결제를 포함해 기존 금융서비스의 핵심 영역인 소비자 금융, 기업금융, 가상화폐 등으로 확장돼 있어 소비자 중심의 혁신적인 서비스 출현이 예상되고 있다. 또한 핀테크 산업은 결제 및 송금, 인터넷 은행, 금융 관리, 환전 및 금융거래, 보험, 대출 및 투자 등의 핀테크 서비스를 제공하는 사업자들이 시장을 형성하고 있으며, 사업자들은 다양한 기술 및 특화된 서비스 분야를 포함하고 있으며 이를 통해 각각의 독립된 사업 영역을 확보할 것으로 보인다[12](김

12) http://www.hellot.net/new_hellot/magazine/magazine_read.html?code=202&idx=33453&public_date=2017-03

혜숙, 2017).

5.4.3 핀테크가 금융시장에 미치는 영향

핀테크가 금융 산업에 미치는 영향에 대해 살펴보면 다음과 같다.

첫째, 핀테크는 금융 상품과 서비스의 판매 채널의 다양화로 고객의 편의성을 제고한다. 그동안 금융회사의 지점을 통해서만 취급하던 금융 상품 및 서비스를 통신업체, 유통업체, SNS 업체들도 취급할 수 있다.

둘째, 핀테크 시장내에서 치열한 경쟁으로 인해 다양한 금융상품과 서비스 등이 출시되면서 금융서비스의 양적 · 질적인 향상을 가져오고 있다. 예를 들면, 애플의 애플페이, 미국 대형 유통업체들의 코드 스캔 방식의 결제서비스 등은 고객의 선택 폭을 넓혀주고 있다.

셋째, 오프라인/온라인(인터넷)에서 모바일로 가속화 된다. 스마트폰의 보급과 ICT 기술의 발전으로 예금, 적금, 대출, 카드 등 금융서비스가 기존 오프라인 및 온라인(인터넷)에서 모바일로 급속히 가속화될 전망이다.

넷째, 핀테크는 금융과 산업간 다양한 합종 연횡을 촉발하고 있다. 금융업체는 인터넷 은행을 인수 및 ICT 기업과의 제휴 확대를 통해 경쟁력을 강화하고, 비금융업체는 금융업체 고객을 흡수하며 수익 기반을 확보하게 된다.

참고문헌

김원제, e-Book 시장의 현황 및 과제, KTOA, 52, 2010

금융연구시리즈, 해외 신종 온라인 금융서비스 사례 및 시사점, 하나금융경영연구소, 2008

노규성외, 전자상거래 & e-비즈니스, 사이텍미디어, 2009

노규성외, 스마트시대의 전자상거래, 생능출판사, 2013

노규성외, 빅데이터시대의 전자상거래, 생능출판사, 2015

노규성, 주성환, 정진택, 스마트러닝의 개념 및 구현 조건에 관한 탐색적 연구, 디지털정책연구, 제9권 제2호, 2010

네이버 지식백과

두산백과 인터넷 포털 사이트

미래교육 2020 보고서 http://www.futureofed.org/forecast.pdf

위키백과 http://ko.wikipedia.org/wiki/

전종홍, 인민교, 이승윤, '사물웹(Web of Things) 표준화 동향', TTA 저널, Vol. 155, 2014.09.

통계청, 「KOSIS 국가통계포털」(http://kosis.kr) 전자상거래 통계, 2013

하윤금, 세계 디지털 음악시장의 유통과 수익구조 분석. 한국콘텐츠진흥원, 2012

황하진, 고일상, 박경혜, 전자상거래와 e-비즈니스, 경문사, 2012

Turban 전자상거래, 사이텍미디어, 2005

영화진흥위원회, 2014년 한국영화산업 결산보고서, 2015

강중구, 세계음악산업 분야별 최근 동향, KOCCA 통계브리핑, 13-16호(해외편), 2013

2014 대한민국 게임백서, 한국콘텐츠진흥원, 2014

나스미디어, 모바일게임 시장 분석, 2015.03.30.

DMC미디어, 2018 포털사이트 이용 행태 조사 분석 보고서, 2018.09.

백정열, "에듀테크의 기술 및 콘텐츠 동향", ITFIND, IITP, 2018

2016 음악산업백서, 한국콘텐츠진흥원

글로벌 게임산업 트렌드(2018년 연간호), 한국콘텐츠진흥원

세계 만화시장 규모 및 전망(2009~2018), 한국콘텐츠진흥원

한국은행, 2018년 중 국내 인터넷뱅킹서비스 이용현황, 2019

연·습·문·제

1. B2C의 개념 및 사례에 대하여 설명하라.

2. C2C의 개념 및 사례에 대하여 설명하라.

3. 인터넷 포털의 개념을 정의하고 그 기능을 설명하라.

4. 인터넷 서비스 모델로서 e-러닝과 e-트레이닝에 대하여 설명하라.

5. 전자책의 개념 및 사례에 대하여 설명하라.

6. 인터넷 서비스 모델 중에서 온라인 게임과 디지털 음악에 대하여 설명하라.

3

CHAPTER

조직 간 전자상거래

이 장에서는 조직 간 전자상거래 유형인 B2B, B2G와 EDI, e-마켓플레이스 및 전자무역을 실현하기 위한 전략적 도구들에 대해 학습함으로써 조직 간 전자상거래에 대한 전반적인 이해를 도모하고자 한다.

1. 기업과 기업 간 전자상거래(B2B)

2. 기업과 정부 간 전자상거래(B2G)

3. EDI

4. e-마켓플레이스

5. 전자무역

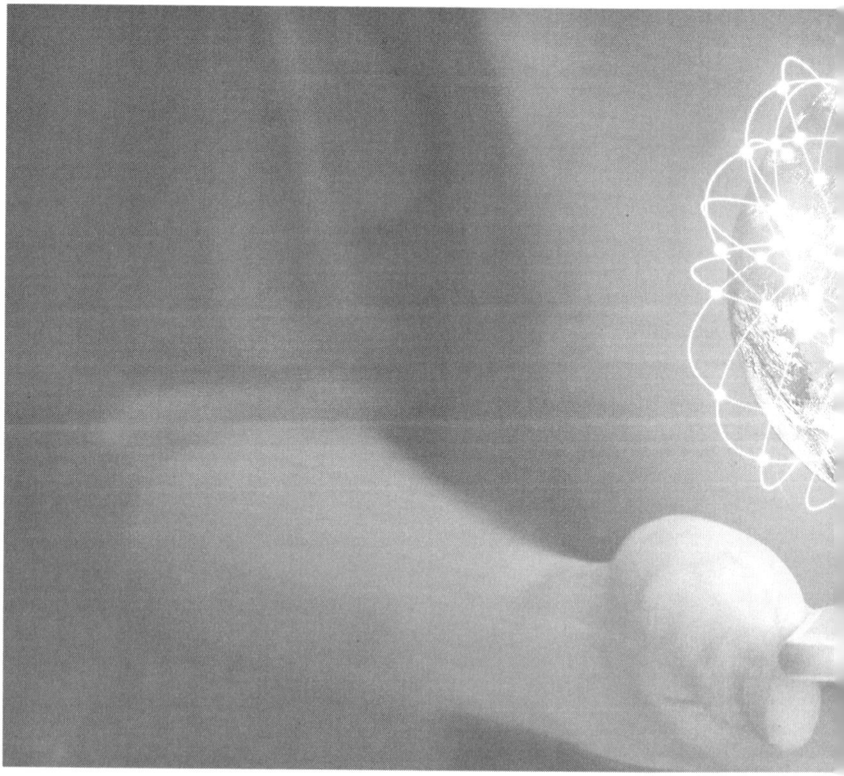

1. 기업과 기업 간 전자상거래(B2B)

1.1 B2B 개념

B2B(Business-to-Business)
EDI(Electronic Data Interchange)
POS(Point Of Sales)

기업과 기업 간 전자상거래인 B2B(Business-to-Business)는 기업과 기업 사이에 일어나 다양한 거래를 인터넷을 통하여 문서나 정보를 주고받으며 처리하는 것을 말한다. 즉 B2B는 기업의 사설망이나 부가가치통신망 등의 네트워크 상에서 주로 EDI(Electronic Data Interchange)를 사용하여 기업 간에 주문을 하거나 송장을 받고 지불하는 것이다. 초기에는 주로 무역이나 제조분야에서 널리 활용되어 왔으며, 이제 모든 업종으로 확산되었다. B2B는 전자상거래에서 비교적 오래된 역사를 갖고 있기 때문에 많은 유형과 사례가 있다. 월마트사의 POS(Point Of Sales) 시스템과 인공위성 등을 이용한 재고 관리가 대표적 사례이다. 인터넷 사용료가 저렴해지고 이용자가 많아짐에 따라, EDI 시스템 등을 구축할 수 없었던 중소기업들도 B2B 시스템을 구축할 수 있게 되었다. 인터넷 기반의 EDI 등 다양한 서비스가 등장했기 때문이다.

인터넷을 이용한 B2B의 거래는 소비자가 인터넷을 통해 거래하는 방식과는 다르기 때문에, 기업들이 B2B를 구현하고자 할 때에는 많은 주의를 기울여야 한다.

기업 구매자들은 대개 시간에 쫓기기 때문에 한가하게 인터넷을 이용하여 필요한 모든 정보를 얻을 수가 없다. 따라서 기업 구매자들을 상대하는 전자상거래를 생각한다면, 구매자들이 간단하게 필요한 물품을 찾고 주문을 할 수 있어야 사용을 편리하게 할 수 있을 것이다. 또한 인터넷은 기본적으로 개방형 시스템이기 때문에 전용망을 사용할 때보다 정보 보호와 소비자 보호에 훨씬 더 관심을 기울여야 한다.

B2B의 비즈니스 모델로는 카탈로그 모델, 경매모델, 교환모델, 물물거래 모델 등이 있다. 카탈로그 모델은 분산되어 있는 공급자와 구

매자를 연결하여 공급자의 제품을 전자 카탈로그 형식으로 제공하며, 사전에 약속된 비즈니스 규칙과 결정된 가격을 기초로 거래가 형성되는 모델이다. 경매모델은 제품별로 가치를 다르게 인식할 수 있는 경우에 적합하며, 거래과정에서 가격이 결정되는 모델을 말한다. 교환모델은 주식거래와 같이 수요와 공급을 일시적으로 조정하는 모델을 말한다. 물물거래 모델은 상호 간에 이익이 될 수 있는 자산을 보유한 기업 사이에 자산을 상호 교환하는 형태를 말한다. B2B는 기업내부의 업무개선보다 훨씬 큰 효과를 얻을 수 있기 때문에 급속하게 확산되어가고 있는 추세이다. B2B의 효과로는 업무처리 시간단축, 구매비용 절감, 적정 재고관리, 고객 서비스 개선, 판매 및 마케팅 비용의 감소, 판매 기회의 증대 등이 있다.

1.2 B2B 서비스

B2B의 주요 서비스로는 전자지불, 온라인 금융조달, 온라인 주식거래, 여행서비스, 부동산 업무 등이 있다(Turban, 2006). 이러한 서비스를 실현하기 위해서 는 EDI를 이용한 문서발주와 수주, e-마켓플레이스를 이용한 실물 거래처리, 전자자금이체(EFT: Electronic Fund Transfer)를 이용한 기업과 금융기관간 금융거래처리, 엑스트라넷 등의 B2B 기반 시스템이 필요하다.

1.2.1 전자지불서비스

B2C에서처럼 오프라인에서 행해지는 뱅킹에 비해 온라인 뱅킹은 기업들이 전자지불, 자금이체 등을 편리하게 해주기 때문에 활성화되고 있다. 특히, 금융기관 방문 및 현금 수수비용이나 거래 수수료가 오프라인거래보다 저렴하거나 무료인경우가 많아 기업의 거래비용을 절감하는 역할을 하고 있다. 전자지불에 관련한 사항은 12장의 전자지불에서 자세히 다루도록 한다.

1.2.2 온라인 금융조달

온라인 금융 조달은 기존의 오프라인 금융 조달에 비해 절차가 비교적 간편하며, 신속하게 대출신청을 하고 대출을 받을 수 있다는 장점을 가지고 있다. 또한 온라인상에서 연계서비스를 제공 받을 수도 있어 기업의 자금조달 대안으로 크게 호평을 받고 있다.

1.2.3 온라인 주식거래

주식거래의 전자화는 이제 보편화되어 있다. 기업들 역시 중요한 주식투자자로서 신속하고 저렴한 온라인 주식거래가 오프라인 주식거래에 비해 매력적이지 않을 수 없다. 기존의 오프라인 주식거래에 비해 온라인 주식거래는 수수료가 상당히 저렴하고 신속하게 주식 거래를 할 수 있다.

1.2.4 여행서비스

대부분의 여행사들은 비용절감을 위해 B2B 여행서비스를 통해 직원들이 스스로 출장을 계획하고 실천할 수 있도록 출장 서비스를 제공하고 있다. 아울러 회사들은 B2B를 통해 여행사들간에 할인행사를 공동으로 기획하고 수행한다.

1.2.5 부동산 업무

일반적으로 부동산 거래는 계약상의 법률문제, 금액 문제, 보증문제 등 특성상 매우 복잡하여 주로 오프라인에서 이루어지지만 물건에 대한 정보의 제공과 거래업체간 협력이 온라인을 통해 이루어지고 있다. 이중 온라인을 통해 부동산 거래가 원만하게 이루어지도록 보조를 해주는 역할이 활발해지고 있다.

1.3 B2B 사례

아이마켓코리아는 삼성그룹 계열사로 설립되었고 현재는 인터파크 컨소시엄이 인수를 하였다. 아이마켓코리아는 기업의 소모성 자재(MRO: Maintenance, Repair, Operation)[1] 구매대행 사업을 하는 B2B 전자상거래 기업이다. 삼성그룹 내의 계열사들로부터 몰아주기식 영업으로 LG 서브원, Posco 엔투비와 함께 상위 3개 업체 중의 하나이다. 협의의 MRO는 기업의 유지, 보수, 운영에 필요한 기업 소모성 자재를 의미하고 광의의 MRO는 제품 생산에 직접 관련된 원자재 및 대형 설비를 제외한 모든 자재(소액설비, 원자재 등)를 의미한다.

MRO: Maintenance, Repair, Operation

삼성그룹으로부터 2012년에서 2016년까지 9조 9,000억 원 규모의 물량을 확보해 안정적인 실적 성장이 기대되었으며, 2012년 상반기 매출은 전년동기 대비 14.4% 증가한 9,624억 원을 올렸다. 영업이익은 245억 원으로 전반적인 세계 경제

1) MRO란 유지, 보수, 운영의 약자로 일반적인 기업 소모성 자재를 비롯하여 제품생산에 직접 관련된 원자재 및 대형 설비를 제외한 모든 자재를 포괄한다.

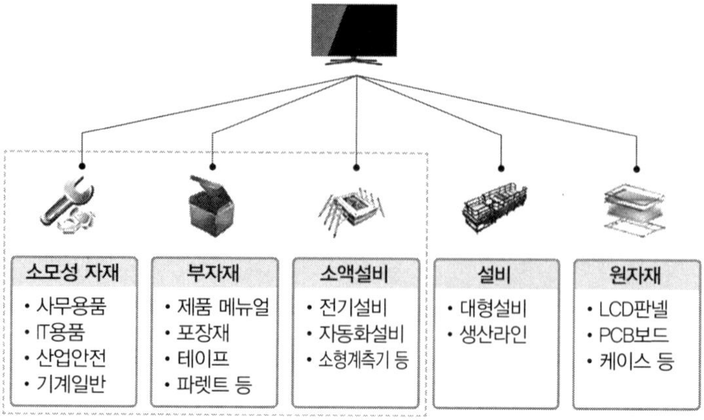

[그림 3-1] MRO 조달예시(TV생산)

불황에도 크게 거래가 줄어들지 않는 특성상 꾸준한 성장세를 보이고 있다(한국경제, 2012). 2016년 말 삼성그룹과의 보장 물량 계약이 종료되었지만, 2019년 현재 삼성그룹 관련 매출이 전체의 77%를 차지하고 있다(KB증권, 2019.03.12). 2018년 말 기준으로 매출액은 2조 2,488억 원이며, 영업이익은 220억 4,000만 원으로 나타났다. 아이마켓코리아의 사업영역은 크게 구매관리 서비스, 글로벌 서비스, 전략구매 컨설팅의 세 가지로 나누어진다. 구매관리 서비스는 다양한 품목, 다빈도 발주 등의 기업에서 자체적으로 구매하고 관리하는 데 많은 비용과 인력이 소요되는 MRO에 대한 전문적인 구매 서비스를 제공한다. 글로벌서비스는 구매전문가 파견을 통한 글로벌 소싱, 해외 현지구매 서비스 등 해외 고객사의 글로벌 구매 서비스를 제공한다. 전략구매 컨설팅은 축적된 PM(Procurement Management) 노하우와 데이터베이스를 바탕으로 고객사의 구매(Spend) 분석, 데이터 표준화, 구매 프로세스 최적화 등의 전략구매 컨설팅을 제공한다.

[그림 3-2] MRO의 거래 처리 프로세스

[그림 3-2]에서 보듯이 고객사는 카탈로그 검색을 통해 아이마켓코리아의 B2B에 주문을 하고 입고정보를 제공받게 된다. 공급사의 경우 품목 및 단가정보를 아이마켓코리아의 B2B에 제공하고 고객사로부터 주문이 들어오게 되면 주문처리 및 승인을 하게 되며, 주문상태와 송장을 제공하게 된다.

2. 기업과 정부 간 전자상거래(B2G)

2.1 B2G 개념

기업과 정부 간 전자상거래인 B2G(Business-to-Government)는 기업과 정부 간에 공공 물자의 조달과 같은 것을 인터넷을 통하여 거래하는 형태를 말한다.

B2G(Business-to-Government)

B2G는 기업과 정부 혹은 기관 간의 전자적 거래과정을 모두 포함하는 전자상거래를 의미한다. 대표적으로 조달청에서는 조달물자의 입찰 및 계약정보를 인터넷을 통해서 공시하고 있으며, 시설공사의 전자입찰 시스템을 운영하고 있다. 또한 국세청에서는 사이버 세무서 제도를 운영하고 있으며, 기타 정부기관에서도 공적 정보를 기존의 관보 형태에서 인터넷을 통하여 정보를 제공하고 있는 실정이다. 미국을 비롯한 선진국에서 B2G 시장에 대한 관심이 급증하면서 국내 B2G 시장에도 많은 변화가 일어나고 있다. 현재 우리 정부가 강력히 추진하고 있는 전자정부(e-Government)도 그 핵심 내용은 단일 창구에 의한 원스톱 서비스를 목표로 디지털화된 대민행정 서비스를 제공하는 것이다. 또한 정부에서 추진하고 있는 국가 조달업무의 전자상거래 구상은 중앙 부처의 물품 구매 및 조달 요청을 받은 조달청이 모든 구매계획을 전자적으로 공시하고, 전자공시를 통해 조달자들은 필요한 서류 제출과 조달행정서비스를 EDI 시스템을 이용하여 이루어지도록 하고 있다.

조달청도 EDI 시스템에 의한 전자문서의 송수신뿐만 아니라 전자상품목록, 인증서비스, 전자지불시스템 기능들이 매우 성공적으로 구현 및 운영하고 있으며, 종합쇼핑몰로 탈바꿈하고 있다. 해외의 경우 가장 모범적인 사례로는 싱가포르 정부의 통합 디지털 행정 서비스 시스템을 들 수 있는데, 정부의 모든 대민 행정 서비스가 정부나 공공기관의 어디서나 단일 장소에서 원스톱으로 온라인 서비스를 제공받을 수 있도록 하고 있다. B2G와 정부와 소비자간 전자상거래(G2C)의 범위는 전자정부 구현이 확산되면서 더욱 늘어나게 되며, 그 대상이 되는 정부의 서비스에는 정보제공, 세금징수, 면허교부, 규제관리, 보조금 혜택의 제공, 통계자료, 물품과 서비스의 조달 등 각종 행정정보 및 서비스 분야가 포함될 것이다.

2.2 G2B 사례

나라장터(KONEPS: Korea ON-line E-Procurement System)

이러한 G2B는 정부의 조달업무 전반의 전자화를 추진하여 정부기관과 지방자치단체 등 모든 공공부문에서 업무의 효율성을 극대화하고, 국가의 경쟁력을 강화하는 데 크게 기여하고 있다. 특히 조달청의 경우는 조달 업무의 대부분을 전자상거래를 통해서 처리하는 것을 목표로 하고 있다. 조달청이 운영중인 나라장터가 G2B의 대표적인 사례이다. 나라장터(KONEPS: Korea ON-line E-Procurement System)는 조달청의 국가종합전자조달 시스템이며, 유일한 공공부문 전자조달 창구로 2018년 말 기준으로 5만 5천여 공공기관과 53만 이상의 조달업체가 등록되어 있다.

2011년에는 전체 공공부문 구매액 중 64%인 64조 원이 나라장터를 통해 집행됐다. 2018년 말 기준으로 총 거래실적은 89조 7,742억 원이며, 81조 9,681억 원이 전자계약 실적으로 나타났다. 기존 서류중심, 수작업으로 처리해 온 조달업무는 전자화 필요성이 매우 큰 분야였으므로 전 부처 단일 시스템을 공동 활용한 통합 서비스를 제공하기 위해 전자정부 11대 사업의 하나로 추진되었다. 구축에는 총 261억 원이 입금되었고, 2002년 10월부터 서비스를 시작했다. 주요기능은 입찰공고, 업체등록, 입찰 및 낙찰자 선정, 계약체결, 대금지급 등 조달 전 과정을 나라장터에 접속해 온라인으로 처리하는 것이다. 모든 수요기관의 입찰정보가 공고되고, 업체는 나라장터 1회 등록으로 어느 기관 입찰에나 참여가 가능하다. 행정안전부, 금융기관, 관련협회 등 77개 기관 시스템과 연계한 서비스를 제공하여, 입찰/계약시 반복 제출하던 사업자등록증, 시/국세 완납증명서, 보증서, 자격심사서류 등의 제출을 생략할 수 있다. 이와 같은 나라장터시스템은 해외에서도 각광을 받고 있다. 2012년 2월에는 나라장터가 아시아, 중남미를 넘어 아프리카에도 수출되었다. 베트남(178만 9,000달러, 2010년), 코스타리카(831만 9,000달러, 2010년), 몽골(416만 달러, 2012년), 튀니지(570만 달러, 2013년), 카메룬(2014년), 르완다(2016년), 요르단(2017년) 등 7개국이 나라장터시스템을 도입한 국가다. 이외에도 조달청은 EU, 터키, 개발도상국가들을 대상으로 나라장터 보급에 힘쓰고 있다.

[그림 3-3] 나라장터(www.g2b.go.kr)

3. EDI

3.1 EDI의 개요

3.1.1 EDI의 개념

EDI(Electronic Data Interchange)

B2B의 대표적인 수행 수단으로서 EDI(Electronic Data Interchange)를 들 수 있다. EDI는 구조화된 형태의 데이터(Structured Format Data), 즉 표준전자문서를 컴퓨터와 컴퓨터 간에 교환하여 재입력 과정 없이 즉시 업무에 활용할 수 있도록 하는 전자적 정보전달 방식을 지칭한다. EDI는 전자상거래를 구현하기 위하여 구매자와 소비자를 직접 연결하여 거래에 필요한 문서를 전자적으로 교환함으로써 기존의 거래에서 발생되던 수신 문서의 재입력과 그에 따른 오류 및 비용의 감소, 거래에 필요한 소요시간의 혁신적 단축으로 전자상거래에서의 생산성과 효율성을

향상시킬 수 있다는 특징을 갖는다. 이에 따라 EDI는 기업과 국가의 경쟁력을 향상시키기 위한 중요한 수단으로 인식되었고 북미, 유럽 각국 등의 선진국과 싱가폴 등의 신흥 선진국들을 비롯한 세계 각국은 전략적 차원에서 국가 전반에 걸친 EDI 확산을 도모하고 있다.

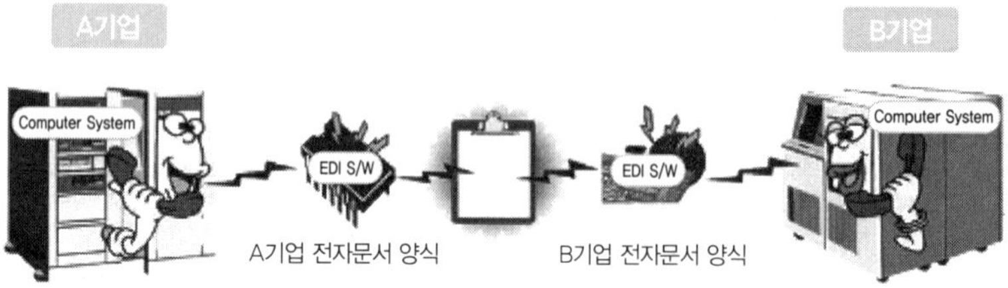

[그림 3-4] EDI 개요

EDI는 1970년대부터 미국에서 도입되기 시작하여 1980년대 이후 선진국을 중심으로 이미 그 이용이 널리 확산되고 있는 추세이다. 현재 북미 지역에서는 이미 많은 업종에 걸쳐 생산과 공급과정이 EDI에 의해 처리되고 있다. 특히 산업 활동과 긴밀히 연관되는 공공부문(통관, 여행자신고, 항만관리 등)에서도 EDI를 이용한 전자정보교환 체제가 운영되고 있다. 유럽 지역은 영국과 스웨덴을 중심으로 기업 간 물류 유통과정을 자동화하여 단기간에 효과를 나타낼 수 있는 운송업 위주로 EDI 시스템이 발전하였다. 아시아 지역은 정부 차원에서 무역 환경의 지속적인 개선과 국제 경쟁력의 강화라는 정책 목표에 따라 통합시스템을 추진하고 있다. 특히, 우리나라와 경제적 측면에서 비슷한 환경에 처해 있고 서로 경쟁 관계에 있는 싱가포르, 대만, 홍콩 등은 EDI를 이용한 무역자동화 시스템을 이미 구축 하였다.

우리나라에서는 국가 효율성 증대와 경쟁력 강화 차원에서 1980년대 후반부터 EDI가 도입되어 초기에는 무역자동화 업무를 중심으로 실행되었으며 최근에는 물류, 의료, 제조업, 금융기관, 정부조달 등으로 확산되고 있는 추세이다. 특히 전통적인 EDI 방식의 제약을 극복하고 빠르게 성장하고 있는 인터넷을 기반으로 하는 전자상거래 환경에 적응하기 위해 웹 EDI, Open-EDI, Interactive-EDI, XML/EDI 등 인터넷을 이용한 EDI가 등장하면서 전자상거래 기반으로 확산되고 있다.

3.1.2 EDI의 장점 및 효과

근래 들어 첨단기술의 점진적 비용하락 및 소형화와 기업 내부의 업무처리, 서비스, 기능 등의 기업 외부에서 발생되어 유입되는 정보에 대한 의존성 증대, 정보통신기술의 응용이 기업 간 경쟁우위 확보에 도움이 될 수 있다는 인식의 증대, 운송 및 운송 상황 정보가 기업의 물류 시스템 운영에 미치는 영향의 증대, 기업 간 컴퓨터통신이 가능하게 될 정도로 기업과 기관 등의 전산화 여건의 성숙 등 EDI를 도입할 수 있는 제반 여건이 성숙되어 왔다. 이러한 여건의 성숙으로 도입이 증대되기 시작한 EDI 시스템은 기업에게 다양한 장점을 줄 수 있다. 첫째, 불필요한 데이터의 재입력 작업을 없앤다. EDI를 도입하게 되면 기존의 서류 또는 팩스가 교환되는 것과 달리 거래 상대측의 전자화된 정보를 직접 수신하게 되므로 컴퓨터 시스템을 기반으로 하는 기업 내 정보시스템에서 전부 또는 일부를 재입력 없이 그대로 사용할 수 있게 된다. 둘째, 불필요한 데이터 재입력이 불필요해짐에 따라 자연히 재입력시 발생될 수 있는 오류를 줄이고, 문서 내용의 정확도를 향상시킬 수 있게 된다. 셋째, 상품의 주문, 계약, 배송 등을 전자적으로 처리하게 됨으로써 거래에 필요한 시간을 단축시켜 생산성이 증가하고, 물품의 재고량이 감소하게 된다. 이러한 EDI 도입시 기대할 수 있는 효과를 요약하면 〈표 3-1〉과 같다. EDI 도입의 직접적인 효과는 정보 교환의 신속성, 데이터 입력의 정확성, 데이터 재입력 비용의 절감, 우편 및 전화 비용의 감소, 서류처리에 관련된 비용의 감소 등을 들 수 있다. 간접적인 효과로는 전자적으로 수신한 데이터를 효과적으로 이용함으로써 재고관리의 향상, 효율적인 생산 작업, 고객-공급업체간의 관계개선 등을 들 수 있다.

〈표 3-1〉 EDI 장점 및 효과

구분	효과
직접적인 효과	문서거래 시간의 단축, 자료의 재입력 방지, 업무처리의 오류감소, 업무처리비용 감소
간접적인 효과	재고감소, 효율적인 인력 활용, 관리의 효율성 증대 고객 서비스 향상, 효율적인 자금관리
전략적인 효과	거래 상대방과의 관계 개선, 전략적 정보시스템 구축

3.2 EDI의 구성요소

거래 당사자 간에 컴퓨터 통신망을 통해 비즈니스와 관련된 표준화된 전자문서를 상호 간에 주고받는 EDI는 EDI 서비스 관련 주체인 EDI 서비스 제공사업자(VAN 사업자)와 EDI 서비스를 이용하는 이용자(거래기업), EDI 표준과 EDI 시스템 등으로 구성된다.

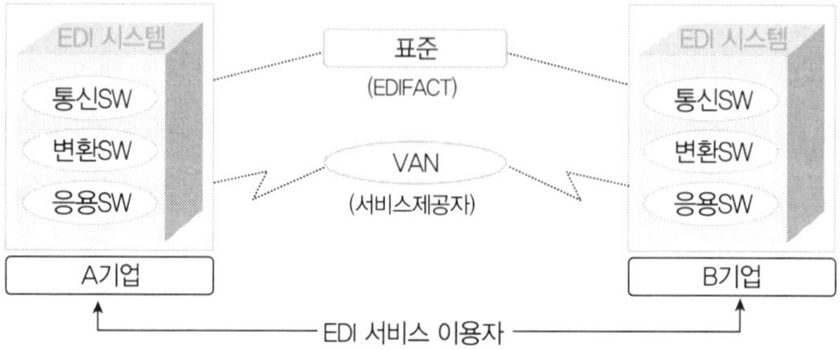

[그림 3-5] EDI의 구성요소

3.2.1 EDI 서비스 제공자

부가가치 통신망(VAN: Value Added Network)

EDI는 어느 한 시스템에서 다른 시스템으로 전자문서를 전송해야 한다. 따라서 EDI를 도입하려면 전자문서의 전송을 위한 통신망이 필요하게 되는데, 개별적으로 통신망을 구축하게 되면 거래 상대방의 수가 적을 때는 별 문제가 없지만, 거래 대상의 시스템 수가 많으면 회선 유지와 전자문서의 보안 유지 등에 많은 비용을 초래하게 된다. EDI 서비스 제공자는 EDI 서비스 기본 업무처리나 중계기능을 갖고 있는 부가가치 통신망(VAN: Value Added Network) 사업자들로서 서비스 이용자들 사이에서 업무를 대행해준다.

3.2.2 EDI 서비스 이용자

EDI 서비스 이용자는 실제 EDI 기능 활용 주체로서, 제품을 판매하려는 기업과 구매하려는 기업, 금융기관, 정부, 개인 등이 될 수 있다. 이들은 EDI 서비스를 이용함으로써 투자비용의 절감, 송수신 시간의 조정, 보안의 강화 등의 효과를 얻을 수 있다.

3.2.3 EDI 표준

EDI는 거래당사자 간에 필요한 문서를 전자적으로 주고받는 것이므로 그 문서와 문서를 주고받기 위한 규격과 기준을 사전에 정해야 한다. 이를 EDI 표준이라 하는데 이는 두 가지로 나누어 볼 수 있다. 첫째는 거래에 대한 전자문서의 형식에 대한 양식 표준이다. 전자문서를 하나의 시스템에서 전송하고 수신하여 그 내용을 정확히 알아내기 위해서는 전자문서에 들어갈 전송항목의 종류, 순서, 자료형태, 크기, 물품 코드 등에 대한 내용 및 규칙의 정의가 필요하며, 모든 거래 당사자들이 공통적으로 사용될 수 있도록 정의한 것이 EDI 문서표준이 된다. 둘째는 표준을 따른 문서가 작성된 후 이를 전송 및 수신하기 위한 통신 프로토콜, 전자문서 파일 포맷 등에 대한 표준(Communication Standards)이 있다.

- **양식 표준(Formatting Standards)**: 양식 표준은 기존의 문서를 통한 의사소통 대신 컴퓨터 간 통신을 위해 필요한 전자문서를 작성하는 하나의 규칙을 말한다. 양식 표준은 문서내용에 관한 표준으로서 수신 컴퓨터가 정보를 처리할 수 있도록 하기 위하여 정보가 송수신되는 순서를 정하는 표준이다. 기술을 위한 언어의 일종인 양식표준은 국제적으로 UN에서 정한 EDIFACT가 있고 미국에서 주로 사용되고 있는 ANSI X.12가 있다. EDI 양식표준은 전자적으로 전달될 수 있는 문서, 전자문서에 포함되는 정보, 정보의 순서, 정보의 형태, 정보의 각 부분 등에 대한 지침을 제공한다. 또한 양식 표준은 전자적으로 읽혀지고 처리가 가능하도록 정보가 어디에 어떤 식으로 쓰여야 하는 것을 지정한다.

양식 표준(Formatting Standards)

- **통신 표준(Communication Standards)**: 문서 위주의 시스템에서 거래 당사자 간에 문서가 인터넷 등 통신망을 통해 물리적으로 어떻게 전달될 것인지 결정되어 있는 것처럼 EDI에서도 각 산업에서 또는 산업 간 통용될 수 있도록 만든 전송방법에 대한 규정인 통신표준이 필요하다.

통신 표준(Communication Standards)

3.2.4 EDI 시스템

EDI 시스템은 실제 사용자가 전자문서를 작성 및 송수신하는 처리를 쉽게 할 수 있도록 도와주는 소프트웨어를 의미한다. 여기에는 첫째, 사용자가 송수신하려는 거래문서를 입력, 편집, 조회 및 출력하기 위한 EDI 애플리케이션, 둘째, 작성된 거래문서 등의 자료를 EDI 문서표준 양식 또는 사용자 문서양식에 맞게 변환시켜주는 변환 소프트웨어, 셋째, 정해진 표준방식에 따라 전자문서를 송수신해주는 통신 소프트웨어로 구성된다.

3.3 EDI 작동 개요

EDI의 작동과정을 송신 및 수신 측으로 구분하여 살펴보면 다음과 같다. 우선 송신자(보내는 기업)는 자신의 EDI 애플리케이션을 이용하여 주문서 등을 작성한다. 작성된 주문서는 EDI 변환 소프트웨어를 이용하여 생성된 문서를 협정된 표준 형식으로 변환하고 EDI 통신 소프트웨어를 이용하여 네트워크상으로 표준형식의 EDI 문서를 전송한다. EDI 문서에 대한 전송은 사용하는 통신망에 따라 PSTN(Public Switched Telephone Network: 전화망)/PSDN(Public Switched Data Network: 전용망) 혹은 인터넷망을 통해서 상대편에 전송된다. 수신자(받는 기업)는 EDI 통신 소프트웨어를 이용하여 네트워크상으로 표준 형식의 EDI 문서를 수신하며, EDI 변환 소프트웨어를 이용하여 표준 형식의 EDI 문서를 EDI 애플리케이션에서 인지할 수 있는 형식으로 변환한다. 변환된 전자문서를 EDI 애플리케이션을 이용하여 처리하거나 연관된 다음 업무로 진행한다.

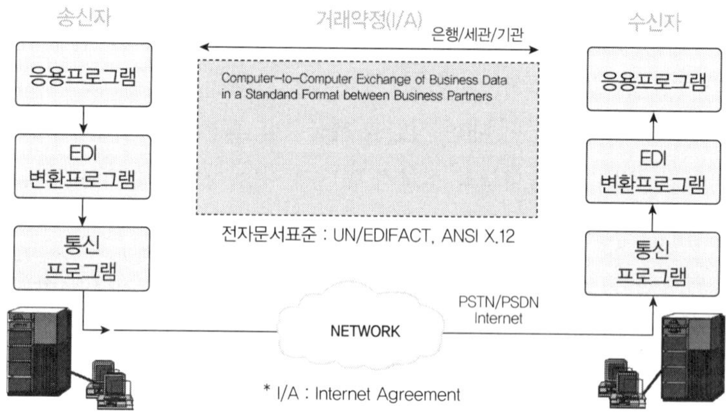

[그림 3-6] EDI의 동작원리

3.4 전통적인 EDI의 한계와 웹 EDI

정부나 공공기관 및 대기업 등에서는 EDI를 구현하여 여러 가지 효과를 얻고 있지만, EDI의 확산 측면에서 보면 전통적인 EDI 시스템은 미흡한 점이 많다. 실제 EDI가 널리 이용되기 위해서는 대기업이나 정부 공공기관의 EDI 구축뿐만 아니라 실제 제품을 개발, 제조하여 납품하는 중소기업 등과 같은 작은 규모의 기업에서도 EDI를 구축해야 한다. 하지만 중소기업 등과 같이 규모가 작고 충분한 경제적인 자원이나 정보 기술적인 전문성을 확보하고 있지 못한 조직들에는 EDI의 도입이 기술적으로나 비용 측면에서 어려움이 많기 때문에 EDI의 확산이 잘 되고 있지 않다. 또한 EDI의 도입으로 전자적으로 수신한 문서를 외부와의 거래 프로세스뿐만 아니라, 이와 연관되는 전자결제 등의 타 업무 프로세스에 바로 활용할 수 있게 하여 타 업무와의 연계를 통한 효율화 효과도 실현되지 못했었다.

EDI의 확산을 저해하는 장애요인으로는 구축에 소요되는 비용, 법적 문제, 메시지의 불안정성, 시스템 구축의 복잡성, 거래처리 약정체결 과정에 소요되는 비용과 시간, 비용 대비 효과의 미흡, 보안성, 거래 상대방마다 고유한 시스템 구축, 향후 발전방향의 불확실성 등을 들 수 있다. 또한 기업 환경은 급격하게 변화하고 있고, 이에 따라 EDI에 요구되는 경영상의 요구 사항들이 추가적으로 발생하고 있다. 예를 들면 실시간 거래의 필요성 증가, 서로 다른 산업 부문 간의 업무처리 필요성 증가, 텍스트뿐만 아니라 음성, 화상 등을 포함한 모든 종류의 정보 교환의 필요성 증가, 서로 사전에 거래 관계가 없던 거래 쌍방 간의 단기적인 거래 관계 수립의 필요성 증가 등을 들 수 있다.

전통적인 EDI는 이러한 기업 경영상의 요구 사항을 효과적으로 수용하지 못해왔다. 이처럼 전통적인 EDI가 가지고 있는 한계, 경영 환경의 변화로 추가되는 요구사항의 증가, 정보통신 기술의 발전 등과 같은 상황으로 인하여 최근에는 전통적인 EDI의 문제점을 극복하고 새로운 전자상거래 환경에 적용하기 위한 새로운 EDI 표준화 및 적용이 이루어지고 있다. 이러한 새로운 개념의 EDI 기술의 대표적인 형태가 웹 EDI이다. 웹 EDI(혹은 인터넷 EDI)는 인터넷상에서 문자를 비롯한 멀티미디어 데이터를 저렴한 비용으로 거래상대방과 실시간으로 주고받을 수 있는 시스템을 말한다. 기존 EDI의 문제점을 보완하기 위해 개발된 새로운 형태로서 인터넷을 활용한 EDI를 말한다.

VAN 제공자를 통한 인터넷은 보다 안전하게 EDI 문서를 전송할 수 있게 하는 커뮤니케이션 프로토콜로 사용되는데, 안전한 파일 전송 프로토콜로 가장 널리 사용되는 것에는 FTPS(FTP Secure)와 HTTPS(Hypertext Transfer Protocol over Secure Socket Laye) 그리고 AS2(Applicablility Statement 2)가 있다. 인터넷은 회사의 규모나 어디에 위치했는지 상관없이 전 세계적인 판매상이나 제조사는 공급망의 일부분이 될 수 있도록 하는 수단을 제공한다. 그래서 수많은 회사들은 임금이 보다 저렴한 곳으로 생산 공장을 이전하고 있다. 웹 기반의 EDI 혹은 웹 EDI라고 불리는 기술을 통해 복잡한 EDI 인프라 구축 없이도 전 세계적으로 분포된 생산 공장들이 문서를 주고받을 수 있게 하였다. 웹 EDI의 단순성은 웹 브라우저만으로도 전자문서를 생성하고 관리하는 전 과정을 소규모에서 중간 규모 업무에 적용시킬 수 있다. 이 서비스를 통해 사업 파트너에게 온전한 형태의 데이터를 EDI 포맷으로 변환시킬 수 있다. 매우 간단한 표준규격들을 사용해서 규정된 업무 규칙을 사용하여 교역 대상 사이에 필요로 하는 업무 양식을 주고받을 수 있다. 사용자에게 친숙한 웹 기반의 인터페이스는 이메일처럼 쉽게 주고받을 수 있을 뿐만 아니라 편집도 가능하며, 부가적인 소프트웨어의 설치 없이도 송장이나 전자문서를 EDI 문서로 주고받을 수 있다. 단지 필요한 것은 인터넷 연결뿐이며, 웹 EDI는 전 세계 어디에서나 접근이 가능하다는 장점과 IT 전문가 도움 없이도 사용이 가능하다는 것이 장점이다.

웹 EDI의 장점은 다음과 같다.

첫째, 사용자와 장소에 제한이 없다. 기존의 EDI는 폐쇄형으로 가입자들 간에만 정보처리가 가능했지만 웹은 개방형이기 때문에 사용자와 장소에 아무런 제한이 없다.

둘째, 비용이 저렴하다. 인터넷은 비상업적인 네트워크이기 때문에 기존의 EDI를 이용할 경우 소요되는 전용선 및 소프트웨어 설치비, 송신료 등이 절감된다.

셋째, 처리업무 간의 연계가 용이하다. 기존의 EDI로 거래되는 문서와 데이터는 직접적으로 타 업무에 재활용하기가 어렵고 별도의 변환 프로그램이 필요하다. 그러나 웹 EDI는 사용자가 특정문서의 구조를 만들어 사용할 수 있기 때문에 타 업무 프로그램과의 연계가 용이하다.

3.5 웹 EDI 응용사례

3.5.1 의료 EDI

의료분야에서 EDI를 이용한 사례는 〈표 3-2〉에서 볼 수 있듯이 여러 가지가 있다. 이중 진료비청구 EDI 서비스는 전국 의료기관과 심사기관간의 문서전달을 기존의 서면이나 디스켓 방식이 아니라 EDI 방식을 이용하는 의료서비스이다.

〈표 3-2〉 의료 EDI 서비스

서비스 구분	심사기관
건강보험진료비청구 EDI	건강보험심사평가원
산재보험진료비청구 EDI	근로복지공단
자동차보험진료비청구 EDI	손해보험사

*자료원: http://web.ktedi.com

3.5.2 KB 국민은행 EDI

이는 국민은행에서 무역업에 종사하는 거래기업을 상태로 하는 EDI 서비스로서 수입신용장 개설 신청, 수출신용장 매입 신청 등의 수출입업무 관련 서류를 은행에 방문하지 않고 표준화된 형식에 따라 작성된 문서를 데이터 통신망을 통하여 무역당사자 상호간에 교환 처리하도록 무역업무 전자문서 교환 서비스를 제공하고 있다.

〈표 3-3〉 KB 국민은행의 EDI 업무

구분	업무
수출	신용장 통지(우편,TELEX 제외), 수출환어음 매입(추심)신청 및 결과 통보
수입	수입신용장 개설 및 조건변경 신청, 수입물품선취보증서 발급 신청, 적하보험증권 교부
무역금융	내국신용장 개설 및 조건변경 신청, 구매확인서 발급 신청
기타	송금방식 수입대금 지급, 국내간 외화자금 이체, 관세 업무, 계산서 업무

*자료원: 국민은행

3.5.3 국민연금 웹 EDI

국민연금은 2012년부터 언제 어디서나 시간과 장소에 구애 받지 않고 4대 보험신고/신청이 가능한 '국민연금 웹-EDI 서비스'를 개시하였다. '국민연금 웹-EDI 서비스'는 기존 KT 중계망을 통한 CS 방식의 EDI 서비스에 비해 기업 고객의 이용편의성 향상 및 공인인증 절차를 통한 전자인증과 보안시스템 운영으로 기업의 철저한 개인정보보호 기능이 대폭 강화되었다. 국민연금관리공단과 각 기업 또는 개인 간의 업무는 그 동안 관련문서 및 서류를 물리적으로 주고받는 방식으로 전달하는 체계였고, 수기에 의해 자료를 처리해왔다. 이러한 오프라인 EDI 방식으로 개선하여 인터넷을 통한 서비스를 제공하게 된 것이다.

각 기업 및 개인 간의 사용자관리 서식에 대해 재래식의 문서전달체계(인편, 우편)를 컴퓨터 통신망, EDI 및 정보처리기술을 도입하여 표준화된 EDI 서비스를 제공함으로써 정보전달 체계의 개선, 자료 재입력오류 최소화, 시간 및 경비절감, 업무처리의 신속성 등의 효과를 거둘 수 있게 되었다.

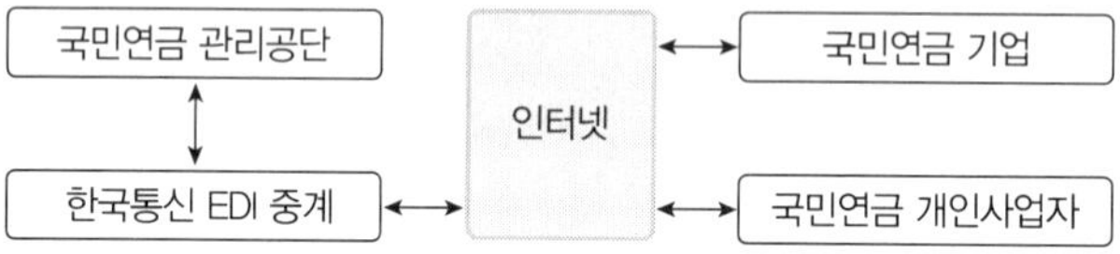

[그림 3-7] 국민연금 웹 EDI 구성도(http://www.ktedi.com/npc.htm)

4. e-마켓플레이스

4.1 e-마켓플레이스의 등장배경과 현황

e-마켓플레이스

e-마켓플레이스는 원래 기업 간(B2B) 거래를 위한 모델로 등장하였다. 초기 기업 간 거래는 주로 EDI를 기반으로 전개되었는데 EDI는 상대적으로 비용이 많이 들 뿐만 아니라 폐쇄적인 네트워크라는 점 때문에 산업 전반에 걸쳐 활성화되는데 어려움을 안고 있었다. 그러나 인터넷을 기반으로 하는 기업 간 거래는 다수의 거래자를 참여시킬 수 있다는 점 때문에 개방적인 성격이 강해 많은 참여 기업을 유도함으로써 활발한 거래를 일으키고 있다.

기업 간 거래(B2B)의 세계 시장은 매년 평균 증가를 하고 있으며, B2C 시장 규모의 10배가 넘는 것으로 알려져 있다(IDC). 국내에서도 2013년을 기준으로 전체 전자상거래의 91.8%를 차지하고 있다. 중국에서는 B2B가 차지하는 비중이 71.7%, B2C가 차지하는 비중이 23.6%로 나타나고 있다.

현재, 전 세계에서 가장 큰 온라인 B2B e-commerce인 알리바바닷컴(www.alibaba.com)은 전 39.0%를 차지하고 있으며, 5천만 명 이상의 글로벌 고객들을 보유하고 있다.

e-마켓플레이스의 시장규모는 B2B 시장의 50% 이상을 차지하고 있다. 이처럼 e-마켓플레이스의 성장은 개방적인 환경에서 다수의 거래자를 참여시킬 수 있다는 장점이 있다. e-마켓플레이스 국내 시장 규모는 2009년 기준 전체 B2B 구매거래 시장(591조 원)의 13%에 불과하다. 하지만, 2004년 이후 거래규모가 연평균 88.6% 증가하며 고성장을 이어가고 있다. 전자무역 분야에서도 이러한 e-마켓플레이스의 장점이 잘 적용되고 있다. 2003년 통계청의 조사에 따르면 국내에서 운영되고 있는 총 264개의 e-마켓플레이스 중 사업 영역별로 보면 무역이 40개로 가장 많으며, 다음으로 전자 35개, 기계 및 산업용자재분야 28개, MRO와 농축수산물 및 식음료 분야가 각각 23개 등의 순으로 나타나고 있어 무역 분야에 활발히 적용되고 있음을 알 수 있다. 2008년 기준으로 MRO 사업체수는 16개이며, 거래액은 4,188억 원이다. 또한 KOTRA에서 운영하는 e-마켓플레이스인 트레이드 코리아(www.tradekorea.com)가 서비스를 하고 있다.

트레이드 코리아를 통하여 수출 상품을 등록, 해외 바이어에게 자율적인 온라인 홍보가 가능하며, 해외에서 실시간 업데이트되는 바잉오퍼(Buying offer) 정보를 검색함으로써 새로운 거래선 발굴 기회를 확보해 주고 있다. 서비스 포인트의 유형은 수출 상품 등록과 해외 인콰이어리(inquiry) 실시간 열람이 있다. 수출상품등록은 회사, 제품의 소개, 기술 · 설비 협력 제안 등 해외바이어 대상 실시간 온라인 홍보가 가능하며 무료로 이용이 가능하다. 업체당 20개 등록 제한, 수정, 삭제 등 자율적으로 처리 가능하다. 인콰이어리 실시간 열람은 KOTRA 해외무역관 및 현지 바이어를 통해 직접 등록된 해외 인콰이어리(바잉오퍼, 비즈오퍼 등)의 실시간 열람으로 새로운 거래선 발굴 가능하게 해준다.

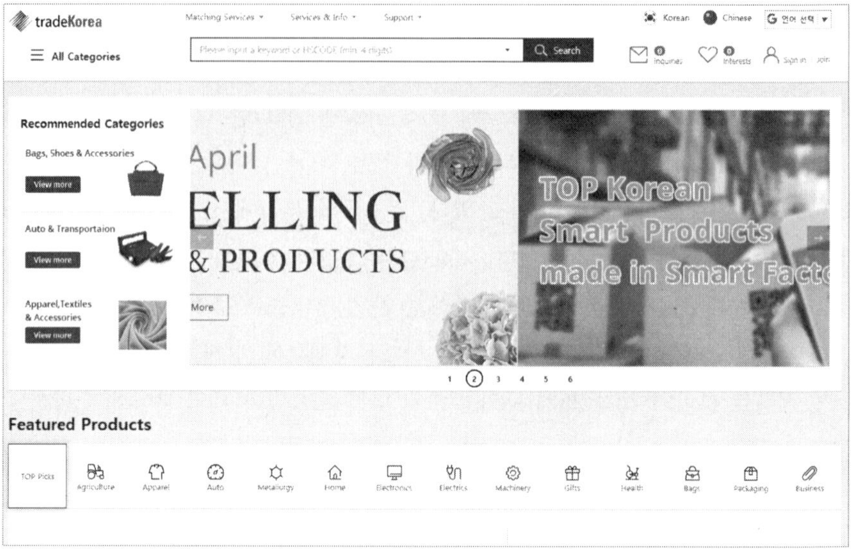

[그림 3-8] 트레이드코리아(www.tradekorea.com)

4.2 e-마켓플레이스의 정의 및 유형

온라인시장(on-line marketplace)
전자시장(electronic marketplace)
웹 마켓플레이스(web marketplace)
넷 마켓플레이스(Net Marketplace)
마켓메이커(Market Maker)

e-마켓플레이스는 인터넷 등 네트워크상에서 다수의 공급자와 다수의 구매자 간에 거래를 할 수 있도록 구축된 온라인 시장이다. e-마켓플레이스는 기존 1:1 혹은 1:N의 거래관계를 N:N의 복잡한 거래관계로 바꾸어 놓았다. 뿐만 아니라 기존 시장(혹은 장터)처럼 공급자와 구매자가 같은 시간에 동일 장소에 모여 거래하는 개념에서 시간과 공간의 제약을 넘어선 새로운 형태의 시장으로서 그 범위를 확대하고 있다. e-마켓플레이스는 온라인시장(on-line marketplace), 전자시장(electronic marketplace), 웹 마켓플레이스(web marketplace), 넷 마켓플레이스(Net Marketplace), 마켓메이커(Market Maker) 등으로 지칭되기도 한다.

e-마켓플레이스는 웹의 특성을 통해서 보다 효율적으로 시장 통합을 수행함으로써 시장에 참여하는 구매자와 공급자를 획기적으로 증가시킬 수 있다. 따라서 구매자에게는 보다 저렴한 가격으로 제품구매를 가능하게 하며, 공급자에게는 새로운 판로 개척에 따른 거래선을 확장할 수 있다는 장점으로 인해 거래기업에게 기존의 B2B 모델을 대체할 수 있는 모델로 각각 받고 있다. 이러한 e-마켓플레이스는 구축형태에 따라 수직적 e-마켓플레이스와 수평적 e-마켓플레이스 두 유형으로 구분된다. 수직적 e-마켓플레이스는 특정 산업, 즉 기계, 신발, 섬유, 광산업, 자

동차 등 위주로 구축한 전자시장이다. 따라서 수직적 e-마켓플레이스는 특정 산업 내 공급사슬의 비효율성을 해결하기 위해 형성된다. 이러한 수직적 e-마켓플레이스의 예로는 photonics.com(광산업), e-Steel(철강), Manheim(자동차), Plastic.net(플라스틱) 등을 들 수 있다.

반면, 수평적 e-마켓플레이스는 다양한 산업에 걸쳐 동일한 기능이나 비즈니스 프로세스를 제공하는 것으로 모든 산업의 기능별 프로세스(회계, 정보기술, MRO, 인적자원관리 등)를 개선하기 위해 형성된다. 이러한 수평적 e-마켓플레이스의 예로는 MRO.com(유지, 보수, 운영, 품목), carrierpoint(물류), industria(산업지원) 등을 들 수 있다.

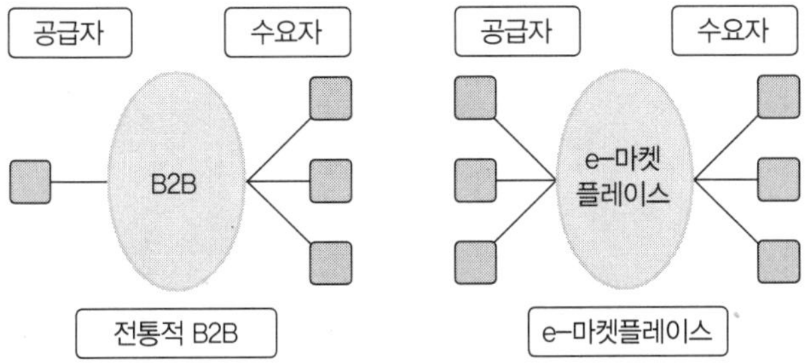

[그림 3-9] 전통적 B2B와 e-마켓플레이스

4.3 e-마켓플레이스의 사례

4.3.1 한국농수산식품유통공사(aT)

aT의 사이버거래소는 인터넷을 기반으로 농수산물의 전자상거래가 이뤄지는 종합 e-마켓플레이스의 한 형태이다. 정부는 농수산물의 가격 안정을 위한 방법 중 하나로 2009년 aT에 사이버거래소를 설치했다. 가격 급등락 등 오프라인 유통과정에서 발생하는 문제를 온라인 거래로 해결하겠다는 의지에서였다. 그러나 시범거래를 시작한 2009년 농수산물 사이버 거래 실적은 51억 원으로 저조한 실적을 보였다. 농산물을 보지도 않고 어떻게 온라인으로 사고 팔 수 있느냐는 소비자들의 인식 때문이었다. 그러나 정식 거래가 시작된 2010년 1,755억 원에 이어 2018년에는 3조가 넘는 것으로 나타났다. 현재는 B2B, B2C, 식재료 전자조달 등 세 가지 부문의 전자상거래를 운영하고 있다.

B2B는 중간 유통단계 없이 생산자 조직과 소매유통업체 · 외식업체 · 식품가공업체 · 수출업체 간 대규모 농수산물 인터넷 직거래를 한다. 식재료 전자조달은 학교급식 등 단체급식에서 사용하는 식재료를 전자조달 방식으로 공급하는 시스템이다.

현재는 기업 간 전자상거래, 학교급식 전자조달시스템, 학교급식지원센터 통합관리시스템, 포스몰 등을 운영하고 있다. 이중에서 인터넷을 기반으로 기업 간 농수산물 전자상거래가 이루어지는 B2B e-마켓플레이스가 있다.

[그림 3-10] 농수산물 사이버 거래소

5. 전자무역

5.1 전자무역의 개요

1980년대 말부터 불어 온 세계화와 개방화는 세계시장의 단일화 및 국경 없는 자유경쟁체제를 이끌어 내는 기반을 마련하였고 1990년대의 정보화는 모든 정보의 디지털화와 네트워크에 의한 디지털 정보의 공유에 의한 정치, 경제, 문화, 사회적인 변화를 몰고 왔다. 특히 디지털 경제의 확산으로 개방형 네트워크인 인터넷의 급속한 사용에 힘입어 지구촌을 하나의 거대한 시장으로 경제 활동을 전개해 나가는 글로벌 전자상거래가 본격화되었다.

전자상거래의 발전은 컴퓨터와 통신회선을 비롯한 물리적 기술과 인터넷을 전방에 내세운 고도의 복합 네트워크, 그리고 이를 뒷받침해주는 소프트웨어 기술의 발전과 맥을 함께 하고 있다. 이에 따라 많은 경제활동이 전통적인 면대면 교섭방식(face to face negotiation)에서 정보와 네트워크를 매개로 전개되는 비대면 교섭방식(impersonal negotiation)으로 전환되고 있다. 이러한 변화는 무역에도 지대한 영향을 미치면서 무역의 거래대상물품, 거래당사자, 활동영역, 활동경로, 업무처리방식 등을 급격히 변화시키고 있다. 무역에 있어 가장 큰 변화로 다음의 세 가지를 들 수 있다.

첫째, 인터넷을 이용한 기업 및 제품의 홍보, 거래조건의 조회 및 협상이며, 이는 거래알선 사이트 또는 e-마켓플레이스를 통하여 이루어진다.

둘째, 무역업무처리의 자동화로, 지금까지는 주로 폐쇄형 네트워크인 VAN을 이용하여 왔으나, 현재는 인터넷을 이용한 웹 EDI로 발전하고 있다.

셋째, 무역과 관련된 수출입물품의 조달 및 유통 시스템의 혁신이 진행되고 있으며, 이를 위하여 조달 EDI, SCM(Supply Chain Management), ERP(Enterprise Resource Planning), PDM(Product Data Management), CRM(Customer Relationship Management) 등이 이용되고 있다. 국내의 경우 전자무역은 KTNET 주도로 되어있으나, 최근 KOTRA가 중소기업 전자무역을 지원하는 이트레이드를 개설하여 전자무역이 활성화되고 있다. 또한 각 기업들이 EDI, 인터넷사이트, e-mail, 전자카탈로그 등을 통해서 확산이 되고 있다.

5.2 전자무역의 정의

무역(International Trade)이란 "계약에 따라 재화나 서비스 등을 국가 간에 이동 및 거래함으로써 부가가치를 창출하는 국제적인 상거래"를 말한다. 국가 간의 이러한 무역은 크게 국내의 상품을 외국에 내다 파는 수출과 반대로 해외의 물건을 국내로 들여오는 수입으로 나누어 볼 수 있다. 이러한 무역은 정보통신기술의 발전과 더불어 많은 변화를 가져오고 있는데 여기서 핵심은 인터넷 등 정보통신망을 기

전자무역(e-trading)

반으로 무역을 수행할 수 있는 전자무역(e-trading)이다. 전자무역은 인터넷 등과 같은 각종 정보통신기술을 이용하여 무역관련 업무를 보다 신속하게 처리하고 유통되는 정보를 정확하게 처리하며, 무역 활동과 관련된 제반 비용을 줄일 수 있다는 점에서 오늘날 중요성이 점점 더 확대되고 있고, 그 적용 분야는 계속해서 넓어지고 있다.

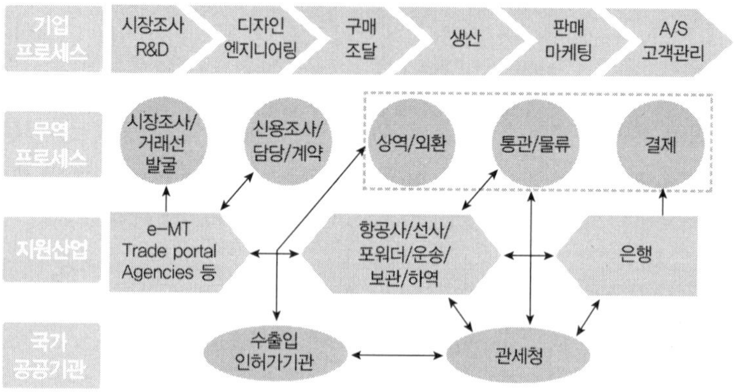

[그림 3-11] 무역의 흐름

*자료원: 무역협회

전자무역은 정보망을 통하여 구매단계부터 결제단계까지의 일련의 과정과 통관, 무역, 물류 업무의 전자문서교환 외에도 업체 간의 정보교환 활동 등을 포괄한다. 한편, 대외무역법 제2조에서는 전자무역을 "무역의 전부 또는 일부가 컴퓨터가 등 정보처리 능력을 갖춘 정보통신망을 통하여 이루어지는 거래"로 정의하고 있다. 이러한 정의를 근거로 볼 때, 무역과 관련된 각종 정보의 검색, 거래알선 사이트를 이용한 해외 홍보선 발굴, 전자우편을 이용한 거래 협상, 소프트웨어 등 디지털상품의 온라인 거래 및 배송 등도 전자무역에 포함된다. 따라서 전자무역은 외국기업 간의 상거래인 국제무역을 전자적으로 수행한다는 점에서 전자상거래의 한 형태인 글로벌 B2B 전자상거래라 할 수 있다.

전자무역과 관련하여 최근까지도 통일된 정의가 내려지지 않아 인터넷무역, 사이버무역 등과 같은 다양한 용어를 사용해 왔다. 각각은 다음과 같이 간단히 정의하면 그 차이를 쉽게 이해할 수 있을 것이다.

〈표 3-4〉 전자무역, 사이버무역, 인터넷무역의 정의

구분	정의
전자무역(e-trading)	무역을 전자적 혹은 정보통신망을 이용하여 행하는 것을 지칭한다.
사이버무역 (cyber-trading)	무역과 관련된 정보의 유통은 물론 업무처리과정이 컴퓨터와 네트워크에 의해 창출된 사이버 공간상으로 주로 이루어짐을 말한다.
인터넷무역 (internet-trading)	무역과 관련된 정보교류, 조회, 상담 및 계약 등이 주로 인터넷을 통해서 이루어짐을 강조하는 말이다.

사이버무역
인터넷무역

사이버무역은 무역의 채널이 가상공간상임을 강조하는 것으로, 유통 채널 측면이 강조됨을 알 수 있다. 또한 인터넷무역은 무역활동에 사용되는 다양한 정보통신망 중 인터넷을 중심으로 무역이 행해지는 것을 의미한다. 따라서 기존에 전자무역의 대표적인 구현 형태인 전자문서교환(EDI) 방식과 같은 폐쇄적인 부가통신망(VAN)을 포함하고 있지 못하다는 점에서 전자무역이나 사이버무역보다는 그 범위가 한정적이다.

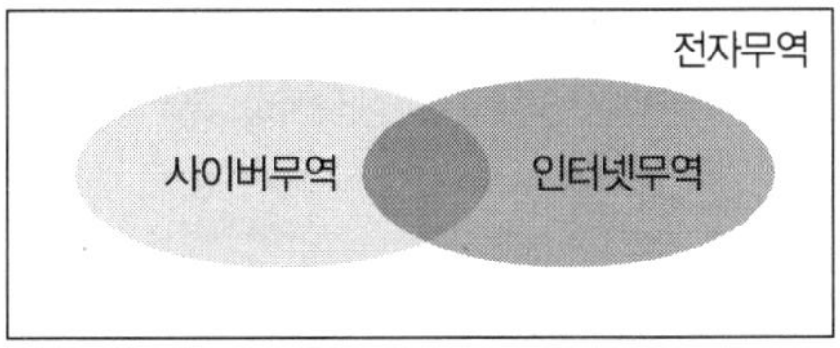

[그림 3-12] 전자무역, 사이버무역, 인터넷무역과의 관계

전자무역은 기술적으로 인터넷과 같은 개방망(Open Network)과 EDI와 같은 폐쇄망(Closed Network)을 포함하여 모든 정보통신망에서 이루어지는 무역행위를 말하며, 무역 행위가 본질적으로 가상공간 상에서 이루어지므로 사이버무역과 인터넷무역을 포괄하고 있다. 전자무역과 사이버무역, 인터넷무역을 포괄한다고 이해할 수 있을 것이다.

〈표 3-5〉 일반무역과 전자무역의 비교

	일반무역	전자무역
해외시장 조사방법 수출마케팅	• 무역거래알선기관 및 무역관련기관의 자료분석, 현지조사, 조사전문기관의 조사 의뢰 • TV, 신문 등의 대중매체를 통한 Mass Marketing	• 거래대상지역의 수출입통계, 무역거래관습 등 시장조사항목 등을 대상국의 정부, 기업 및 개인의 웹 사이트를 통하여 수집 • 소비자와 생산자를 직접 연결하는 Direct Marketing, 웹사이트 방문자와 직접 거래하는 Interactive Marketing, Database를 도구로는 Database Marketing
거래처 선정	• 국내외의 상공회의소, KOTRA, 한국무역협회 등에 거래 알선 의뢰 • Directory에서 거래처 선정 해외출장, 국내외 무역견본시 참가	• 인터넷을 이용한 시장조사에 의하여 거래 상품 및 거래처 선정 • 무역거래알선 웹 사이트 유즈넷에서 자기 취급상품 선정 • 검색사이트를 통하여 거래처 선정 • 유명 웹 사이트에 배너광고 • 웹 사이트상의 박람회 참가
거래제의	• 거래제의를 business letter, fax, telex로 발송한다. • 상대방을 알게 된 경로에는 무역거래알선기관명, Directory, 무역간행물, 업자명을 쓴다.	• 거래제의를 e-mail로 한다. 이밖에 Internet Fax도 이용한다. • 상대방을 알게 된 경위에는 상대방을 알게 한 웹 사이트명을 쓴다. • e-mail을 보낼 때 자기회사의 e-mail Address와 Home Page의 URL명을 기재한다.
계약교섭	• 조회(Inquiry)나 그 회답은 business letter, fax, telex로 하고 가격표(price list), 상품목록(catalog), 견본(sample)을 동봉하거나 별봉으로 보낸다.	• 조회 및 그 회답은 e-mail로 한다. • e-mail에는 자사의 웹 사이트 주소 및 e-mail 주소를 쓴다. • e-mail과 함께 attachment file로서 전자카탈로그, 견본 그림 및 명세서를 보낼 수 있다. • 조회를 받으면 상대방의 웹 사이트에 방문하여 확인한다.
계약체결	• order, offer 및 그 승낙은 business letter, cable, fax, telex로 한다.	• order, offer 및 그 acceptance는 e-mail로 한다. • e-mail도 법적 효력 문제가 있으므로 중요한 계약서는 Internet Fax로 교환한다.
대금결제	• 송금결제방법(COD, CAD), 추심결제방법(D/P, D/A), 신용장결제방법(L/C) 등으로 결제한다.	• 소량화물의 경우 국제신용카드(Credit Card)로 결제한다. • 대량화물의 경우 L/C, D/A, D/P 등으로 결제한다.

운송	• 해상운송, 항공운송, 복합운송	• 국제특송(DHL 등)을 이용한다(소량화물의 경우).
통관	• 세관에서 통관	• 국제우체국에 간이통관

5.3 전자무역의 일반적인 절차

일반적인 무역 프로세스는 정보수집활동, 마케팅활동, 상담 · 계약활동, 대금결제, 물류운송 등으로 이루어지며, 각각을 간략히 설명하면 다음과 같다.

- 정보수집 활동: 시장이나 제품, 바이어에 대한 정보를 수집하는 작업을 수행한다.
- 마케팅 활동: 자사 기업과 제품을 알리는 마케팅 활동을 진행한다.
- 상담 · 계약 활동: 조사 발굴된 바이어와 거래조건 협의와 각종 절차를 밟기 위한 상호 간의 의견을 교환하고 계약을 체결한다.
- 대금결제: 무역은 제품의 국가 간 이동이 이루어지므로 제품 공급에 대한 대가를 교환하는 대금 결제가 이루어져야 한다.
- 물류운송: 마지막 단계로 거래가 성사된 제품을 수입업자에게 보내는 과정을 거치게 된다.

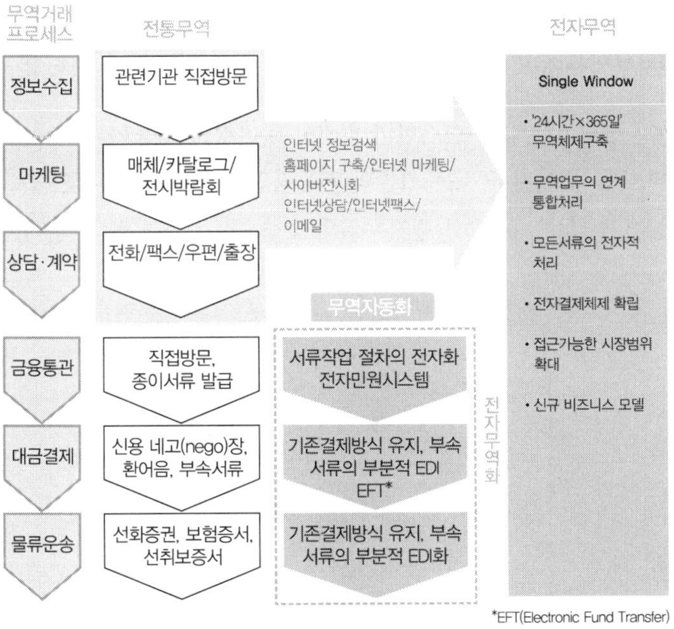

[그림 3-13] 전자무역의 절차

*자료원: 무역협회

전자무역은 제품과 서비스의 수출입에 관련된 전통적 무역프로세스에서 발생하는 방대한 정보를 전자적 방식(주로 전자문서)으로 교환함으로써 무역 프로세스를 획기적으로 전환함과 동시에 마케팅 활동과 무역업무 대행역할을 수행한다.

e-비즈니스화 (e-Transformation)

전자무역은 전자무역 인프라의 보편화로 새로운 무역환경에서 창출 가능하고 다양하며 궁극적으로는 다수의 관련 기업 및 공공기관의 개별 프로세스가 전자무역 프로세스라는 일관된 프로세스로 융합되는 과정으로, e-비즈니스화(e-Transformation)의 핵심부분을 구성하고, 새로운 방식의 사업모델의 개발과 수행 활동을 포함한다.

5.4 전자무역의 구성요소

전자무역은 기본적으로 거래 주체 간의 접촉방식의 변화, 거래관련 문서의 전자화 및 대금결제의 전자화, 고객 범위의 확대 및 마케팅 개념의 변화 등 일반적인 전자상거래적 특성을 포함하고 있다. 그러나 전자무역은 다음과 같은 관점에서 전자상거래와 구별되는 특징을 포함한다.

첫째, 전자무역은 한 국가의 국경을 초월하여 이루어지는 국제성을 지니고 있다.

둘째, 전자무역은 무역의 절차를 전자화한다는 무역 절차성을 지니고 있다.

셋째, 무역 경쟁력 강화라는 기업의 의지와 국가정책의 융화라는 국가 정책성을 지니고 있다. 이 세 가지 요소는 기존의 전통적인 무역방식과 다른 새로운 차원의 무역을 가능하게 하는 기준으로 전자무역의 구성요소는 제도적, 기술적, 상업적 요소로 나누어 볼 수 있다.

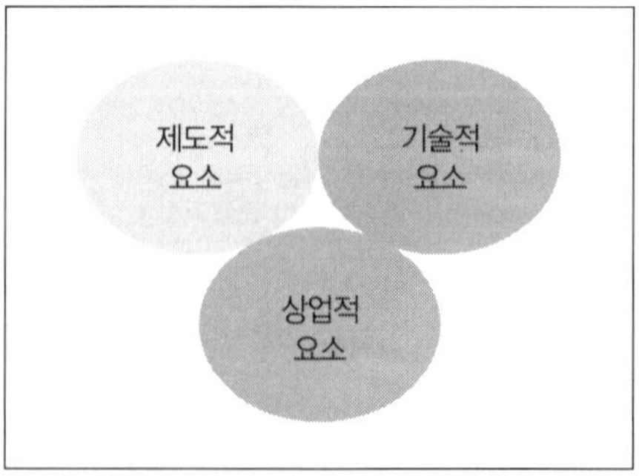

[그림 3-14] 전자무역의 구성요소

5.4.1 제도적 요소

대외무역법, 무역자동화법, 무역거래조성법, 전자거래기본법, 전자서명법과 같은 법적인 요소와 전자무역중개기관, 무역자동화사업자의 지정, 공인인증마크, 전자결제제도 등이 이에 해당한다.

5.4.2 기술적 요소

하드웨어, 소프트웨어, 통신망 등 기반기술과 전자무역을 지원하기 위한 각종 표준화(전자문서, 전자 카탈로그, 전자 결제 등) 및 ERP, KMS, EDI, CALS, SCM 등이 이에 해당한다.

5.4.3 상업적 요소

전자적으로 비즈니스를 수행할 수 있는 상업적 기반 구축, 상품, 콘텐츠, 물류, 결제, 전문인력 등과 각종거래 알선 사이트 e-마켓플레이스 등이 이에 해당한다. 전자무역이 원활하게 수행되기 위해서는 이상의 제도적 요소, 기술적 요소, 상업적 요소가 적절하게 갖추어져야 한다.

5.5 전자무역의 특성

5.5.1 전자무역의 특징

전자무역은 기존의 전통적인 무역거래에 비해 몇 가지 특징을 지니고 있다. 이는 전자무역이 거래 과정에서 디지털 경제에 적합한 정보기술을 도입하고 각 경제 주체를 전자적으로 연결하기 때문이다. 따라서 이러한 전자무역의 특징은 기존의 전통적인 무역거래에서 볼 수 없는 혁신성, 조직 간의 정보 시스템 특징, 전자적 연결 특성, 공공성의 특징으로 나누어 설명할 수 있다.

(1) 혁신성

혁신이란 일반적으로 이를 채택하는 조직이나 개인이 새로운 것을 인식하는 아이디어 혹은 실천방안이다. 전자무역은 기존의 전통적인 무역거래에 비해서 단순한 거래방식의 변화가 아니라 전통적인 무역산업을 포함한 경제구조와 프로세스의 혁신을 포함하고 있다. 무역기업은 물론 은행, 보험회사, 운송회사, 물류업자 등 수출입과 관련된 모든 기관을 연결하는 프로세스의 근본적인 개선을 요구하고 있다.

혁신

또한 수십 년간 이어져온 오프라인상의 무역 관행, 법률, 제도 등을 온라인 환경에 적합한 형태로의 변화를 필요로 한다.

(2) 조직 간 정보시스템

조직 간의 정보시스템은 "둘 혹은 그 이상의 조직 간의 자원의 공유체에 관계하는 시스템들을 가리키는 일반적인 용어"로 정의할 수 있다. 전자무역은 재화 또는 서비스의 국가 간 거래인 무역 행위를 인터넷을 포함한 정보기술을 활용하여 전자적, 정보집약적인 방법으로 조직 간 수행하는 무역활동으로 볼 수 있다. 즉, 전자무역은 제품의 수출입과 관련한 무역프로세스에서 발생하는 방대한 정보를 조직 간 정보시스템을 통해 교환함으로써 무역 프로세스의 획기적인 변화를 가져왔다.

(3) 전자적 연결성

QR(Quick Response)

최근 기업들 사이에는 기업의 경쟁우위를 확보하고 효율성을 증진시키기 위해 기업 내부 혹은 기업 간의 전자적 연결 현상이 두드러지고 있다. 기업들 간의 전자적 연결의 예로는 주문품을 중심으로 결제, 구입에서 설계, 개발, 유지까지의 상품의 전 라이프 사이클에 걸쳐 이용되는 CALS, 무역을 중심으로 하는 EDI, 의류업체에서의 QR(Quick Response) 등을 들 수 있다.전자무역이 기관 간 전자적 연결성을 지니고 있는 이유는 다음 두 가지로 설명할 수 있다. 첫째, 전자무역은 무역관련 다양한 경제 주체들이 전자적으로 연결되어 시장 탐색에서 통관/결제에 이르기까지 모든 수출입에 관련된 업무를 효과적이고 효율적으로 수행한다는 측면에서 둘 이상의 연계된 기관이 컴퓨터 네트워크를 통해서 정보를 처리한다. 둘째, 전자무역은 24시간, 365일 무역업무처리를 가능하게 하며 어디서든지 인터넷상의 단일접점(single window)을 통해서 무역 업무를 처리하게 한다는 측면에서 상시 또는 수시로 접속하여 사용하는 전자적 연결성을 지니고 있다.

(4) 공공성

전자무역이 성공적으로 정착되기 위해서는 기업과 산업의 e-비즈니스화, 정부의 전자정부화 등이 복합적으로 고려되어야 한다. 기업의 개별적인 차원이나 특정 산업 차원에서 이루어지는 B2B 성격뿐만 아니라 G2B, G4C 등 전자 정부와 기업과 산업의 e-비즈니스가 하나의 실체로서 연계와 통합이 이루어져야 가능하기 때문이다. 또한 무역이라는 특성상 무역 프로세스를 중심으로 정부(유관기관)와 기업 간의 e-비즈니스를 포괄하는 측면에서 접근해야 하기 때문에 전자무역은 공공적인 특성을 지니고 있다.

5.5.2 전자무역의 장점

기존 무역과 비교해 볼 때, 전자무역은 다음과 같이 무역거래 시간 및 비용의 절감과 글로벌 마케팅의 가능, 거래처 발굴 효율성 및 손쉬운 거래정보의 획득 등의 장점을 가지고 있다.

(1) 거래 시간의 절감

무역 매매계약의 성립에 소요되는 시간을 절약할 수 있다. 이는 소비자들과의 즉각적인 상호작용과 주문이 가능하기 때문에 기존의 무역 매매방식에 비하여 시간을 월등히 절약할 수 있기 때문이다. 즉, 기존 방식을 통하여 거래처를 선정할 경우 직접 무역 관련기관에 찾아가 관련 기업의 목록을 찾아서 그 기업들에 우편이나 팩스를 통해 권유장과 주문서를 발송하여 조회(inquiry)결과가 도착할 때까지 기다려야 하는데, 이때 거래처 조사와 우편 및 팩스 송부 시간 등에 있어서 인터넷을 통할 경우 훨씬 빠르고 효과적으로 거래처와 접촉하여 계약을 성립시킬 수 있다.

(2) 거래 비용의 절감

판매자와 구매자 간의 상담이나 상품에 대한 정보의 취득, 거래 성사를 위한 각종 서류의 교환 형태도 지금까지의 전기 신호를 이용한 통신 수단에서 전자 신호에 의한 컴퓨터 통신, 특히 인터넷으로 통합되어 가고 있다. 형태가 일정하지 않은 비정형화된 정보나 의사 표시는 전자우편에 의해 정형 정보나 서류는 EDI에 의해 인터넷과 같은 컴퓨터 통신망으로 통합 · 유통되고 있다. 또한 전화와 같은 음성정보는 인터넷 전화로, 팩스와 같은 이미지 정보는 인터넷 팩스를 이용하고 화상회의와 같은 영상 정보도 인터넷 화상회의 시스템에 의해 디지털화되어 인터넷으로 흡수되고 있다. 이러한 인터넷 부가서비스는 국제통신 비용을 획기적으로 절감할 수 있다는 것이 가장 큰 장점이다.

(3) 전 세계를 대상으로 한 글로벌 마케팅 활동

지금까지는 막대한 비용 및 소비자 분석의 어려움 등으로 인해 삼성, 애플 등과 같은 세계적인 기업들만이 세계 시장을 상대로 광고 및 마케팅을 할 수 있었다.

그러나 인터넷과 같은 새로운 매체의 등장으로 인해 문자와 그림은 물론, 음성과 동화상 등 보다 다양하고 효과적인 방법으로 회사나 제품을 소개할 수 있게 되었으며, 최소의 비용으로 마케팅 활동을 수행할 수 있게 되었으며, 시간의 제약이나 지면 공간의 제약도 없어지게 되었다. 또한 소비자와 대화가 가능한 대화형 광고를 비롯하여 첨단 기법을 활용한 광고도 가능하게 되었다.

(4) 거래처 발굴의 효율화 및 손쉬운 거래 정보의 획득

기존에는 거래처 발굴을 위해서는 거래알선 기관에 찾아가 정보를 얻거나 각국에서 발행하는 무역업체 총람, 제조업체 총람, 기업 연감 등의 디렉터리 혹은 통계자료를 찾아보거나 해외로 배포되는 인쇄 매체나 현지의 광고 매체를 이용하였다. 또한 무역협회, KOTRA 등에서 주관하는 해외시장 개척단 또는 국제 박람회나 전시회 등에 참가하여 거래처를 발굴해 왔다. 그러나 인터넷을 통해서 판매자와 소비자가 모이는 e-마켓플레이스를 무역에 관련된 수많은 정보들을 정보 검색 엔진을 이용하여 손쉽게 찾아 볼 수가 있다.

(5) 중소기업의 성장 가능성 증대

인터넷의 등장으로 중소기업들도 문자 · 그림 · 음성 · 동영상 등 각종 다양한 광고 기법을 이용하여 자사의 제품을 소개할 수 있을 뿐만 아니라, 시간적 · 공간적 제약이 없이 자사 제품에 대한 다양한 정보를 고객에게 제공할 수가 있게 되었다. 따라서 중소기업들이 세계적인 대기업들과 적어도 웹사이트 상에서는 어깨를 견줄 수 있으며, 진취적이고 독창적인 사업 구상을 통해 오히려 대기업과의 경쟁에서 우위를 차지할 수 있다.

(6) 전자화폐에 의한 대금결제

상품 구매에 대한 대금결제방식으로 개발된 신용장도 무역거래에 있어서 인터넷을 통한 전자지불시스템의 개발과 실용화로 그 입지가 점차 좁아지고 있다. 인터넷을 통해 상품을 구매하는 고객의 신용카드 번호 등을 고객의 전용 소프트웨어로 암호화하고 고객이 이 정보를 입력하면 판매자가 전용 소프트웨어를 이용하여 카드 발행 회사에 조회를 하도록 하며, 신용카드 범위 내에서 전 세계적으로 안전하고도 확실한 대금결제가 가능하게 함으로써 소액거래를 중심으로 국경 없는 전자결제 시대가 도래하게 되었다.

5.6 KTNET 전자무역 서비스 사례

자동차부품을 수출하는 충남 소재의 K사는 한미 FTA 체결 이후 지난 수년간 거래해온 미국 바이어가 FTA 원산지증명서를 요청해 오자 원산지확인서 발급을 위한 해결책을 찾아야 했다. 원산지 확인서 발급을 위해서는 원가정보나 매출정보 등을 입력해야 하는데, 이런 중요 정보가 공개되어 공급단가 인하 압박을 받지 않을까 고민하던 차에 FTA-Korea 시스템을 통해 해결하게 되었다. KTNET이 운영하고 있는 FTA-Korea는 국가전자무역서비스(www.utradehub.or.kr) 내에 구축된 원산지증명 업무처리 시스템으로, 수출업체나 원자재 납품업체가 별도로 시스템을 구축하지 않고도 온라인으로 원산지관리 업무를 원스톱으로 처리할 수 있게 해준다(아주경제, 2012.06.19).

FTA-Korea를 이용할 경우 우리나라가 체결한 8개 FTA에 따른 원산지 판정, 원산지 입증서류 작성 및 송수신, 원산지 검증 · 실사에 대비한 자료보관, 사후관리 서비스를 손쉽게 이용할 수 있다. 또한 지금까지는 완제품 생산업체가 FTA 관세혜택을 받고 싶어도 원부자재 납품업체들이 원가정보 노출을 공개하지 않아 협조를 받지 못하는 경우가 많았으나, 원가정보가 노출되지 않고서도 원산지확인서 발급이 가능하다. 즉, 원부자재 납품 업체가 입력한 원자재 수불부, 원가정보, 매출정보, 거래처정보 등은 원산지확인서나 원산지증명서 발급을 위한 기초정보로 활용된 후 안전하게 시스템 내에 저장되어 거래처 등에 노출될 위험이 전혀 없다.

[그림 3-15] 국가전자무역서비스(www.utradehub.or.kr)

[그림 3-16] KTNET 홈페이지(https://www.ktnet.com)

5.7 블록체인을 활용한 수출거래

현재 세계 각국으로 운송되는 상품의 90%가 해상 운송으로 이루어지고 있으나, 아직까지 전자화되지 않은 비효율적인 프로세스로 운영을 하고 있는 실정이다.

한 번의 해상 운송에서 30개의 해당기관의 승인과정과 200회에 이르는 의사소통 과정이 필요하고, 무역관련 서류 처리 비용이 해상운송에서 차지하는 비중이 25%이다.

이에 블록체인 기술을 활용하면 실시간으로 물류 거래 내역을 확인 및 공유할 수 있기 때문에 전체 공급망에 걸쳐서 선적과 운송에 대한 정보 확인이 가능하다는 장점이 있다.[2)]

블록체인

정보를 투명하고 안전하게 관리가 가능하고, 기존의 시스템에서 발생하고 있는 지연과 각종 사기를 현저하게 감소시킬 것으로 기대된다. WTO에 따르면, 블록체인을 통해 전 세계 GDP의 5%, 전체 무역량의 15%가 증대될 것으로 전망하고 있다.

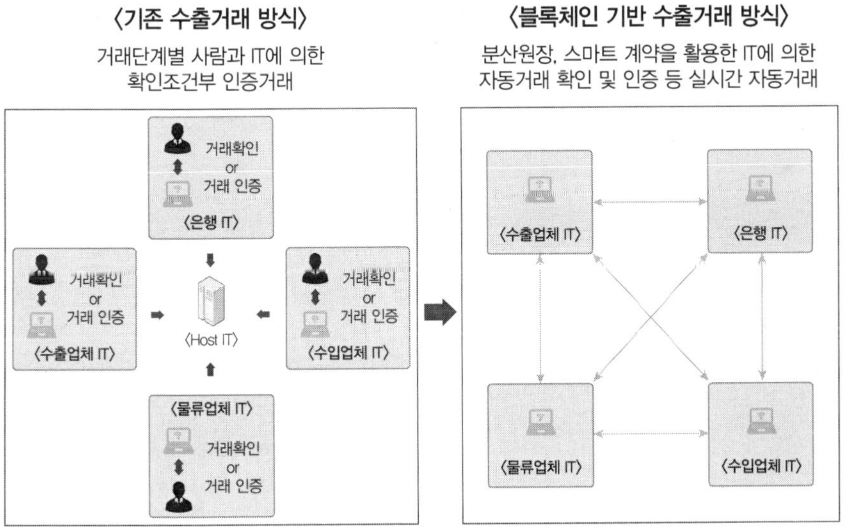

[그림 3-17] 기존 수출거래와 블록체인 기반 수출거래의 비교

*자료원: 산업연구원 '4차산업혁명의 중소기업 수출 영향 및 정책방향' 보고서

2) 선사, 터미널 운영사 등이 등록하는 선박의 접안 스케줄, 컨테이너 양 · 적하 계획, 반 · 출입계획, 선박 입출항 신고 등 모든 참여자들이 블록체인을 통한 정보 공유

IBM과 머스크는 2016년 6월부터 블록체인과 클라우드에 기반한 기술과 관련하여 협업을 하고, 미국 휴스턴 항, 네덜란드 로테르담 항만 시스템, 네덜란드 관세청 등의 다수의 기관에서 시범 운영한 블록체인 적용사례를 2017년 3월 공개하였다. 이후 2018년 1월에 블록체인 플랫폼 JV를 설립하고, 운송정보의 파이프라인을 구축하고, 페이퍼리스(Paperless)라는 2가지 핵심 기능에 초첨을 맞춘 블록체인 기술의 상용화를 추진하고 있다.

또한 PSA(싱가포르항만청), IBM, Pacific International Lines(PIL) 등의 3개 회사가 2017년 8월 MOU 체결 후, 2017년 8~12월 중국 충칭에서 싱가포르까지 블록체인 기반 서플라이체인 운영 시험에 성공하였다.

국내에서도 현대상선은 한국과 중국 구간의 냉동 컨테이너에 블록체인 기술을 시험 도입하였으며, SM상선은 블록체인 기술을 활용하여 방콕과 호치민에 화물을 운송하였다(KOTRA 싱가포르무역관[3]).

향후 블록체인 기술의 도입으로 전자무역이 더욱더 활성화 될 것으로 보이며, 특히 개발도상국 등에서 오프라인으로 이루어지고 있는 서류 제출 등의 검증 및 확인 등이 획기적으로 개선될 것으로 보인다.

3) https://news.kotra.or.kr/common/extra/kotranews/globalBbs/383/fileDownLoad/56732.do

참·고·문·헌

김영래, 전자무역의 이해와 전개, 브레인코리아, 2002

노규성외, 전자상거래 & e-비즈니스, 사이텍미디어, 2009

노규성외, 빅데이터시대의 전자상거래, 생능출판사, 2015

심상렬, 전자무역, 한국전자거래진흥원, 2002

채진익, 전자무역, 나남, 2003

최용록, 전자상거래와 인터넷무역, 두남출판사, 2000

하강현, 전자무역론, 나남, 2007

Turban 전자상거래, 사이텍미디어, 2005

통계청

http://busan-hcmc.org/cyber_trade/Lectures/lesson04/lesson04_08.html

http://www.buykorea.or.kr

http://www.corebank.co.kr

http://homepage.ktnet.co.kr/ktnet

http://www.g2b.go.kr

http://www.ktedi.com/npc.htm

http://www.utradehub.or.kr

아시아투데이, 아주경제, 전자신문, 한국경제 등 기사

연·습·문·제

1. B2B의 개념 및 사례에 대하여 설명하라.

2. B2G의 개념 및 사례에 대하여 설명하라.

3. 전자무역에 대한 개념을 정의하고 장단점을 설명하라.

4. EDI와 웹 EDI에 대하여 설명하라.

5. e-마켓플레이스의 개념 및 사례에 대하여 설명하라.

6. 일반무역과 전자무역의 차이점에 대하여 설명하라.

CHAPTER 4

스마트 시대의 비즈니스와 모바일 상거래

ICT의 발달과 스마트 시대의 도래는 기업의 비즈니스 패러다임의 변화를 촉진하고 있다. ICT의 발달은 단순히 편리성과 효율성을 추구하는 수단을 넘어 새로운 가치를 창출함으로써 경제 성장에 있어 중요한 부분을 차지하고 있다. 미래의 불확실한 환경에 대비하고 기업의 비즈니스 경쟁력 강화를 위해서는 국가적인 차원에서의 전략적인 지원 및 관심이 필요하다. 이 장에서는 이러한 스마트 시대의 비즈니스에 대한 이해를 위해 스마트폰의 등장과 스마트혁명에 대해 살펴보고, 스마트폰의 개념과 특성 및 스마트 비즈니스의 유형에 대해 살펴보고자 한다.

1. 스마트 혁명과 스마트폰

2. 스마트 비즈니스 환경

3. 모바일 플랫폼

4. 모바일 상거래

5. 앱스토어를 활용한 상거래

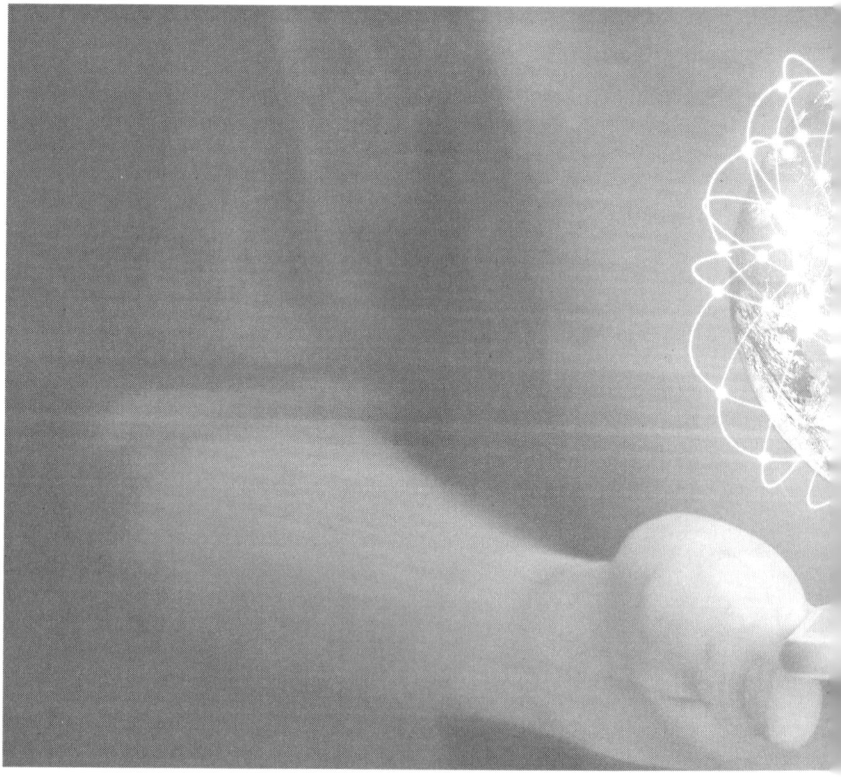

1. 스마트 혁명과 스마트폰

스마트혁명은 사용자들에게 스마트 기기 하나로 정보습득, 업무수행, 사회적 관계형성, 여가활용 등 다양한 분야에 이용할 수 있는 디지털 전문가들로 변화시켜 왔다. 이들은 역사상 가장 강력한 정보력으로 무장한 스마트시민으로 변모해 전통적인 구매 · 정보 · 미디어 소비행태를 디지털 소비 형태로 급격히 바꾸어 가고 있다.

휴대폰, PDA, 노트북 등 다양한 스마트 기기가 있었으나 최근에는 대표적인 스마트 기기로 스마트폰의 활용도가 높아지고 있다. 문자화된 책이나 신문을 보는 형태에서 스마트폰으로 해결하는 정보획득 형태로 재편되고 있는 것이다. 이러한 현상이 어떠한 사회적 변화로 유도될지 전문가들의 다양한 의견들이 제시되고 있는 상황이다.

1.1 아이폰의 상륙과 스마트폰의 확산

2009년 11월 아이폰이 국내 시장에 상륙하기 전까지 국내 스마트폰 시장은 거의 존재하지 않았다. 2018년 인터넷 이용실태조사에 따르면, 94.8%가 스마트폰을 보유하고 있는 것으로 나타났으며, 2018년 7월 말 기준으로 국내 스마트폰 가입자가 5천만 명을 돌파하였다

아이폰이 시장에 처음 나왔을 당시에 국내 휴대폰 제조사와 통신사는 기존 구도에 안주하여 혁신에 미온적이었다. 단말기 제조사는 범용 단말기 중심의 일반 휴대폰(피처폰) 시장에서 발생하는 고수익을 향유하고 있었고, 이동통신 사업자 역시 음성통화 수익을 기반으로 한 시장에 안주하고 있었다. 또한 중소기업은 거대 통신관련 기업들의 먹이사슬에 대부분 힘든 나날을 견뎌내야 했다.

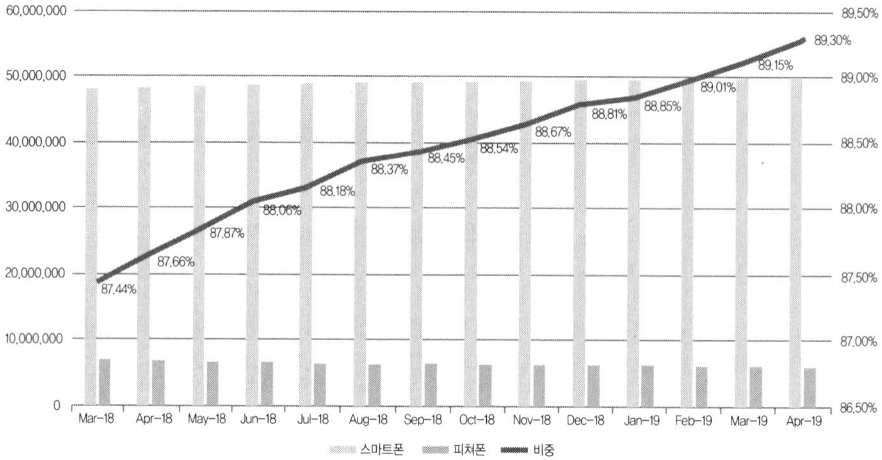

[그림 4-1] 국내 스마트폰 가입자 추이

※ 스마트폰과 피쳐폰 구분은 안드로이드, iOS 등 범용 OS 탑재 여부 등으로 구분

*자료원: 과학기술정보통신부, 무선통신서비스 가입회선 통계(2019년 4월 기준)

〈표 4-1〉 국내 스마트폰 가입자 추이

	스마트폰	피쳐폰	총합	비중
Mar-18	48,105,381	6,911,052	55,016,433	87.44%
Apr-18	48,329,403	6,803,238	55,132,641	87.66%
May-18	48,538,796	6,699,428	55,238,224	87.87%
Jun-18	48,705,225	6,600,940	55,306,165	88.06%
Jul-18	48,809,747	6,539,864	55,349,611	88.18%
Aug-18	48,955,352	6,444,227	55,399,579	88.37%
Sep-18	49,088,878	6,409,132	55,498,010	88.45%
Oct-18	49,214,677	6,367,269	55,581,946	88.54%
Nov-18	49,359,051	6,308,246	55,667,297	88.67%
Dec-18	49,441,647	6,228,978	55,670,625	88.81%
Jan-19	49,560,691	6,216,589	55,777,280	88.85%
Feb-19	49,725,623	6,138,089	55,863,712	89.01%
Mar-19	49,999,803	6,085,828	56,085,631	89.15%
Apr-19	50,103,213	6,003,353	56,106,566	89.30%

2009년 11월 아이폰의 등장으로 국내 이동통신 시장은 '애플 또는 아이폰 쇼크'가 나타났고, '스마트혁명'이 등장하였다. 애플사의 아이폰은 상생하는 비즈니스 모델과 혁신적인 사용자경험(UX: User eXperience)은 한국 이동통신 시장은 물론 비즈니스 전반에 매우 큰 충격을 가져왔다.

애플의 스마트폰은 예상을 뒤엎고 국내시장에 급속도로 확산되었다. [그림 4-1]에서 보는 바와 같이, 스마트폰 가입자는 2009년 81만 명, 2012년 3,272만 명에 달했으며, 2019년 4월 기준으로 5,010만 명을 넘어서면서, 전체 가입자의 89.3%를 차지하고 있다(과학기술정통부, 2019).[1]

1.2 스마트기기의 출현과 확산

애플사의 공격적인 전략에 따른 스마트폰의 확산은 우리 사회 전반에 걸쳐 스마트혁명을 촉발하는 계기가 되었다. 삼성전자, LG전자 등 국내 제조업체에도 혁신이 유발되었다. 그 결과 2011년 삼성전자 영업이익의 절반을 통신 부문이 차지했으며, 스마트폰 출하량은 전년 대비 300% 성장한 9,400만 대로 세계 1위에 등극했다(IDC, 2012. 2).

또한 다양한 스마트 기기(device)의 등장으로 스마트 생태계가 확대되었다. 무선 인터넷과 모바일 앱(App)의 활성화로 일상생활이 재편되고 개방적 생태계가 창출되기 시작했다. 과거 태블릿 PC 시장은 애플 아이패드와 삼성 갤럭시 탭 중심으로 판매가 증대되었으며, 2015년 4월 기준으로 이동통신 3사의 가입자는 약 56만 명 수준이다. 스트래티지 애널리틱스(SA)가 집계한 자료에 따르면 애플과 삼성의 점유율은 감소하고 있으며, 상표가 없는 화이트박스(조립 태블릿PC)의 점유율이 두 회사의 점유율을 앞선 것으로 조사되었다. 또한 대화면 스마트폰인 패블릿(Phablet)의 확산으로 태블릿 PC 시장을 잠식할 것으로 예상되고 있다(Strategy Analytics, 2015). 스마트 기기(device)

스마트 TV는 일체형, 셋톱박스형 등 다양한 기기의 출시를 계기로 치열한 경쟁을 하고 있다. 2014년 스마트 TV는 7,500만 대가 판매된 것으로 추정되며, 전년 대비 55%가 성장하였으며, 2017년까지 12,975만 대까지 시장 규모가 확대될 것으로 추정하고 있다(Strategy Analytics, 2014). 스마트 TV

1) 2019년 4월 기준 무선통신서비스 가입회선 통계

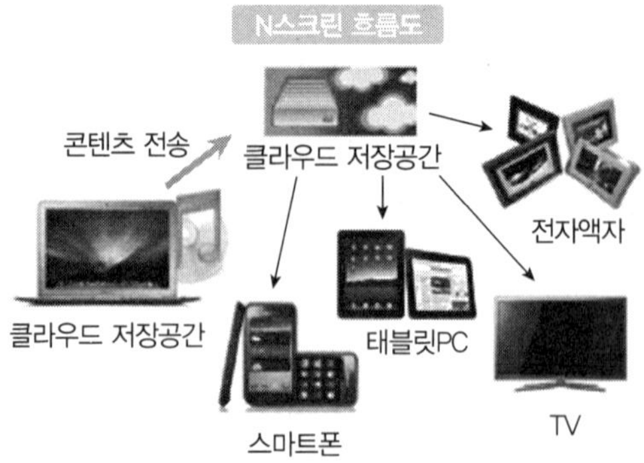

[그림 4-2] N-스크린 흐름도

*자료원: 한국인터넷진흥원, N-스크린, 2013

1.3 스마트혁명의 진화

스마트혁명

스마트혁명은 사람들을 스마트기기 하나로 정보습득, 업무 수행, 사회적 관계형성, 여가 활용 등을 해결하는 신세대 디지털 전문가들로 변화시켜 왔다(권기덕 외, 2010). 스마트기기를 사용하는 사람들은 역사상 가장 강력한 정보력으로 무장한 스마트시민으로 변모해 전통적인 정보 · 미디어 소비행태를 디지털 소비 형태로 급격히 바꾸어 가고 있는 것이다([그림 4-3] 참조).

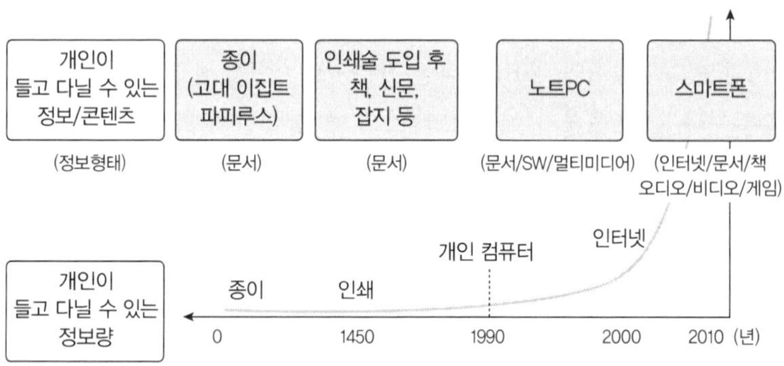

[그림 4-3] 개인 휴대 가능 정보의 원천

*자료원: 권기덕외, 2010

1.3.1 라이프스타일의 변화 초래

우리 생활에서 스마트폰은 상시접속의 시대를 열어가면서 라이프스타일을 변화시켰다. 첫째, 언제 어디서나 인터넷으로 무한한 정보를 이용할 수 있고 소셜 네트워크 서비스(SNS: Social Network Service), 메신저, 인터넷 커뮤니티 사이트 등에 상시 접속하여 실시간 소통을 할 수 있는 스마트한 삶이 가능해졌다([그림 4-4] 참조).

SNS: Social Network Service

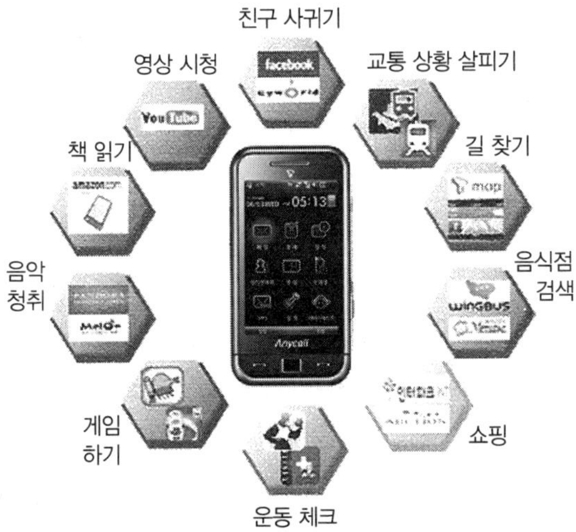

[그림 4-4] 다양한 앱의 활용 사례

*자료원: 권기덕외, 2010

모바일 플랫폼에서 내려받은 앱을 이용하여 쇼핑, 뱅킹, 게임, 음악 등 모든 서비스를 이용할 수 있다. 이런 현상은 스마트폰으로 시간과 장소에 구애받지 않고 무선인터넷을 활용할 수 있기 때문이다. 2017년도 하루 평균 스마트폰 이용 빈도는 일평균 15회, 이용 시간은 2시간 14분으로 조사되었다. 특히 3시간 이상 이용자 비율이 60%에 육박했다. 또한 스마트폰의 주요 이용 서비스가 통화에서 무선인터넷과 모바일 앱으로 전환되었다. 우리나라 스마트폰 이용자의 무선인터넷과 모바일 앱 이용 비중은 60%인 반면, 음성 · 영상 통화 20%, 문자메시지는 20%로 점점 축소되고 있다.

모바일 플랫폼

둘째, 웹과 앱으로 이어지는 스마트기기의 무한 능력은 우리의 일상생활을 모바일화하게 했다. 검색, 지도, 교통, 가격비교 등 생활밀착형 앱을 통해 최적화된 일상생활이 가능해졌고, 영화나 비행기 또는 기차표 예매 등은 실시간 거래로 거래시간을 절약할 수 있게 되었다([그림 4-4] 참조). 제품의 바코드 인식은 어디에서나 쇼핑 최저가를 이루게 하였고, 다양한 지역정보 서비스 역시 불필요한 기회비용을 절감시켜 주었다.

1.3.2 스마트 소통시대의 도래

월간 이용자수(MAU)

스마트폰이 도입되기 전 사용자들의 소통은 피처 폰을 이용해 문자전송을 할 수 있었지만 주로 인터넷 중심으로 이루어졌었다. 그러나 스마트폰이 확산되면서 SNS가 폭발적으로 위력을 발휘하기 시작했다. 스마트폰을 통해 실시간 · 양방향 소통이 가능해졌기 때문이다. 페이스북의 2018년 실적에 따르면 전 세계적으로 이용자수가 22억 3천만 명을 넘어섰고, 하루 이용자도 13억 명을 돌파하였다. 국내의 경우, 2014년 3월을 기준으로 페이스북 월간 이용자수가 2,300만 명에 이르며 이중 92%는 모바일로 한 달에 한번 이상 사용하고 있다. 모바일 메신저 카카오톡은 국내 최대 SNS로 2016년 2월 기준으로 4,000여만 명이 사용하고 있으며 2019년 월간 이용자수(MAU)가 4,300만 명에 이르는 것으로 나타났다.

특히, 스마트폰 도입 전의 SNS는 멀티미디어 기반의 소통에 한계를 가지고 있었으나, 스마트폰 도입 이후, 사진을 찍고 감정을 표현하고 댓글로 소통하는 행위가 실시간으로 이루어지면서 스마트 소통시대를 도래하게 된 것이다. 이메일, 문자메시지(SMS, MMS) 등 인터넷 기반의 커뮤니케이션 수요가 SNS로 전환되는 등 스마트기기는 우리 생활 전반의 행태를 혁명적으로 변화시켰다. 또한 SNS는 비즈니스와 경영에도 변화를 가져 왔다. SNS는 위치기반서비스(LBS: Location Based Service)와 결합되어 고객 서비스와 판매 촉진 수단으로 활용되는가 하면, 소셜커머스, 소셜마케팅, 소셜고객관리, 소셜게임 등 다양한 비즈니스 영역을 개척하였다. 최근에는 공유경제 시장을 탄생시켜 P2P(Peer to Peer) 형태의 비즈니스가 활발히 진행되고 있다. 더구나 모바일 기반 SNS에서의 소통내용 등 엄청난 규모의 빅데이터(Big Data)를 분석하여 고객 정서와 행태 파악, 시장의 미래 예측 및 대응 등의 경영전략에도 활용되는 방향으로 스마트혁명은 영역을 확대해 가고 있다.

2. 스마트 비즈니스 환경

2.1 신규 콘텐츠 비즈니스 확산

스마트폰의 폭발적 확산에 이어 태블릿 PC, 스마트 TV 등 다양한 스마트 기기가 속속 출현하면서 풍부하고 유용한 애플리케이션이 스마트기기 경쟁력의 핵심 원천으로 부상하였다. 이로 인해 소프트웨어 · 콘텐츠 중심의 다양한 새로운 비즈니스 기회가 출현한 이래 관련 시장이 급신장하고 있다. 앱 시장이 성장 · 발전하면서 앱을 이용한 수익이 크게 증가하고 있다. 이러한 트렌드는 계속되어, 전체 모바일 앱 스토어를 통한 전 세계 소비자 지출이 2018년에 전년 대비 약 30% 성장해 1,100억 달러를 넘어설 것으로 예상된다. 게임은 여전히 전체 매출에서 큰 부분을 차지하고 있다. 모바일 게임, 전자책(e-book), 모바일 쇼핑, 모바일 뱅킹 등 기존 인터넷 판매방식은 모바일 상거래로 완전히 대체 되었다.

특히, 스마트기기의 다양한 기능을 활용하여 사용자에게 편익을 주기 위해 스마트 기기에 적합하도록 만들어진 스마트 콘텐츠는 스마트 기기를 통해 LBS, 증강현실과 같이 다양한 콘텐츠와 서비스 등 모바일 특성을 융합한 새로운 비즈니스 모델로 출현하고 있다. 이러한 스마트 콘텐츠의 2013년 국내 시장 규모는 6조 원이었지만 2018년 15조 원에 이를 것으로 추정된다.

2.2 신규 비즈니스 시장 창출 및 앱스토어 활성화

기존의 모바일 폰을 이용한 광고, 커머스, 게임, 금융 등의 분야에서 스마트기기를 활용한 모바일 비즈니스가 더욱 활성화되고 있다. 모바일 광고의 세계 시장 규모는 2014년 180억 달러에서 2020년 800억 달러로 2배 이상 증가할 것으로 전망하고 있다. [그림 4-5]와 같이 온라인 광고 중 모바일 광고시장이 크게 확대되고 있다. 특히 2018년도 국내 모바일 광고시장은 73%를 넘어섰다.

모바일 비스니스
모바일 광고

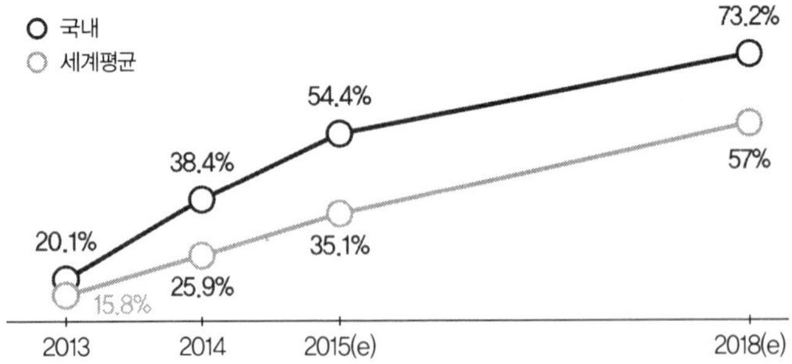

[그림 4-5] 온라인 광고 중 모바일 광고가 차지하는 비중

*자료원: 이마케터

한국온라인쇼핑협회에 따르면 2017년 모바일쇼핑시장 규모가 40조 원을 돌파하면서 성장세를 이어갈 전망이다. 2017년 모바일쇼핑 매출이 작년보다 19.5% 늘어난 42조 5천 280억 원을 기록할 것으로 예상됐다. 지난해 모바일쇼핑 매출은 35조 5천 850억 원으로 전년에 비해 45.7% 증가했다. 오픈 마켓이란 온라인상에서 개인이나 소규모 업체가 개설한 점포에서 구매자에게 직접 상품을 판매할 수 있도록 하는 전자상거래 사이트를 총칭한다.

은행, 증권사, 보험사 등 금융권 또한 고객 서비스 확대를 위해 스마트폰 기반의 앱을 개발하고 활발한 마케팅을 벌여 모바일 금융거래라는 새로운 시장을 만들어 가고 있다. 과거 ATM과 폰뱅킹으로 시작된 전자뱅킹은 인터넷뱅킹을 거쳐 모바일 금융으로 발전하면서 그 규모를 점차 확대하고 있는 것이다.

스마트기기의 핵심적인 경쟁 원천이 콘텐츠와 소프트웨어 등 소프트파워로 이동함에 따라 우수한 콘텐츠와 소프트웨어 확보를 위한 비즈니스 전략이 필요해졌다. 이에 ICT 산업의 경쟁이 과거 콘텐츠(C), 플랫폼(P), 네트워크(N), 단말기(D) 등 가치사슬 내부 경쟁에서 이들을 유기적으로 연계하여 서비스하기 위한 사업자간 · 대중소기업간 협력적 생태계 구축 경쟁으로 변화하게 되었다. 특히, 플랫폼을 기반으로 생태계가 구성되고 경쟁력을 규정하여 주도적인 플랫폼 구축을 위한 경쟁도 치열해졌다. 그러나 이와 같은 플랫폼 구축은 이미 애플, 구글, MS 등 미국의 혁신적 선두주자가 전 세계를 장악해가고 있어 플랫폼 중심의 새로운 ICT식민지화가 우려되고 있는 실정이다(백준봉외, 2012).

한편, 앱스토어(App Store)가 확산되면서 개인과 중소 · 벤처기업의 새로운 비즈니스 기회로 떠오르고 있다. 앱스토어는 폐쇄적인 통신시장 장벽을 허물고 소프트웨어와 콘텐츠 시장을 활성화하는 계기가 되고 있다. 개발을 위한 큰 자금 투자가 필요하지 않으며 마케팅에도 직접 관여할 필요가 없다는 점에서 전 세계 개인 및 중소기업 개발자에게는 새로운 비즈니스 기회가 되고 있다.

2.3 ICT 산업구조 개편과 산업 간 영역 붕괴

스마트폰의 출현은 무엇보다 이동통신 산업의 패러다임 변화를 촉발했다는 점에서 혁명적이라 할 수 있다. 스마트폰은 음성전화 중심의 이동전화기를 애플리케이션 중심의 모바일 인터넷 기기로 전환시켰다. 이러한 변화는 통신시장을 통신사업자가 주도하던 중앙집중형 비즈니스 모델을 다양한 서비스 제공이 가능한 분산형 비즈니스 모델로 변화시켜 버렸다. 결과적으로 경쟁의 원천도 요금제, 통화품질, 단말기 성능과 디자인에서 단말기 성능, 운영체제(OS: Operating System), 앱스토어(App Store) 등 애플리케이션의 확보 경쟁으로 변화하게 되었다.

애플의 혁신으로 탄생한 동반성장 비즈니스 모델은 이동통신업계에 수익구조 배분과 동반상생이라는 혁명적 변화를 강요하기에 충분했다. 그리고 그것은 국내 통신사와 단말기 제조 대기업 중심의 비즈니스 구조에서 글로벌기업과의 연대라는 틀로 확대되기에 이르렀다. 이는 중소 · 벤처기업에게는 새로운 사업 기회의 출현인 동시에 경쟁력 열세라는 위협의 출현이기도 한 변화라 할 수 있다. 더구나 스마트폰의 출현은 통신사와 단말기 제조자, 중소 · 벤처기업의 역할과 영역이 구분되었던 과거의 경쟁양상과 구도를 파괴시켜 버렸다. 스마트폰이 주도하고는 있으나, 태블릿 PC, 전자책(e-Book) 단말기, 넷북 등 다양한 모바일 인터넷 기기 간 경쟁도 심화되고 있다. 모바일 하드웨어 장비 시장은 중소 · 벤처회사들에는 기회가 쉽게 올 것 같지 않고, 대기업 간의 경쟁시장으로 변모해갈 것으로 예상된다.

2.4 융합 비즈니스의 활성화

최근 ICT와 전통산업의 기능과 비즈니스가 융합되면서 다양한 분야에서 새로운 융합 비즈니스가 생성되고, 기존의 시장을 장악하고 있다. 향후 클라우드 컴퓨팅, 사물인터넷 등 신기술들이 유 · 무선 네트워크와 연결되는 초연결사회가 본격화되고, 타산업과 ICT 융합이 확산되면 스마트혁명은 가속화될 것이고 다양한 유형의

사물인터넷(IoT)

융합 비즈니스들이 확대될 것이다. 사물인터넷(IoT)이 확산되어 네트워크에 연결되는 기기가 2010년 1백억 개에서 2020년 7조 개로 약 7백 배로 폭증할 것이 전망되고 있다(백준봉외, 2012).

또한 융합의 가속화는 자동차, 에너지, 의료, 조선 등 전통적인 산업과 ICT가 융합된 다양한 유형의 융합 비즈니스가 출현하여 2013년 390억 달러에서 2020년 1,500억 달러에 가까운 규모로 증가하면서 국내 제조업 생산규모의 약 3~4%를 차지할 것으로 전망되고 있다.

스마트러닝(smart learning)

융합 비즈니스모델은 교육, 보건, 안전 등 공공 및 사회문제 분야에서도 활발하게 나타나고 있다. 사교육비 절감과 다양한 교육기회의 확대 등을 위한 이-러닝(e-learning)은 스마트 기기의 출현으로 스마트러닝(smart learning)으로 혁신이 이루어지고 있다. 환자관리, 맞춤형 의료서비스, 의료복지 서비스 등을 위한 스마트 헬스케어(healthcare)도 공공부문의 복지서비스 확대와 함께 새로운 비즈니스 모델로 각광을 받고 있다. 특히 자연재해로부터의 총괄적 안전관리는 스마트 기기의 출현으로 더욱 양질의 서비스를 제공할 수 있고, 이 서비스를 위한 비즈니스 모델들이 출현하고 있다.

3. 모바일 플랫폼

3.1 생태계로서의 플랫폼

애플의 앱스토어를 통해 시작되어 새로운 산업으로 자리 잡은 앱 경제(App. economy)는 애플리케이션으로 디지털콘텐츠의 생산 · 유통 · 소비에 커다란 변화를 가져왔다. 이 앱 경제는 기본적으로 해당 앱을 개발하고 배포하고 사용하는 전반적인 플랫폼에 기반을 두고 있다.

애플의 플랫폼은 iOS로 명명된 스마트폰 및 태블릿 PC의 운영체제를 기반으로 개발자 툴(SDK: Software Development Kit), 개발된 앱을 배포하는 애플 앱스토어(App Store)와 이의 결제시스템을 포함하고 있으며 애플 기기의 사용자는 애플이 구축한 플랫폼을 통해서 앱을 사용하도록 서비스를 제공하고 있다. 기존 PC 사용 환경에서 마이크로소프트의 윈도우(PC용 운영체제)와 인텔(하드웨어)이 구축한 플랫폼은 소프트웨어의 사용 환경만을 포함하고 응용 소프트웨어의 개발과 배포는 다양한 사업자들이 주도했던 반면, 스마트기기 앱 경제의 플랫폼은 개발 툴과 앱의 배포 채널도 플랫폼사업자에 의해 운영된다는 점에서 크게 차이가 있다.

플랫폼은 운영체제와 개발자 툴이 얼마나 많은 기기와 다양한 요소들을 지원하여 사용자 기반을 가지는지, 배포채널과 결제 시스템이 얼마나 편리하고 안정적인 서비스를 제공하는지에 따라 보다 많은 개발자와 사용자를 확보할 수 있다. 보다 많은 개발자의 참여는 다양한 스마트 콘텐츠 생산으로 연결되며 다양한 사용자는 생산자이면서 소비자로 역할을 하게 될 것이다. 이런 선순환 생태계는 하드웨어, 소프트웨어 및 제3의 개발자, 사용자 참여의 선순환이 나타나야 플랫폼의 활성화로 연결되는데, 플랫폼의 활성화는 단순히 개별 요소만의 경쟁 우위에 있지 않고 다양한 요소들이 복합적으로 연계되어 발전할 것이다.

2017년 IDC가 발표한 자료에 따르면 모바일 플랫폼 중 iOS를 기반으로 하는 애플의 플랫폼과 안드로이드(android)를 기반으로 하는 구글의 플랫폼이 시장 점유율의 98%를 차지하는 것으로 나타났다. 카터(Karter)의 2017년 자료에 따르면, 미국에서의 스마트폰 가입자중 81%가 구글 안드로이드를 이용하며, 애플의 iOS는 19%의 사용자가 사용하고 있는 것으로 나타났다.

애플의 경우 iPhone과 iPad 시리즈 출시와 함께 iOS의 개선으로 안정적인 사업을 운영하고 있으며, 최근 iCloud, Siri 등의 신기술을 선보임으로써 시장에서 주목을 받고 있다. 또한 구글의 경우에는 운영체제와 구글 서비스의 브랜드 경쟁력을 기반으로 스마트 콘텐츠 시장에서의 영향력을 확대하면서 다양한 기기 제조사들과의 협업을 통해, 폭넓은 기기의 선택을 제공하여 후발주자로서 애플과의 격차를 줄여 나가고 있다.

반면, 과거 블랙베리를 통해 스마트폰 시장을 주도했던 RIM(Research In Motion)과 심비안의 노키아는 앱 경제의 경쟁에서 완전히 탈락했다.

3.2 모바일 웹 2.0

웹은 모바일 웹1.0을 거쳐 모바일 웹2.0으로 진화했으며, 현재는 모바일 3.0으로 진화하고 있다. 모바일 웹2.0이란 모바일에 '쉬운 웹을 통한 참여와 공개, 공유의 확산'이라는 개념을 토대로 만들어졌으며 모바일로 끊임없는 접속을 통해 실시간 모바일 웹2.0

으로 정보를 생산, 유통, 공유를 가능하게 하는 것을 말한다. 모바일 웹 2.0 환경의 특징으로 다음과 같다.

XML(eXtensible Markup Language)

Ajax(Asynchronous JavaScript And XML)

UI(User Interface)

HCI(Human Computer Interaction)

첫째, WiBro(Wireless Broadband Internet)와 HSDPA(High Speed Downlink Pack Access)를 이용한 초고속 무선망의 활용이다. 둘째, 기존 HTML(HyperText Markup Language)과 WML(Wireless Markup Language) 중심이 아닌 XML(eXtensible Markup Language)과 XHTML(Extensible Hypertext Markup Language) 기반의 콘텐츠 처리와 웹 표준, 웹 접근성이다. 셋째, Ajax(Asynchronous JavaScript And XML)와 같은 고급 UI(User Interface)와 HCI(Human Computer Interaction)를 적용하여 사용자들에게 좀 더 쉽고 편리한 브라우징 환경을 제공한다. 마지막으로 오픈 API를 비롯한 개방형 서비스와 개방형 비즈니스의 확산이다. 〈표 4-2〉는 모바일 웹 1.0과 모바일 웹 2.0을 비교한 것이다.

〈표 4-2〉 모바일 웹 1.0과 모바일 웹 2.0의 비교

	모바일 웹 1.0	모바일 웹 2.0
네트워크	저속	고속(HSDPA, WiBro)
브라우징 방법	WAP 프로토콜 기반의 WAP 브라우징	TCP/IP 기반의 풀 브라우징
콘텐츠	HTML, WML 중심	XML, XHTML 중심
사업모델	폐쇄적 사업 모델	개방형 사업 모델
기술모델	폐쇄적, 독자적	개방형, 표준 기반
단말	휴대전화를 통한 접속	다양한 모바일 단말을 통한 접속
서비스	하이퍼링크만 가능	REST, SOAP, WSDL 기반의 모바일 웹서비스
인증	집중화된 인증 방식	분산 인증, Identity Management
접속	초기 URL을 손으로 입력하는 방식	자동 접속 방식
UI	한 손 / 두 손 / 핸즈프리	유비쿼터스 웹 액세스 기술
API연동	하나의 서비스와 일부 API	개방형 API와 매시업 서비스
요금	종량제(고비용)	정액제 기반(저비용)
광고	광고 없음	모바일 광고에 기반 한 비즈니스 모델
특징	브라우징 전용	플랫폼으로서의 모바일 웹

3.2.1 모바일 통신환경

모바일 통신환경은 WAP(Wireless Application Protocol)에서 Wi-Fi(Wireless Fidelity, 무선 랜), WiBro, HSDPA로 발전해 왔다. WAP은 무선단말기와 기지국 간의 무선 환경에서 자료를 전송하기 위한 프로토콜로 모바일 웹의 표준규격이다. 망이나 단말기의 종류에 관계없이 동작이 가능하다는 장점이 있으나, 휴대폰 통신망을 이용하기 때문에 무선 데이터 사용 요금이 발생하는 단점이 있다.

Wi-Fi는 독자적인 통신기능을 갖춘 휴대폰을 제외한 일반적인 모바일 기기를 이용하여 통신망에 접속할 수 있게 해준다. 그러나 무선 공유기와 AP(Access Point)가 있어야 인터넷에 접속할 수 있고, 무선 랜이 커버할 수 있는 지역이 좁기 때문에 차량 등으로 이동 중에는 전파 끊김 현상이 발생하기도 한다. Wi-Fi

WiBro는 무선 광대역 인터넷 또는 무선 초고속 인터넷으로 불리기도하며, 정부의 IT839정책에 의해 추진된 서비스이다. 무선 랜에 이동성을 접목시킨 기술로 한국에서 세계 첫 번째로 상용화 하였다. 와이브로를 지원하는 모든 단말기에서 인터넷 사용이 가능하고, 시속 60-100km 이내 속도로 이동시 접속이 끊기지 않는 장점을 가지고 있다. 그러나 WAP와 마찬가지로 휴대폰 통신망을 이용하기 때문에 무선 데이터 사용 요금이 발생한다. WiBro

HSDPA는 3세대 이동통신(WCDMA: Wideband Code Division Multiple Access)의 속도를 발전시킨 기술이다. 기존의 CDMA망을 이용하기 때문에 휴대폰 음성통화가 가능한 지역 이디서든 사용이 가능하다. 그러나 WiBro나 Wi-Fi에 비해 상대적으로 속도가 느리다는 단점이 있다. HSDPA

2011년에 상용화한 4세대 이동통신 LTE는 스마트폰을 비롯해 모바일게임, 모바일 플랫폼 등으로 산업이 확대 되었다. 최대 전송속도는 1Gbps이다.

5G는 2019년도에 상용화된 5세대 통신이다. 5G는 최대 20Gbps의 속도로 기존의 4세대 이동통신 LTE보다 20배나 빠른 속도를 제공하며, 영화 한 편을 몇 초만에 내려 받을 수 있다. 데이터의 처리속도가 실시간에 가깝기 때문에 자동차의 자율주행에서 찰나의 사고를 방지할 수 있는 핵심기술이다. 자율자동차뿐만 아니라 인공지능, 사물인터넷, VR, AR 등 다양한 분야에서 활성화가 가능할 것이다. 4세대 이동통신까지는 모바일 접속의 주체가 사람이었다. 그러나 5세대에서는 무 5G

한의 사물까지도 연결할 수 있다.

3.2.2 모바일 플랫폼 비교

국내 모바일 시장이 개방화되면서 이동통신사 중심에서 플랫폼 중심으로 시장의 패러다임이 변화하고 있다. 과거에는 하나의 모바일 기기가 출시되면 SK, KT, LGU+ 등 이동통신사에 따라 하드웨어의 성능은 물론 소프트웨어들도 모두 이동통신사의 요구대로 맞춰 납품해야 했다. 콘텐츠 제공업체 또한 이동통신사가 제시하는 조건에 맞추어 계약을 해야만 했다.

이러한 구조는 불필요한 개발에 대한 낭비가 생기고 소프트웨어 산업구조를 왜곡해 왔다. 그러나 현재는 애플의 iOS, 구글의 안드로이드 등의 플랫폼이 개발되고 출시되면서 플랫폼 기반으로 단말기가 생산되고 콘텐츠 회사들도 플랫폼별 상품을 제작 납품하는 구조가 형성되면서 플랫폼 업자들은 웹을 통해 수익을 창출하는 구조로 변하였다.

플랫폼

플랫폼은 컴퓨터 시스템의 기반으로 컴퓨터는 가장 하위계층인 집적 회로(IC) 칩 수준의 하드웨어 계층, 그 다음 계층인 펌웨어와 운영체계 계층, 가장 상위계층인 응용 프로그램 계층으로 구성되어 있다. 이 시스템의 맨 아래 계층을 플랫폼이라고 부른다. 예를 들어, 윈도우 ME, UNIX 등 운영체계는 각종 응용 소프트웨어가 실행될 수 있는 플랫폼이다. 플랫폼이라는 용어는 이제 컴퓨터뿐 아니라 각종 게임이나 PDA 등에 이르기까지 다양한 기반 시스템을 가리키는 말로 폭넓게 쓰이고 있다. 하나의 플랫폼은 운영체제, 컴퓨터 시스템의 보조 프로그램, 그리고 논리연산을 수행하고 컴퓨터 내의 데이터 이동을 관장하는 마이크로 칩 등으로 구성된다. 과거 대부분의 응용 프로그램들은 특정 플랫폼에서만 운용되도록 개발돼 왔지만, 최근에는 개방형 인터페이스를 통해 일부 프로그램들이 다른 플랫폼에서도 운용될 수 있도록 설계되고 있다.

모바일 플랫폼이란 스마트폰을 움직이게 하는 운영체제이다. PC를 사용하려면 Microsoft Windows나 Linux, Mac OS와 같은 운영체제가 필요하듯, 스마트폰도 유사한 시스템인 모바일 플랫폼이 필요하다. 급속도로 보급되어가고 있는 스마트폰과 빠른 성장을 하고 있는 스마트 콘텐츠 시장의 추세에 따라 모바일 플랫폼의 중요성이 상당히 부각되고 있다. 다양한 모바일 플랫폼들이 존재하고 있는데 애플의 아이폰으로 대표되는 iOS와 구글사의 안드로이드가 가장 대표적인 플랫폼이다.

iOS는 애플에서 만든 모바일 플랫폼이다. 독자적으로 개발한 플랫폼이기 때문에 애플의 제품에만 적용되어 폐쇄적이라는 한계가 있지만 직관적인 인터페이스와 성능, 그리고 하드웨어에 최적화된 서비스를 제공하고 업데이트할 수 있다는 점에서 상당한 강점을 가지고 있다.

빠른 속도로 시장을 확보한 안드로이드는 구글사에서 제작한 모바일 플랫폼으로서, 폐쇄적인 iOS에 대항하여 사용자들에게 소스를 무료로 개방하고, 쉽게 제작 · 배포할 수 있도록 개발하였기 때문에 많은 스마트폰이 안드로이드를 사용하고 있다.

LTE

모바일 플랫폼에 대한 중요성이 부각되면서 향후 구글이나 애플사와 같이 플랫폼과 단말기 제조업체를 동시에 가진 기업이 시장을 주도해 나갈 것이다. 초창기 모바일 플랫폼은 단순히 하드웨어를 제어하는 기능 외에는 별다른 UI(User Interface)가 없어 소비자가 플랫폼에 매력을 느끼지 못했다. 그러나 최근 모바일 플랫폼은 PC의 운영체제 수준으로 애플리케이션과 서비스를 직접 실행시켜주며, 독자적인 UI를 갖추고 있다. 또한 Wi-Fi, LTE, 5G 등 네트워크의 인프라가 발전하면서 '손 안의 PC'로 불릴 만큼 기능이 다양해졌다.

[그림 4-5]는 현재 상용화된 대표적인 모바일 플랫폼이다. 애플의 iOS, 구글의 안드로이드, 마이크로소프트의 윈도 모바일, 노키아의 심비안, 리눅스 진영 림의 블랙베리 등이 시장을 선도하고 있으나 최근에는 구글의 안드로이드와 애플의 iOS가 시장을 양분하고 있다.

(a) 애플, iOS　(b) 구글, 안드로이드
(c) 마이크로소프트, 윈도 모바일　(d) 노키아, 심비안
(e) 리눅스 림, 블랙베리　(f) 삼성, 바다

[그림 4-5] 모바일 플랫폼

4. 모바일 상거래

모바일 상거래
(M-Commerce)

모바일 상거래(M-Commerce)란 이동전화나 휴대 단말기같은 모바일 기기를 이용하여 지불처리가 가능한 전자상거래를 의미한다. 기존 PC에 의한 전자상거래의 한계를 넘어 모바일 단말기에 이동성과 휴대성을 부여한 것이다. 모바일 상거래에 대한 개념은 연구자에 따라 조금씩 다르게 정의되고 있지만, 기본적으로 이동하기 편리한 노트북, 스마트폰 등을 단말기를 이용하여 이동 통신망을 활용하는 제반활동 및 애플리케이션으로 정의할 수 있다.

4.1 모바일 상거래의 이해

모바일 상거래는 무선 인터넷 통신 속도가 빨라지고, 휴대하기 편리한 휴대 단말기 수가 급증함에 따라 시장이 커지고 있다. WAP과 같은 무선통신 표준에 기초를 둔 단말기들과 네트워크상의 데이터 수용능력의 향상은 스마트폰의 빠른 보급과 더불어 모바일 상거래의 영역을 확장해 주고 있다.

4.2 모바일 상거래의 응용분야

모바일 상거래 주요 응용분야로 재화 부분, 서비스 부분, 정보제공 부분으로 나누어서 기술했으나 모바일 응용분야는 대부분의 비즈니스 모델에 적용되고 확장되고 있다.

4.2.1 재화

재화(goods)를 거래하는데 모바일 상거래의 주요 애플리케이션은 B2C 부문에서 모바일 쇼핑, 자동판매(vending), 해외 직접구매 등이 있으며, B2B 부문에서는 조달(procurement), 기업 간 거래(trading) 애플리케이션 등이 있다.

(1) 쇼핑

모바일 상거래에서의 쇼핑은 기존의 전자상거래와는 달리 사용자는 가정과 사무실 등 고정된 위치가 아닌 이동 중에 언제 어디서나 휴대용 단말기를 활용하여 서비스를 거래하는 것을 말한다. 물론 모바일쇼핑 애플리케이션이 신뢰성과 정보보호를 담보할 수 있는 기능을 제공하여야 한다. 모바일 쇼핑의 활성화를 위해서는 인증과 정보보호 그리고 모바일 상거래에 적합한 통합 인터페이스의 구축이 필요하다.

(2) 조달

모바일 상거래에서 중요한 애플리케이션인 조달은 기업과 기업 간의 상거래(B2B)라고 할 수 있다. 경우에 따라서 조달의 대상이 정부가 되는 경우도 있다.

4.2.2 서비스

모바일 상거래의 서비스부문에 포함되는 주요 애플리케이션은 B2B와 B2C 부문에 중첩되는 모바일 뱅킹, 요금청구와 지불, e-cash, 각종 기차표나 영화 예매, 게임 등이 있으며, B2C에 해당되는 콘텐츠 쇼핑몰 등이 있다.

(1) 모바일 뱅킹

모바일 뱅킹

무선 인터넷과 모바일 플랫폼의 출현으로 기존의 인터넷뱅킹은 모바일 뱅킹에게 시장을 넘겨주었다. 모바일 뱅킹은 모바일 상거래 애플리케이션 중에서 가장 시장성이 뛰어난 서비스이다. 모바일 뱅킹 애플리케이션은 입 · 출금이나 잔액조회, 계좌이체 등과 같이 거래량이 많은 업무를 고객들이 이동통신 단말기를 이용하여 언제 어디서나 모바일 뱅킹서비스를 이용할 수 있다. 모바일 상거래 상의 뱅킹은 은행이 고객들에게 신속하고 편리한 서비스를 제공할뿐만 아니라 은행 측에서도 비용절감 효과를 얻고 있다.

(2) e-cash

e-cash

온라인상에서 화폐를 대신해 전자지불수단으로 이용되는 e-cash 애플리케이션은 전자상거래에서 재화나 서비스 구입 시 지불 결제를 위해 사용되는 애플리케이션이다. 한편 e-cash의 다른 지불수단인 선불 서비스는 미리 약정된 금액범위 안에서 재화를 구매하거나 서비스를 이용하는 애플리케이션이다. e-cash는 기존 화폐의 분실위험이나 휴대의 불편함 등의 단점을 보완하여 편리함과 안전성을 동시에 추구하고 있다.

(3) 주식거래

주식거래 애플리케이션은 이동통신 단말기를 이용하여 언제, 어디서나 인터넷에 접속하여 주식정보를 얻고 주식을 매도 · 매수할 수 있는 애플리케이션이다. 주식거래에 이용되는 정보들은 상대적으로 표준화되어 있고 간단하므로 주식거래는 제한된 디스플레이 화면을 가진 이동통신 단말기를 활용하는데 적합한 애플리케이션이다.

(4) 요금청구

요금청구는 우편으로 보내는 요금청구서 대신 해당 고객의 이동통신 단말기에 요금청구서를 전송하여 고객이 이용내역을 조회할 수 있도록 하는 애플리케이션이다. 기업은 단말기를 이용하여 청구서를 발송함으로서 우편으로 보내는 청구서의 발송비용과 지불 처리과정의 비용을 절감할 수 있다. 또한 고객은 배달 증명이 불확실한 우편 요금청구서 대신 이동통신 단말기를 통해 전송 받은 청구서를 언제 어디서나 조회하고 처리할 수 있다.

(5) 공연장 입장권 구매

입장권 구매 애플리케이션은 극장이나 공연장, 대중교통 등의 좌석정보를 이동통신 단말기로 조회하여 공연장 입장권을 예매하거나, 버스나 기차 그리고 비행기 등의 좌석예매에 사용되는 애플리케이션이다. 입장권 구매 애플리케이션은 사용자들이 언제 어디서나 예약이 가능하여 편리할 뿐만 아니라 사업자들도 비용을 절감할 수 있다. 특히 이 애플리케이션은 시간과 장소에 의존하지 않고 편리하게 이용할 수 있어 모바일 상거래에 적합하다.

(6) 자동검표 시스템

기차역에서 표 검사를 받지 않고 KTX를 비롯한 모든 기차에 승차할 수 있으며 열차 안에서도 표 검사를 받지 않는다. 덕분에 기차 안에서 표 검사를 받는 불쾌함이나 수백 명이 줄을 서서 표를 확인하고 개찰구를 통과해야 하는 불편함이 사라졌다.

코레일의 모바일 자동검표 시스템은 KTX 승객이 개찰구에서 표 검사를 받지 않고 좌석에 앉으면 승무원이 PDA를 들고 다니며 예약되지 않은 자리에 앉아 있는 승객에게만 표를 보여 달라고 요청한다. 당연히 고객만족도가 높아지고 개찰구에서 표를 받던 인력도 감축되어 개찰업무에 비용절감을 할 수 있다.

[그림 4-7] KTX의 모바일 발권과 PDA를 이용한 검표

(7) 게임

온라인 게임 애플리케이션은 고객이 이동통신 단말기를 이용하여 언제 어디서나 쉽고 편리하게 게임을 할 수 있도록 하는 모바일 애플리케이션이다. 게임의 경우, 모바일 기기 화면이 작다는 점이 단점이었으나 디스플레이가 휘어지는 '폴더블폰'이 나오면서 모바일 게임시장이 크게 확대될 것이다.

4.2.3 정보제공

정보 애플리케이션은 B2B와 B2C 부문 모두에 적용 가능한 모바일 상거래에서 중요한 애플리케이션이다. 현재 많이 이용하는 애플리케이션으로 정보제공(paid for information), 광고(advertising), 전자책(e-book) 등이 있다.

(1) 정보제공

정보제공 애플리케이션은 사용자가 이동통신 단말기를 활용해 시간과 장소의 제약을 받지 않고 필요한 정보를 제공받을 수 있도록 하는 애플리케이션이다. 지금까지 모바일 상거래에서 제공하고 있는 정보제공 애플리케이션으로 주가 변동이나 스포츠 경기현황과 같은 간단한 정보를 제공하여 수익을 얻었다. 그러나 이동통신 단말기의 화면이 커지고 네트워크 성능이 빨라지며 사용자가 제공받을 수 있는 정보의 종류도 다양해지고 있다. 또한 이동통신 사업자와 콘텐츠 사업자 간의 수익분배도 합리적이고, 저작권 보호도 기술적으로 안정화됨에 따라 정보제공분야의 비스니스가 더욱 활성화되고 있다.

과거에 인터넷에서 대부분의 정보를 무료로 이용하였는데 최근 들어 과금 처리가 익숙해짐에 따라 유료화가 활성화 되고 있다. 유료화를 확대하기 위해서는 정보의 고급화나 차별화가 필수적이다.

(2) 광고

광고 애플리케이션은 이동통신 단말기에 광고를 전송하고, 광고에 따른 효과분석도 하고 있다. 지금까지 행해져 왔던 무차별적인 광고와는 달리 맞춤광고, 지역적 환경에 따라 개인화된 타깃광고를 할 수 있다. 특히 모바일 상거래 광고 애플리케이션은 고객의 정보를 수집하여 고객 분석을 통해 광고의 효과를 극대화할 수 있다. 최근에는 모바일 광고시장이 인터넷 광고시장 규모를 넘어섰다.

4.2.4 모바일 콘텐츠 제공

(1) 모바일 전자책

대표적인 모바일 콘텐츠인 전자책은 독서, 신문구독 등 정보 소비문화를 변화시켰다. 하나의 단말기에서 수만 가지의 책을 읽을 수 있고, 신문이나 블로그 등을 볼 수 있다. 사용자는 더 이상 무거운 책을 들고 다닐 필요가 없게 되었고, 간편한 조작과 글씨 크기 조절기능을 지원함으로써 어린이나 노인들도 편리하게 사용할 수 있다. 전자책이 확산되면서 출판사나 신문사들이 기존의 비즈니스 모델을 전자신문이나 전자책 등을 출간하는 방식으로 비즈니스 모델을 변화시켰고, 종이책 없이 전자책으로 책을 출간하는 저자들도 생겨나고 있다.

문서 공유 사이트인 스크리브드(scribd.com)는 저자가 본 사이트를 통해서 책을 팔면 80%의 수익을 저자들에게 돌려주는 비즈니스 모델을 제시하고 있다. 점차 많은 저자들이 종이책을 출간하여 얻는 수익의 10%를 받는 것보다 이와 같은 문서 공유 사이트를 이용해 책을 출간하게 될 것이다.

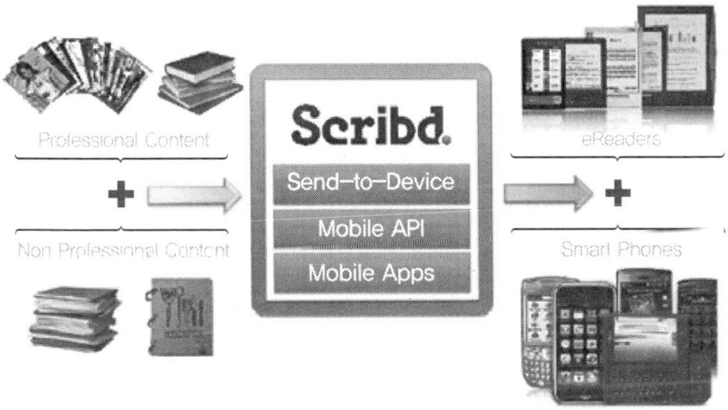

[그림 4-8] Scribd의 수익 배분 구조

2013년 말 기준 전 세계 전자책 시장 규모는 115억 5,900만 달러로 전년 대비 33.6%의 높은 성장률을 기록할 것으로 기대되고 있다. 이러한 성장세는 계속되어 2017년에는 전체 도서 출판시장의 21.8%를 차지하며 연평균(2013~2017년) 성장률은 18.4%로 227억 900만 달러를 기록할 것으로 전망되고 있다. 2007년 11월 아마존은 킨들(kindle)이라는 전자책 단말기를 출시했는데 킨들은 2013년 9월에 킨들 6

세대를 출시하면서 전자책 시장에서 콘텐츠-단말기 연계형 비즈니스 모델의 성공적인 가도를 달리고 있다. 또한 모바일 조작이 어려운 어린이나 작은 글씨를 보는데 어려움이 있는 노인층의 사용률도 증가시키며 전자책 시장을 확대하고 있다.

2010년 4월 애플의 아이패드 출시와 전자책 스토어인 아이북스토어(iBookstore)의 오픈은 전자책 시장의 90%를 지배하고 있는 아마존 중심의 전자책 시장에 대한 진출을 의미하였다. 애플은 아이패드를 통해 전자책을 이용할 수 있는 새로운 시장을 개척하였으며 다양한 애플리케이션을 통한 복합적인 용도로 활용이 가능한 태플릿 PC기반의 전자책 시장의 판로를 개척하였다.

(a) 아마존 킨들　(b) 애플 iBooks　(c) 구글 에디션

[그림 4-9] 각종 전자책(e-book) 단말기

(2) 위치기반서비스

위치기반시스템(GPS: Global Positioning System)

위치 기반 서비스(LBS: Location Based Service)

위치기반시스템(GPS: Global Positioning System) 기술을 이용한 위치 기반 서비스(LBS: Location Based Service)는 특정 위치를 검색하여 위치에 해당하는 정보를 출력해 주는 서비스와 사용자의 모바일 기기를 통한 현재 위치를 검색하여 주변의 정보를 출력해 주는 서비스로 구분할 수 있다. 최근의 지도 검색 서비스는 단순히 위성사진을 제공하는 방식에서 현장에 있는 느낌을 주는 구글의 '스트리트 뷰'까지 개발 되었다. 현재 네이버 길 찾기, 다음 길 찾기 등 지도검색 서비스의 계속적인 발달에 따라 위치정보를 이용하는 다양한 모바일 애플리케이션의 개발이 가속화되고 있다.

[그림 4-10] 네이버 길 찾기 서비스

(3) 모바일 IPTV 서비스

모바일 IPTV 서비스는 공간적 제약 없이 이동 중에도 손쉬운 접속으로 언제 어디서나 시청가능하며, 하나의 단말기로 영상, 음성, 데이터 등 다양한 방송 콘텐츠를 수신할 수 있는 서비스를 의미한다. 모바일 IPTV 서비스는 크게 두 가지로 분류된다. 통신망사업자(SK, KT, LGU+)가 제공하는 서비스와 콘텐츠 제공이 중심인 POOQ, TVING 등의 서비스로 분류된다. 통신망사업자가 모바일 IPTV 서비스에 집중하는 것은 서비스를 이용하며 발생하는 LTE 데이터 사용량 증가가 가능하기 때문이다. 과거 음성과 문자에서 수익을 발생시키던 통신망사업자는 모바일 IPTV를 통해 데이터 수익을 극대화할 수 있을 것으로 기대하고 있다.

[그림 4-11] 모바일 IPTV 서비스

(4) 모바일 증강현실

증강현실(AR: Augmented Reality)
가상현실(VR: Virtual Reality)

모바일 사용의 중대한 변화는 증강현실(AR: Augmented Reality) 기술에 있다. 가상현실(VR: Virtual Reality)은 실제현실과 아무런 관계없이 만들어진 공간으로 HMD를 착용하고 VR 콘텐츠를 감상할 수 있다. 컴퓨터게임 안의 공간이 가장 대표적인 가상현실이다. 증강현실은 현재 사용자가 보고 있는 사물이나 장소를 이용하여 만든 공간이다. 가상현실이 100% 가상에서 만든 공간인 것과 달리, 증강현실은 눈에 보이는 실제공간에 각종정보와 가상공간이 추가된 공간이다.

예를 들어, 박물관 앞에서 여행객이 휴대폰 카메라를 건물 쪽으로 향하면 휴대폰 화면에 표시되는 건물사진 위에 건물에 대한 정보와 건물 안의 유물에 대한 정보가 글과 그림으로 제공된다. 모빌리지 사에서 만든 'Wikitude AR' 프로그램은 휴대폰을 대면 유적이나 유명건물에 대한 설명이 표시되므로 관광가이드가 없어도 정보를 얻을 수 있다.

증강현실을 마케팅에 활용하기도 하는데 '주가라(Zugara)'라는 웹캠으로 소비자의 모습을 비추면 옷을 덧입혀 보여주는 증강현실 프로그램으로 마케팅을 해 주목받고 있다. 인터넷 쇼핑몰에서 입어보지 않고 자신과 어울리는지 알 수 있는 방법으로 활용될 수 있다.

미국 최대의 전자제품 관련 유통업체인 베스트바이는 증강현실 기술을 도입한 광고를 시작했다. 베스트바이의 홈페이지에 접속해 카메라로 광고가 실린 부분을 비추면 3D 애니메이션으로 제품을 소개하는 방식이다. 잡지나 광고지에 휴대폰카메라를 대면 3D로 된 자동차 모습을 보여주는 마케팅도 선보이고 있다.

[그림 4-12] 모바일 증강현실

5. 앱스토어를 활용한 상거래

5.1 앱스토어 개념과 운영 모형

애플리케이션 스토어(Application Store)
애플리케이션 스토어(Application Store)의 준말로, 모바일 애플리케이션(휴대폰에 탑재되는 일정관리 · 주소록 · 알람 · 계산기 · 게임 · 동영상 · 인터넷접속 · 음악재생 · 내비게이션 · 워드 · 엑셀 등의 콘텐츠 응용프로그램)을 자유롭게 사고 팔 수 있는 온라인상의 콘텐츠(소프트웨어) 장터를 의미한다.

앱스토어 상거래(애플리케이션 상거래)란 모바일 애플리케이션을 자유롭게 사고 팔 수 있는 온라인상의 모바일 콘텐츠 장터이다. 2008년 애플이 앱스토어를 통한 애플리케이션 판매를 시작하여 콘텐츠 유통시장의 혁신을 주도했으며, 이후 글로벌 ICT 기업들이 잇달아 앱스토어의 마켓 플레이스를 통한 콘텐츠 제공 서비스를 시작했다.

앱스토어는 개발자가 유통과정에 참여하여 자신이 개발한 소프트웨어를 웹에 직접 등록을 하면 일련의 검증과정을 거친 뒤, 마켓을 통해 구매자에게 제공된다. 앱 개발자라면 누구나 제한 없이 애플리케이션을 등록할 수 있고, 각 기업별로 제시한 만큼의 할당 대금을 지급받을 수 있다. 이로써 앱스토어는 많은 콘텐츠를 보유할 수 있고, 구매자 입장에서도 다양한 애플리케이션을 받을 수 있다.

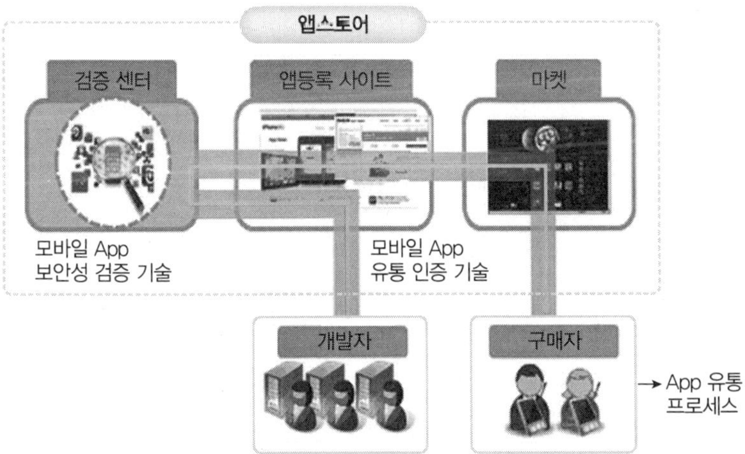

[그림 4-13] 앱스토어의 구조

애플은 업계에서 가장 먼저 앱스토어를 선보였다. 애플의 앱스토어는 아이폰 iOS 기기에 애플리케이션을 설치할 때 사용자가 반드시 거쳐야 하며, 아이폰 사용자들은 단말기 통화망을 통해서 유료 혹은 무료로 애플리케이션을 내려 받을 수 있다. 기존의 모바일 애플리케이션 판매 사이트와는 달리 누구나 자신이 개발한 프로그램을 올려놓고 판매할 수 있는 구조를 만들었고, 판매 수익금의 70%를 개발자가 받아가도록 하였다. 애플은 앱스토어의 25%는 무료 프로그램을 유지하고, 90%의 프로그램은 9.99달러 이하의 가격으로 제공하며, 수익은 개발자와 7:3의 비율로 나눈다는 원칙을 세워, 애플리케이션을 보유하며 동시에 많은 사용자의 참여를 유도시킬 수 있었다. 그 결과 1년 만에 6만 개의 프로그램과 15억 회의 내려 받기를 달성했다.

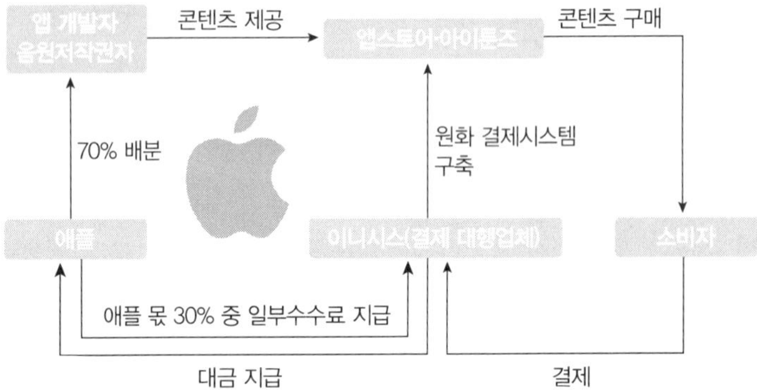

[그림 4-14] 앱스토어 원화 결제 흐름도

애플이 업계 최초로 신개념 콘텐츠 생태계를 도입함으로써 구글, 마이크로소프트 등도 이와 같은 형태의 애플리케이션 마켓을 개설했고, 최근에는 이동통신사도 T스토어, U+마켓 등의 애플리케이션 마켓을 운영하고 있다.

5.2 애플의 앱스토어

애플은 특유의 디자인과 세계 최초로 멀티터치기술을 적용한 인터페이스를 선보이며, 현존하는 최고 ICT 기업으로 성장했다. 아이폰 단말기 판매대수의 시장점유율은 전체 시장 규모의 15%를 기록하고 있지만 38% 이상의 이익을 얻고 있다. 반면, 세계시장에서 삼성과 LG의 단말기 점유율은 34%이지만 영업이익률은 8% 정도를 차지하고 있다. 이는 아이폰이 고부가 상품임을 말해준다. 삼성의 경우 많은 모델의 단말기를 제작하지만 싼 가격에 판매하기 때문에 이익률이 적다. 애플의 이익은 아이폰을 판매하는 데서 그치지 않고, 앱스토어의 매출도 약 100억 달러를 넘어섰다.

2017년 기준, 앱스토어에서 다운로드 받을 수 있는 애플리케이션 수는 220만 개를 넘었으며 현재까지 누적 다운로드 수는 1,300억 개에 달한다. 또한 신용카드와 연결된 앱스토어의 계정은 약 5억 개 이상이다.

[그림 4-15] 애플의 앱스토어

5.3 구글의 플레이

애플의 앱스토어의 후발 주자로 출발한 구글의 플레이는 안드로이드용 모바일에서 애플리케이션, 게임을 포함한 클라우드 미디어 플레이어를 제공하는 디지털 콘텐츠 서비스이다. 2008년 안드로이드 모바일 OS 출시와 함께 '안드로이드 마켓'으로 처음 발표되어 2012년 45만 개 애플리케이션을 보유한 대형 마켓으로 성장하면서 '플레이스토어'로 이름을 바꾸었다. 앱스토어에서 제공하지 않는 멀티태스킹이나 쉬운 연동성, PC의 웹 화면에서 바로 설치가 가능한 편리성을 강조하며 3년 11개월 만에 누적 다운로드 250억 건을 돌파하였다. 앱스토어가 250억 다운로드를 달성하는 데 약 3년 8개월이 걸린 것과 비교해 볼 때 상대적으로 느린 성장을 하고 있었으나, 2017년 기준 350만 개를 기록하며 애플 앱스토어의 애플리케이션 등록 수를 앞질렀다.

[그림 4-16] 구글의 플레이

읽을거리 5G 시대! 사회는 어떻게 변할까?

국제전기통신연합(ITU)이 정의한 5G의 최대 전송속도는 20Gbps로 현재 LTE 속도보다 60배 이상 빠르다. 응답속도 역시 현재의 10배 수준이다. 5G 환경이 실현될 경우 막대한 데이터의 송수신과 처리에 걸리는 시간이 빨라지고, 지연시간이 줄어들기 때문에 즉각적인 응답이 가능해진다. 한국의 SK, KT, LG를 비롯한 세계 통신사업자들이 5G 최초 상용화를 위해 치열한 경쟁을 벌이고 있고, 일부 이동통신사들은 5G 상용화를 2019년으로 앞당기겠다고 발표했다.

5G 네트워크를 구축하기 위해서 네트워크 장비 업체, 단말기 업체, 이동통신 사업자 등의 유기적인 협력이 필요하고 국제표준제정이 필수적이다. 표준이 제정되어야 그 표준에 맞춰서 단말과 장비를 개발 · 준비하여 이동통신 서비스가 가능하기 때문이다. 5G 국제 표준화 작업은 2020년에 공식 완료된다고 한다. 위와 같은 사정으로 5G의 안정적인 상용화 시기는 2020년이 될 것으로 판단된다.

5G 통신환경에서 전송속도가 빨라지는 것도 의미 있지만, 더욱 중요한 것은 반응속도가 빨라져 지연시간이 줄어든다는 점이다. 네트워크의 전송속도와 반응시간이 빨라지면서 자율자동차, 사물인터넷, 인공지능 그리고 AR과 VR, 4D기술을 이용한 실감콘텐츠 분야가 급속도로 성장할 것이다.

자율자동차의 안전운행을 위해서 차량은 주변시설 등으로부터 대량의 데이터를 송수신해야 한다. 자율자동차 운행에서 가장 중요한 것은 사고에 직면했을 때 빠른 판단과 방어능력이다. 이를 위해서는 지연시간이 0.001초 이하로 떨어져야 한다. 지연시간이 0.001초 이하라면 자율자동차가 100km 속도로 달리다가 사람이 갑자기 튀어나왔을 때 멈추는 제동거리는 자동차 자체의 제동거리에 불과 2.7cm만 더해진다. 현재 LTE 지연시간 상태에서 자율자동차를 상용으로 운행하는 것은 매우 위험한 일이다. 그러므로 자율자동차 운행에 있어 5G 도입은 필수적이다. 자율자동차가 상용화되면 관련 산업전반에 지각변동이 일어날 것이다.

전송속도 측면을 고려해보면, LTE는 3G byte 크기의 영화 한 편을 내려 받는 데 수 분이 걸린다. 그러나 5G 환경에서는 최대 다운로드 속도가 20Gbps이므로 3Gbyte 크기의 영화 한 편을 다운로드 받는데 수 초 밖에 걸리지 않는다. 빠른 전송속도와 지연시간 감소는 자율자동차 운행뿐만 아니라 디지털콘텐츠와 실감미디어 분야도 크게 성장할 것이다. AR과 VR콘텐츠 개발을 용이하게 하고, 사용자들의 만족도도 높아질 것이다. 5G가 상용화되면 현재 제공되는 콘텐츠 용량보다 훨씬 크고 다양한 형태의 초고용량 콘텐츠인 4D콘텐츠, AR · VR 영상, 홀로그램 등 몰입형 콘텐츠 서비스가 일반화될 것이다. 종국에는 다양한 초고용량 콘텐츠개발과 관련 서비스 산업이 크게 성장할 것이다.

5G 환경에서 성장할 또 하나의 분야는 사물인터넷(IoT) 분야이다. 대규모 사물이 네트워크로 연결된 상태에서 사물의 상태나 환경정보를 수집하는 원격 모니터링, 설비나 기기를 원격에서 통제하는 원격제어, 이동하는 사물의 위치정보와 연계한 원격추적, 무선 네트워크를 통한 정보교환 등의 기능이 구현될 것이다. 또한 사물인터넷을 활용한 농업(u-Farm), 헬스(u-Healthcare), 국방(u-Defence) 등 모든 분야에서 상용화가 가속화될 것이다.

또한 차량의 자율주행, 차량정비, 보험 상품연계 및 교통제어까지도 가능한 커넥티드 차량 서비스도 가능해질 것이다. 에너지 절감, 탄소배출규제, 위험물 누출방지 등을 자동화하는 공장 · 건물 · 설비의 관리시스템, 원격으로 가전기기를 제어하거나 가정 내 기기 간 통신으로 가사를 자동화할 수 있는 스마트 홈서비스, 수질 · 대기오염 · 소음 등 삶의 질과 관련된 분야에서도 사물인터넷 서비스가 가시화될 것이다.

경상일보(2018. 07) 김의창

참고문헌

권기덕, 임태윤, 최우석, 박성배, 오동현, "스마트폰이 열어가는 미래", 삼성경제연구소, CEO Information 741호, 2010

노규성, "스마트혁명에 의한 신경제와 정책방향", KT경제연구원, 2012

노규성, 박성택, "ICT의 전략적 활용을 위한 스마트폰 마케팅기법", 아이이펍, 2012

노규성외, "스마트워크 2.0", 커뮤니케이션 북스, 2011

노규성외, 스마트 시대의 전자상거래, 생능출판사, 2013

노규성외, 빅데이터시대의 전자상거래, 생능출판사, 2015

백준봉, 최명호, 홍범석, 박유진, "스마트혁명이 가져온 변화: 주요 성과와 과제", DIGIECO ICT전략보고서, KT 경제경영연구소, 2012

이승훈 외, "한국인터넷 진흥원", 2010.04.

이은민, 이인수, "모바일 광고시장의 현황분석 및 전망", 정보통신정책연구원, 2015.

정부연, "모바일 앱 마켓 현황 및 전망", 정보통신정책연구원, 2014

매일경제신문, "국내주요 앱스토어 현황", 2012

지식경제부, "SW산업 연간보고서", 2011

한국인터넷진흥원, "2014년 모바일인터넷이용실태조사", 2014

한국인터넷진흥원, "국내 SNS의 이용 현황과 주요 이슈분석", 2014

한국정보진흥원, "스마트폰과 모바일오피스의 보안이슈 및 대응전략", CIO Report, Vol 26, 2010

한국정보화진흥원, "스마트 시대의 패러다임 변화전망과 ICT 전략", 2010

한국콘텐츠 진흥원, "스마트콘텐츠시장조사", KOCCA 연구보고서, pp.11-66, 2011

현대경제연구원, "스마트워크 프로그램 확산을 위한 성공 조건", 2011

KT종합기술원, "커넥티드 가전시대 스마트 홈서비스", Technology Insights 1-6, 2010.08.

연·습·문·제

1. 스마트혁명이 우리 생활에 미치는 영향에 대하여 설명하라.

2. 5G 기술이 우리 생활을 어떻게 변화시킬 것인가?

3. 스마트 비즈니스가 산업에 미치는 영향에 대하여 설명하라.

4. 모바일 서비스의 특성에 대해 설명하라.

5. 모바일 플랫폼 간의 특징을 비교하여 설명하라.

6. 모바일 앱스토어의 특징을 비교하여 설명하라.

5

CHAPTER

빅데이터와 IoT

사물인터넷과 빅데이터의 결합으로 격변하는 사회 환경에서 무한한 데이터가 생성될 것으로 보인다. 이렇게 생성된 빅데이터를 기반으로 다양한 차원에서의 분석이 가능해지게 되고, 이를 통한 서비스와 가치 창출이 경쟁력의 핵심이 될 것이다. 빅데이터와 사물인터넷이 부상을 하는 이유는 단순히 경제적인 차원이 아닌, 사물 간 서로 연결되어 주고 받는 다양한 정보들을 통해 새로운 가치를 창출할 수 있을 뿐만 아니라, 다양한 비즈니스 기회가 생성될 것이기 때문이다. 사물인터넷을 통해 사물들이 서로 연결되면, 이전에는 쓸모없다고 생각되는 데이터들이 융합적인 분석을 통해 새로운 가치를 만들어내고 결국에는 경쟁의 핵심요소로 부상하고 잇는 것이다. 이 장에서는 빅데이터와 사물인터넷(IoT)이 무엇이며, 이들이 전자상거래에 미치는 영향과 이를 어떻게 전략적으로 활용할 것인지에 대하여 살펴보고자 한다.

1. 빅데이터의 개요

2. 빅데이터 전략과 활용

3. IoT(사물인터넷)의 개요

4. IoT 전략의 활용

1. 빅데이터의 개요

1.1 빅데이터의 등장

임베디드 시스템(embedded system)
빅데이터(Big Data)

최근 기술 발전에 따른 데이터 저장 및 처리 비용의 하락, 소셜 네트워크 서비스의 확대 등으로 막대한 데이터 폭발이 진행 중이며 앞으로 도로, 건축물 등에 내장된 임베디드 시스템(embedded system)에서 막대한 데이터가 생성될 것이다. 디지털 정보량의 증가에 따라 대규모 데이터가 중대 이슈로 부각하며 '빅데이터(Big Data)'라는 용어가 등장하게 되었다.

ICT(Information & Communication Technology)

'빅데이터'란 기존의 관리 및 분석 체계로는 감당할 수 없을 정도의 거대한 데이터의 집합을 지칭한다. 과거 빅데이터는 천문 · 항공 · 우주정보 · 인간게놈 정보 등 특수 분야에 한정됐으나 정보통신기술의 발달에 따라 전 분야로 확산하였으며 대규모 데이터와 관계된 기술 및 도구(수집 · 저장 · 검색 · 공유 · 분석 · 시각화 등)도 빅데이터 범주에 포함된다. IT(Information Technology) 혹은 ICT(Information & Communication Technology)의 일상화가 이루어지는 스마트 시대에는 소셜, 사물, 라이프로그(life-log) 데이터 등이 결합되며 '빅데이터'의 영향력이 증대하게 되었다. 즉 실시간의 연결과 소통의 '스마트 혁명'으로 데이터는 폭증하고, 기존의 데이터 저장 · 관리 · 분석 기법은 한계와 도전에 직면하게 되었다. 데이터는 정보사회를 움직이는 핵심 연료인 만큼 '빅데이터'로의 환경 변화는 정보사회의 패러다임을 견인할 정도의 큰 힘을 발휘하게 되었다.[1]

향후 5년 이내 데이터의 폭발적 증가로 인한 혼돈과 잠재적 가능성이 공존하는 명실상부한 '빅데이터 시대'가 도래할 것으로 예측되고 있다. 스마트 단말의 확산, SNS 활성화, 사물네트워크(M2M) 확산으로

1) 이 내용은 한국디지털정책학회 빅데이터전략연구회, 경영빅데이터분석(2018)의 내용을 일부 발췌하여 수정 하였음

데이터 폭발이 더욱 가속화되며 점차 빅데이터 기반이 확대되고 있다. 이러한 빅데이터를 위한 고급 분석 등 관련 기술은 현재 기술 발생 단계(Technology Trigger)이며 향후 2~5년 후에 성숙될 것으로 평가되고 있다.

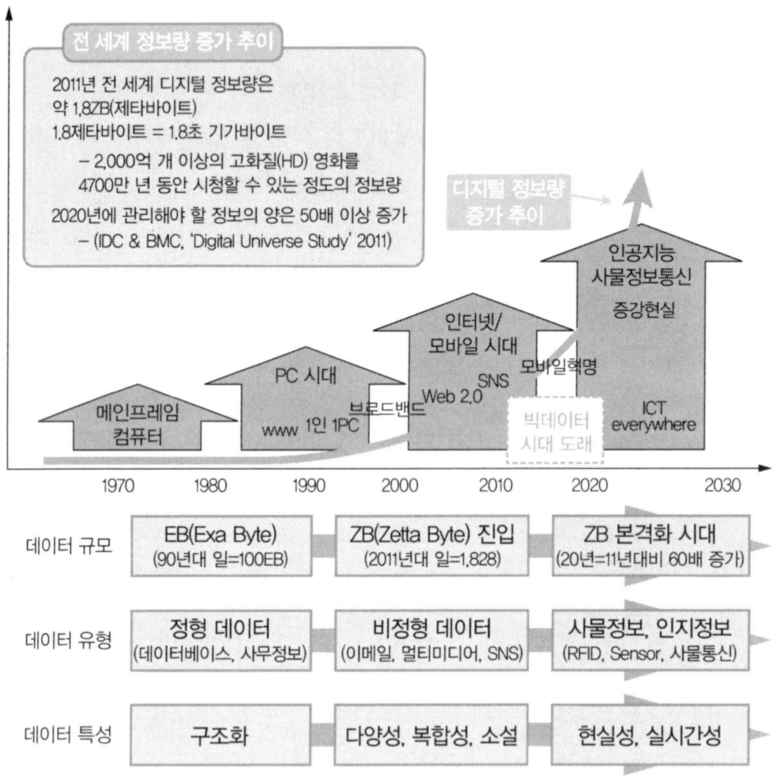

[그림 5-1] ICT 발전에 따른 데이터의 변화 방향

1.2 빅데이터의 개념

빅데이터는 위키피디아(Wikipedia)에서 "기존 데이터베이스 관리도구의 데이터 수집 · 저장 · 관리 · 분석의 역량을 넘어서는 대량의 정형 또는 비정형 데이터 세트 및 이러한 데이터로부터 가치를 추출하고 결과를 분석하는 기술"로 정의하고 있으며, 국가전략위원회에서는 "대용량 데이터를 활용 · 분석하여 가치 있는 정보를 추출하고 생성된 지식을 바탕으로 능동적으로 대응하거나 변화를 예측하기 위한 정보화 기술"이라고 정의하고 있다. 또한 삼성경제연구소는 "빅데이터란 기존의 관리 및 분석 체계로는 감당할 수 없을 정도의 거대한 데이터의 집합으로 대규모 데이터

와 관계된 기술 및 도구(수집 · 저장 · 검색 · 공유 · 분석 · 시각화 등)를 모두 포함하는 개념"으로 정의하고 있다. 이와 같은 정의를 살펴볼 때 빅데이터란 엄청나게 많은 데이터로 양적인 의미를 벗어나 데이터 분석과 활용을 포괄하는 개념으로 사용하고 있다.

그러면 빅데이터란 정확히 무엇인가? 초기에는 '빅데이터 솔루션'과 같은 기업들의 다양한 서비스 마케팅으로 다소 혼선이 있었으나 데이터의 사이즈, 대용량 데이터 자체를 의미로 한정 짓게 되면 빅데이터의 본질을 놓치게 된다. 데이터의 크기, 수십 배씩 증가하는 데이터의 증가 속도 등은 컴퓨팅 기술의 발전, 센싱 인프라 확산에 따라 지속적으로 확산되며 빅데이터의 규모도 계속 증가할 것이다.

빅데이터는 저장 · 관리 · 분석할 수 있는 범위를 초과하는 규모의 데이터, 이러한 데이터를 저장 · 관리 · 분석할 수 있는 하드웨어 및 소프트웨어 기술 그리고 데이터를 유통 · 활용하는 과정을 의미한다. 다시 말해 빅데이터는 빅데이터를 구성하는 하드웨어, 소프트웨어, 그리고 이를 포괄하는 모든 프로세스를 의미하는 거대 플랫폼이다. 즉 빅데이터는 물리적 하드웨어로부터 시작해서 애플리케이션(application : 응용시스템)과 소프트웨어로 확장되는 플랫폼을 일컫는다.

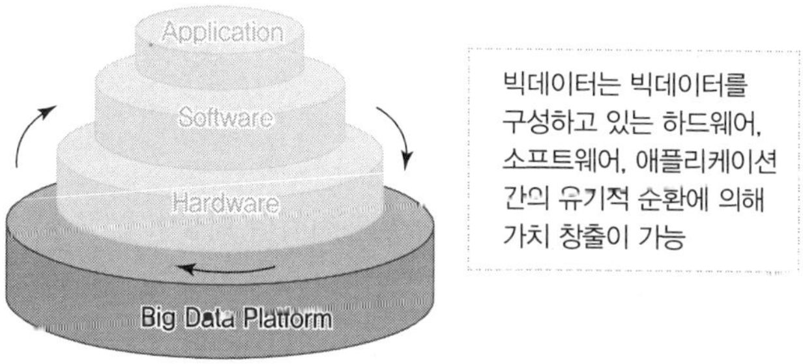

[그림 5-2] 빅데이터 플랫폼

1.3 빅데이터의 특징

빅데이터는 5V로 대표되는 규모(Volume), 다양성(Variety), 속도(Velocity), 정확성(Veracity), 가치(Value) 등 5가지 구성 요소를 갖추어야 한다([표 5-1] 참고). 5V
특정 규모(big volume) 이상을 빅데이터로 칭하는 것을 넘어서 원하는 가치(big value)를 얻을 수 있는 정도로 상대적인 해석을 해야 하는 것이다. 비즈니스 솔루션 업체인 SAS는 데이터 가치에 중점을 두어 가치를 창출하기 위한 비즈니스 예측 및 최적화 주제를 선정하여 빅데이터에서 어떤 가치 있는 정보를 얻을 것인가에 분석 관점을 가지고 있다(한국디지털정책학회 빅데이터전략연구회, 2018).

규모(Volume)
다양성(Variety)
속도(Velocity)
정확성(Veracity)
가치(Value)

〈표 5-1〉 빅데이터의 4가지 구성요소

구분	주요 내용
규모(Volume)	• 기술적인 발전과 ICT의 일상화가 진행되면서 해마다 디지털 정보량이 기하급수적으로 폭증 → 제타바이트(ZB) 시대로 진입
다양성(Variety)	• 로그기록, 소셜, 위치, 소비, 현실데이터 등 데이터 종류의 증가 • 텍스트 이외의 멀티미디어 등 비정형화된 데이터 유형의 다양화
속도(Velocity)	• 사물정보(센서, 모니터링), 스트리밍 정보 등 실시간성 정보 증가 • 실시간 성으로 인한 데이터 생성, 이동(유통) 속도의 증가 • 대규모 데이터 처리 및 가치 있는 현재정보(실시간) 활용을 위해 데이터를 처리 및 분석 속도가 중요
정확성(Veracity)	• 빅데이터의 특성상 방대한 데이터들을 기반으로 분석을 수행 • 데이터 분석에서 질이 높은 데이터를 활용하는 것이 분석의 정확도에 영향을 줌
가치(Value)	• 빅데이터가 추구하는 것은 가치 창출 • 빅데이터 분석을 통해 도출된 최종 결과물은 기업이 현재 당면하고 있는 문제를 해결하는 데에 통찰력 있는 유용한 정보를 제공

1.4 빅데이터의 가치

1.4.1 빅데이터의 투입가치

처리할 데이터양이 점차 방대해지고 비정형 데이터의 비중이 날로 높아지면서 데이터 처리에 관한 복잡도가 높아지고 있다. 데이터가 엄청난 규모로 축적되면서 이를 저장, 처리 및 관리하기 위한 비용이 급증하고 있다. 반면 이러한 빅데이터 분석을 통한 가치 창출에 대한 기대가 커지면서 가치에 대한 논의도 활발해지고 있다. 주요 연구기관들이 발표한 빅데이터를 통해 얻을 수 있는 경제적 효과는 다음과 같다.

〈표 5-2〉 빅데이터의 투입가치

기관	투입 가치
Economist(2010)	데이터는 자본이나 노동력과 거의 동등한 레벨의 경제적 투입 자본으로 비즈니스의 새로운 원자재 역할 수행
MIT Sloan(2010)	데이터 분석을 잘 활용하는 조직일수록 차별적 경쟁력을 갖추고 높은 성과를 창출

Gartner(2011)	데이터는 21세기의 원유이며 미래 경쟁 우위를 결정 기업은 다가올 '데이터 경제시대'를 이해하고 정보 고립을 경계해야 생존
McKinsey(2011)	빅데이터는 혁신, 경쟁력, 생산성의 핵심 요소

1.4.2 빅데이터의 사회 · 경제적 가치

빅데이터는 정치 · 사회 · 경제 · 문화 · 과학기술 등 전 영역에 걸쳐서 사회와 인류에게 가치 있는 정보를 제공할 수 있는 가능성을 제시하고 있다. 빅데이터 기술의 발전은 다변화된 현대 사회를 정확하게 예측하여 효율적 작동에 기여한다. 또한 개인화된 현대 사회 구성원에게 맞춤형 정보를 제공하며 과거에는 불가능했던 분석을 가능하게 한다.

빅데이터의 도입과 활용은 산업 경쟁력 제고, 생산성 향상, 혁신을 위한 새로운 가치를 창출하게 할 전망이다. 맥킨지는 빅데이터의 사회 · 경제적 가치를 다섯 가지로 제시하고 있다. 산업의 투명성 증대, 소비자 니즈 발견 · 트렌드 예측 · 성과 향상을 위한 실험, 소비자 맞춤형 비즈니스를 위한 고객 세분화, 자동 알고리즘을 통한 의사결정 지원과 대행, 비즈니스 모델 · 상품 · 서비스 혁신이 바로 그것이다.

〈표 5-3〉 빅데이터의 사회, 경제적 가치

구분	내용
산업의 투명성 증대	빅데이터를 시기적절하게 관련 부문에 제공하도록 하는 것만으로 검색과 처리시간의 절감 가능
소비자 니즈 발견 트랜드 예측 성과 향상을 위한 실험	기업들이 더 많은 거래 데이터를 디지털 형태로 축적하게 되면서 보다 정확하고 상세한 성과 데이터 수집 가능 자연적으로 일어나거나 통제된 실험에 의해 일어나는 성과의 변동성 분석 및 근본적 원인과 결과 분석에 데이터를 이용 가능
소비자 맞춤형 비즈니스를 위한 고객 세분화	기업들이 매우 구체적인 고객 분류를 통해 고객의 니즈에 맞춘 맞춤형 서비스 제공 가능
자동 알고리즘을 통한 의사결정 지원과 대행	정교한 분석에 의해 의사결정 향상, 위험 최소화, 가치 있는 인사이트 발굴 가능
비즈니스 모델, 상품, 서비스 혁신	기업들이 새로운 상품/서비스 개발, 기존 상품/서비스 향상, 새로운 비즈니스 모델 설계 가능

1.5 빅데이터 비즈니스 모델

빅데이터 비즈니스 모델

일반적으로 빅데이터 비즈니스 모델이란 이러한 빅데이터 산업에 관련된 모든 비즈니스를 의미하나, 이러한 비즈니스 모델들이 기존에 존재하는 비즈니스 모델과 상당수 중복되고 있으므로 여기서는 빅데이터 비즈니스 모델의 개념을 '빅데이터를 이용하여 경제적 수익을 창출할 수 있는 모든 사업 형태'로 정의하겠다.

1.5.1 교육 관련 비즈니스 모델

빅데이터의 발전으로 관련 인력에 대한 수요가 폭발적으로 증가하여 미국은 2018년까지 14만~19만 명의 고급 분석 인력과 데이터 관리자가 부족할 것으로 전망(McKinsey, 2011)하고 있다. 즉 인력 수요는 44만~49만 명으로 추산되나 공급 인력은 30만 명 정도로 예정되어 있는 실정이다. 2018년 기준으로 향후 3년 이내에 일반산업을 포함한 전 산업에서 추가로 필요로 하는 데이터직무 인력은 총 1만 3,337명으로 나타났으며, 이중에서 데이터 개발자 수요가 37.2%로 가장 높은 것으로 나타났다. 또한 전체적으로 데이터직무 인력 부족률(필요인력/(현재인력+필요인력)을 보면 데이터 사이언티스트, 데이터 아키텍트(DA), 데이터 분석가 직무인력이 가장 부족한 것으로 나타났다(2018 데이터산업 백서).

1.5.2 컨설팅 관련 비즈니스 모델

컨설팅 관련 비즈니스 모델은 크게 두 가지로 기업을 상대로 한 빅데이터 활용 컨설팅과 개인을 상대로 한 컨설팅으로 나누어 생각할 수 있다. 개인을 상대로 하는 컨설팅 비즈니스의 예로는 개인의 신용카드 사용 데이터와 각종 금융 정보(은행, 보험 등) 데이터를 이용한 개인별 종합 금융 컨설팅 또는 건강보험 데이터를 이용한 건강관리 컨설팅 등 다양한 비즈니스 모델이 가능하다. 또한 기업 또는 개인 사업자를 대상으로 하는 컨설팅 비즈니스 모델로는 카드사들의 고객 결제정보 및 SNS 데이터를 활용한 상권 분석 컨설팅 또는 고객의 구매 패턴 정보를 활용한 제품 개발 컨설팅 등 다양한 비즈니스 모델이 가능하다.

1.5.3 빅데이터(원시, 분석, 가공) 판매 비즈니스 모델

빅데이터 관련 데이터의 판매 비즈니스 모델은 빅데이터의 특성인 다양성, 대용량, 빠른 데이터 생성에 따라 다량의 다양한 데이터가 존재하므로 이러한 데이터들은 서비스의 종류에 따라 필요한 데이터와 불필요한 데이터로 분류될 수 있으며, 이들 데이터들은 원시 데이터 또는 가공한 형태의 데이터로 이를 필요로 하는 서비스 사업자에게 불필요한 데이터를 제외한 필요 부분 데이터만을 별도로 판매가 가능하다. 따라서 이들 데이터를 필요로 하는 사업자를 찾아 데이터를 직접 판매하거나 데이터를 필요로 하는 사업자를 연계시켜 주는 비즈니스 모델이 향후에는 각광을 받을 수 있다.

1.5.4 빅데이터 기반 서비스 비즈니스 모델

빅데이터의 산업 분야별로 서비스 분야가 가장 큰 시장 규모로 빅데이터 서비스 비즈니스 모델이란 실제 빅데이터 시장의 핵심이라 할 수 있는 시장으로 대부분의 빅데이터 비즈니스 모델이라 하면 서비스 비즈니스 모델을 의미한다. 즉 서비스 비즈니스 모델은 빅데이터를 수집 · 저장하여 이를 필요한 서비스 요건에 맞추어 분석하고, 분석된 데이터를 이용하여 필요한 서비스를 제공하는 것이다.

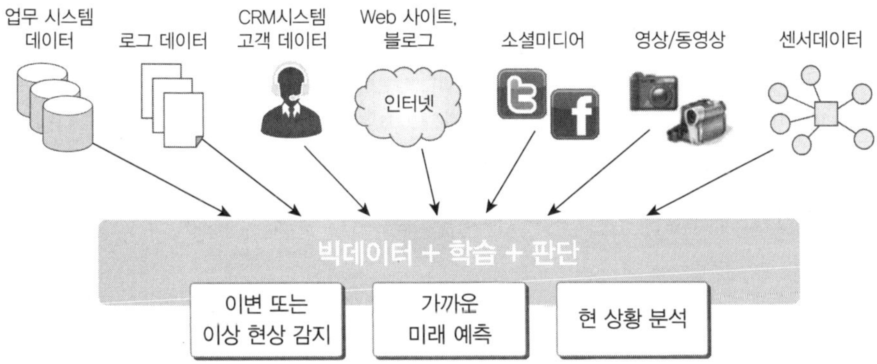

[그림 5-3] 빅데이터 활용 시나리오(자료원: 한국디지털정책학회 빅데이터전략연구회, 2018)

(1) 이상 현상 감지 시나리오

업무에서 발생한 이벤트 기록을 수집 · 분석하여 정상 상태, 비정상 상태의 패턴을 파악, 새로운 현상이 발생할 경우 이상 여부를 판단할 수 있어 부정행위 검출, 시스템 사고 예방, 마케팅 전략 수립 등의 다양한 분야에 활용될 수 있다. 부정행위 검출의 활용 사례로서 VISA 사는 카드 부정 검지 모델의 설계 처리에 하둡(Hadoop)을 도입하여 부정 검지 이용 패턴의 갱신을 매일, 여러 번 실시할 수 있도록 정밀도를 향상시킬 수 있었다.

하둡(Hadoop)

(2) 가까운 미래 예측 시나리오

빅데이터를 통해 몇 분 또는 몇 시간 후를 예측하는 시스템을 가동함으로써 현상에 대한 조치를 신속하게 실시할 수 있다. 주행 시스템에 활용한 사례로, 미국 포드사는 개발 중인 커넥티드 자동차의 주행 시스템에 빅데이터를 이용하여 내비게이션이 운전자의 주행 이력과 패턴을 분석하여 운전자에게 앞으로 도착해야 할 목적지에 이르는 최단 또는 최적 경로와 연료 배분을 제안하도록 구현하였다.

(3) 현 상황 분석 시나리오

빅데이터를 이용하여 지금까지 살펴보지 못했던 사업 측면의 분석이 가능해져 자사의 현황을 보다 명확하게 이해할 수 있다. 회계 시스템에 활용한 사례인 일본의 니시테츠 스토어(西鉄 Store)는 빅데이터를 이용하여 매일 단일 상품별 원가율과 원가 변동 추이를 분석하여 이익률이 높은 상품에 대한 일자별 주력 마케팅 정책 수립에 활용하고 있다.

(4) 고객 맞춤 시나리오

고객 프로파일 및 구매 이력 등의 빅데이터 분석을 하면 고객의 욕구에 최적화된 맞춤형 비즈니스를 전개할 수 있다. 고객 맞춤형 활용 사례인 미국의 카탈리나는 고객의 구매 패턴 등을 분석하여 고객이 가장 관심을 가질 쿠폰을 즉석에서 발행함으로써 한 번 구매한 고객의 재방문율을 높이고 장기 충성고객으로 확보하였다.

2. 빅데이터 전략과 활용

2.1 미래 사회의 빅데이터의 역할

빅데이터는 미래 사회에서 새로운 기회를 창출하고 위험을 해결하는 엔진의 역할을 수행할 것으로 기대된다. 사회가 빠르게 발전하고, 위험 요인과 복잡성이 증가할수록 시스템을 통해 환경 변화를 신속하게 감지할 필요성이 증가한다. 따라서 빅데이터 분석을 통해 미래의 통찰력, 대응력, 경쟁력, 창조력을 향상시키며 국가의 지속적 발전을 성취할 수 있는 전략 수립이 필요하다.

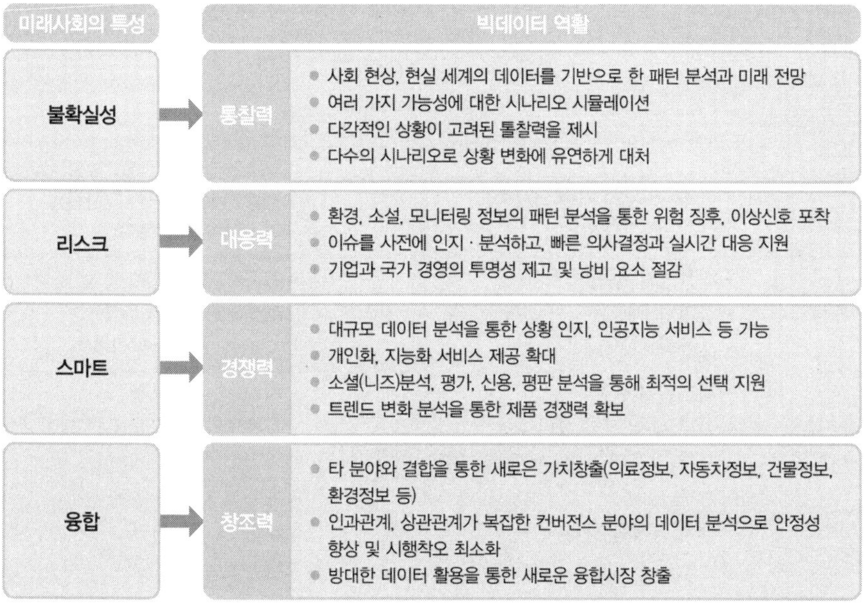

[그림 5-4] 미래 사회의 특성과 빅데이터의 역할

미래 사회의 특성으로 불확실성, 리스크, 스마트, 융합 등을 들 수 있다. 빅데이터를 활용하면 여러 가지 가능성에 대한 시나리오 시뮬레이션을 통해 불확실한 상황 변화에 유연하게 대처할 수 있다. 빅데이터에 기반을 둔 정보 패턴 분석을 통해 리스크를 사전에 파악하고 실시간으로 대응할 수 있다. 또한 빅데이터 분석을 통해 개인화, 지능화된 서비스 제공을 확대하여 스마트 사회에서 삶의 질을 향상시키고, 트렌드 변화 분석을 통해 각 기업의 제품 경쟁력을 확보할 수 있다. 빅데이터를 활용하여 다양한 산업 분야의 결합을 유도하여 새로운 가치를 창출하고, 나아가 새로운 융합 시장을 창출할 것으로 기대된다.

2.2 빅데이터 활용 방안

빅데이터 분석의 주요 목적은 조직에 존재하는 다양한 원천으로부터 수집되는 다양한 유형의, 그리고 대량일 가능성이 높은 데이터로부터 전략적으로 효용이 높은 정보 또는 지식을 추출하고 이를 경영활동에 활용함으로써 조직의 경쟁력을 높이는 것이다. 따라서 빅데이터 분석의 주요 목적은 현재 조직이 보유하고 있지 않은 효용이 높은 정보나 지식의 생성이라고도 할 수 있다. 또한 새롭게 생성되는 지식의 가치는 조직의 빅데이터 분석 역량에 의해 결정되기 때문에, 조직은 빅데이터 분석의 전반적인 프로세스를 진화시키는 노력을 해야 한다.

〈표 5-4〉 비즈니스 영역별 데이터분석 유형(예시)

분야	데이터분석 기반 의사결정 유형(예시)	분야	데이터분석 기반 의사결정 유형(예시)
재무관리	• 재무성과 동인 파악 • 성과평가표 효율성 측정 • 다양한 재무 예측	R&D	• 제품의 고객선호 특성 파악 · 특정 제품 효과 분석 • 제품의 고객선호 디자인 파악
생산관리	• 제조품질 관리 • 설비 예측 정비 실현 • 제품 결함관리 및 생산 프로세스 조정 • 장비 최적화 관리	공급체인 관리	• 적정 재고량 결정 • 물류 창고와 물류센터 위치 선정 • 제품과 차량의 경로 선택 • 트럭 적재량 관리
인적자원 관리	• 채용시기 결정 • 이직 직원 예측 • 이직 원인 분석 및 대응 • 직원보상액 산정 • 직원 교육효과 분석	마케팅 관리	• 가격결정 • 상점과 지점의 위치 선정 • 판매촉진 목표 설정 • 맞춤형 웹사이트 구축 • 온라인 미디어 광고채널 선정

*자료원: 한국디지털정책학회, 경영빅데이터분석, 한경아카데미, 2014 수정

빅데이터 활용 현상은 전통적으로 데이터분석을 중요시하던 회계, 재무, 생산 운영, 마케팅, 고객관리 등의 분야로부터 인적자원관리, 공급체인관리 및 연구개발(R&D) 분야로 급속히 확산되는 경향을 보이고 있다. 나아가 최근에는 전자상거래를 운영하는 업체들도 전자상거래 전략에 빅데이터를 활용하여 경쟁력을 배가하기 시작했다.

2.3 성공적인 빅데이터 활용 전략: 자원, 기술, 인력

빅데이터를 성공적으로 활용하기 위한 전략을 추진하기 위한 3대 요소로 빅데이터 '자원', 빅데이터 플랫폼, 빅데이터 분석 기술 및 데이터 분석 기법 등 '기술', 그리고 빅데이터 사이언티스트로 대표되는 '인력' 등을 들 수 있다.

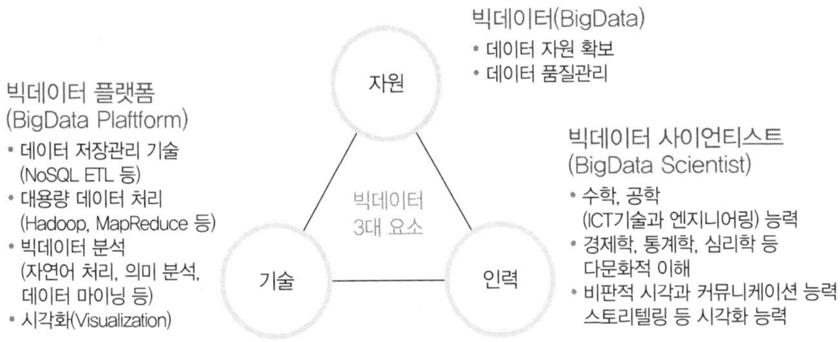

[그림 5-5] 빅데이터 활용을 위한 3대 요소

2.3.1 자원-활용할 수 있는 빅데이터 발견하기

미래에는 빅데이터를 핵심 자원으로 인식하고, 필요한 정보를 뽑아낼 수 있도록 자원을 키워나가는 것이 중요한 성공 전략이다. 주어진 빅데이터를 관리하고 처리하는 측면과 함께 활용할 수 있는 외부 빅데이터 자원을 발견하고 확보하는 전략이 필요하다. 데이터의 품질은 데이터 활용 결과에 중대한 영향을 주기 때문에 데이터 관리 체계 및 데이터의 신뢰성 확보가 매우 중요하다.

2.3.2 기술-빅데이터 프로세스와 신기술 이해하기

빅데이터는 데이터 자체뿐만 아니라 관련 도구나 플랫폼, 분석 기법까지 포괄하는 용어로 확장되어 ICT 패러다임의 변화를 견인하고 있다. 성장을 촉진하는 신기술에 대한 이해가 부족하면, 미래 경쟁력 강화를 위한 기회 포착도 어려워진다. 조직과 기업의 혁신 전략으로 적용할 수 있도록 빅데이터 플랫폼, 빅데이터 분석 기술 및 데이터 분석 기법에 대한 이해가 필요하다.

2.3.3 인력-데이터 사이언티스트 역량 키우기

기술과 분석 도구가 뛰어나도 실제 성과를 낼 수 있는 것은 이를 활용하여 적용하는 사람의 역량에 의해 좌우된다. 데이터 처리와 분석 능력을 갖춘 인력은 ICT 분야뿐만 아니라 대부분의 기업과 조직에서 필수적으로 확보해야 할 핵심 인력이다. 조직 차원에서 인재를 확보하기 위해 내부 역량 강화 및 외부 협력이 중요하다. 데이터 사이언티스트의 역량과 조건은 다양한 문헌에서 제시하고 있다. 대표적인 데이터 사이언티스트인 존 라우저 아마존 수석 엔지니어는 포브스와 인터뷰에서 데이터 사이언티스트가 갖추어야 할 6가지 자질을 제시하였다. 데이터 사이언티스트는 기본적으로 ① '수학'과 ② '공학' 능력을 갖추어야 한다. 데이터를 분석하는 데 있어 필수인 가설을 세우거나 검증하는 데 필요한 ③ '비판적 시각'과 이를 작성할 수 있는 ④ '글쓰기 능력'을 보유하여야 한다. 또한 다른 사람에게 구두로 내용을 적절히 전달하기 위해 ⑤ '대화 능력'도 필요하다. 나아가 라우저는 ⑥ '호기심과 개인의 행복'도 중요한 소양으로 제시하였다.

2.4 빅데이터를 활용한 전자상거래 사례 분석

전자상거래 기업 중에서 빅데이터를 잘 활용하여 성공한 사례가 있다. 쿠팡의 자동 품목 업그레이드 서비스는 사용자 경험에 대한 정보를 기반으로 상품 전체를 구조화한 다양한 데이터들을 빅데이터 분석 기술을 이용하여 사용자(소비자)의 의도를 파악해 속성별로 추천하는 기술이다.

이 서비스의 장점은 손쉽게 제품 단계를 변경할 수 있다는 점이다. 예를 들어, 아기가 성장하면 분유나 기저귀 등을 성장 개월 수에 따라 바꿔야 하는데, 이러한 단계 변경을 자동화하여 품목이 자동으로 업그레이드 될 수 있도록 소비자의 정기 배송 상품 목록에서 더 높은 단계의 기저귀 또는 분유(같은 브랜드에 사이즈(단계)만 더 큰 상품)로 자동 추천된다.

또한 배송 4일전이 되면 정기배송 이용 고객에게 상품 정보 및 결제 예정 가격을 문자로 안내한다. 배송날짜를 문자 발송 이외에도 쿠팡 앱 푸시알림 및 PC 웹사이트 안내 등 다양한 방법으로 알림을 보내 자연스럽게 고객이 정기배송 정보를 인지할 수 있도록 한다. 이러한 알림은 불필요하게 여러 번 발송되지 않도록, 고객이 확인했는지 여부를 판단해서 한 번 확인을 하면 더 이상 알림을 보내지 않는다.[2)]

예를 들면, 키워드 광고는 같은 카테고리에 속한 쇼핑몰 데이터들을 기반으로 과학적인 방법으로 키워드를 선정하고 노출 순위와 광고 단가 등을 조합하여 매출이 극대화되는 시점에 대한 시뮬레이션이 가능하기 때문에 쇼핑몰을 운영하는 입장에서는 키워드 광고를 통해 안정적인 매출을 확보할 수가 있게 된다.

2013년 7월부터 빅데이터 분석을 통해 광고와 맞춤형 컨설팅을 진행한 여성 캐주얼 의류 전문쇼핑몰인 데일리룩은 전년대비 매출이 40%나 상승하였다. 여성 캐주얼 의류라는 아이템에 적합한 키워드의 조합, 상품의 객단가, 매출 전환율 등을

---

2) http://www.4irnews.net/news/articleView.html?idxno=1944

체계적으로 분석하여 광고 효과를 예측하고 이를 광고에 활용한 것이 적중을 한 것이다.

또한 유기농 원단 유아 의류 쇼핑전문몰인 네츄라오가닉도 빅데이터 분석을 통한 온라인 광고의 운영으로 광고 전후 대비 매출이 2배 이상 증가하였다.

카페24는 실시간으로 상품에 대한 반응을 분석하는 서비스인 세라(SERA)와 해당 제품을 구매한 고객이 함께 구매한 다른 제품을 추천해 주는 스마트추천 등 빅데이터를 활용한 서비스를 제공하고 있다(아이티투데이, 2014.06.24).

3. IoT(사물인터넷)의 개요[3)]

3.1 사물인터넷의 등장 배경

2013년부터 국내에서 본격적으로 사물인터넷이란 용어가 사용되기 시작하였다. 그러나 사물인터넷은 갑자기 출현한 전혀 새로운 것이 아니며, 1988년 등장한 유비쿼터스 컴퓨팅(Ubiquitous Computing)에서 그 유래를 찾을 수 있다. '언제 어디서나 존재한다'라는 유비쿼터스 개념이 ICT의 발전과 그 활용 및 서비스의 발전과 함께 1999년 P&G의 케빈 애쉬턴(Kevin Ashton)에 의해 사물인터넷이란 용어로 재정의된 것이라고 할 수 있다. 또한 사물지능통신(M2M: Machine-to-Machine), 유비쿼터스 센서네트워크(USN: Ubiquitous Sensor Network) 등 다양한 용어가 혼재되면서 발전해 왔다. 시스코(Cisco Systems)는 한걸음 더 나아가 만물인터넷(IoE: Internet of Everything)이란 용어를 제시했으며, 환경 자체가 사물인터넷이 된다는 의미의 AIoE(Ambient IoE)라는 용어까지 등장하였다.

유비쿼터스 컴퓨팅(Ubiquitous Computing)
사물지능통신(M2M: Machine-to-Machine)
센서네트워크(USN: Ubiquitous Sensor Network)
만물인터넷(IoE: Internet of Everything)
AIoE(Ambient IoE)

사물인터넷의 등장을 하게 된 가장 큰 배경에는 인터넷 환경의 진화 때문이다. 유성 인터넷과 무선 인터넷의 활성화, 근거리 통신 기술의 발전 등 ICT 인프라가 구축되면서 사물인터넷의 구현이 가능하게 되었다. 또한 통신디바이스나 장비 등이 소형화되고 ICT 기술의 발전에 힘입어 가격이 하락하면서 통신디바이스나 장비 디바이스 등에 탑재할 수 있는 범위가 확대되고 일상 속 사물 간의 커뮤니케이

3) 이 내용은 노규성, 사물인터넷 사회, 커뮤니케이션북스의 내용을 발췌하여 일부 수정하였음.

션이 가능해졌다.

최근 화두가 되고 있는 비정형데이터를 분석할 수 있는 빅데이터 관련 기술과 수많은 데이터를 수집 · 관리하는 클라우드(Cloud) 서비스가 실현되면서 사물인터넷이 급부상을 하고 있는 것이다(노규성, 2015).

3.2 IoT의 개념

사물인터넷은 결국 인터넷이다. 인터넷이란 커뮤니케이션을 하고자 하는 대상들을 연결하는 수단이다. 지금까지 인터넷은 컴퓨터를 연결하여 사람과 사람 간의 커뮤니케이션에 주로 활용되어왔다. 그러나 인터넷이 다양한 종류의 디바이스(Devices)들을 서로 연결하고 커뮤니케이션을 하게 되고, 데이터들을 서로 공유하도록 하는 네트워크로 발전을 하게 되면서 사물인터넷으로 진화를 하게 된다.

이러한 디바이스들은 온도, 습도, 진동, 속도뿐만 아니라 맥박이나 혈압, 산소포화도 등을 측정하는 다양한 종류의 센서(Sensors)는 물론 스마트폰이나 태블릿 PC, 자동차, 의료디바이스, CCTV, 냉장고 등 종류와 범위에 제한이 없다.

이와 같이 다양한 디바이스나 사물들을 연결한 인터넷을 사물인터넷(IoT: Internet of Things)이라 부른다. 결국 인터넷은 사람과 사람의 연결로부터 사람과 사물, 사물과 사물 간까지 커뮤니케이션하게 하는 새로운 개념으로 확장을 하게 된 것이다. 그리고 이러한 디바이스들이 만들어낸 데이터를 수집, 분석, 가공하여 특정한 시스템이나 사람들에게 서비스를 제공하는 것을 사물인터넷 서비스라고 한다(김학용, 2014).

사물인터넷

사물인터넷이란 용어는 여러 전문가들에 의해 다양하게 정의되고 있다.

패트릭 터커(2014)는 사물인터넷을 사람과 사람의 연결을 넘어 우리 생활 속의 사물들에 센서가 부착되고 인터넷에 연결되는 것이라고 정의하였으며, 현재 어떤 일이 일어나고 있는지를 실시간으로 수집하고 전송할 수 있는 컴퓨터화된 감각 정보의 총체라고 하였다. 서영진(2014)은 사물인터넷은 스마트폰, 스마트패드, 스마트TV, 웨어러블(Wearable) 장비, 컴퓨터, 가전제품, 자동차 등의 디바이스들이 네트워크를 통해 서로 통신하고 연결되는 시대라고 하였다.

각종 사물에 센서와 통신 기능을 내장하여 인터넷에 연결하는 기술을 사물인터넷이라고 할 수 있다. 여기서 사물이란 가전제품, 모바일 장비, 웨어러블 컴퓨터 등 다양한 임베디드 시스템을 의미하며, 사물인터넷에 연결되는 사물들은 자기 자신을 구별할 수 있는 유일한 식별정보(Identifiable Information)를 가지고 인터넷과 연결되어야 하며, 외부부터 데이터를 취득하기 위해 센서를 내장할 수도 있다(Höller et al., 2014).

그런데 사물인터넷을 기술이나 네트워크 관점보다는 비즈니스 관점에서 바라볼 필요성이 있다. 사물인터넷은 센서를 내장하고 있는 사물들이 서로 연결되어 각각의 사물들이 제공하던 것 이상의 새로운 가치를 제공하는 방식이다(김학용, 2014). 이 정의에는 사물(Things)과 연결(Internet)을 포함하고 있지만, 더 중요한 것은 기존에 없었던 새로운 가치(Value)를 창출해 낸다라는 것이다. 즉, 사물인터넷은 어떠한 기술이나 제품과 관련된 개념에 국한되는 것이 아니라 지금까지 우리가 추구하던 삶의 질적 제고와 사회의 효율성 향상을 이끌던 방식들의 변화를 의미하는 것이다. 결국 사물인터넷의 등장으로 기존에 홀로 사용되던 사물들이 네트워크에 연결되면서 더 큰 고객가치를 제공하게 되고, 더 커진 고객가치는 다양한 형태의 지능과 결합됨으로써 극대화될 것이다.

3.3 사물인터넷의 주요 3대 기술

(1) 센싱 기술

센싱기술은 전통적인 온도, 습도, 열, 가스, 조도, 초음파 센서 등에서부터 원격 감지, SAR, 레이더, 위치, 모션, 영상 센서 등 유형 사물과 주위 환경으로부터 정보를 얻을 수 있는 물리적 센서를 포함한다. 물리적인 센서는 응용 특성을 좋게 하기 위해 표준화된 인터페이스와 정보 처리 능력을 내장한 스마트 센서로 발전하고 있으며, 이미 센싱한 데이터로부터 특정 정보를 추출하는 가상 센싱 기능도 포함되며 가상 센싱 기술은 실제 IoT 서비스 인터페이스에 구현한다. 기존의 독립적이고 개별적인 센서보다 한 차원 높은 다중(다분야) 센서 기술을 사용하기 때문에 한층 더 지능적이고 고차원적인 정보를 추출할 수 있다.

(2) 유무선 통신 및 네트워크 인프라 기술

사물인터넷의 유무선 통신 및 네트워크 장치로는 기존의 WPAN[4], WiFi,

4) WPAN(Wireless Personal Area Networks)

3G/4G/5G, Bluetooth, Ethernet, BcN, 위성통신, Microware, 시리얼 통신[5], PLC 등, 인간과 사물, 서비스를 연결시킬 수 있는 모든 유·무선 네트워크를 의미한다.

(3) 사물인터넷 서비스 인터페이스 기술

사물인터넷 서비스 인터페이스는 사물인터넷의 주요 3대 구성 요소(인간·사물·서비스)를 특정 기능을 수행하는 응용서비스와 연동하는 역할을 한다. 사물인터넷 서비스 인터페이스는 네트워크 인터페이스의 개념이 아니라, 정보를 센싱, 가공/추출/처리, 저장, 판단, 상황 인식, 인지, 보안/프라이버시 보호, 인증/인가, 디스커버리, 객체 정형화, 온톨러지 기반의 시맨틱, 오픈 센서 API, 가상화, 위치확인, 프로세스 관리, 오픈 플랫폼 기술, 미들웨어 기술, 데이터 마이닝 기술, 웹 서비스 기술, 소셜 네트워크 등, 서비스 제공을 위해 인터페이스(저장, 처리, 변환 등) 역할 수행을 한다.

3.4 사물인터넷 생태계

비즈니스 생태계의 개념은 사물인터넷 시장(비즈니스) 생태계에도 그대로 적용된다고 할 수 있다. 사물인터넷 역시 어느 한 주도자가 시장을 이끌어가는 구도로는 불가능하다. 즉 다양한 시장 참여자의 협력과 경쟁으로 양질의 서비스가 탄생되며 이를 통해 가치가 창출될 수 있는 생태계 구조로 이루어진 것이다.

사물인터넷의 생태계는 부품소재 사업으로부터 최종 고객의 서비스 제공에 이르기까지 하드웨어와 서비스가 혼합된 복잡한 가치사슬을 가졌으며, 참여기업 간 이해관계도 매우 복잡한 구조로 되어 있다. 이에 따라 여러 전문가들은 각기 다른 시각으로 사물인터넷 생태계를 정리하고 있다. 이상학(2014)은 센서, 통신모듈, 단말기 등의 디바이스 생산·사용자, 솔루션 및 플랫폼 개발·제공자, 개인·산업 등의 소비자로 구분하였다. 그리고 프로스트앤설리반은 사물인터넷 생태계를 칩셋, 네트워크, 플랫폼, 애플리케이션 등의 업체로 분류했다(이대영, 2013). 그러나 대체로 유사한 시장참여자로 생태계가 이루어졌음을 짐작케 한다. 여기에서는 사물인터넷 생태계의 시장 참여자를 칩·센서 생산업체, 모듈 및 단말기 제조업체, 플랫

5) 시리얼 통신: 일반적으로 컴퓨터 기기를 접속하는 방법의 하나로, 접속하는 선의 수를 줄이고, 원거리까지 신호를 보낼 수 있도록 한 통신 방식이다.

폼 및 솔루션 업체, 통신업체, 서비스 업체 등으로 구분하고자 한다(주대영 · 김종기, 2014). 이들 중에는 개별 가치사슬별로 하나의 역할만을 전문적으로 수행하는 업체가 있기도 하고 여러 개의 가치사슬 기능을 동시에 수행하는 업체들도 존재한다.

〈표 5-5〉 IoT의 가치사슬 및 생태계 내 주요 플레이어

가치사슬	유형	주요전문업체
칩벤더	무선 송수신칩, 센서, 마이크로컨트롤러 등을 생산하는 제조업체	(해외) Qualcomm, Texas Instruments, Infineon, ARM
모듈/단말업체	IoT 모듈(무선송수신칩+마이크로컨트롤러), 다양한 IoT 단말 등을 생산하는 제조업체	(해외) Sierra Wireless, E-device, Teluar, Cinterion, Telit, SIMCOM
플랫폼/솔루션업체	IoT 플랫폼 소프트웨어나 IoT 종합 관리 솔루션을 개발하여 제공하는 업체	(해외) Jasper Wireless, Aeris Wiress, Qualcomm, datasmart, Inilex, Omnilink
		(국내) 멜퍼, 페타리, 브레인넷, 엔티모아, 인사이드 M2M
네트워크/서비스업체	기본적인 유무선 네트워크를 제공하고, 보다 전문적인 M2M 서비스를 제공하는 업체	(해외) AT&T, Sprint, Vodafone, T-Mobile, Verizon, BT
		(국내) SKT, KT, LGU+

*자료원: 방통위 내부자료 인용

3.5 사물인터넷 시장참여자

3.5.1 센서 · 칩 생산 업체

센서(Sensor)는 측정 대상으로부터 데이터를 측정하여 관측자나 시스템에서 읽을 수 있는 신호로 변환하는 소자인데 반도체 칩(Chip)이 주재료이다. 센서 · 칩 생산업체는 반도체 생산업체와 거의 동일한데, 다른 부품에 비해 가격이 비싼 편이어서 사물인터넷 단말기 가격에서 가장 큰 비중을 차지한다. 따라서 저가 및 소형화, 저전력 소모의 칩 개발 및 품질 안정이 향후 사물인터넷 단말기 보급과 활성화의 관건이라 할 수 있다.

칩(Chip)

3.5.2 모듈 제조 업체

모듈은 통신기능이나 센싱(Sensing)기능을 수행하기 위해 무선 송수신 칩 및 마이크로컨트롤러(MCU, Micro Controller Unit의 약자로 자동적으로 제품이나 장치를 컨

센싱(Sensing)

트롤 하는데 사용되는 집적회로 위의 조그만 컴퓨터) 등을 집약한 부품을 말한다. 이 모듈은 최근 태블릿 PC, 전자책(e-book) 등 다양한 형태의 사물인터넷 단말기에 임베디드 형태로 내장된다. 모듈 역시 대규모 생산에 의한 가격 하락과 기술발전 속도에의 빠른 적용이 관건이다.

3.5.3 단말기 제조업체

웨어러블(Wearable)

일반적으로 서비스 사업체들이 비즈니스 모델 기획 초기부터 관여하여 특화된 단말기를 개발하기도 하고, 기존의 특정 단말기에 사물인터넷 모듈을 탑재하는 방식으로 단말기를 개발하기도 한다. 이에 따라 아직 규모의 경제가 실현될 정도로 시장이 적어 소형기기를 생산하는 중소 · 중견 업체들이 주류를 이루고 있다. 그러나 최근 스마트 안경, 스마트 워치 등의 웨어러블(Wearable, 입거나 착용하는) 기기나 스마트 카 등 다양한 분야에서 지능형 단말기가 출현하면서 시장 활성화가 기대되고 있다.

3.5.4 플랫폼 및 솔루션 업체

플랫폼 및 솔루션 업체는 사물인터넷 서비스가 이루어질 수 있도록 단말기와 서버 간, 또는 전반적인 시스템 구축 솔루션을 개발한다. 혹은 각 서비스마다 필요한 하드웨어와 소프트웨어를 통합해 서비스하는 플랫폼도 제공한다. 초기에는 고객의 요구에 맞춘 시스템 개발로 개발비용이 높은 시장 구조였다. 그러나 최근 사물인터넷 통합관리 플랫폼이 출시되면서 솔루션 기반이 약한 서비스 제공자들도 저렴한 비용으로 사물인터넷 시장에 진출할 수 있는 기반이 마련되고 있다(주대영 · 김종기, 2014).

3.5.5 통신 업체

사물인터넷은 네트워크를 통해 기능을 수행하기 때문에 통신업체의 역할은 기본적으로 필요하다. 초기에 통신사업자들은 서비스 업체에 네트워크를 제공하는 비즈니스만 수행했다. 그러나 사물인터넷 시장이 급속도로 성장할 조짐을 보이자 다수의 통신사업자들은 신성장 동력 확보 차원에서 네트워크 제공자에 머무르지 않고 서비스 제공자로서의 역할을 확대해가고 있다(이대영, 2013).

3.5.6 서비스 업체

사물인터넷은 궁극적으로 기업이든 소비자이든 목표 이용자를 대상으로 서비스를 수행함으로써 가치를 창출하는 것이다. 따라서 최종적인 기능은 서비스 업체의 몫이며, 그 주체로서의 시장 참여는 누구나 가능하다. 그러나 데이터를 센싱, 가공 · 추출 · 처리, 저장, 판단, 상황 인식, 인지, 보안 · 프라이버시 보호, 인증 · 인가, 검색하는 등의 기술과 빅데이터를 저장, 처리, 분석할 빅데이터 기술 등을 확보하여야만 원활한 서비스가 가능해진다(이대영, 2013). 현재 시장에 몇몇 선두주자가 있기는 하나 타산업과의 융합형 서비스를 제공할 업체들이 거의 모든 산업에서 기하급수적으로 출현할 것으로 예상된다.

4. IoT 전략의 활용

4.1 사물인터넷에서 빅데이터의 흐름

오늘날 빅데이터라는 용어가 부각된 배경은 스마트 기기나 각종 센서, 기기 등으로부터 생성되는 비정형 데이터의 폭발이라고 할 수 있다. 즉, 사물인터넷은 근본적으로 빅데이터를 창출하는 중요한 모태인 것이다. 사물인터넷에서 빅데이터의 처리 흐름을 살펴보기 위해서는 사물인터넷의 구조를 들여다볼 필요가 있다. 기능적인 측면에서 봤을 때, 사물인터넷 구조는 4가지 영역으로 설명된다. 그것은 1) 데이터의 생성(Creation), 2) 데이터의 전달을 위한 연결(Connection), 3) 데이터의 수집, 저장, 가공을 포함하는 데이터의 처리(Processing), 4) 그리고 서비스의 제공(Presentation)이다(김학용, 2014). 이러한 4가지 사물인터넷의 기능 수행과정에서 데이터가 어떤 흐름으로 이어가는지를 살펴보자.

첫째, 사물인터넷의 데이터 생성 영역은 다양한 센서나 디바이스들로부터 측정되거나 물리적인 변화로 인지된 원시데이터(Raw Data)를 생성하여 서버(Server)로 송수신하는 것을 기본 기능으로 한다. 서버로 전송된 데이터는 대부분 디지털화된 값이다. 과거에는 대부분 센서가 단독으로 존재했기 때문에 커뮤니케이션 기능이 있는 장치를 함께 이용했다. 그러나 최근에는 대부분 센싱과 커뮤니케이션 기능이 모두 포함된 디바이스 형태를 취한다.

둘째, 사물인터넷의 데이터 연결 영역은 인터넷과 같은 네트워크를 말한다. 사물인터넷에서 네트워크는 각 디바이스로부터 생성된 데이터를 인터넷 상의 플랫폼으로 모아주는 통로 역할을 한다. 기술적으로는 매우 정교하고 복잡한 내용으로 구성되는데, 대체로 여러 센서나 디바이스들로부터 생성된 데이터를 전달해주는 장치와 유선 혹은 무선통신 기술들이 이용된다.

셋째, 사물인터넷의 데이터 처리 영역은 인터넷이나 다양한 네트워크를 통해 전송된 센싱 및 디바이스 데이터를 수집, 저장, 분석, 가공하는 역할(기능)을 한다. 또한 상황에 따라서는 서비스를 제공하기 위해 다양한 결정을 하기도 한다. 여기에서 인공지능(판단, 추론, 학습 등 인간의 지능이 가지는 기능을 갖춘 컴퓨터 시스템)이 중요한 역할을 하게 될 것이다. 그리고 수집된 데이터를 이용하여 서비스를 제공하는 주체를 (서비스) 플랫폼이라고 한다. 이러한 기능들은 각각의 기능별 개별 시스템 형태로 존재할 수도 있고 하나의 시스템에서 모든 기능을 다 수행할 수도 있다.

넷째, 사물인터넷의 서비스 제공 영역은 분석, 처리된 결과를 바탕으로 실제 서비스가 이루어지는 응용(Application) 영역을 말한다. 즉 이 영역은 분석되고 가공된 데이터를 사람 혹은 다른 사물이 이해하고 활용할 수 있는 방식으로 제공하는 역할을 한다. 여기에서는 시각화(Visualization) 기능이 중요한 역할을 수행할 것이다. 사람을 대상으로 하는 경우 스마트폰이나 컴퓨터에서 사용되는 어플리케이션이나 웹의 형태가 될 수도 있고, 키오스크(Kiosk, 정부기관이나 지방자치단체, 은행 등 공공장소에 설치된 무인 정보단말기로 대중교통정보, 경로 안내, 각종 전화번호 및 주소 안내 정보제공, 행정절차나 상품정보, 시설물의 이용방법 등을 제공)와 같은 전용 디스플레이 장치를 통해 전달될 수도 있다. 사물을 대상으로 하는 경우는 센서나 디바이스 등에 직·간접적으로 피드백을 제공하기도 한다(김학용, 2014).

4.2 사물인터넷 비즈니스 모델

앞에서 사물인터넷은 센서와 디바이스, 커뮤니케이션 및 가치라는 관점에서 정의되었다. 즉, 사물인터넷은 디바이스나 센서 등으로부터 생성된 데이터를 전달하는 커뮤니케이션과 데이터로부터 만들어진 효용성을 통해 가치를 이용자에게 전달하게 되는데, 이것이 바로 사물인터넷 비즈니스와 직결되는 점이다.

따라서 사물인터넷과 비즈니스 모델의 개념을 연결해보면, 사물인터넷 비즈니스 모델은 센서나 디바이스 등으로부터 생성된 데이터를 활용하여 만든 가치 및 서비스로부터 이루어지는 사업 및 이익 창출 방식이라고 정의할 수 있다. 이에는 데이터가 이용되는 형태, 고객에게 제공되는 가치, 즉 고객에게 전달되는 하드웨어나 서비스도 포함될 것이다(김학용, 2014). 특히 사물인터넷 비즈니스는 제품과 서비스가 결합된 융합형 비즈니스라는 점이 강조된다.

사물인터넷 비즈니스 유형은 보는 관점에 따라 다양하게 분류할 수 있을 것이다. 이종근 · 정재훈(2014)은 사물인터넷 유형을 올인원 사물인터넷과 애프터마켓형 사물인터넷으로 구분지었다. 올인원 사물인터넷은 완제품 형태의 사물인터넷을 말한다면, 애프터 마켓형 사물인터넷은 반제품 형태로 기존 사물에 탈 · 부착할 수 있는 제품이나 서비스를 말한다.

올인원(All-in-One)은 하나의 새로운 완제품을 말한다. 기존의 사물을 완전히 대체할 수 있는 형태로서 일반적으로 사물인터넷 제품을 말할 때 올인원 사물인터넷을 말한다. 예를 들면, 스마트 지갑, 스마트 라이터, 스마트 냉장고, 스마트 카, 스마트 워치 등은 올인원 사물인터넷 제품이다.

애프터 마켓형(After-Market) 사물인터넷은 기존 사물을 대체하는 완제품이 아니라 일종의 매개체라 할 수 있다. 예를 들면 일반 TV에 크롬 캐스트(Chrome Cast)라는 매개물을 꽂으면 스마트 폰과 연동되어 일반 TV가 스마트 TV가 된다. 소비자 입장에서는 기존에 익숙한 사물은 그대로 이용할 수 있으며 가격 부담이 적다는 측면에서 올인원보다 선호할 가능성이 크다. 그런 연유에서인지 최근 반제품 형태의 애프터 마켓용 사물인터넷이 출현하기 시작했다. 예를 들어, 모딜리안사에서는 일반 시계에 시계줄만 바꿔 끼우면 스마트위치 기능을 실행할 수 있는 반제품을 출시하였다(이종근 · 정재훈, 2014).

4.3 IoT를 활용한 전자상거래 사례 분석

미국의 식센스(Sixense)사는 최근 가상현실(Virtual Reality) 환경에서 구두와 운동화 등을 구입할 수 있는 브이리테일(vRetail) 서비스를 공개하였다. 식센스사는 가상현실 공간에 있는 매장을 돌아다니면서 실제 쇼핑몰에서 물건을 구매하는 것처럼 구매를 하는 전자상거래 플랫폼이다. 단순히 PC나 모바일에서 마우스를 움직이거나 화면을 넘기는 것이 아니라, 직접 몸을 움직이면서 쇼핑을 할 수 있도록 하는 쇼핑 환경을 제공하는 것이 특징이다. 소비자는 가상현실 매장에서 제품을 손

식센스(Sixense)
가상현실(Virtual Reality)

으로 들어 올려 디자인이나 모양을 비교할 수 있고, 구입을 원하면 장바구니에 담은 후 결제할 수도 있다. 현재 가상 현실 디바이스를 얼굴에 착용(웨어러블)하고 백화점(오프라인 매장)에 있는 것처럼 물건을 확인하고 쇼핑을 할 수 있는 서비스가 개발되고 있다. 별다른 수익 창출 수단이 없었던 가상현실 기술이 전자상거래에 활용이 되고 있는 것이다. 특히 사물인터넷(IoT) 기술도 집안의 냉장고나 세탁기에 각종 버튼을 달아놓고 클릭하기만 하면 구매가 이루어지는 전자상거래 기술과도 연결이 되고 있다.

[그림 5-6] 가상현실을 활용한 전자상거래

[그림 5-6]은 전자상거래의 가상현실 활용모습을 다음과 같이 세 가지로 나타내고 있다.

① 가상 현실 쇼핑몰에서 구두를 고르는 모습
② 식센스사의 가상 쇼핑몰 홈페이지
③ 자동차 내부에 붙여둔 사물인터넷 버튼

아마존 등 전자상거래 선두 기업들은 사물인터넷 기술을 경쟁전략의 일환으로 적극 활용하기 시작했다. 아마존은 아마존 대시 버튼(button)을 출시했다. 기존의 아마존 대시는 바코드를 읽히거나 음성으로 상품명을 말하면 각종 생필품의 주문이 가능했다. 그러나 최근에 출시된 아마존 대시 버튼은 고객이 항상 쓰는 생수, 휴지, 배터리 등 다양한 상품별로 버튼을 만들어 두고 가정이나 사무실에서 추가 구매가 필요할 때 해당 버튼을 누르기만 하면 자동으로 주문이 이루어진다. 예를 들면, 화장실 벽에 화장지 주문 전용 아마존 대시 버튼을 붙여두고 있다가 화장지가 다 떨어질 때쯤 버튼을 누르면, 주문이 즉시 이루어지는 식이다.

아마존 대시 버튼

[그림 5-7] 아마존 대시 버튼

스웨덴의 플릭(Flic)사는 다양한 단축 버튼을 차량 내부나 가정 · 사무실 등에 부착해 놓고 피자 주문, 택시 호출 등 사용자가 원하는 제어기능을 지정해 사용하는 서비스를 출시하였다. 이 외에 생필품 제조업체들도 사물인터넷 기술을 적극 활용하려고 노력을 강구하고 있다. 월풀은 각종 세제 사용량을 계측해 세제가 떨어질 때쯤 온라인으로 자동 주문이 가능한 세탁기를 개발하고 있다.

플릭(Flic)

향후 이러한 기술들은 사물인터넷 기반의 쇼핑 플랫폼으로 발전을 할 수가 있고, 드론이나 무인 자동차를 이용한 배송 서비스까지 확장이 될 것으로 전망된다(조선비즈, 2015.05.08)

아마존의 인-카 딜리버리(In-Car Delivery)는 사물인터넷과 택배 서비스, 전자상거래 서비스가 사물인터넷이라는 기술로 결합된 대표적인 사례이다. 미국 37개 도시에 거주하는 아마존 프라임 고객들은 자신이 필요할 경우에 주문한 택배를 자동차 트렁크로 받아볼 수 있다. 아마존 직원이 고객 차량 앞에서 스마트폰으로 택배 물선을 스캔한 다음, 클라우드망에 접속하면 1회용 디지털 키가 부여되고, 이를 통해 차량의 트렁크가 자동으로 열리게 된다. 아마존 직원이 택배를 넣고 트렁크를 닫으면 그 코드는 자동적으로 말소되고, 트렁크는 다시 잠김 상태로 변경된다. 이후 고객은 자신의 차량 트렁크를 열어 택배를 수령하게 된다.[6]

인-카 딜리버리(In-Car Delivery)

6) https://www.hankyung.com/society/article/2018090707741

참고문헌

한국디지털정책학회 빅데이터전략연구회, NCS 기반의 경영빅데이터분석, 와우패스, 2018

노규성, 사물인터넷 사회, 커뮤니케이션북스, 2015

노규성외, 빅데이터시대의 전자상거래, 생능출판사, 2015

커넥팅랩(편석준, 진현호, 정영호, 임정선), 사물인터넷, 미래의 창, 2014

김학용, 사물인터넷, 홍릉과학출판사, 2014

서영진, 사물인터넷, 프리렉, 2014

이종근 · 정재훈, 웨어러블혁명, 한스미디어, 2014

이대영, 모든 것을 연결하는 사물인터넷의 모든 것, IDG Tech Report, 2013

이상학, 사물인터넷을 활용한 제조업 경쟁력 강화방안 연구, 산업통상자원부, 2014

주대영 · 김종기, 초연결시대 사물인터넷(IoT)의 창조적 융합 활성화 방안, ISSUE PAPER 014-342, 산업연구원, 2014

J. Höller, V. Tsiatsis, C. Mulligan, S. Karnouskos, S. Avesand, D. Boyle: From Machine-to-Machine to the Internet of Things: Introduction to a New Age of Intelligence. Elsevier, 2014

P. Evans and M. Annunziata(2012), Industrial Internet: Pushing the Boundaries of Minds and Machines, No. 26.

http://img.danawa.com/new/mediait/newsletter/main/conference/iot2014_KETI.pdf

조선비즈 등 기사

연·습·문·제

1. ICT 발전에 따른 데이터의 변화 방향에 대하여 설명하라.

2. 빅데이터의 플랫폼의 발전 방향에 대하여 설명하라.

3. IoT 플랫폼의 발전 방향에 대하여 설명하라.

4. 빅데이터를 활용한 전자상거래의 발전방향에 대하여 설명하라.

5. IoT를 활용한 전자상거래의 발전방향에 대하여 설명하라.

6

CHAPTER

전자상거래와 인공지능 활용

디지털 트랜스포메이션 시대가 등장하면서 우리의 생활에는 많은 변화가 일어나고 있다. 인터넷의 등장으로 e-비즈니스와 전자상거래가 등장하였고, 4차 산업혁명으로 인해 촉발된 변화는 전통적인 사업의 영역을 디지털 기반의 비즈니스의 영역으로 변환해 가고 있다. 디지털 트랜스포메이션의 근간이 되는 인프라는 ICBMA(IoT, Cloud, Bigdata, Mobile, AI)로 불리고 있으며, 최근에는 DNA(Data, Network, AI)로도 불리우고 있다. 이중 가장 정점에는 인공지능(AI)이 있다. 물론 인공지능에서 빅데이터가 차지하는 비중은 높다고 할 수 있다. 인공지능은 과학적 연구, 헬스케어, 제조, 소매, 스포츠 등 다양한 분야에서 활용되고 있으며, 최근에는 전자상거래에도 활용되고 있다. 이장에서는 인공지능이 무엇이며, 전자상거래에 미치는 영향과 이를 어떻게 전략적으로 활용할 것인지에 대해 살펴보고자 한다.

1. 인공지능의 개요

2. 인공지능 전략과 활용

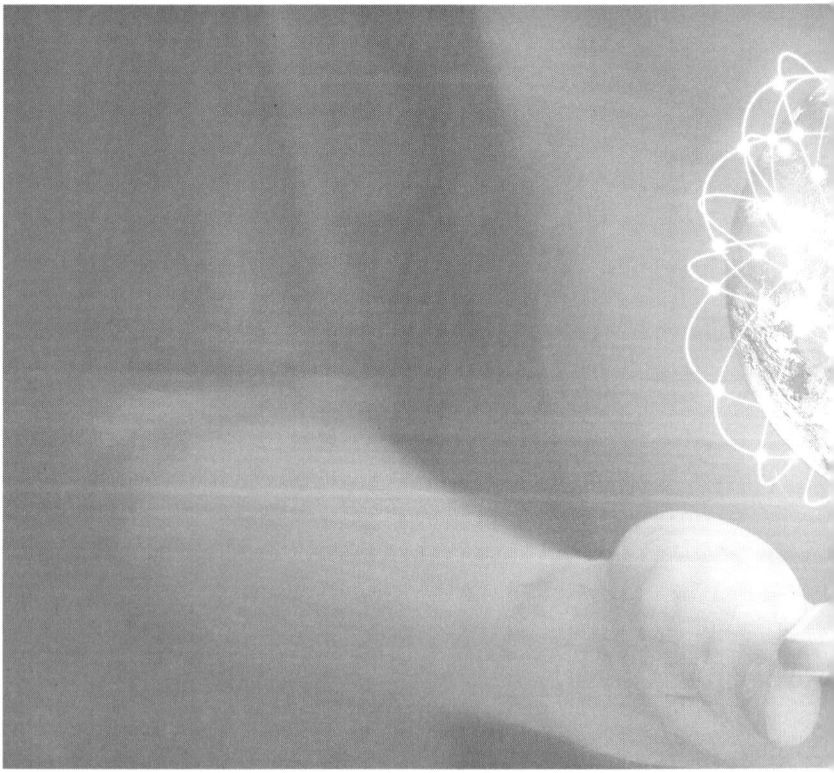

1. 인공지능의 개요

ICBMA(IoT, Cloud, Big data, Mobile, AI)
DNA(Data, Network, AI)

4차산업혁명시대의 중요한 요소로 ICBMA(IoT, Cloud, Big data, Mobile, AI)가 있으며, 최근에는 DNA(Data, Network, AI)로 불리고 있다. 이중에서 최근에 가장 많이 알려진 것이 빅데이터와 인공지능(AI)이다.

스태티스타(Statista)에 따르면, 2018년 세계 인공지능 시장규모가 2017년 48억 2,000만 달러(5조 4,200억 원)에서 52.5% 성장한 73억 5,000만 달러(8조 2,650억 원) 규모에 달할 것으로 전망하였으며, 2025년에는 898억 5,000만 달러(101조 363억 원) 규모로 성장할 것으로 추정하였다.

인공지능(AI: Artificial Intelligence)

일본의 EY 종합연구소는 인공지능이 모든 산업의 분야에 도입된다는 가정하에 2020년 23조 엔에서 2030년에는 87조 엔 규모에 달할 것으로 전망하였다.

4차산업혁명위원회는 인공지능의 기술력을 강화하고자 2022년까지 약 2조 2,000억 원을 투자하는 인공지능 R&D 전략을 수립하였다.

1.1 인공지능의 등장

1.1.1 인공지능의 개념

인공지능(AI: Artificial Intelligence)은 다트머스 대 컴퓨터 과학자인 존 매커시가 1956년 다트머스 학술대회에서 처음 등장을 하였다. 인공지능에 대한 개념은 관련기술이 발달하고 활용범위가 넓어짐에 따라 학자들마다 다양하게 정의를 내리고 있다. 각 주장들을 요약하면 인공지능이란 사람과 유사한 지능을 가질 수 있도록 인간의 학습능력, 추론능력, 지각능력, 자연어 이해능력 등을 컴퓨터 프로그램으로 실현하는 기술이라고 정의할 수 있다(노규성외, 2019).

인공지능은 인지, 학습, 등 인간의 지적인 능력의 일부 또는 전체를 컴퓨터를 이용하여 구현하는 지능을 의미한다(4차산업혁명위원회).

1950년대에 시작된 초기 인공지능 연구에서는 문제 해결과 기호법 등의 주제를 탐구하였으며, 1960년대에 들어서면서 인공지능에 관심을 보인 미 국방부가 인간의 기본적인 추론 방식을 흉내 낼 수 있도록 컴퓨터를 훈련하였다. 국방고등연구기획국(DARPA)은 Siri, Alexa, Cortana와 같은 인공지능이 본격적으로 개발되기 전인 2003년에 지능형 개인 비서를 개발하기도 하였다(SAS). 인공지능은 최근 빅데이터, 정보처리 능력의 향상, 딥러닝 알고리즘의 향상, 클라우드 기반 환경 등의 영향으로 인해 인공지능의 학습, 추론, 인지 기술을 발달시킬 수 있는 제반 환경이 조성됨에 따라 인공지능에 대한 연구가 활발해 지고 있다.

2015년 이후 스마트폰과 연동된 '가상비서'와 같은 인공지능 서비스가 상용화되면서 기술개발이 활발하게 이루어지고 있다. 특히, 2016년 구글이 선보인 바둑 프로그램 '알파고'를 접하면서 인공지능이 일반대중들에게도 크게 알려졌다(노규성외, 2019).

1) 인공지능 발전

메인프레임(mainframe)
마이크로 컴퓨터 (Microcomputer)

인공지능은 1950년대에 등장을 하였으며, 초창기에는 메인프레임(mainframe)으로 활용분야는 전문가 시스템이었다. 1980년 들어서 마이크로 컴퓨터(Microcomputer)의 활용분야는 문자판독이나 신용도 분석이었다. 1990년에는 머신러닝으로 마케팅분석, 거짓말 탐지기, 감성분석, 네트워크 로드 분석 등이 활용분야였다. 2010년 들어서 딥러닝으로 자연어처리, 비디오 라벨링, 큐레이션, 예측 유지보수, 공급망 관리 등이 활용분야이다.

인공지능은 다음과 같은 발전 단계를 보이고 있다.

신경망(Neural Networks)
머신러닝(Machine Learning)
딥러닝(Deep Learning)

먼저 1950~1970년대에는 신경망(Neural Networks)에 대한 연구에 관심을 가지고 있었으며, 생각하는 기계에 초점을 맞추었다. 1980~2010년대에는 머신러닝(Machine Learning)에 대해 관심을 가지고 있었으며, 2010년부터 현재까지는 딥러닝(Deep Learning)에 관심을 가지고 있다. 딥러닝으로 인해 인공지능의 시대가 본격화되었다고 할 수가 있다.

[그림 6-1] 인공지능 발전

*자료원: https://www.sas.com/ko_kr/insights/analytics/what-is-artificial-intelligence.html

2) 인공지능의 분류

인공지능이 하는 역할에 따라 약한 인공지능(weak AI, narrow AI)과 강한 인공지능(strong AI)으로 구분할 수 있다. 음성인식수준의 인공지능이 약한 인공지능에 해당된다. 기계가 인간과 유사한 수준의 글을 읽거나, 쓰고, 말하는 것을 통해서 정보를 이해하고 처리할 정도의 기능을 한다. 따라서 약한 인공지능은 기계 등이 스스로 판단을 하지 못하며, 자율성이 없다는 단점을 가지고 있다.

약한 인공지능(weak AI, narrow AI)

강한 인공지능(strong AI)

강한 인공지능은 약한 인공지능의 기능과 자율성을 갖는 컴퓨팅 기능을 포함하고 있다. 즉, 축적된 정보를 기반으로 스스로 진단하고 판단할 수 있으며, 계획을 세우고 의사소통과 결정을 할 수 있는 수준을 갖추고 있다. 뿐만 아니라 자아의식(self-awareness), 감정(sentiment), 지혜(sapience), 양심(conscience) 영역까지 능력을 요구하고 있다. 오늘날 인공지능은 대부분 강한 인공지능을 지향하고 있다(노규성외, 2019).

	← 강한 인공지능	약한 인공지능 →
생각	인간과 같은 사고(Thinking Humanly) • 인간과 유사한 사고 및 의사결정을 내릴 수 있는 시스템 • 인지 모델링 접근 방식	논리적 사고(Thinking Rationally) • 계산 모델을 통해 지각, 추론, 행동 같은 정신적 능력을 갖춘 시스템 • 사고의 법칙 접근 방식
행동	인간과 같은 행동(Acting Humanly) • 인간의 지능을 필요로 하는 어떤 행동을 기계가 따라 할 수 있는 시스템 • 튜링 테스트 접근 방식	논리적 행동(Acting Rationally) • 계산 모델을 통해 지능적 행동을 하는 에이전트 시스템 • 합리적 에이전트 방식

[그림 6-2] 인공지능의 분류

*자료원: Stuart Russell, Artificial Intelligence : A Modern Approach

1.2 인공지능 관련 기술

인공지능과 관련된 연구는 1950년대부터 진행되어 왔으나 관련 기술의 미비로 부침을 거듭해 왔다. 초기의 인공지능은 논리와 규칙에 기반의 전문가 시스템 형태로 연구되었으나 명확한 정의를 내리기 어려워 실무 적용에 한계가 있었다.

인공신경망

1980년대에는 인공신경망 구조를 적용한 인공지능으로 발전했으나 복잡한 계산을 지원하기에는 컴퓨터 능력(Computing power)과 학습할 수 있는 데이터가 많이 부족하였다. 그러나 1990년대에 들어서면서 인공지능과 관련 연구에 가속도가 붙었다. 통계기반의 기계학습과 심층학습(딥러닝) 알고리즘이 개발되면서 컴퓨터가 스스로 학습하며 최적화된 방식으로 문제를 해결할 수 있는 수준으로 발전했기 때문이다(노규성외, 2019).

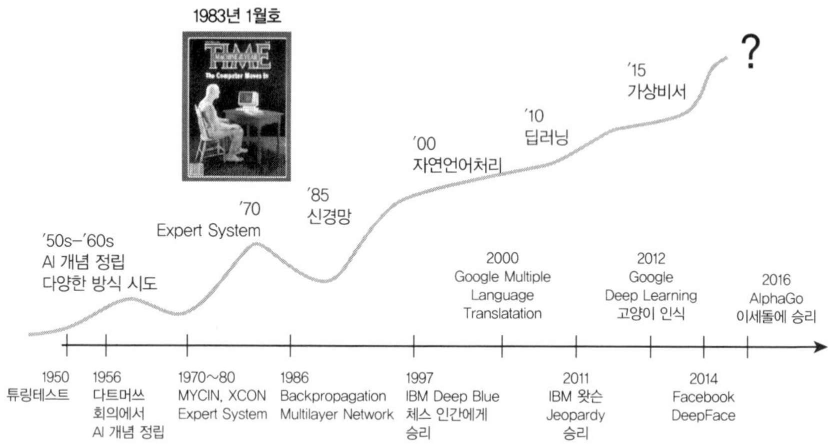

[그림 6-3] 인공지능 관련 연구의 변화

*자료원: 소프트웨어정책연구소, 알파고의 능력은 어디에서 오는가?, 2016

기계학습(Machine Learning)

기계학습(Machine Learning)이란 인공지능(AI)의 한 분야로 컴퓨터가 여러 데이터를 이용하여 학습한 내용을 기반으로, 새로운 데이터에 대한 적절한 작업을 수행할 수 있도록 하는 알고리즘과 기술을 개발하는 분야이다. 즉 컴퓨터를 사람처럼 학습시켜, 스스로 규칙을 형성하도록 하는 기술이다. 주로 통계적인 접근방법을 기반으로 규칙성을 찾도록 한다. 최근에는 인공지능, 검색, 맞춤형광고, 음성인식, 기계조종, 의사결정 등 거의 모든 영역에서 빠르고 유의미한 결과를 얻고 있다(노규성외, 2019).

딥러닝(deep learning)은 심층학습이라고 부른다. 이는 2016년 구글이 개발한 '알파고'와 이세돌 9단의 바둑대국을 통해 대중적으로 널리 알려지기 시작했으나 1940년대 인공신경망(ANN, Artificial Neural Networks)을 기반으로 발전한 기계학습의 한 분야이다. 딥러닝은 사물이나 데이터를 군집화하거나 분류하는 데 사용하는 기술이다. 예를 들어 컴퓨터는 사진만으로 개와 고양이를 구분하지 못한다. 하지만 사람은 아주 쉽게 구분할 수 있다. 이를 위해 기계학습이라는 방법이 고안됐다. 많은 데이터를 컴퓨터에 입력하고 비슷한 것끼리 분류하도록 하는 기술이다. 저장된 개 사진과 비슷한 사진이 입력되면, 이를 개 사진이라고 컴퓨터가 분류하도록 한 것이다. 딥러닝의 핵심은 분류를 통한 예측이다. 수많은 데이터 속에서 패턴을 발견해 인간이 사물을 구분하듯 컴퓨터가 데이터를 나눈다. 구글은 음성인식과 번역 그리고 로봇의 인공지능 시스템 개발에도 딥러닝 기술을 이용하고 있다. 대표적인 SNS 업체 페이스북은 딥러닝을 뉴스피드와 이미지 인식 분야에 적용하고 있다. 그러나 IT기업들이 딥러닝을 활용하는 분야는 주로 사진과 동영상, 음성정보 분류 등이다. 데이터의 양이 풍부하고, 정확성을 요구하기 때문이다(노규성외, 2019).

딥러닝(deep learning)
인공신경망(ANN, Artificial Neural Networks)
기계학습

기계학습과 딥러닝은 모두 학습모델을 제공해 데이터를 분류하는 기술이다. 사람은 해당 이미지를 지식과 경험에 따라 뇌에서 분석하고 구분할 수 있지만 컴퓨터가 해당 이미지를 구분하기 위해서는 기계학습과 딥러닝 등의 기술이 필요하다. 기계학습의 경우 주어진 데이터를 사람이 먼저 분류하고 컴퓨터가 인식할 수 있도록 한 다음 컴퓨터가 데이터에 포함된 특징을 분석하고 이를 축적하는 과정을 거친다. 즉, 각 이미지의 특징을 컴퓨터에 인식시킨 후 학습시킴으로써 문제를 해결하는 방식이다. 딥러닝은 기계학습에서 사람이 개입하던 분류작업 없이 딥러닝 알고리즘에 의해 컴퓨터가 스스로 분석하여 문제를 해결하는 방식이다. 딥러닝은 머신러닝에 비해 방대한 데이터의 연산과 처리 능력을 요구하기 때문에 높은 사양의 GPU 등의 하드웨어가 필요하다. 따라서 기술의 적용목적과 학습 데이터의 양 그리고 처리해야할 데이터가 하드웨어의 영향을 얼마나 받는지에 따라 어떤 방식의 기술을 적용할지 선택해야 한다(노규성외, 2019).

인공지능 기술의 발전 전망은 아래 그림에서 보는 바와 같다. 현재 인공지능은 제3의 부흥이라고 할 정도로 많은 관심을 받고 있다. 그동안 두 번의 인공지능 암흑기가 있었다. 1970년대에 메모리, 처리속도 등의 미구축으로 인해 인공지능에 대한 지원이 중단되었다. 2000년대에는 전문가시스템의 고유비지용, 업데이트 한계 및 오류 등으로 인공지능에 대한 회의론이 확산되었다.

ICT의 급속한 발전으로 인한 데이터 축적, 컴퓨팅 파워 진전, 딥러닝 알고리즘의 진화 등으로 인해 최근 인공지능 부흥기에 진입하였다.

향후에는 고도화된 뇌연구를 바탕으로 딥러닝 기반의 인공지능 한계를 넘어서는 차세대 인공지능 알고리즘으로 발전할 것으로 예상된다(4차산업혁명위원회).

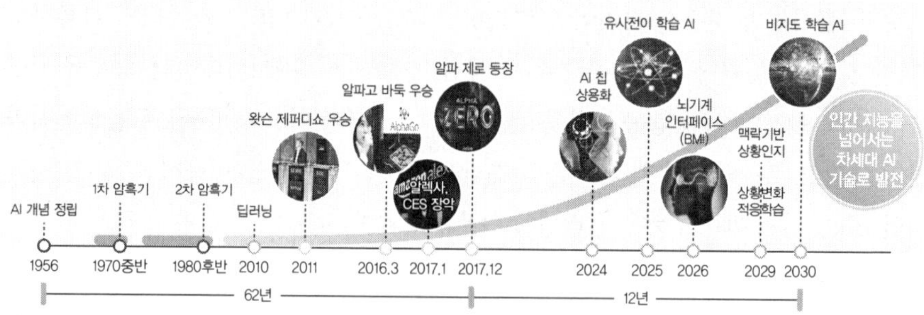

[그림 6-4] 인공지능 기술 발전 전망

*자료원: 4차산업혁명위원회, 인공지능(AI) R&D 전략, 2018

1.3 인공지능의 특징

인공지능은 일반성, 방대성, 지식 이용 등 지식의 특성뿐만이 아니라 일반적인 소프트웨어 시스템과는 다르게 추론 기능 등의 특성을 가지고 있다.

〈표 6-1〉 인공지능 기술의 특성

특성	내용
일반성	중요 성질을 공통적으로 가지고 있는 상황을 그룹화 함
방대성	중요 성질이 공통적으로 형성되기 이전의 기초자료는 매우 방대함
부정확성	현실문제에서 주어지는 정보가 부정확하며, 그로 인해 표현 역시 불명확함
지식 이용	소프트웨어는 자료나 정보를 사용하는 반면 인공지능은 인간과 같은 지식을 이용
추론 기능	적은 자료로 해(解)를 찾거나 많은 자료에서 공통점을 찾아내는 것 등은 인간의 사고과정에서 발생하는 추론기능과 같음
휴리스틱 탐색	경험적인 방법의 원리를 이용하여, 방대한 양의 탐색영역에서 최적의 해를 구하고자 일정한 규칙에 근거하여 해를 찾는 방법인 휴리스틱 탐색(heuristic search) 기능 제공
출력 효율성 제고	입력정보가 비교적 완전 혹은 완벽하지 않더라도 결과물을 생성하는 기능

*자료원: 석왕헌, 이광희, ETRI, 인공지능 기술과 산업의 가능성, 2015.10.30.

최근의 인공지능은 딥러닝 기반의 인공지능이 가장 많은 연구가 진행되고 있으며, 이중에서 중요한 5가지의 인공지능 알고리즘의 특징은 다음과 같다.

인공지능 알고리즘

〈표 6-2〉 인공지능 알고리즘의 종류

인공지능 알고리즘 종류	특징 및 의미
생성적 적대 신경망 (Generative Adversarial Networks)	- 적대적으로 경쟁하는 생성기와 판별기를 통해 진본데이터와 매우 유사한 위조데이터를 생성 - 현실에 없는 새로운 데이터 생성, 새로운 형태로 데이터 변환, 데이터 품질 향상 등 새로운 기회 가능성을 제시
심층강화학습 (Deep Reinforcement Learning)	- 복잡한 실제 환경에서 반복적인 경험(데이터)의 시행착오를 통해 최적의 학습모델을 스스로 발전시킴 - 지금까지 PC안에서 이뤄졌던 인공지능을 현실 세계의 다양한 객체에 적용하기 시작한 계기이며 감각기관의 확장을 가져옴
전이학습 (Transfer Learning)	- 학습데이터 확보가 현실적으로 어려운 분야에서 기존에 학습이 완료된 모델의 일부를 재사용하여 학습시간을 단축하고 성능을 보장 - AI 알고리즘이 인간과 같이 학습효과를 가지고 발전 가능성 제시
설명가능 인공지능 (Explainable AI)	- 기존 설명력이 높은 알고리즘의 일부를 활용하거나 개선하여 학습모델이 도출한 결과의 근거를 제공 - AI 알고리즘 사용 시 법과 제도적 문제로 인해 비즈니스 활용 범위의 한계를 극복할 수 있는 가능성 제시
캡슐망 (Capsule Networks)	- 외부세계를 인식하는 과정이 3차원적 벡터 방식의 인간의 뇌 인식 과정과 유사하게 알고리즘 구조를 설계 - 현재 연구 최기단계이나 보다 범용적인 알고리즘 혁신을 이끌 차세대 AI 알고리즘으로 주목

*자료원: 이승민, 딥러닝 이후, AI 알고리즘 트렌드, ETRI Insight Report 2018-10

1.4 인공지능 비즈니스 모델

인공지능은 생산 및 제조업 분야를 포함한 산업 전반의 변화에 많은 변화를 줄 것으로 예상하고 있다. 특히 제조 및 생산, 판매 및 마케팅, 유통 등 기업의 의사결정에 인공지능 기반의 빅데이터 분석 기법이 도입되면서 다양한 비즈니스 모델이 등장하고 있으며, 이를 통해 기업의 다양한 비즈니스 모델의 변화를 촉발시킬 것으로 보인다.

기존의 빅데이터로 촉발된 전자상거래 시장의 비즈니스 모델의 변화에 인공지능 기법이 도입되면서 더욱 더 정밀한 고객 분류와 고객 취향에 맞춘 맞춤 서비스 및 개인화된 서비스를 제공할 수 있게 되었다.

현재 인공지능의 대표적인 활용 사례는 다음과 같다.

〈표 6-3〉 인공지능 활용 사례

분야	사례
전자상거래	- 가격 책정, 재고 관리, 상품 관리, 물류 관리(아마존, 이베이, 월마트 등) - 개인 맞춤화(상품 추천), 선제적 타겟팅(아마존, 이베이) - 시스템 및 설비 관리, 디자인, 고객서비스(알리바바, 알리익스프레스, SSG 닷컴 등)
의료 및 헬스케어	- 질병 치료에 인공지능을 도입하여 진단을 보조함. 진료데이터, 영상정보, 임상데이터를 분석하여 발병률과 최적의 치료법을 제시(뷰노, 루닛) - 인공지능이 개인의 신체 정보 및 생활패턴 등을 분석하여 심혈관, 당뇨, 6대 암 등 성인병에 걸릴 확률을 예측(셀바스AI, 네오팩트)
제조	- 인공지능이 축적된 제조공정 데이터를 분석하여 설비의 이상을 감지하고 머신러닝 기법으로 불량제품 검사를 시행함. 생산 최적화가 가능해짐(포스코, 수아랩)
물류	- 인공지능과 센서를 이용하여 혼잡 시점과 혼잡 구역을 예측하고 배송지에 따른 최적 적재 경로를 안내(CJ대한통운, 삼성SDS) - 물류(풀필먼트) 센터를 통한 상품의 입고, 재고, 분류, 배송, 반품 및 사후 처리 수행(징둥닷컴, 이베이코리아, 쿠팡, 이마트 등)
마케팅	- 마케팅의 개인화, 자동화, 실시간화를 가능하게 하여 개인맞춤형 서비스를 제공하고, 잠재고객을 확보함(네이버, 롯데백화점)
전문서비스	- 전문 법률 및 금융지식을 검색해주거나, 직접 보고서를 작성하여 제공(헬프미, 카카오)

*자료원: 심혜정, 김건우, 우리기업의 인공지능을 활용한 비즈니스 모델, IIT Trade Focus, 2018.03.을 일부 수정 및 보완

위에서 열거한 분야 외에도 다양한 분야에서 인공지능을 활용하고 있다. 앞으로 미래의 전자상거래 시장은 빅데이터와 인공지능의 활용과 더불어 AR/VR 등의 기법이 도입이 되면 전자상거래 시장의 비즈니스 모델에도 큰 변화가 생길 것으로 전망된다.

2. 인공지능 전략과 활용

2.1 미래사회의 인공지능의 역할

4차산업혁명시대의 핵심기술은 인공지능이다. 이러한 인공지능은 산업에 영향을 미칠뿐 아니라 우리의 경제, 사회에도 많은 영향을 미치고 있다. 이제 인공지능은 막연한 미래의 기술이 아니라 미래를 선도하는 실질적인 기술로 거듭나고 있다.

왓슨 포 온콜로지(Watson for Oncology)

인공지능의 등장으로 사회적으로 많은 변화가 일어날 것으로 보인다. 앞서 살펴본 바와 같이 의료 및 헬스케어 분야에 인공지능이 도입이 되면 인공지능을 통해 환자를 진료 및 치료(수술)하는 결정을 내릴 수 있다. 현재 IBM의 '왓슨 포 온콜로지(Watson for Oncology)'는 의료용 인공지능 클라우드 기반의 플랫폼이다. 예를 들어, 암환자의 데이터를 입력하면 다양한 임상 사례, 의료기관의 문헌, 290종의 의학저널, 200종의 교과서, 1,200만에 달하는 전문자료 등을 통해 치료방법을 강력추천, 추천, 비추천의 3가지로 제시하고 있다.

인공지능이 회계의 업무에 도입이 되면, 94% 정도가 인공지능 시스템으로 대체될 것으로 보인다는 연구결과도 있다. 회계사의 업무는 일반적으로 세무서비스, 경영컨설팅, 회계감사로 분류할 수 있으며, 이중에서 경영컨설팅과 회계감사의 경우는 반복적 업무와 비반복적 업무로 분류할 수 있다. 반복적인 업무인 세무서비스, 경영컨설팅과 회계감사의 반복적인 업무는 인공지능으로 대체가 가능하지만, 경영컨설팅의 비반복적인 업무(경영전략 수립, HR 등), 회계감사의 비반복적 업무(내부통제제도 평가, 감사계획 수립 등)는 대체가 어려울 수도 있다. 그러나 기법이 점점 더 고도화된다면 비반복적인 업무도 대체가 가능할 수 있게 된다.

인공지능의 역할은 다음과 같다.

첫째, 인공지능은 단순한 생산성의 강화가 아니라 생산의 새로운 인자로 자리매김을 하고 있다. 또한 인공지능은 선진국에서는 경제성장률을 2배 이상으로 끌어올릴 수 있는 원동력을 가지고 있으며, 2035년까지 30% 이상의 노동생산성의 향상을 기대할 수도 있다.

둘째, 인공지능은 세상을 바꿀 수 있는 파괴적인 기술로, 전통적인 일자리는 감소될 수 있다. 그러나 인공지능의 발전으로 인해 새롭게 부상을 하고 있는 것이 바로 SW 분야이다. 향후에는 SW관련 일자리는 더 늘어날 것으로 예상되고 있다.

셋째, 이제는 사람(인간)과 인공지능의 협력이 필요한 시대이다. 인간을 대체하여 기계(로봇)가 모든 업무를 세분화하여 수행할 수 있고, 사람과 기계 간의 시분할이 가능하게 된다. 즉, 기계의 도움으로 사람이 혼자서 하지 못했던 업무적인 성취를 이룰 수 있다.

예를 들어, 로봇 주변에 센서를 설치하고 인공지능 알고리즘을 통해 로봇 주변에서 발생할 수 있는 다양한 상황변화를 인지하여 반응하게 하고, 인간과 로봇이 함께 작업을 수행할 수 있다.

[그림 6-5] BMW의 협업 사례(https://youtu.be/OxNC8yvsZ6s)

독일의 BMW 딩골핑(Dingolfing) 공장의 트랜스미션 조립 작업자는 쿠가(Kuka)라는 로봇 팔과 협업을 한다. 작업자가 기어 케이싱 내부에 베어링을 끼워 놓으면 로봇 팔은 5.5kg의 기어를 케이싱 안에 놓는다. 이후 작업자가 케이싱 뚜껑을 닫으면 조립이 완성된다. 간단한 것 같지만, 작업자와 로봇이 함께 조립 능률을 높인 사례로 볼 수가 있다[1].

1) http://news.samsungdisplay.com/14255

2.2 인공지능 활용

현재 인공지능은 과학적 연구 외에도 헬스케어, 제조, 소매, 스포츠 등 다양한 분야에서 활용되고 있다.

인공지능은 실시간 처리가 가능하여 언론사보다 빠르게 기사를 송고할 수 있다. 이미 미국에서는 인공지능이 지진 관련 기사를 가장 먼저 발표한 사례가 있으며, 거의 실시간으로 운동경기 기사를 전달하고 있다.

2016년 5월 미국에서는 인공지능 변호사 'ROSS'가 등장했고, 불과 2년 뒤인 2018년 2월, 국내에서 첫 인공지능 변호사 '유렉스'가 등장했다. 유렉스는 그동안 변호사 여러 명이 수일에서 몇 달씩 작업하던 관련 법조항 검토 및 판례분석 등의 업무를 20~30초 만에 수행하고 있다. 2016년에는 인공지능이 쓴 '컴퓨터가 소설 쓰는 날'이라는 소설이 문학상 1차 심사에 통과하는 등 예술의 영역에서도 활용되고 있다. 소설이나 시뿐만 아니라 그림을 그리고, 작곡을 하는 등 그 적용 범위가 급속도로 확대되고 있다.

인공지능을 통해 맞춤 의료와 X-ray 판독을 할 수 있으며, 약을 먹을 시간을 알려주거나 건강한 식습관을 유지를 지원하기 위한 운동이나 건강 등을 체크 할 수 있도록 지원하는 역할을 수행할 수도 있다.

인공지능은 고도의 경영활동에도 활용되고 있다. 다양한 정보를 이용하여 의사결정을 정확히 할 수 있고, 향후 최고경영자의 의사결정에도 영향을 미칠 것이다. 미국의 경우 주식투자의 70%를 인공지능 기술을 도입한 투자 시스템이 장악하고 있으며, 투자 전문가보다 우수한 실적을 내고 있다.

또한 소비자들의 구매결정 과정을 도와줄 수 있도록 상품 추천 시스템을 제공하고 이를 통해 판매자들은 재고관리시스템과 웹사이트의 레이아웃 등을 인공지능을 적용할 수도 있다.

인공지능은 대표적인 융합기술로써 사회, 경제, 문화 등 다양한 분야에 적용이 가능하기 때문에 4차산업혁명을 위한 기반기술로 주목받고 있다. 현재 빅데이터와 연동되어 업무수행에 활용되고 있으며, 자율주행자동차와 드론 그리고 지능로봇 등에도 적용될 것이다(노규성외, 2019).

해외기업의 인공지능 기술 활용 사례는 다음과 같다.

〈표 6-4〉 해외기업 AI 기술 활용

기업	활동
아마존 (음성인식+물류)	• 음성인식 AI 플랫폼 알렉사를 적용한 기기 'Echo'로 시장 확대 • 알렉사 적용범위 확장(온라인 쇼핑, 사물인터넷, 자율주행자동차 등), 포드와 협력해 알렉사의 음성인식 서비스 제공 • 알렉사 스킬 활용 서비스 1만 개를 돌파하여 거대 '아마존 AI 생태계' 구축 중 • 미국 물류창고 20곳 45,000만대의 로봇이 임무 수행 • 딥러닝을 활용한 계산대 없는 매장, '아마존 고'
구글 (자율주행 + 헬스케어+ 알파고 AI 로봇 + 스마트홈)	• Deep Mind 등 총 9개 인공지능 관련 기업 인수 • JF Hinton AI 등 전문가 영입 • 세바스천 스런 교수팀과 크리스 엄슨 교수팀 등 자율주행자동차 전문가 영입 • 알파고와 같은 AI 로봇을 개발 중 • 스마트홈 서비스를 제공하는 음성인식 AI 기기인 구글 홈 공개 • AI 기술이 적용된 모바일 메시지 앱 '알로 와' 모바일 영상통화 앱 '듀오' 공개 • AI 서비스를 접목한 스마트폰 '픽셀' 공개 • 지메일에 기계학습을 적용한 자동답신 기능을 제공 • 영국 국립보건의료서비스(NHS)에 등록된 160만 명 의료정보, AI에 학습
애플 (AI + 휴대폰)	• 러스 살라쿠트디노프를 인공지능 책임자로 영입 • 머신러닝 벤처기업인 투리(Turi)와 AI 분야 스타트업 6개 인수 • AI 스타트업 래티스 데이터 인수, 의료 분야 사업 추진 • 음성인식 '시리 애플' 전 분야 활용 • AI 스피커 '홈팟' 소개
MS (의료+언어)	• 하노버 프로젝트 진행(종양의 상태분석, 약물치료 옵션 제공) • AI 자연어 처리 기술 '루이스' 활용 • 음성인식 코타나 기술 활용 및 안드로이드 iOS 등에 활용 모색 • AI 기상캐스터 샤오빙
IBM (왓슨+의료, 안내로봇)	• IBM 왓슨을 이용한 지식산업 • 왓슨 기반 로봇 '코니(Connie)' 서비스(힐튼호텔) 안내 시작 • 왓슨 기반 로봇 '나오미(Nao-mi)' 한국에 처음 공개 • '메디컬 시브(seieve)' 의료용 알고리즘 개발 진행

*자료원: 이수상(2017), 이상길(2018)

국내기업의 인공지능 기술 활용 사례는 다음과 같다.

〈표 6-5〉 국내기업 AI 기술 활용

기업	활동
삼성전자 (휴대폰+가전+의료기기+금융)	• AI 벤처기업 비브랩스 인수 • AI 연구 인텔리전스팀 구축 • AI 서비스 '빅스비 갤럭시' 시리즈 접목 • 스마트 냉장고 패밀리 허브 2.0 발표 및 모든 가전에 빅스비 도입 추진 • 스마트폰 냉장고 서비스, TV, AI를 접목하는 AI 생태계 구축 계획 • AI가 접목된 의료기기 시장 진출 추진 • 빅스비를 이용한 은행서비스 시작
LG전자 (로봇+가전+휴대폰)	• 인공지능연구소와 로봇선행연구소 신설 • 인천공항 안내 로봇 시범 운영 • 인공지능 에어컨 '휘센 듀얼 에어컨' 출시 • 로봇청소기 로보킹 한국내 40만대 초과 판매 • 휴대폰 G 시리즈에 인공지능 구글 어시스턴트 탑재 • 스마트폰에 AI 원격 고객서비스 제공
KT (AI 플랫폼)	• 인공지능 기가 지니(GiGA Genie) 활용 • 기가 지니 사업단 출범 • 기가 지니 금융서비스 개발 • 기가 지니 스피커 판매
SKT (스피커+T맵+의료)	• CEO AI 직속의 사업단 신설 • AI 플랫폼 누구를 적용한 스피커 출시 • 누구 기반 스마트홈 서비스 제공 추진 • 누구에 왓슨 기반 영어 대화 기능 추가 • T맵에 음성인식 AI 서비스 도입 • 음성과 영상 인식 결합한 인공지능 서비스 로봇(탁상형, 소셜봇, 토이봇, 펫봇 등) 공개 • 고려대병원과 협력 지능형 병원설립 및 의사처방과 진단 내용 수집
네이버 (AI플랫폼)	• 인공지능 개발 사내조직 '제이(J)팀' 편성 • 미국 제록스의 AI 연구소 '제록스리서치센터유럽(XRCE)' 인수 계획 발표 • AI 플랫폼 클로바를 적용한 스마트폰 앱 네이버-클로바 공개 • AI 비서앱 '네이버-클로바 출시'

*자료원: 이수상(2017), 이상길(2018)

위와 같이 국내외 기업들은 앞다투어 인공지능 서비스의 개발에 박차를 가하고 있다. 대기업 외에 중소기업에서도 인공지능을 접목한 다양한 기술과 서비스들을 개발하고 있다.

2.3 인공지능을 활용한 전자상거래 사례 분석

인공지능을 전자상거래 분야에서 활용한 대표적인 기업이 있다. 바로 아마존이다.

아마존의 경우는 1995년부터 서적 추천 시스템(엔진)을 시작으로 인공지능 서비스를 시작하였다. 소비자(사용자) 행동 및 평가(리뷰)에 기반한 상품추천시스템으로 1999년에는 매출의 35%가 상품추천시스템으로부터 발생을 하였다.

2011년부터는 텍스트, 음악, 영상 등의 다양한 콘텐츠 매칭 및 검색 서비스를 통해 서비스를 제공하고 있다. 2014년부터는 상품의 이동경로 계산과 최적화에 머신러닝을 활용하여 물류의 순환속도를 15분 단축시키고, 재고 공간을 50% 늘렸다. 이를 통해 운영비용은 20% 감소하였다.[2)]

아마존고(Amazon GO)

2016년에는 무인매장인 아마존고(Amazon GO)를 오픈하였다. 물론 일반인들을 대상으로 한 것이 아니라 직원들을 대상으로 1년 이상의 기간 동안 시험운영을 하였다. 이후 2018년 1월에 정식으로 오픈하여 일반인들을 대상으로 영업을 시작하고 있다.

아마존고는 시애틀(4개), 시카고(3개), 샌프란시스코(2개)에 총 9개의 매장을 운영중(시카고와 뉴욕에 1개 매장 추가예정)이다. 1년 동안 고객의 행태, 기술 활용, 매장 관리 등 다양한 테스트 등을 통해 데이터를 확보하고 이를 통해 분석을 수행하고 그 결과를 토대로 다양한 형태의 서비스를 계획 중이다.

샘스클럽 나우(Sam's Club Now)

또한 샘스클럽도 댈러스에 무인매장인 샘스클럽 나우(Sam's Club Now)를 오픈하였다. 아마존고와 동일하게 매장에 700대의 카메라를 설치하고 고객의 행동과 움직임을 포착하여 상품 선택 등의 다양한 정보를 파악하고 자동 결제가 이루어지도록 하고 있다.

2) http://www.sporbiz.co.kr/news/articleView.html?idxno=279869

[그림 6-6] 아마존고(https://youtu.be/DWlgpxnW1ys)

[그림 6-7] 샘스클럽 나우(https://youtu.be/VaiepjF6iZI)

SSG 닷컴은 인공지능 기반의 챗봇 서비스를 활용해 24시간 고객 응대 시스템을 구축했다. SSG 닷컴의 챗봇은 제품 배송, 취소, 환불, 이벤트 공지, 교환 및 반품, 회원정보 관리, 쇼핑통장(고객 포인트 및 적립금, 영수증 관리 등의 서비스를 제공한다.

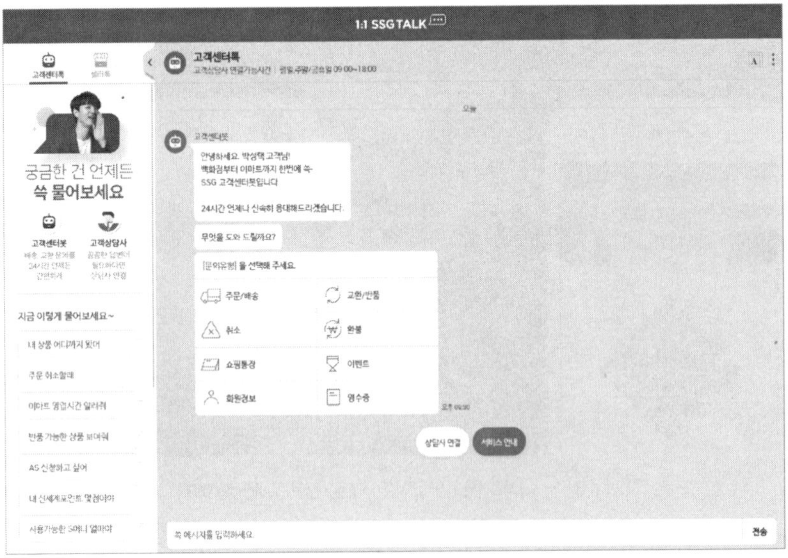

[그림 6-8] SSG TALK(http://talk.ssg.com)

챗봇

SSG 닷컴의 챗봇은 "내 상품이 어디까지 왔어?", "주문을 취소할래"와 같은 고객의 다양한 명령을 이해하고 처리해 준다. 고객 상담 챗봇이 업무처리를 하여 상담원의 부담을 줄여주어, 상담원들은 보다 심도있는 고객 문의에 집중할 수 있게 되었다(노규성외, 2019)

이베이코리아는 인공지능 기술을 쇼핑에 적용하고 있다. 1년이라는 기간동안 이베이에서 판매가 되는 상품들의 정보에 대한 구조화 작업과 함께 고객들의 행동 패턴과 쇼핑 패턴들을 데이터베이스로 구축을 하였다.

클러스터링

2017년부터 옥션과 G마켓은 매일 약 200개씩 제공되는 상품들을 클러스터링(Clustering) 기법을 활용한 분석을 통해 고객들에 맞는 고객 맞춤형 서비스를 제공하기 시작했다. G마켓의 특가상품 판매 이벤트 '슈퍼딜'과 옥션의 '올킬'이 바로 이를 통해 나온 서비스이다.

올킬과 슈퍼딜은 모두 인공지능이라는 기술을 활용하여 쇼핑몰 상단에 노출되는 딜(특가상품) 순서를 고객의 구매 패턴에 따라 서로 다르게 보여줄 수 있는 고객 맞춤형 서비스이다. 이베이코리아는 올킬과 슈퍼딜 이벤트를 통해 2017년 연간 거래액이 1조 원을 넘기는 성공을 거두었다.[3]

3) http://www.econovill.com/news/articleView.html?idxno=334065

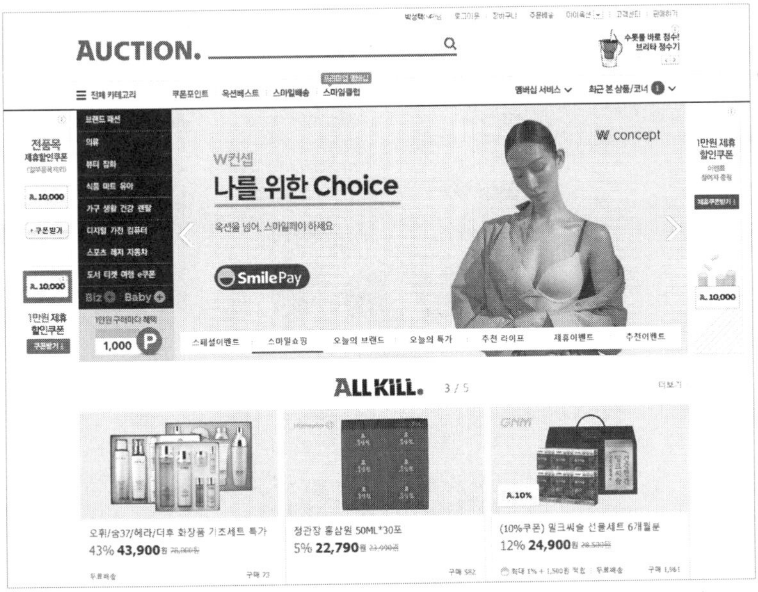

[그림 6-9] 옥션 올킬 서비스

네이버는 인공지능시스템을 활용한 '포 유(FOR YOU)'를 신설하였다. 포유는 개인의 관심사, 선호도에 따라 쇼핑을 할 수 있도록 지원을 해준다.

네이버 검색화면에서 상품 검색을 하면, 네이버는 '전체상품' 영역을 먼저 보여주는데, 포유는 전체상품 옆에 추가로 신설되는 영역이다. 사용자의 로그인 내역을 기반으로 선호할 만한 상점과 상품을 인공지능에 기반한 상품추천시스템인 에이아이템즈(AiTEMS)를 활용해서 추천을 해주고 있다. 데이터가 많이 축적되어 있을수록 개인에게 맞는 맞춤형 쇼핑 결과를 제공받을 수 있다. 포 유 영역은 '패션 의류 및 잡화' 카테고리내에서 일부 품목에 한해서 적용이 되고 있다. 일부품목에는 원피스, 코트, 롱패딩, 가디건 등이 있으며, 최근에 네이버 쇼핑 이력이 많은 사용자를 대상으로 노출된다.[4]

4) https://www.bloter.net/archives/328723

[그림 6-10] 네이버 포 유(FOR YOU)

현대홈쇼핑은 홈쇼핑 채널을 통해 판매하는 상품들을 미리 가상으로 집이나 사무실 등에 배치를 해본 뒤에 상품을 구매할 수 있다.

현대홈쇼핑은 증강현실(AR)[5] 기술을 활용한 증강현실 쇼룸 서비스를 T-커머스에 도입하였다. 쇼룸 서비스는 홈쇼핑에서 판매중인 상품들을 고객들이 구매 전에 미리 TV와 스마트폰에서 3차원 화면의 구현을 통해 원하는 위치나 장소에 배치하거나 입어볼 수 있도록 해준다.

쇼룸 서비스는 쇼룸 앱을 설치한 후에 사용이 가능하다. 또한 홈쇼핑 채널을 통해 방송 중인 상품들이 스마트폰에서 증강현실로 구현이 되면, 고객들은 인테리어, 스타일링을 해볼 수 있다는 장점을 가지고 있다.[6]

5) 증강현실이란 현실의 이미지나 배경에 3차원의 가상 이미지를 겹쳐 하나의 영상으로 보여주는 기술
6) https://www.mk.co.kr/news/business/view/2019/03/188891/

[그림 6-11] 현대홈쇼핑 쇼룸 서비스

중국의 알리바바는 2017년부터 가상현실(VR)을 이용한 '바이플러스'라는 쇼핑 체험 서비스를 제공하고 있다. 머리에 VR 기기를 쓰고, 가상현실 속의 백화점 매장을 직접 돌아다니면서 실제 쇼핑을 하듯이 옷을 고를 수 있다는 장점을 가지고 있다.

기존의 온라인 디스플레이에서는 2차원의 사진만 가능했지만, 가상현실을 통해 상품을 360도 회전하여 다양한 각도에서 살펴볼 수 있다는 장점이 있다. 또한 상품을 만지면 가격, 브랜드 등의 다양한 정보가 제공된다.

쿠팡은 주문한 다음날 배송을 하게 해주는 로켓배송을 실현하기 위해 수백만가지 이상의 상품들의 재고 유무를 실시간으로 파악하는 기술과 최적의 동선으로 상품들을 배송하는 물류 기술 등을 바탕으로 서비스를 구현하는데 있어서 빅데이터와 인공지능을 활용하고 있다.[7]

2.4 음성인식 인공지능을 활용한 전자상거래 사례

전자상거래 기업들은 인공지능 플랫폼을 통해 축적 및 구축된 고객(소비자) 데이터베이스를 타겟 마케팅 도구로 사용하고 있다. 즉, 인공지능 알고리즘에 기반한 상품 추천 서비스 및 시스템을 전자상거래 기업들이 마케팅에 활용하고 있다. 아마존

7) http://www.mediasr.co.kr

의 경우는, 이미 에코(Echo)에 음성 주문 기능을 추가하였다.

(a) 아마존 에코

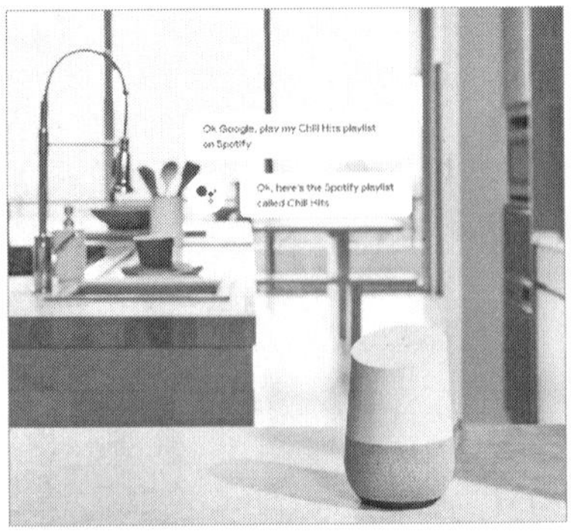

(b) 구글 홈

구글은 월마트, 이베이 등의 글로벌 소매 온라인 기업들과의 제휴를 통해 구글 홈(Home)에 전자상거래 기능을 추가하여 서비스 차별화를 강화하고 있다(박태형, 2019).

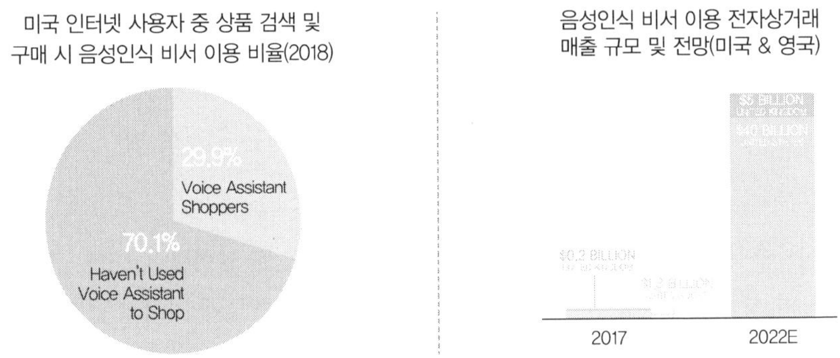

[그림 6-12] 음성인식 인공지능을 이용한 상품 검색 및 전자상거래 매출(RichRelevance(2018); OC&C(2018))

2018년에 미국의 인터넷 사용자 중에서 상품 검색 및 상품 구매시 음성인식 비서를 이용한 비율이 29.9%로 나타났다. 또한 음성인식 비서를 이용한 전자상거래 매출 규모도 2017년 18억 달러에서 2022년에는 400억 달러로 높질 것으로 전망된다.

가트너는 2020년까지 전자상거래 기업 중에서 최소 60%가 인공지능을 사용할 것으로 보이며, 전자상거래 매출의 30%는 인공지능의 기술에 힘입어 성장할 것으

로 전망하고 있다.[8]

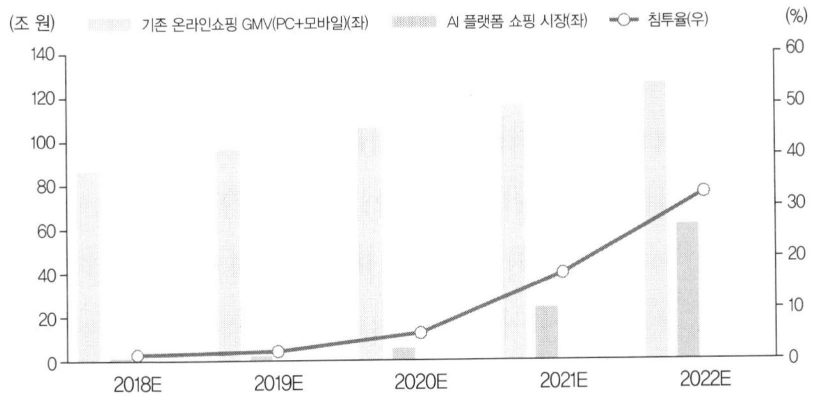

[그림 6-13] 국내 e-커머스 시장 내 AI 플랫폼 쇼핑의 침투율(Penetration) 전망 추이(흥국증권 (2018.3.), "AI 플랫폼: 4차산업혁명의 서막")

'18년~'22년 국내 e-커머스 시장의 연평균성장률 10% 가정하고 AI 플랫폼 쇼핑의 침투율을 과거 모바일 쇼핑 시장 도입초기와 동일한 수준으로 가정하면, 국내 AI 플랫폼 쇼핑 시장은 '18년 1.0조 원에서 '22년 61.7조 원 수준까지 확대될 것으로 전망된다(이경일, 2018).

인공지능 플랫폼이 확대되면서 기존의 문자에 기반한 검색이 줄어드는 대신에 음성 검색을 통한 검색이 증가하기 시작하면서 검색 광고 시장에서도 인공지능을 활용하는 비중이 높아질 것으로 보인다. 특히, 스마트 스피커, 스마트 홈 등 소비자(고객)들이 쉽고, 자연스럽게 경험해 볼 수 있는 경로가 늘어남에 따라 전자상거래 시장에 새로운 마케팅 기회가 생길 것으로 보인다(박철현, 2018). 국내 검색 광고 시장은 2018년 2.2조 원에서 2022년 2.6조 원으로 증가할 것으로 예상되며, 이중에서 음성인식에 기반한 인공지능 플랫폼을 통한 검색 광고 비중은 2018년 3%에서 2022년 26%까지 증가할 것으로 전망된다(박태형, 2019).

2.5 블록체인을 활용한 전자상거래 사례

최근들어 블록체인(block chain)이라는 용어가 떠오르고 있다. 블록체인이란 참여 블록체인(block chain)

8) http://www.zdnet.co.kr/view/?no=20181015082417

하는 모든 사용자들의 데이터를 서로 분산 및 저장하여 악의적인 세력에 의해 데이터가 조작되는 것을 막는 기술을 의미한다.[9)]

또한 블록체인은 관리 대상 데이터를 블록이라고 부르는 소규모의 데이터들이 P2P 방식을 기반으로 생성된 체인 형태의 연결고리 기반인 분산 데이터 저장 환경에 저장되어 있어 누구라도 임의로 수정할 수도 없고 누구라도 변경 결과를 열람할 수 있는 분산 컴퓨팅 기술 기반의 데이터 대변 방지 기술이다(위키피디아).

블록체인은 플랫폼 위의 플랫폼으로 묘사되기도 한다. 왜냐하면 블록체인 플랫폼 위에 다른 플랫폼을 올려서 서비스를 제공하기 때문이다.

이러한 블록체인이 최근 전자상거래에서도 활용이 되고 있다. UPS는 블록체인에 기반한 통합 플랫폼을 출시하였다.

UPS는 전자상거래 기업인 인셉션(Inxeption)과 블록체인을 활용한 B2B 플랫폼을 개발하기 위해 협약을 체결하였다. '인셉션 지피(Inxeption Zippy)'라는 이름의 새로운 플랫폼은 온라인 카탈로그의 역할을 수행할 예정이다.

[그림 6-16] UPS

UPS는 고객들이 디지털 플랫폼을 잘 활용하도록 하기 위해서 '인셉션 지피' 플랫폼을 활용해 기업을 위한 온라인 사이트 구축, 제품 소개, 계약 가격으로 B2B 거래를 성사하는 방법 등을 단계별적으로 보여줄 예정이다. 또한 거래, 주문, 자금

9) https://www.msit.go.kr/webzine/posts.do?postIdx=325

추적 뿐만 아니라 서비스 일정 관리 및 선적 모니터링 부문에도 블록체인 기술을 적용할 예정이다. 그리고 '인셉션 지피'를 이용하는 기업들은 신용카드로 대금을 결제할 수 있지만, 암호화 화폐 등을 통한 결제는 향후 도입을 할 것으로 예상한다.[10)]

10) https://www.coindeskkorea.com/upsblockchainb2b

참고문헌

이상길, 국내외 AI활용 현황과 공공 적용, 정보통신기술진흥센터, 2018.12.07.

이수상, 인공지능 양대 산맥인 IBM과 구글, KEIT, 2017.03.

노규성외, 4차산업혁명시대의 경영정보시스템, 광문각, 2019.03.

박성택, 신기술 · 신산업 혁신성장을 위한 규제혁신 및 시장지원 방안 연구, 4차산업혁명위원회, 2018

4차산업혁명위원회 홈페이지

박태형, 인공지능을 활용한 스마트 스피커 및 전자상거래 동향, 소프트웨어정책연구소, https://spri.kr/posts/view/22598?code=industry_trend, 2019.03.22.

박철현, 2019년 디지털 마케팅 키워드 '5G · AI · 숏폼 동영상 · 음성 검색 · VRAR', http://it.chosun.com/site/data/html_dir/2018/12/28/2018122800737.html, 2018.12.28.

이경일, AI 플랫폼: 4차 산업혁명의 서막, 흥국증권(흥국 인터넷,소프트웨어), 2018.03.27.

연·습·문·제

1. 인공지능의 발전 방향에 대하여 설명하라.

2. 미래사회에서 인공지능의 역할 방안에 대해 설명하라.

3. 음성인식 인공지능이 전자상거래에 어떠한 영향을 미치는지에 대해 설명하라.

4. 블록체인이 전자상거래에 어떻게 활용이 될 것인지에 대해 설명하라.

5. 전자상거래 영역에서 인공지능을 활용한 최근 사례를 조사해 보자.

6. 인공지능의 활용한 최근 사례를 조사해 보자.

7. 인공지능 비즈니스 모델의 최근 사례를 조사해 보자.

7

CHAPTER

전자상거래 전략

기업 경영에서 전략적 사고와 전략적 경영활동은 기업의 생존과 발전에 매우 중요한 요소이다. 전략이 부재한 기업들은 시장에서 도태되거나 경쟁에서 처지게 됨으로써 결국 생존이 어렵게 된다. 그러므로 전자상거래를 성공적으로 구현하기 위해서는 타당한 전략이 수립되어야 한다. 이 장에서는 경영전략에 대한 설명, 전자상거래 전략의 의미, 기존 기업의 전자상거래 변환 전략, 온라인 기업의 전자상거래 전략, 전자상거래 전략의 수립방법, 전자상거래 전략 수립 시 고려사항 등에 대하여 살펴보고자 한다.

1. 전자상거래 전략 개요
2. 전자상거래 추진 전략
3. 전자상거래 전략수립과 실행
4. 전자상거래 전략과 사물인터넷 전략

1. 전자상거래 전략 개요

1.1 경영환경과 경영전략

1.1.1 경영전략의 개념

전략(strategy)

먼저, 전략에 대한 개념과 유형 등에 대하여 살펴보고자 한다. 원래 "전쟁에 관한 전체적인 계획과 군사행동의 윤곽을 수립하고 그 안에서 개별적인 싸움을 결정하는 것"을 의미하는 군사용어였던 전략(strategy)의 개념이 경영학에서 중요시되기 시작한 것은 1960년대 이후의 일이었다. 과거에 만들기만 하면 팔리던 산업사회 초기에는 경영전략의 개념이 없었다고 해도 과언이 아니다. 그러나 시장이 성숙되고 고객의 욕구가 충족되기 시작한 산업사회 후반기 들어 시장과 소비자들이 원하는 우수한 제품을 만들어 전략적으로 접근해야하는 상황이 도래하면서 전략이 중요하게 되었다. 특히 세계의 유수한 기업들과의 전쟁이 격화되면서 경영전략의 개념은 기업에게 경쟁우위를 제공하고 유지시켜 줄 수 있는 중대한 의사결정이라는 경쟁전략적 개념으로 발전하기에 이르렀다.

통상적으로 전략이란 경쟁에서 승리하기 위한 수단을 말한다. 기업의 경우 경쟁에서 승리한다는 것은 목표를 달성한다는 것과 같다. 기업의 목표는 궁극적으로 이익 극대화이므로 경영전략이란 이익 극대화를 위한 방법과 계획을 수립하는 것을 의미한다. 따라서 경영전략이란 기업목표의 달성을 위해 효과적인 방법을 개발하도록 이끌어 주는 일련의 의사결정 형태로서, 조직 내부의 모든 기능과 활동들을 통합하는 종합적으로 계획하는 것을 말한다. 즉 조직이 항상 변하는 환경 속에서 장기적으로 좋은 성과를 거두려면 환경변화와 조화를 이룰 수 있는 목적을 설정하는 것은 물론, 이를 달성하기 위해서 기업내부의 인력, 자금, 기술 및 시설 등 모든 자원을 효율적으로 동원시키는 통합적이며 종합적인 장기 계획이 필요한데, 이것이 바로 전략인 것이다. 따

라서 전략은 조직의 장기적인 성과와 목적 달성에 많은 영향을 주는 결정적인 요소라고 볼 수 있다.

경영전략

오늘날 경영전략의 의미는 기업에게 경쟁우위를 제공, 유지시켜줄 수 있는 중요한 의사결정 및 분석체계라고 할 수 있다. 왜냐하면 경쟁이 치열한 오늘날의 경영에서 전략이란 먼저 경쟁 상황부터 가정해야 하기 때문이다. 따라서 경영전략은 긴박한 경쟁상황에서 기업 자신에게 경쟁우위를 가져다 줄 수 있는 방법을 체계적으로 분석하고 추구하는 구체적인 사고방법인 것이다. 이와 같은 의미에서 볼 때 경영전략은 경쟁전략의 의미로 접근해 가는 모습으로 발전하는 것을 알 수 있다.

1.1.2 전략적 비전과 경쟁우위

오늘날의 전략이 경쟁상황에 대처하기 위한 것이라면, 구체적으로 전략적 비전과 경쟁우위의 실현을 위한 것이 경영전략인 것이다. 전략적 비전이란 기업이 전략적으로 지향하고자 하는 미래상을 의미한다. 이것은 막연한 꿈이나 희망과는 다르다. 장기적 안목에서 현실과 미래 목표를 연결시키는 전략구상이다. 따라서 전략적 비전은 사업의 기본목표와 기업이념을 결정하고 구체적으로는 조직의 자원배분의 기본 틀이 되는 것이므로 오늘날 기업경영에서 매우 중요한 개념으로 인식되고 있다.

경쟁우위

한편 경쟁우위란 '독특한 능력'이나 시장에서의 '우월한 지위'를 말하기도 하고, 우월한 지위에 의한 성과로서 '높은 시장점유율'이나 '탁월한 수익성'을 의미하기도 한다. 따라서 경쟁우위의 개념은 [그림 7-1]과 같이 경쟁우위의 원천, 경쟁적 지위 및 실적성과의 단계적 변환과정을 포함한다.

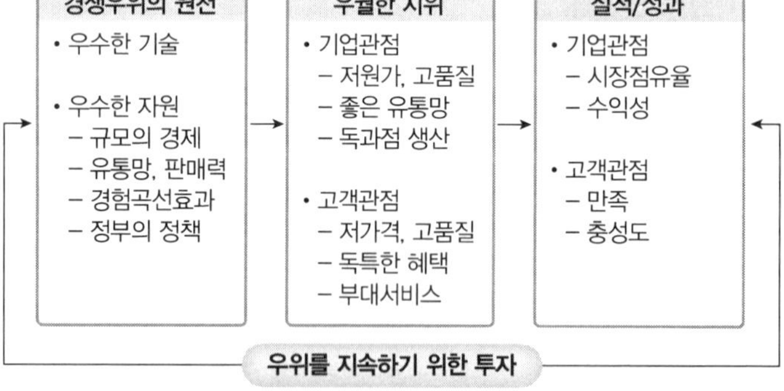

[그림 7-1] 경쟁우위의 구성요소

여기에서 경쟁우위의 원천이란 경쟁적 지위를 확보할 수 있도록 해주는 원천으로 독특한 기술 및 자원을 말하며, 경쟁적 지위는 경쟁업체와 비교할 때 경쟁 산업 내에서 더 우월한 지위에 있다는 것을 의미한다. 또한 실적/성과는 우월한 경쟁우위 원천을 근간으로 경쟁적 지위를 획득했을 때 발생하는 결과를 말하는데, 경쟁우위 원천을 토대로 우월한 경쟁적 지위를 확보했을 때는 좋은 결과를 나타낸다고 볼 수 있다.

경쟁우위의 원천

종합해 볼 때 경쟁우위란 우수한 기술이나 자원을 가지고 저원가, 고품질 혹은 독과점 생산의 실현이나 우수한 유통망 구축, 독특한 서비스 등을 통하여 동종 산업 내에서 평균수익 이상을 획득하는 것을 말한다. 따라서 장기적으로 경쟁우위를 지속시킨다면 조직은 높은 수익을 유지하면서 조직의 비전을 실현할 수 있는데, 현대 경영조직은 경영전략을 통하여 경쟁우위를 장기적으로 지속하고 전략적 비전을 실현하고자 하는 것이다.

기업이 경쟁우위의 확보 및 조직성과에 지대한 영향을 미치는 전략은 간단히 또는 단기간에 형성되지 않고 장기간에 걸쳐서 그리고 복잡한 과정을 통하여 형성된다. 이와 같이 형성된 전략은 조직의 통합적이고 종합적인 계획으로 집행되어야 하는 것은 물론, 그 결과 여하에 따라서 전략자체와 전략집행을 평가, 수정해 감으로써 성과중심의 목적달성이 이루어질 수 있다. 따라서 경영전략은 전략의 형성뿐만 아니라 전략의 집행과 평가 등 전략을 실제로 전개해 나가면서 전략적 목적을 달성시키는 총괄적인 경영과정을 의미한다.

1.1.3 경쟁전략의 개념

기업은 궁극적으로 제품이나 서비스를 가지고 시장에서 경쟁자와 경쟁한다. 따라서 경영자들은 변화하는 경쟁 환경과 시장상황을 고려하여 각 제품시장에서 경쟁하기 위한 전략을 개발해야 한다. 이와 같은 전략을 경쟁전략(competitive strategy)이라 한다. 따라서 경쟁전략은 한 산업내에서 경쟁을 결정하는 힘에 대응하여 유리한 경쟁적 위치를 점하는데 도움을 준다.

경쟁전략(competitive strategy)

경쟁전략을 수립할 때에는 경쟁과 관련되는 다음의 두 가지 중요한 문제를 고려해야 한다. 첫째는 어떤 산업이 갖는 장기적인 수익성 매력과 그 결정요소들이다. 모든 산업에서 똑같이 안정적인 수익성을 확보할 수는 없다. 특히 인터넷 비즈니스 산업은 치열한 경쟁 속에서 양호한 수익 모델을 확보할 때 비로소 수익성을 갖는다. 따라서 그 산업의 본래 수익성은 한 회사의 수익성을 결정하는 데 필수적인 요소이다. 경쟁전략의 두 번째 중요한 문제는 산업내에서 경쟁위치를 결정할 수 있는 특정요소이다. 대부분의 산업에서 어떤 회사는 그 산업의 평균수익과 관계없이 다른 회사보다 높은 수익성을 유지한다. 그런데 이와 같은 산업내 매력과 경쟁위치는 항상 변화하며, 이를 변하게 하는 외부요인을 반영할 수 있는 정보의 뒷받침이 있어야 한다. 따라서 양질(목적적합성, 정확성, 적시성)의 정보를 제공할 수 있는 정보기술은 경쟁전략 수립에 필수불가결한 요소로서 파악될 수 있다.

경쟁전략은 일반적으로 다음의 다섯 가지의 요건을 갖출 때 기업에게 경쟁우위를 가져다준다. 첫째, 전략이 경쟁자들을 능가하는 특정한 강점을 제공하는 것이다. 이는 기업의 제품이 다른 경쟁기업의 제품보다 더욱 값이 싸거나 품질이 좋다는 것을 의미하는 것이다. 둘째, 전략이 새롭고, 기발하고 혁신적이어야 한다는 것이다. 제품이나 서비스를 제공할 때, 혹은 고객의 불만을 처리할 때 새롭고 혁신적인 방식을 사용함으로써 고객 만족에 차별화를 기할 수 있어야 한다. 셋째, 전략이 독창적이어야 한다는 것이다. 여기서 제품과 서비스가 반드시 완전히 새로운 것일 필요는 없다. 예를 들어, 구둣방이 하나만 있다면 전략적으로 경쟁력을 가지지만, 사람들이 구두라는 것을 들어 본 적이 없다면, 그 구둣방이 하나라는 것은 의미가 없게 된다. 또한 다른 기업들이 쉽게 제품이나 서비스를 모방하기가 어려워야 한다. 넷째, 전략이 구매자들에게 매력적이어야 한다는 것이다. 제품과 서비스를 원하는 구매자들이 그에 대한 대가를 지불할 용의가 있어야 한다는 의미이다. 마지막으로 전략이 수익성을 가져다주는 것이어야 한다는 것이다. 독창적이고 새로운 제품을 무상으로 공급해 주는 것은 어렵지 않지만 이것이 지속될 수는 없다. 그렇다고 제품과 서비스를 만들고 제공할 때 비용이 너무 많이 들어서도 안 된다.

1.1.4 경쟁전략의 유형

기업의 경쟁지위는 기업의 수익성이 산업의 평균적인 수익성보다 높을지 낮을지를 결정한다. 경쟁지위가 잘 설정된 기업은 평균적 수익성이 낮고 매력적이지 못한 산업에서도 높은 수익을 얻을 수 있다. 장기적으로 평균보다 높은 수익을 유지하느냐의 문제는 경쟁우위를 지속시킬 수 있느냐에 달려 있는 것이다. 기업은 경쟁자에 대해 수많은 강점과 약점을 갖지만, 기본적으로 원가우위와 차별화라는 두 가지 유형의 경쟁우위를 가진다. 이 두 가지 유형의 경쟁우위는 산업 내에서 평균이상의 성과를 달성하기 위해 수행하는 전략의 경쟁범위와 관련되어 있다. 즉 기업은 [그림 7-2]에서 볼 수 있듯이, 경쟁우위의 유형과 경쟁범위를 어떻게 정하느냐에 따라 원가우위 전략, 차별화 전략 및 집중화 전략의 세 가지 경쟁전략을 취할 수 있다.

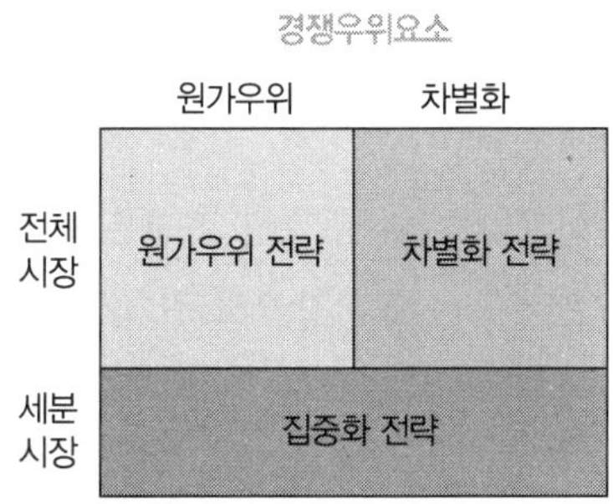

[그림 7-2] Porter의 경쟁전략 유형

(1) 원가우위 전략

원가우위(cost leadership) 전략

원가우위(cost leadership) 전략은 특정기업에서 원가를 낮추기 위한 일련의 노력을 통하여 원가면에서 우세한 위치를 확립하는 것이다. 이를 위한 구체적인 방법으로는 설비규모의 적정화, 원가와 간접비의 절감, 연구 개발, 판매 및 광고비용 최소화 등을 실현하는 것이 있는데, 이는 높은 수익을 실현해 줌은 물론 강력한 진입장벽을 구축하고 경쟁사와 대체 상품에 대해서도 우월한 위치를 차지하게 해 준다.

원가우위 전략을 추구하는 원가 선도기업(cost leader)이 경쟁우위를 원가우위에서 창출한다 해도 평균이상의 성과를 얻기 위해서는 경쟁자와 유사한 수준의 품질을 유지하거나 대규모의 저가 시장을 창출할 수 있어야 한다.

(2) 차별화 전략

차별화(differentiation) 전략

차별화(differentiation) 전략은 기업이 제공하는 제품이나 서비스를 차별화함으로써 산업전반에 걸쳐 그 기업이 우월하다는 이미지를 창출하는 전략대안이다. 차별화는 고객에 대한 서비스, 디자인, 상품 이미지 등의 차별화에서 제품과 운송시스템, 마케팅 접근 방법에 이르기까지 다양한 요소들과 함께 광범위한 영역에서 이루어질 수 있다.

이들 기업은 차별화를 위한 비용을 능가하는 높은 가격으로 제품과 서비스를 제공함으로써 평균이상의 성과를 얻는다. 한편, 차별화 전략을 추구하는 기업은 차별화에 영향을 주지 않는 모든 영역에서 원가를 절감시키기 위한 노력을 병행해야 차별화로 인한 고가격 효과를 최대화할 수 있다. 차별화 전략은 구매자에게 독특한 제품과 서비스를 제공하고 상표(brand) 충성도를 높여 기업의 시장경쟁력과 타 기업에 대한 시장 진입장벽을 제공한다.

(3) 집중화 전략

집중화 전략
원가 집중화(cost focus)
차별적 집중화(differentiation focus)

집중화 전략은 산업 내에서 세분화된 시장에 초점을 맞추어 제품과 서비스를 판매하는 전략이다. 집중화 전략은 목표시장에서 원가우위를 추구하는 원가 집중화(cost focus)와 차별화를 추구하는 차별적 집중화(differentiation focus)의 두 측면을 갖는다. 원가 집중화는 세분시장 내에서 원가 우위를 이용하는 반면, 차별적 집중화는 시장에서 구매자의 특별한 욕구를 반영한다. 목표시장을 설정하고 집중화 전략을 추구하는 기업은 비록 전체 산업 내에서는 경쟁우위를 획득하지 못한다 하더라도 세분시장 내에서는 경쟁우위를 얻게 된다.

결론적으로 경쟁전략의 기본적 목표는 경쟁우위를 점하는 것이며, 경쟁우위를 달성하기 위해서는 기업이 얻고자 하는 경쟁우위의 유형과 전략적 표적의 범위를 규정해야만 한다. 모든 사람에게 모든 것을 제공하는 전략은 평균이하의 성과와 전략적 열세를 의미하고, 이는 흔히 그 기업이 고유한 경쟁우위를 갖고 있지 못하다는 것을 의미한다.

1.2 전자상거래 전략의 의미

1.2.1 전자상거래 전략의 개념

일반적으로 전략을 불확실한 미래를 대비하는 의사결정이라고 할 때, 전자상거래 전략 또한 인터넷 혹은 디지털 경영환경에서 불확실한 미래에 대비한다는 측면에서 그 필요성을 찾을 수 있다. 즉, 기존의 경영전략의 필요성에 덧붙여 인터넷 및 디지털 중심 사회라는 특성이 강조되기 때문에 전자상거래 전략이 필요하다고 할 수 있다.

즉, 전자상거래를 성공적으로 구현하여 소기의 성과를 얻기 위해서는 타당한 전략이 수립되어야 할 것이다. 전통적으로 전략이란 경쟁에서 이기기 위한 수단이나, 경영전략은 이익극대화를 위한 방법과 계획을 수립하는 것으로서, 결국 조직이 환경변화를 감지하고 이를 기반으로 시장(고객)의 욕구를 반영한 제품이나 서비스를 제공함으로써 가치창출을 실현하기 위한 내부의 인력, 자금, 기술 및 시설 등 모든 자원을 효율적으로 동원시키는 장기적인 계획이다. 이러한 의미에서는 전자상거래 전략도 경영전략의 한 유형이다.

그러나 기존의 경영전략 수립과 비교되는 것은 비즈니스 환경의 불확실성과 예측 곤란성이 기존의 비즈니스와는 비교할 수 없을 정도로 크다는 점이다. 정보기술 발전주기는 점점 짧아지고 있으며, 경쟁의 강도는 점점 심해지고 있다. 인터넷 확산으로 인하여 국경이 갖는 의미가 점차 희박해지는 환경으로 가면서 잠재적 경쟁자의 두려움도 점점 커져가고 있다.

전자상거래 전략

전자상거래 전략은 환경의 불확실성 증가, 변화의 예측 곤란성, 짧은 정보기술 발전주기, 급속한 경쟁의 심화 등의 특성이 고려되면서 더욱 부각되고 있다. 따라서 전자상거래를 추진하는 기업이 적절한 전자상거래 전략을 수립하지 않을 경우 기업의 운명을 위태롭게 할 수 있다.

1.2.2 기존 경영전략과의 차이점

전자상거래를 추진하기 위한 전략은 전통적인 비즈니스 환경에서의 전략과 상당히 차이가 날 수밖에 없다. 새로운 경영활동 공간에서의 새로운 비즈니스의 실현을 위한 전략의 패러다임 변화가 필요한 것이다. 즉, 디지털 공간의 핵심적인 특징을 감안한 역동성을 기반으로 하는 전자상거래 전략은 전통적인 전략과 동일한 의미를 갖더라도 실제 내용에서는 차이가 있을 수 있다.

(1) 분명한 목표와 방향설정

일반적인 경영전략에서는 인터넷 혹은 디지털 기술을 중요하게 고려하지 않았으므로 달성 가능한 구체적 목표에서 전자상거래 환경과 차이가 있다. 즉, 전자상거래 전략에서는 달성 가능한 목표수준이 향상될 수 있으며 설정되어야 할 목표의 범위 또한 확대될 수 있다. 이는 시간관점에서 경영활동의 이정표에 따른 목표수치가 훨씬 앞당겨져서 설정될 수 있다. 일반적 경영전략과 전자상거래 전략은 목표설정이라는 의미에서는 동일하지만 목표의 양적 측면에서는 차이가 있다.

(2) 주요한 변화의 예측

전략은 기업의 경영활동에 영향을 미칠 수 있는 주요 환경 변화를 예측하여 수립한다. 전자상거래 전략에서는 예측의 대상인 변화의 내용이 일반 경영전략과 달라지게 된다. 일반적 경영전략에서는 전체를 대상으로 환경 분석을 하지만, 전자상거래 전략에서는 일반적 환경 분석 외에 정보기술 환경변화가 미치는 영향을 예의 주시하면서 분석하게 된다. 즉, 신규기술의 개발, 새로운 기술표준의 등장, 경쟁업체의 기술 확보동향 등을 분석하면서 자기 조직에 미치는 영향을 예측하게 된다. 그러므로 일반 경영전략과 전자상거래 전략은 변화에 대한 예측 관점에서 갖는 의미는 동일하지만, 예측 대상에서는 차이가 있다.

(3) 목표 달성을 위한 최선의 방법 선택

기업은 목표를 달성하기 위한 최선의 방법을 선택한다. 전자상거래 전략에서는 목표를 달성하기 위해 선택할 수 있는 방법의 범위가 일단 경영전략보다 훨씬 넓다는 데 차이가 있다. 즉, 후보가 되는 대안이 많아지는 것이다. 이는 인터넷 기술을 비롯한 다양한 정보기술을 활용할 수 있기 때문에 가능한 일이다. 따라서 일반 경영전략보다 전자상거래 전략의 목표달성 가능성이 높다고 할 수 있다.

(4) 경영자원의 효율적 활용

기업은 수립된 목표 달성을 지원하기 위하여 경영자원의 효율적인 활용방안을 모색한다. 전자상거래 전략에서도 일반 경영전략과 같이 경영자원의 효율적 적용에 대한 기준을 제공한다는 점에서 동일하다. 다만, 대상이 되는 경영자원이 보다 확대되고 주요 초점이 인터넷 및 정보기술에 있다는 점에서 차이가 있을 뿐이다.

1.3 기존기업의 전자상거래 변환 전략

1.3.1 전자상거래 변환 전략의 의미

기존의 기업들이 전자상거래를 추진하는 최근의 흐름을 보면, 전자상거래를 수용하는 것이 기업 혁신의 중요한 패러다임으로 작용하고 있다고 보여진다. 인터넷이 기업의 경영환경을 변화시킴으로써 기존의 기업들은 어떠한 형태로든 환경변화에 반응해야 했다. 이제 기존기업들도 전자상거래 도입을 비즈니스의 필수적 과제로 인식하고 있다. 인터넷이 가져다주는 새로운 사업기회의 창출과 기업경영의 혁신

효과를 기존 기업들이 인정하고 있음을 나타내 주는 것이다.

선진 기업들은 이미 디지털 경제의 움직임과 충격을 파악한 상태에서, 자신의 기업을 인터넷 환경에 적응시키는 데 총력을 기울이고 있다. 이처럼 전통적인 기업이 사업의 영역과 비즈니스 프로세스의 정보화, 지식화를 추구하는 것을 일컬어 e-변환(e-transformation)이라고 일컫는다. 최근 들어 이러한 e-변환에 성공하였다고 평가받는 기업들이 늘어나고 있다. 전통적인 오프라인(Off-line) 기업들인 제네럴일렉트릭(GE), 델 컴퓨터(Dell), IBM, NTT 등이 그러한 예에 속한다.

e-변환(e-transformation)

1.3.2 e-변환의 형태

그렇다면, 기존 기업들이 전자상거래화와 디지털 변신을 추구하는 유형은 어떠한 것이 있을 수 있을까? 기존 기업들이 디지털을 중심으로 변화를 추구한다고 할 때, 변화의 대상이 되는 영역은 크게 사업의 내용과 비즈니스 프로세스(process)가 된다. 사업의 영역이란 기존기업이 시장에 제공하는 제품과 서비스를 일컫는 것이며, 비즈니스 프로세스란 기업이 업무를 추진하는 과정과 절차, 방법을 말하는 것이다. 인터넷이 전략적인 가치로서 기업에 도입될 때, 크게는 이 두 가지 영역에서 변화가 수반되는 것이다.

[그림 7-3]은 기존기업이 크게 세 가지 유형으로 e-변환을 수행하고 있음을 보여주고 있다. 기존 기업이 어떠한 형태로 e-변환을 실행할 것인지 여부는 현재 외부의 환경과 자사의 역량 분석을 토대로 한 새로운 가치창출 가능성과 혁신을 통한 업무 효율화와 비용절감 등의 효과를 어디에서 어떻게 볼 수 있을 것인지를 파악하는 것에 달려 있다.

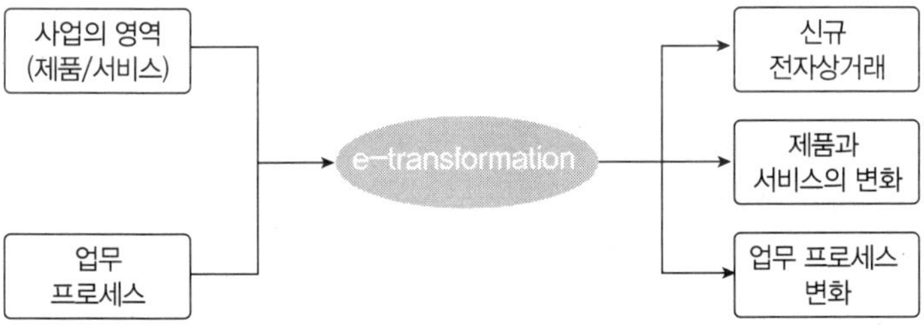

[그림 7-3] 기존기업의 e-변환(e-transformation)의 형태와 유형

(1) 신규 전자상거래 창출

기업이 기존에 제공하던 사업과 다른 새로운 전자상거래를 별도로 창출하는 경우이다. 이 경우, 기존에 보유하고 있던 업무의 노하우와 제품생산 설비 등의 기존 인프라는 유지시킨 채, 이와는 별도의 사업부문, 업무처리 방식, 기업문화 등을 창출한다. 대표적인 예로서, 생활 화학용품 생산업체인 ㈜옥시가 인터넷 카드 서비스인 Send2U(www.send2u.co.kr)를 시작한 것을 들 수 있다.

(2) 제품과 서비스의 변화

기존에 제공하던 제품과 서비스의 내용을 인터넷 비즈니스에 맞게 변화시키는 경우이다. 이는 기업이 보유한 역량과 노하우의 연장선상에서 새로운 제품을 제공함으로써 전자상거래에 적응하는 것이다. 그렇기 때문에, 기존 사업의 전자상거래 적용 가능성과 사업전환 능력 등이 중요하게 작용한다. 오프라인 서점인 교보문고가 온라인 서점(www.kyobobook.co.kr)을 개설하여 서비스를 시작한 것과 주요 대형마트(이마트, 홈플러스, 롯데마트)가 오프라인 출점 확대에서 벗어나 인터넷 쇼핑몰을 개설하여 서비스를 제공한 것이 대표적인 예이다.

(3) 업무 프로세스의 변화

기업의 경영활동에 포함되는 다양한 활동인 마케팅, 재무, 인사조직, 기획, 구매, 조달, 서비스 등에 인터넷이 활용됨으로써 업무의 극적인 효율화를 도모하는 경우이다. 이중 많은 전통 기업들이 추구하는 유형으로서, 판매의 인터넷화(B2C), 구매의 인터넷화(B2B) 등은 업무프로세스를 전자상거래로 변화시키는 경우라고 할 수 있다. 대표적인 예로서, PC 판매 업체인 델(Dell)이 인터넷을 통해 제품을 판매하여 유통상의 차별적 이득을 얻고 크게 성공하였다.

2. 전자상거래 추진 전략

2.1 전자상거래 개체들에 따른 추진 전략 개요

온라인 기업의 전자상거래 추진과 관련되는 실행전략을 살펴보기로 한다. 우리가 전자상거래를 추진하기 위해서는 공급자 관련 전략, 소비자, 시장, 상품 관련 전략, 그리고 내부 프로세스의 효율화 전략 등으로 구분하여 전략을 점검해 볼 필요가 있다.

먼저 전략유형을 살펴보기에 앞서 전자상거래와 관련되는 개체들을 살펴보고 사업자가 갖는 이들과의 관계 속에서 추진할 전략 유형을 정리해 보기로 한다.

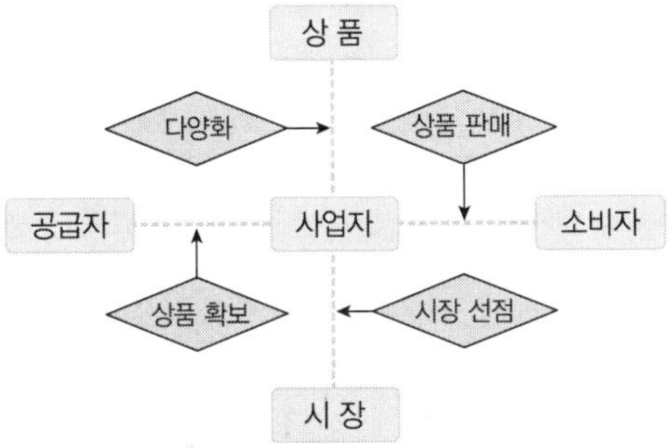

[그림 7-4] 전자상거래의 사업개체와 그 관계

*자료원: 김진우, 2000

전자상거래의 사업 개체는 [그림 7-4]에서 볼 수 있듯이, 인터넷에서 사업을 영위하는 사업주체로서 사업자, 사업자에게 상품을 공급해주는 공급자, 판매할 상품, 상품을 판매할 대상인 소비자, 그 상품을 거래하는 시장 등으로 구성된다. 사업의 주체인 사업자는 비즈니스를 전개함에 있어서 전략을 수립하여야 하는데, 이는 역시 다른 비즈니스와 마찬가지로 환경분석과 방향설정을 전제로 이루어진다.

전자상거래(인터넷비즈니스전략) 전략은 앞에서 소개한 네 개의 개체들과 여러 가지 관련을 맺는 각기 다른 상황적 대안으로 나누어 볼 수 있다.

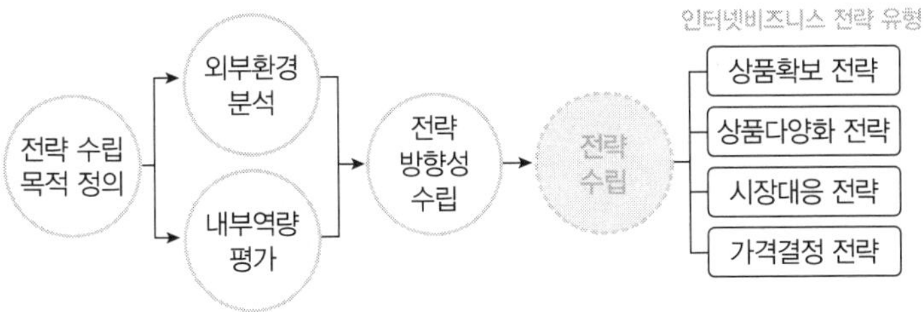

[그림 7-5] 전략수립 과정과 전자상거래 전략

먼저 공급자와의 관계에서는 판매할 상품의 확보와 관련되는 여러 가지 전략을 구사할 수 있다. 둘째, 상품과의 관계에서는 동일한 상품이더라도 다양한 고객의 욕구에 맞게 판매전략을 구사할 수 있다. 셋째, 시장과의 관계에서는 사업자가 시장에서의 지위에 따라 다른 대응전략을 구사할 것이다. 넷째, 고객과의 관계에서는 고객에게 적절한 상품과 서비스를 제공하고 이익을 창출하기 위한 가격결정 전략을 구사할 것이다. 즉 비즈니스 개체들과 관계에서 나타나는 전략은 다음 〈표

〈표 7-1〉 전자상거래 추진 전략 유형

전략분야	구분	전략 유형	비고 (개체 관계)
상품 확보전략	• 상품의 직접 취급	• 직접 판매 전략	공급자와의 관계
	• 공급자로부터 조달	• 수수료 전략 • 저작권 수집 전략	
상품 다양화 전략	• 시간 차원의 다양화	• 배달 시간 다양화 전략 • 처리속도 다양화 전략 • 사용시간 다양화 전략	상품과의 관계
	• 데이터 차원의 다양화	• 데이터 용량 다양화 전략 • 이미지 해상도 다양화 전략 • 데이터 범위 다양화 전략	
	• 기능 차원의 다양화	• 기능의 수 다양화 전략 • 기능 조작상 다양화 전략	
	• 사용 차원의 다양화	• 인터페이스의 다양화 전략 • 사용상 편의성 다양화 전략 • 기술적 지원의 다양화 전략	
	• 기타의 상품 다양화	• 묶어 팔기 전략 • on/offline 병행 전략	
시장 대응 전략	• 시장 방어 전략	• 시장 확대 전략 • 공격적 가격 전략	시장과의 관계
	• 시장 선점 전략	• 주식 가치 제고 전략 • 광고 전략	
가격 전략	• 요금 부과 방식 전략	• 거래 요금 전략 • 사용 건당 요금 부과 전략 • 정기 구독 회원 전략 • 입장료 전략	고객과의 관계
	• 가격 차별화 전략	• 개인화 가격 전략 • 집단 가격 전략	

7-1〉과 같이 4가지로 분류할 수 있다. 우선 공급자와의 관계 속에서 고려될 수 있는 상품 확보 전략부터 살펴보자.

2.2 전자상거래 추진 전략 유형

2.2.1 상품확보 전략 유형

(1) 직접 판매 전략

전자상거래를 하기 위해 먼저 취급하고자 하는 상품과 이를 어떻게 조달할 것인가를 결정해야 한다. 만약 상품을 직접 생산 판매하는 경우에는 직접 판매(Direct Selling) 전략을 구사하면 된다. 자신이 생산한 제품을 판매할 사이트를 구축하거나 종합쇼핑몰(mall of mall) 등에 입점하고, 이를 통해 고객에게 제품을 판매하면 된다. 이 경우 물리적인 매장이 필요치 않다. 그만큼 싼 가격에 상품을 판매할 수 있기 때문에 이를 고객에게 효과적으로 전달할 전략이 필요하다. 일반적으로 전통산업의 제조기업들이 직접 사이트를 개설하여 고객을 상대로 직접 제품을 판매하는 경우가 이에 해당한다. 그러나 오프라인(off-line) 유통망을 보유하고 있는 업체의 경우에는 기존 유통망 관리에 면밀한 주의가 요구된다.

직접 판매(Direct Selling) 전략

(2) 수수료 전략

한편 물건을 직접 생산하지 않을 경우, 공급자와의 관계를 어떻게 이끌어 갈 것인가를 결정하는 전략으로서 수수료 전략이나 저작권 전략을 고려할 수 있다. 수수료(Commission) 전략의 경우, 타기업이나 타인의 상품 판매를 대행한 후, 이에 대한 수수료를 수입으로 하는 비즈니스를 구사한다. 인터파크나 삼성몰과 같은 대부분의 인터넷 쇼핑몰은 직접 제품을 생산하는 것이 아니라 타업체의 제품을 대신 판매하고 이에 대한 수수료나 마진을 주된 수익원으로 하고 있다.

수수료(Commission) 전략

(3) 저작권 수집 전략

이에 반해 저작권 수집(Copyright Collectives) 전략은 작곡가, 작사가, 음반업자와 같은 디지털 콘텐츠 소유자를 대신해서 그들의 작품에 대한 사용허가를 주고, 이에 대한 수수료를 수입으로 하는 비즈니스를 구사할 수 있다.

저작권 수집(Copyright Collectives) 전략

2.2.2 상품다양화 전략 유형

디지털 상품(digital goods)

한편 사업자가 고객들의 성향을 감안하여 취급하는 상품을 다양화하는 전략을 구사할 수도 있다. 특히 디지털 상품(digital goods)의 경우 상품의 다양화전략을 구사하기가 용이하다. 이와 같은 상품다양화 전략은 시장의 분석을 통한 고객의 집단화와 상품의 특성을 고려한 상품 차별화 가능성 분석이 선행되어야 추진이 가능하다. 상품다양화 전략에는 시간차원을 활용하는 전략과 데이터 차원을 활용하는 전략, 기능 차원을 활용한 전략, 그리고 사용성 차원을 활용한 전략이 있다.

(1) 시간 차원의 다양화 전략

먼저 시간을 활용하는 경우에는 배달 시간을 차등화한다든가, 처리속도를 달리 한다든가, 혹은 사용시간을 제한함으로써 각기 다른 사용료를 지불하도록 하는 전략을 추진한다. 예를 들어, 시간에 민감한 정보의 경우 더 빨리 제공받고자 하는 사용자에게는 더 높은 가격에 판매를 하고, 빨리 받을 필요가 없는 사용자에게는 낮은 가격에 판매하는 전략이 해당된다.

(2) 데이터 차원의 다양화 전략

다음으로 데이터 차원을 활용하는 경우에는 데이터의 양이나 범위를 차등화한다든가, 데이터의 정밀도를 조절하여 상품을 다양화한다. 예를 들어, 전문직종에 종사하는 사람은 매우 자세하고 충분한 데이터를 필요로 하지만, 보통 사람들은 어느 정도의 데이터만 있어도 된다. 이와 같은 차이를 활용하여 상품을 다양화하는 것이다. 유사한 사례는 이미지의 해상도에 따라 상품을 다양화하는 전략에서도 찾아볼 수 있다. 즉 사진이나 이미지를 다루는 분야에서 고해상도를 필요로 하는 전문가들에게 더 높은 가격에 고해상도의 이미지를 제공하는 것은 비즈니스 성격상 당연하다.

(3) 기능 차원의 다양화 전략

그리고 기능 차원을 활용하는 다양화 전략의 경우에는 데이터 처리 능력이나 기능의 융통성 등을 통해 상품의 다양화를 추구한다. 데이터의 처리 능력이 다양하면 복잡한 일을 처리할 수 있지만, 그런 기능이 필요치 않는 사람도 있다. 또한 데이터를 단순히 보기만 하는 경우와 인쇄를 하는 경우, 그리고 다운로드를 받는 경우 모두 다른 가격으로 서비스할 수 있다. 그리고 이 모든 기능을 다 제공하는 경우에는 할인해서 제공하기도 한다.

(4) 사용성 차원의 다양화 전략

한편 사용성 차원을 활용하는 전략의 경우에는 사용자의 인터페이스, 편리성, 기술적 지원 수준 등의 차등화를 통해 상품 다양화를 추구한다. 여기에서 사용자 인터페이스(user interface)란 사용자가 정보에 접근하는 방식으로서, 그 방식의 다양성에 따라 상품을 달리 제공할 수 있다. 유사하게 사용상의 불편함을 제거(편리성을 부여)하는 정도에 따라서도 상품을 다양화할 수 있다. 단순하게 제공할 경우에는 무료로 이용하도록 하고 편리하게 이용할 경우에는 정식으로 요금을 지불하도록 하는 방식이 그 좋은 예일 것이다.

사용자 인터페이스(user interface)

(5) 기타 상품 다양화 전략

기타 상품 전략으로는 특정 상품을 다른 품목과 묶어서 판매하는 묶음판매(Bundling) 전략과 온라인/오프라인을 병행하는 전략을 들 수 있다. 묶어서 판매하는 경우, 기술적으로 연동이 잘되는 상품의 경우 훨씬 유리하다는 점, 묶어서 판매함으로써 가격적으로 보다 저렴하게 판매할 수 있다는 점, 그리고 필요성은 적지만 묶어서 구매함으로써 가격적으로 유리하므로 쉽게 살 가능성이 있다는 점 등이 장점으로 작용한다.

묶음판매(Bundling) 전략

온라인/오프라인을 병행하는 전략

워드프로세서(Word), 수치계산용 프로그램인 스프레드시트(Excel), 프리젠테이션용 프로그램(Powerpoint), 그리고 데이터베이스 프로그램(Access) 등의 프로그램을 묶어서 파는 마이크로소프트사의 Microsoft Office가 대표적인 사례라 할 수 있다.

블렌디드 러닝(Blended Learning)도 사이버 강좌를 진행하다가 온라인 교육이 갖는 단점을 극복하기 위해 특정 과목을 마친 다음에 교육장에 모여 강사의 요약 강의로 이해를 더욱 심화시키는 묶음판매 상품에 해당한다.

2.2.3 시장 대응 전략 유형

시장과 관련하여 추진할 수 있는 전략 유형은 크게 두 가지로 나누어 살펴 볼 수 있다. 하나는 시장선도자인 경우 후발주자들의 시장진입을 방어하는 전략 유형이고, 다른 하나는 신규사업의 경우 시장선점을 시도하고 이를 기반으로 수익을 확보하고자 하는 전략 유형이다.

(1) 시장 방어 전략

먼저, 시장선도자의 경우 이윤을 노리고 진입하고자 하는 후발주자들의 시장 진입을 막고 자신의 수익성을 제고하고자 할 것이다. 그 첫 번째 대안은 엄청난 투자를 한 다음 이에 걸맞은 가격으로 판매해 감히 투자할 엄두를 못내게 함으로써 다른 사업자의 진입장벽을 구축하는 투자 확대 전략이다.

다른 사업자의 시장진입을 막기 위한 또 다른 전략은 이미 초기 투자비용을 환수한 상태이므로 아예 공격적으로 가격을 인하하여 누구도 수익성을 확보하기 어려운 상태를 구축하는 공격적 가격 전략이다.

(2) 시장 선점 전략

다음으로 신규시장을 개척하는 사업자의 경우 일단 시장에 진입, 선점한 다음, 시장 점유율을 높이고 이를 기반으로 수익을 창출하고자 할 것이다. 그 첫 번째 대안은 강력한 마케팅을 통해 가능한 한 많은 고객을 확보한 다음 이를 기반으로 하여 기업의 성장성을 평가받게 되면 주식가치가 향상되고 부가적인 수익을 확보할 수 있는 전략이다. 이와 같은 전략을 추진하여 주식가치를 극대화한 국내의 많은 포털 사이트 사례는 많다. 그러나 이 전략 대안은 자칫 의미없는 회원의 증가로 인해 오히려 수익성이 악화될 가능성도 있기 때문에 수익모델을 동반하지 않으면 매우 위험한 전략 대안이라는 점을 명심하여야 할 것이다.

시장선점과 이를 통한 수익창출 전략의 또 다른 대안은 광고 전략이다. 대부분의 무료 사이트들은 모두 광고 전략을 취하고 있다고 보면 되는데, 이는 많은 이용자나 회원을 확보한 상태에서 광고를 유치하여 그 수수료를 수익으로 하는 비즈니스 모델이다. 그러나 무료 사이트들의 경우 사이트의 유지보수 외에 회원 확대를 위한 비용은 지속적으로 증가한 데 반해, 광고수익 외에 별다른 수익모델이 없어 경제적으로 어려워 다른 수익모델을 찾아야 했다. 이를 감안할 때 광고 전략은 고정 방문 회원과 고객의 확보, 광고효과의 확실한 증명 등 보다 심도 깊은 분석과 전략적 대안을 겸하고 가능하면 쇼핑몰의 병행 운영 등 확실한 수익모델의 병행 추진이 필요한 전략 대안이라 할 수 있다.

(3) 초기진입과 후발진입의 선택

산업 혹은 세분시장에서 초기진입자에게는 여러 가지 이점이 있다. 아리바(Ariba),

이베이(eBay), 베리사인(Verisign) 등과 같은 기업들은 초기에 진입하여 큰 성공을 거두었다. 초기진입자의 주요한 이점으로는 높은 시장 점유율을 획득하고, 상표명을 구축하고, 독점적인 전략적 제휴관계를 수립할 수 있는 기회가 있다는 점이다. 초기진입자의 주요 단점으로는 전자상거래 사업부문안의 개발에 따른 높은 비용, 실패가능성, 새로운 시스템의 출현으로 인한 시스템의 진부화 위험 등이 있다(Turban, 2012).

초기진입이 항상 성공을 하는 것은 아니다. 이토이(eToy), 케멕스(Chemex) 같은 초기진입 기업들은 파산을 하였거나 사업을 변경하였다. 그리고 한솔 CSN의 경우 국내 최초로 온라인 종합 쇼핑몰을 오픈하였으나, 후발기업들과의 경쟁에서 고전을 면치 못하고 사업을 철수하였다. 기업의 입장에서는 전자상거래 시장에 진출을 할 때, 전반적인 환경분석을 통해 초기진입을 할지 아니면 후발진입을 할지에 대한 전략적인 판단을 해야 한다.

2.2.4 가격 결정 전략 유형

가장 중요하게 고려되어야 하는 비즈니스 개체는 고객이다. 전자상거래 사업자는 고객과의 관계 속에서 어떻게 가격을 결정하고 수익을 확보할 것인가 하는 전략을 수립해야 하는데, 이는 요금 부과 방식에 따른 전략과 가격 차별화 전략으로 나누어 살펴볼 수 있다.

(1) 요금 부과 방식 전략

요금 부과 방식에 따라 구사하는 전략으로는 먼저 거래 요금 전략을 들 수 있는데, 이는 전자상거래에서 가장 일반적인 전략 형태이다. 즉, 거래 요금(transaction fee) 전략은 예스24(www.yes24.co.kr)와 같은 인터넷 서점 사이트에서 컴퓨터 분야의 전문 서적, CD, 잡지 등을 구입한 고객에게 그에 상응하는 요금을 수령하는 형태의 전략을 말한다.

거래 요금(transaction fee)

또 다른 요금부과방식으로 사용건당 요금을 지불(pay-per-use)하는 전략이 있는데, 이는 상품의 사용 건당 요금을 부과하기 용이한 디지털 상품에 해당하는 전략이다. 이에 비해 정기 구독 전략은 상품이나 서비스를 이용한 대가를 이용기간에 따라 차등하여 요금을 수령하는 전략을 취한다. 예를 들어, 만화를 취급하는 사이트에서는 사용기간을 달리하여 다른 정기구독료를 받고 있다. 이외에 이용자가 사

사용건당 요금을 지불(pay-per-use)

이트에 입장할 때마다 입장료를 받는 전략으로서 사이버 박물관이나 사이버 미술관과 같이 이용자들이 인터넷에 접속한 상태에서만 활용할 수 있는 상품이나 서비스 분야에서만 추진할 수 있는 전략도 있다.

(2) 가격 차별화 전략

한편 가격 차별화 전략은 개인화와 집단화에 따라 다른 전략 유형이 있다. 먼저 개인화된 가격 전략은 이용자마다 차별화된 가격으로 상품을 제공하는 전략을 말한다. 이는 인터넷이 철저한 개인화를 이룰 수 있기 때문에 이를 이용하여 가격 차별화를 용이하게 할 수 있다는 특성을 십분 활용한 전략 유형이라 할 수 있다. 즉, 각 개인은 자신의 욕구와 성향에 따라 각기 상품에 대한 가치기준과 효용도가 다르기 때문에 그에 상응하는 가치를 지불할 용의가 있다는 것이다.

한편 사람들의 집단적 특성에 따라 차별화 전략을 다른 각도에서 적용할 수 있을 것이다. 이는 사람들을 집단으로 세분화할 수 있는 요소를 가격 민감도, 네트워크 효과, 습관성 등으로 나누어 보고 이를 적용하여 차별화 전략을 구사한다. 먼저 가격 민감도의 경우, 학생과 일반인들은 가격 측면에서 상당한 차이를 보인다는 점을 감안할 때, 같은 상품에 대해 이 두 집단에 대해 각기 다른 가격 전략을 구사하는 경우에 해당한다.

네트워크 효과란 동일한 작업을 하는 집단은 다른 프로그램으로 작업하는 것보다 같은 프로그램으로 작업하는 것이 편리하므로 가격 측면에서 유리하다면 동일한 상품을 쓰고자할 때 나타나는 구매 효과를 말한다. 따라서 이런 집단에 대해서는 초기에는 다소 손해를 보더라도 보급률을 높임으로써 네트워크 효과를 얻을 수 있도록 하는 전략을 구사하여야 할 것이다. 그리고 습관성을 이용한 집단 가격 전략은 일반적으로 사람은 어려서 사용하던 것을 지속적으로 사용하는 습관을 가지고 있다는 점을 감안하여 장기적인 관점에서 가격 전략을 구사하도록 권고한다.

2.3 e-마켓플레이스 참여 전략

2.3.1 e-마켓플레이스 참여 전략의 개요

기업이 전자상거래에 참여하는 형태로 자사의 제품과 서비스를 그대로 유지한 채

e-마켓플레이스(Marketplace)에 참여하는 방법이 있다. 기업은 이미 EDI 등을 통해 제한된 수의 기업들과 상호작용하며 거래한 경험이 있다. 그러나 EDI 활용이 때로는 비용부담이 크고 폐쇄적 성격이 강하기 때문에 산업전반으로 확대하기에는 어려웠다. 그렇기 때문에 등장한 것이 e-마켓플레이스(가상시장)의 개념이다.[1] 인터넷을 매개로 가상공간에서 기업들이 만나기 때문에, 동종 산업 혹은 이종산업의 종합적 집합이 가능해지는 것이다.

e-마켓플레이스
(Marketplace)

e-마켓플레이스 시장은 초기에 벤처 수준의 작고 유동성 있는 인터넷 기업들을 중심으로 구축되기 시작했으나, 본격적인 꽃을 피운 것은 대기업들의 본격적인 참여에 의해서 이루어졌다. 이들 대기업들은 풍부한 자금력과 e-마켓플레이스 장악력, 관련 업체들의 참여를 유도하는 동원력 등을 장점으로 e-마켓플레이스의 핵심 주자로 움직이고 있다. 기존의 대규모 설비에 의한 규모의 경제를 추구한 대기업에는 e-마켓플레이스가 전자상거래를 활용하는 좋은 기회가 되는 것이다.

2.3.2 e-마켓플레이스 추진 추세

오프라인의 대형 제조업체들을 중심으로 한 거대 e-마켓플레이스가 크게 확산되고 있다. 대표적인 사례로서 미국의 자동차 3대 생산업체인 GM(General Motors), 포드(Ford), 다임러 크라이슬러(Chrysler)가 컨소시엄을 구성하여 전세계 3만여 부품 업체를 연결하는 초대형 e-마켓플레이스를 구축하기로 한 것을 들 수 있다. 본래 각 회사는 자동차 거래 방식으로서 전자상거래를 활용하는 등의 독자적인 전략이 가능하였다. 그러나 세 기업이 통합적인 e-마켓플레이스 구축에 함께 참여함으로써 통합화와 전문성 강화가 주는 효과를 극대화할 수 있게 되었다. 이처럼 기존 기업이 전자상거래를 수신하는 방안으로서 e-마켓플레이스의 일원으로 참여하는 방법은 전통적인 제조업체 들을 중심으로 급격히 확산되어가고 있는 추세이다.

기존의 기업은 이러한 e-마켓플레이스에 참여함으로써 종전에 가지고 있던 생산시설이나 생산조직을 급진적으로 재구성하지 않더라도 효율적인 전자상거래 추진이 가능해진다. 결국 기업을 대상으로 한 거래 방식을 혁신함으로써 빠른 전자상거래 환경에 접근하기 위한 전략으로 e-마켓플레이스 참여가 증가되고 있는 것이다.

---

1) 마켓플레이스에 대한 내용은 제3장 제4절을 참고하기 바란다.

2.3.3 e-마켓플레이스 참여시 고려사항

동일한 사업 분야에서도 동시에 많은 수의 e-마켓플레이스가 존재할 수 있다. 이 경우 e-마켓플레이스 간의 경쟁이 불가피하다. 기업은 e-마켓플레이스의 참여를 결정함에 있어 참여기업의 명단과 수, 사업내용을 사전에 정확하게 파악해야 한다. 기업들이 성급하게 e-마켓플레이스 구축에 뛰어드는 것보다는 산업별 특성, 기업 역량, 시장상황, 경쟁구도 등을 종합적으로 판단하는 것이 선행되어야 한다. 또한 기본적인 정보기술 인프라와 정보화 마인드를 갖추어 놓는 것도 기존 기업들이 수행해야 할 과제로 남게 된다.

e-마켓플레이스에 참여하는 기업의 전자상거래 전략을 어떻게 발전시켜주는가? e-마켓플레이스에 참여하는 것이 전략적인 우선순위인가? 어떻게 가치를 창출할 것인가? 경쟁의 차별성은 무엇인가? 등도 전략적으로 고려해야 할 요소이다.

3. 전자상거래 전략수립과 실행

국내 전자상거래는 기업경쟁력 제고를 위해 그동안 최대의 화두였다. 많은 전통기업들이 전자상거래화를 추진했지만 그 효용성과 성과에 대해서는 논란의 여지가 많았다. 이러한 논란에도 불구하고 국내 전자상거래가 "실효성 있는 전자상거래"로의 도약을 위해서는 전자상거래에 대한 포괄적이고 신뢰할 수 있는 분석과 전략수립을 위한 방법론이 필요하다.

기업 전자상거래화의 성공적 실행은 자금, 인력, 기술, 그리고 관련된 H/W, S/W가 유기적으로 통합하여 이러한 제반 요건들을 경제적이고 효과적이며, 능률적으로 운용함으로써 이루어질 수 있다. 전자상거래 전략수립 방법론이란 이러한 활동을 가능하게 하는 것으로서 전자상거래 추진의 효율적 구현 요체라 할 수 있다.

다시 말해서 전자상거래 전략수립 방법론이란 전자상거래 추진계획의 목표들을 효과적으로 달성할 수 있는 전자상거래 전략을 도출하는 일련의 절차와 기법 및 산출물 등을 정의해 놓은 것이다. 따라서 전자상거래 전략수립 방법론은 기업이 주어진 환경 하에서 가용한 자원을 활용하여 최적의 전자상거래 성과를 달성하게 할 수 있는 주요 핵심기반이라고 할 수 있다.

전자상거래는 기술적 발전과 시장상황의 변화, 고객의 요구변화에 따라 끊임없이 변화 · 발전하는 속성을 갖고 있다. 즉, 전자상거래화를 추진하는 각 기업은 지속적으로 비즈니스를 개선하려는 노력을 기울여야만 경쟁에서 생존할 수 있다. 전자상거래는 비즈니스 활동의 상당한 부분이 웹사이트로 표현되고 구현된다. 전자상거래의 개선과 발전은 곧 해당 사업을 구현하고 있는 웹사이트의 개선과 갱신을 뜻한다. 따라서 지속적인 사이트 개발과 개편에 관련된 수많은 프로젝트를 자체적으로 수행할 수 있는 능력이 전자상거래 추진 기업들에게 필수적으로 요구되고 있다. 또한 사이트와 관련된 수많은 프로젝트를 경제적이고 신속하게 수행하며, 웹사이트 개발과정의 헤아릴 수 없는 위험요소들을 효율적으로 관리할 수 있는 능력은 전자상거래 추진 기업들이 필수적으로 갖춰야 할 요소인 것이다.

전자상거래의 지속적인 경쟁력을 갖추기 위해 효율적인 프로젝트 수행 경험과 방법을 체계화한 것이 바로 방법론이다. 특히 개별 기업의 경우 방법론이란 사업 추진 경험과 지식의 총합이고 기존 작업 방식 개선의 결과물이라 할 수 있다. 그러나 전자상거래를 추진하지 못한 기업의 경우 대부분 경험과 지식이 미비된 상태이고, 급변하는 기술적 변화로 인해 개별 기업이 전자상거래에 대한 방법론을 자체적으로 개발하고 확보한다는 것은 매우 어려운 작업일 뿐 아니라 상당한 투자가 필요하다. 이런 이유로 기업들은 외부 컨설팅 업체의 경험과 지식을 필요로 하게 된다. 그러나 기업들은 자신이 속한 산업에 적합한 방법론을 찾는 노력을 게을리하지 말아야 할 것이다. 결국 해당 산업과 자신의 비즈니스를 가장 잘 아는 기업은 다른 그 어떤 곳도 아니기 때문이다. 전자상거래 전략을 수립하기 위한 절차와 단계는 [그림 7-6]과 같이 기회와 포지셔닝, 전자상거래 설계, 전자상거래 실행계획, 효과 분석과 평가 등으로 구성된다.

[그림 7-6] 전자상거래 전략수립 방법론

3.1 비전설정과 포지셔닝

기회와 포지셔닝

전자상거래 전략을 수립하기 위한 첫 번째 단계인 기회와 포지셔닝은 모든 구성원이 공유하는 명확한 비전, 고객의 요구에 대한 파악, 고객의 요구를 만족시키기 위해서는 어떠한 능력을 갖추어야 하는가에 대한 명확한 이해 등을 수행하여야 한다. 기회와 포지셔닝의 단계는 [그림 7-7]과 같이 사명과 비전의 수립, 외부환경 분석, 내부 분석, 기회 포착, 전자상거래 포지셔닝의 도출 등으로 구성된다.

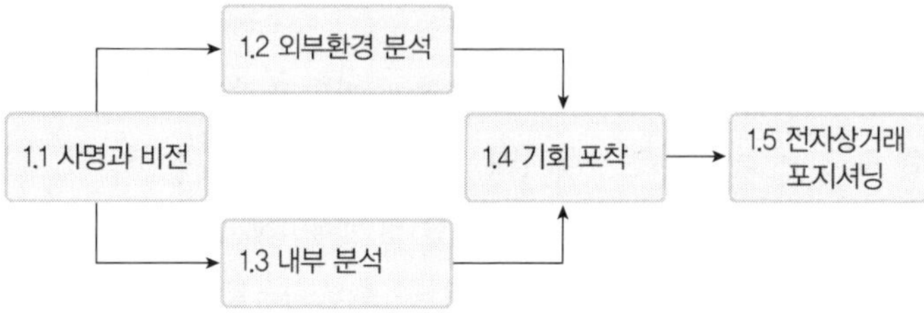

[그림 7-7] 기회와 포지셔닝

전자상거래 기회를 고려하는 기업의 사명 수립은 어떠한 분야에서? 무엇을 겨냥할 것인가? 어떠한 방식으로? 무엇을 할 것인가? 등을 결정하는 단계이다. 기업의 비전은 사명을 달성하기 위한 정성적 및 정량적인 지표를 의미한다. 외부환경 분석은 외부환경요인의 동태 분석, 포터의 산업구조분석 등을 실시하여 환경변화에 따른 기회와 위협 요인을 찾는다. 기업 내부의 분석은 가치사슬모형을 이용하여 시간단축, 비용절감, 정보량 확대를 가능하게 하는 프로세스를 찾는 단계이다. 그러나 기존의 가치사슬과는 약간의 변화가 있어야 한다. 즉, 정보기술과 인터넷의 발달로 인하여 생산, 유통, 서비스 활동에 변화가 초래하고 있으므로 기업 내부적으로 가치사슬 모형의 재구축을 실시하여야 한다. 기존의 가치사슬은 내부에서 외부로 향하는 방향이지만, 전자상거래 가치사슬은 외부에서 내부로 향하는 반대되는 방향으로 구성되어야 한다.

전자상거래 기회를 포착하고 발견하는 것은 결코 쉬운 일이 아니다. 기회의 포착은 기업의 비전과 내부 및 외부 분석을 통해 도출된 결과를 토대로 기업의 역량과 조화를 이루는 부분을 찾는 단계이다. 수립된 기업의 목표를 달성하기 위한 기업의 역량을 세분화하여 필요한 부분에 선택과 집중을 실시하여 기회를 모색하는 것이다. 기회포착을 위한 방법으로는 SWOT 분석 방법을 사용하기도 한다.

전자상거래가 성공하기 위해서는 올바른 사업부문을 탐색하는 것이 중요하다. 조직의 수용 능력과 전자상거래 기회를 연결하는 포지셔닝을 결정하는 것이 최종적인 첫 단계의 결과물이다.

3.1.1 외부환경분석

기업의 환경이라고 하면 기업의 행동방식과 경영성과에 영향을 주는 여러 가지 요소들을 포함하는데, 외부환경에는 [그림 7-8]과 같이 경제적 환경, 기술적 환경, 사회/문화적 환경, 정치/법적 환경 등 다양한 환경이 있다. 이 환경들은 모두 기업이 전략을 수립하는 데 중요한 요소로 작용하게 된다.

경제적 환경
기술적 환경
정치/법적 환경
사회/문화적 환경

경제적 환경은 기업이 처한 경제상황을 나타내는 것으로 인플레이션율, 실업률, 임금/가격통제, GNP 성장 경향, 이자율, 통화량, 주가와 환율 동향 등의 경제 제반 상황을 들 수 있다. 기술적 환경은 정부와 산업차원에서 R&D 투자액, 특허보호제도나 신상품 개발 현황, 연구에서 시장으로의 기술이전 정도 등의 상황을 말한다. 정치/법적 환경은 공정거래와 관련된 규제나 환경보호와 관련된 법규, 세법, 기업 장려 정책 등의 법적환경과 더불어 선거나 정치권력의 향방과 같은 기업이 속한 사회의 정치적 상황을 의미한다. 사회/문화적 환경은 라이프스타일의 변화, 소비자 운동의 변화, 인구통계학적 특성 즉 인구의 연령분포나 교육수준, 출생률, 인구의 지역적 분포 등을 들 수 있다.

이러한 상황 속에서 기업은 거시적 환경변화에 대한 심층적인 이해가 필요하다. 즉 환경이 미래에 어떠한 방향으로 변할 것이며 그에 따라 기업이 어떤 영향을 받

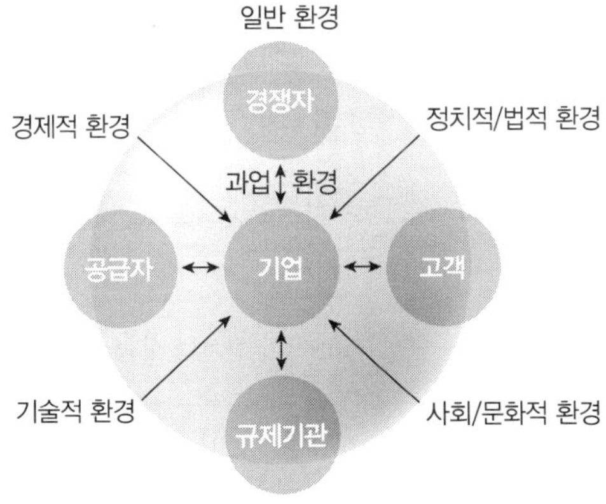

[그림 7-8] 기업의 외부환경요인

을 것인가? 그리고 환경의 변화에 대해 우리 기업의 경쟁자와 고객은 어떻게 반응할 것인가? 와 같은 고민과 그에 대한 대응전략을 수립하는 것이 중요하다고 할 수 있다.

3.1.2 산업구조분석

기업이 외부적 환경 분석을 하고자 하는 목적은 이상의 여러 가지 요인을 파악하여 그에 적절한 대응전략을 수립하고자 하는 것이다. 이외에 기업이 속한 산업의 경쟁구조에 대한 면밀한 분석도 필요하다. 산업(경쟁)구조 분석이란 특정한 산업에 있어서 경쟁자, 공급자, 고객과의 관계가 산업의 환경을 이루고, 이러한 기업간의 관계를 조직적으로 분석하는 것이다. 산업구조를 분석하는 기법을 처음 경영전략에 도입한 사람은 포터(Michael Porter)이다. 포터는 모든 산업에 있어서 [그림 7-9]와 같이 다섯 가지의 경쟁 세력들(five forces)이 산업에서의 기업 경쟁력을 결정하며, 이러한 세력의 전반적인 힘은 그 산업에서 기대할 수 있는 궁극적인 이윤 잠재력에 의해 결정된다고 보았다. 포터가 제시한 산업구조 분석기법은 산업 내에서의 경쟁기업, 잠재적 진입기업, 대체품을 만드는 기업, 공급자, 구매자 등 경쟁세력을 다섯 가지로 나누어 다루고 있다. 따라서 이들 세력들간의 경쟁구조와 경쟁의 심화정도를 분석하여 산업의 수익적 매력도를 판단하고 자사의 전략적 위치를 파악하는 모형이다.

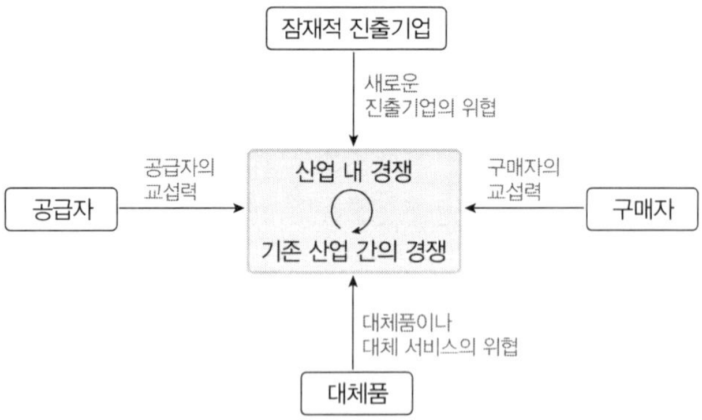

[그림 7-9] Porter의 경쟁세력 모형

(1) 기존기업과의 경쟁

대부분의 산업에서 경쟁의 양상과 산업 전체의 수익률을 결정하는 가장 중요한 요인은 이미 그 산업 내에서 경쟁하고 있는 기업들간의 경쟁관계이다. 산업 내의 기존 기업들간의 경쟁 양상과 강도를 결정하는 요소는 산업의 집중도, 경쟁기업의 동질성과 이질성, 제품차별화의 정도, 경기순환에 따른 초과설비, 비용의 구조 등으로 설명하고 있다.

(2) 잠재적 진입기업과의 경쟁

만일 어느 산업의 수익률이 상당히 높거나, 그 산업이 정말 유망한 산업이라고 할 때, 모든 기업들은 그 산업에 진입하고 싶어할 것이다. 그러나 막대한 이익을 얻는다고 해서 모든 기업들이 그 산업에 진입할 수 있는 것은 아니다. 모든 산업들이 자유롭게 진입할 수 있다면 산업의 높은 수익률은 진입기업들과의 경쟁에 의해 점차 낮아지게 될 것이다. 또한 실제적으로 진입이 일어나지 않는다고 하더라도 만일 다른 기업들이 언제든지 그 산업에 뛰어들 준비가 되어 있다면, 그 산업에 있는 기존 기업들은 잠재적 경쟁자가 진입할 수 있다는 위협 때문에, 가격을 높게 받지 못하고 경쟁적인 수준으로 낮추어 이러한 진입을 막을 필요가 없다. 이와 같이 기존기업들이 신규진입기업에 비해 가지는 우위를 진입장벽(entry barrier)이라고 한다. 즉, 진입장벽이란 신규 진입기업들이 기존기업들에 대해 부담하는 상대적인 불리함을 말한다. 이와 같은 진입장벽들은 그 산업에서의 경쟁기업의 진입을 약화시키고 그 산업에서의 높은 수익률을 유지할 수 있게 한다. 진입장벽이 효과적으로 신규진입을 억제하고 있는데, 이러한 진입장벽에 대하여 신규 진입기업들은 여러 가지 방법으로 이를 피해 가려고 한다. 신규 진입기업들은 종종 새로운 방식으로 진입을 시도한다. 즉 새로운 기술, 새로운 경영능력, 새로운 브랜드를 가지고 효과적으로 진입에 성공하기도 한다.

진입장벽(entry barrier)

(3) 대체재와의 경쟁

만일 산업의 수익률이 소비자가 그 제품이나 서비스에 대해 기꺼이 지불하려는 가격에 따라 결정된다면 산업의 수익률은 대체재(substitute)의 유무에 따라 굉장히 차이가 나게 된다. 대체재가 많으면 많을수록 기업들이 자신의 제품이나 서비스에 높은 가격을 받을 수 있는 가능성은 줄어든다. 이와 같이 대체재의 존재가 그 산업의 가격결정에 영향을 미치는 정도는 크게 두 가지 요소에 좌우된다. 첫째는 소비자들이 쉽게 대체재로 옮겨갈 수 있는가 하는 문제이고, 둘째는 대체재가 가진 유용성이다.

대체재(substitute)

(4) 구매자의 교섭력

전환비용(switching cost)

어떤 산업에 있는 기업이든 궁극적으로는 소비자들에게 제품이나 서비스를 공급한다. 구매자의 교섭력을 결정하는 데에는 다음 두 가지 요소가 중요하다. 먼저 제품차별화가 심할수록 구매자는 가격에 대해 민감하지 않게 된다. 예를 들어, 과자, 의류 등과 같은 제품은 종종 원가보다 훨씬 높은 가격을 받고 있으며, 구매자들은 높은 가격을 지불하더라도 자신이 선호하는 제품을 사기 마련이다. 구매자의 교섭능력에 더 영향을 미치는 것은 판매하는 기업과 구매하는 기업간의 교섭력의 차이이다. 이러한 교섭력에 의한 차이를 살펴보면, 첫째, 구매자의 공급자에 대한 상대적 크기가 중요한 요소이다. 둘째, 구매자들이 공급자의 제품, 가격, 비용구조에 대해 보다 자세한 정보를 가질수록 구매자의 교섭력은 강해진다. 셋째, 구매자들이 공급선을 바꾸는 데 많은 전환비용(switching cost)이 든다면 구매자의 교섭력은 떨어진다. 넷째, 수직적 통합을 할 수 있는 경우 구매자의 교섭력은 훨씬 강화된다. 이와 같이 구매자의 교섭능력이 공급자들의 가격과 이윤을 낮춘다는 것은 이미 여러 실증연구에서 확인된 바 있다. 구매자가 더 큰 기업일수록, 구매자가 금액이 크기가 공급자의 매출에서 차지하는 비중이 크면 클수록, 구매자가 훨씬 가격에 민감할수록, 공급하는 기업의 수익률은 낮아지게 된다.

(5) 공급자의 교섭력

강력한 구매자가 교섭력을 행사하여 가격을 낮춤으로써 공급자로부터 이익을 빼앗을 수 있는 것처럼, 공급자들도 자신의 교섭능력이 강할 때 가격을 높임으로써 이윤의 폭을 넓힐 수 있다. 많은 산업에 있어서 일상재를 공급하는 기업들은 종종 자신의 교섭능력을 높이기 위해 카르텔을 형성하기도 한다. OPEC는 산유국의 교섭력을 높이려는 카르텔이고, 노동조합도 사실은 노동서비스를 공급하는 노동자들이 단체 교섭력을 높여 구매자인 기업으로부터 더 많은 이익을 얻기 위한 조직이라고 이해할 수 있다.

디지털기술은 더 빨리, 더 낮은 가격으로 향상된 품질의 제품을 고객에게 공급할 수 있도록 지원한다. 또한 약간의 추가 비용만으로도 기존의 제품에 고객의 요구에 부응하는 기능을 쉽게 첨가할 수 있다. 경우에 따라서는 디지털기술로 획득한 다양한 자료를 바탕으로 전혀 새로운 사업에 진출할 수도 있다. 산업경쟁분석모형의 각 경쟁세력이 가지는 의미와 이들에 대한 디지털기술의 잠재적 영향은 〈표 7-2〉에서 보는 바와 같다.

〈표 7-2〉 각 경쟁세력에 대한 디지털 기술의 활용

경쟁 세력	경쟁 세력의 영향	디지털기술의 활용 방안
산업 내 경쟁자	가격, 제품, 유통경로와 서비스 등에서 경쟁	비용절감의 효율화 제품과 서비스, 회사의 차별화
구매자	가격 인하, 제품과 서비스의 품질 향상 경쟁력 고취	고객의 선택 폭 확대, 높은 전환 비용, 차별화
공급자	가격 상승, 제품과 서비스의 품질 저하	유통경로 강화, 다양한 공급자 발굴, 높은 전환 비용
신규 진입 기업	규모 확장, 많은 자원 필요, 가격 인하 및 높은 진입 비용	규모의 경제, 전환 비용, 제품 차별화, 유통경로의 진입저지 등의 진입 장벽 구축
대체재 생산기업	상한가격 설정, 잠재 수익 봉쇄	제품과 서비스의 재편, 저가격, 제품의 성능 향상

*자료원: 노규성외, 2019

3.1.3 내부환경분석과 핵심역량

기업의 내부환경을 분석하려면 무엇보다도 먼저 기업 내부의 자원에 대한 파악이 선행되어야 한다. 기업의 경영자원은 크게 유형자원과 무형자원, 그리고 인적자원으로 나눌 수 있다. 유형자원은 기업이 가지고 있는 물적자산과 금융자산으로 기업의 대차대조표에 나오는 주요 경영자원을 말한다. 무형자원은 눈에 보이지 않는 기술이나 기업이 가지고 있는 명성(브랜드) 등을 말한다. 인적자원은 유형자원인지 무형자원인지 구분이 모호하기도 하나 중요한 경영자원의 하나이기 때문에 통상 따로 분류하여 다루고 있다. 이들의 주요특성과 핵심지표를 정리하면, 〈표 7-3〉과 같다.

이러한 기업 내부의 자원들 중에서 핵심역량이라는 개념이 화두로 등장하게 되었다. 핵심역량의 개념을 살펴보면 기업에서 핵심을 이루는 경쟁력으로서 경쟁타사보다 우수한 제품 및 서비스를 고객에게 제공할 수 있는 능력, 조직 구성원의 힘을 결집하여 문제를 해결하는 능력 및 타사에 앞선 신기술을 경영에 도입하는 능력 등 기업이 가진 독자적인 역량이라고 할 수 있다. 경쟁이 치열한 상황에서 볼 때는 자사의 강점을 '자사의 궁극적인 경쟁력'으로 바꿔 읽는 전략적 관점이 핵심적 역량인 것이다. 기업이 가지고 있는 핵심역량에 따라서 기업이 가지는 경쟁적 지위가 달라지고, 그 정도에 따라 기업의 전략도 달라지게 될 것이다.

〈표 7-3〉 기업의 경영자원

경영자원		주요특성	핵심지표
유형자원	물적자원	• 공장과 설비의 규모, 위치, 기술의 정밀성과 유연성, 건물과 토지의 용도 전환과 위치가 중요 • 원자재의 획득가능성이 기업의 생산가능성을 제한하며 비용 및 품질우위를 결정	• 고정자산의 재판매 가치 • 자본 설비의 수명 • 공장의 규모 • 고정자산의 용도전환 가능성
유형자원	금융자원	• 기업의 자금차입능력과 내부자금의 운용 • 가능성이 기업의 투자능력을 결정	• 부채/자본비율 • 자본지출에 대한 현금보유비율 • 신용등급
무형자원	기술자원	• 특허권, 저작권, 기업비밀 등의 독점기술 노하우 • 전문기술을 포괄하는 기술자원, 기술혁신자원, 연구설비, 기술인력	• 특허권의 수와 중요성 • 독점 라이선스로부터 얻는 수익 • 전체 종업원 중 연구개발 인력의 비중
무형자원	브랜드	• 소비자들에게 널리 알려진 상표를 기업이 보유함으로써 소비자들과의 좋은 관계 형성 • 그 기업의 제품에 대한 소비자들의 신뢰 확보	• 브랜드 인지도 • 경쟁브랜드에 대한 가격 프리미엄 • 재구매 비율 • 제품품질에 대한 객관적인 측정
인적자원		• 종업원에 대한 훈련과 그들이 보유한 전문기술이 그 기업이 활용할 수 있는 기술수준을 결정 • 종업원들의 유연성이 기업 전략의 유연성을 결정 • 종업원들의 충성과 헌신이 경쟁우위를 유지할 수 있는 기업의 능력을 결정	• 종업원의 교육, 기술, 전문자격 산업평균대비 임금수준

기업에 따라서는 시설이나 설비, 자금력 등이 핵심역량이 될 수도 있지만, 요즘처럼 지식과 정보가 기업의 중대한 경쟁력 척도가 된 시대에는 축적된 기술이나 노하우, 구성원들의 지식이나 창의력, 유통경로에 대한 영향력, 부품공급업체와의 양호한 파트너십, 창의적이고 건전한 기업문화, 효율적인 경영관행, 기업의 좋은 이미지 등과 같이 눈에 보이지 않는 요인들도 기업의 경쟁적 우위를 확보해주는 핵심역량이 되고 있다.

핵심역량

종합해 보면, 핵심역량이란 [그림 7-10]에서 보는 바와 같이, 기업의 경쟁력의 근저를 이루는 나무의 뿌리와 같은 것이다. 튼튼한 나무의 뿌리는 하루 아침에 만들어지는 것이 아닌 것처럼 핵심역량의 축적은 지속적이고 의식적인 노력과 학습

역량을 통해 이루어지며, 핵심역량은 경쟁자를 따돌릴 수 있는 경쟁우위의 강력한 원천이 된다. 경쟁사가 이러한 역량을 축적하려면 상당한 기간과 노력을 투여해야 하기 때문에 한 번 축적된 핵심역량은 지속적으로 확대 발전 및 장기간 보유 가능하도록 할 때 지속가능한 경쟁우위가 확보될 수 있다.

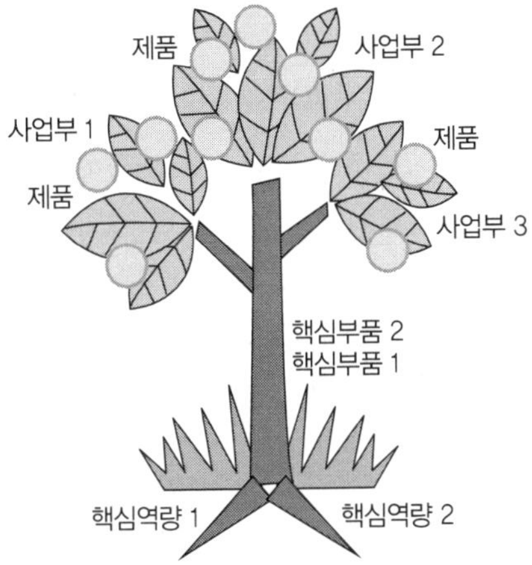

[그림 7-10] 핵심역량의 역할

3.1.4 가치사슬모형

포터는 기업의 경영활동을 기능별로 나누어 분석하면 기업 활동간의 상호 연계관계를 파악하는데 어려움이 있기 때문에 각 활동별 강 · 약점은 파악되어도 활동간의 시너지 효과 때문에 생기는 강 · 약점은 파악할 수 없다고 이야기한다. 이에 복잡한 시장경쟁의 구조하에서 기업들이 경쟁우위의 원천을 확보하고 이를 실행하며 필요한 전략을 모색하기 위하여 가치사슬모형(value chain model)을 제시하였다. 가치사슬은 한 기업의 활동을 전략적으로 연관성이 있는 몇 개의 활동들로 나누어 원가가 발생하는 원천과 자사 제품을 경쟁사의 제품과 차별화시키는 원천을 밝혀내기 위해 도입된 개념이다.

가치사슬모형(value chain model)

가치사슬은 기업 활동을 사업적 목적을 위해 수행하는 기술적, 경제적으로 구별되는 활동 등으로 나누어진다. 이와 같은 가치를 창출하는 일련의 관련성 있는 활동들을 가치활동(value activity)이라고 하며, 가치활동들이 창출하는 가치가 가치활동에 소요되는 비용을 능가한다면 그 기업은 이윤을 남길 수 있게 된다.

가치활동(value activity)

경쟁사보다 경쟁우위를 가지기 위한 방법으로는 두 가지가 있는데 이는 가치활동들을 더 효율적으로 수행하여 비용절감으로 이루는 전략과 수행방식을 다르게 해서 차별화를 통해서 수익을 증대하는 것이다. 포터는 고객을 위해 가치를 창조하는 기업과 가치창조를 창출하는데, 비용의 개념으로 경쟁적 우위 개념을 도입했다. 기업이 생산하는 제품은 기업이 물류적, 기술적으로 차별화된 활동의 연계 즉, 가치사슬에서 창출된다는 것이 그의 논리다.

주활동(primary activities)
보조활동(support activities)

기업이 수행하는 가치활동 중에는 가치를 창출하기 위한 주(본원적)업무활동과 기본적인 업무활동을 지원하는 보조활동으로 [그림 7-11]과 같이 구분할 수 있다. 주활동(primary activities)은 고객의 가치를 창출해 내는 기업의 제품과 서비스의 생산 및 분배와 직접적으로 관련된 활동이다. 주활동은 원자재 투입, 생산/운영활동, 출고와 물류, 마케팅 및 판매, 서비스를 포함한다. 보조활동(support activities)은 기업의 본원적 활동이 가능하도록 해주는 것으로, 기업인프라(관리와 경영), 인적자원관리(모집, 고용, 훈련, 개발, 보상), 기술(제품과 공정을 향상시키기 위한 노력) 관리, 조달(투입요소를 구입하는 것) 활동으로 이루어져 있다.

[그림 7-11] 가치사슬모형

가치 활동은 경쟁우위를 창출하는 구성요소로 서로 관련성을 가진 활동이 체계적으로 이루어진 것이지 독립적 활동의 단순한 집합이 아니다. 한 기업의 가치사슬은 상호의존적 가치 활동들이 서로 연결되어 있는 하나의 시스템으로 가치 활동간의 연결은 한 가지 활동이 비용이나 효과면에서 다른 활동에 영향을 줄 때, 또 이익의 상충이 일어날 때 생기게 된다. 따라서 이러한 연결은 조정을 필요로 한다.

예를 들어, 좋은 제품을 만들기 위하여 좋은 원자재를 구입하여, 우수한 생산시설에서 까다로운 품질 규정에 의해 제품을 생산함으로써 사후관리의 비용을 감소하는 결과를 낳을 수 있다. 하지만 필요 이상의 원자재 가격이나 생산시설의 고정비 부담은 제품 가격의 상승을 초래하기도 한다. 이와 같은 상황에 직면한 기업은 경쟁적 우위를 획득하기 위하여 불필요한 업무를 제거하고, 원가에 부담이 되는 비용발생 요인에 대한 명확한 규정을 통하여 비용과 수익 간의 적정성이 고려되는 수준에서 원자재, 생산설비 등을 선택해야만 한다.

가치사슬 내의 연계가 경쟁우위를 확보하는 데 있어 매우 중요하지만 이를 인식하는 일은 매우 어려운 문제이다. 최근에는 정보처리기술의 발전으로 인해 새로운 연계를 찾을 수 있게 되었으며 기존의 연계를 잘 조합해서 경쟁우위를 증진시킬 수도 있게 되었다.

가치사슬모형은 기업이 추진하는 전략 및 경쟁우위 확보와 내부 역량을 연계시키는 관점을 가지고 기업자원을 분석하는데 활용이 된다. 가치사슬에 포함된 다양한 활동들은 기업이 추구하는 원가우위 전략 혹은 차별화 전략의 성공적 실행에 초점을 맞추고 부가가치를 창출해야 한다. 디지털기술의 이용은 경쟁원천으로 인식되는 핵심 가치활동의 경쟁력을 보다 향상시켜서 궁극적으로는 조직 전체의 경쟁력을 향상시키는데 이바지하게 된다(노규성외, 2019).

〈표 7-4〉 가치사슬 활동

활동	정의
입고	원자재/부품 등의 구매, 원재료관리, 자재보관, 적시배송 등
생산	기계 유지보수, 가공, 조립, 조업, 제품생산 등
출고	완제품의 창고보관, 출고, 배송, 유통 등
마케팅 및 영업	시장에의 접근, 홍보, 영업, 판매, 고객유치/유지 등
고객 서비스	판매 후 관리, 수리, 불만해소, 고객지원 등
인프라 관리	기획, 재무, MIS, 조직문화, 제도, 법률, 물리적 인프라 등
인적자원 관리	인력선발, 교육, 평가, 배치, 경력관리 등
기술개발	제품의 품질, 생산공정 향상, 관리기술연구, 신제품 개발 등
조달	원자재, 소모품, 인력, 자금, 정보 등을 전사 차원에서 확보

*자료원: 노규성외, 2019

3.1.5 SWOT 분석

SWOT(Strength, Weakness, Opportunity, Threat)

기업은 외부환경과 내부환경요인 분석을 기초로 하여 전략의 목표를 달성할 수 있는 대안들을 수립하고 적절한 방향을 제시해 주는 기법으로 [그림 7-12]와 같이 SWOT(Strength, Weakness, Opportunity, Threat) 분석을 주로 사용한다. SWOT 분석은 앞에서 살펴본 내 · 외부환경분석 결과를 토대로 기업이 직면한 외부의 기회, 위협을 기업내부의 강 · 약점에 적용함으로써 전략목표 달성과정에서 나타나는 네 가지 전략적 상황을 제시한다.

내부 역량 분석

외부 역량 분석	S (강점)	W (약점)
O (기회)	**강점–기회전략 (S–O전략)** 기회를 활용하기 위해 강점을 사용하는 마케팅 전략을 창출	**약점–기회전략 (W–O전략)** 약점을 극복함으로써 기회를 활용하는 마케팅 전략을 창출
T (위협)	**강점–위협전략 (S–T전략)** 위협을 회피하기 위해 강점을 사용하는 마케팅	**약점–위협전략 (W–T전략)** 위협을 회피하고 약점을 최소화하는 마케팅 전략을 창출

[그림 7-12] SWOT분석

이 분석에서 사용되는 4요소를 강점 · 약점 · 기회 · 위협(SWOT)이라고 하는데, 강점은 경쟁기업과 비교하여 소비자로부터 강점으로 인식되는 것은 무엇인지, 약점은 경쟁기업과 비교하여 소비자로부터 약점으로 인식되는 것은 무엇인지, 기회는 외부환경에서 유리한 기회요인은 무엇인지, 위협은 외부환경에서 불리한 위협요인은 무엇인지를 찾아낸다. 기업 내부의 강점과 약점을, 기업 외부의 기회와 위협을 대응시켜 기업의 목표를 달성하기 위해 다음과 같은 마케팅 전략을 수립할 수 있다.

S-O전략(시장 선점 전략, 다각화 전략)

S-T전략(시장 침투 전략, 제품계열 확충 전략)

- S–O전략(시장 선점 전략, 다각화 전략): 시장기회가 있고, 기업의 전략적 강점이 많은 매우 좋은 상황이다. 기업은 시장의 기회를 선점하는 전략을 구사하거나 시장/제품의 다각화 전략을 추구한다.
- S–T전략(시장 침투 전략, 제품계열 확충 전략): 시장의 위협요인이 있으나, 기

업이 상대적 강점을 갖고 있는 경우, 그 장점을 적극 활용하여 공격적 시장침투 전략을 쓰거나 제품계열을 확충하는 전략을 추구한다.

- W-O전략(핵심역량 강화 전략, 전략적 제휴 전략): 시장의 기회는 존재하나 기업의 핵심역량이 부족하다. 이 경우 기업의 핵심역량을 강화하여 시장기회를 잡는 핵심역량 강화전략을 쓰거나 시장의 기회를 먼저 포착하면서 기업의 핵심역량을 보완하는 전략적 제휴전략을 선택한다.
- W-T전략(집중화 혹은 철수): 환경의 위협요인이 많으며, 기업의 핵심역량도 부족하다. 이 경우 기업의 약점을 극복하기 위하여 제품이나 시장을 재구축(restructuring)하여 제품/시장을 집중화하는 전략을 쓰거나 철수하는 전략을 고려한다.

W-O전략(핵심역량 강화 전략, 전략적 제휴 전략)

W-T전략(집중화 혹은 철수)

3.2 전략설계

전자상거래 전략을 수립하기 위한 두 번째 단계인 전자상거래 설계는 새로운 고객의 요구에 부응할 수 있는 전자상거래 사업 기반을 갖출 수 있는 핵심을 설계하는 단계이다. 전자상거래의 설계 단계는 [그림 7-13]과 같이 전자상거래의 세분화, 개념적 설계, 차이분석, 로드맵의 개발 등으로 구성된다.

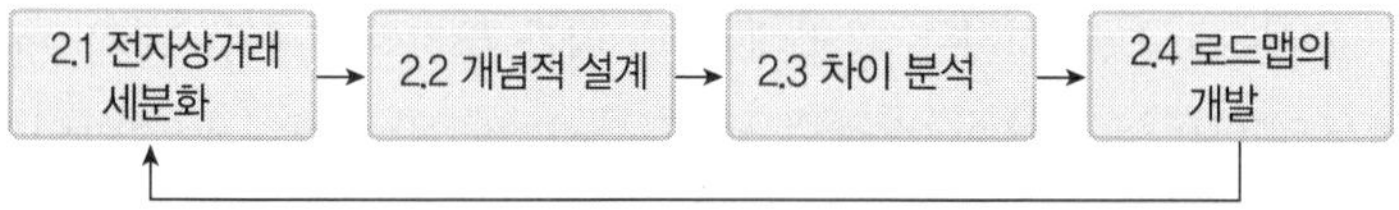

[그림 7-13] 전자상거래의 설계

전자상거래 세분화는 고객의 선택, 고객의 요구사항, 고객에게 특별한 무엇인가의 제공, 고객의 확보 등을 고려하여 전자상거래 분야를 보다 구체화하는 단계이다. 경쟁기업과의 차별화 효과를 극대화할 수 있는 부분을 찾아서 명확히 하는 것이다. 개념적 설계는 상위 수준에서 대상이 되는 분야의 조직(사람), 정보시스템(기술), 프로세스(기능)를 개념적인 수준에서 설계하는 단계이다. 역할과 책임을 포함하는 관련된 구성원들의 범위 설정, 기술적인 아키텍처의 설계, 가치사슬의 통합을 위한 개선된 업무흐름의 정의 등을 수행하는 것이다. 차이 분석은 현재(AS-IS) 상황에서 미래(TO-BE) 상황으로 이행하기 위한 조직구조 변화, 기술 변화, 프로세스 변화의 범위 및 수준을 분석하고 평가한 후 필요한 자원과 시간을 판단하는

전자상거래 세분화

현재(AS-IS)

미래(TO-BE)

단계이다. 로드맵의 개발은 기존의 인프라를 개선할 것인가 혹은 새로운 인프라를 구축할 것인가를 결정하여 실행계획을 세우기 위한 준비 단계이다.

3.3 전략실행

전자상거래 전략을 수립하기 위한 세 번째 단계인 전자상거래 실행계획은 도출된 전자상거래 전략을 실행하기 위한 계획으로서 투자에 대한 확신, 소요자원의 확보와 운용 등으로 구성된다. 전자상거래 실행계획의 단계는 [그림 7-14]와 같이 프로젝트 우선운위의 결정, 정당성에 대한 평가, 범위 평가, 타당성 평가, 실행계획의 수립 등으로 구성된다.

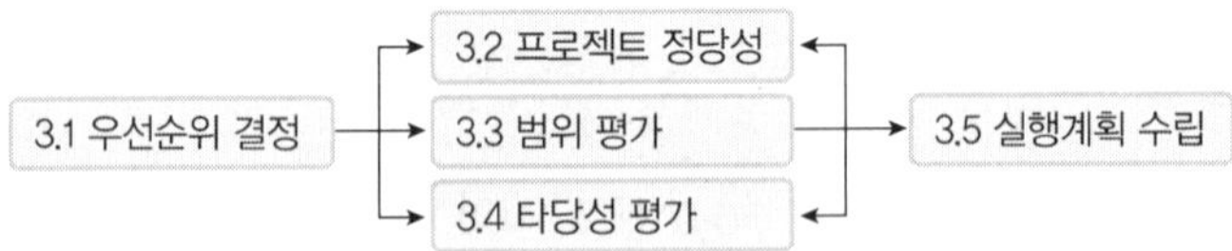

[그림 7-14] 전자상거래 실행계획

프로젝트 우선운위의 결정은 예산 책정, 신기술에의 투자, 자원의 배치 등의 우선순위를 결정하는 단계로 전략적 목표달성을 위한 프로젝트의 청사진을 수립하는 단계이다. 우선순위를 결정하는 방법에는 "우리가 투자해야 하는 것은 어디인가? 이러한 개선은 얼마의 비용이 소요되는가? 투자 후 얻는 이익은 얼마인가?"등의 기준으로 결정한다. 프로젝트의 정당성 평가는 전략적 정당성, 운영적 정당성, 기술적 정당성, 재무적 정당성 등을 평가하여 시간, 자원, 자본을 투입하기 전에 정당성을 확보하기 위한 단계이다. 범위 평가는 전자상거래 실행과 관련된 조직과 기능을 어떠한 범위에서 활용할 것인지를 검증하는 단계이다. 타당성 평가는 비용과 이익을 평가하는 재무적 분석, 조직과 문화가 새로운 환경에 적응할 수 있는지에 대한 조직문화 분석, 정보시스템이 새로운 전자상거래 환경에 잘 지원해줄 수 있는지에 대한 기술적 분석 등을 수행한다. 실행계획의 수립은 각 단계별 소요기간과 비용의 책정에 따른 일정계획, 수행 내용과 결과물에 대한 계획, 인원과 자원의 배분에 관한 계획, 정보시스템의 개발에 대한 구체적인 요구와 구현계획 등이 수립되는 단계이다.

3.4 효과분석과 평가

전자상거래 전략을 수립하기 위한 네 번째 단계인 효과분석과 평가는 통합된 응용시스템으로 변환, 구성원에게 자신의 일이 회사전체의 목표를 달성하는 데 어떻게 도움이 되는지에 대한 이해와 평가, 전략의 수정, 결과에 대한 정기적인 평가체계와 실행 등으로 구성된다. 효과분석과 평가 단계는 [그림 7-15]와 같이 전략의 평가와 수정, 결과에 대한 평가로 구성된다.

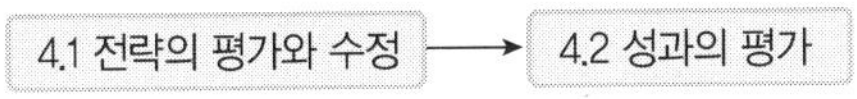

[그림 7-15] 효과분석과 평가

전략평가

전략평가는 전자상거래 개시 후 조직의 전략적 목표들의 진척 정도에 대한 공식적인 평가이며, 이 평가결과를 바탕으로 성과평가가 이루어지게 된다. 그러나 필요할 경우에는 전략의 재수립이 요구되기 때문에 신중하게 평가하여야 한다. 전략의 평가와 수정은 전자상거래 전략 자체에 대한 논리성, 충실성, 타당성에 대한 종합평가를 실시하고 수정 및 보완 작업을 실시하는 단계이다. 이 단계에서는 또한 정보시스템의 도입 이후의 전자상거래의 수준, 경제적 성과, 경쟁력 성과 등에 대한 예측 및 평가를 실시하여 전자상거래 추진전략을 검증하고 증명한다. 이러한 평가결과를 바탕으로 문제점으로 지적되는 부분에 대해서는 수정 보완을 실시한다. 성과의 평가 단계는 전자상거래 전략이 실행된 이후에 주기적으로 평가를 하는 단계이다. 평가체계의 수립과 평가방법 등에 대한 사전 준비가 선행되어야 할 것이다.

전자상거래 전략을 수립하는 것은 과학적, 체계적, 종합적, 미래지향적 사고를 필요로 하므로 이상에서 살펴본 4단계를 거치면서 완성될 수 있다. 또한 전자상거래 전략수립에 참여하는 전문 인력은 공통적 관심과 적용되는 기법에 대한 통일된 개념, 창의적인 아이디어 접근방식 등을 공유하여야 한다.

4. 전자상거래 전략과 사물인터넷 전략

전자상거래도 이제는 빅데이터와 IoT를 활용한 전략을 전개해야만 한다. 앞서 살펴본 대로, ICT 기술의 급속한 발전으로 인해 경영환경에 영향을 미치는 요인들을 일일이 찾기는 매우 어렵다. 그러나 최근 빅데이터와 IoT의 등장으로 인해 이러한 것들이 가능해지고 있다.

특히 오늘날 글로벌 기업들과의 경쟁이 격화되면서 특정 비즈니스 영역에서 기업에 경쟁우위를 제공하고 유지시켜 줄 수 있는 중대한 의사결정이라는 비즈니스 전략 개념이 부각되기에 이르렀다. 비즈니스 전략은 체계적인 분석과 그 기반 위에서 비즈니스 계획을 수립하고 추진하는 것으로 오늘날 널리 응용되고 있다(노규성, 2015).

4.1 포터의 사물인터넷 전략

최근 포터와 헤플만(Porter and Hepplelmann, 2014)은 HBR(Harvard Business Review)을 통해 다섯 가지 경쟁세력 모델을 이용하여 사물인터넷 비즈니스 환경의 경쟁강도 변화를 전망하였다. 이를 정리하면 다음과 같다(노규성, 2015).

첫째, 기존 경쟁자들과의 경쟁 관점에서 사물인터넷 제품은 테니스 스윙을 분석해서 경기력 향상을 도와주는 것과 같이 제품 자체의 가치 외에 새로운 가치를 소비자들에게 제공하는 등 다양한 차별화와 부가서비스를 제공하기 때문에 치열한 경쟁을 유발시킬 것이다. 그런가 하면 사물인터넷 제품으로 전환 시 많은 경우 고정비는 증가하지만 변동비가 낮아져 결국 가격하락 현상이 나타날 것이다. 또한 가정용 전열제품 경쟁이 가정용 제품 경쟁으로 전환되는 등 경쟁의 범위 역시 일대 변화가 일어날 것이다.

둘째, 구매자와의 교섭력(협상력) 관점에서 볼 때, 기업들이 구매자(사용자) 데이터 분석을 통해 개인 맞춤형 제품을 출시함으로써 구매자들의 전환비용(Switching Cost, 현재 사용하고 있는 제품을 다른 제품으로 바꾸고자 할 때 들어가는 비용을 말하며, 교체비용이라고도 함)을 높일 경우 구매자의 협상력은 낮아지게 된다. 그러나 구매자들이 제품 성능에 관한 더 많은 정보를 얻게 되고 구매 대신에 서비스 형태의 이용이나 공유 서비스를 많이 이용하게 되면 구매자의 협상력은 강화될 것이다.

셋째, 공급자의 교섭력 관점에서 보면, 사물인터넷 시장에서는 하드웨어의 범용화와 소프트웨어의 중요성 증가로 인해 전통적인 하드웨어 공급자의 협상력이 감소하게 될 것이다. 대신 센서, 임베디드 소프트웨어, 연결성, 분석엔진과 같은 스마트 요소 공급자의 협상력은 증가하게 될 것이다.

넷째, 신규 진입자의 위협 관점에서 보면, 사물인터넷 제품은 높은 전환비용과 높은 고정비용 투자, 그리고 경쟁범위의 확대 등의 특징으로 인해 신규 사업자가 시장에 진입하는 것을 어렵게 할 것이다. 그러나 초기 액세서리 마켓의 경우 수많은 아이디어를 배경으로 하는 다양한 세분시장의 선점을 위한 다수의 신규 진입자가 출현할 것이다.

다섯째, 대체 상품의 위협 관점에서 보면, 제품 기능의 확대로 이전까지 경쟁 대상이 아니던 제품들까지 대체 상품이 되어 경쟁은 더욱 치열해질 것이다. 더구나 임대나 공동 소유와 같은 새로운 비즈니스 모델도 등장해 경쟁을 격화시킬 소지가 충분하다.

4.2 전자상거래와 사물인터넷 전략

전자상거래에서도 사물인터넷을 활용한 전략이 필요하다. 포터의 사물인터넷 전략을 전자상거래 산업에서도 잘 적용을 한다면, 비즈니스 환경의 경쟁강도를 변화시켜 전자상거래 기업에 유익한 정보 제공뿐만 아니라 치열한 경쟁 환경 속에서 살아남을 수 있는 발판을 제공할 수가 있다.

4.2.1 고객에게 감동을 주는 전자상거래

데이터 수집 → 데이터 분석 → 고객에게 제공하는 단계를 거쳐 궁극적으로는 고객이 원하는 것이 무엇인지를 찾아서 고객에게 제공을 하여 고객이 감동을 받을 수 있도록 하는 것이다. 즉, 니즈(needs)가 아닌 시즈(seeds)를 제공하는 것이다. 최근에 가상현실을 통해 오프라인 매장에 들리지 않고도 가상공간에서 오프라인 매장을 둘러보듯이 제품을 손으로 들어올려 디자인이나 모양 등을 비교하는 서비스가 출시되었다. 이를 통해 고객은 매장에 직접 방문을 하지 않더라도 온라인으로 제품에 대한 정보를 손쉽게 얻을 수 있고 이를 통해 구매도 할 수가 있다.

니즈(needs)
시즈(seeds)

4.2.2 고객이 생각지도 못하는 맞춤형 서비스 제공

사물인터넷 자체의 기술로는 전자상거래에서는 사용이 어렵지만, 사물인터넷 기술과 인터넷 쇼핑이 결합을 하게 되면 새로운 서비스를 창출할 수가 있다. 아마존의 대시버튼이 바로 그것이다. 아마존의 대시버튼은 상품별로 버튼을 미리 만들고, 필요한 위치에 놓은 다음 상품이 필요할 때마다 버튼을 눌러서 주문을 하고 배송을 받는 서비스이다. 고객은 생각지도 못한 맞춤형 서비스의 제공에 만족을 하게 될 것이다.

4.2.3 시장을 찾아주는 신규 비즈니스

기업의 입장에서는 사물인터넷이 새로운 수익을 창출할 수 있도록 하는 중요한 역할을 하고 있다. 오프라인 상점의 대안으로 온라인 상점이 등장을 하였고, 이를 통해 많은 온라인 상점들이 생겼다. 또한 온라인 상점(e-commerce)의 대안으로 모바일 상점(m-commerce)이 등장을 하였으며, 스마트폰과 다양한 스마트 디바이스들의 등장으로 인해 소셜 상점이 등장을 하게 되었다. 최근에는 빅데이터와 사물인터넷을 활용한 다양한 신규 서비스들이 제공되고 있다. 새로운 상점이 등장할 때마다 전통적인 상점의 강자들을 능가하는 새로운 강자가 등장을 하였기 때문에 빅데이터와 사물인터넷의 등장으로 인해 전자상거래 기업들에는 지금이 기회인 셈이다. 만약 이 기회를 놓치게 되면 경쟁에서 뒤처지게 될 것이다.

물론 경쟁 강도는 산업마다 차이가 나겠지만, 공통적으로 다음과 같은 세 가지 현상의 나타날 것이 보인다. 첫째, 데이터를 축적하고 활용하는 선도 기업이 높은 진입장벽을 만들고 시간이 지나면서 진입장벽은 더욱더 견고하게 될 것이다. 둘째, 경쟁 범위가 확대됨에 따라 다수의 제품을 연결하고 통합하는 사업자가 더 유리한 경쟁적 지위를 가지게 될 것이다. 셋째, 제품 자체보다는 플랫폼을 통해 시장을 지배하는 새로운 기업이 등장하게 될 것이다(Porter and Hepplelmann, 2014).

참고문헌

권기덕, 인터넷 비즈니스 모델의 진화와 시사점, SERI 경제포커스, 2006

노규성, 전자상거래가 경쟁세력 모형에 미치는 영향과 대응전략에 관한 연구, 정보사회연구, 정보통신정책연구원, 2000

노규성외, 전자상거래 & e-비즈니스, 사이텍미디어, 2009

노규성외, 스마트시대의 전자상거래, 생능출판사, 2013

노규성, 사물인터넷 사회, 커뮤니케이션북스, 2015

노규성외, 빅데이터시대의 전자상거래, 생능출판사, 2015

노규성외, 4차 산업혁명 시대의 경영정보시스템, 광문각, 2019

이비즈그룹, 전자상거래 리모델링 전략계획 방법론연구: eBRSP, 2003

이진하외, 중소기업 정보화를 위한 정보화 전략계획수립 방법론에 관한 연구, 정보화정책 8권 4호, 한국전산원, pp. 175-200, 2001

장세진, 경영전략, 7판, 박영사, 2012

조성호, 2002년 e-Transformation의 동향과 전망, 한국정보산업연합회, 2002

Amor, D., The E-business (R)EVOLUTION, Prentice Hall, 2000

Delone. W. H., and Mclean, E. R., "Measuring Success in e-Commerce", ECIS Conference, 2002

Hamel, G., Leading the Revolution, Harvard Business School Press, 2000

Harmon, P., & Rosen, M., and Guttman, M., Developing E-Business Systems and Architectures, Morgan Kaufmann Publishers, 2001

Hoffman, L. D., & Novak, T. P., and Chatterjee, P., "Commercial Scenarios for the Web : "Opportunities and Challenges", Journal of Computer-Mediated Communication, Vol. 1. No.3, 1999

Kalakota, R., and Robinson, M., e-Business Roadmap for Success, Addison-Wesley, 1999

Kalakota, R., and Robinson, M., M-Business, McGraw-Hill, 2002

Laudon, K., Laudon, J., Essential of Management Information Systems, Pearson, 2011

Liautaud, B., and Hammond, M., e-Business Intelligence, McGraw-Hill, 2001

Lucas, H. C., Strategies for Electronic Commerce and Internet, The MIT Press, 2002

Porter, M. E. Competitive Strategy, Free Press, 1980/1998

Porter, M. E. Competitive Advantage, Free Press, 1985

Turban, E., Electric Commerce, 7/e, Pearson, 2012

Porter, Michael E. and Hepplelmann, James E.(2014.11), How Smart, Connected Products Are Transforming Competition, Harvard Business Review.

연·습·문·제

1. 경영전략이란 무엇인가?

2. 전자상거래 전략의 의미는 무엇인가? 또한 기존의 경영 전략과의 차이점은 무엇인가?

3. 기존 기업의 전자상거래 변환 전략에 대해 설명하라.

4. 온라인 기업의 전자상거래 전략에 대해 설명하라.

5. 경쟁세력모형의 5가지 경쟁세력에 대해 설명하라.

6. 포터의 경쟁세력 모형을 전자상거래에 적용한 예를 찾아보고 설명해보자.

7. 사물인터넷 시대의 전자상거래 거래에 대해 설명하라.

8

CHAPTER

e-마케팅 관리와 전략

산업사회가 정보화사회로 전환되면서 시장참여자, 제품특성, 프로세스도 새롭게 변화하고 있다. 이에 따라 마케팅에도 IT기술이 접목되어 마케팅의 효과성을 극대화시킬 수 있는 새로운 접근으로 e-마케팅이 등장했다. 즉, IT가 세상을 바꾸면서 e-마케팅도 마케팅 활동을 수행하는 데 가장 효과적이며 경제적인 수단으로 부각되고 있다는 것이다. e-마케팅을 효율적으로 수행하기 위해서는 디지털 시대의 변화된 환경을 적절하게 반영하고 기존의 특성을 가상공간에서도 충분히 활용할 수 있는 방식으로 전략적 구성을 하여야 한다. 가상공간에서 발생하는 환경적 요인들을 반영하여 온라인과 오프라인의 적절한 상호 연계를 통해 시너지를 달성하려는 노력이 필요하다. 이 장에서는 마케팅 패러다임의 변화에 따른 e-마케팅의 필요성을 제기하고, 전통적 마케팅과 e-마케팅을 비교하며 e-마케팅의 특성을 설명하고 e-마케팅 전략수립 과정에 대해 구체적으로 살펴보고자 한다.

1. e-마케팅 개요
2. 마케팅 패러다임의 변화
3. e-마케팅 전략
4. e-마케팅의 유형
5. 빅데이터 마케팅: 4P

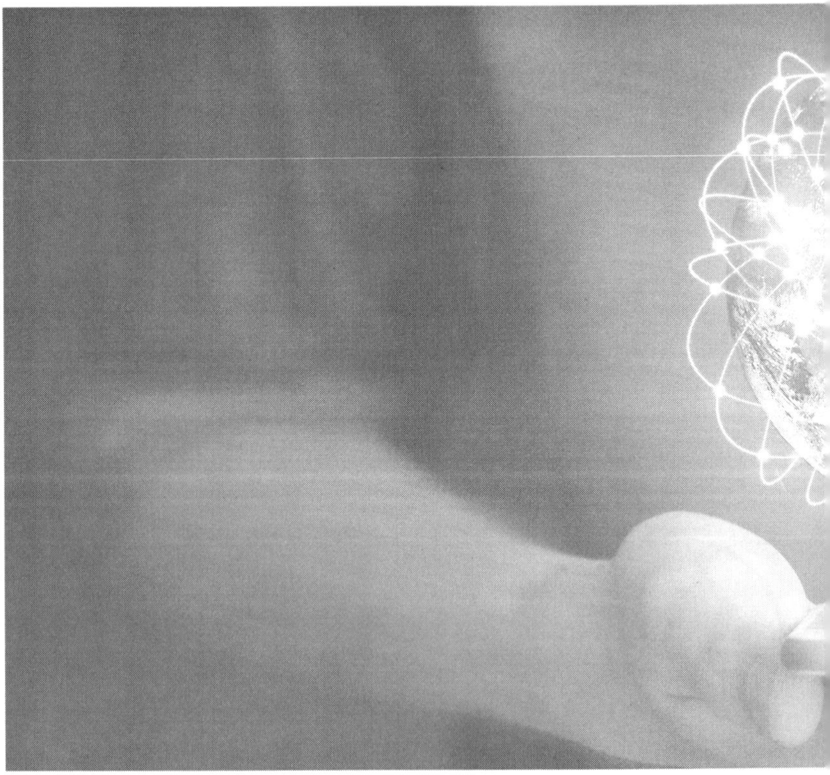

1. e-마케팅 개요

스마트 시대에 글로벌 마켓은 미시적 접근으로는 결코 성공할 수 없다. 누군가 찾고자 하는 상품이 있다면 그가 찾는 가장 적합한 상품을 바로 당신이 갖고 있다는 사실을 알려줘야 하는데 이런 문제를 해결할 가장 바람직한 수단이 바로 e-마케팅이다.

통계청에 따르면, 모바일은 국내 전자상거래 시장을 주도하는 핵심 쇼핑 플랫폼으로 자리 잡았다. 모바일 쇼핑은 2016년 전체 전자상거래 거래액에서 53.4%를 차지했다. 모바일 쇼핑이 50% 이상을 차지한 것은 이번이 처음으로, 2017년부터 60%를 넘어서기 시작했다. 시간과 장소에 구애받지 않고 쇼핑을 즐길 수 있어 모바일 쇼핑 수요가 급증했기 때문이다. 모바일 쇼핑 거래액은 최근 3년 간 매년 10%p 이상 증가했다.

e-마케팅(e-Marketing)

이와 같이 새로운 시장상황 하에서는 전통적 방식이 아닌 새로운 방식이 요구된다. 기존의 마케팅 개념에 IT 환경을 접목하여 확장한 것이 e-마케팅이다. 따라서 e-마케팅은 기존의 마케팅과 전혀 다른 별개의 것이 아니라, 정보기술이라는 새로운 매체를 마케팅 활동에 도입한 것이라 할 수 있다.

1.1 e-마케팅의 정의

e-마케팅은 상품이나 서비스를 판매할 수 있도록 디지털 기술을 사용함을 의미한다. 특히, e-마케팅은 개인화된 마케팅을 할 수 있고 작은 규모의 회사라도 저렴한 가격으로 대량 시장에 접근할 수 있다.

통상 e-마케팅(e-Marketing)이란 고객의 필요, 욕구, 꿈을 찾아내어 그것들을 채워줄 수 있는 상품이나 서비스를 경쟁자보다 더 효과적 및 효율적으로 전달하되, 전체 또는 부분적으로 인터넷을 중심으로 하는 전자적 수단을 사용하는 것을 말한다(김정구, 2000). 즉, e-마케팅이라는 것은 마케팅의 가장 기본인 고객과의 커뮤니케이션부터 마케팅 전략을 수립하고 그것들을 수행함에 있어서 부분적으로나 전체적으로 ICT를 사용하는 마케팅을 말한다.

e-마케팅은 마케팅 개념을 확장하면서 확고한 하위개념을 구성하고 있으며, 관점에 따라 기존의 전통적인 기업의 마케팅 방식에 인터넷을 새로운 매체로 받아들이는 의미와 인터넷이라는 새로운 틀 속에서 전개되는 전혀 새로운 방식의 마케팅의 두 가지로 나뉜다. 백화점에서만 판매하던 제품을 인터넷을 통해 소비자가 직접 구입할 수 있도록 하는 것이 첫째라면 인터넷 사이트에서 정보를 제공하고 수익을 올리는 행위는 다른 영역에 속한다고 할 수 있겠다.

직접마케팅(direct marketing)

전자의 경우 인터넷을 응용한다는 것 자체가 큰 의미가 있다기보다 오프라인(off-line)에서 판매하는 제품을 광고하는 매체로서의 역할, 소비자와 연결되는 직접마케팅(direct marketing) 수단으로의 이메일, 고객정보를 활용하는 측면의 데이터베이스 마케팅이 중요한 수단이 된다.

온라인 마케팅(online marketing)

그러나 후자의 경우는 인터넷이라는 새로운 틀에 기존의 마케팅을 받아들이는 것으로 새로운 틀에 맞지 않는 전통적인 마케팅 기법은 과감하게 버려지기도 한다. 즉, 오프라인 마케팅(off-line marketing)에서 적용되는 마케팅활동이 인터넷이라는 가상공간에서 그대로 적용되기 어렵기 때문에 온라인 마케팅(online marketing)에서는 다른 방식에 의해 수행되는 독특한 영역을 구성하고 있다. 예를 들면, 인터넷은 오프라인과는 달리 컴퓨터 모니터를 통해 정보를 교환함으로써 오프라인에서 중요시되는 매장과 판매원의 개념이 상대적으로 약하며, 소프트웨어와 같은 디지털상품들은 통신네트워크를 통해 그대로 판매될 수 있기 때문에 오프라인상의 유통이나 물류의 문제는 상대적으로 중요하지 않을 수 있다.

1.2 e-마케팅의 장단점

e-마케팅 활동은 여러 측면에서 많은 장점이 있는 반면에 아직도 해결해야 할 문제점과 단점이 있다.

1.2.1 e-마케팅의 장점

e-마케팅은 판매 주체인 기업과 소비주체인 고객 모두에게 이익을 가져다 줄 수

있는데 다음과 같은 장점들이 있다.

첫째, 인터넷은 고객만족 및 고객서비스를 향상시킬 수 있다. 실시간 예약, 좌석 검색, 재고 유무 확인 등 시간에 따른 비용의 절감과 편리함을 느낄 수 있고, 불만사항이나 의문사항을 인터넷으로 신속히 접수, 처리, 반영하여 서비스의 품질을 향상시킬 뿐만 아니라, 나아가 기업 이미지에도 긍정적인 영향을 미치게 된다.

둘째, 판매경비 절약을 가져온다. 오프라인 판매를 할 경우에는 고정적인 경비의 지출이 많기 때문에 기업운영에 부담을 안겨준다. 그에 반해 e-마케팅은 매장지출비, 인건비 등의 제반 비용을 절약할 수 있다.

셋째, 공간상의 이점 활용이 가능하다. 인터넷이 연결된 장소라면 어느 곳에서든지 해당 웹사이트에 접속이 가능하다는 점이다. 한정된 인원을 수용할 수밖에 없는 오프라인매장과 달리 전 세계 어느 곳에서도 상품 및 서비스를 받을 수 있다.

넷째, 시간을 절약할 수 있다. 우편서비스는 며칠이 지나야만 받아볼 수 있었고, 팩스로 수신하더라도 많은 시간과 비용을 지출해야만 했다. 하지만 지금은 웹사이트에 접속하여 해당 금액을 결제하는 즉시 자료를 다운로드할 수 있어 시간과 비용을 절감한다.

다섯째, 정보전달의 양적 제한이 사라진다. 신문이나 텔레비전을 통한 홍보활동은 비용의 제약 때문에 이용자에게 제공할 수 있는 정보의 양에는 한계가 있다. 하지만 웹사이트를 통한 e-마케팅은 적은 비용으로도 대량의 홍보를 할 수 있다.

여섯째, 유통구조의 단순화를 가져올 수 있다. 웹사이트를 통한 e-마케팅은 유통과정(도매상, 소매상)을 생략할 수 있기 때문에 유통구조의 단순화가 가능하다. 웹사이트를 통하여 직접 상품을 안내와 주문이 동시에 이루어지는 직거래로 이루어진다.

1.2.2 e-마케팅의 단점

e-마케팅은 많은 장점에도 불구하고 해결해야할 문제와 단점을 가지고 있는데 이를 정리하면, 다음과 같다.

첫째, 정보유출 문제가 아직 해결되지 않았다. 웹사이트를 통해 경쟁사의 정보나 이용자 동향을 쉽게 파악할 수 있을 뿐만 아니라, 회원가입을 요하는 전자상거래에서 소비자정보의 유출사고는 심각한 문제를 발생시킬 수 있다.

무분별한 발송(spam mail)

둘째, 무분별한 발송(spam mail)이 가능하다. 개인의 이메일을 찾는 프로그램을 이용하거나 수집된 불특정 다수의 이메일로 자사 상품의 광고를 발송하여 오히려 인터넷 사용자의 반감을 부르는 경우가 있다. 따라서 기업은 저렴한 비용에 무분별한 발송보다는 정보를 필요로 하는 사용자를 분석해서 발송하여야 한다.

LC(신용장)

셋째, 결제부분이다. 업체들이 해외 구매자와 거래를 하고자 할 때 가장 고민하는 부분은 바로 결제를 어떻게 할 것인가에 대한 부분이다. 오프라인으로 거래를 할 때는 위험부담을 줄이기 위해 LC(신용장)를 개설하지만 비용이 부담될 뿐 아니라 절차가 복잡하기 때문에 업체들은 엄두를 내지 못한다. 하지만 온라인에선 페이팔(Paypal, 온라인결제시스템)을 이용하면 된다. 한국에선 온라인에서 신용카드로 결제하려면 ISP나 공인인증서 로그인이 필요한데 이는 해외 바이어들과의 거래를 막는 제한요건이 된다. 페이팔에선 고객이 신용카드를 가지고만 있으면 별도의 복잡한 절차없이 몇초 만에 결제가 완료된다. 실제로 페이팔에선 70% 정도가 신용카드로 결제가 이뤄지며 은행을 통한 결재도 메머드급 은행이라면 최대 2시간 내에 결제할 수 있다.

넷째, 업체들이 글로벌 전자상거래를 두려워하는 또 한가지 이유는 영어에 대한 부담 때문이다. 하지만 글로벌 비즈니스를 위해선 영어를 두려워해서는 안 된다. 순수 영어권의 고객이 아니라면 구매를 원하는 고객도 영어를 잘 구사하지 못하는 것은 마찬가지 상황이라는 것이다.

1.3 e-마케팅과 전통적 마케팅의 비교

e-마케팅의 정의를 전통적 마케팅의 정의와 비교하면, 고객만족과 경쟁력 확보라는 마케팅의 전략목표에서는 크게 차이가 없으나, 전자적 수단이라는 새로운 의사소통도구의 도입으로 인한 여러 환경적 요인이 변화되었다는 점에서 차이가 있다. 다시 말해, e-마케팅은 기존의 전통적 마케팅과 비교하여 그 전략적 적용과 운영에 다음과 같은 차이점이 있다.

〈표 8-1〉 전통적 마케팅과 e-마케팅의 비교

	전통적 마케팅	e-마케팅
마케팅 채널	일방적	쌍방향적
마케팅 활동	대중 마케팅	일대일 마케팅
중심점	이미지 중심	정보 중심
거래대상지역	일부지역	전 세계
거래시간	제약된 영업시간	24시간
관점	제품 중심	관계 중심
고객특성	수동적 고객	능동적 고객
유통채널	간접경로 위주 (기업⇔도매상⇔소매상⇔소비자)	직접경로 (기업, 소비자⇔소비자, 기업, 정부)

*자료원: 황하진, 2012, 「전자상거래와 e-비즈니스」를 참조하여 재구성

첫째, 전통적 마케팅의 채널은 소비자에게 일방적으로 전달하고 피드백을 받을 수 없으나 e-마케팅 채널의 경우는 기업, 소비자 대 기업, 소비자, 정부 간의 정보와 마케팅 활동을 쌍방향으로 주고받을 수 있다는데 그 차이점이 있다.

둘째, 전통적인 대중마케팅의 개념이 일대일 마케팅, 고객화 마케팅, e-마케팅의 개념으로 변화하고 있다. 정보화가 급격히 진행됨에 따라 산업 분야에서는 통신 · 영상 · 음향 소프트웨어, 디자인, 광고 등이 유망 산업으로 등장하면서 소비자에 대해서도 과거의 대중적 접근 방법이 소비자별로 접근 가능해졌고, 소비자들도 새로운 구매환경에 익숙해져감에 따라 거래 구조도 변화하고 있다.

셋째, 마케팅의 중심이 전통적인 대중마케팅의 경우는 이미지 중심인데 반하여 e-마케팅의 경우는 정보중심으로 진행된다는데 그 차이점이 있다.

넷째, 거래대상 지역에서도 전통적인 대중마케팅의 경우는 거래지역이 제한된 일부지역인데 반하여 e-마케팅의 경우는 전 세계지역이 대상이라는 점에서 그 차이점이 있다. 즉, e-마케팅의 고객은 지리적으로 한정되어 있지 않다. 전 세계 가상공간에서 활동하는 모든 고객이 대상이 되는 반면, 인터넷을 이용하지 않는 전통적 마케팅의 경우에는 대중매체를 통한 광고, DM, 인적 판매 등으로 접근 가능한 시장, 즉 지리적으로 제한된 고객만을 대상으로 하게 된다.

다섯째, 거래시간에서도 전통적인 대중마케팅의 경우는 제한된 영업시간인데 반하여 e-마케팅의 경우는 전 세계지역을 대상으로 24시간 가능하다는 점에서 그 차이점이 있다.

여섯째, 전통적 마케팅의 경우에는 자사에서 생산되는 제품을 중심으로 하거나 제휴관계, 구매된 제품에 한정되어 마케팅을 수행할 수밖에 없다. 그러나 e-마케팅의 경우에는 생산업체 및 유통업체와 제휴관계를 형성함으로써, 다양한 제품을 다룰 수 있으며 다른 사이트와 가격, 품질, 정보 등에서 차별화된 제품이나 서비스를 제공함으로써 더욱 더 경쟁력을 갖추는 디지털 제품이 될 수 있다.

일곱째, 전통적 마케팅의 경우에는 상품구매를 위해 일방적으로 고객에게 수동적으로 접근하는 형태를 가진다면, e-마케팅의 경우는 자발적으로 상품구매에 관심이 있는 고객들이 스스로 찾게 하는 능동적 형태를 가진다는 면에서 그 차이점이 있다.

여덟째, 전통적 마케팅 전략의 적용원리는 고객 전체를 상대로 마케팅을 수행하기에는 자원의 제약이 있기 때문에 고객을 세분화하여 자사의 경쟁력에 맞는 목표시장을 선택하여 그 목표 고객 집단을 선정, 세분화된 다수 관계를 형성하는 마케팅 전략을 이용하였다. 그러나 e-마케팅의 경우, 초기에 고객의 인지를 이끌어내고, 흥미를 유발시키는 효과가 일반 마케팅에 비하여 상대적으로 크며, 개별 고객의 정보관리가 용이하기 때문에 전통적 마케팅 전략에서처럼 세분화된 다수를 관리하기 보다는 한 단계 더 나아가 고객과의 1대1 관계를 형성하고 고객의 개별 욕구와 필요에 맞추는 '고객 맞춤 전략'을 수행할 수 있어 더욱 효과적이다. 즉, e-마케팅의 성공요인은 고객 정보 관리를 통한 고객 맞춤형 서비스를 얼마나 효율적이고 체계적으로 수행하는가에 달려 있다.

이러한 e-마케팅의 기본적인 차이점을 인식하면서 마케팅 계획과 전략 및 전술을 수정 보완하여 수행하는 것이 가장 바람직한 e-마케팅 성공의 지름길이라 판단된다. 인터넷 거래가 꾸준히 급속도로 확대되고 있는 현실을 볼 때, e-마케팅의 중요성은 더욱 커지고 있다.

2. 마케팅 패러다임의 변화

e-마케팅이라는 개념을 이해하기 위해서는 기존의 전통적 마케팅 요소를 기반으로 이러한 요소들이 인터넷 환경에서 어떻게 변화하는가에 대한 이해가 필요하다. 따라서 새로운 마케팅 패러다임 아래서 시장(market)과 소비자(consumer), 전통적인 마케팅 전략의 핵심 요소인 4P, 즉 제품(product), 가격(price), 유통(place), 촉진(promotion)을 중심으로 어떻게 변화하고 있는지 살펴보자.

4P
제품(product)
가격(price)
유통(place)
촉진(promotion)

2.1 시장의 변화

기존의 전통적인 시장은 소비자에게 '불완전한 정보'의 시장이었으며, 제한된 범위에서 상품의 가격과 성능에 관한 정보를 입수할 수밖에 없었다. 그러나 디지털 환경에서의 시장은 '정보장벽 붕괴의 시장'으로 변하게 된다. 오늘날의 시장은 기업이 소비자에게 대해 일방적으로 정보를 전달하는 마케팅의 시대가 아니다. 기업이 소비자가 원하는 정보를 공개하고 소비자 간의 정보의 공유가 자유롭고 활발하게 이루어져 기존의 시장과는 달리 소비자들은 상품의 품질과 가격에 관한 정보를 입수하는 것이 보다 용이하게 되어 정보의 장벽이 거의 존재하지 않는 새로운 시장이라 할 수 있다.

현재까지의 기업은 소비자에게 어떤 정보를 제공할 것인지, 그 정보에 의해 소비자는 어떤 구매행동을 보일 것인지 하는 관점에서 마케팅을 수행해 왔다. 그러나 앞으로는 소비자가 어떤 정보를 얻고 있는지, 그 정보에 의해 소비자는 어떤 구매계획을 세울 것인지 하는 관점에서 마케팅 전략을 수립해야 한다. 또한 소비자가 정보를 얻는 곳과 구매를 하는 곳은 다를 수 있기 때문에 '소비자가 얻고 있는 정보가 과연 정확한 정보인가?'를 파악해야 한다. 즉, 소비자에게 전달되는 정보의 신뢰감이 중요하며 기업은 정보의 신뢰감을 높이기 위해 노력해야 한다.

전통적 마케팅에서 '시장창조'라고 하는 단어는 고객개척, 니즈개척, 시장개척이라고 하는 의미로 사용되어 왔다. 즉, 우선 새로운 고객과의 연결 라인을 구축하고 잠재적인 니즈(needs)를 파악하고 매력적인 상품을 제안하는 것에 의해 새로운 시장을 개척하는 패러다임이었다. 그러나 인터넷의 출현에 의해 가상 공동체가 서로 유기적으로 연계를 맺기 시작하였다. 예를 들어, 환경문제와 고령자문제에 흥미를 가진 사람들이 모인 커뮤니티, 스포츠와 예술을 즐기는 사람들이 모인 커뮤니티 등이 등장하게 된다. 그리고 이러한 커뮤니티는 향후 환경 산업과 실버 산업, 그리고 건강 산업과 예술 산업에 대한 풍부한 잠재적 니즈가 되고 이러한 니즈를 인식하고 충족시켰을 때 기업은 성공을 거두게 된다. 따라서 과거의 '시장창조' 개념이 오늘날에는 '커뮤니티 창조' 개념으로 전환되었고 커뮤니티에는 엄청난 잠재 고객과 고객 니즈가 존재하며 커뮤니티에서의 성패가 곧 시장에서의 성패가 되고 있다.

2.2 소비자의 변화

정보의 장벽이 붕괴하는 시장으로 전환됨에 따라 소비자의 의식은 크게 변화될 것이다. 새로운 패러다임 하에서 새롭게 태어나고 있는 소비자는 '전략적 소비자'라고 불릴 만큼 기업의 고객 데이터베이스에 실리는 것보다 스스로 기업 데이터베이스를 만들고 기업 홈페이지를 돌아다니면서 기업과 상품 정보를 입수하기를 좋아하고 기업으로부터 상품을 제안받는 것보다 기업과 대화하는 것을 원한다. 이들을 지원하는 것은 검색서비스가 될 것이다.

현재 네이버, 다음, 구글 등이 제공하는 웹사이트 검색서비스는 다양한 기업 정보를 탐색하고 가장 저가의 정보를 판매하는 상점을 발견하고 전략적으로 현명한 쇼핑을 가능하게 한다. 또 이 사람들과 기업을 연결시키는 것이 '기업의 홈페이지'이며, 단순히 기업 정보를 제공하는 일방적인 사이트가 아니라 기업과 전략적 소비자가 대화를 행하는 장소로 진화해 왔다.

프로슈머(prosumer: producer+consumer)형 소비자

전략적 소비자가 주류가 되어 가는 새로운 패러다임에서는 '프로슈머(prosumer: producer+consumer)형 소비자' 개발이 중요하다. 프로슈머란 생산자와 소비자를 조합시킨 앨빈 토플러의 신조어인데, '상품 생산의 프로세스에도 참가하는 소비자'를 의미한다. 이는 소비자가 기업의 제안을 받는 '수동형 소비자'가 아니라 전략적 구매를 하며 제품 생산에도 능동적으로 참여하는 '능동형 소비자'로 변화하고 있음을 보여준다. 따라서 오늘날에는 소비자의 참여를 확대하여 소비자 개인의 취향을 제품 또는 서비스에 철저하게 반영하는 것이 기업의 가장 중요한 생존전략이 되었다.

파레토 법칙(80:20 법칙)

이와 관련하여 소비자에 대한 기업의 태도에 큰 변화가 일어나고 있다. 과거 20%의 고객이 기업 매출의 80%를 차지한다는 '파레토 법칙(80:20 법칙)'을 따라 기업에 충성도가 높고 큰 매출을 가져다 주는 상위 집단을 대상으로 고객관리를 하였

다. 그 중 대표적인 것이 VIP(Very Important Person) 마케팅으로 매출을 높여주는 상위 몇 %의 고객을 대상으로 여러 가지 편의(가격할인, 편리한 쇼핑, 한정품의 판매 등)를 제공함으로써 고객의 해당 기업에 충성도를 높이도록 하는 기법을 말한다.

VIP(Very Important Person)

그러나 디지털 패러다임의 시대인 오늘날에는 점점 이에 반하는 현상들이 곳곳에서 발견되고 있다. 실례로 인터넷 서점 '아마존닷컴'을 들 수 있는데 인터넷 서점은 사실상 무한대의 서적을 진열하고 있다. 현실 세계의 서점에서는 80:20 법칙에 따라 잘 팔리는 20%의 책이 80%의 매출을 일으키므로, 서점 경영의 핵심은 '잘 팔리는 책을 어떻게 효율적으로 진열하는가'였다. 그러나 아마존은 진열 가능한 책의 수가 무한대에 가까우므로, 80:20 법칙을 적용할 필요가 없다. 1년에 단 몇 권밖에 팔리지 않는 '흥행성 없는 책'들의 판매량을 모두 합하면, 놀랍게도 '잘 팔리는 책'의 매상을 추월한다. 이러한 현상을 '롱테일 법칙'이라 하는데 매우 긴 꼬리의 무게가 몸통의 무게보다 크다는 것에 비유한 것으로 매우 긴 꼬리는 과거 마케팅 대상에서 거의 제외되었던 하위 80%의 고객, 몸통을 과거 마케팅의 주요 대상이었던 상위 20%의 고객을 의미한다. 이러한 롱테일 법칙의 대두는 기업이 전통적인 마케팅과는 다르게 과거 매출 기여도에 상관없이 자신의 사이트에 접속하여 물건을 구입하거나 구입할 의도가 있는 모든 고객을 대상으로 마케팅을 실행해야 하는 이유를 보여주고 있다.

2.3 제품의 변화

인터넷 환경에서 정보의 장벽이 붕괴된 시장과 전략적 소비자의 출현으로 인해 기업 간의 경쟁은 더욱 치열해지고 제품의 라이프 사이클 또한 매우 빨라지고 있다. 그에 따라 제품에 대한 정보도 더욱 빠르고 광범위하게 퍼져 나가고 경쟁 제품과의 비교가 비교적 정확하고 빠르게 행해지게 되면서 다음과 같은 현상이 나타나게 된다.

검색서비스에 의해 소비자가 세계의 쇼핑사이트에서 상품과 가격을 즉시 비교할 수 있게 되면서 시장은 동일한 상품에 대해서는 동일한 가격으로 판매되는 일물일가의 상태에 근접되어 간다. 시장에 존재하는 아주 작은 가격차이마저도 시장 전체로 넓게 그리고 빠르게 퍼져 가기 때문이다. 그리고 경쟁 제품과의 비교가 전문가와 소비자에 의해 행해지게 되면서 가격뿐만 아니라 기능, 서비스 내용, 부가가치에 대해서도 급속히 동질화되어 간다. 또 인터넷 환경의 쌍방향성은 제품을 사용한 소비자의 의견을 실시간으로 집약할 수 있게 된다. 그 예로는 온라인 앙케트 조사나 온라인 초점 집단 인터뷰 등이 있다.

기업은 이러한 상품비교 정보에 점차 민감해지지 않을 수 없다. 이 결과 상품은 그 기능, 성능, 서비스 내용, 부가가치에 대해서도 시장에 있어 상호 학습하기 시작하고 급속하게 동질화되어 간다. 따라서 상품이 '단독상품'으로서 차별화할 수 있는 영역이 협소해져 간다. 그리고 이것은 상품의 진화를 촉발하게 되며 이렇게 진화한 상품이 바로 '메타상품'이다. 메타상품이란, '그 상품 자신이 단독으로 가진 가치 이외의 주변가치를 포함한 광의의 상품'이다. 주로 브랜드 상품, 패키지 상품, 인터넷 머천다이징 상품의 형태로 발전된 상품이 많이 등장하고 있다.

전통적 마케팅에서 제품은 '물리적인 제품뿐만 아니라 서비스 제품이나 아이디어까지도 포함하는 기본적 욕구 혹은 2차적 욕구를 충족시켜 줄 수 있는 것으로, 시장에 출시되어 주의, 획득, 사용 또는 소비의 대상이 될 수 있는 것'이다. 이러한 전통적인 개념에 인터넷 환경이라는 좀 더 넓은 관점에서 제품은 다음과 같은 특징을 갖게 된다.

첫째, 무형 혹은 디지털화된 제품들의 수요가 팽창하게 되어 이러한 제품들은 컴퓨터 앞에서 소비된다. 백과사전으로 유명한 브리태니커는 자사 사이트의 유료화를 통해 전통적 출판물의 생산을 최소화하였고 월스트리트저널은 기존 매체의 내용에 쌍방향성을 가미한 시도로 많은 유료 회원들을 확보한 바 있다. 이와 같이 미디어, 예술 등의 많은 분야가 온라인과의 접목을 통하여 마케팅 능력을 강화해 가고 있다.

둘째, 제품의 디지털화를 통해 제품의 개념들에 변화가 일어나고 있다. 예를 들어, 중저가형 소프트웨어 제품의 판매에서 패키지 제품의 개념은 비중이 적어지고 있다. 셰어웨어 제품의 경우 어느 정도의 기간 동안 사용하고 계속 사용하기를 원하면 온라인으로 결제를 하고 사용을 지속하며 판매 후 서비스도 온라인으로 손쉽게 이루어진다. 이는 기존의 샘플 혹은 데모 사용 후 실제 제품 구매 및 사용, 서비스의 제품 개념이 온라인상으로 동시에 모두 제공되는 것이다. 또한 이를 통하여 패키지와 유통관련 비용을 줄여 기업과 소비자 모두의 이익을 실현한다.

셋째, 브랜드 네임은 그 중요성을 더해가며 도메인 네임과의 강력한 연계성을 가질 필요가 있다. 인터넷상에서 제품에 대한 실증적인 비교를 행하기가 용이하지 않다는 점을 감안하자면 무형의 브랜드 가치는 하나의 메타 상품으로서의 의의를 가지며 PR, 구전효과, 적극적인 프로모션 활동의 전개를 통해 이를 제고하기 위한 노력에 힘을 기울여야 한다. 그 예로 야후나 아마존, 구글 등이 있는데, 이들의 주요한 성장요인 중의 하나는 상표의 충성도이다. 따라서 이들 회사는 막대한 비용을 온라인뿐만 아니라 오프라인에 투자하여 상표 충성도를 제고하고 고객의 신뢰를 쌓기 위한 노력들에 힘을 기울이고 새로운 제품 혹은 브랜드를 출시할 경우 오프라인상의 상표권 등록뿐만 아니라 온라인상의 다양한 도메인 확보에도 유의할 필요가 있다.

2.4 가격의 변화

과거에는 제품의 가격을 기업이 초고가(skimming pricing) 전략, 침투가격(price lining) 전략 등을 활용하여 일방적으로 결정하고 수요와 공급에 따라 변동이 일어났다. 여기에 유통, 서비스 등의 비용과 이윤이 더해지면서 가격이 형성되고 명시되게 된다. 그래서 마지막 구매자가 접촉할 때에는 이렇게 고정된 가격을 받아들여 구매를 하거나 그 가격을 받아들이지 않고 구매를 하지 않는 두 가지 방법을 택할 수밖에 없었다. 그러나 인터넷 환경 속에서는 정보장벽이 붕괴됨으로써 기업들은 소비자의 참여와 관심을 끌기 위한 방법에 대해 경쟁우위 확보를 위한 궁극적인 방법으로 가격에 민감해지지 않을 수 없으며, 이에 따라 전통적 시장에서는 생각하기 힘든 형태의 가격전략 양상이 나타난다.

초고가(skimming pricing) 전략

침투가격(price lining) 전략

오프라인에서 가격을 변동할 때 가격표 모두를 물리적으로 교체하여 메뉴비용과 카탈로그 인쇄 등의 엄청난 비용이 들어가는 반면, 온라인에서는 새로 설정된 가격을 웹상에서 수정하면 된다. 또한 인터넷 상에서는 소비자와 기업의 커뮤니케이션이 오프라인의 그것보다 훨씬 쉽고 빠르기 때문에 구매자와 판매자간의 상호작용과 가격협상이 용이하다. 앞의 두 가지 메뉴비용의 감소와 상호작용성을 토대로 나타난 가격설정 환경이 역동적 가격설정(dynamic pricing)이다. 이는 제품의 가격이 명시되어 있는 것이 아니라 언제든지 실시간으로 바뀔 수 있는 환경을 말한다. 이와 같은 예는 인터넷 경매 사이트에서 쉽게 찾아 볼 수 있는데 전통적인 경매뿐만 아니라 구매자가 자신에게 제품을 공급해 줄 판매자들의 가격조건을 비교하여 가장 유리한 구매를 할 수 있는 역경매 구매자 여럿이 공동으로 물건을 구매하여 박리다매의 이점을 실현하는 공동구매 등의 형태로 나타나고 있다.

역동적 가격설정(dynamic pricing)

그러나 이러한 역동적 가격설정이 기업들의 극심한 경쟁으로 인해 '일물일가' 화하는 쪽으로 차별화가 어려워지기도 하는데 이럴 경우 기업들은 제품 가격의 저가화에만 치중할 것이 아니라 고부가가치화 전략에도 관심을 기울일 필요가 있다.

2.5 유통의 변화

전자상거래에 의해 비즈니스 시스템의 업무 흐름이 순차적이고 연속적인 프로세스로 변화하고 있다. 상품은 통상 생산자-도매상-2차 도매상-소매업자-소비자에 도달하며, 이 단계에서 각 기업들은 독자의 업무관행을 지닌 업계로서 분업화되어 있다. 각각의 프로세스가 완결되고 난 다음 업계의 프로세스로 진행되는 것이다. 이러한 경제시스템에는 일관성이나 연속성이 결여되어 있다. 이 때문에 중복 작업과 시간의 낭비, 중간 원가의 부담 등이 큰 경제구조이다. 디지털 패러다임 하에서는 이를 극복하기 위한 대규모의 '중간상 배제' 현상이 나타난다.

생산자와 소비자 사이를 중개하는 기능 그 자체가 배제된 형태이다. 중간상의 좌와 우 측면에 있던 생산자와 소비자가 서로 융합하게 된다. 소비자는 인터넷을 이용하여 세계의 어느 상품이라도 직접 생산자에게 주문할 수 있게 되었다. 소비자들은 중개과정이 생략된 만큼 싸고 빠르게 물건을 손에 넣을 수 있고 기업은 고객의 정보가 직접 자사에 입력되므로 그것을 기초로 새로운 상품의 생산을 자극하게 된다. 유통의 변화방향 중의 또 다른 하나는 중간상이 새로운 영역을 모색하고 나름대로의 입지를 모색해 간다는 것이다. 이에 대한 대안 중의 하나는 '생산자 측에 선 중개업'으로부터 '고객 측에 선 중개업'으로의 변신이다. 기존의 중개상은 생산자 측에 서서 제품을 효율적으로 소매업자에 판매하고 배송하는 것이 그 사명이었다. 그러나 중간상 배제현상에 의해 종래의 중개업의 역할은 재규정되어야 하며, 스스로 변신을 모색하지 않으면 안 된다. 향후의 중간상은 생산자 이익에 초점을 두기보다는 소비자의 이익을 대표하여야 한다. 공급자 측에 선 중간상에서 소비자 측에 선 중간상으로 생산자와 소비자를 연결하는 정보중개자가 새로운 경로의 주도자로 등장해야 한다. 소비자 측에 서서 중개업자가 역할을 할 수 있었던 것처럼 새로운 마케팅 패러다임 아래에서는 생산자도 고객을 철저하게 파악하고 적절히 대응하는 자가 승자가 된다. 이러한 변화는 결국 과거 생산 후 판매에서 주문형 생산방식으로의 완전한 전환을 의미한다.

물리적인 상품의 유통이 아니라 콘텐츠의 유통은 디지털 기술과 인터넷이 접목되어 혁신적인 변화를 촉발할 것이다. MP3 파일의 인터넷을 통한 유통이 그 예가 될 수 있는데, 기존의 CD를 활용한 제품의 유통과는 큰 차이점을 지닌다. 제품을 인터넷에서 다운로드함으로써 중간상을 배제하고 이를 통해 공급자와 소비자 간에 이익을 도모할 수 있다. 영화 · 방송 · 광고 · 출판 · 음악 등 이른바 커뮤니케이션 산업군에 속하는 영역의 콘텐츠들은 아날로그에서 디지털로 바뀜에 따라 이전보다도 훨씬 부가가치를 높일 수 있게 되며, 디지털 콘텐츠는 무한히 확대 재생산될 수 있다. 유통적인 측면에서는 인터넷이라는 사이버 공간을 경유함으로써 막대한 비용 절감 효과를 얻을 수 있게 되었다.

2.6 촉진의 변화

전통적인 마케팅에서 촉진 전략은 크게 광고, 홍보, 판촉, 대인판매로 구분된다. 이러한 방법들 중 '대인판매'라는 개념은 온라인상의 판매에서 적용하기 어렵다. 이것은 실제 고객과 판매원이 얼굴을 맞대고 상품을 구매하는 방문판매를 의미하기 때문이다. 광고모형에 있어서는 AIDMA(Attention → Interest → Desire → Memory → Action)의 일련의 과정을 단계적으로 따르며 고객에게 접근하게 된다. 즉, 소비자의 구매 심리를 주목, 흥미, 욕망, 기억, 구매 행동의 5단계로 구분하여 고객들이 어떤 광고 자극에 대해 주목(attention)하고 흥미를 보이며(interest) 갖고 싶다는 욕구(desire)를 느끼게 되는지 그리고 그 욕구가 어떻게 기억(memory)에 남아 구매 행위(action)로 전환되는지에 대해 관심을 기울인다. e-마케팅에서는 이러한 지점적인 대인판매 개념의 효과를 3차원 쇼핑몰, 디지털 비디오를 활용한 채팅, 가상현실을 활용하여 얻을 수 있다. 따라서 여기에서는 이러한 대인판매 대신 어나운스먼트(Announcement) 관점에서 촉진 요소들을 이해하고자 한다. 어나운스먼트란, '인터넷상에서 거의 비용을 들이지 않고 홍보를 할 수 있는 다양한 모든 방법'을 의미하며, 검색 엔진의 랭킹 관리, 게시판, 이메일 활용 등의 다양한 방법들이 포함될 수 있다. 그런데 인터넷 환경에서 이러한 일련의 과정에서 변화라고 할 수 있는 것은 한 상점에서 원하는 상품을 다 살 수 있는 구매방식인 원스톱(one-stop)구매가 가능하다는 것이다.

AIDMA(Attention → Interest → Desire → Memory → Action)

어나운스먼트(Announcement)

원스톱(one-stop)구매

또 다른 촉진 측면의 고려 요소로는 인터넷이 지닌 '측정 가능성'을 들 수 있다. 기존의 매스미디어가 전수조사를 하기보다는 표본추출 방식을 활용하여 시청률 등을 파악하는 데 비해, 인터넷은 비교적 정확하게 다양한 접속 및 구매 상황들을 빠르게 파악할 수 있으며, 심지어 한 사람 한 사람의 광고 접촉 현황까지도 추출하고 분석할 수 있다. 따라서 기업들은 이러한 데이터들을 충분히 파악하고 분석함으로써 보다 고객지향적인 서비스를 제공할 수 있는 토대를 마련할 수 있다. 온라인 이벤트나 온라인 리서치의 경우도 마찬가지로 그 집행 결과들을 신속히 파악할 수 있어 빠른 분석과 대응을 할 수 있다. 이를 통하여 기업(혹은 마케터)과 고객은 쌍방향의 대화형 마케팅이 전개되면서 상거래 성사율이 더욱 높아지게 된다.

온라인 프로모션의 성공적인 수행을 위해서는 기술에 대한 적용가능성을 충분히 이해해 두는 것도 중요하다. 온라인에서 접할 수 있는 많은 상호작용들의 요소들은 기술을 토대로 하고 있기 때문이다. e-마케팅 담당자나 콘텐츠 기획자들을 이러한 기술 분야의 트렌드를 충분히 파악함으로써 고객들에게 적합한 프로모션을 실행할 기초 역량을 함양하게 된다.

3. e-마케팅 전략

e-마케팅 환경에서 기업이 고객의 요구를 충족시키는 소비를 창출하기 위해서는 마케팅 전략을 수립하고 그에 따라 마케팅 활동을 수행해야 한다. 이 과정에서 무엇을 할 것인지 계획을 수립하고 실행에 옮기는 마케팅 전략이 필요하다.

e-마케팅 전략을 수립할 때에는 IT 기술 활용으로 인한 마케팅 패러다임의 변화를 충분히 고려하고 기존의 전략적 특성을 인터넷이라는 공간 속에서도 충분히 활용할 수 있는 방식으로 하여야 한다. 즉, IT 기술 활용으로 인하여 시장과 소비자의 특성이 변하였고, 이에 따른 마케팅의 변화와 새로운 역할을 반영하고 기존의 마케팅 전략과의 유기적 통합도 필요하다. 온라인과 오프라인의 특성의 차이로 인하여 e-마케팅 전략과 일반적인 마케팅의 전략을 차이가 있다. 이로 인하여 기존의 마케팅의 기법이 일부는 사용되지 않거나 새로운 기법을 사용하고 또는 더욱 강화된 형태의 전략을 필요로 하게 된다.

e-마케팅 전략의 수립 절차는 [그림 8-1]과 같다.

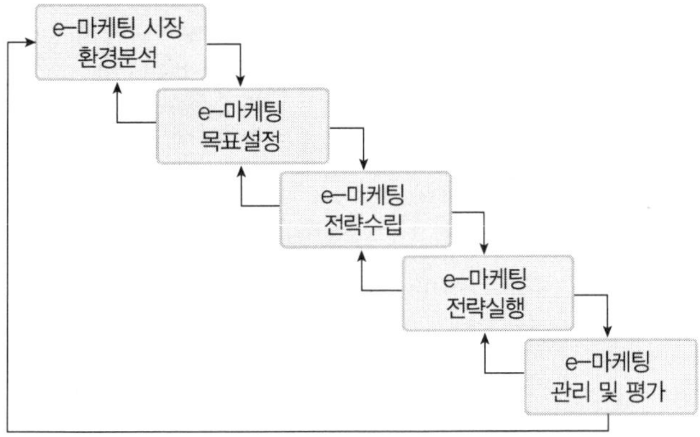

[그림 8-1] e-마케팅 전략의 수립 절차

3.1 인터넷 시장 환경 분석

효과적인 e-마케팅 전략 수립에 있어서 최우선 과제는 인터넷 시장 환경을 분석하는 것인데 이를 분석하는 방법에는 기업 환경 분석이 있다. 기업 환경이란 기업의 목표달성에 영향을 미치는 기업의 내부와 외부의 모든 요소의 집합을 의미한다. 기업은 기본적인 의사결정을 위하여 기업이 처한 환경에 관한 정보를 수집하고 분석함으로써 환경을 이해하고, 이에 대한 대처 방안을 수립하여야 한다. 특히 e-마케팅 환경은 급변하고 있기 때문에, 기업의 생존과 성장을 위해서는 기업을 둘러싸고 있는 환경을 주도면밀히 파악하여 환경이 기업에 미치는 영향을 분석, 검토하는 것이 필요하다. 이러한 환경 분석은 외부 환경 분석과 내부 역량 분석으로 나눌 수 있다. 외부 환경은 사회, 정치, 법률과 같은 거시 환경 분석과 시장구조 분석, 경쟁자 분석, 고객 분석 등의 요소로 구성되어 있다. 내부 역량 분석은 자사의 강점과 약점 분석으로 구성된다. 환경 분석의 목적은 e-마케팅의 전략적 방향을 설정하기 위한 것으로서 체계적 정리가 가능하도록 하는 분석방법으로 SWOT 분석이 널리 이용되고 있다.

SWOT 분석은 내부 마케터들의 환경 분석에 대한 결과와 전문가들의 시장분석, 그리고 소비자 대상 설문조사 결과를 가지고 실시하고 있다. SWOT 분석의 결과는 위의 [그림 8-2]와 같이 체계화시켜 표현함으로써 각 상황에서의 바람직한 SWOT 분석

내부 역량 분석

외부 역량 분석		S (강점)	W (약점)
	O (기회)	**강점-기회전략 (S-O전략)** 기회를 활용하기 위해 강점을 사용하는 마케팅 전략을 창출	**약점-기회전략 (W-O전략)** 약점을 극복함으로써 기회를 활용하는 마케팅 전략을 창출
	T (위협)	**강점-위협전략 (S-T전략)** 위협을 회피하기 위해 강점을 사용하는 마케팅	**약점-위협전략 (W-T전략)** 위협을 회피하고 약점을 최소화하는 마케팅 전략을 창출

[그림 8-2] SWOT분석

대안을 모색할 수 있다.

이 분석에서 사용되는 4요소를 강점 · 약점 · 기회 · 위협(SWOT)이라고 하는데, 강점은 경쟁기업과 비교하여 소비자로부터 강점으로 인식되는 것은 무엇인지, 약점은 경쟁기업과 비교하여 소비자로부터 약점으로 인식되는 것은 무엇인지, 기회는 외부환경에서 유리한 기회요인은 무엇인지, 위협은 외부환경에서 불리한 위협요인은 무엇인지를 찾아낸다. 기업 내부의 강점과 약점을, 기업 외부의 기회와 위협을 대응시켜 기업의 목표를 달성하기 위해 마케팅 전략을 수립할 수 있다. SWOT 분석에 대한 내용은 7장을 참고하길 바란다.

3.2 e-마케팅 목표 설정

e-마케팅 환경은 기존의 오프라인 마케팅 환경과는 구별되는 특징을 가지고 있다. 또한 e-마케팅 시장이 정보기술의 발달과 더불어 무한한 잠재력과 성장가능성을 지니고 있는 시장임을 감안할 때, 기존의 오프라인 마케팅과 e-마케팅 환경의 차이점을 파악하고 그에 따른 마케팅 목표의 수정과 보완이 이루어져야 한다.

기업들이 e-마케팅 목표 수립 시, 기존 오프라인상에서의 전통적인 마케팅 목표인 매출의 증대, 시장점유율의 제고, 고객만족 향상 외에도 인터넷이 가지는 특성과 장점을 고려한 세부적인 목표 설정이 가능하다. 이러한 목표 설정 시 고려해야 할 사항은 비즈니스 목표와의 일관성, 고객 중심의 마케팅 목표 수립, IT와의 긴밀한 협조, 기업의 역량을 바탕으로 한 목표 설정 및 기술변화의 고려 등이다.

e-마케팅 목표 수립 시 주로 e-STP 전략이 사용되는데, e-STP는 인터넷 고객을 세분화(e-Segmenting)하고, 표적 시장을 선정(e-Targeting)하여, 이 시장에 부응할 수 있도록 제품이나 서비스를 포지셔닝(e-Positioning)하는 세부 전략을 수립하는 일련의 과정을 뜻한다. 기업은 e-STP 전략에 근거하여 보다 세부적인 마케팅 믹스 프로그램을 입안하고 시행하게 된다. 따라서 e-STP는 e-마케팅 전략 수립의 핵심이라 할 수 있다.

e-STP 전략
인터넷 고객을 세분화 (e-Segmenting)
표적 시장을 선정 (e-Targeting)
제품이나 서비스를 포지셔닝 (e-Positioning)

e-STP 전략은 먼저 시장을 몇 개의 기준을 이용하여 가치가 있는 다수의 시장으로 분류(e-Segmenting)한다. 다음 세분화된 여러 시장 중에서 자사의 능력과 경쟁 등을 고려하여 표적 시장을 선택(e-Targeting)한다. 마지막으로 시장에서 제품 속성이나 다양한 마케팅 믹스요인을 이용하여 자사 제품을 소비자의 마음속에 심어주는 포지셔닝(e-Positioning) 과정을 거친다. 포지셔닝 후에는 포지셔닝 성과를 분석하여 재포지셔닝하는 과정도 필요하다.

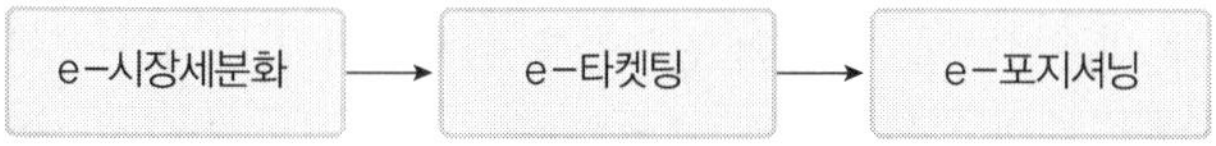

[그림 8-3] e-STP의 절차

*자료원: 김재일, 2005, 「유비쿼터스 인터넷 마케팅」, 박영사, p. 105

3.2.1 시장세분화(e-Segmentation)

시장세분화란 소비자들의 다양한 욕구, 개성, 행동 등을 기준으로 전체시장에서 비슷한 욕구를 가지고 있는 소비자를 찾아내어 동질적인 부분시장으로 분류함으로써 차별화된 소비자 욕구 충족과 더불어 마케팅 비용 절감을 이루고자 하는 과정이다. 그러나 소비자의 욕구를 세분화하면 할수록 이를 충족하기 위한 비용이 증가하게 되므로 세분화에 따르는 경제성을 고려해야 한다. 즉, 자사의 입장에서 가장 매력적이고 경제성이 있는 세분시장을 표적시장으로 선정해야 한다.

시장세분화는 마케팅 노력을 사용자가 필요로 하는 것에 초점을 맞추기 위하여 마케팅 노력을 합리적이고 적합한 조정을 하기 위한 것이다. 또한 자사 제품을 차별화하여 시장기회를 찾고자 할 때, 고객의 동질성에 따라 시장을 확인하고 구분하는 마케팅 활동이다. 즉, 시장 세분화의 기본적인 목적은 기업의 투자효율성을 높이는 것이기도 하지만, 시장의 특정 고객 집단에게 경쟁자들보다 더욱 고객 만족을 제공하기 위한 고객 지향적 마케팅 전략을 수립하는 것이다.

(1) 시장세분화 절차

시장세분화를 수행하기 위한 첫 단계는 시장세분화의 목표를 설정하는 것이다. 이때에는 어떠한 제품을 대상으로 할 것인지, 전체시장이 어떠한 사람들로 구성되는지, 지역과 시간적인 범위를 어떻게 포괄할 것인지, 시장세분화가 신제품개발의 기회를 찾기 위한 것인지 혹은 새로운 시장을 개척하기 위한 것인지 등에 대한 문제를 고려하여, 구체적이고 명확한 시장세분화 목표를 설정하여야 한다. 시장세분화의 목표가 설정되었다면, 이러한 목표와 관련된 변수들을 선정하고, 시장세분화 변수를 결정해야 한다. 시장세분화 변수란 효과적인 e-마케팅 활동을 위해 동질적인 집단으로 구분할 때 기준이 되는 변수이다.

시장세분화의 목표를 설정한 뒤, 시장을 나눌 기준 변수를 결정하고 나면, 그러한 변수에 의해 세분된 시장의 전반적 특성을 파악하여야 한다. 즉, 세분화 변수에 의해 분리된 각 세분 시장을 여타의 변수들을 이용하여 가급적 완전하게 묘사하는 일인데, 각 세분 시장에 대한 묘사가 풍부할수록 추후 효과적인 마케팅전략 수립이 용이하다.

(2) 시장세분화 변수

인터넷 시장세분화를 위해서는 인구 통계적 변수, 심리 분석적 변수, 구매행동 변수, 기술 분석적 변수와 같이 매우 다양한 변수들을 적용할 수 있다. 그러나 이러한 변수들 중 하나만을 시장세분화 변수로 선택해야 하는 것은 아니며, 몇 개의 기준을 조합한 형태도 사용할 수 있다. 한편, 좋은 세분화 변수가 되기 위해서는 첫째, 인터넷 소비자의 행동을 잘 대표해 줄 수 있는 변수이어야 한다. 둘째, 동일 세분 집단은 최대한 동질적으로, 세분 집단 간은 최대한 이질적으로 구분해 줄 수 있는 변수이어야 하며, 셋째, 측정하기 쉽고 그 특성을 이해하기 쉬워야 한다.

인구 통계적 변수

- 인구 통계적 변수: 인구 통계학적 변수는 가장 보편적으로 사용하고 있는 기준으로, 주로 연령, 성별, 소득, 직업, 교육수준, 가족구성원 수, 가족생활주기, 종교, 인종 등을 기초로 하여 시장을 몇 개의 집단으로 분류하는 것이다. 이는

객관적이고 측정이 쉬운 것이 장점이기는 하지만 갈수록 개별화되고 있는 소비자 행동 간의 차이를 설명하지 못하는 경우가 많다.

심리 분석적 변수
구매 행동 변수
기술 분석적 변수

- 심리 분석적 변수: 소비자들의 라이프스타일, 사회계층, 개성 등을 기준으로 상이한 시장을 몇 개의 집단으로 분류하는 것이다. 동일한 인구 통계적 집단 내에 속한 사람들은 매우 다른 심리적 특성을 나타내는데, 특히 라이프스타일에 의한 세분화를 사이코 그래픽스라고 한다. 심리적 세분화는 객관적인 측정이 어렵지만, 고객에 대한 깊이 있는 이해가 가능하다.
- 구매 행동 변수: 고객의 행동과 밀접한 관련이 있는 변수로써 사용 기회, 사용 경험, 사용량, 상표 애호도 등이 있다. 이러한 변수는 구매 행동과 밀접한 관련이 있는 변수이므로, 비슷한 욕구를 갖고 있는 고객들을 가려내는 데 효과적이다.
- 기술 분석적 변수: e-마케팅은 정보기술에 바탕을 둔 환경적 특성을 지니기 때문에, 소비자의 행동에 중요한 영향을 미치는 것이 바로 기술에 대한 수용 태도 및 활용 정도이다. 따라서 소비자들이 기술에 대해 갖는 태도, 능력, 그리고 동기에 관한 기술 분석적 변수에 의해 시장을 세분화할 수 있다.

3.2.2 표적 시장 선정(e-Targeting)

표적시장이란 판매자가 모든 가능한 기업의 자원을 이용하여 특정 노력을 집중시키는 고객 집단을 의미 한다. 표적 시장을 선정한다는 것은 시장세분화 분석을 통해 얻어진 자료에서 목표로 하는 시장, 즉 얼마나 많은 시장 또는 어느 시장을 어떻게 접근할 것인가를 결정하는 전략 과정이다. 따라서 시장세분화의 목적은 바람직한 표적고객을 선정하는 데 있다. 시장세분화가 이루어진 다음, 기업은 몇 개의 세분시장에 진출할 것인지, 어떤 세분시장에 중점적으로 접근해갈 것인지를 결정해서 각 세분시장에 적합한 기업자원을 집중적으로 투입하게 된다.

(1) 표적시장 선정기준

이질적인 욕구 또는 선호를 가지고 있는 소비자들을 몇 개의 세분시장으로 나누면 그 중에서 어떤 세분시장을 표적으로 선정하여 공략할 것인가를 결정해야 한다. 또한 표적시장의 선정은 시장 현실의 분석을 바탕으로 바람직한 세분시장의 구성형태를 구상하는 시장보완 전략을 수립할 수 있으며, 세분시장에 따라 주 표적시장과 부 표적시장의 선정도 가능하다.

표적시장을 선정하는 데는 먼저, 객관적으로 보아 매력이 있는 시장이 있어야 한다. 즉 현재의 매출액, 수익률 등의 기준에서 볼 때 시장성이 있어야 하고 기업이 시장에서 성공할 수 있는 기업 고유의 경쟁우위를 갖추고 있어야 한다. 마지막으로, 그 시장의 경쟁 정도를 고려해야 한다. 이는 기업 간 경쟁뿐 아니라 잠재적인 후발 기업의 위협, 공급자와 구매자의 교섭력 등을 고려해야 한다.

(2) 마케팅 전략에 따른 표적시장 선정 전략

세분시장에 대한 평가가 이루어진 후, 선정된 표적시장에 대하여 어떤 방식으로 접근하여야 할까? 물론, 특정의 욕구와 유사한 구매행동을 보이는 집단별로 각각 마케팅 활동을 전개하는 경우가 보다 정교하고 효과적일 것이다. 하지만 전체적인 관점에서 보았을 때, 집단 간의 차별화 방안이 다른 집단의 행위에 어떤 영향을 미치고, 기업의 전체 이익에 어떤 영향을 미치게 될지에 대해서도 분석해야 한다. 이 과정에서 전략적으로 기업에 대한 이익기여도가 높은 세분고객집단에 대한 충분한 고려가 이루어져야 할 것이다.

위와 같은 모든 요인을 고려해 볼 때, 세분고객을 공략하는 전략은 크게 세 가지로 나누어지는데 비차별적 마케팅 전략, 차별적 마케팅 전략, 집중적 마케팅 전략으로 나누어진다.

비차별적 마케팅
차별적 마케팅

- 비차별적 마케팅: 고객을 세분화하지 않고, 한가지의 제품이나 서비스로 전체 시장을 대상으로 마케팅 활동을 전개하는 것이다. 이 접근 방법은 소비자들의 니즈와 욕구에 대해 공통적인 부분에 초점을 맞추는 것이다. 대량생산을 통한 원가우위 확보, 광고비 절감, 마케팅 제비용 절감, 제품관리비용 절감 등의 장점이 있으나 다양한 소비자 욕구 충족의 외면으로 높은 이익을 상실할 우려가 있다는 단점이 있다.
- 차별적 마케팅: 여러 세분고객을 표적으로 하여 각 세분고객마다 차별화된 마케팅 활동을 전개하는 방법이다. 이 전략은 처음에는 한두 개의 세분시장을 집중 공략하여 경쟁우위를 확보한 후 유통 및 생산의 공유를 통해 경쟁기업보다 비교우위를 지닐 수 있는 세분시장으로 확장해 나가는 전략이다. 전체적인 소비자의 만족도와 총매출액이 증가하게 되지만 반면 개발비, 관리비, 광고비 등의 비용도 상승하게 되는데, 이때 지출비용의 상승보다 매출액이 커서 전체적인 수익률이 향상될 것으로 기대될 때 적합한 전략이라 할 수 있다.

- 집중적 마케팅: 전략적으로 중요한 세분고객집단에 집중적으로 차별적 마케팅 활동을 펼치는 전략이다. 큰 시장에서 낮은 점유율을 차지하기보다는 차라리 규모는 작으나 높은 점유율을 확보하고자 하는 기업에서 주로 적용된다. 주로, 자원이 부족하지만 어느 정도의 크기와 높은 이익 확보 가능한 시장에서 활약하기를 원하는 기업에서 많이 채택된다.

3.2.3 포지셔닝(e-Positioning)

포지셔닝이란 세분화된 시장 중에서 표적시장을 정한 후 표적고객의 마음속에 경쟁제품과 다른 차별적인 자사 제품의 특성을 강화시키고 경쟁우위를 차지하기 위해 기업이 행하는 마케팅 믹스 활동을 말한다. 포지셔닝의 전체적인 개념은 한 제품을 다른 제품과 구별되게 하고 구매를 유발하도록 의미를 부여하는 것이라고 할 수 있다.

(1) 포지셔닝 전략과정

포지셔닝의 핵심은 경쟁제품과 차별화되면서 고객들의 마음속에 자사 제품을 포지셔닝시키는 것이다. 그 과정은 다음과 같다. 첫째, 표적 시장 내에서 경쟁브랜드와 자사 브랜드가 차지하는 기존의 제품 포지셔닝 속성을 평가하여 경쟁구조를 파악한다. 둘째, 자사 제품이 경쟁사의 제품에 비해 상대적으로 표적 고객의 욕구를 만족시키는지의 정도를 분석하고 파악한다. 셋째, 표적 잠재고객의 욕구를 파악하여 고객의 욕구 포지션을 파악한다. 넷째, 결정된 제품 포지션에 최적 포지셔닝을 효과적으로 달성하기 위하여 적합한 마케팅 믹스 전략을 설계, 수립 및 실행한다.

(2) 포지셔닝 전략 유형

- 제품 속성에 의한 포지셔닝: 기업 자신의 제품 속성이나 특성을 내세우면서 포지셔닝하는 가장 보편적인 방법이다. 예를 들어, 야후(yahoo)는 시장초기에 진입한 포털사이트의 선도자라고 포지셔닝할 수 있다.
- 제품 사용자에 의한 포지셔닝: 자사가 제공하는 제품이 특정 사용자 그룹을 표적으로 하여 만들어진 최적의 것임을 강조하며 포지션하는 방법이다. 예를 들어, Dell 컴퓨터 회사는 자사의 컴퓨터가 맞춤화 및 개별화를 원하는 소비자에게 최고라고 포지션하고 있고 AOL은 자사의 통신시설이 최고이며 최초임을 포지션하고 있다.

- 제품 편익을 이용한 포지셔닝: 소비자들이 웹사이트를 방문하고 콘텐츠를 이용하는 것은 그러한 행동을 통해 얻고자 하는 편익이 있기 때문인데, 편익을 이용한 포지셔닝은 바로 이러한 편익을 강조하는 전략이다. 예를 들어 네이트닷컴의 전신인 라이코스는 코믹한 광고적 요소와 '즐겁지 않으면 인터넷이 아니다'라는 메시지를 전달하면서 엔터테인먼트라는 편익을 강조하였다.
- 경쟁 제품을 이용한 포지셔닝: 경쟁 사이트나, 경쟁 사이트가 제공하는 콘텐츠에 비해 우월한 점을 강조하는 포지셔닝 전략이다. 이러한 포지셔닝 전략을 위해서는 고객들이 가치 있게 느낄 수 있는 요소를 발견하고, 이들 요소를 다른 사이트의 경우 어떻게 대응하고 있는지에 대해 조사해야 한다. 예를 들어, 네이버는 2004년 봄, 네이버 카페를 열면서 다음 카페를 겨냥한 비교 광고를 제작했다. 유명 여배우를 모델로 "다음에 잘하겠다는 말 믿지 말랬잖아"라는 카피를 통해 포털사이트 다음의 카페 서비스와 비교함으로써 포지셔닝 전략을 사용하였다.
- 제품범주에 의한 포지셔닝: 자사 제품을 대체성이 있는 다름 제품범주와 연관시켜 포지션함으로써 다른 제품범주를 사용하는 소비자들의 제품 전환을 유도하는 방법이다. 예를 들어, 이베이(eBay)는 경매분야의 범주선도자로 포지션하였다.

3.3 e-마케팅 전략 수립

마케팅믹스

마케팅 전략이란 다양한 내외부적인 환경변화에 따른 시장기회의 모색을 통해 시장에서의 경쟁우위를 차지하기 위한 기업의 활동을 말한다. 전통적 마케팅믹스(4P: product, price, promotion, place)는 제품, 가격, 촉진, 유통이다. 전통적 마케팅에서는 이 4가지를 어떻게 관리하여 소비자들에게 효과적으로 마케팅을 수행할 수 있는가를 주요 전략으로 삼았다.

그러나 인터넷의 급격한 발달로 더 이상 전통적인 4P를 통해서만 효과적인 마케팅을 수행하는 데는 한계가 있다. 웹이라는 특수한 커뮤니케이션 장치를 통한 마케팅의 필요성이 대두되었기 때문이다.

3.3.1 제품전략

제품은 마케팅 전략의 수립에 있어서 가장 중요한 변수이며, 여타 마케팅 변수들을 결정하기 위한 중심축이다. 제품에는 상품, 서비스, 아이디어, 장소, 사람, 정보, 엔터테인먼트 등 교환의 가치가 있는 모든 것들이 포함된다.

인터넷 환경에서 제품은 제품, 서비스, 디지털 제품 그리고 이들의 결합제품으로 구분할 수 있다. 여기서 디지털 제품이란 인터넷 제품 혹은 온라인 제품이라고도 하며 그 형태와 속성에 따라 디지털화 제품(digitalized products)과 디지털 서비스 제품(digital service products)으로 분류할 수 있다. 디지털화 제품은 기존 시장거래를 통하여 이루어질 수 있는 유형 제품이 인터넷을 통하여 광고, 제품소개, 구매선택, 대금 지불 등을 하면서 거래되는 제품을 말한다. 디지털서비스 제품은 인터넷 환경에서 거래되는 소프트웨어, 정보 등 인터넷을 통하여 완전하게 이루어지는 제품을 말한다.

디지털화 제품(digitalized products)
디지털 서비스 제품(digital service products)

(1) e-마케팅의 제품 전략 유형

제품 전략에는 번들링 전략과 다양화 전략이 있고, 다양화 전략은 데이터 차원과 시간 차원으로 나눌 수 있다.

- 번들링(Bundling) 전략: 특정 상품을 한 품목씩 따로 파는 것이 아니라 여러 개의 상품을 조합해서 판매하는 전략이다.
- 데이터 차원의 다양화 전략: 고객들의 성향을 수용, 상품을 다양화하여 더 높은 수익을 올리려는 전략이다. 상품에 따라서는 데이터의 양이나 범위 및 정밀도 등을 조절하여 다양화할 수 있는 상품들이 있다. 데이터 차원에서의 다양화 전략을 구사하는 방법은 데이터의 용량에 따라 가격을 다르게 책정해서 상품을 다양화하는 방법이 있다. 상품이 디지털 이미지인 경우 해상도를 각각 다르게 해서 판매하는 방법도 있다. 일반적인 수준의 정보는 무료로 제공하고, 보다 많은 정보를 원하는 사람에게는 요금을 부과하는 전략도 좋은 예가 될 수 있다.
- 시간 차원의 다양화 전략: 프로그램의 처리 속도를 다르게 하여 상품을 다양화하는 전략이다. 배달 시간을 조정하거나, 프로그램의 처리 속도를 다르게 하거나, 사용 시간제한, 데이터 용량 제한 등이 대표적인 전략이다.

번들링(Bundling) 전략
데이터 차원의 다양화 전략
시간 차원의 다양화 전략

(2) e-마케팅에 적합한 신제품 개발 전략

신제품 개발 전략은 아래의 여섯 가지 정도로 분류하고 있다. 기업은 마케팅 목적,

판매되고 있는 브랜드의 종류와 강도 그리고 주위의 환경 등의 요인을 바탕으로 다음의 전략 중 하나 혹은 몇 가지를 선택할 수 있다.

- 불연속현 혁신 제품: 음악 CD나 텔레비전 등은 개발 당시 완전히 새롭게 등장한 혁신적인 제품이었다. 이를 인터넷에 적용하면 검색 엔진, 웹 저작용 툴 등이 여기에 속한다고 할 수 있다. 그리고 인터넷은 아직도 혁신적인 상품이 등장할 가능성이 매우 높다. 이런 혁신적인 상품은 위험은 크지만 성공하면 큰 수익을 얻을 수 있는 장점이 있다.
- 신제품 라인의 확장 제품: 기존 브랜드명을 사용하여 완전히 신규 제품을 개발 및 판매하는 것을 말한다. 마이크로소프트가 회사명을 사용하면서 웹브라우저를 만든 예를 찾아 볼 수 있다. 우리나라에서는 검색 사이트 네이버의 네이버폰을 예로 들 수 있다.
- 기존 제품 라인의 확장 제품: 새로운 기호, 사이즈 등의 다양성을 첨부하여 기존의 제품 라인을 확장하는 전략이다. 은행 및 증권회사 등이 과거의 비즈니스 방식에서 추가로 인터넷 서비스를 하는 것을 예로 들 수 있다. 이 전략은 기존 상표명을 활용함으로써 생산자는 새로운 상표의 도입과 촉진에 드는 높은 비용을 대폭 절감할 수 있는 장점이 있다. 그러나 만약 라인 확장이 실패로 받아들인다면 기존 브랜드의 잠식 및 기존 사용자 기반 또는 상표 자산을 삭감할 가능성 있다.
- 기존 제품의 개량 제품: 새롭고 개선된 제품이 기존의 제품을 대체하는 전략을 의미한다. 사이버 액션사에서는 기존의 야구카드를 개량하여 자사 사이트에서 디지털 멀티미디어로 다운로드할 수 있도록 한 것을 예로 들 수 있다. 또한 많은 기업들이 자사 브랜드의 가치를 높이고 경쟁에서 살아남기 위해서 인터넷상의 개선을 계속하고 있다.
- 재포지셔닝 제품: 기존 상품에 대해 다른 시장으로 표적화하거나 새로운 사용 방법을 촉진하는 전략이다. 예를 들어 초기에 야후는 웹 디렉터리를 검색하는 서비스 성격을 지니고 있었으나, 현재는 무수히 많은 웹 사이트의 입구가 되는 포털사이트로 포지션을 변경하였다.
- 저가격 지향 제품: 기존 브랜드에 대한 경쟁력을 확보하기 위한 상품을 저가격으로 개발하는 전략이다. AOL와 같은 ISP 기업들이 인터넷 접속에 대해 시간당 요금을 적용할 때 일부 기업들은 사용 시간에 상관없이 저렴하게 월정

액을 적용하였다. 이후 AOL이 소송을 제기하여 고객을 되돌리려 하는 동안 Earthnet과 같은 기업들이 상당한 점유율을 획득하는데 성공하였다.

3.3.2 가격전략

전자상거래는 물리적인 매장 구입 혹은 임대 비용, 매장 유지 비용이 매우 저렴하거나 거의 없고, 판매시 발생하는 서류작업의 자동화, 중간상인의 배제에 따른 유통비 절감 등으로 가격경쟁이 치열하다. 인터넷에서는 고객이 쉽게 가격을 볼 수 있고, 직접 물건을 선택하므로 제품의 성격이나 내용만큼 가격표시를 명확하게 해야 한다. 또한 정보장벽이 붕괴됨으로써 기업들은 소비자의 참여와 관심을 끌기 위해 고급화, 패키지화, 머천다이징 등을 통해 제품의 부가가치를 높이는 전략에 관심을 기울여야 한다.

(1) 가격 전략의 특징

- 기업 운영비용 절감을 통한 가격 인하 전략이 대부분이다.
- 지역별 배달 조건과 운송비 차이를 고려한 지역별 가격 차별화 전략이 가능하다.
- 일부 전략 품목을 저가격으로 판매하여 고객의 선호도를 높이고 고객 수를 증가시킨 후, 다른 품목을 정상 가격에 구입하도록 유인하는 가격 유인 전략을 활용할 수 있다.
- 대금 결제가 가장 어려운 문제이므로 결제 방법은 되도록 신용 카드, 현금, 온라인, 전자화폐 등 다양하게 하여 고객 불편을 줄이기 위해 노력해야 한다.
- 대금 지불 방법의 보안성을 강화하는 것이 가장 큰 관건이다.
- 전자상거래 도입을 통해 나타나는 비용 절감 요인을 가격 인하와 연계시키기 위해 노력한다.
- 전자상거래에서 소비자들은 짧은 시간에 상품의 가격 정보를 얻을 수 있으며 비교하기도 쉽다.
- 개별 소비자에 대한 정확하고 신뢰할 만한 정보를 토대로 가격을 결정하는 전략이 필요하다.

(2) 가격 결정 전략

제품에 적용되는 가격결정 전략은 매우 다양하다. 대부분 오프라인에서의 가격 전략이 온라인에서 적용되고 있다. 이 중에서도 오프라인보다는 인터넷 환경에서 주로 적용되는 가격 결정 전략 유형은 다음과 같다.

역가격화
무가(無價)화
패키지(Package)화
머천다이징(Merchandising)

- 역가격화: 전통적 마케팅에서 가격 결정 권한은 기업 고유의 영역이었다. 그러나 e-마케팅의 경우 소비자가 가격 결정을 하는 소비자 중심의 가격 설정 모델이 늘어나고 있다. 경매 사이트가 대표적인 예이다.
- 무가(無價)화: 무가화 현상은 '무료화 + α'의 전략으로 가격의 무료화 경쟁이 가속되어 아예 가격이 사라질 뿐만 아니라 제품을 이용하는 만큼 부가 보너스나 포인트를 제공하는 극단적인 형태의 가격 전략을 구사하는 것이다.
- 패키지(Package)화: 하나의 프로세스에 관련된 토털 서비스를 제공하거나 각 상품간의 연계성을 확보하여 새로운 부가가치를 제안하여 소비자에게는 상대적 가격 절감 혜택을 주고 기업으로서는 높은 이윤 구조를 유지하는 전략이다.
- 머천다이징(Merchandising): 유료화된 콘텐츠를 일정 기간이 경과한 후에는 무료로 전환하여 광고 수입을 확보하고, 더 기간이 지난 후에는 타사에 제공함으로써 홍보 효과를 기대할 수 있다.

3.3.3 유통전략

사이버 마켓을 통해 제품을 판매하기 위한 전략이 e-마케팅 유통 전략이다. 현실공간에서는 대리점이나 도매상을 지정해서 일정지역에 대해 독점 판매권을 인정해왔다. 그러나 전자상거래에서는 기업이 직접 소비자들과 거래를 함에 따라 기존 대리점이나 도매상들의 반발을 무마할 대책이 필요하다.

e-마케팅 유통 전략은 유통 구조 전략과 물류 체계의 통합 전략으로 나누어 볼 수 있다. 인터넷 유통 구조는 어느 정도 넓은 범위의 시장을 포괄할 것인가를 결정하는 것이며, e-마케팅 물류 체계 통합 전략은 관련업체들 사이의 의사소통 및 물적 유통을 온라인으로 어떻게 통합할 것인가에 대한 전략 방안이다.

(1) e-마케팅 유통 구조의 결정

어느 정도 넓은 범위의 시장을 대상으로 마케팅 활동을 할 것인가를 결정하는 것으로 제품의 성격, 구매빈도, 브랜드 이미지의 중요성 등에 의하여 결정되며, 그 종류는 다음의 세 가지로 구분할 수 있다.

집중적 시장포괄

- 집중적 시장포괄: 광범위한 제품 시장을 포괄하기 위하여 여러 종류의 유통 관

련업체가 동일한 사이트를 이용하여 마케팅 활동을 전개하는 방식이다. 예를 들어, 종합쇼핑몰 형태의 유통대행 웹사이트의 경우 자사의 쇼핑몰에 입주하기를 희망하는 모든 업체에게 사이트 공간을 할당하여 개방하는 전략을 전개할 수 있다. 그러나 이러한 전략을 추구할 경우, 다양한 제품을 고객에게 제공한다는 장점과 매출액의 증대효과가 있으나, 제품 및 기업 이미지를 손상시킬 수도 있다. 이러한 집중적 시장포괄에 적합한 제품은 편의품이나 성숙기의 제품으로 거래빈도를 높여야 하는 경우에 이용될 수 있다.

선택적 시장포괄
배타적 시장포괄

- 선택적 시장포괄: 목표로 하는 고객시장이 제한되어 있는 경우 이에 적합한 유통구조를 선택적으로 사용하는 전략 방안이다. 즉, 자사의 웹사이트 성격에 적합한 유통업체를 선택적으로 이용하는 방법이다. 웹사이트를 보유하고 있는 업체가 상품이나 서비스를 제공해 줄 업체를 선정할 때 자사의 포지셔닝 개념과 일관성이 있는 업체 또는 제품만을 선정하는 경우이다. 이러한 경우에는 해당 웹사이트가 나름대로 명성과 시장을 확보하고 있어야 하며 차별화된 콘텐츠로 높은 인지도를 유지하려고 하는 경우에 이용된다.
- 배타적 시장포괄: 자사의 특성에 맞는 제품 및 서비스 품목별로 단지 하나의 유통업체만을 선정하는 방법이다. 고객 역시 특정한 특성을 가진 집단으로 한정되는 경우에 이용될 수 있는 방법으로 전문성이 높은 제품이나 서비스 또는 기업 이미지나 제품 이미지가 중요한 경우에 이용되는 방법이다.

〈표 8-2〉 e-마케팅 유통 구조의 결정

구분	집중적 시장포괄	선택적 시장포괄	배타적 시징포괄
제품 형태	편의품	중간	전문품
제품 특이성	낮음	중간	높음
제품 가격	저가	중간	고가
서비스 정도	제한적	중간	고도의 서비스
PLC 단계	성숙기 제품	중간	도입기 제품
브랜드 충성도	비교적 낮음	중간	매우 높음
구매상황	온라인에서 해결 Pull 전략	중간	오프라인 지원 필요 Push 전략
구매빈도	높음	중간	낮음

이러한 유통 구조의 결정은 〈표 8-2〉로 요약될 수 있다. 즉, 자사가 다루는 제품 및 서비스의 특성에 따라 시장포괄의 범위가 달라지며, 이에 따라 선정하게 되는 유통 구조의 전략이 결정된다.

e-마케팅 유통의 경우에는 상호 전략적인 제휴 관계에 의하여 이루어지는 경우가 대부분이다. 이 경우 유통업체라기보다는 파트너업체의 입장을 취하게 되는데, 그 파트너업체 선정에 있어 고려하여야 할 부분이 많이 있다. 즉, 후보가 되는 파트너의 제품 특성, 재무상태, 마케팅 능력, 기술 및 설비, 영업성과, 글로벌 경험 등의 선정기준을 작성하여 체크리스트에 의한 평가를 하면 객관적인 비교를 할 수 있다.

(2) 전자상거래 물류 체계의 통합

로지스틱스(Logistics)

일반적으로 물적 유통이라 함은 생산에서부터 시장의 제품 및 서비스의 흐름을 의미하는 비교적 좁은 개념이다. 마케팅에서는 제품 및 서비스 생산에 필요한 원료, 솔루션 등의 확보에서부터 생산된 제품 및 서비스를 고객에게 인도할 때까지의 모든 관련된 활동을 의미하며, 좀 더 포괄적인 개념인 로지스틱스(Logistics) 관리로 이해하는 것이 타당하다.

이러한 로지스틱스의 개념에서 보면, 원자재의 효율적 조달, 제품의 생산, 주문, 운송, 보관, 재고 등의 요인들을 고려하여 제품을 목표시장에 가장 효율적으로 유통할 수 있는 방안을 모색하고 관리하는 활동이 로지스틱스라고 할 수 있다. 기존에 오프라인 경영을 하던 기업이나 인터넷 사업을 하고 있는 기업이 경영활동을 계속 진행하게 되면서 오프라인의 물적 유통을 통합하려는 노력을 하게 된다.

3.3.4 촉진전략

e-마케팅 촉진활동은 국내외에 거주하는 다양한 고객에게 기업이 홍보 및 상품이나 서비스에 대한 각종 정보를 제공하여 구매를 유도한다. e-마케팅의 촉진활동은 기업에서 정보를 제공하고 소비자들이 찾아와서 원하는 정보를 얻고 이에 대한 피드백을 제공하는 다분히 쌍방향적인 것이어야 한다.

촉진전략과 관련해서 중요한 사항을 몇 가지 살펴보면 다음과 같다.

(1) e-마케팅 촉진 전략의 중요성

미국의 모건스탠리의 보고서에 따르면, 미국에서 라디오 사용자가 5,000만 명이 되는데 38년, 텔레비전은 13년, 케이블 TV는 10년이 소요되었던 데 반해, 인터넷은 불과 5년밖에 걸리지 않았다. 라디오와 비교하여 보면 33년, TV보다는 8년이나 단축된 것이다. 이러한 확산은 인터넷 자체의 특성이 작용한 것이지만, e-마케팅의 촉진활동 결과이기도 한다.

어떤 통신수단도 인터넷 이용 증가속도를 따라올 수 없을 정도로 아주 빠르게, 그리고 어디가 끝인지도 모르게 진행되고 있다. 인터넷 거래가 활성화되면 될수록 경쟁이 심화될 것이며, 인터넷을 통한 촉진활동도 더욱 중요하게 될 것은 자명하다.

실제 인터넷 시장은 상상을 초월할 만큼 빠르고 급속히 확산되고 있다. 이에 따라 인터넷이 미래의 시장 성장을 주도하면서 기존의 거래방식까지 바꿀 것이라는 점에 대해서는 이제 더 이상 의심하지 않는다. 인터넷 이용자 증가에 따라 인터넷 촉진활동은 없어서는 안 될 만큼 중요성이 커졌다.

(2) 매체수단으로서의 e-마케팅의 특성

기존에 마케팅의 촉진 수단으로 대표적이었던 텔레비전, 라디오를 통한 대중매체는 우편, 전화, 전자우편, 전자통신을 이용한 매체의 가세로 그 변화의 모습을 보이고 있다. 인터넷 매체와 이들을 비교하면 다음과 같이 정리할 수 있다.

대중매체는 다수의 고객에게 비교적 저렴한 비용으로 접근할 수 있으나, 그 효과를 측정하기 매우 힘들다. 대중매체를 이용하는 경우, 광고비의 50%만 효과를 나타낼 뿐, 나머지 50%는 측정하기 힘들다고 한다. 우편판매나 텔레마케팅은 목표고객에게 직접 메시지를 전달하기 때문에 대중매체에 비해 상내적으로 낭비하는 부분은 적으나, 개별고객에게 전달되는 상대적 비용은 크다는 단점이 있다.

한편 인터넷이 다른 통신매체 수단과 결합하여 이용되면서 아주 적은 비용으로 목표고객 개개인에게 도달할 수 있게 되었고, 고객들의 반응에 맞는 정보를 제공함으로써 고객에게 보다 가까이 접근할 수 있게 되었다. 또한 고객들도 적극적으로 자신의 욕구와 필요를 제시할 수 있는 쌍방향 의사소통이 가능하게 되었다.

의사소통, 즉 촉진수단으로서 e-마케팅이 갖는 특성은 다음과 같다.

- 1대 1 관계 마케팅: 대중매체나 기존의 통신매체에 의한 촉진은 마케팅의 기본인 세분화를 충실하게 수행하는 방법이다. 인터넷매체를 이용함으로써 아주 저렴한 비용으로 개별고객에게 접근할 수 있다는 장점이 있다. 웹사이트에 방문한 고객들에 관한 정보, 즉 구매심리, 구매행동, 선호도 등에 관한 자료를 축적하고, 인공지능체제를 이용하여 고객정보를 체계적으로 분석함으로써 보다 나은 메시지를 전달할 수 있으며, 개별고객에게 맞는 '맞춤정보'를 제공함으로써 사이트 충성도를 높여 나갈 수 있다.
- 직접 마케팅: 전자거래는 직접 마케팅에 보다 효율적인 광고매체로 발전할 수 있는 잠재력을 갖고 있다. 제품이나 서비스 생산업자는 중간상을 거치지 않고 고객과 직접 연결함으로써 중간상의 중요성이 점차 줄어들게 된다. 또한 생산업자는 과거 중간상이 하던 재고, 운송, 구색, 금융, 판매, 애프터서비스 등의 기능을 스스로 하거나 그 기능을 수행하는 외부 업체와 제휴함으로써 인터넷의 직접 마케팅 기능을 효과적으로 수행할 수 있다.
- 차별적 마케팅: 가상공간에서 고객들은 자신이 원하는 제품을 찾기 위하여 여러 사이트를 항해하지만, 자신이 원하는 정보를 얻기란 쉬운 일이 아니다. 그래서 제품 및 서비스 제공업자들은 이러한 검색엔진에 자신의 정보를 제공하고, 다른 유사 경쟁업체와 지속적으로 차별화를 기하게 된다. e-마케팅의 초기에는 원가중심의 저가정책, 심지어는 무료로 정보를 제공하는 비차별적 마케팅을 수행했지만, 점차 사이트 간의 차별화가 이루어지고 적정 마진을 얻을 수 있는 가격과 고품질의 정보가 포함된 사이트로서의 차별적 마케팅이 이루어지게 된다.

e-마케팅의 여러 장점에도 불구하고, 다른 마케팅 수단과 비교하여 볼 때 단점이 없는 것은 아니다. e-마케팅의 가장 큰 단점은, 구매 결정력이 상대적으로 낮다는 점이다. 구매의사 결정 과정은 일반적으로 AIDMA(Attention - Interests - Desire - Memory - Action)의 절차를 거치게 되는데, e-마케팅의 경우, AID까지는 이루어질 수 있으나 구매결정과 행동을 유발할 수 있게 하는 효과가 상대적으로 낮다는 문제점이 있다. 이는 하나의 사이트에 오래 머물거나, 한 사이트에 대한 중독성이 대중매체, 즉 텔레비전의 한 채널 시청시간이나 텔레비전 중독성보다 상대적으로 낮다는 미국의 통계자료를 보더라도 인터넷 쇼핑이 구매행동에 미치는 영향이 아직 미약함을 알 수 있다.

또 하나의 단점으로, 전자거래 이용고객의 거래의 안전성에 대한 확신 여부와 사이트의 신뢰성의 문제가 있다. 점차 거래의 안전성과 신뢰성의 문제를 해결하는 시스템이 소개되고 있어 이러한 시스템을 어느 정도 효과적으로 도입 운영하는가에 따라 촉진수단으로서의 결정력이 높아질 것으로 판단된다.

하지만 e-마케팅은 다른 매체와 더불어 여러 장점을 지닌 하나의 의사소통 수단임에는 틀림없다. 이러한 인터넷의 기술적인 특성으로 인해서 고객과의 직접적인 관계를 용이하게 해 주는 전자거래상의 촉진 전략은 전략적으로 중요한 요소로 고려된다.

3.4 e-마케팅 전략 수립

e-마케팅에서 6C전략은 흔히 마케팅 믹스(Front-Office Marketing Mix), 또는 포털(Portal) 전략이라고 한다. 여기서 말하는 6C에는 지식과 정보 전략(Contents Strategy), 고객맞춤 전략(Customization Strategy), 공동체운영 전략(Community Strategy), 의사소통 전략(Communication Strategy), 거래형성 전략(Commerce Strategy), 관계확장 전략(Connection Strategy)이 포함된다.

6C
지식과 정보 전략
고객맞춤 전략
공동체운영 전략
의사소통 전략
거래형성 전략
관계확장 전략

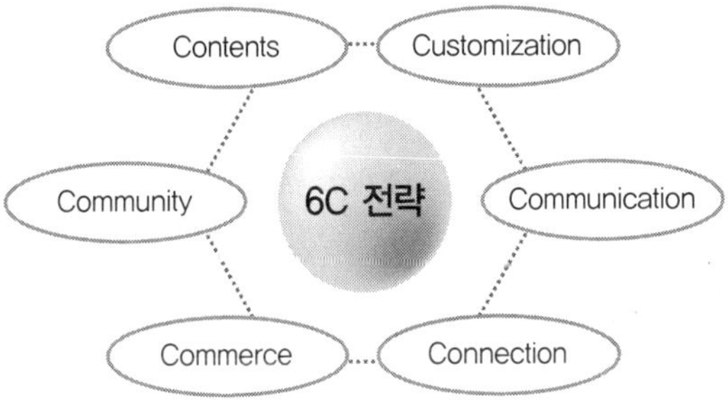

[그림 8-4] e-마케팅 전략(6C전략)

3.4.1 지식과 정보 전략(Contents Strategy)

인터넷에서 콘텐츠란 고객에게 전달하고자 하는 정보 및 내용을 웹 형태의 기술적 요소와 결합시킨 것이다. 모든 텍스트 및 멀티미디어적인 형태가 콘텐츠가 될 수 있다. 따라서 기본적인 콘텐츠의 원형은 '원 소스 멀티 유즈' 형태로 다양하게 게임, 출판, 드라마, 영화, 애니메이션, 캐릭터 등 여러 연관 부가가치 사업으로 확대 재생이 가능하다는 점에서 사업성 측면에서도 매우 중요한 본질적인 요소라 생각한다.

웹사이트에서 콘텐츠는 가장 핵심적인 역할을 한다. 성공적인 사이트는 한결같이 좋은 내용으로 이루어져 있다. 성공 사이트의 여러 가지 요인(예를 들어, 커뮤니티, 콘텐츠, 무료메일 제공) 중에서 대표적으로 꼽을 수 있는 것이 바로 우수한 콘텐츠를 꼽을 수 있다.

콘텐디자이놀로지
(ContentDesignology)

콘텐츠를 기술적인 측면과 정보 구성적인 측면에 초점을 맞추면 3가지 요소로 나눌 수 있다. 홈페이지를 제작한다는 말은 디자인적인 측면이 강조된 뉘앙스를 풍기며, 웹사이트를 구축한다는 말은 기술적인 색채가 강해 보인다. 한편 디자인이나 기술적인 측면 외에도 언어적 측면인 정보의 내용 또한 간과할 수 없다. 즉, '콘텐츠'라 함은, '정보의 내용과 홈페이지의 디자인과 상호작용을 뒷받침해 줄 수 있는 기술로 구성'된다. 이를 조합하여 콘텐디자이놀로지(ContentDesignology)라고 하는데, 이것은 좋은 콘텐츠란 이들 3가지 요소를 적절히 조화시켜 구성해야 한다는 것을 의미한다. 이를 도식화하면 [그림 8-5]와 같다.

콘텐츠의 내용적인 측면에서 접근했을 때, 이러한 콘텐츠는 멀티미디어를 기반으로 하며, 인간의 지적 창의성을 반드시 포함하고 있어야 한다. 엄밀하게 이야기하면 콘텐츠는 소프트웨어와 구분할 필요가 있다. 소프트웨어는 인간의 지적 창의성을 지원해 주는 애플리케이션으로서의 성격이 강하며, 이를 통해 창조되는 지적 창의물을 콘텐츠로 이해하여야 한다. 특히 인터넷 콘텐츠는 '인터랙티브'를 반드시 포함하고 있어야 하는데, 이것은 매스미디어와 인터넷을 구분하는 가장 중요한 경계점이다. 기업은 개별적인 고객과 상호작용을 할 수 있도록 잘 설계된 콘텐츠를 제공함으로써 고객과의 관계를 창출하고 유지할 수 있도록 하여야 한다.

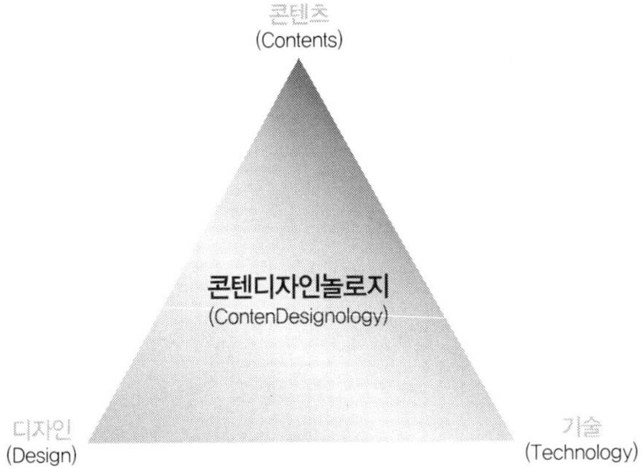

[그림 8-5] 콘텐디자이놀로지의 구성요소

3.4.2 고객맞춤 전략(Customization Strategy)

고객 맞춤화는 사용자들 개개인에 맞게 사이트가 맞춰지거나 사용자들의 용도에 맞게 맞추어지는 것을 말한다. e-마케팅의 중요한 특성 중 하나는 일대일 관계 마케팅을 형성할 수 있고 로그파일의 기록을 분석하면 시장조사가 자동적으로 이루어지기 때문에 개인 사용자의 요구에 맞추어 업무를 효율적으로 처리하기 위하여 사이트는 사용자나 조직에 의해 디자인될 수 있다. 고객 맞춤화가 사용자에 의해서 디자인되면 개인화(personalization)라 하고, 사이트 운영자에 의해 설계되면 맞춤화(tailoring)라 한다.

개인화(personalization)
맞춤화(tailoring)

- 개인화: 일부 웹사이트들은 사용자들이 자신의 취향에 따라 콘텐츠를 선택하거나 개인화된 다양한 툴을 사양으로 선택하도록 하고 있다. 사용자의 개인적인 선호가 사용자에 의해 입력되고 저장되면, 그 사이트는 사용자의 로그인 등록정보나 쿠키를 이용하여 고객이 재방문하였을 때 사용자의 등록정보에 따른 선호도에 맞춰 구성하는 것이 특징이다.
- 맞춤화: 일부 웹사이트들은 인터페이스 소프트웨어를 통하여 특정 이용자들의 관심이나 습관 및 욕구를 더욱 적절하고 더 잘 파악하기 위해 사이트를 구현하고 있다. 보다 발전된 엔진의 경우, 이용자가 관심을 보이거나 찾을 것 같은 제품정보 및 콘텐트를 추천하기도 한다.

결국 e-마케팅에서는 데이터베이스의 분류와 분석을 통하여 회원 개개인의 특성을 파악하고 각 개인에게 특화된 상품 및 서비스의 정보를 제공하는 것이다. 소비자를 성별, 연령, 직업, 학력 등의 인구통계학적인 프로필과 좋아하는 제품, 브랜드, 성격 등의 소비심리학적인 프로필로 세분화한 일대일(One to One) 마케팅이 바로 대표적인 고객화 전략이다.

3.4.3 공동체운영 전략(Community Strategy)

커뮤니티는 공동체를 뜻하는 것으로 인터넷 커뮤니티는 인터넷 공간에서 활동하는 공동체 전반을 가리킨다. 단순 교제, 매니아, 필요에 의한 모임, 공통의 관심사가 커뮤니티는 형성하는 요인이다. 커뮤니티는 클럽, 매니아 커뮤니티, 카페 등의 형태로 나타난다. 가장 많은 형태는 동호회이다. 커뮤니티에 관련된 멤버는 소속감과 공통 관심사를 가지고 있다.

커뮤니티는 사이트 방문자 증가와 사이트 발전에 중요한 역할을 한다. 인터넷에서는 이런 동질성을 가진 모임은 쉽게 활성화되기 때문이다. 실제로 커뮤니티에 소속된 구성원들은 사이트에 충성도가 매우 높고 전문적이다. 사이트 내에서 가장 활발하게 활동을 하게 된다. 자체적으로 많은 자료를 만들어 낼 수 있다.

e-마케팅에서 커뮤니티의 형성은 중요한 의미가 있다. 커뮤니티를 통해 기업은 소비자 정보를 수집하거나 신제품에 대한 의견을 수렴할 수 있고 소비자를 기업의 마케팅 과정에 참여시킴으로써 기업 혹은 제품에 대한 충성심을 고취시킬 수 있다.

커뮤니티는 다음과 같은 몇 가지 특성을 가지고 있다.

- 네티즌들은 맞춤형 정보를 원하고, 자신에게 맞지 않는 정보나 광고에는 거부감을 보인다. 그러나 한편으로는 관심 영역과 동질적 집단에 대한 소속감과 공유의식을 느끼고 싶은 욕구를 사이버 공간에서 표출한다. 네티즌들의 개인화 성향은 전자우편을 통해 충족시켜주고, 커뮤니티 성향은 뉴스그룹, 채팅, 사설게시판(BBS) 등을 통해 충족시켜 줄 수 있다.
- 커뮤니티는 익명성이 강하고 비대면성이기 때문에 무책임한 루머의 남발, 저질스런 언어구사, 사이버폭력 등 심각한 사회문제가 야기되기도 하지만, 커뮤니티에서 신뢰감이 형성된다면 실제 공동체보다 더 나은 비즈니스 기회를 포착할 수 있다.
- 친목회, 동창회 등 기존의 공동체는 공간적 제약을 받는 동기성(synchronous) 때문에 한 장소에 모여 서로의 관심사에 대해 대화하고 일정한 시간이 지나면

동기성(synchronous)

헤어진다. 그러나 커뮤니티는 동기성과 비동기성을 함께 지니고 있다. 커뮤니티에서 동기성을 지원하는 도구로는 채팅과 메신저 등이 있고, 비동기성을 지원하는 도구는 웹 게시판, 뉴스그룹, 전자우편 등이 있다.

3.4.4 의사소통 전략(Communication Strategy)

e-마케팅의 특징 중 하나는 쌍방향성이 뛰어나다는 것이다. 이는 일방적인 전달이 아니라 한사람 한사람과 개별적인 커뮤니케이션이 가능하다는 것이다. 개인별 상담과 질문에 대한 응답, 이메일을 통한 답변 등 방문자 한 사람 한 사람과 커뮤니케이션이 가능하다. 이런 쌍방향성은 방문자가 직접 사이트에 참여할 수 있는 기회를 제공한다.

커뮤니케이션이란 웹사이트와 이용자들 간의 혹은 이용자들과 기업 간의 대화의 소통뿐 아니라 각종 정보의 교환을 의미한다. 이러한 커뮤니케이션은 기업 대 이용자 또는 이용자 대 이용자의 두 가지 형태를 취할 수 있다.

- 기업 대 이용자(방송형): 기업 대 이용자 의사소통은 기업으로부터 이용자에게 일방적으로 전달되는 정보교환이다. 정보의 이러한 일방적인 의사전달에는 기업에 보내는 반응을 위한 메커니즘을 제공하지 않고 있다. 일반적으로 웹사이트와 이용자들 간의 일 대 다수의 관계이다.
- 양방향 이용자 대 이용자(대화형): 대화형 커뮤니케이션은 전자상거래 대화의 일부로 쓰이는 경우가 많으며 주문배치, 추적 및 주문완료에 관한 정보제공을 정기적으로 취하게 된다. 또 다른 양방향 커뮤니케이션은 이용자 입력정보가 사이트에 반영될 때, 관심 분야의 주제에 대한 이용자가 작성한 기사와 공급업자들에 대한 평가 및 피드백이 해당된다.

e-마케팅은 정보통신기술을 기반으로 하기 때문에 고객과의 효율적인 커뮤니케이션을 수행하기 위해 다양한 기술과 도구를 적절히 활용하는 것이 필요하다. 예를 들어, 무료 전자우편 계정, 채팅방, 인스턴트메시징 서비스(ICQ), 검색엔진, 이동통신과 연동 등이다. 특히, 인터넷이 가지는 커뮤니케이션 구조는 일대다뿐만 아니라 일대일, 다대다 커뮤니케이션을 모두 소화할 수 있다.

3.4.5 거래형성 전략(Commerce Strategy)

궁극적으로 전자상거래에서 추구하는 것은 수익성이다. e-마케팅에서의 수익성은 일반적으로 상품 판매, 정보 및 서비스 이용료, 회비, 중개수수료, 광고료, 각종 협찬 등에 의해서 얻어지고 있으며 그 외에도 여러 가지 방법들이 사용되고 제기되고 있다. 상업 사이트는 수익을 목적으로 운영된다. 직접 수익을 내거나 회사의 수익성을 높이는 것이 운영의 목적이다.

수익성을 높이기 위해서는 사이트가 수익모델을 갖추어야 하고 경비를 절감하는 운영이 이뤄져야 한다. 투자에 비해 그 효과가 뚜렷하게 나타나지 않는다는 것이 현재 웹사이트들이 안고 있는 고민이다. 막대한 비용을 쏟아 부어 마케팅을 했지만 수익을 내지 못하는 사이트들이 적지 않다. 수십만, 수백만의 회원도 수익과 연결되지 않는다. e-비즈니스에 대한 회의론도 역시 뚜렷한 수익성을 갖고 있지 않다는 데 있다.

e-마케팅 운영자는 사이트를 통해 수익을 내야 한다는 요구에 직면해 있다. 거래 수익이나 서비스제공, 부가가치서비스, 컨설팅 등 수익원을 다양화해야 한다. 광고나 회원유치에만 의존해서는 안 된다. 실제 거래 등 오프라인과 전통기업들의 영업방식이 높은 수익을 내고 있다.

상거래란 인터넷 사이트에서 제품 또는 서비스를 판매하는 것으로 정의된다. 기업의 상거래 역량은 거래 처리의 다양한 측면을 지원할 수 있도록 작성된 고객 인터페이스의 형태를 말한다. 즉, 배송정보와 더불어 전형적인 쇼핑 바구니 사양을 보유해야 한다. 상품의 전체 가격과 부가적 서비스, 세금, 배송비용 및 총 합계를 요약된 형태로 제시하여야 한다.

사이트가 전자상거래 능력을 갖추기 위해서는 이와 같은 많은 사양들이 존재하여야 한다. 그렇지만 최근 웹상에서의 정보유출이 심각한 사회적 문제로 대두되고 있으므로 다양한 정보들과 더불어 그에 맞는 정보 보안의 구축도 함께 이루어져야 하겠다. 이러한 기술적인 거래 능력도 중요하지만 기업이 e-비즈니스를 활용하는 궁극적인 목적인 수익 창출을 이루는 것 또한 중요하다. 따라서 인터넷을 기반으로 수익을 창출하는 여러 가지 방법에 대해 고민해 봐야하는데, 대표적인 수익창출 방법은 다음과 같다.

- 광고 수입과 직접적 상품 판매: 다음 커뮤니케이션, 네이버 등은 회원 수 증가를 통한 광고수입을 올리고 있고, G마켓, 옥션 등과 다양한 쇼핑몰들은 다양한 상품을 판매하고 있다.
- 콘텐츠 유료화: 미국의 월스트리트저널은 인터넷의 쌍방향성을 활용한 콘텐츠를 제공함으로써 많은 유료회원을 확보하여 유료화 전략의 성공 가능성을 보여주었다.
- 제휴(affiliate) 프로그램: 자사의 웹 사이트에 제휴관계를 맺은 다른 사이트나 쇼핑몰을 홍보하고, 자사의 사이트를 통해 구매한 상품에 대한 일정 비율의 소개비를 받는 형태이다.
- 데이터베이스 응용: 데이터베이스를 활용하는 예로는 온라인리서치대행, 사용자 통계분석 데이터 판매, 데이터베이스 대여 등을 들 수 있다. 그러나 이러한 사업을 추진할 때에는 현행법상 데이터베이스에 등재된 개인의 정보를 판매할 수 없다는 것을 고려해서 진행해야 한다.
- 중개를 통한 수수료 확보: 사이버 증권사 혹은 경매 사이트에서는 거래를 중개해주고 받는 수수료가 수익의 원천이 된다.

3.4.6 관계 확장 전략(Connection Strategy)

e-마케팅에서 관계의 중요성은 지대하다. 각종 관계와 연결을 통해 많은 것들이 창조되고 개선된다. 특히 파트너와의 협력 관계는 매우 중요하다. 전략적 제휴가 바로 커넥션 전략의 일환이다. 선진기업들은 핵심역량은 사내에 두고 그 외의 기능은 아웃소싱을 하는 추세이나. 인터넷 비즈니스 기업에서도 아웃소싱의 중요성은 갈수록 강조되고 있다. 과거에는 혼자 힘으로 시장에서 경쟁했던 것에 비해 이제는 외부의 아웃소싱 파트너들을 어떻게 규합하여 최적의 네트워크를 구성하느냐에 따라 경쟁력이 좌우된다고 할 수 있다.

국내의 대형 사이트조차도 웹사이트의 유지보수와 운영을 아웃소싱하는 것이 효과적이라고 판단하고 있다. 사이트 유지보수 등은 프로그래머나 디자이너를 고용하는 것보다는 외부의 전문업체에 의뢰하는 것이 경비를 줄이는 방법이다. 현재 우리나라는 정보통신 분야의 풍부한 인력으로 외부의 인력을 활용하기 좋은 여건이다.

포털 서비스를 제공하는 기업들은 다양한 서비스나 콘텐츠를 고객에게 제공하기 위해 동종 혹은 이종간 협력관계를 구축하는 경우가 많다. 이것은 결국 기업-소비자-기업간의 트리플윈(triple-win)을 가능하게 함으로써 모두가 이익을 공유할 수 있도록 세심한 주의를 기울여야 한다.

기업들이 협력관계를 통해 공동 마케팅을 추진하는 목적은 여러 가지가 있을 수 있다.

- 상거래 등 프로세스의 역량강화를 통한 시장 확대 및 공동 이익추구: 인터넷 비즈니스가 복잡하고 다양화됨에 따라 기업들은 더욱 전문화된 분야에 그 역량을 집중시키고, 특정 분야에 전문성을 갖춘 기업들에게 상대적으로 부족한 부분을 보완해 줄 협력업체의 필요성이 증가하고 있다.
- 협력을 통한 노력과 비용절감 및 경쟁자의 진입장벽 형성: 각 기업이 특정분야의 전문화를 지향함에 따라 자신들의 열세인 분야에 타 기업과 연계함으로써 적은 노력으로 많은 효과를 누릴 수 있다. 즉, 협력을 통해 신규 사업에 공동 투자함으로써 비용을 절감하고 투자위험을 분산시킬 수 있다. 그리고 초기에 시장규모를 확대할 수 있는 협력자를 확보할 수 있다. 한편 기업 간 공동 마케팅을 수행함으로써 새로운 경쟁자의 진입을 억제하는 효과를 얻을 수 있다.
- 자원공유를 통한 회원증대 및 표준화 추구: 기업이 보유한 회원과 콘텐츠를 다른 기업과 공유함으로써 회원확대 및 방문자 증대를 위한 대융합(mega convergence), 대제휴(mega alliance), 대경쟁(mega competition)의 형태로 전개될 것이다. 이를 위해서는 기존 회원 데이터베이스 통합시도, 기술적 규격통일, 공동 마케팅 프로모션, 법규와 규제에 대한 공동대응 등의 노력이 결집되어야 한다.

3.5 e-마케팅 관리 및 평가

앞 단계에서 실행한 마케팅 활동으로 확보한 고객들과의 관계를 형성하고 유지, 확장하기 위해서는 체계적인 관리가 필요하다. 이는 축적된 데이터의 철저한 분석과 비용대비 효과의 극대화를 위한 시스템 최적화를 통해 가능해진다. 또한 e-마케팅의 평가 및 측정을 통하여 문제점을 분석해서 이를 피드백을 통하여 개선함으로써 시너지 효과를 낼 수 있도록 해야 한다.

기존의 전통적 마케팅 평가는 대부분의 척도들이 목표 고객들의 행동을 직접 관찰하기보다는 그들의 행동에 관한 질문에 의존하였다. 그러나 e-마케팅 평가에서는 가장 정확한 지표인 고객들의 심리적인 반응, 즉 '어떠한 사이트에 대한 호불호' 또는 '방문한 사이트의 수 또는 구매빈도 등과 같은 행동반응'을 객관적으로 얻을 수 있다. 인터넷 환경에서는 이러한 지표들이 풍부하고 자료의 저장이 용이하여 고객 한 사람, 한 사람의 데이터까지도 개별적으로 분석할 수 있으므로 1대1(One to One) 마케팅을 구현할 수 있으며, 보다 나은 고객 관계 창출과 유지를 돕는다. 이러한 e-마케팅의 효과를 어떻게 활용하는가에 따라 전자상거래의 성공이 좌우된다.

〈표 8-3〉에서 보는 바와 같이 e-마케팅 효과측정 기준은 얼마나 효과적으로 고객을 획득하는가, 콘텐츠 사용이 용이하고 콘텐츠가 잘 전달되는가, 고객 지향적으로 잘 되어 있는가, 커뮤니티와 상호작용성이 잘 되었는가로 구분하여 점검해 볼 필요성이 있다.

〈표 8-3〉 e-마케팅 효과측정 기준

고객획득 (capture)	• 온라인과 오프라인 촉진을 통해 얼마나 효과적으로 고객을 끌어들이는가? • 서치 엔진의 meta-tag를 이용하고 있는가?
콘텐츠 (contents)	• 디자인과 콘텐츠는 사용하기에 용이한가? • 사이트만의 독특한 가치를 전달하고 있는가? • 사이트 속도와 접근 가능성은 고객 편의에서 설계되었는가?
고객지향성 (customer orientation)	• 목표고객에게 적합한 정보를 제공하고 있는가? • 정보는 적절하며, 최신의 것으로 정확한가? • 구매의사결정의 다른 단계의 소비자들에게 단계별로 적합한 정보를 제공하는가?
커뮤니티와 상호작용성 (community and interactivity)	• 동호회 편의시설을 제공하고 있는가? • 고객과의 상호작용을 고려하여 웹이 설계되었는가?

*자료원: 황하진(2012), 「전자상거래와 e-비즈니스」, 경문사, p.30

3.5.1 전통적인 효과계층 모델 7단계

지난 반세기 동안 고객의 재품구매과정을 이해하기 위해 전통적인 효과 계층 모델이 활용되었다. 〈표 8-4〉는 오프라인에서의 고객의 효과계층 단계를 나타내고 있다. 전통적 효과계층 모델에서는 고객은 구매 전, 구매, 구매 후 단계를 거치게 되면서 〈표 8-4〉와 같은 정보를 얻을 수 있다. 이 모델에서의 각 단계는 고객의 태도, 지식 또는 행동을 추적하기 위해 각 단계별로 상이한 고객측정 방법을 이용하고 있다.

〈표 8-4〉 전통적인 효과계층 모델

단계	개념	내용
구매 전	인지	• 나는 ×× 쇼핑몰을 알고 있다.
	지식 획득	• 제품 검색 방법을 알고 있다.
	태도 형성	• 나는 ×× 쇼핑몰을 좋아한다.
	구매 전 의도	• 나는 ×× 쇼핑몰에서 구매할 것이다.
구매	구매	• 구매 빈도, 구매량
구매 후	구매 후 행동	• 고객서비스 상호작용의 품질 • ×× 쇼핑몰 만족도
	충성도 형성	• 재구매 빈도 • ×× 쇼핑몰 경쟁자 대비 구매량

인지(awareness stage)
지식획득(knowledge stage)
태도형성(attitudes stage)
구매 전 의도(pre-purchase stage)
구매행동(purchase behavior stage)

- 1단계 – 인지(awareness stage): 제품 또는 상표에 관해 인지하게 되는 단계이다. 이러한 인지는 소극적 시장 커뮤니케이션(온라인 기업을 촉진하는 일시적인 게시판) 혹은 일부 소비자들의 적극적인 탐색(쇼핑 비교를 위한 소매점 방문)에 의해 유발된다.
- 2단계 – 지식획득(knowledge stage): 제품에 관한 지식 또는 정보를 획득하는 단계이다. 이러한 지식은 경쟁기업과 비교 혹은 비교하지 않고 이루어질 수 있다. 여기서 소비자는 제품의 혜택과 사양에 대한 풍부한 이해와 경쟁제품과 비교하여 제품이 어떤 성과를 나타내는지를 익히게 된다.
- 3단계 – 태도형성(attitudes stage): 태도란 고객이 특정 상표, 제품을 선호하는 정도를 의미한다. 태도에 관한 고객의 현장조사는 고객이 특정 상표를 좋아하는 정도를 추적한다.
- 4단계 – 구매 전 의도(pre-purchase stage): 구매 전 의도파악은 다음 쇼핑에 대한 행동 경향을 파악하는 데 그 목적이 있다. 구매 전 의도를 측정하는 질문들은 고객들의 미래 행동을 예측하기 위해 질문하는 방식으로 조사된다.
- 5단계 – 구매행동(purchase behavior stage): 잠재적 구매행동 자료는 수없이 많다. 이들 중 일부 자료는 구매에 대한 주관적 자료(예, '귀하가 이 제품을 구입

한 것은 언제 입니까?') 혹은 객관적 자료(예, 구매 날짜, 구매 액, 전반적 구매 기록, 구입 도서의 양 등)가 될 수 있다.

구매 후 행동(post-purchase behavior stage)

충성도 형성(loyalty stage)

- 6단계 – 구매 후 행동(post–purchase behavior stage): 구매 후 행동과 태도는 고객의 구매경험에 대한 즉각적인 반응을 추적한다. 이러한 추적은 구매경험에 대한 개별적인 측면(예, '귀하는 제품선택 및 판매지원에 만족했습니까?')에 관해서는 일반적인 만족도 측정 혹은 구체적인 만족도 측정으로 추적된다. 구매 후 행동은 고객지원 혹은 제품의 반환에 대한 상호작용으로 간주할 수도 있다.
- 7단계 – 충성도 형성(loyalty stage): 충성도 측정은 반복 구매율 혹은 한 소매점 대 다른 소매점들로부터 구매한 제품의 전반적인 비율로 측정된다.

이 모델은 직관적으로 호소력이 있고 커뮤니케이션과 시장 조사 영역에서 측정과 추적시스템이 비교적 일상화되어 있고, 기업들 간에 표준화가 이루어져 있다. 그리고 고객들을 잃게 되는 경우와 제품에 관심을 갖는 것에 관한 중요한 진단정보를 제공한다.

그러나 문제는 목표 고객들의 행동을 직접 관찰하기보다는 그들의 행동에 관한 질문에 의존한다는 것이다. 즉, 고객들은 브랜드를 회상하는 것과 그들 자신의 쇼핑행동을 기억해내는 데 어려움이 있을 수 있으며, 더욱 자주 발생되는 문제점은 소비자 행동과 관련된 질문에 대한 답을 정확히 모른다는 것이다.

3.5.2 온라인 효과계층 모델 5단계

온라인 효과계층 모델은 전통적인 효과계층 모델과는 다르게 5단계로 나뉜다. 인터넷 환경에서의 고객은 〈표 8–5〉에서 볼 수 있듯이, 구매 전(방문, 쇼핑행동), 구매(구매행동), 구매 후(구매 후 행동, 충성도 형성)의 단계를 거치면서 여러 가지 측정 가능한 정보를 남기게 된다.

과정들을 살펴보면 고객에게 '질문하는 것(ask the customer)'에서 고객을 '주시하는 것(watching the customer)'으로 바뀌었음을 알 수 있다. 즉, 구매과정의 초점이 태도 혹은 지각보다는 행동을 반영하는 요소들이 측정된 것이다.

〈표 8-5〉 온라인 효과 계층 모델

단계	개념	내용
구매 전	1단계 - 방문	• 독특한 방문객 수 • 재방문객 수
	2단계 - 쇼핑행동	• 클릭 추천 • 사이트 방문 패턴 • 페이지 열람 • 검색 깊이 • 장바구니 포기
구매	3단계 - 구매행동	• 구매 수 • 전환 비율 • 획득 비용
구매 후	4단계 - 구매 후 행동	• 반환 비율 • 온라인 만족도 조사
	5단계 - 충성도 형성	• 재구매 빈도, 구매 주기 • 재구매량, 생애가치

- 1단계 – 방문: 로그인된 고객이 사이트로 방문하는 것을 의미한다. 이러한 방문은 한 가지를 검색하거나 혹은 여러 가지를 검색할 수도 있다. 이용자가 특정 사이트의 페이지에서 무엇을 이용하고 얼마나 머물러 있었고, 어떤 콘텐츠를 클릭하고 어떤 페이지에서 로그아웃을 했는가에 대한 정보를 얻을 수 있다. 웹사이트의 수가 기하급수적으로 성장함에 따라 소비자들은 그들이 선호하는 사이트들을 넓혀 나가고 있다. 하지만 소비자들은 이용 가능한 수백만 개의 사이트 중 불과 수십 개 정도의 사이트에만 그들의 주의력이 집중되었다는 것이다. 이러한 사실은 소비자들이 적은 수의 사이트들을 정규적으로 방문하는 형태를 취하는 것으로 판단된다. 따라서 기업은 소비자의 주의가 집중된 몇몇의 사이트가 되기 위해 어떠한 노력을 해야 하는가를 파악해야 한다.

〈표 8-6〉 Hitbox에서 제공해 주는 로그분석 정보

로그분석의 내용	내용별 상세항목 예시
방문자 트래픽 (traffic)	페이지뷰(page view), 임프레션(impression), 시간대별 방문자수, 트래픽이 가장 많은 시간과 가장 적은 시간, 방문자들의 다양한 방문형태 등을 제공
방문 경로 (referrers)	방문자가 자사의 웹사이트를 찾아오기 위해 거친 경로. 도메인(domain), 사이트 주소(URL), 뉴스그룹(newsgroup), e-메일(e-mail), 방문국가(countries), 검색엔진(search engine) 등에 대한 상세한 방문경로 제공, 웹사이트 프로모션의 전반과 콘텐츠 내비게이션 구성에 대한 전략수립에 활용
방문자의 시스템 환경 (system)	사용자의 웹브라우저 종류(web browser), 버전(version), 모니터의 해상도(monitor resolution), O/S(operation systems), 사용언어(language), 플러그인(plug-in) 등의 접속환경에 대한 데이터를 제공
방문자 정보 (visitor)	방문자가 이용하고 있는 ISP업체, 방문자의 도메인(domain), 방문자 국가정보(countries), 방문시간대(time zone) 등의 정보를 제공
내비게이션 정보 (navigation)	방문자가 체류한 정보를 토대로 평균체류시간, 체류시장이 가장 많은 웹페이지 등의 데이터를 제공
페이지 방문 정보 (pages)	가장 많이 방문하는 웹 페이지(top request page), 처음 방문하는 페이지(entry pages), 최종적으로 방문하는 페이지(exit pages), 링크의 오류 등에 관한 데이터를 제공. 이를 통해 사이트링크의 오류 수정 및 전략적인 홈페이지 내비게이션 구성에 대한 힌트를 얻을 수 있다.

*자료원: 황하진(2012), 「전자상거래와 e-비즈니스」, 경문사, p. 133.

- 2단계 – 쇼핑행동: 쇼핑행동 단계에서 클릭 스트림 자료는 소비자행동에 관한 보다 많은 핵심자료로 이용된다. 고객행동은 페이지 뷰의 수(특정 웹페이지의 방문객에게 노출된 수), 방문한 사이트의 형태, 사이트에 머문 정도, 100명의 방문객들마다 작성한 등록 수, 폐기된 등록 수, 장바구니를 보유한 고객 수, 폐기된 장바구니 등으로 측정할 수 있다.
- 3단계 – 구매행동: 인터넷 쇼핑몰 고객이 특정 웹사이트 방문할 때 구매로 바로 전환되는 비율이 얼마인가는 매우 중요한 의미를 함축하고 있다. 이때 특정 웹사이트를 방문한 뒤 바로 구매로 이루어지는 비율을 전환율(conversion rate)이라 한다. 전환율은 기업의 이익증가 및 현금흐름과 연결되므로 매우 중요하다.
- 4단계 – 구매 후 행동: 상품의 반환 비율과 고객의 지인에 대한 추천, 쇼핑경험에 관한 온라인 조사에 대한 응답까지도 포함된다. 일반적으로 물리적 점포

에서 구매한 상품과 비교 했을 때 온라인에서 구매한 상품에 대한 반환 비율이 훨씬 높은 것으로 나타나고 있다.

- 5단계 – 충성도 형성: 기업의 입장에서 많은 이익을 창출하는 충성고객들이 가장 중요하기 때문에 조사의 핵심은 충성도 지표이다. 충성도 지표는 구매빈도, 제품범주에 대한 구매비율, 진정한 충성고객의 비율 등이다. 두 번째 중요한 관찰은 충성고객 집단의 상태를 체크하는 통계량의 활용이다. 기업은 자사 사이트에서 증가하는 전체 고객 수준을 주의 깊게 관찰해야 한다. 이를 통해 이상적 신규 고객 획득과 기존의 고객유지전략을 동시에 고려해서 고객관계 전략을 수립해야 한다.

온라인 모델의 장점은 초기 방문에서부터 충성 방문에 이르기까지 전체 소비주기를 나타낼 수 있는 자료가 풍부하게 있다는 것이다. 그러나 대부분의 기업들이 실제로 필요한 모든 자료를 분석하지 않으며, 부분적으로 필요한 자료를 수집한다 하더라도 조사 결과에 대한 대응책이 미흡하다.

또한 사이트에 머무는 시간인 체류시간이 길수록 쇼핑몰 운영 기업의 경우는 좋지만, 항공사의 경우는 다르다. 예를 들어, 대한항공의 사이트를 방문한 고객의 경우 비행정보, 항공기 예약, 항공사 비교 등의 몇 가지의 특정 정보만을 원하고 바쁜 비즈니스 여행객이라면 더욱이 자신에게 정말 필요한 정보를 빠르고 간편하게 알 수 있기를 원할 것이다.

페이지뷰 수 또한 보통의 고객이라면 다양한 유형의 제품을 검색하고 적합한 상품을 발견하는 과정을 거쳐 구매에 이르게 되기 때문에 많을수록 좋다고 할 수 있지만 어떠한 표적 상품을 사려는 고객은 페이지뷰가 적으면 적을수록 효과적인 쇼핑이 되었다고 할 수 있다. 이러한 여러 가지 문제는 많은 기업들이 실행하고 있는 배너광고가 기존의 4대 매체(TV, 라디오, 신문, 잡지)와 비교했을 때 얼마나 비용 대비 효과적인지를 검증할 방법이 없으며 인터넷 광고 효과에 대한 공동 기준 결여는 향후 인터넷 광고 활성화에 있어 가장 큰 걸림돌로 지적되고 있다.

3.5.3 통합적 접근

전통적 접근방법은 고객의 지각 즉, 태도, 지식, 행동의도에 집중적으로 의존하고 있으며, 온라인 접근방법은 고객의 행동에 중점적으로 의존하고 있다. 따라서 기업은 전통적 모델과 온라인 모델 두 가지 유형의 자료가 모두 필요하다. 이를 토대로 고객의 구매주기에서 오프라인과 온라인의 두 가지 대안적 구매계층의 결합은 [그림 8-6]과 같다. 오프라인과 온라인 순서도는 각각의 구매주기를 나타내고 있다. [그림 8-6]은 이들 각각의 구매주기를 쉽게 결합할 수 있다는 것을 보여주고 있다. 그러면 이러한 통합적 접근을 함에 있어 염두에 두어야 할 몇 가지 요소에 대해 알아보자.

- 고객의 투명성: 고객들은 구매주기의 어느 단계에서든지 온라인과 오프라인으로 유연하게 이동 할 수 있어야 한다. 핵심 문제는 “고객이 구매과정 동안 어느 단계에서나 물리적 점포와 온라인 환경 사이를 유연하게 이동할 수 있는가” 이다. 예를 들어 주문제품의 여러 가지 차이에 대한 완벽한 재고를 검색할 수 있어야 하고 재고를 확인하기 위해 콜 센터와 신속하게 전화를 연결할 수 있어야 한다. 또 웹 사이트상에서 현재 제품의 위치를 구체적으로 체크할 수 있어야 한다.
- 데이터베이스 통합: 유연한 통합을 이루는 핵심 이슈 중의 하나는 고객과 공급업자 및 파트너에 대한 단일 데이터베이스를 구축하는 것이다. 만일 고객들이 오프라인 상에서 제품을 구매해왔다면 온라인상에서도 고객의 구매기록이 관리되어야 한다. 이와 유사하게 오프라인 부서의 서비스 직원은 온라인 구매기록에 환벽하게 접속할 수 있어야 할 것이다. 이러한 데이터베이스 통합은 직접적으로 고객에게 영향을 준다. 소비자가 웹에서 구매했던 제품을 재주문하기 위해 콜센터 혹은 오프라인 매장과 연락을 하는 경우, 서비스 직원은 이러한 정보에 접근 가능유무, 이용 가능성, 신속성 등과 관련된 통합적 접근이 가능할 때 고객의 만족도를 높이며 재구매로 이어지게 할 수 있다.

[그림 8-6] 통합적 모델

크로스 플랫폼(cross-platform)
업셀(up-sell)
교차판매(cross-sell)

- 크로스 플랫폼(cross-platform) 지식: 데이터베이스 통합에서 마지막 요점은 온 · 오프라인을 병행하는 기업에 있어서 임직원은 온라인 플랫폼과 오프라인 플랫폼 지식이 결합된 크로스 플랫폼 지식을 갖추어야 한다. 오프라인 매장의 직원은 그들의 웹 사이트에 대해 박식하며, 고객들이 사이트를 신속하게 이용하도록 도움을 줄 수 있어야 하고 온라인 매장의 직원도 소매점의 판매 절차 혹은 방법을 이해하고 고객이 오프라인 매장을 이용하는데 도움을 줄 수 있어야 한다. 이러한 일은 온 · 오프라인 경로 간의 위협이 아니라 더 많이 판매할 수 있는 기회이다.
- 크로스 플랫폼 판매(cross platform sales), 업셀(up-sell) 및 교차판매(cross-sell): 개별 고객에 대한 통합된 데이터베이스가 구축되면, 교차판매(예, 정장구매 고객에게 어울리는 넥타이, 셔츠 등의 구매 권유)의 기회 혹은 업셀(예, 제품 카테고리별 최고의 제품으로 판매 유도)기회를 포착하기 쉽고, 온라인과 오프라인 경로 갈등의 조정 용이 등 마케팅 실행에서 이를 적극적으로 활용 할 수 있다. 뿐만 아니라 유연하게 통합된 고객경험은 실제로 온라인(오프라인)에서의 정보수집이 오프라인(온라인)에서의 구매를 증가시키기는 크로스 플랫폼 판매를 증

가 시킨다.

느낌(look-and-feel) 유사성

- 크로스 플랫폼과 느낌(look-and-feel) 유사성: 물리적 점포와 온라인 환경의 느낌은 일관성이 있으며 보완적이어야 한다. 색상과 레이아웃, 도메인, 제품 믹스, 그리고 각 환경의 태도는 목표시장에게 유사한 메시지를 전달해야 한다.

3.6 성공적인 e-마케팅 전략을 위한 6단계 과정

명확한 비전과 목표 및 기준과 절차 없이는 성공의 기회를 잡기가 어렵다. 따라서, 효과적이고 성공적인 e-마케팅 전략을 수행하기 위해서는 다음과 같은 6단계의 과정을 거쳐야 한다.

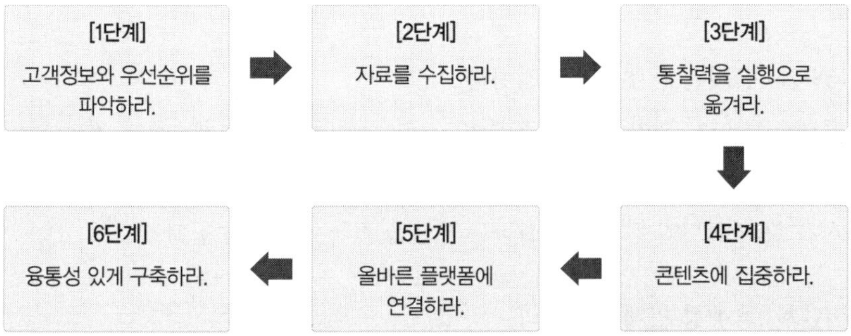

[그림 8-7] 성공적인 e-마케팅 전략을 위한 6단계 과정

*자료원: DMN, Six Steps to a Successful Digital Marketing Strategy, IBM Marketing Cloud, 2016.

[1단계] 고객정보와 우선순위를 파악하라.

성공적인 e-마케팅 전략을 창출하기를 원하는 마케터는 어느 것에 투자하는 것이 가장 최고의 채널과 전술인지 의사결정하기 위한 우선순위를 수립하고 이를 위한 고객정보를 수집할 필요성이 있다.

[2단계] 자료를 수집하라.

마케팅 담당자는 올바른 데이터를 수집하여 심도 있는 고객 프로필을 만들어 데이터를 통한 통찰력을 확보해야 한다. 실시간으로 실행 가능한 데이터 기반 의사결정을 내릴 수 있어야 디지털 마케팅 성공을 주도할 수 있다.

- **[3단계] 통찰력을 실행으로 옮겨라.**

  오늘날 마케터는 효과적인 시험마케팅을 위한 시간과 데이터를 가져야 한다. 고객들에게 직접마케팅의 핵심을 살리기 위해 고객대상 시험과 통제전략, 목표고객과 세분화 및 데이터 수집을 통한 개인화에 노력해야 한다.

- **[4단계] 콘텐츠에 집중하라.**

  오늘날 같이 디지털중심의 세상에서는 콘텐츠가 왕이다. 소비자의 80~90%는 구매를 위해서 온라인에서 사전에 탐색을 하게 된다. 콘텐츠가 많을수록 기업의 제품이나 서비스를 찾고 있는 사람이 그 기업을 쉽게 찾을 수 있기 때문이다. 잠재 고객에 대한 심층적인 통찰력을 바탕으로 콘텐츠를 더욱 맞춤화해야 한다.

- **[5단계] 올바른 플랫폼에 연결하라.**

  플랫폼이 되는 전자 메일, SMS 및 소셜 미디어 등과 연계통합과 전달 없이는 현대적인 마케팅 전략으로서의 가치가 없다. 마케터는 소비자에게 전달하는 메시지 뿐 만아니라 그들이 선호하는 채널을 적극 활용해야 한다.

- **[6단계] 융통성 있게 구축하라.**

  모든 것을 한 번에 완벽하게 하려고 하지 말고 시간을 두고 완성도를 높여나가는 것이 바람직하다. 융통성 있게 유연성을 가지고 지속적으로 고객들을 변화시켜 나가야 한다.

4. e-마케팅의 유형

4.1 웹을 이용한 광고

인터넷 사이트를 통해서 하는 광고로써 배너광고, 제휴마케팅, 바이럴 마케팅, RSS 마케팅 등이 있다. 배너 광고는 디스플레이 광고라고 불리지만 불특정 다수에게 보여지므로 광고효과가 그리 크지는 않다.

제휴마케팅

제휴마케팅은 웹사이트의 발행자가 파트너 웹사이트의 방문자, 회원, 매출 등을 발생시키면 그 보상을 받는 마케팅 방식이다. 네이버 쇼핑을 보면 그 안에 여러 제휴 사이트들이 물품을 판매하는데 그것을 구입하면 네이버에서 일정의 수수료를 받는 방식이 바로 제휴마케팅이다.

그리고 e-마케팅의 꽃이라 할 수 있는 바이럴 마케팅이다. 네티즌들에게 자사의 블로그나 동영상 등을 노출시킴으로써 그것들이 인터넷을 통해 입소문처럼 퍼질 수 있도록 하는 마케팅 방식이다. 마지막 RSS는 사이트나 블로그의 글을 RSS 리더를 통해서 특별한 방문이 없이도 받아 볼 수 있는 서비스이다. 매일 아침마다 신문을 배달해주는 것과 같은 이치인데, 구글 알리미가 대표적이다.

여기서 e-마케팅 활동에서 이용하는 웹을 이용한 대표적 광고 형태들에 대하여는 살펴보기로 한다.

4.1.1 배너 광고

배너광고는 웹페이지 내의 한 구석에 나와 있는 직사각형의 그래픽 형태를 가진 광고로써 인터넷 광고의 유형 중 50% 이상을 차지할 만큼 가장 일반적으로 활용된다. 배너를 클릭하면 해당 홈페이지에 접속하거나 해당 광고 메시지와 연결되며 밴드 폭의 제한으로 가장 단순한 형태의 메시지 전달로 인해 시각적 효과는 한계가 있다. 배너 광고는 표출되는 형식과 방법에 따라 여러 유형으로 나눌 수 있다. 인터넷 광고의 일반적인 형태인 배너 광고는 초기의 이미지 고정형 배너에서 주목률을 높이기 위해 이미지 변환 배너로 발전되어 왔으며, 소비자와의 쌍방향성을 구현하는 쌍방향 배너까지 활용되고 있다.

배너광고

(1) 배너 광고의 종류

- 정적형 배너(static banner): 마치 축소된 인쇄광고처럼 한 장의 그래픽으로 되어있는 정지된 배너이다. 즉, 광고의 내용이 변하지 않는 고정 형태를 유지하는 광고이다.
- 애니메이션 배너(animated banner): 여러 페이지로 구성되어 있어 빠른 속도로 움직이는 역동적인 배너이다. 배너 내에서 순환하는 형식으로 특히 최근에는 3D 애니메이션, 2D 애니메이션 프로그램들을 활용한 GIF 애니메이션으로 제작하는 경우가 늘고 있다.
- 상호작용성 배너(interactive banner): 사용자의 마우스에 반응하여 움직이

적형 배너(static banner)
애니메이션 배너(animated banner)
상호작용성 배너(interactive banner)

거나 데이터를 주고받을 수 있는 형태로 정보검색에서 입력까지 가능한 배너이다.

(2) 광고의 게재 방식에 따른 분류

고정형
키워드형
지정 시간형
로테이션형

- 고정형: 하나의 배너에 하나의 광고로 구성되어 있는 것을 말한다.
- 키워드형: 인터넷 사용자가 키워드를 입력하면, 키워드에 따라 배너 광고를 표출시키는 방식으로 검색엔진에서 주로 사용한다. 광고주 입장에서는 소비자가 관심이 있는 키워드와 관련된 자사 제품을 광고할 수 있는 장점이 있다.
- 지정 시간형: 지정 시간이 되면 실행되는 광고를 말한다.
- 로테이션형: 여러 광고를 하나에 배너에 차례로 바꿔가면서 나타내는 광고이다. 이 방식은 동일한 웹페이지를 반복하여 사용한다고 해도, 웹페이지를 사용할 때마다 다양한 광고들을 접할 수 있기 때문에 배너 광고의 노출효과가 더 긍정적으로 발생할 수 있다.

4.1.2 삽입광고(팝업광고)

팝업광고(pop-up advertisement)

처음 홈페이지가 나타나는 순간 혹은 페이지가 바뀌는 중간 중간에 풀 스크린의 광고를 삽입하는 형태를 삽입광고라고 한다. 독립된 창의 형태로 표출할 경우는 팝업광고(pop−up advertisement)라고 부른다. 배너 광고에 비해 주목도가 상대적으로 높은 것이 사실이나 고객의 입장에서 볼 때 거부감을 유발시킬 수 있다.

4.1.3 이메일 광고

소비자에게 이메일을 발송하는 광고로 단순 메시지 뿐만 아니라 이미지, 소리, 동영상 등 다양한 멀티미디어 형태로 광고메시지를 개개인의 이메일을 통해 전달한다. 이메일은 저렴하고 신속하게 많은 정보를 표적 소비자에게 제공할 수 있으므로 가장 효과적인 광고도구가 될 수 있지만 소비자가 원치 않는 스팸메일은 오히려 부정적인 영향을 가져 올 수 있으므로 무분별한 이메일 광고는 자제해야 할 것이다.

4.1.4 동영상 광고

새롭게 주목받고 있는 인터넷 광고로 배너 광고의 정적인 단조로움에서 벗어나 역동적이라는 점과 더불어 기존 텔레비전 광고, 뮤직비디오, 영화 예고편, 홈쇼핑 채널 등과 결합될 수 있다는 특징이 있다.

4.1.5 스폰서십 광고

소비자가 주로 많이 방문하고 체류하는 사이트나 콘텐츠를 이용하여 브랜드에 대한 인지도를 제고하려고 하는 형태의 광고를 콘텐츠 혹은 스폰서십 광고라고 한다. 광고주가 특정 미디어 또는 그 미디어 내의 특정 일부 콘텐츠를 후원하면서 간접적으로 상표와 제품을 노출시키는 광고 형태이다. 이에는 광고주가 특정 사이트의 한 부분 혹은 한 페이지를 후원하는 형태인 브랜드 콘텐츠형과 사이트의 운영자와 광고주 간에 더욱 밀접한 관계를 갖는 이벤트 프로모션형으로 나눠어진다. 이벤트 프로모션형은 보통 브랜드 콘텐츠형 모델에 비해 단기적인 계약이 맺어지며 주로 콘테스트나 이벤트 행사를 위해 일시적으로 만들어지는 경우가 많다. 스폰서십 광고

4.2 웹을 이용한 홍보(PR: Public Relationship)

인터넷 홍보는 기업이 고객뿐만 아니라 기업 주변의 다른 여러 이해 관계자들에게 자신의 좋은 이미지를 구축하고 유지하여 호의를 갖도록 만드는 활동을 말한다. 이것은 저렴한 비용으로 상표 인지도 제고, 정보의 제공 및 교육, 신뢰도 구축, 구체적 소비 행동 유도 등을 위한 효과적인 커뮤니케이션 수단이 될 수 있으므로 중요한 의미를 갖는다.

인터넷 홍보 방법들은 주로 다음과 같은 전략을 적용하고 있다.

(1) 브로셔웨어(Brochureware)

브로셔웨어(Brochureware)는 소비자들에게 제품 혹은 서비스에 관한 정보를 제공하는 사이트를 말한다. 기업에 대한 전반적인 소개와 주요 제품, 재무구조 등에 대한 다양한 정보를 제공하며 저렴한 비용으로 홍보할 수 있는 장점이 있다. 브로셔웨어(Brochureware)

(2) 커뮤니티

커뮤니티(community)는 특정 관심사, 직업 등의 연결고리를 통해 자발적으로 모임이나 동호회를 만들어 활동하는 공동체로 특별한 관심을 갖고 있는 고객들에게 홍보할 수 있는 좋은 PR 수단이 될 수 있다. 표적화가 잘 되어 있기 때문에 주제에 맞는 콘텐츠를 제공한다면 회원 확보에 큰 영향력을 행사할 수 있다. 커뮤니티(community)

(3) 온라인 이벤트

온라인 이벤트는 사용자의 관심을 유도하고 사이트 방문을 유발하는 홍보 수단이다. 최고의 온라인 이벤트로 알려진 것은 1999년 Victoria Secret에서 개최했던 온라인 패션쇼이다. 이 이벤트를 위해 막대한 비용을 투자함으로써 동시에 150만 명의 인터넷 이용자들이 사이트를 방문하여 서버를 멈추게 한 일이 있다.

(4) 온라인 고객 서비스

온라인 고객 서비스는 실시간 채팅, 자동화된 이메일, 이메일 응대 등을 통하여 소비자들의 질문에 대한 답을 제공하는 것이다. 이러한 실시간 응대를 통해서 소비자들과 긴밀한 관계를 형성하고 유지할 수 있다.

(5) 뉴스 공지

뉴스 공지는 언론 매체에 자사와 관련되어 기사화될 만한 자료를 제공하는 활동이다. 이는 어느 PR보다 소비자들에게 신뢰도가 높아 홍보 효과가 크다.

(6) 링크원 활용

하이퍼링크 기술로 인해 인터넷 이용자들이 손쉽게 한 사이트에서 다른 사이트로의 이동이 가능한데 이러한 링크를 기업의 목표고객이 자주 드나드는 사이트에 제공하여 자연스러운 방문을 이끌어 낼 수 있다.

4.3 웹을 이용한 판매 촉진

오프라인과 달리 인터넷의 가상공간에서는 상대적으로 이용자가 많고 상호작용적인 의사소통이 가능함으로써 제품 출시나 시장조사 자료들을 얻는 데 유용하게 이용될 수 있으며, 비용의 절감, 소비자 정보의 데이터베이스화가 가능하다. 따라서 1:1 마케팅 프로모션이 가능하고 구매의 인센티브를 제공하여 판매 촉진을 실행한다.

대표적인 웹을 이용한 판매 촉진 활동을 살펴보면 다음과 같다.

(1) 제휴 프로그램

제휴 프로그램은 온라인상에서 가상적인 약정관계를 체결한 사이트로부터 배너나

텍스트 링크를 통해 방문한 고객으로 인해 발생한 결과에 대해 일정한 보상을 해주는 방법이다. 윈윈전략을 추구하며 제휴프로그램을 통한 인터넷 광고는 사후에 그 결과에 대한 보상을 해줌으로써 수익을 취득하는 방식이다.

(2) 쿠폰

쿠폰(coupon)은 소비자에게 특정한 콘텐츠를 할인된 가격으로 이용 가능한 수단을 제공함으로써 판매촉진 효과를 활성시키는 수단이다. 쿠폰은 특히 반복구매와 충성도를 구축하기 위한 것이지만 자사의 웹사이트에 대한 방문을 유인하는 효과를 볼 수 있으며 제품의 최초 구매도 일으킬 수 있다.

쿠폰(coupon)

(3) 콘테스트와 추첨

콘테스트(contest)는 소비자의 지식이나 기술을 요구하는 문제를 낸 다음, 이를 맞춘 사람에게 일정 보상을 해주는 것이며 추첨은 콘테스트와 비슷하나, 복권과 같이 소비자의 지식이나 기술과 관계없이 운에 의해 당첨자를 결정하는 것이다. 이는 소비자의 충성도를 구축하고 판매와 이익을 다시 증가시키는 데에 필요한 부가적 인센티브를 제공해 줄 수 있으며 소비자가 쉽게 인식할 수 있도록 홈페이지 초기화면에 제시하는 것이 좋다.

콘테스트(contest)

(4) 가격 할인

가격 할인은 가격을 일시적으로 일정 비율만큼 할인해 주는 것을 가리킨다. 가격이라는 제품 속성의 특성을 직접 이용하기 때문에 상표 전환을 유인하고 충성도를 강화시킬 수 있으며 소비자의 주의를 환기시길 수 있다.

4.4 검색엔진 마케팅(SEM: Search Engine Marketing)

고객들이 어떤 정보를 얻거나 회사 홈페이지에 접속할 때 가장 많이 사용하는 것이 포털사이트를 통한 검색 방법이기 때문에 온라인 마케팅 중에 가장 많이 사용되는 것이 검색엔진 마케팅이다. 기업에서는 포털 사이트에서 이에 링크되도록 하기 위해서 일정액의 돈을 지불하는 등의 방법을 사용하고 있다.

검색엔진마케팅이란 검색엔진(구글, 네이버, 다음, 네이트 등과 같은 검색엔진)을 대상으로 하여 기업, 제품 등의 홍보 활동을 하는 마케팅 방법이며, 검색엔진 최적화 및 검색어 광고 등을 통하여 진행된다.

검색엔진은 국가별 국내용 검색엔진과 일반적으로 전세계 국가권을 포함하는 글로벌 검색엔진으로 구분할 수 있다. 그 중 글로벌 검색엔진을 대표하는 것은 Google, Yahoo, Bing 등이 대표적인 것이며, 이들의 세계 시장 점유율은 매년 증가하고 있다.

트래픽에 비용이 발생하는 PPC(Pay Per Click)광고를 활용한 검색엔진 마케팅 광고의 유형에는 다음과 같은 광고의 유형이 있다.

CPC(Cost Per Click)
CPM(Cost Per Mille)
Banner
Text 광고

- CPC(Cost Per Click): 클릭 당 비용이 발생하는 검색 키워드 광고
- CPM(Cost Per Mille): 일정기간 키워드 검색 노출 유지 광고
- Banner: 키워드 검색과 상관없이 웹사이트 노출
- Text 광고: 특정 영역에 문장으로 링크를 설정 광고

이러한 검색엔진 마케팅은 언제 필요한가? 대체로 경쟁사에 비해 온라인 인지도가 낮은 경우, 온라인 세일즈를 강화하기 위한 전략 수행 시, 검색시장 및 유저반응 리서치가 필요할 때, 트랙픽 유입이 낮아 웹사이트의 활용 기능이 떨어질 경우, 프로모션 예산이 부족하여 대체 홍보수단이 필요할 경우, 중장기적으로 온라인 접근성을 강화하고자 할 때, 신규 런칭 웹사이트의 프로모션을 할 때의 경우이다.

4.5 웹을 이용한 고객관리

웹사이트를 이용해 시장 분석 및 소비자 패턴을 파악할 수 있다. 홈페이지나 블로그, 페이스북 등을 통해 고객의 다양한 의견을 모을 수 있고, 고객과의 지속적인 교류를 통해서 소비자 패턴 및 수요 분석을 실행할 수 있다. 또한 고객 맞춤형 제품을 홍보 할 수 있다. 인터넷 쇼핑몰에서 쇼핑을 하다 보면 이 상품을 구매한 다른 사람이 같이 구매한 상품들 같이 고객이 추가로 관심이 있을 만한 상품을 보여줌으로써 상품 구매를 유도할 수 있다.

웹을 통해 기타 부가서비스를 제공할 수도 있다. 인터넷을 통해서 회사의 제품을 소개할 뿐만 아니라 그것들을 쉽게 결제할 수 있도록 도와주고 지금까지 구입한 물품들을 보여주는 식의 서비스를 제공함으로써 사용자들에게 편리함을 제공한다.

웹을 이용한 고객관리의 대표적인 유형으로 웹 로그분석을 이용한 실시간 온

라인마케팅 시스템 ROMS(Realtime Online Maketing System)을 들 수 있다. ROMS는 온라인 사이트 방문자의 행동을 실시간으로 수집하기 위한 방문자 행동 수집 기술, 고객의 행동 정보를 이용한 Context 분석기술, Context 기반의 사용자 프로파일 기술 및 탐지처리 기술을 활용한다. ROMS는 웹 사이트의 방문자를 모니터링하고 시스템 사용자가 사이트 방문자에게 실시간으로 마케팅을 실행할 수 있는 시스템이다.

ROMS(Realtime Online Maketing System)

또한, 호텔을 중심으로 하는 숙박업에서도 전통적으로 사용해온 웹을 이용한 고객관리는 호텔의 예약과 운영, 부대시설인 레스토랑 등을 경영관리를 할 수 있는 기본적인 호텔운영정보시스템이다. 과거 적자에 있던 라스베가스 하라호텔의 고객관계관리 성공요인들이 웹기반을 이용한 고객관리로 설명할 수 있다.

5. 빅데이터 마케팅: 4P

최근 빅데이터 분석은 일반적으로 페이스북, 트위터, 블로그 등 소셜미디어 상에서 소비자들의 생생한 목소리를 자발적으로 기록하여 분석한 것이기에 기존의 조사방식과 비교해 볼 때 근본적으로 더 정교하고 신뢰성이 높다고 할 수 있다.

디지털 마케팅시대 새로운 4P가 탄생되었는데 이는 분석과 빅데이터를 결합하였고 디지털 비즈니스에서 아주 강력한 툴로 발전되었다. 데이터 분석은 중소기업이 업계에서 보다 정확한 예측을 하고 행동할 수 있게 하는 데이디베이스(data base)를 구축시켜 줄 것이다. 뿐만 아니라 이러한 데이터분석은 기업이 디지털 마켓시장에서 가장 중요한 키플레이어(key player) 중 하나로 성장할 수 있게 도와줄 것이다. 디지털 마케팅과 빅데이터 시대 새로운 4P를 살펴보면 다음과 같다.

5.1 성과(Performance)

기업은 그들의 의사결정 과정에 영향을 미치는 고객의 행동을 보다 정확히 예측하는 방법을 파악하는 데 많은 시간이 걸리게 된다. 그러나 빅데이터와 분석의 출현은 마케터들이 더 이상 추측이나 짐작을 하지 않고도 거의 실시간으로 의사결정을 내리는 데 큰 도움을 주는 필수적이고, 관련성 높으며 유용한 데이터를 뽑아낼 수 있게 도와주고 있다. 이러한 빅데이터의 확산과 함께 디지털 마케터들은 그들의 비즈니스적 성과를 혁신적으로 끌어 올릴 수 있게 도와줄 수 있는 숫자, 정확한 측정 그리고 통계자료들을 다루게 되었다.

[그림 8-8]은 기업들이 빅데이터에 투자를 하는 이유들을 제시하고 있다. 즉, 빅데이터를 통해서 더 향상된 사실에 기반한 의사결정이나 개선된 고객경험, 매출증가, 위험감소 등을 달성하기를 원한다는 것이다.

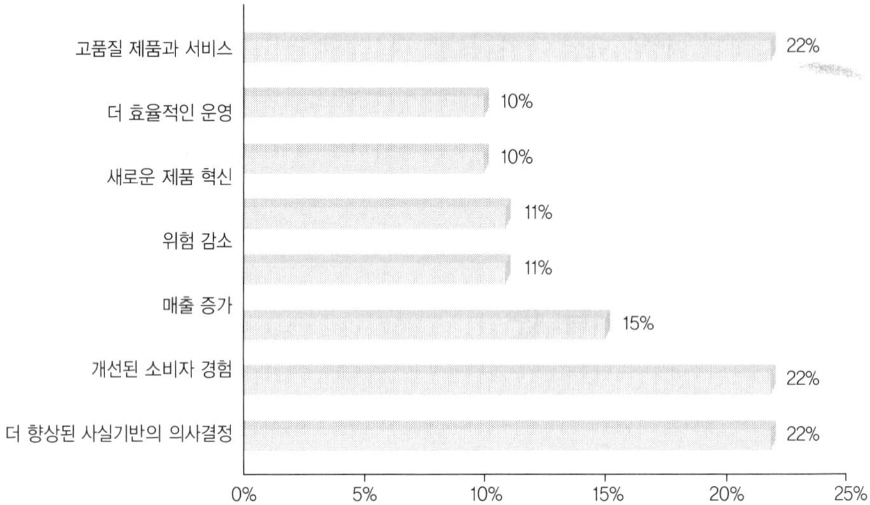

source : NewVantagePart, Big Data Excutive Survey 2012

[그림 8-8] 빅데이터에 투자하는 이유

*자료원: Jason Bowden, The New 4Ps of Marketing With Big Data, 2014. 7. 9.에서 재인용 (http://www.socialmediatoday.com/content/new-4ps-marketing-big-data)

빅데이터는 비즈니스 생산성을 높일 수 있는 실시간 처리 엔진을 기업가들이 사용할 수 있게 도와주기 위해 실시간 정보를 제공해주기도 한다. 이는 기업이 보다 많은 판매 및 전환율을 끌어오기 위해 그들이 활용할 고객의 중요한 특성을 발굴한다는 관점에서 비즈니스 인텔리전스(business intelligence)를 신장시켜 주는 데 큰 역할을 한다. 기업은 빅데이터 분석 사용으로 보다 가치 있는 정보를 얻는 것이 더욱 쉬워졌고 빅데이터 정보는 소비자의 니즈와 욕구에 반응할 수 있는 비즈니스 성과를 만들 수 있게 한다는 점에서 디지털 마케터가 보다 정교하고 정확한 결정을 내리는 데 영향을 미친다.

5.2 개인화(Personalization)와 선호도(Preference)

디지털 마케팅이 가진 4P의 또 다른 측면은 고객과의 관계를 좀 더 개인화하여 비즈니스 성장을 이루는 데 초점을 둔 기술들을 포함한다는 것이다. 개인별 맞춤화된 마케팅이라는 접근 방식은 최근 클라우드 내에서 비즈니스와 쇼핑을 보다 편리하게 만들어주는 모바일 애플리케이션이나 최신 모바일 디바이스의 등장으로 그 추세가 더해가고 있다.

특히, 비즈니스 서비스의 개인화를 최적화하는 것에 있어서 빅데이터를 더욱 가치있게 만들어 고객의 취향에 맞게 개인화된 제품을 통해 당신의 고객과 비즈니스 사이에 더욱 친밀한 관계를 형성해 준다는 것이다. 즉, 빅데이터는 기술과 모바일 마케팅을 활용하여 소비자들과 보다 개별적인 관계를 구축하는 데에 보다 지능적인 접근 방식을 구현해 준다는 장점이 있다. 추천 제품과 같은 큐레이션 서비스로 쇼핑을 더욱 쉽게 만들고 전환율까지 높아지는 등 소비자를 위한 디지털 시장이 조성이 되면서 온라인 비즈니스의 성장이 시작되고 있다.

5.3 예측(Prediction)

디지털 마케팅에서 빅데이터의 출현은 데이터 수집 프로세스에 있어서 적지 않은 허점을 가지고 있었던 전통적인 방식의 데이터 수집을 대체하였다. 디지털 마케팅과 데이터 개념 측면에서의 예측은 더 나은 비즈니스 서비스를 위해 데이터의 취득, 프로세싱, 분석에 이르는 신속한 과정을 거친다. 최근 들어 빅데이터 분석툴과 함께, 디지털 마케팅의 큰 그림을 볼 수 있는 보다 구조화된 데이터 관리 프로세스를 만들기 위한 데이터 수집과 연관 데이터 프로세스의 자동화가 더욱 쉬워졌다. 이는 기업이 고객의 니즈를 예측하고 그들이 진실로 원하는 것에 대해 반응하여 그에 맞는 서비스를 만드는 것을 도와주는 인텔리전트 데이터 구조의 수집이다. 행동예측은 마케팅 세상에서 상상하기 힘들었던 데이터와 정보의 상관관계를 알 수 있는 데이터 분석 도구의 척도가 된다.

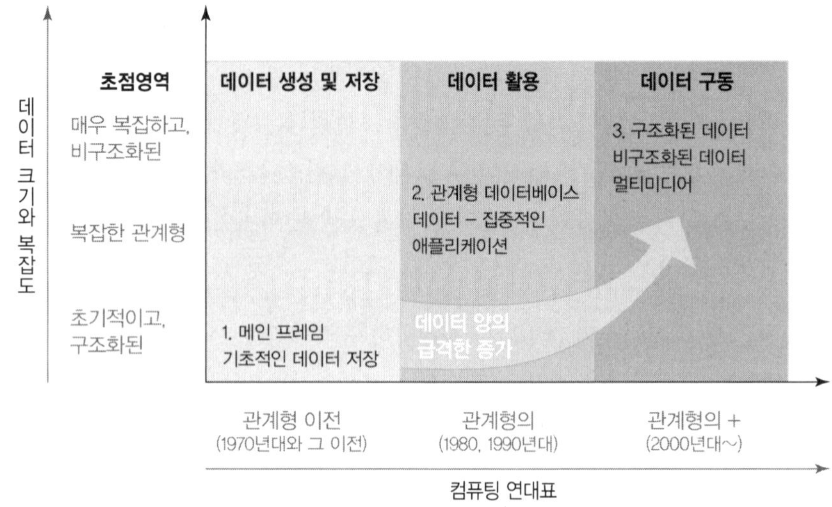

source : A.T. Kearney Analysis

[그림 8-9] 빅데이터 진화

*자료원: Jason Bowden, The New 4Ps of Marketing With Big Data, 2014. 7. 9.에서 재인용
(http://www.socialmediatoday.com/content/new-4ps-marketing-big-data)

5.4 개인정보(Privacy)

고객들은 자신들에 대한 데이터나 정보를 기업이 취득하는 기능을 갖는다는 것에 무척 우려를 한다. 디지털 경쟁 시장에서 소비자들은 기업 서비스의 혁신적인 향상에 있어서 환영하지만 또 다른 측면에서는 이러한 과정에서 그들의 개인 정보유출에 대해서는 매우 꺼려한다. 고객의 개인 정보를 보호하는 데 있어서 기업이 무능력함이나 과욕을 부린다면 소비자들로부터 받는 신뢰도에 상당히 부정적인 영향을 미칠 것이다. 지금까지 4P의 개념 영역은 디지털 마케팅 기술과 빅데이터 분석이 통합되어 가는 데 있어서 개인 정보 남용이라는 이슈로 그 분위기가 냉각되는 것을 막기 위해 나온 개념이다.

사생활 보호 측면에서 소비자의 우려는 디지털 마케터가 필요 이상의 정보를 고객들에게 요구한다는 것이다. 이는 기업과 소비자 모두에게 좋지 않은 영향을 미치게 될 것이다. 개인 정보에 대한 소비자 우려의 증대는 비즈니스 신뢰도에 심각한 타격을 주기 때문이다.

[그림 8-10] 개인정보 보호

*자료원: Jason Bowden, The New 4Ps of Marketing With Big Data, 2014. 7. 9.
(http://www.socialmediatoday.com/content/new-4ps-marketing-big-data)

디지털 마케터는 개인 정보보안 이슈를 해결하기 위해 빅데이터 분석이 마케팅에 적용되는 데 있어서 소비자의 개인정보가 어떻게 활용되는지 약관 등에 명확히 밝혀야 한다. 한 가지 해결책으로 고객들이 자신의 개인정보의 활용에 있어서 자신이 직접 설정하게끔 하는 제어권을 제공해주는 방법도 있을 것이다.

참고문헌

김정구, 미래형 e마케팅, 영진biz.com, 2000

김재일, 유비쿼터스 인터넷 마케팅, 박영사, 2005

김재일, e-마케팅, 박영사, 2001

김창원, e-마케팅, 학문사, 2000

노규성외, 빅데이터시대의 전자상거래, 생능출판사, 2015

안광호, 김상용, 김주영, e-마케팅원론, 법문사, 2001

오장균, e-마케팅, 청목출판사, 2003

이동훈, 전자상거래와 e-비즈니스의 이해, 한빛미디어, 2006

이두희, 통합적 e-마케팅, 박영사, 2006

정기한, 강태경, 김권수, 오재신, 장형유, e-비즈니스 이론과 실제, 문영사, 2002

채서일, 마케팅, 학현사, 2001

최원일, 김상조, e-마케팅, 도서출판 대명, 2002

통계청, 통계청통계, 2011

통계청, http://www.kosis.kr/domestic/research/do02_index.jsp?tab=09&listid1=I000

한국e-마케팅연구회, e-마케팅, 삼우사, 2003

황하진, 전자상거래와 e-비즈니스, 경문사, 2012

DMN, Six Steps to a Successful Digital Marketing Strategy, IBM Marketing Cloud, 2016

LG 경제 연구원, 「http://www.lgeri.com/

Hanson, W., Principles of Internet Marketing, South-Western, 2000

Kaye, B. K., Just a Click Away: Advertising on the Internet, Allyn & Bacon, 2001

Kotler, P., Marketing Management, Prentice Hall. 박명호외(2007), e-마케팅, 명경사, 2000

Richard J. Gascoyne(Van Nostrand Reinhold Company), Corporate Internet Planning Guide : Aligning Internet Strategy With Business Goals, 1997

American Marketing Association, http://www.marketingpower.com/

연습문제

1. 미래의 인터넷 변화와 우리 생활에 미치는 영향, 그리고 마케팅 활동은 어떻게 변화할 것인지에 대해 의견을 제시하라.

2. 전통적 마케팅과 e-마케팅의 차이점에 대해서 설명하라.

3. e-마케팅에서 STP전략에 대해 설명하라.

4. e-마케팅 효과측정 기준에 대해 설명하라.

5. e-마케팅의 6C 전략에 대해 설명하라.

6. e-마케팅 대표적 유형에 대해서 예를 들어 설명하라.

9

CHAPTER

뉴미디어 활용 마케팅 관리

모바일, 스마트폰, 소셜미디어 등 새롭게 등장하여 급신장하고 있는 뉴미디어는 디지털혁명을 가속화하고 있으며, 동시에 기업경영은 물론 글로벌시대에서의 상품이나 서비스 판매 또는 기업 이미지 제고 등에 활용되고 있다. 이러한 뉴미디어 활용 마케팅 기법은 오늘날 급변하는 환경에서 치열하게 경쟁하고 있는 기업에 없어서는 안 될 마케팅 수단이 되고 있다. 이 장에서는 뉴미디어를 활용한 마케팅 기법으로 모바일 기기를 활용한 마케팅을 비롯하여, 스마트폰을 활용한 마케팅과 소셜미디어를 활용한 마케팅 기법에 대해 살펴보고자 한다.

1. 모바일 마케팅
2. 스마트폰 마케팅
3. 소셜마케팅

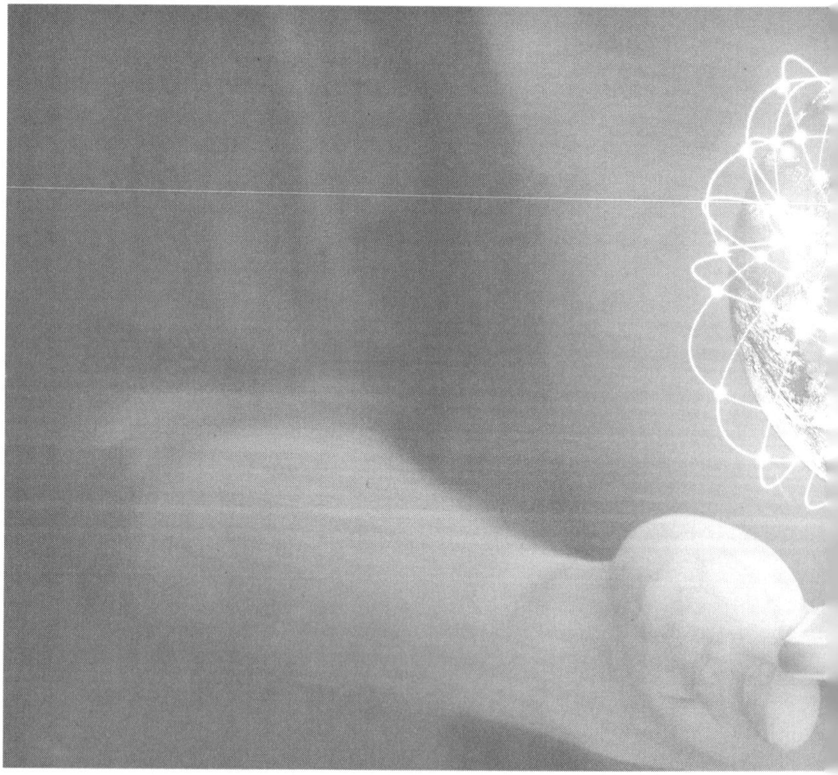

1. 모바일 마케팅

1.1 모바일 마케팅 개요

모바일 마케팅
적시성(Timeliness)

모바일 마케팅이란 휴대폰이나 PDA와 같이 이동성을 가진 모바일 기기를 활용하여 소비자에게 기업의 제품이나 서비스를 판매 및 홍보하는 마케팅 활동을 모바일 마케팅이라고 한다. 모바일 마케팅은 모바일의 특성인 이동성(Mobility), 위치확인(Location), 개인화(Personalization), 적시성(Timeliness) 등을 비즈니스와 마케팅 전략에 활용하는 것이다. 기존의 인터넷 마케팅과의 차이점은 시간과 장소에 구애를 받지 않고 언제 어디서든 사용이 가능하고, 사용자의 성향에 맞게 개인화된 맞춤 서비스가 가능하다는 점이다. 또한 이러한 맞춤 서비스가 가능하게 되어 제품이나 서비스에 대한 이해의 폭이 넓어져서 실제 구매행동에 이르게 할 수도 있다는 점이다. 최근에는 스마트폰, 태블릿PC 등의 등장으로 인해 모바일 마케팅 기법이 다양화되고 있으며, 활성화되고 있는 추세이다.

예를 들면, 쌍용자동차는 '코란도 C'용 모바일 앱을 만들어서 마케팅에 활용하고 있다. 이 앱을 다운받은 스마트폰을 소유한 고객이 자신의 위치를 중심으로 영업소나 정비소의 위치를 제공받고, 매달 진행되는 경품 이벤트도 실시간으로 참여할 수 있다. 쌍용자동차는 앱으로 인해 모바일 마케팅 효과를 톡톡히 보고 있다. 또한 아이폰으로 차의 시동을 걸거나 끌 수 있는가 하면, 차량 상태를 점검할 수 있고, 위치 정보까지 제공하는 서비스도 있다.

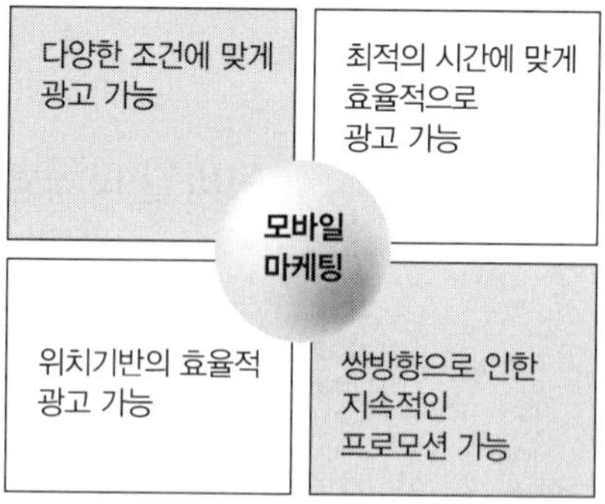

[그림 9-1] 모바일 마케팅의 장점

1.2 모바일 마케팅 기능과 특성

모바일 마케팅은 모바일의 특성에 의해 기존 인터넷 마케팅과 비교하여 많은 차이점을 보이고 있다. 모바일 마케팅의 특성으로서는 모바일의 이동성을 바탕으로 원투원 마케팅, 위치기반 마케팅, 타이밍 기반 마케팅을 들 수 있다.

1.2.1 원투원 마케팅(One-to-One Marketing)

급변하는 현대 사회에서 고객의 욕구가 점점 다양해지고, 기업은 고객의 욕구를 충족하기 위하여 매일 신제품 개발에 힘을 쏟는다. 자고 일어나면 어제 산 제품보다 훨씬 좋은 제품이 쏟아져 나오는 세상이다. 이러한 환경 속에서 기업은 고객과 친밀한 관계를 유지함으로써 고객이 자사의 제품을 지속적으로 구매하도록 하거나 고객이 자사의 제품에 대한 충성도를 높이고자 할 것이다. 예를 들어, 새로 나온 화장품에 대해 20대 여성을 타깃으로 판촉활동을 한다고 하자. TV나 신문, 또는 웹사이트를 통해서 광고를 할 때는 20대 여성만을 추출하여 광고하는 것이 쉽지가 않다. 그러나 모바일 기기를 통해 광고를 할 때는 20대 여성만을 추출하여 신속하고 정확하게 광고를 하는 것이 가능하다. 이처럼 모바일 기기를 이용한 마케팅은 고객의 개인적인 니즈와 상황에 가장 적합한 정보와 서비스 제공이 가능해짐으로써 진정한 의미의 개인화(Personalization)가 이루어질 수 있으며 (오병문, 2002), 고객을 유치하고 장기적으로는 경쟁력을 확보할 수 있다(안세연,2004).

1.2.2 이동성(Mobility) 기반 마케팅

이동성이란 사용자가 어디에서나 또 움직이면서 서비스를 받을 수 있는 것을 말한다. 그리고 이동성의 의미에는 휴대성(Portability)이 내포되어 있다(Kalakota and Robinson, 2001). 휴대폰의 이동성은 마케팅 입장에서 보면 대단히 유용한 특성이다. 실제로 TV는 아침이나 저녁 몇 시간 외에는 사람들에게 노출되기 어렵고, PC는 고정된 장소에서 인터넷에 접속을 해야만 한다. 또한 뉴스는 정보가 제한되어 있어 한 번 읽으면 그 가치가 소멸된다. 반면에 휴대폰은 언제 어디서든지 실시간으로 광고에 노출되거나 원하는 정보를 얻을 수 있어 마케팅 활동을 하기에 유용한 도구이다(이태민, 2005).

1.2.3 유비쿼터스 마케팅(Ubiquitous Marketing)

유비쿼터스란 사용자가 네트워크나 컴퓨터를 의식하지 않고 시간과 장소에 상관없이 자유롭게 네트워크에 접속할 수 있는 정보통신 환경을 말한다. 따라서 유비쿼터스 마케팅이란 PC와 인터넷은 물론 각종 네트워크, 휴대폰 · PDA와 같은 무선기기와 정보가전 등 모든 형태의 ICT 도구를 통해 이루어지는 마케팅을 말한다. 따라서 유비쿼터스 네트워크를 기반으로 한 모바일 마케팅은 시간과 장소에 구애받지 않고 실시간으로, 그리고 연속적으로 인식, 추적, 의사소통이 가능한 마케팅인 것이다.

1.2.4 위치기반 마케팅(Location based Marketing)

위치기반 서비스(Location based service)란 이동통신망이나 GPS 등을 통해 얻은 위치정보를 바탕으로 이용자에게 다양한 서비스를 제공하는 시스템을 말한 다. 스마트폰이나 모바일 기기의 위치기반 서비스를 활용하여 고객의 이동에 따른 상황을 파악하고, 실시간으로 고객의 욕구에 맞는 제품과 서비스를 소개하고 판매를 유도할 수 있다. 예를 들어, SK텔레콤은 USIM 기반 메모리를 활용해 고객이 사전에 지정한 지역에 진입 시 쿠폰, 광고 등을 전송하는 맞춤 광고 서비스인 'AdZone'을 제공하고 있다. 고객이 동의한 서비스 지역인 명동에 갔다면 스마트폰으로 명동지역에 있는 상점들의 쿠폰들을 제공해준다. 고객이 지정한 지역에 위치할 때에만 광고가 전송됨으로써 비용이 저렴하고, 효율성은 높다고 할 수 있다. 이러한 AdZone 서비스도 위치기반 서비스를 활용한 마케팅의 일종으로 볼 수 있다.

1.2.5 타이밍 기반 마케팅(Timing based Marketing)

타이밍 기반 마케팅은 말 그대로 시간에 기반한 마케팅이라고 할 수 있다. 고객에게 많은 혜택을 돌려주는 광고를 담은 메시지라도 새벽 시간이나 회사의 업무시간에 문자를 전송 받는다면 고객 입장에서는 대단히 불쾌할 것이다. 기업의 마케터는 상품이나 서비스가 가진 특성을 이용해 고객의 관심을 유도하고 실제 구매로 옮길 수 있는 마케팅 기법을 실시하여야 한다. 예를 들면, 맥도날드의 맥모닝의 광고이다. 맥모닝은 이른 아침 식사를 못하고 출근하는 직장인과 학생들을 대상으로 하고 있다. 이런 맥모닝 광고는 이른 아침 시간대라든지, 밤늦은 시간대에 광고를 한다면 효과적일 것이다. 그러나 점심시간에 맥모닝에 대한 광고를 한다면 효과는 거의 없을 것이다. 점심시간에는 런치 할인이라든지, 커피광고가 제격이기 때문이다. 그만큼 타이밍에 기반한 마케팅은 시의적절성을 맞추어 마케팅 효과를 극대화할 수 있다.

1.3 모바일 마케팅 기법

SMS(Short Message Service) 광고
MMS(Multimedia Message Service) 광고
모바일 쿠폰(Mobile Coupon)
모바일 멤버십(Mobile Membership)
핫넘버(Hot Number)
핫코드(Hot Code)

모바일을 활용한 마케팅 기법은 다양하다. 대표적으로는 SMS(Short Message Service) 광고, MMS(Multimedia Message Service) 광고, 모바일 쿠폰(Mobile Coupon), 모바일 멤버십(Mobile Membership), 핫넘버(Hot Number), 핫코드(Hot Code) 등이 있다.

1.3.1 SMS 광고

단문 메시지 서비스(SMS)는 휴대 전화의 부가 서비스로 짧은 문장을 상대방에게 보낼 수 있는 기능을 말한다. 문자 서비스를 이용하여 보내는 문장을 문자 메시지라고 하며 줄여서 문자라고도 한다. SMS 마케팅은 짧은 문구의 광고를 SMS에 실어 소비자에게 전달하는 것으로 모바일이라는 매체가 가진 특성을 가장 효과적으로 활용하는 마케팅 기법이다. SMS는 고객이 항상 지니고 있는 휴대폰을 이용해 언제, 어디서나 광고주가 원하는 타깃에게 발송 가능하며 ARS, 고객센터, 무선인터넷 등 다양한 경로 또는 매체와의 연계가 가능하다. 또한 이동통신사의 수신동의자 DB를 이용해 타깃을 추출하고, 목표 고객의 라이프 스타일 분석을 통한 타깃팅(targeting)이 가능하다는 장점을 가지고 있다.

1.3.2 MMS 광고

멀티미디어 메시지 서비스(MMS)는 글자 위주의 단문 메시지 서비스(SMS)에서 발전하여, 사진, 소리, 동영상 등의 멀티미디어 메시지를 만들어 보내는 방식이다.

MMS 광고는 전달하고자 하는 광고 메시지를 동영상 멀티미디어로 제작하여 스마트폰이나 모바일 기기로 전송하여 고객이 기업의 제품이나 상품을 쉽고 재미하게 이해하고 구매를 유도하는 광고기법이다. 이러한 MMS 광고는 동영상을 통한 직관적인 마케팅 효과로 인해 흥미를 유발할 수 있으며, 수신자가 다운로드를 받는 방식으로 스팸 인식률이 낮다고 할 수 있다.

[그림 9-2] MMS와 SMS의 장 · 단점 비교

*자료원: 한국경제신문, 2010. 05. 19

1.3.3 모바일 쿠폰(Mobile Coupon)

모바일 마케팅 중에서 가장 널리 사용되고 있는 방법은 아마도 모바일 쿠폰일 것이다. 제품 교환권, 무료 이용권, 할인권 등 쿠폰의 형태는 매우 다양하다. 기업이 고객에게 보내는 경우도 있고 고객이 지인에게 선물하기 위한 용도로 쓰이기도 한다. 고객이 직접 구매할 때는 스마트폰이나 모바일 기기를 이용하여 원하는 상품을 결제하면 모바일 쿠폰이 스마트폰이나 휴대폰으로 발송이 된다. [그림 9-3]은 GS 칼텍스 모바일 쿠폰의 예이다.

[그림 9-3] 모바일 쿠폰

*자료원: GS 칼텍스

1.3.4 모바일 멤버십(Mobile Membership)

스마트폰이나 휴대폰 사용자가 누릴 수 있는 혜택 중의 하나가 바로 멤버십 카드이다. 예전에는 플라스틱 카드 형태로 나오다가 현재는 모바일 멤버십 카드도 병행해서 나오고 있다. 아무래도 모바일 멤버십 카드가 플라스틱 카드보다는 휴대하기가 훨씬 편하다. SK의 스마트폰에서는 '모바일 지갑 T 스마트 월릿(Smart Wallet)'이라는 애플리케이션을 다운 받으면 외식업체, 백화점, 이동통신사 등 각종 멤버십 카드를 모두 들고 다닐 필요 없이 앱 하나로 한꺼번에 관리가 가능하고 이용이 가능하여 적립과 할인 혜택을 즐길 수 있다. LG U+에서는 모바일 멤버십을 이용하는 고객에게 펜션 무료 숙박권, 서울랜드 자유이용권, 도미노 피자 할인 등의 혜택을 주어 더 많은 고객을 확보하는 데 힘쓰고 있다. [그림 9-4]는 LG U+의 모바일 멤버십 카드이다.

[그림 9-4] 모바일 멤버십 카드

*자료원: www.uplus.co.kr

2. 스마트폰 마케팅

2.1 스마트폰 마케팅 개요

최근 전 세계적으로 스마트폰의 보급이 확대되기 시작하면서 스마트폰을 마케팅에 활용을 하려는 시도가 일어나고 있다. 스마트폰의 경우 기존의 전통적인 미디어기기와는 다르게 항상 소비자들과 함께하는 개인 미디어기기이기 때문이다. 기업들은 스마트폰을 통해 기업의 이미지와 제품의 홍보뿐만 이니라 소비자들의 기호(성향)까지 파악을 할 수 있어 스마트폰을 마케팅에 적극적으로 활용하고 있다. 스마트폰을 이용한 마케팅과 쇼핑이 확대되면서 홈쇼핑에서 점찍어둔 상품을 모바일로 구매하는 양상도 뚜렷하다. 인터넷몰 앱에선 저가격의 상품이 인기다. 예를 들어, 예스24와 인터파크는 제품 신뢰도가 높고 가격이 저렴해 소비자가 충동구매를 쉽게 하는 도서 · DVD 등을 주로 판매한다. G마켓에서는 e쿠폰이나 휴대폰 액세서리, 아이튠즈 기프트카드, 티셔츠 등 1만 원대 이하의 저가격 상품들이 잘 팔리고 있다. 스마트폰 시장이 활성화되면서 관련 앱들도 등장하게 되었다. 이전에는 모바일 전용 홈페이지가 거의 없었다. 대부분 일반 홈페이지를 볼 수 있는 정도였다. 그러나 스마트폰이 보급되고 관련 앱들이 등장하면서부터 상황은 변하기 시작했다.

또한 위치기반 서비스와 연계를 통해 마케팅을 하고, 소셜커머스 업체를 이용하여 홍보를 하고 있다. 이로 인해 관련 업체들은 모바일 앱을 개발하여 서비스를 제공하고 있다.

2.2 스마트폰 마케팅의 특성

스마트폰 활용 마케팅의 특성은 고객과의 연결성, 세분화된 타깃 마케팅 가능, 사용자에게 경험적인 요소 부여, 상대적으로 저렴한 비용 등을 들 수 있다. 이들을 정리하면 다음과 같다.

첫째, 고객과의 연결성이 강화되었다. TV 광고나 라디오 등의 전통적인 매체를 통한 마케팅 활동의 경우 소비자가 해당 매체를 소비할 때만 커뮤니케이션이 가능했지만, 스마트폰은 24시간 고객과 함께 하기 때문에 시간과 공간의 제약 없이 고객과 항상 연결되어 있다는 장점이 있다.

둘째, 세분화된 타깃 마케팅이 가능하다. 최근 기업들은 위치기반 서비스나 QR 코드 등을 이용해 다양한 마케팅 활동을 펼치고 있다. 개인정보 공개 등의 문제는 해결해야 할 과제로 남아 있지만 소비자의 동의하에 개인의 인구 통계학적 정보와 함께 고객의 라이프스타일을 분석하여 좀 더 세분화된 커뮤니케이션을 할 수 있는 장점이 있다.

셋째, 사용자에게 경험적인 요소를 부여한다. 스마트폰의 대부분은 무선 인터넷, 고성능 하드웨어 사양, 터치스크린을 기반으로 한 비교적 큰 화면, 진동센서, GPS 등 다양한 기능을 갖추고 있다. 이러한 기능을 활용한 애플리케이션을 통해 소비자는 브랜드를 인지하고 정보를 제공받는 것을 넘어 해당 제품 및 서비스를 간접적으로 경험하는 것이 가능하다.

넷째, 상대적으로 비용이 저렴하다. 기존의 TV, 라디오 등 전통 미디어를 통한 마케팅이나 인터넷 마케팅은 해당 매체의 높은 비용을 지불해야 하는 반면, 스마트폰 마케팅의 경우 애플리케이션 개발 비용과 일정의 관리비용만 소요된다. 최근 한 조사에 따르면, 애플리케이션의 평균 개발비는 3만 5000 달러 정도로 기존의 마케팅 비용과 비교하면 비교적 저렴하다고 한다. 이처럼 스마트폰을 활용한 마케팅은 기존의 매스 마케팅이나 인터넷 마케팅에 비해 많은 장점을 가지고 있다.

2.3 스마트폰 마케팅의 유형

스마트폰을 활용한 기업들의 마케팅 활동이 본격화되고 있다. 물론 그동안 활용해 온 모바일 마케팅 기법은 스마트폰에서 더 잘 구현되고 있다. 그렇다면 최근 스마트폰의 장점을 살려 유용하게 활용되는 또 다른 마케팅의 유형을 알아보자.

2.3.1 증강현실 활용 마케팅

증강현실(AR: Augmented Reality)은 가상현실(Virtual Reality)[1]의 한 분야로 실제 환경에 가상 사물이나 정보를 합성하여 원래의 환경에 존재하는 사물처럼 보이도록 하는 컴퓨터 그래픽 기법이다. 기존의 가상현실은 가상의 공간과 사물만을 대상으로 하고 있었다. 증강현실은 현실 세계의 기반 위에 가상의 사물을 합성하여 현실 세계만으로는 얻기 어려운 부가적인 정보들을 보강해 제공할 수 있다. 완전한 가상세계를 전제로 하는 가상현실과는 달리 현실세계의 환경 위에 가상의 대상을 결합시켜 현실의 효과를 더욱 증가시키는 것이다. 물리적 공간에 컴퓨팅 파워를 가진, 정보화된 인공물(information artefacts)이 가득 채워지게 되면 물리적 공간의 성격 자체가 변화하게 된다. 이러한 특징 때문에 단순히 게임과 같은 분야에만 적용이 한정된 기존 가상현실과 달리 다양한 현실 환경에 응용이 가능하다. 특히, 유비쿼터스 환경에 적합한 차세대 디스플레이 기술로 각광받고 있다. 유비쿼터스 컴퓨팅 환경에서는 증강현실을 통해 일상적인 사물(object)과 장소(place)가 정보처리와 정보교환을 수행하게 된다. 유비쿼터스 컴퓨팅 환경에서 컴퓨팅 파워가 적용되는 '대상(objects)' 또는 '사물(things)'에는 기존 생활설비, 나아가 일상적인 제품과 사물까지 포함된다. 이때 유비쿼터스 ICT가 적용되는 대상이나 사물은 특정한 위치(또는 장소)에 고정되어 있는 것이든 지속적으로 움직이는 것이든 관계가 없다(위키피디아).

증강현실(AR: Augmented Reality)
가상현실(Virtual Reality)

(1) 증강현실의 개요

증강현실은 사용자가 눈으로 보는 현실세계에 가상 물체를 겹쳐 보여주는 기술이다. 현실세계에 실시간으로 부가정보를 갖는 가상세계를 합쳐 하나의 영상으로 보여주므로 혼합현실(MR: Mixed Reality)이라고도 한다. 현실 환경과 가상환경을 융

혼합현실(MR: Mixed Reality)

1) 가상현실(Virtual Reality)은 어떤 특정한 환경이나 상황을 컴퓨터로 만들어서 그것을 사용하는 사람이 마치 실제 주변 상황이나 환경과 상호작용을 하고 있는 것처럼 만들어주는 인간과 컴퓨터 사이의 인터페이스를 말한다(두산백과).

합하는 복합형 가상현실 시스템(Hybrid VR System)으로 1990년대 후반부터 미국 · 일본을 중심으로 연구개발이 진행되고 있다. 현실세계를 가상세계로 보완해주는 개념인 증강현실은 컴퓨터 그래픽으로 만들어진 가상환경을 사용하지만 주역은 현실 환경이다. 컴퓨터 그래픽은 현실 환경에 필요한 정보를 추가 제공하는 역할을 한다. 사용자가 보고 있는 실사 영상에 3차원 가상영상을 겹치게 함(overlap)으로써 현실 환경과 가상화면과의 구분이 모호해지도록 한다는 뜻이다.

가상현실기술은 가상환경에 사용자를 몰입하게 하여 실제 환경을 볼 수 없다. 하지만 실제 환경과 가상의 객체가 혼합된 증강현실기술은 사용자가 실제 환경을 볼 수 있게 하여 보다 나은 현실감과 부가 정보를 제공한다. 예를 들어, 스마트폰 카메라로 주변을 비추면 인근에 있는 상점의 위치, 전화번호 등의 정보가 입체영상으로 표기된다.

(2) 증강현실 활용 마케팅 구현

TPO(Time, Place, Occasion)

증강현실은 매우 다양한 분야에서 이용되고 있으나, 대부분의 경우는 마케팅 분야의 도구로 활용이 되고 있다. 증강현실은 마케팅 관점에서 본다면, 고객의 TPO(Time, Place, Occasion)를 기반한 실시간 개인화 대응 및 다양한 인터렉션 정보를 부가하여 고객에게 색다른 브랜드 경험을 제공해 준다. 개인의 니즈가 다양해지고 고객 접점이 확대되면서 다양한 상황에서 고객의 니즈를 만족시켜줄 수 있는 마케팅 전개가 무엇보다 중요해졌다. 증강현실은 고객이 위치한 현재의 접점을 기반으로 고객의 상황에 따른 다양한 개인화 마케팅을 구현 가능하도록 전개할 수 있다. 고객은 현재 자신이 위치한 주변에 카메라를 비추면 현재 위치를 기반으로 자신이 찾고자 하는 매장 및 브랜드 정보를 쉽게 파악할 수 있으며, 매장에서는 현재 고객의 위치정보를 파악하여 실시간으로 고객에게 맞는 신상품 정보 및 할인쿠폰 등을 제공하여 고객에게 맞춤형 상품을 제안할 수 있다. 더불어 의류, 화장품 등의 고객체형이나 스타일 등의 다양한 요소를 고려하여 구매해야 하는 상품의 경우 실사 이미지를 기반한 증강현실을 기반하여 고객 개개인의 특성에 적합한 상품을 구매할 수 있다.[2]

2) http://www.marketcast.co.kr/1117

(3) 증강현실 활용 마케팅 사례

연합뉴스는 2011년 7월 18일 증강현실 서비스 업체인 키위플과 손잡고 스마트폰 앱인 '오브제(Ovjet)'를 통해 주요 사진 기사를 카메라 화면에 겹쳐 보여주는 신개념 보도 서비스를 시작했다. 예를 들면, 광화문 광장의 세종대왕상 앞에서 스마트폰을 들고 '오브제'를 구동하면 세종대왕상과 관련된 연합뉴스의 사진, 기사, 콘텐츠가 세종대왕상 모습에 겹쳐서 보이게 되는 방식이다(그림 9-5 참조).

[그림 9-5] 오브제 구동 화면

이를 이용하면 스마트폰을 이용해 주요 사건이 있었던 곳을 쉽게 찾을 수 있으며, 특정 사건이 있었던 곳의 현재 모습을 과거의 모습과 비교해 볼 수도 있어 다양한 분야에서 활용될 것으로 기대한다. 패션업계에서도 브랜드별 앱 서비스를 개시했다. 직접 매장을 방문하지 않고서도 자신의 몸에 피팅을 해볼 수 있는 증강현실 서비스와 게임, 음악 듣기까지 각각의 브랜드 특성을 살려 고객 니즈에 맞는 서비스가 인기를 끌고 있다.

신성통상의 캐주얼 브랜드 올젠(OLZEN)과 정장 브랜드 지오지아(ZIOZIA)에서는 증강현실(AR)을 이용한 애플리케이션을 선보였다. 가상의 현실을 실제처럼 표현하는 서비스로 모바일 안에서 직접 스타일링을 할 수 있는 시스템으로 원하는 스타일을 골라 직접 믹스매치할 수 있으며, 매치한 스타일을 이메일을 통해 전송할 수도 있는 특징을 가지고 있다(매일경제신문, 2010.07.05).

이케아(IKEA)는 AR Catalog를 통해 앱으로 잡지 내의 해당 QR코드를 스캔하면, 실제 공간에 가상 가구의 인테리어를 배치할 수 있는 체험 방식인 가상 인테리어 체험 서비스를 실시하고 있다. 가구는 특성상 크기가 크고 무게가 나가기 때문에 마음에 들지 않는다고 쉽게 교체하기가 어렵다. 이케아는 이런 점에 주목을 하고 가구를 직접 들여오지 않고도, 실제공간에 가상 인테리어를 구현하여, 가구 배치 시에 어떠한 방법이 좋은지를 간접적으로 체험을 할 수 있도록 하였다. 최근에는 이케아 플레이스(IKEA Place) 애플리케이션을 출시하였다.

[그림 9-6] 이케아 플레이스 앱

펩시(Pepsi)는 런던의 옥스퍼드 거리(영국)에서 버스 Shelter의 투명한 유리를 실제거리와 결합시켜 이색적인 증강현실 경험을 제공하였다. 단순히 펩시가 좋다 마셔봐라가 아닌 브랜드가 줄 수 있는 유쾌한 경험을 통해 활력을 찾을 수 있고 흥미를 유발시켜 브랜드에 대한 인지도를 높이기 위한 캠페인이었다. 유튜브에 공개를 하여 많은 폭발적인 조회수를 기록하였다.

[그림 9-7] 펩시의 증강현실 서비스(youtu.be/V5bC4hnrPkg)

2.3.2 위치기반 서비스 마케팅

(1) 위치기반 서비스 개요

위치기반 서비스(LBS: Location-Based Service)는 무선 인터넷 사용자에게 사용자의 변경되는 위치에 따르는 특정 정보를 제공하는 무선 콘텐츠 서비스들을 가리킨다. LoCation Services(LCS)로 지칭되기도 한다. 원래 LBS는 이동통신사와 모바일 콘텐츠 공급사들의 협력 아래에서 개발되었다. LBS의 주요 장점은 무선 인터넷 사용자가 여러 위치를 이동하면서도 직접 주소나 지역 구분자를 입력하지 않아도 된다는 점이며, GPS는 이를 가능하게 하여 무선 인터넷 서비스 접근을 용이하게 해주는 주요 요소기술 중 하나이다. 그러나 LBS를 실현하는 데에 GPS와 같은 위성기반 측위 기술만이 하위 요소기술로 사용되는 것은 아니다. 이동통신 네트워크에는 단말의 이동성을 관리하기 위한 고유의 위치 관리 메커니즘이 존재하며, 이를 기반으로 한 비GPS LBS 서비스도 다수 존재한다. PC 기반의 유선 인터넷 서비스 역시, 무선 인터넷 영역으로 경계를 넘어 확장하면서 위치기반 서비스 기능과의 융합 요구에 직면하고 있다.

위치기반 서비스(LBS: Location-Based Service)
LoCation Services(LCS)

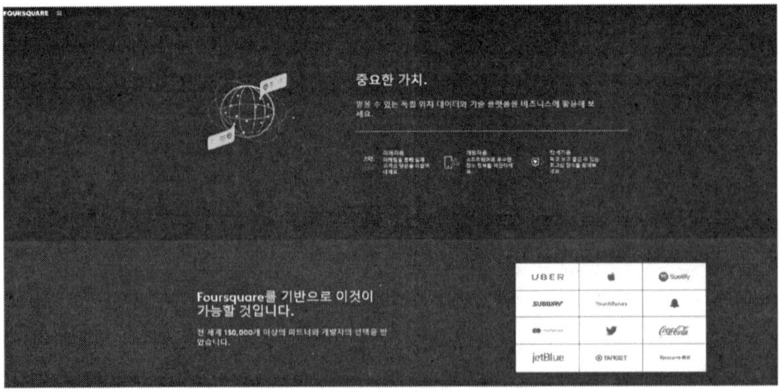

[그림 9-8] 포스퀘어 메인 화면

(2) 위치기반 서비스 활용 마케팅 개요

SNS(Social Network Service)

최근에는 위치기반 서비스에 SNS(Social Network Service)적 요소를 결합한 앱들이 출시되고 있다. 가장 큰 주목을 받는 앱으로는 포스퀘어(Foresquare)를 들 수 있다. 2009년 3월 서비스를 시작한 포스퀘어는 1년 만에 50만 명의 유저를 확보했고 2015년 4월 기준으로 5,500만 명의 가입자가 있으며, 7,000만 개의 팁과 70억 회의 체크인을 돌파하였다. 목적지에 도착한 이용자는 포스퀘어 애플리케이션을 실행시켜 체크인하여 포인트를 획득한다. 자신의 체크인 현황을 트위터나 페이스북 등과 같은 SNS에 연결하여 친구들과 공유할 수도 있다. 포인트가 많이 쌓이면 배지를 획득하고 특정 장소에 가장 많이 체크인한 사람은 시장(mayor)의 지위를 부여받는다.

포스퀘어는 기존 사용자가 과거에 어느 장소에 머물렀는지, 무엇을 좋아했는지, 친구가 좋아하는 것은 무엇인지에 대한 지난 5년 간(2014년 기준)의 과거 데이터 분석을 통한 선호도를 확보해 사용자가 좋아할 만한 장소를 큐레이션 해줄 수 있는 단계까지 이르렀다. 또한 사용자가 특정한 장소에 얼마나 머물렀는지, 어디로 이동을 하였는지 별도의 체크인이 없어도 모두 위치 추적이 가능하게 하였다.

위치기반 서비스는 기업들이 스마트폰을 소지한 고객들을 오프라인 매장과 연계시킬 수 있는 장점을 가지고 있다. 최근에는 증강현실과 위치기반 서비스를 접목한 앱이 많이 등장하고 있다. 또한 이미 축적된 정보를 가지고 정보 분석을 하여 고객의 라이프스타일을 사전에 파악하고 분석하여 퍼스널 마케팅 활동을 펼치는 것이 가능해졌다.

2.3.3 QR 코드 활용 마케팅

QR 코드를 활용한 기업들의 마케팅 전략도 눈여겨볼 만하다. 단순한 제품 홍보에서도 QR 코드의 위력은 대단하다. 영국의 시장조사기관인 주니퍼 리서치는 2017년 13억 개의 QR 코드가 사용된 것으로 추정되며, 2022년까지 53억 개로 증가할 것으로 예측하였다.

(1) QR 코드 개요

QR 코드(Quick Response Code)는 흑백 격자무늬 패턴으로 정보를 나타내는 매트릭스 형식의 이차원 바코드이다. 기존의 1차원 바코드가 용량의 제한으로 인해 가격, 상품명 등 한정된 정보만 담을 수 있는데 비해 QR 코드는 넓은 용량을 기반으로 3차원적인 다양한 정보를 담을 수 있다. QR 코드는 주로 한국, 영국, 미국, 일본 등에서 많이 사용되며 명칭은 덴소 웨이브(Denso Wave)의 등록 상표 Quick Response에서 유래하였다. 종래에 많이 쓰이던 바코드의 용량 제한을 극복하고 그 형식과 내용을 확장한 2차원의 바코드로 종횡의 정보를 가져서 숫자 외에 문자 데이터를 저장할 수 있다. 보통 스마트폰이나 전용스캐너(앱)로 읽어 들여 활용한다(위키피디아). QR 코드의 특징으로는 다양한 언어 및 대용량 정보의 저장이 가능하며, 어느 방향에서도 인식이 가능하고, 작은 공간으로도 다양한 정보의 표현이 가능하다는 점이다.

QR 코드(Quick Response Code)

(2) QR 코드 활용 마케팅 개요

QR 코드는 기존의 광고와는 달리 전달하고자 하는 내용이 2차원으로 코드화되어 있어 소비자들에게 호기심을 자극할 수 있고 소비자 스스로의 선택에 의해 참여하기 때문에 기존의 광고와는 다르게 인터랙티브한 마케팅 기법이라고 할 수 있다. 또한 스마트폰에 설치된 앱만 있으면 언제 어디서나 쉽게 접근이 가능하기 때문에 기업들에는 기존의 광고에 비해 빠르게 홍보를 할 수 있다는 장점을 가지고 있다. 또한 QR 코드는 기존의 광고매체, 웹 등 모든 이용 가능한 매체에 적용이 가능하여 폭넓게 활용될 수 있으며, 소비자의 반응을 실시간으로 확인할 수 있어 성과측정이 용이하다. 이러한 장점으로 인해 많은 기업들은 QR 코드를 활용한 마케팅을 시행하고 있다.

(3) QR 코드 활용 크로스오버 마케팅

삼성전자는 QR 코드를 인쇄광고 및 TV 광고와 연계하는 ' 크로스오버 마케팅' 수단으로 활용하고 있다. 제한된 지면에 많은 내용을 담아낼 수 없는 인쇄광고의 단점을 QR 코드가 단숨에 해결해주고 있기 때문이다. 삼성전자 '갤럭시탭' 신문 지면광고를 보면 무려 20개의 QR 코드가 삽입돼 있다. 이 중 2개의 파란색 QR 코드를 통해 2가지 버전의 '갤럭시탭' TV 광고 동영상을 시청할 수 있다. 나머지 18개의 검정색 QR 코드를 타고 들어가면 온라인에서 인기를 끌고 있는 '탭 택시(Tab Taxi)' 영상을 바로 볼 수 있다. 삼성전자는 QR 코드를 온라인과 오프라인의 관문 역할로 활용한 셈이다. 삼성전자는 갤럭시 탭으로 다양한 미디어를 즐길수 있다는 점에 착안해 여러 매체를 하나로 연계한 크로싱오버 광고 캠페인을 전개하고 있다.GS샵은 2010년 8월호부터 카탈로그 쇼핑에 QR 코드 서비스를 실시하고 있다.

QR 코드를 스캔하면 상품 상세정보 또는 이전에 구매한 고객들이 직접 올려놓은 상품평으로 연결된다. QR 코드는 글자 수 제약 등으로 TV 화면 자막이나 광고전단지에 노출되기 힘들었던 다양한 정보를 내 손 안의 무한한 인터넷 공간으로 확장할 수 있어 추후 다양한 이벤트, 프로모션 등으로 확대할 계획이다. QR 코드에 트위터를 연계한 제품홍보 전략도 눈길을 끈다. 수입화장품 전문업체 어반스페이스는 준제이콥스, 멜린앤게츠, 순다리 등 브랜드별로 각각의 QR 코드를 만들어 놓고 브랜드별 설명 및 콘셉트를 모바일사이트에서 확인할 수 있도록 했다. 각각의 모바일사이트는 트위터와 연동돼 있기 때문에 즉석에서 친구에게 제품을 소개할 수 있다.

(4) QR 코드 활용 타깃 마케팅(Target Marketing)

기업들은 QR 코드를 통해 타깃 마케팅 전략도 수행하고 있다. 신라면세점의 경우, 일본 고객을 대상으로 QR 코드 서비스를 진행하고 있다. QR 코드에 익숙한 일본 고객들은 스마트폰이 아닌 피처폰을 통해서도 QR 코드를 인식할 수 있기 때문이다. 2010년 6월 신라면세점은 일본인 고객을 위한 모바일사이트를 개설하고 QR 코드를 통해 접속 가능하도록 했다. 모바일사이트에서는 행사, 쇼핑 정보 등을 확인할 수 있고, 멤버십 가입도 가능하다. 철저한 사전조사를 하고 구매에 나서는 일본인 관광객 성향을 잘 파악해서 서비스를 제공한 결과, 일본인들의 면세점 방문이 증가하게 되었다. 제약회사 바이엘코리아는 아스피린 홍보 책자 등에 QR 코드를 삽입했다. 단순히 아스피린 프로젝트를 홍보하는 목적이 아니다. 주요 고객층인 의사들이 QR 코드를 찍으면 10년 내에 심혈관 질환 위험도 측정을 할 수 있도록 한 것이 특징이다. 남성은 심혈관 질환 10년 위험도, 여성은 뇌졸중 10년 위험도를 측정할 수 있도록 하여 제약회사의 특성을 충분히 살렸다는 평가를 받고 있다.

(5) QR 코드 활용 사례

중소벤처기업부와 서울시가 소상공인의 신용카드 결제 수수료를 '0'(제로)으로 만든다며 도입을 추진 중인 '제로페이'가 QR 코드 결제의 대표적인 사례이다. 시중은행 · 신용카드회사 등 금융회사도 QR 코드 결제 도입에 적극적으로 나서고 있다.[3]

[그림 9-9] QR 코드를 이용하여 제로페이 결제

아르헨티나 맥주 브랜드인 안데스(Andes)는 자사의 맥주병 속에 담긴 편지라는 캠페인을 진행하였다. 맥주병에 있는 QR 코드를 이용하여 영상 메시지를 전달하는 것이며, 전용 앱인 안데스 보틀(Andes Bottle)을 다운받은 다음 QR 코드를 스캔해야만 한다. 메시지를 녹화하고 메시지를 보내고 싶은 사람에게 병을 보내면 된다. 맥주마다 서로 다른 QR 코드가 부여되며, 소비자들이 찍은 영상은 해당 맥주병에서만 볼 수 있다는 장점이 있다. 중요한 것은 소비자가 메시지를 시청하고 나면 자동 삭제된다는 점이다(전자신문, 2015.01.18).

3) https://www.edaily.co.kr/news/read?newsId=03024166619403096&mediaCodeNo=257

[그림 9-10] 안데스 QR코드 사례

2.4 스마트폰 활용 마케팅 사례

맥도날드는 잠재고객 중의 하나인 아이들을 대상으로 Happy Table[4]이라는 캠페인을 시작하였다. 맥도날드를 놀이공간과 재미공간이라는 인식을 아이들에게 심어줌으로써 매장을 자주 방문하게 할 수 있도록 브랜드 아이덴터티를 강화하는 것이 중요 목적이다. 매장을 방문해서 NFC 스티커가 부착된 테이블에 스마트폰 McParty App을 실행시키면 다양한 미니게임을 즐길 수 있도록 제공을 하고 있다. 현재 싱가포르에서 캠페인을 진행하고 있으며 확대될 예정이다.

[그림 9-11] 맥도날드 Happy Table 사례

조지아(Georgia) 커피는 자동판매기와 모바일 기기가 결합된 새로운 형태의 디지털 캠페인을 런칭하였다. 자판기에 있는 QR 코드를 Hanaseru Jihanki Georgia라는 iOS 앱을 다운받은 후 자판기 위치를 등록하면, 사용자가 해당 자판기에 가까워질 때 실제 애인이 말을 건네는 것처럼 귀여운 메시지를 보내주는 것이다.

4) 모바일 기기의 특징 중의 하나인 3rd Party를 잘 활용한 사례임

[그림 9-12] Georgia 사례

3. 소셜마케팅

3.1 소셜마케팅 개요

소셜마케팅이란 소셜미디어를 활용하여 마케팅의 제반 활동을 하는 것을 말한다. 소셜마케팅

이전의 마케팅에서는 공급자가 소비자에게 일방적으로 정보를 전달하는 방식을 취하였다면, 소셜마케팅은 SNS를 통해 공급자와 소비자가 교류하는 쌍방향적인 마케팅을 말한다. 소셜마케팅은 기업들이 영리적인 목적을 가지고 SNS를 통해 마케팅 하는 것을 의미한다. 소셜마케팅은 단순히 상업적인 목적뿐만 아니라 기업의 이미지 재고를 위해 SNS를 활용하는 차원으로 볼 수도 있다. 이전의 마케팅은 공급자의 주도하에 공급자가 제시한 상업적인 메시지를 소비자에게 전달함으로써 기업의 목적을 달성하고자 했다면, 소셜마케팅은 집단과 개인들의 다양한 목적을 달성하기 위해 집단과 개인들이 공동으로 목소리를 내며, 새로운 가치를 창조하여 자신들이 원하는 목적을 달성하고자 한다는 점이다. 또 다른 정의로는 소셜미디어를 통해 기업의 이미지 재고와 상품, 서비스 등을 광고하고 홍보하는 계획을 포함하며 여기에 소비자가 자신의 의견을 표출할 수 있도록 하는 영역까지 포함해서 소셜마케팅이라고 한다. 전 세계적으로 소셜미디어를 통한 소셜마케팅이 일반화되고 있는 추세이다. 한국의 경우도 점차 증가하고 있는 추세이다. 소셜마케팅의 장점은 저렴한 마케팅 비용과 빠른 전파력 그리고 소비자의 요구를 신속하게 파악할 수 있다는 점이다. 이전의 마케팅에서 소비자들은 오직 기업에서 제공하는 정보만 알 수 있었고 다른 소비자들의 제공하는 정보인 사용 후기를 얻기가 힘이 들었다. 그러나 지금은 소셜미디어를 통해 소비자가 주체가 되어 기업의 광고에 참여할 수도 있고,

집단과 개인의 다양한 목적을 달성하기 위해 상호작용하여 새로운 가치를 창조하고 있다.

3.2 소셜마케팅의 효과

기업들이 소셜마케팅을 하는 이유는 비즈니스에 유익한 효과가 나타나기 때문이다. 이들을 정리하면 다음과 같다.

첫째, 브랜드 이미지가 향상된다는 것이다. 기업들의 입장에서는 브랜드가 가지는 가치가 상당히 중요하기 때문에 브랜드 이미지 향상을 위해 노력을 하게 된다. SNS를 통하여 마케팅을 하게 되면 적은 비용으로 브랜드 이미지를 재고할 수 있게 된다. 특히 요즘같이 SNS 서비스를 이용하는 소비자들이 늘어나면서, 기업들은 전통적인 방식의 마케팅보다는 소셜마케팅을 더 선호하게 되었다.

둘째, 제품에 대한 홍보 효과이다. 기업들이 신제품을 출시할 때마다 전통적으로 매스미디어를 통한 홍보를 하였다. 그러나 매스 미디어를 통한 홍보는 불특정 다수에게 홍보를 하여 그 효과를 정확히 측정할 수도 없고, 비용 또한 만만치 않게 든다. 그러나 소셜마케팅은 저렴한 비용으로 신제품에 대한 홍보를 할 수 있게 된다. 이로 인해 제품에 대한 홍보 효과는 크다고 하겠다. 블렌텍 사의 사례를 보면 알 수 있을 것이다. 블렌텍 사의 사례는 뒷부분에서 설명하고자 한다.

셋째, 기업 이미지 향상이다. 기업 이미지와 브랜드 이미지는 다르다. 예를 들면 외국에서는 삼성이나 현대가 일본기업으로 인식을 하는 경우가 많다. 많은 기업들은 기업의 이미지 재고를 위해 노력한다. 또 하나의 가족, 고객이 OK할 때까지, 사랑해요 등의 카피 문구를 보면 모두 고객의 입장을 항상 생각하고 있다는 문구이다. 그러나 이러한 기업 이미지 광고를 앞서 말한 매스미디어를 통하는 것보다는 SNS를 통하게 되면 적은 비용으로 최대의 효과를 낼 수 있기 때문에 기업들은 소셜마케팅에 주목을 하고 있다. 넷째, 매출 증대이다. 당연히 소셜마케팅을 하게 되면, 기업과 브랜드의 이미지 향상, 제품에 대한 홍보효과가 나타나게 되고 이로 인해 매출은 증대할 것이다. 현재 기업의 성공 사례로는 하이네켄의 반전 마케팅, 델 컴퓨터의 마케팅 사례가 있고, 개인의 성공사례로는 버락 오마바 미국 대통령의 유권자와의 소통에 활용한 사례를 들 수 있다.

3.3 소셜마케팅 활용 사례

3.3.1 아메리칸 어패럴(American Apparel)

미국 LA에 근거를 두고 있으며, 베이직한 의류 아이템 브랜드의 선두주자인 아메리칸 어패럴(American Apparel)은 모든 연령대의 사람들을 대상으로 제품을 생산하는 미국에서 가장 큰 의류 제조업체이다. 이 회사는 미국 최대 의류 공장을 운영하고 있는데, 하루 21만장, 일주일에 100만 장의 티셔츠를 제조한다. 주로 실용적 아이템을 선보이고 있으며 미국, 프랑스, 영국, 독일, 멕시코 등 11개국 120여개의 리테일 스토어를 운영하고 있다. 아메리칸 어패럴은 어떻게 소셜미디어를 활용하여 마케팅을 수행하였을까? 아메리칸 어패럴은 트위터와 블로그를 통해 마케팅을 수행하였다. 이를 위해서 직원들에게 고객들과 직접적으로 상호 교감하는 통로로 트위터를 사용하도록 격려하였고, 그러던 중 아메리칸 어패럴은 재미있는 발견을 하게 된다. 아메리칸 어패럴을 주제로 글을 올리는 일부 고객들이 자신들의 블로그를 회사와 직접적으로 공유하기 위하여 트위터를 하나의 연결수단으로 사용한다는 것을 알게 되었다. 그래서 아메리칸 어패럴은 이점에 착안하여 소셜미디어 마케팅

[그림 9-13] 아메리칸 어패럴 홈페이지

을 활용하여 성공을 거둘 수 있었다.

대표적인 에피소드를 들면, 아메리칸 어패럴이 프리랜서 사진작가로부터 DM 하나를 받은 적이 있었다. 그 DM 속에는 아내가 아메리칸 어패럴의 임부복을 입고 매주 촬영한 임신부 사진이 있었다. 회사측은 보내준 사진 시리즈가 마음에 들었고, 그의 아내에게 무료로 옷을 제공하고 그가 촬영한 이미지들을 예비 엄마들의 귀엽고 편안한 임부복 광고 캠페인에 사용하였다. 또한 그의 블로그에 아메리칸 어패럴의 광고를 연결하여, 유아 의류 광고 배너를 올렸다. 그의 블로그는 아메리칸 어패럴의 온라인 광고 사이트 중 가장 영향력을 가진 파워블로그 중 하나가 되었으며, 많은 고객들에게 아메리칸 어패럴의 브랜드를 알릴 수 있었다. 이처럼 아메리칸 어패럴은 일시적으로 그칠 수 있는 트위터를 통한 우연한 만남을 트위터 밖으로 연결시켜 광고 캠페인을 성공시킬 수 있었다.

3.3.2 블렌텍(Blentec)

블렌텍(Will it blend? Blentec)이라는 미국의 한 믹서기 제조회사는 사람들에게 재미있는 놀라움을 주어서 소셜미디어 마케팅 성공 사례를 만들어 냈다. 이 회사는 5년 전 아이팟이 처음으로 출시되었을 때, 자사의 믹서기로 아이팟을 갈아버리는 동영상을 퍼트려서 화제를 모았던 회사이다. 사람들에게 준 놀라움은 이뿐만이 아니었다. 갈라진 아이팟 부스러기를 이베이에 판매하여 구매자에게 자사의 믹서기를 선물하는 독특한 마케팅 이벤트도 벌였다. 당시 만들어진 아이팟 갈아버리는 동영상은 지금까지도 580만 건이 넘는 조회수를 기록하며, 홍보 효과를 제대로 누렸다.

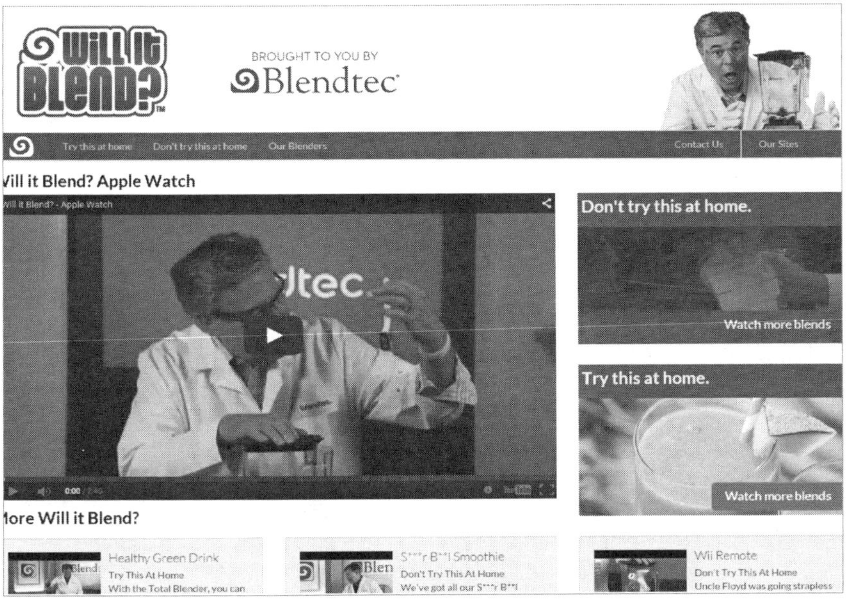

[그림 9-14] 블랜텍 메인 페이지

블렌텍은 자사 제품을 홍보하기 위해서 홍보사이트인 Will it blend(http://www.willitblend.com)를 개설하고 사장인 톰 딕슨이 직접 출연해 애플 제품부터 다양한 물건들을 갈아내면서 많은 사람들로부터 관심을 받게 된다. 요즘 많은 이들로부터 사랑을 받고 있는 아이폰과 아이패드도 역시 블렌텍을 피해 갈 수 없었다. 아이폰과 아이패드를 갈아버리는 동영상은 사람들의 심리를 묘하게 자극해 현재 1,000만 건에 달하는 조회수를 기록하였다. 특히, 아이패드를 갈아버리는 장면은 거의 놀라움에 가깝다. 첫 번째 놀라움은 소중한 아이패드를 믹서기에 반으로 부서트리는 장면이고, 두 번째 놀라움은 아이패드가 블렌텍의 믹서기에서 한 줌의 재로 변하기까지 30초가 채 걸리지 않는다는 점이다. 정말 "다 갈아버릴꺼야!"라는 모토로 손에 잡히는 물건들을 모조리 갈아서 동영상 홍보로 활용하고 있다. 블렌텍사가 현재 올린 홍보 동영상들은 평균 수십만~수백만 건의 조회수를 기록하고 있으며, 조회를 모두 합치면 1억 회를 넘는다고 한다. 블렌텍처럼 1억 회의 조회수를 기록할 만큼의 광고 홍보효과를 얻기 위해서 TV나 신문과 같은 매스미디어를 활용했다면 돈이 얼마나 들었을까? 아마 수백억 원은 들었을 것이다. 현재는 애플 워치를 갈아버리는 동영상으로 인기를 끌고 있다. 아직도 애플 제품으로 광고의 효과를 보고 있다.

3.3.3 마이클코어스(Michaelkors)

마이클코어스는 2013년 11월에 인스타그램(Instagram)에 첫 광고를 게재하였다. 비즈니스 인사이더(Business Insider)에 따르면, 이 광고는 인스타그램 사용자의 관심을 끄는 데 매우 성공적이었다고 한다. 무려 18개월 동안 마이클코어스의 게시물은 다른 인스타그램 게시물보다 370%가 많은 하트('♡': 좋아요)를 받았다. 나이트로그램(Nitrogram)에 따르면, 마이클코어스는 이 기간 동안 3만 4,000여 명의 신규 팔로어를 확보했다. 마이클코어스의 첫 번째 광고물은 브랜드 노출과 판매에 있어 비주얼 판촉 활동의 중요성, 인스타그램의 높아지는 인기 및 힘을 보여준다고 더 버즈 에이전시의 비몬테가 말하기도 하였다(CIOkorea, 2014).

[그림 9-15] 마이클코어스 인스타그램 광고(2013년 11월 2일)

3.4 소셜마케팅 기법과 성공가이드

소셜마케팅 기법은 바이럴 마케팅, 소셜 리포터 마케팅, 위치기반 마케팅, 스마트폰을 이용한 마케팅, QR 코드를 이용한 마케팅 등 다양하다. 소셜마케팅 기법의 대부분이 모바일 기기 및 스마트폰을 활용하는 마케팅이다. 스마트폰을 이용한 마케팅 기법은 본장의 제2절을 참고하기 바란다. 여기서는 바이럴 마케팅, 소셜 리포터 마케팅, 위치기반 마케팅에 대해서 설명하고자 한다(노규성, 박성택, 2012).

3.4.1 바이럴 마케팅

바이럴 마케팅(Viral Marketing: 입소문 마케팅)은 SNS 시대에 맞는 마케팅 기법이라고 할 수 있다. 즉 바이러스 마케팅은 원래 컴퓨터 바이러스처럼 확산된다고 해서 붙여진 이름이다. 바이럴 마케팅은 바이러스 마케팅(Virus Marketing) + 구두(Oral)의 합성어로 네티즌들이 이메일이나 다른 전파 가능한 매체를 통해 자발적으로 어떤 기업이나 기업의 제품을 홍보할 수 있도록 제작하여 널리 퍼지는 마케팅 기법을 말한다. 바이럴 마케팅은 2000년 말부터 확산되면서 새로운 인터넷 광고 기법으로 주목을 받기 시작하였다. 기업이 직접 제품을 홍보하지 않고, 소비자의 이메일을 통해서 입에서 입으로 전해지는 광고라는 점에서 기존 광고와는 다르다고 할 수 있다.

바이럴 마케팅(Viral Marketing: 입소문 마케팅)

바이럴 마케팅은 입소문과 일맥상통하지만 전파하는 방식에서는 다소 차이가 있다. 입소문 마케팅은 정보 제공자를 중심으로 메시지가 퍼져나가지만 바이러스 마케팅은 정보 수용자를 중심으로 퍼져 나간다. 소셜 네트워크를 이용하여 풀어나가는 방식이 바로 바이럴 마케팅이라고 할 수 있다. 이제는 많은 사람들이 정보를 찾고자 할 때 오프라인이 아닌 온라인 검색을 통해 정보를 찾고 있다. 이것이 바로 바이럴 마케팅이 효과를 볼 수 있는 이유 중의 하나이다. 하지만 가장 중요한 요소는 거짓된 정보나 과장된 정보는 다른 사람이 가서 확인하고 나면 바로 확인이 가능한 일이기 때문에 올바른 정보를 통하여 모든 사람이 공감하도록 전달을 해야 한다.

(1) 바이럴 마케팅의 특징

바이럴 마케팅은 다른 어떤 마케팅 방법보다 빠른 속도로 온라인 상에서 확대가 되며, 소비자가 스스로 생산하는 콘텐츠에 비해 소비자가 느끼는 신뢰도 및 충성도는 그 몇 배의 효력을 발휘한다. 특히 한국의 경우는 온라인을 통한 소비자의 의견에 대한 신뢰도가 다른 나라보다도 높은 편이다.

(2) 바이럴 마케팅의 장점

바이럴 마케팅의 장점은 다음과 같다.

첫째, 소비자가 직접 생산하는 콘텐츠로 높은 신뢰성을 지닌다. 바이럴 마케팅의 특성상 소비자가 스스로 생산하는 콘텐츠로서 소비자의 입장에서 생각하고 느낀 내용을 콘텐츠로 만들기 때문에 기업들이 생산하는 콘텐츠에 비해 신뢰도가 더 높다고 할 수 있다.

둘째, 소비자와 소비자 간의 자유로운 전파가 가능하다. 콘텐츠를 만드는 주체가 바로 소비자이고 콘텐츠를 보는 것도 소비자이기 때문에 기업들이 일방적으로 제공하는 콘텐츠보다는 소비자가 원하는 콘텐츠를 자유롭게 보고, 자유롭게 다른 사람에게 전파할 수 있는 특징을 가지고 있다.

셋째, 쌍방향 커뮤니케이션이 가능하다. 이전의 마케팅은 공급자가 소비자에게 일방적으로 콘텐츠를 생산하고 제공하였던 반면, 바이럴 마케팅에서는 공급자뿐만이 아닌 소비자가 콘텐츠 제작에 참여하여 의견을 서로 주고받으며 콘텐츠를 생산하기 때문에 쌍방향적 커뮤니케이션이 가능하다고 할 수 있다.

넷째, 지속성이다. 매스미디어를 통한 마케팅의 예를 들어보자. 만약 TV를 통한 광고를 하였다고 가정한다면, 계약기간이 끝나 더 이상 TV로 광고를 할 수 없을 경우는 홍보 효과가 단절된다고 할 수 있다. 그러나 SNS를 통하면 지속적으로 재생산 및 재이용이 가능하기 때문에 다른 어떤 매체보다 지속성이 높다고 할 수 있다. 이것은 바로 구전효과가 있기 때문이다.

다섯째, 상대적으로 비용이 저렴하다. 이전의 마케팅 기법은 생각보다 비용이 많이 든다. 그러나 바이럴 마케팅의 경우는 구전을 통해 전파되기 때문에 적은 비용으로 최대의 효과를 낼 수 있다는 장점을 가지고 있다.

(3) 바이럴 마케팅의 단점

바이럴 마케팅의 단점은 다음과 같다.

첫째, 많은 시간과 노력이 필요하다. 마케팅이 그러하듯이 바이럴 마케팅이 효과를 보기까지는 많은 시간이 투자되고 노력이 요구된다. 상품이나 서비스의 정도에 따라 짧은 시간 안에 큰 성공을 거두는 경우는 많지 않다.

둘째, 지속적인 콘텐츠 생산에 따른 피로감의 누적이다. 구전효과를 누리기 위해서는 콘셉트를 잡고 지속적으로 콘텐츠를 생산하여 올려야 한다. 시리즈를 통한 광고가 한 예가 될 수 있다. 그러다 보면, 콘텐츠를 생산하는 담당자들은 쉴 틈 없이 노력을 해야 하기 때문에 피로가 누적될 수도 있다.

셋째, 의도하지 않는 방향으로 흘러갈 수 있다. 기업의 입장에서 마케팅을 하는 이유는 앞서 말한 바와 같이 기업의 제품이나 서비스, 브랜드를 홍보하거나 브랜드 이미지나 기업 이미지의 향상인데 얘기치 않게 역풍을 맞는 경우가 있다. 예를 들면, 네슬레 초콜릿이 그 예가 될 수도 있다. 물론 광고의 콘셉트가 잘못되기도 했지만, 적절하게 대응하지 않아 소비자들의 원성을 샀다.

(4) 바이럴 마케팅의 활용 방법

바이럴 마케팅을 활용할 수 있는 방법으로는 SNS를 활용한 마케팅, 커뮤니티를 활용한 마케팅, 블로그를 통한 마케팅, 지식 마케팅, 언론을 통한 홍보 마케팅 등이 있다.

3.4.2 소셜 리포터 마케팅

소셜 리포터 마케팅(Social Report Marketing)은 특정 미디어에 국한되지 않고 트위터, 페이스북, 블로그를 통합적으로 활용하여 파급 효과를 높이는 한층 업그레이드된 소셜마케팅 기법이다. 소비자가 블로그와 페이스북을 통해 브랜드 소식과 신제품 관련 콘텐츠를 생산하고, 트위터를 통해 생생하게 전파하는 활동을 벌이게 된다. 특히 자기 자신의 소셜미디어를 활용해 다른 소비자를 대상으로 마케팅 활동을 직접 전개하는 등 능동적인 리포터 활동을 수행할 수 있는 것이 특징이다.

소셜 리포터 마케팅(Social Report Marketing)

트위터, 페이스북, 블로그 등 소셜미디어를 통해 맛있는 피자헛의 소식을 생생하게 전달할 피자헛 SNS 리포터는 크런치 골드(Crunch Gold) 피자에 대해 신제품 리뷰를 비롯해 TV CF, UCC, 이벤트 정보 등 다양한 피자헛 소식을 SNS로 소개하고 확산하는 활동을 진행하였다. 또한 개인 미디어 방문자들을 대상으로 직접 피자헛 이벤트를 기획하고 전개하는 활동도 펼쳤나(머니부데이, 2011.05.10). 피자헛 SNS 리포터의 생생한 활동 소식은 피자헛 공식 트위터(@enjoypizzahut)와 공식 페이스북(http://www.facebook.com/enjoypizzahut)에서 확인할 수 있다. SNS 리포터 활동을 모두 수행한 리포터에게는 활동 성과에 따라 소정의 활동비가 지급된다.

3.4.3 위치기반 마케팅

SNS를 이용해 매장을 자주 방문할 수 있는 사용자들에게 주변의 매장의 이벤트 정보를 제공하는 것이 위치기반 소셜마케팅 기법이다. 위치기반 소셜 네트워크 서비스(Location Based SNS)가 자기 자신에 대한 기록을 남기고 주변 사람들과 대화하는 커뮤니티 도구에서 점점 실질적인 보상과 혜택을 주는 서비스로 진화하고 있다.

아이팝콘은 기존의 전자지갑 서비스에 위치기반기술인 팝콘(Popcorn)을 접목하여 멤버십, 스탬프, 쿠폰, 결제수단 등을 하나의 앱으로 제공하는 '얍(YAP)' 서비스를 제공하고 있다. 팝콘은 고주파와 블루투스의 결합한 위치기반기술로 해당 매장에 설치된 엑세스 포인트에서 쏜 전파를 스마트폰에 있는 스피커를 이용해 수신하는 방식이다. 고객은 가맹점에 방문하면 별도의 장치 구동하지 않아도 해당 매장에서 제공되는 쿠폰, 이벤트, 멤버십 등의 정보를 스마트폰 화면을 통해 구동 및 확인할 수 있게 해준다. 아이팝콘은 모바일 쿠폰 앱 열두시와 제휴를 통해 국내의 프랜차이즈 레스토랑과 커피숍 등에서 사용이 가능한 쿠폰을 7만 개나 제공 중이다(아이뉴스24, 2014.07.01).

[그림 9-16] YAP 팝콘을 통한 쇼핑 정보 제공

3.4.4 소셜마케팅의 성공가이드

(1) 소셜 서비스 활동과 업무 프로세스 연계

비즈니스의 다른 요소와 연계 없이 SNS만을 가지고 가치를 창출하려면 해답을 찾기 힘들다. 즉 트위터와 페이스북 자체만을 가지고 마케팅에 활용하려는 생각은 잘못된 접근법이라는 얘기다. 즉 소셜 네트워크 서비스(SNS)는 상품, 조직, 채널, 프로세스 등과 같은 기업 비즈니스의 한 요소로 인식하고 다른 요소들과 연계해야 가치가 극대화된다. 특히 소셜미디어를 효과적으로 활용해 고객의 요구를 파악하고 이를 만족시킬 수 있는 콘텐츠를 제공해야만 소셜마케팅이 성공적으로 실행될 수 있다.

소셜마케팅을 성공적으로 이끌기 위해서는 먼저 SNS를 기업의 사회적 책임

(CRS: Corporate Social Responsibility)이나 의사소통, 정보공유 증진 도구로 활용할 것인지 아니면 판매채널로 사용할지 등 전략적 목표를 수립해야 한다. 아울러 SNS 활용이 기업 업무에 반드시 피드백 되는 결과를 가져오도록 목표를 설정해야 한다. 물론 여기엔 스마트폰이나 스마트패드를 비롯한 스마트기기의 접목도 필수다. 이렇게 전략적 목표를 수립한 다음, 현재의 트렌드에 맞춰 채널과 조직, 프로세스, 상품을 바꿔야 한다.

하나은행의 N스토어는 앱 방식으로 화면을 구성해 금융상품 정보를 보다 쉽게 습득할 수 있도록 해뒀다. 각 앱마다 SNS를 통해 지인과 정보를 공유할 수 있도록 했으며 정보공유와 상담도 쉽게 할 수 있도록 했다. 상품의 경우 스토리텔링방식을 적용해 상품에 대한 경쟁력을 극대화하도록 했다. 여기에도 SNS를 연계해 고객과의 친밀감을 높이고 홍보 효과를 높이게 했다.

하나은행은 기존에도 트위터와 페이스북 등 SNS를 통해 애플리케이션의 기능 변경 요구사항과 불만사항을 모니터링하고 반영했다. 고객들이 요구사항을 SNS에 요청하면 80% 이상을 1주일 내에 수정하도록 하는 등 다양한 노력을 통해 모바일 뱅킹 사용자가 폭발적으로 증가하는 효과를 거뒀다(안호천, 2011).

(2) 전담조직 구성과 감성적 접근

소셜마케팅을 성공적으로 추진하기 위한 또 다른 요소는 '전담조직'과 '감성적 접근'이다. 즉 소셜마케팅은 외부에 맡기지 말고 내부 전담조직을 두고 담당자에게 맡겨야 하고, 고객과의 감성적인 교류를 통해 소통해야 하며, 기업보다 고객이 더 많은 말을 할 수 있도록 판을 마련해야 한다. 특히 기존 매스미디어와 소셜 미디어의 가장 큰 차이점이 고객과 기업의 1:1 교류이자 소통이기 때문에 소셜마케팅은 휴머니즘과 감성에 기반해야 한다. 따라서 소셜마케팅을 성공하기 위해서는 외부 전문가보다 열성적인 내부 전담자가 더 필요하다. 고객이 친밀감을 느껴야 하는 대상은 바로 기업이기 때문이다. 또 중간자가 없기 때문에 기업은 고객의 반응과 시장 피드백을 신속하고 여과없이 파악할 수 있게 된다. 이는 소셜마케팅을 하는 가장 큰 이유이자 혜택이기도 하다.

3.5 소셜마케팅의 시장 전망

다양한 소셜미디어의 등장으로 인해 소셜마케팅의 시장 규모는 점차 증가하고 있다. 이마케터에 따르면, 미국 시장에서 모바일은 디지털 광고의 69.9%를 차지하고 있으며, 전체 미국의 광고 지출의 33.9%는 모바일 광고로 이루어지고 있다. 2022년까지 모바일 광고는 47.9% 성장하여 TV 광고를 넘어설 것으로 전망된다.[5)]

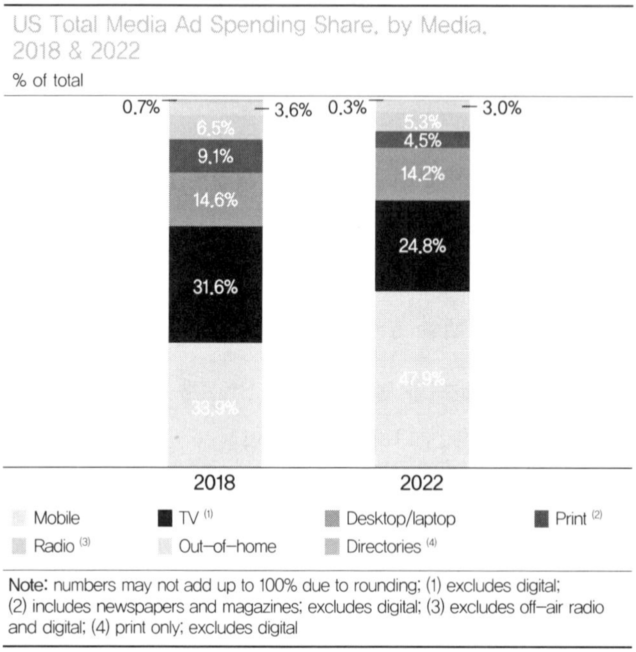

[그림 9-17] 미국 광고시장 규모

*자료원: eMarketer, March 2018

닛케이 신문에 따르면, 일본의 덴쓰(電通)사는 2018년 세계 광고시장 매출액이 6,135억 달러(약 668조 7,150억 원)에 이를 것으로 전망되며, 2018년 세계 광고 매출 가운데 인터넷 광고가 전체의 38.4%를 차지해 35.5%의 TV 광고를 최초로 넘어설 것으로 예상하고 있다.

매체별 신장율에서도 인터넷 광고가 전년 대비 12.6%로 가장 상승폭이 가장 높을 것으로 전망하고 있다.

또한 덴쓰는 2019년 세계 광고 시장도 인터넷 광고 주도로 2018년보다 3.8% 증대한 6,367억 달러 규모로 커질 것으로 전망하였다(https://news.joins.com/

5) https://www.emarketer.com/content/mobile-advertising-is-expected-to-surpass-tv-ad-spending

article/22719219).

2019년 국내 광고시장은 2018년 대비 2.9% 성장한 11조 9천억 원으로 전망이 되고 있다.

메리츠종금증권 리서치(2018)[6]에 따르면, 디지털 광고 시장은 전년 대비 6.8% 성장할 것으로 전망하였고, 디지털 광고 국내 시장은 2018년 처음으로 4조 원을 돌파하며 방송 광고를 넘어설 것으로 전망하고 있다. 특히 2019년에는 디지털 광고 시장은 4조 4,100억 원으로 방송 광고(4조 1,500억 원)와의 격차를 더욱 벌릴 것으로 보인다.[7]

---

6) 2019년 미디어 · 광고 전망 보고서

7) http://biz.newdaily.co.kr/site/data/html/2018/11/23/2018112300062.html

참고문헌

노규성, 박성택, 스마트폰 마케팅 기법, 아이이펍, 2012

노규성외, 스마트시대의 전자상거래, 생능출판사, 2013

노규성외, 빅데이터시대의 전자상거래, 생능출판사, 2015

매경이코노미 제1589호(2011.01.12)

안세연, 모바일을 이용한 국내외 마케팅 사례 비교 및 전망, 동국대학교 석사학위논문, 2005

안호천, www.etnews.co.kr, 2011

오병문, 위치공동체 기반의 연결마케팅 전략에 관한연구, 서울대학교 석사학위논문, 2002

이태민, 모바일 마케팅 성공전략, 한국학술정보, 2005

DMC 미디어 마케팅, 소셜네트워크 서비스 활용 마케팅 사례, 2010.06.

Kalakota and Robinson, 2001

http://blog.naver.com/vizentor?Redirect=Log&logNo=80129864559

http://blog.naver.com/vizentor?Redirect=Log&logNo=80129864889

http://www.mcdonalds.co.kr

http://www.marketcast.co.kr/1117

아이뉴스24, 전자신문, 디지털 데일리, 머니투데이, 매경이코노미, 매일경제신문, 아이비타임즈, 연합뉴스 등 기사

연·습·문·제

1. 모바일 마케팅에 대하여 설명하라.

2. 스마트폰의 보급과 더불어 스마트폰을 활용한 마케팅 기법이 많이 등장하고 있다. 스마트폰 마케팅 기법에 대하여 설명하라.

3. 기업들이 소셜미디어를 마케팅에 활용하는 이유에 대하여 설명하라.

4. QR 코드를 활용한 마케팅 사례를 조사하라.

5. 바이럴 마케팅을 활용한 기업의 실제 사례를 조사하라.

6. 소셜미디어가 우리 생활에 미치는 영향과 마케팅 활동은 어떻게 변화할 것인지에 대하여 의견을 제시하라.

10

CHAPTER

물류배송과 재고관리

전자상거래의 확대로 소비자들은 집이나 사무실 등에서 주문 상품을 받아보는 시대가 되었다. 인터넷의 발달로 생산자와 소비자의 직거래 구조의 활성화와 중간상인의 개입이 배제되는 유통구조의 간소화로 전통적인 상거래와 비교할 때 상대적으로 저렴한 가격과 편리해진 구매방식은 전자상거래의 대표적 특징이라 할 수 있다. 주문 상품의 물질적 이동과 관련한 물류와 배송에 관한 시장 규모 역시 폭발적으로 커진 반면 정보기술의 혜택측면에서는 그리 큰 효과를 기대하기 어려운 분야가 곧 물류분야라고 할 수 있다. 이 장에서는 물류시스템에 대한 개념들과 전자상거래 시대의 합리적인 물류 및 배송시스템의 구축에 관하여 살펴본다. 또한 공급사슬의 중간단계가 많이 생략된 직거래 환경에서도 여전히 정확한 수요의 예측과 적정재고의 유지는 가격경쟁 및 서비스경쟁에서 매우 중요하게 작용한다. 따라서 그 기본적인 이론 모형들에 대하여 살펴보고자 한다.

1. 물류관리
2. 배송정책
3. 주문의 이행 및 클레임처리
4. 수요예측 및 재고관리
5. 4차산업혁명 시대와 물류의 트랜드

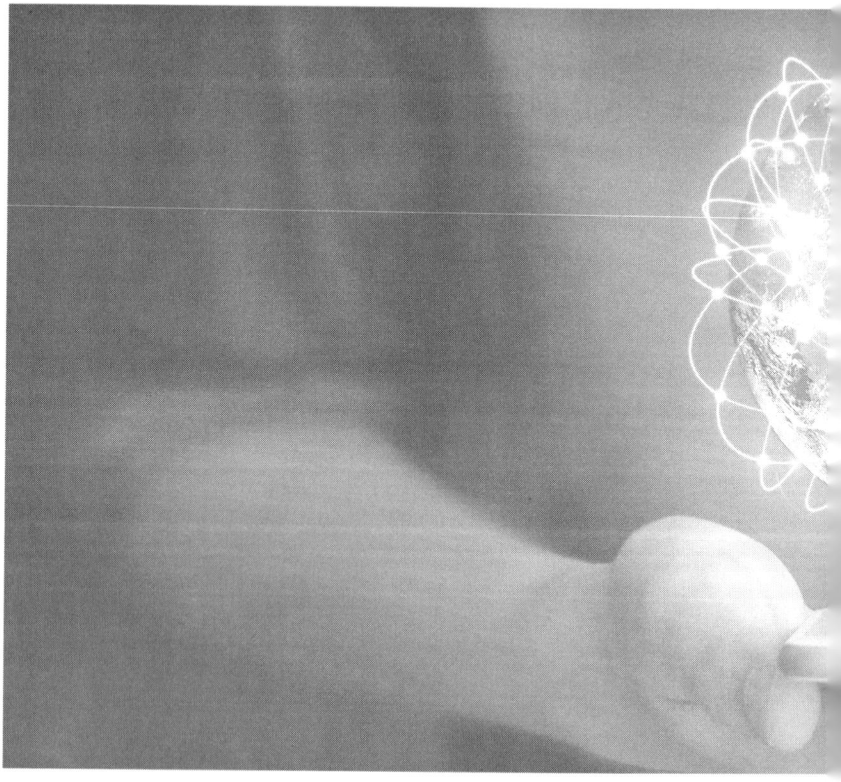

1. 물류관리

1.1 물류관리의 개념과 범위

1.1.1 물류의 개념 및 중요성

물류라는 개념은 1960년대 초 미국에서 마케팅 분야에서 처음으로 사용되기 시작한 "Physical Distribution"에서 그 어원을 찾을 수가 있다. "Physical Distribution"을 물적유통으로 번역하여 사용하다가 1970년대 말 일본에서 사용하던 "물류"로 축약된 언어가 그대로 도입되어 현재에 이르고 있다. 그 개념 정의는 크게 두 가지 관점에서 사용되는데, 첫째, 미국의 마케팅 학회에서 협의의 관점에서 물적유통이란 "생산지점으로부터 소비 또는 이용지점까지 재화의 이동을 관리하는 것"으로 정의하고 있다. 이 경우 물적유통은 상거래적 유통을 지원하는 것을 말한다. 또한 광의의 개념은 미국 물류관리협회의 정의로 "소비자가 원하는 제품이나 서비스를 생산하는 데 필요한 원자재와 부품의 조달 및 제품의 생산과정과 유통과정을 거쳐 최종 소비자에게 이르는 전 과정에 대한 제품이나 서비스의 이동을 효과적이고 효율적으로 계획, 실시, 통제하는 것"으로 정의한다.

물류

5R

또한 국내의 경우 물류를 "재화를 공급자로부터 수요자에게 이동시켜 시간적 공간적 가치를 창조하는 물리적인 경제활동"으로 정의하고 있다. 여기에서 공급자는 경우에 따라서는 생산자가 될 수도 있고(생산자와 소비자의 관계에서), 조달업자가 될 수도 있기 때문에(조달업자와 생산자의 관계에서), 우리나라의 물류 개념은, 미국물류관리협회에서 내린 넓은 의미의 물류 개념으로 이해하고 있음을 알 수 있다([그림 10-1] 참조). 일반적으로 물류의 정의를 5R로 설명하기도 한다. 즉, 필요상품(Right Product)을 필요한 장소(Right Place)에 필요한 시기(Right Time)에 적정가격(Right Price)으로 적정조건(Right Condition)하에 인도하는 것을 의미한다.

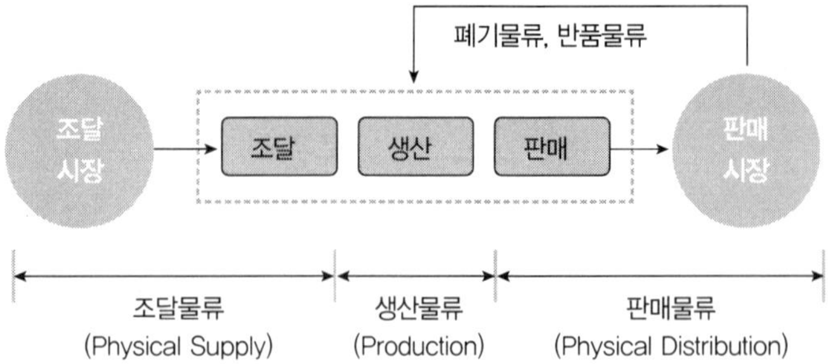

[그림 10-1] 물류의 개념과 범위

물류 분야는 파커(D.D. Parker) 교수가 지적한 바와 같이 정보화 사회로의 진입에 따른 관리 혁신 가운데 "비용절감을 위한 최후의 미개척분야"이며, 일본에서도 1965년부터 물류에 대하여 "제3의 이윤원", "비용절감의 보고" 등으로 물류의 중요성을 표현하고 있다. 특히 물류시스템의 개선은 재고비용의 절감과 고객에 대한 서비스의 증대라는 관점에서 중요성이 지적되고 있다.

1.1.2 물류의 범위와 기능

물류관리의 개념은 원자재를 조달 받아 제품을 생산하고, 소비자에게 판매하는 전 과정상의 재화의 흐름과 정보의 흐름을 효율적으로 관리하는 것이다. 이를 위해서 운송(수송), 보관, 하역, 포장 등과 같은 기본적인 물류의 기능들의 효율적 수행이 절대적으로 필요하다. 〈표 10-1〉에서 보는 바와 같이 물류의 범위는 조달, 생산, 판매과정에서 물적 흐름을 관리하는 조달물류, 생산물류, 판매물류와 반품물류, 폐기물류로 나눌 수 있다.

〈표 10-1〉 물류의 범위와 물류관리의 기능

범위	물류관리의 세부기능
조달물류	조달업자로부터 생산자의 자재창고까지 수·배송과 입고된 자재를 보관 재고관리 작업을 계획하고 실행·통제하는 활동
생산물류	자재창고에서 생산공정이 이루어지는 곳까지 운송·하역하고 공정 완료 후 제품창고에 입고까지의 물류활동
판매물류	제품창고에서 출고 후 배송센터로 수송 및 배송되는 단계의 물류 흐름을 계획 및 실행 관리 활동
반품물류	고객에게 이미 판매된 제품이나 상품자체 불량에 의한 반품을 위한 물류활동
폐기물류	파손 또는 제품의 진부화로 제반 기능의 수행이 불가하거나 기능수행 후 소멸을 목적으로 폐기처분하는 물류활동

물류의 기능 활동 가운데 가장 기본적인 것은 수송 또는 운송으로 생산자와 소비자 간의 시간적, 공간적 장애를 해결하여 상품의 가치를 올리는 활동이다. 수송은 물류 네트워크상 원료의 공급 및 생산, 배송 그리고 최종 소비자와의 각 접점을 물리적으로 잘 결합 관리하기 위한 계획, 실행, 통제의 활동이다. 특히 오늘날 글로벌 환경에서의 공급사슬의 역할 관점에서 가장 중요한 물리적 흐름이다. 상품의 가치는 본질적 가치도 중요하지만 물류활동에서 가치의 평가에 영향을 주는 물류활동 가운데 매우 중요한 기능은 포장기능이다. 포장은 개별포장, 속포장, 겉포장으로 구분할 수 있다. 그리고 보관 기능은 제품보관, 상품혼합 및 이동, 제품보호 등의 역할을 하며, 설비공간, 노동 그리고 장비를 포함하여 물리적 흐름의 관리 활동을 담당한다. 보관기능은 제품의 가치측면에서 계절적 수요변동에 대처할 수 있는 매우 중요한 기능이다. 하역기능은 물품의 수송 및 보관과 관련하여 발생하는 분류 및 이동의 작업이다. 이상의 기본적 물류기능 외에도 물류정보를 수집, 가공하여 종합적인 물류관리의 효율증대를 위해 필요한 정보 기능과 상품의 유통과정 중에 단순한 재가공, 재포장, 재조립 등 부가가치를 올리기 위한 활동으로 유통가공의 기능도 매우 중요한 기능들이다.

1.1.3 물류관리의 목표

물류 및 물류관리의 최종목표는 물류의 흐름을 합리화하여 물류비용을 절감함으로써 기업의 이윤을 높이는 데 있다. 또한 물류의 흐름이 합리화된다면, 물류의 흐름이 빨라질 것이기 때문에, 고객들에게 제품이 적시에 전달되는 등 서비스 극대화의 중요한 역할을 한다. 일반적으로 물류의 목표는 필요상품(Right Product)을 필요장소(Right Place)에 필요시기(Right Time)에 적정가격(Right Price)으로 적정조건(Right Condition) 하에서 배달하는 것이 기본 원칙으로 5R 원칙이라 한다. 또한 적정상품(Right Commodity)을 적정품질(Right Quality)로 적정량(Right Quality)을 적정시기(Right Time)에 적정장소(Right Place)로 적정가격(Right Price)에 적정인상(Right Impression)으로 고객에게 전달하여야 한다고 주장하는 7R의 원칙이 주장되기도 한다. 이와 같이 적정(Right)의 의미는 고객이 원하는 서비스 수준을 의미하며 이 원칙을 효과적으로 수행하기 위해서는 운송, 하역, 보관, 포장, 정보 및 유통가공의 기능들을 통합 관리할 필요가 있다.

이러한 원칙들을 준수하기 위한 물류관리 활동의 목표는 크게 비용절감과 서비스수준의 향상으로 나눌 수 있는데 구체적으로는 다음과 같이 요약된다.

- 물류비용 절감: 운송비는 전체 물류비용의 40% 정도를 차지하는 것으로 나타나고 있는데, 물류 흐름을 합리화하여 유통구조를 간소화하고, 물류의 흐름을 빠르게 함으로써 운송비를 포함한 전체 물류비용을 절감하겠다는 것이 가장 큰 목적이다. 즉, 물류경로를 단축하고 적정 재고정책을 도입하여 수송화물의 로트화를 통하여 수송횟수를 줄여 비용절감을 기대할 수 있다. 또한 이러한 절차를 정보시스템화를 통하여 업무의 효율을 도모한다.
- 인적비용 절감: 중간 유통구조를 없앰으로써 이를 관리하기 위한 인원을 감축하거나, 감축된 인적자원을 기업의 핵심역량 강화를 위해서 재투입함으로써 인적비용 절감과 효율적인 인력 활용을 꾀하고자 하는 것이 두 번째의 목적이다. 이를 달성하기 위해서는 전사적 관점에서 물류합리화가 이루어져서 통합적인 관리가 가능한 조직을 만들 필요가 있다.
- 고객서비스의 향상: 물류합리화는 결국 고객들에게 보다 질 높은 서비스를 제공하기 위한 목적이기 때문에, 고객서비스 향상도 물류비용 절감이나 인적비용 절감만큼이나 중요한 목적 중의 하나이다. 이때 고객서비스 수준의 결정은 고객 지향적이어야 하며, 경쟁사의 서비스수준을 고려한 수준에서 최소비용으로 보다 경쟁력 있는 고객서비스가 제공되도록 해야 한다.

1.2 전자상거래와 물류환경

1.2.1 물류유통의 환경변화

(1) 물류환경의 변화

전통적인 오프라인의 상거래 활동은 줄어들고 인터넷 쇼핑몰과 같은 온라인 거래가 대세를 이루는 시대가 되었지만, 소비자가 구매한 제품이 디지털 제품이 아닌 경우는 기존의 전통적인 방법으로 소비자에게 주문 제품을 물리적으로 전달해야만 한다. 이는 결국 소비자로 하여금 자사의 홈페이지에 접속하여 제품을 구매하도록 유도하는 것도 중요하지만, 품질과 가격을 고려한 빠른 배송은 매우 중요한 경쟁요소라는 것이다. 오픈마켓을 비롯한 대부분의 온라인 판매에 있어서 소비자가 원하는 대표적 관심은 한줄 고객평에서 쉽게 볼 수 있듯이 빠른 배송임을 알 수 있다. 그러므로 물류비용 절감을 통한 가격 경쟁력 확보를 포함한 수준 높은 고객 서비스를 제공하기 위해서는 제품이 생산자로부터 소비자에게 전달되는 전 과정에 대한 체계적 관리를 할 수 있는 물류정보시스템 구축이 절대적으로 필요함을 의미한다. 이런 점 때문에 대부분의 사이버 쇼핑몰 운영자들은 홈페이지를 구축하여 고객에게 좋은 인상을 주고, 구매를 유발시키기 위해 노력한다. 하지만 그보다 일단 주문이 들어온 이후의 단계를 위한, 즉 업체와 소비자를 연결하는 효율적인 배송관리시스템(DCM: Delivery Chain Management) 구축에 주력하고 있다.

효율적인 배송관리시스템(DCM: Delivery Chain Management)

물류수요의 다양화와 기술변혁에 따른 환경변화로 인해 4차산업혁명 시대라 불리는 인공지능, 사물인터넷, 클라우드 서비스, 로봇의 활용, 빅데이터 기술 등의 정보통신기술(ICT)의 융합환경에서의 물류 정보 제공, 물류서비스 및 물류 자산관리 시스템의 개발이 활발하다. 이러한 변화는 물류정보를 활용한 고부가 가치의 물류 서비스를 개발하는 기업에 새로운 경쟁력을 제공하게 될 것이다. 예를 들면 아마존의 경우는 고객의 소비패턴을 분석하여 구매가능성이 높은 물건을 해당지역 물류창고로 미리 가져다 놓는 예측배송(Anticipatory Shipping)을 통하여 물류 원가를 절감하고 있다. 또한 도서 벽지의 경우 드론(Drone)을 이용하여 배송을 하게 되면 인건비를 줄일 수 있는 대안이 되기도 한다. 실제로 국내에서도 2018년 8월 우정사업본부가 한국전자통신연구원과 공동으로 드론을 통해 영월우체국에서 해발 780m의 봉래산 정상 별마로천문대까지 실제 우편물 배송에 성공한바 있으며 장래에 활용을 늘릴 전망이라 했다.

정보통신기술(ICT)

예측배송(Anticipatory Shipping)

그러나 전자상거래의 도입으로 인한 물류 유통부분의 가장 큰 변화는 제3자 물류회사(3PL: Third Party Logistics)의 등장이라 할 것이다. 제3자 물류회사는 수송, 보관, 유통만을 전문으로 하는 물류 전담기업으로 물류에 관련된 모든 업무를 담당하는 형태로 발전하였다. 예를 들어 DHL, UPS, FedEx 또는 우리나라의 택배 회사들이 대표적인 제3자 물류회사 들이다.

제3자 물류회사(3PL: Third Party Logistics)

[그림 10-2] 국내 물류기업의 국제진출

(2) 전자상거래에 따른 유통환경의 변화

전통적인 상거래는 시간과 공간 측면에서 제약을 갖고 있지만, 전자상거래의 경우 이러한 제약을 극복할 수 있게 해준다. 예를 들면, 일반적인 상점(마트)의 경우 24시간을 영업한다고 하더라도 제한된 고객들만 매장을 찾게 된다. 또한 고객들은 매장에 진열된 제품들에 한해 선택을 할 수 있다는 단점을 가지고 있다. 그러나 전자상거래의 경우, 인터넷만 연결되어 있으면 시간과 공간의 제약 없이 앉은 자리에서 원스톱으로 원하는 상품을 검색하고 구매할 수 있게 해준다. 이로 인해 전통적인 상거래에서 존재했던 구매단계와는 다르게 생산자와 소비자가 직거래를 통하여 유통비용을 대폭 줄이게 되는 결과를 가지고 오게 되었다.

전자상거래에 따른 유통 환경의 변화는 다음과 같다. 첫째, 유통부문의 가장 큰 변화는 유통구조의 단순화에서 찾을 수 있다. 기존의 거래에서 기업과 소비자를 연결시킨 중간 매개체 역할을 담당했던 중간자(도매, 소매 등)의 역할이 감소하거나 없어지는 근본적인 변화를 맞게 되었다. 이를 통해서 소비자들은 주문 제품을 보다 신속하게, 그리고 보다 저렴한 가격으로 구매할 수 있는 전기가 마련되었다. 둘째, 거래 자체가 서로 연결된 인터넷을 통해서 이루어지기 때문에, 네트워크를 통해서 배송될 수 있는 mp3 음원파일 같은 디지털 상품의 경우 주문과 동시에 배송이 가능하게 되었다. 중간상 배제현상이 발생한 후에 고객이 각기 상이한 공급사를 탐색하는 과정의 비효율성이 발생함으로써 없어졌던 중간상이 다시 생기는 중간상 재창출의 현상도 있다. 즉, 가격비교사이트나 각종 검색엔진, 인터넷 쇼핑몰, 결제대행 시스템 등의 금융 중개상이 과거에는 없던 새로운 유통구조의 변화를 나타내고 있다.

전통적인 상거래와 달리 전자상거래의 경우는 시간과 공간의 제약이 극복 될 수 있다. 예를 들면, 일반적인 상점(마트)의 경우는 24시간 영업을 한다고 하더라도 제한된 고객들만 매장을 찾게 된다. 또한 고객들은 매장에 진열된 제품들에 한하여 선택을 할 수 있다는 한계점을 가지고 있다. 그러나 전자상거래의 경우, 인터넷만 연결되어 있으면 시간과 공간의 제약없이 앉은 자리에서 원스톱으로 원하는 상품을 검색하고 구매를 할 수 있게 해준다. 국내의 오픈마켓들의 경우도 해외에서 구매를 요청하는 사례가 증가하고 있으며 반대로 우리 소비자들이 해외 직구를 하는 경우가 다반사가 되었다. 특히 초연결 사회라고 특정 지어지는 미래의 인터넷 기반의 시장환경은 국경없는 거래의 활성화가 기대된다. 이러한 변화는 전통적인 상거래에서 존재하였던 구매단계와는 다르게 생산자와 소비자가 직거래를 통하여 유통비용을 대폭 줄이게 되는 결과를 가지고 오게 되었으며 가격이 더 중요한 경쟁무기가 됨을 보여주는 현상이다. 부가적으로 국경을 초월한 물질적인 제품의 실질적 배송도 크게 늘어나는 추세이다.

이러한 추세 속에서 전자상거래에 따른 일반적인 유통 환경의 변화는 다음과 같다.

첫째, 유통부문의 가장 큰 변화는 유통구조의 단순화에서 찾을 수가 있다. 기존의 거래에서 기업과 소비자를 연결시킨 중간 매개체 역할을 담당했던 중간자(도매, 소매 등)의 역할이 감소하거나 없어지는 근본적인 변화를 맞게 되었다. 이를 통해서 소비자들은 주문 제품을 보다 신속하게, 그리고 보다 저렴한 가격으로 구매할 수 있는 전기가 마련되었다.

둘째, 거래 자체가 서로 연결된 인터넷을 통해서 이루어지기 때문에, 네트워크를 통해서 배송될 수 있는 mp3 음원파일 같은 디지털 상품의 경우는 주문과 동시에 배송이 가능하게 되었다. 또한 우버나 에어비앤비 처럼 온라인과 오프라인이 연계한 형태의 비즈니스도 활성화 될 것이며, 직거래 과정에서 중간상 배제의 불편함

신유통(new retail)

때문에 없어졌던 중간상이 다시 생기는 중간상 재창출의 현상도 존재한다. 즉, 가격비교 사이트나 각종 검색엔진, 인터넷 쇼핑몰, 결제대행 시스템 등의 금융 중개상이 과거에는 없던 새로운 유통구조의 변화를 나타내고 있다. 그리고 모바일 결제가 편리해 짐에 따라 온 · 오프라인 상점을 결합한 형태의 유통 문화가 나타나게 되었다. 특히 신선식품이나 의류와 같이 실질적인 체험이 필요한 상거래에서 체험이 가능한 마트형태의 오프라인 체험 장소가 제공되는 형태의 유통구조로의 변화는 그간의 채널중심의 사고에서 소비자 중심의 사고로의 전환을 가져온 것이다. 이러한 변화를 신유통(new retail)이라고 하며, 여기에는 빅데이터, 인공지능, 사물인터넷과 같은 고도의 정보기술이 활용되고 있다.

1.2.2 물류합리화 전략

모든 기업들은 물류비용을 절감하고 고객에게 보다 수준 높은 서비스를 제공하기 위해서 노력하는데, 기업들이 이처럼 물류비용 절감과 고객에게 더욱 향상된 서비스를 제공하기 위해서 노력하는 이유는 생산 및 유통분야의 환경 변화에서 그 이유를 찾을 수가 있다.

- 생산부문의 변화: 판매시장의 중심이 생산자에서 소비자에게로 변화됨에 따라 소비자인 고객의 요구가 가격, 품질, 납기 면에서 다양화, 고도화, 정밀화되고 있기 때문이다. 고객의 이러한 요구를 충족시키기 위해서 소품종 대량 생산체제의 규모의 경제시대를 벗어나 범위의 경제인 다품종 소량 생산체제로 전환되고 있다. 고객의 다양한 요구를 충족시키기 위해서는 다품종 소량 생산체제로의 변화는 필연적이 되었다. 그러나 이러한 변화로 물류비용이 상대적으로 증가하게 되는데, 기업의 입장에서는 어떻게 물류비용을 절감하면서 고객에게 품질, 가격, 서비스 면에서 만족을 주느냐가 큰 관건으로 등장하게 되었다
- 유통부문의 변화: 생산부문의 다품종 소량 생산체제로의 변화는 유통부문을 빈도가 낮은 대량배송 체제에서 다빈도 소량배송 체제로 전환을 유도했다. 이 또한 기업 입장에서는 받아들일 수밖에 없는 필연적인 결과가 되었다. 이에 따라 배송빈도수가 높아질 수밖에 없기 때문에, 물류배송 비용이 증가하게 되었고, 이 같은 문제를 해결하는 것이 유통업자들이 풀어야 할 과제로 남아 있다.

생산부문과 유통부문의 이러한 변화는 기업들로 하여금 자연스럽게 비용절감 문

제를 제기하였고, 현재의 치열한 경쟁 상황에서 다른 요소들의 비용절감은 거의 한계점에 이른 반면, 전체 비용에서 아직 물류비가 차지하는 비중이 상대적으로 높을 뿐만 아니라 선진국에 비해 비합리적으로 운영되고 있는 실정을 인지하게 된 것이다. 그래서 물류부분은 아직 비용절감 가능성이 가장 큰 분야로 비용 절감을 위해서는 물류합리화의 구체적 시도가 필요한 것이다. 즉, 결과적으로 기업들이 실현하고자 하는 물류전략을 정리하면 다음과 같다.

- 타 경쟁사와 차별화된 물류관리 전략
- 판매시장의 변화 즉, 고객의 욕구 변화에 대응할 수 있는 물류시스템 구축
- 물류합리화를 통한 기업의 체질개선
- 기업 이미지 쇄신
- 고객의 서비스 수준 향상

앞으로 유통 및 제조업의 운명은 이러한 전략적 목표를 누가 먼저 달성하느냐에 달려 있다 해도 과언이 아닐 것이다. 예를 들어, 인터넷 쇼핑몰 운영 업체들이 운송비용과 마케팅 비용절감, 재고부담의 경감을 위해서 업체와 소비자간 효율적인 배송관리시스템(DCM) 구축을 시도하고 있는 것도 이 같은 맥락에서 이해할 수 있다.

1.2.3 물류정보시스템

물류정보시스템이란 정보주체 간 수배송, 포장, 하역, 보관 등의 활동이 유기적으로 결합된 정보관리 차원의 효율화를 지원하는 정보시스템이다. 즉 종합적인 물류활동을 원활하게 하기위해서 생산에서 소비에 이르는 모든 물류활동을 유기적으로 결합하여 전체적인 물류관리를 효율적으로 수행하는 시스템으로 관련 정보기술에는 바코드(Bar Code), 판매시점관리(POS: Point of Sale), 전자자료교환(EDI: Electronic Data Interchange), 스마트카드(Smart Card), RFID(Radio Frequency IDentification), 자동위치측정시스템(GPS: Global Positioning System)등 첨단 기술들이 통합적으로 사용된다.

물류정보시스템
바코드(Bar Code)
판매시점관리(POS: Point of Sale)
전자자료교환(EDI: Electronic Data Interchange)
자동위치측정시스템(GPS: Global Positioning System)

최근의 물류 유통 분야의 변화는 물류관련 주체 간 물류활동을 개별적으로 하는 것이 아니라, 공동 또는 통합적으로 관리하려는 통합물류시스템을 구축하는 방향으로 전환되고 있다. 여기에서 통합물류시스템이란, 조달, 생산, 판매 영역의 영역별 통합은 물론, 물류관련 주체들 즉, 조달업자, 생산업자, 유통관련 물류기업, 소

비자까지를 연결하여 물류의 효율성을 실현하자는 통합정보시스템의 일종으로 이해된다. 이를 실현하기 위한 구체적인 수단으로 기업들이 도입하고 있는 대표적인 전략이 공급사슬관리(SCM)와 RFID 기술이다.

공급사슬관리(SCM)

공급사슬관리(SCM)는 관련 모든 대상자를 위해 공급자로부터 소비자에게 재화나 서비스의 이동에 관련된 많은 활동을 효율적이며 효과적으로 조정하며 관리하는 과정으로 재고의 감축, 납기 단축, 재고회전율 향상, 고객만족 향상, 비용절감을 통하여 공급 사슬의 가치 증대에 기여한다. 이는 공급사슬에 수반되는 수송, 창고 업무, 재고관리 등 다양한 활동들의 계획, 실행 및 통제를 처리한다.

RFID

최근에는 GPS를 사용한 무선이동통신의 위치기반 기술과 RFID 기술을 이용하여 물류의 유비쿼터스 시대를 서비스한다. 이 소형의 마이크로칩 장치인 RFID는 제품에 부착되어 제품이 공급사슬을 따라 이동할 때 그 위치에 대한 정보를 알려준다. 따라서 기업의 공급사슬 시스템은 재고정보에 실시간으로 접근할 수 있고 재고가 적을 경우 자동 보충주문을 낼 수 있다. 예를 들면, 질레트(Gillette)사는 월마트(Wal-Mart)와 함께 RFID를 사용하고 있으며, 이른바 '지능형 선반'은 RFID 태그(tag)로부터 신호를 읽을 수 있다. 이 시스템은 선반에서 재고가 떨어져갈 때 직원에게 재고를 채우도록 알려주고, 창고의 재고가 떨어져 가면 관리자에게 주문을 내도록 알려준다.

물류는 물리적 재화의 흐름이지만, 재화의 흐름 이면에는 언제나 정보의 흐름이 수반되고, 물류 흐름의 속도는 결국 재화의 수·배송 전략뿐만 아니라, 재화의 흐름 이면에 수반되는 정보의 흐름이 얼마나 효율적이고 빠르게 진행되느냐에 따라 결정된다고 할 수 있다. 물류정보시스템은 재화의 이동과 관련하여 이루어지는 수송(운송), 하역, 보관, 포장 등에 관련된 정보들을 유기적으로 결합하여 물류관리를 지원하는 관리운영 시스템이라 정의할 수가 있다.

물류정보시스템은 고객이 원하는 시간에, 원하는 제품을 신속, 정확, 안전하게 전달하기 위한 주요관리대상으로, 화물정보, 화주정보, 화물의 운송수단에 관한 정보 및 화물운송 자체에 대한 정보를 다룰 뿐만 아니라, 항만정보, 화물하역에 대한 정보, 보험정보, 화물통관정보 등을 관리대상으로 한다.

또한 다음과 같은 주요 기능을 수행한다.

① 계획기능: 어떤 운송수단을 이용할 것인가? 어디까지 배송할 것인가? 어떤 순서에 따라 배송할 것인가? 등을 계획하는 것은 물류의 흐름을 원활하게 하기 위한 필수적인 기능들로서, 물류정보시스템은 이와 같은 기본적인 일들을 계획하는 기능을 수행한다.

② 조정기능: 물류 수 · 배송 계획과 실행 사이에 차이가 발생하면, 물류정보시스템에 입력된 정보를 바탕으로 이를 조정하는 역할을 기본적으로 수행하며, 여기에서 말하는 조정 기능이란 하위 조달계획, 생산계획, 배송계획의 모든 내용들이 공유되기 때문에, 이들 계획 사이의 조정이 필요한 경우, 세부 계획들을 조정하는 기능을 수행함을 말한다.

③ 통제기능: 조달, 생산, 배송계획이 계획대로 실행될 수 있도록 점검하고 통제하는 기능을 말한다.

④ 고객서비스 및 커뮤니케이션 기능: 기타 기업정보시스템과 달리 물류정보시스템은 인터넷을 통한 상거래를 기반으로 구축되는 것이기 때문에, 고객이 원하는 시간에 고객이 원하는 곳에서 언제든지 커뮤니케이션할 수 있는 경로가 마련되어 있어야 하는데, 고객과의 이런 커뮤니케이션 기능이 제공되어야 한다.

1.2.4 물류 아웃소싱

전자상거래 환경에서 물류는 정보기술의 발전 혜택을 가장 적게 누리는 분야라고 하였다. 그 이유는 상거래 활동에서 경영관리부분과는 달리 상품의 배송과 관련한 물리적인 이동은 불가피한 현실이기 때문이다. 그래서 전체적 가격 경쟁력을 유지하면서도 고객에게 만족스런 배송 서비스가 우선적 해결과제가 된 것이다. 이런 추세에 물류 종합 회사들과의 전략적 제휴는 필요한 물류기능 부서를 사내에 두는 효과를 누리게 된다. 물론 B2C나 오픈마켓과 같은 경우도 전문 물류회사의 우수한 택배 서비스를 활용하는 것은 중요한 경쟁력의 원천이 된다.

(1) 제3자 물류 아웃소싱

전자상거래 기업의 경우 대표적 물류 아웃소싱의 하나로 공급망의 물류기능을 외부에 위탁 운영하는 방법을 제3자 물류라 한다. 전자상거래에서는 특히 B2C 형태의 쇼핑몰은 자체적으로 물류기능을 운영하지 않고 외부에 위탁하는 것이 대부분이다. 제3자 물류란 기업의 물류 활동을 하는 주체가 누군가에 따라서 분류할 수 있는데, 기업이 사내에 물류기능 부서를 두고 운영하는 경우를 자사물류(First-

자사물류(First-Party Logistics, 1PL)

자회사 물류(Second-Party Logistics, 2PL)

제3자 물류(Third-Party Logistics, 3PL)

Party Logistics, 1PL)라 하고, 사내의 물류 기능부서를 독립시켜 자회사처럼 운영하는 경우를 자회사 물류(Second-Party Logistics, 2PL) 그리고 외부의 전문 물류업체에 물류기능을 아웃소싱하는 경우를 제3자 물류(Third-Party Logistics, 3PL)라고 한다. 일반적인 물류와 비교할 때 제3자 물류는 1년 이상 장기적 계약관계로 종합적인 물류서비스를 운영한다. 일반적인 물류는 거래에 기반을 두고 일시적인 수발주 관계의 업무를 수행하므로 양사 간의 정보의 공개는 불필요하다. 오늘날의 대부분 전자상거래에서는 전략적 제휴에 의한 제3자 물류를 사용한다.

(2) 물류 아웃소싱의 장단점

제3자 물류를 선호하는 이유는 전문 업체에 물류기능을 위탁함으로써 전자상거래 기업의 물류기능부서를 운영하는 경비가 절감되며, 물류 전문 업체의 노하우를 이용하기 때문에 물류서비스의 경쟁력을 갖출 수 있다. 그 외에도 일반적인 아웃소싱의 장점인 핵심역량에 집중할 수 있게 되며, 인력절감 및 시설자본의 투자비를 절감하여 가격경쟁력에 기여할 수 있는 이점이 있다.

반면에 물류활동이 외부 기업에 의해 이루어지기 때문에 고객 불만에 대한 즉각적인 조치나 소요비용의 정확한 추정 등이 어렵다. 또한 자사의 업무 기밀이 유출되기도 하고, 자사내의 관련 업무담당자의 업무능력의 저하나 근로의욕의 저하 등이 있을 수 있다.

(3) 물류 아웃소싱의 기대효과

제4자 물류(Fourth-Party Logistics)

전자상거래 환경에서 제3자 물류는 매우 중요한 역할을 하게 된다. 대부분이 영세한 B2C 기업의 경우에는 더욱 중요하다. 그 이유는 전자상거래에서는 가격경쟁력이 가장 기본이 되는데 그 규모가 크지 않은 영세 업체가 대부분인 실정으로 자사내의 물류부서를 운영하는 것은 비용부담이 너무 크다. 그러나 물류 아웃소싱으로 제3자 물류의 이용은 고품질의 물류서비스 제공으로 기업 경쟁력을 강화하는 효과가 있다. 더 발전하여 전문 물류업체가 전자상거래 업체의 공급사슬 전반에 대하여 종합적인 물류솔루션으로 한층 개선된 서비스를 제공하는 공급사슬상의 규모의 경제를 실현하는 제3자 물류를 특별히 제4자 물류(Fourth-Party Logistics)라 한다.

1.2.5 빅데이터시대의 물류

세계화 및 정보통신 기술의 발달로 디지털 라이프스타일이 급격히 진행됨에 따라 물류시장에는 지리적, 기능적 세분화를 극복하고, 비용 효율성과 설비 가동률을 향상시킬 수 있는 예측 물류가 등장했다. 빅데이터 분석과 같은 새로운 분석 기법, 데이터 타입과 소스 등은 예측 물류의 계획과 시행에 많은 도움을 주고 있다. 점점 더 많은 오픈 데이터가 공개되고 공유되고 있으며, 이와 동시에 기존 데이터 소스와 새로운 데이터 소스가 혁신적인 빅데이터 기반 분석기법으로 통합되고 있기 때문이다.

예를 들어 아마존(Amazon)의 경우는 고객의 제품 검색, 구매 이력, 위시리스트(wish list), 심지어 화면의 커서 움직임 등의 빅데이터를 분석해 고객이 주문을 하기도 전에 제품 배송을 시작하는 계획을 가지고 있다. 이를 위해 최종 목적지를 지정하지 않은 채 하나 또는 그 이상의 물품을 포장해 출하한다. 그 후 고객이 주문을 하면 최종 목적지로 배송되고, 주문이 이루어지지 않으면 목표 배송 시간 내에 있는 다른 위치로 배송되는 예측배송은 소비자들의 갈증요소인 배달과정의 도달 시간을 획기적으로 줄여주게 된다.

빅데이터 기반의 예측 가동률 솔루션은 기업의 내부 출하 이력 데이터와 외부 행사, 공휴일, 날씨, 구글 검색어, 온라인 고객의 쇼핑 행태 등 서로 다른 소스에서부터 얻은 다양한 정보 데이터를 상호 연관시켜 화물의 예측 정확도를 향상시키는 것을 목표로 하고 있다. 다양한 기기에서 수집된 수많은 데이터를 사전에 분석함으로써 지역별로 고객의 선호 상품을 미리 인근 물류센터로 배송하거나 타지역의 상품과 교체하여 배치하는 등의 일들이 예측적으로 진행이 가능하게 되었다.

이를 통해 서비스 공급자는 특정고객의 요구에 가장 적합한 시나리오를 선택할 수 있고 배송 및 제조 공정에까지 정확도를 향상시킨다. 운영 효율성의 개선, 설비 가동률과 자산 활용도의 향상, 복합운송 또는 기타 스마트 물류 네트워크를 위한 운송 스케줄의 조정 및 동기화, 공급망 붕괴의 위험 감소 등이 실현되어 운송 및 보관 자원과 설비의 가동률을 효율적으로 관리할 수 있다.

2. 배송정책

2.1 배송시스템

2.1.1 배송시스템의 개념과 기능

배송

배송이란, 제품을 공급지와 수요지 사이의 공간적 이동을 나타내는 운송, 운반이나 수송의 개념과 동일한 단순한 개념으로 정의되는 것이 아니라, 포괄적인 의미로 사용된다. 즉, 배송이란, 고객에게 제품을 인도하는 것은 물론(과거의 운송, 수송의 개념), 설치하고 사용법을 교육하는 등의 토털서비스를 제공하는 포괄적인 택배 시스템의 동의어이다. 특히, 판매자들에 있어서 효율적인 배송시스템의 구축은 인력배치, 재고 및 물류비용 절감 및 고객 서비스향상이라는 부수적 효과를 얻을 수 있기 때문에 효율적인 물류관리시스템 구축만큼이나 중요하게 인식되고 있다. 이와 같은 배송시스템의 효과를 얻기 위해서 필수적으로 제공하여야 할 기본적인 기능들은 다음과 같다.

- 정해진 시간에 정해진 장소에 제품을 정확히 배달함은 물론, 생산계획을 효율적으로 실시하기 위해 판매와 생산의 조정역할을 할 수 있어야 한다. 생산계획과 판매계획 사이에 조정 역할을 하기 위해서는 판매량을 분석할 수 있어야 하고, 또 재고량을 파악할 수 있어야 한다는 것을 전제로 하며, 정해진 시간에 정해진 장소에 제품을 배송하기 위해서 이에 필요한 정보(수령자에 대한 정보, 배달요구시간, 수급대행 여부 등)를 파악할 수 있어야 한다.
- 적정 수준의 재고를 유지하고 정확한 물류계획을 수립하기 위해서 고객주문에서 출하까지의 모든 작업이 효율적으로 표준화되어 있어야 한다.
- 물류의 재고 및 영업점의 한도 또는 미수를 확인하여 자동 출고처리 되고, 거래명세가 자동으로 처리될 수 있는 기능을 수행해야 한다.
- 주문을 접수한 후 배달이 완료될 때까지의 모든 상황을 파악할 수 있는 택배 진행관리 기능이 제공되어야 한다.

[그림 10-3] 택배 배달 추적 서비스 제공 스마트폰 앱 실행 화면 예

2.1.2 배송시스템의 유형

배송시스템

배송시스템은 배송 서비스를 제공하는 업체의 개별적인 여건과 배송되는 제품의 특성에 따라 물류기업 입장에서 주기적으로 여러 업체로부터 택배물품을 수집해 오는 형태의 생산자 집약형 배송시스템과, 신선식품의 경우와 같이 배송 물품의 특성상 직접 관리가 필요한 경우에 자체적인 통제권을 가질 수 있도록 하기 위하여 택배업체에 대하여 프랜차이즈 방식으로 운영하는 배송시스템으로 구분 할 수 있다. 그리고 이러한 배송시스템의 분류와는 별개로 최근 대세를 이루고 있는 배송의 형태로는 택배서비스를 들 수 있다.

- 생산자 집약형 배송시스템: 생산자 집약형 배송시스템은 배송 물품이 다량이고, 배송 빈도수가 많으며, 또 배송이 정기적으로 이루어지는 경우에 유용하게 사용될 수 있는 방법으로, 하나의 택배 회사가 여러 곳의 업체를 대상으로 주기적으로 방문하여 배송할 물품을 수집한 후, 자체의 배송계획에 따라 배송하는 방식이다. 이러한 배송시스템은 주로 단일 품목이면서 제품의 부피가 크지

않고 최종 소비자에게 직접 배송되는 것이 아니라, 중간 물류센터로의 배송을 주로 하는 경우에 이용된다. 배송 물품을 수집한 후, 자체 배송계획에 따라 배송되기 때문에, 배송시간이 다른 배송시스템에 비해서 오래 걸리는 단점이 있으나, 배송비용이 상대적으로 저렴하다는 장점이 있다.

- 프랜차이즈 방식에 의한 배송시스템: 이 방식은 생산자 집약형 배송시스템과 달리 배송의 빈도수나 배송 물품의 많고 적음에 상관없이, 배송 물품의 특성을 고려한 유형으로 분류된다. 예를 들어, 피자 체인이나 햄버거 체인점 등과 같은 패스트 푸드점의 경우, 제품의 신선도나 동일한 수준의 품질 서비스가 생명이기 때문에, 중간 물류센터나 물류창고를 거치지 않고 자체 배송시스템에 의해서 직접 배송하는 시스템 유형이다. 이러한 방식은 배송비용이 높은 단점이 있으나, 배송시간이 짧기 때문에, 요식업 등의 경우에서 요구되는 배송시스템 유형으로 바람직하다.
- 택배 서비스: 택배 서비스는 소형 소량화물을 위주로 트럭과 같은 비교적 소형 운송수단을 이용하는 수송 서비스이다. 우리나라의 경우, 소형 소량화물의 수송을 의뢰 받아 화물의 접수로부터 포장, 수송, 배달에 이르기까지 일체의 수송 서비스를 운송인의 일괄책임 하에 문전까지 서비스로 운송하는 것이라고 규정하고 있다. 이러한 형태의 택배 서비스는 다른 배송시스템과 비교하여 상대적으로 신속, 정확, 편리, 안전성 면에서 유리하기 때문에, 최근 들어 급성장하고 있는 물류기업 형태이다. 이와 같은 택배 서비스가 급성장하게 된 배경으로는 '나홀로족'의 증가로 대부분의 화물운송의 수요가 소형화 경량화 형태로 변하고 있으며, 소품종의 다빈도 배송이 중요해진 반면, 사회적 여건 특히 교통흐름의 악화에 대처할 운송수단이 필요하기 때문이다. 대도시내에서는 일일택배가 자리잡아가고 있다. 예를 들어 전자상거래의 빠른 배송은 경쟁의 주무기이기 때문에 전자상거래 기업 쿠팡은 자체적으로 배송트럭과 배송직원을 고용하여 물류서비스를 운영하여 로켓배송으로 서비스 업그레이드를 시도했다.

2.2 전자상거래와 배송

2.2.1 물리적 상품의 배송

물리적 상품은 그 크기에 상관없이 유형의 제품이기 때문에, 공간적 장소를 이동시키기 위해서는 물리적인 운송수단을 이용하는 절차가 필요하며, 구체적인 절차는 자체적인 배송체제를 구축하여 배송하는 방법과, 외부의 배송업체에 의뢰하여 배송하는 방법이 있으며, 제반 사항을 고려하여 배송방법과 수단을 결정한다. 2010년 통계청 자료에 의하면 전체 가운데 자체배송은 2.9%이고 92.1%는 택배를 이용한 배송을 하고 있었으며, 나머지는 우편과 기타의 오프라인 제휴를 통해 배송을 하고 있다.

그런데 물리적 배송의 문제점은 손상된 상품을 배송하는 경우나 주문한 상품을 발송하지 않은 경우, 또는 주문 내용과 상이한 상품이 배송되는 경우, 그리고 인터넷 경매 등에서 낙찰 물건을 보내지 않은 경우 등의 문제가 발생될 수 있다.

(1) 자체적인 배송체제를 이용하는 방법

자체적인 배송체제를 이용하여 배송하는 경우에는, 고객이 상품을 구매하고 배송과 관련하여 배송시간, 배송 요청지 등과 같은 정보를 제공하면, 쇼핑몰의 발송부서는 배송 서비스 부서에 배송과 관련된 정보를 제공하여 상품의 배송을 지시 한다.

이 경우 고객이 온라인으로 주문하고 지불을 승인한 후, 약속된 시간과 장소에 제품을 배달 받기 위해서는 고객의 경우에는 주문시 수취인과 배달위치 등과 같은 정보를 상세하게 운영자에게 전달해야만 한다.

[그림 10-4]는 이와 같은 배송정보를 입력하는 사이트의 예를 보여주고 있다. 예를 들어, 이미 등록된 고객의 주소와 배달 위치가 다른 경우에는 이를 수정하여 전달하여야 원하는 시간에 배달 받을 수 있기 때문이다. 또한 운영자의 입장에서도 고객 주문에서 배달까지의 과정을 추적할 수 있는 배송체제가 필요하다. 예를 들어, 고객의 주문이 상품이 도착되기 전에 취소될 수도 있다는 점을 감안하여 제품의 배달경로 및 배달상황에 대한 정보를 추적할 수 있어야 할 것이다.

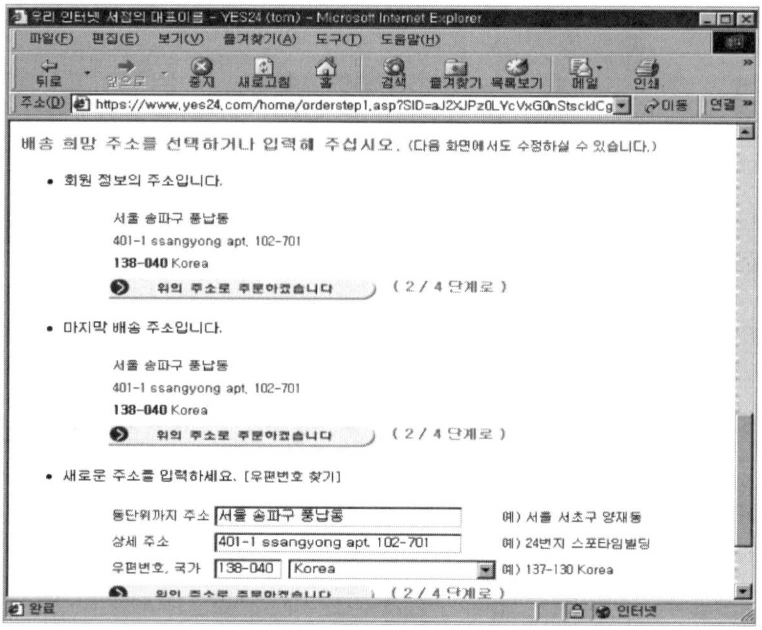

[그림 10-4] 배송정보 입력 예

(2) 외부의 배송업체에 의뢰하는 경우

택배업체를 포함한 전문 배송업체와 같은 외부의 물류회사를 이용하는 경우는, 자체적인 보관창고를 운영함으로써 단순 배송만을 위탁하는 경우와, 별도의 물류센터를 운영하는 배송업체 또는 생산지로부터 직접 배송하는 형태로 나눌 수가 있는데, 이들 모두는 쇼핑몰 운영자와 소비자 사이에 제3의 주체(배송업체)가 개입되어 있다.

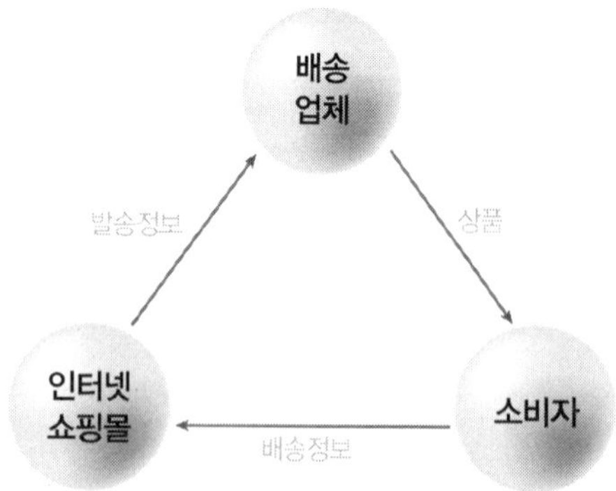

[그림 10-5] 외부 배송업체에 의뢰하는 배송체제

인터넷 사용자의 증가로 쇼핑몰의 이용도가 급증하고 있는 상황에서 배송업무의 증가로 인한 많은 문제점들이 제기되는 것도 사실이다. 일반적으로 제기되는 유형의 문제점들은 개인 비밀정보의 유출과 당사자 본인의 여부 확인의 곤란한 점을 들 수 있다. 이러한 문제점들과 연관되어 전문 물류 업체와 제휴를 통한 배송정책을 수립함으로써 배달시간의 최단기화, 비용의 절감 그리고 고객서비스의 강화라는 효과를 얻을 수 가 있다.

2.2.2 디지털 상품의 배송

디지털 상품은 유형의 형태를 지니지 않기 때문에, 네트워크를 통해 곧바로 전달되기 때문에, 별도의 배송기관이나 배송절차가 필요 없는 제품이다. 고객이 주문한 디지털 상품을 전송 받기 위해서는 디지털 상품을 판매하는 사이트에서 고객이 등록하고 결제를 승인하면 해당 고객에게 결제한 디지털 상품에 대해서 접근을 허용하고 상품을 선택하여 전송 받을 수 있도록 한다. 또한 전자우편을 이용하여 디지털 제품을 전송해 주거나 접근 URL을 보내서 구매자가 직접 다운로드 받을 수 있다. [그림 10-6]은 디지털 상품의 구매사이트의 한 예이다.

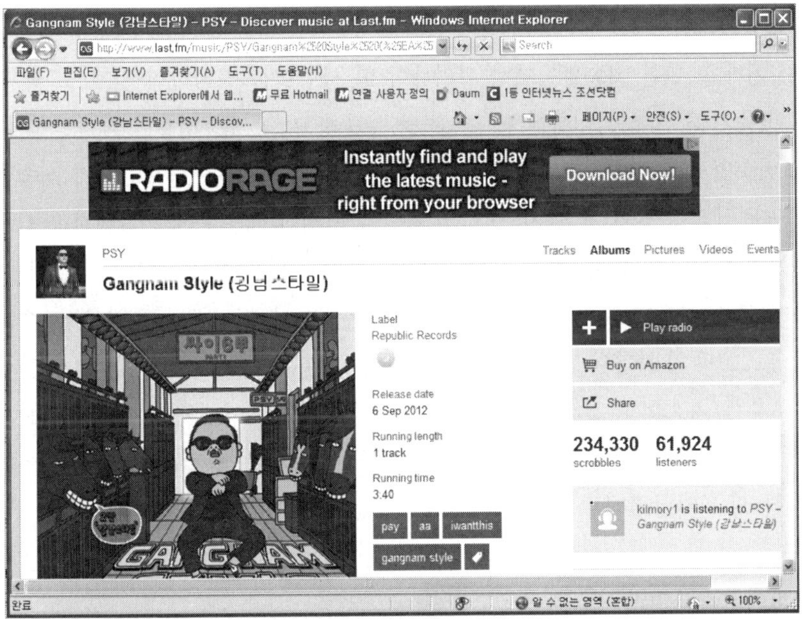

[그림 10-6] 디지털 상품의 구매사이트

디지털 상품의 배송은 상품의 특수성으로 인해서 물리적 상품의 배송에 있어서 보다 더 복잡한 문제를 야기할 수가 있다.

- 전송과정에서의 문제점: 예를 들어, 디지털 상품의 배송은 개방형 네트워크를 통해서 이루어지기 때문에, 전송과정에서 발생할 수 있는 제반 문제는 정보의 유출로 이어질 수가 있다. 보안기술이나 암호기술이 발전되어 있기는 하지만 전송 받고자 하는 디지털 상품은 언제나 노출되어 있는 상황이다. 따라서 상품의 전송 과정에서 정보가 유출되면, 고객과 전송업체 모두가 피해를 입을 수가 있다.
- 전송 후 고객의 소유과정에서의 문제점: 전송이 완료된 후, 고객은 소유권을 주장할 수 있다. 소유권이 고객에게 넘어간 이 후에도 전송업체 입장에서는 불법 복제나 변형에 의한 저작권의 침해를 받을 수가 있다. 이는 디지털 상품의 특수성으로 인해 발생하는 문제로서, 이를 해결할 수 있는 방안도 오직 고객의 도덕성과 의지에 의존할 수밖에 없다는 것이 문제이다.

2.3 배송관리

2.3.1 배송관리의 원칙

전자상거래를 위한 배송활동에서 고려해야 할 사항들을 정리하면 첫째, 고객이 원하는 배송지와 날짜를 비롯한 배송정보를 추출하고 그 배송정보를 배송담당 부서 혹은 배송업체로 전송한다. 경우에 따라서는 물류센터 또는 상품창고에 배송업무 지시가 전달되기도 한다. 둘째, 상품의 특성을 고려한 배송수단을 선택하고 신속한 배송이 되도록 처리한다. 셋째, 상품의 배송 지시가 난 후에도 배송추적 정보를 확인하여 고객 및 관리자가 모니터링을 하도록 한다. 넷째, 배송상품의 고객 수령이 확인되고 고객의 불만이 없으면 배송절차가 완료된 것이며, 만약 대금 결제에서 에스크로우 서비스를 이용하는 경우는 이때 대금 지불이 이행된다. 그리고 다섯째, 만약 고객의 불만족 사항에 해당하는 거래의 경우는 반품 및 교환의 절차를 수행하여야 한다. 전자상거래는 신뢰를 기반한 거래임을 잊어서는 안 된다.

2.3.2 배송합리화 방안

전자상거래 시장의 성장으로 온라인 판매의 비중이 늘면서 택배물량은 빠르게 증가하고 있으며 관련된 물류기업의 매출도 증가하고 있다. 그러나 사실상 택배업체들은 수익성 악화에 시달리고 있다. 업체 간 경쟁이 치열해 지면서 택배 단가가 계속 떨어지고 있는 탓이다. 택배 서비스에 대한 고객들의 높아지는 요구 수준 때문에 배송에 관한 지속적인 설비 투자도 필요하며 배송경비의 절감을 위한 합리화 방안도 고려해야 하는 상황이다. 일반적인 배송의 합리화에는 배송시간내의 배송방안에 따른 배송 비용의 절감과 배송의 프로세스 혁신을 통한 배송 기간의 단축에 의한 배송 비용의 절감으로 인한 경쟁력 제고를 고려해 볼 수 있다. 대표적인 접근법으로 배송 품의 특징의 유사도에 따른 공동배송 시스템의 구축에 의한 경비 절감과 빅데이터나 인공지능 또는 드론택배 등 신기술의 도입으로 배송 프로세스에서의 기술혁신이 추세이다.

(1) 공동배송

택배 서비스는 기존의 배송방법에 비해서 저렴하고 편리한 방법이기는 하지만, 모든 물류배송을 택배 서비스로 할 수는 없기 때문에, 더 합리적이고, 효율적인 배송방법을 강구해야 할 필요성이 제기되었다. 이런 연구에 노력한 결과 제안된 합리적인 배송방안이 공동배송이다. 공동배송이란, 배송의 효율을 높이고, 비용을 절감하기 위해서 동일지역, 동일업종을 중심으로 물류시설을 공동으로 설치, 이용, 관리하는 것을 의미한다. 물론 자체적인 능력이 되는 경우는 전담의 물류센터를 소유하고 상품의 입고에서 분류, 발송까지 한곳에서 처리하는 것이 더 경쟁력을 가져다 줄 수 있겠지만 소규모의 전자상거래에서는 이와 같은 공동배송을 통해서 물류비용을 절감할 수가 있으며 물류시설의 공동 사용에도 효과적일 것이다. 물류 서비스의 수준을 향상시킬 수 있기 때뮤에, 앞으로 지향해 나가야 할 방향임에는 틀림없다. 그러나 공동배송이 가능하기 위해서는 제품이나 보관의 유사성, 또는 하역과정 등 운송시스템적인 특성의 유사성이 존재하는 경우에 가능하다.

그러나 이와 같은 특성상의 유사성이 존재하더라도 모든 제품 배송을 공동으로 할 수는 없으며, 공동 배송이 효과적으로 실현되기 위해서는 다음과 같은 세부적인 내용들이 전제가 되어야 할 것이다.

- 일정지역 내에 배송하는 다수의 화주가 존재하여야 한다.
- 화주 상호 간의 긴밀한 커뮤니케이션이 가능해야 한다.
- 거리가 인접하여 화물수집이 용이해야 한다.

- 배송지역이 일정지역 내에 분포되어 있어야 한다.
- 참여 기업의 배송 조건이 유사해야 한다.
- 대상 화물이 공동화에 적합한 특성을 가지고 있어야 한다.

이러한 조건이 만족되면, 공동 배송은 여러 가지 다양한 형태로 운영될 수가 있는데, 설사 경쟁 관계에 있는 기업 간이라 하더라도 자사의 이익에 도움이 된다면, 공동화를 추진하여 운영하는 것이 바람직할 것이다. 물류 시설의 공동 설치 및 운영을 통한 비용의 절감과 서비스의 증대를 기대할 수 있는 것이다.

(2) 배송프로세스의 혁신

예측배송(Anticipatory Shipping)

전자상거래 활동에서 배송시간의 단축은 매우 강한 경쟁무기이다. 국내의 경우 쿠팡은 배송인력을 직접 고용하여 쿠팡맨으로 부르며 배송 시간을 단축한 로켓배송으로 차별화 하고 있고, 아마존에서는 고객주문전에 상품을 포장하여 고객의 근접지 물류센터로 미리 이송하는 예측배송(Anticipatory Shipping)이라는 배송을 시행하고 있다. 이들은 내부적으로 모두 최근의 빅데이터분석 기술을 이용하고 있다. 전자상거래의 규모가 증가함에 따라 정확한 제품을 정확한 장소에 정확하게 배송해야 하는 물리적 배송의 업무는 급속도로 증가하게 되었다. 더구나 소비자들의 요구는 온라인을 통해 구매하지만 오프라인을 통해 구매한 것처럼 구매 결정과 동시에 손에 들어있기를 기대하는 것이 현실이다. 이러한 이유로 상품의 품질과 가격도 중요하지만 빠른 배송은 경쟁의 무기로 사용되는 매우 중요한 요인이다. 그래서 아마존의 경우는 고객이 물건을 사기도 전에 배송을 시작하고자 했다. 국내의 경우도 쿠팡은 2시간 내 배달을 경쟁무기로 로켓배송이라 하였으며, 우정사업본부의 경우는 연 38억 건에 달하는 우체국택배 우편물 정보를 빅데이터로 분석해 화주인에게 직접 인도할지 무인택배함에 보관할지를 사전에 파악해 문전배송하는 방안을 추진한다. 이러한 시도는 모두 최근 빅데이터를 활용해 고객의 패턴을 분석하고 예측함으로써 비즈니스의 효율성을 높이고 비용을 절감하려는 것이다.

예를 들어 물류기업은 빅데이터 분석을 통해 고객의 수신가능 여부 및 실시간 교통 상황에 대처가 가능해짐에 따라 배송 경로를 최적화하여 배송 시간을 단축할 수도 있다. 또한 이를 통해 불필요한 비용을 비롯해 연료를 절감하는 등 전체 물류 네트워크를 최적화하는 효과도 있다. 그리고 빅데이터를 활용하면 배송 과정 중에 발생할 수 있는 문제점을 미리 예측해 예방함으로써 향상된 고객 경험을 제공하게 된다. 고객선호도나 고객 행동 예측 데이터를 활용하면 더 새롭고 차별화된 서비스를 제공할 수 있다. 빅데이터의 활용 가치는 배송과는 직접적인 관련이 없다고 생각되는 기상조건이나 독감정보 등과 같은 데이터일지라도 온라인 구매량과의 관계를 분석해 봄으로써 새로운 발견을 할 수도 있다. 실제로 궂은 날씨는 온라인 구매량의 증가로 이어지고 이는 물류기업의 물량 증가로 연결된다는 것을 알 수 있다. 물론 이러한 과정은 4차산업혁명이라 불리는 인공지능을 기반한 정보통신기술의 발달에 의한 것이며, 이런 사실을 통해 기업들은 프로세스를 최적화하여 개선된 고객 서비스를 제공할 수도 있고, 새로운 비즈니스 창구를 개발해 시장에서 경쟁우위를 선점할 수도 있다.

물류기업은 제품의 흐름을 관리하지만, 이 과정에서 사물인터넷과 인공지능, 클라우드 서비스, 무인 자동화기기를 통해 생성된 방대한 양의 데이터를 기반으로 도착지, 크기, 무게, 내용물 등 수백만 건의 축적된 배송 정보로 부터 신규 비즈니스 모델을 개발하는 데 있어 실마리를 제공할 수 있게 된다. 아마존에서 예측배송이라는 시도를 하게 된 근거도 고객들의 과거 행동분석은 미래 행동으로 이어진다는 관계성을 빅데이타분석으로 발견하였기 때문에 가능한 것이다. 아래 그림은 아마존

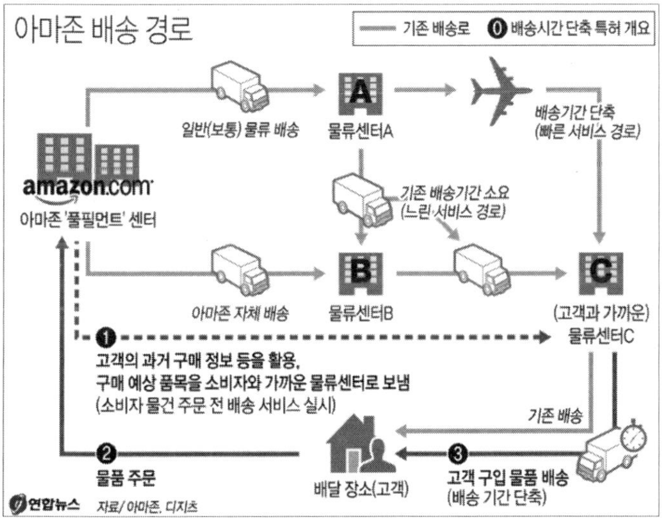

[그림 10-7] 빅데이터에 의한 아마존의 예측배송

*자료원: 연합뉴스 www.yonhapnews.co.kr

의 예측 배송 시스템의 개념도이다. 아마존의 예측배송(Anticipatory Shipping)의 핵심은 고객의 거래실적과 관련된 역사적으로 축적된 빅데이터를 활용해 구매를 예측한다. 즉 고객의 제품 검색, 구매 이력, 위시리스트(wish list), 심지어 화면의 커서 움직임 등의 빅데이터를 분석해 고객이 주문을 하기도 전에 제품 배송을 시작한다는 정책인 것이다. 이를 위해 최종 목적지를 지정하지 않은 채 하나 또는 그 이상의 물품을 포장해 출하 하고, 그 후 고객이 주문을 하면 최종 목적지로 배송되고, 주문이 이루어지지 않으면 목표 배송 시간 내에 있는 다른 위치로 배송된다. 이와 같은 예측배송은 소비자들의 갈증요소인 배달과정의 도달 시간을 획기적으로 줄여주게 된다.

3. 주문의 이행 및 클레임처리

3.1 주문의 이행

인터넷 쇼핑몰은 예비 구매자가 가상공간을 통해 상품을 구매한다는 것을 제외하고는 기본적으로 실물 세계의 구매 형태와 동일하다. 하지만 인터넷 쇼핑몰은 사이버상에서 이루어지는 거래이기 때문에 쇼핑몰의 성격에 따라 구매 순서를 바꿀 수 있는데, 문제는 한번 구축된 쇼핑몰의 구조를 바꾸는 것은 매우 어렵다는 것이다. 따라서 쇼핑몰을 어떤 식으로 운영할 것인가를 쇼핑몰을 구축하기 전에 결정해야 한다. 일반적인 주문의 이행은 다음과 같은 단계를 거쳐 거래가 성사된다.

(1) 고객주문단계: 원하는 제품이나 서비스를 선정하고 수량을 포함하여 주문하기 버튼을 클릭한다.

(2) 장바구니 처리 단계: 일반적인 상거래의 장바구니처럼 인터넷 쇼핑몰의 장바구니도 기본적으로는 여러 개의 상품을 한 번에 합산하여 총 구매비용에 대한 정보를 제공한다. 이를 통해 구매하고자 하는 상품들의 대금 총액은 얼마나 되는지 어림잡게 해준다. 추가적으로 관리할 수 있는 정보로는 장바구니에 담겼거나, 장바구니에 담겼다가 빠진 상품들에 대한 자료 관리인데, 이것을 이용하면 고객이 주문하려고 시도했다가 그만둔 상품을 찾아낼 수 있다. 아울러, 상품 구매의 내용이나 수량의 재조정이 가능하다.

(3) 주문처리 단계: 주문처리 단계는 회원 정보와 상품 정보에 추가하여, 고객

의 수취인 정보를 포함한 배달정보 등으로 구성되어 있다. 구매자가 배송 받고 싶은 주소, 하고 싶은 말 등을 선택, 입력할 수 있다. 어떤 형태의 거래이든 주문 처리 단계는 주문 단계의 마지막이며 결제 단계 바로 직전에 존재하는데, 콘텐츠를 팔거나 회원제로 운영하는 웹사이트에서 회비를 징수할 경우 배달 정보는 필요하지 않다.

(4) 상품대금결제단계: 주문의 이행단계 중 최종 단계로 장바구니의 제품을 구입하려 할 경우, 구매에 대한 최종 지불 예정금액에 대한 확인이 가능하며 특히 지불 방법에 대한 여러 가지의 결제 방법을 제공한다.

3.2 클레임처리

인터넷 쇼핑몰은 성실하게 운영하였음에도 고객들의 불만이나 환불 및 교환은 요구될 수 있다. 따라서 클레임이 생기는 원인을 잘 살펴서 그 대책을 준비해야 한다. 다음은 클레임이 생기는 이유와 그 처리기준 및 방법에 대해 살펴보자.

3.2.1 상품 정보 상이

전자상거래와 같이 직접 상품을 접하지 못하고 단순히 판매자가 제공하는 '정보'를 가지고 판단하여 제품을 구매하는 경우에 있어서 제품 정보에 오류가 있는 것은 심각한 신뢰의 문제이며, 결격 사유가 되므로 제품의 정보에 보다 신경을 써서 이 같은 클레임이 재발하지 않도록 하는 것이 중요하다. 상품의 정보가 잘못 제공되어 반품이나 환불을 받는 경우는 배송 후 3개월 이내로 하고 있다. 환불이나 교환을 줄이는 방법으로는 다음과 같은 조치가 요구된다.

① 상품의 정보는 주의 깊게 선택된 단어를 사용하여 고객이 오해할 수 있는 단어는 피한다.
② 너무 간단한 설명은 오해나 착오를 부를 수 있으므로 자세한 설명이 좋다.
③ 제품의 색상이 다르게 보일 수도 있다는 안내문을 첨부하는 것도 고려한다.
④ 그 외 제품의 원산지, 성능, 구성요소 등과 같이 기본적인 사항이 잘못 안내된 경우에는 교환 및 환불을 피할 수 없으므로 주의한다.

3.2.2 무조건적인 반품 혹은 변심

마음에 들지 않는다면 상품을 배달 받은 후 7일 이내에는 무조건적으로 반품을 받아야 한다. 이 경우 상품을 확인하기 위한 포장의 개봉은 가능하지만 제품의 실제 사용, 훼손의 경우에는 반품을 해주지 않아도 된다. 또한 반품 운송료의 부담은 개별 사이트의 약관에 따르도록 되어 있고 고객의 변심에 의한 반품은 고객이 운송료를 부담하도록 되어 있다.

3.2.3 배송 중 파손

배송지연 다음으로 가장 많은 불만이 배송 도중 상품이 훼손된 경우이다. 쇼핑 사이트를 운영하는 입장에서 가장 좋은 경우는 상품을 발송할 때는 운송회사에 상품이 정상임을 확인하여 발송하고 상품이 고객에게 인도 시 그 자리에서 상품의 정상 여부를 확인한 후 이상이 있을 경우 운송사 직원에게 바로 반품을 요청하거나 파손 사실을 확인하는 것이다.

(1) 파손 건수가 적을 때: 파손 건수가 적을 경우는 택배회사에 파손에 대한 배상이나 관련 건에 대해서 무료로 재배송을 요청해 무료 배송이 이루어질 수 있도록 하는 것이 바람직하다.

DIY(Do It Yourself)

(2) 파손 건수가 많고 교환이 아니고 환불을 요청하는 경우: DIY(Do It Yourself) 상품의 경우 파손에 의한 환불 요청이 많은데, 이런 경우 무조건 반품이 안 될 것을 우려하고 일부 상품을 파손하여 환불을 요청하는 경우도 있어 이중의 피해를 볼 수 있다. 이런 경우 7일 이내에는 무조건적 반품이 가능하다는 점을 적극 홍보하여 소비자에 의한 훼손을 방지하고 운송사와의 그간의 사정을 설명하여 배송시 상품의 하자 유무를 확인받는 절차를 추가비용을 지불하고서라도 수행한다.

(3) 파손 건수가 많고 환불이 아니라 교환을 요청하는 경우: 운송 중 파손이 많고 환불이 아니라 교환을 원하는 경우가 많을 때는 운송을 맡은 택배회사를 교체해 보는 것이 바람직하다. 일반적으로 택배회사 직원의 업무능력이 떨어지거나 시간제 사원과 외부용역을 사용하는 비율이 높은 경우에는 문제 발생 비율이 높다.

3.2.4 배송지연

실제로 운송지연 문제는 다양한 케이스로 가장 많은 클레임을 만들어 내고 있다.

(1) 배달은 되었으나 본인에게 배달되지 않은 경우: 많은 경우 본인에게 직접 배

달되지 않고 가족, 동료 직원에게 배달된 후에 전달되지 않는 경우가 의외로 많다. 이런 경우에 홈페이지에 운송결과 조회를 실시간으로 하는 서비스가 바람직하다. 이러한 조회를 통해서 누구에게 상품이 배달되었는지를 고객이 알 수 있다면 불필요한 클레임을 막을 수 있을 것이다.

(2) 천재지변 혹은 명절로 운송물이 폭주된 경우: 여름철의 태풍이나 홍수로 인한 교통 두절과 겨울철의 폭설로 인한 배달 불능은 매년 일어나는 일이다. 그리고 설날, 추석, 크리스마스 등은 물량 폭주로 평소 배달 기간 내에 배송이 이루어질 수 없는 경우가 많다. 이 경우는 평소 운송기간보다 하루나 이틀 정도 더 소요된다고 예상하고 미리 배달을 의뢰하도록 하거나 명절 2일 전에는 택배 접수가 불가능하다는 것을 고객들에게 사전에 공지한다.

(3) 업무능력이 그것밖에 안 됨 – 시스템상 어려움: 업무의 절차상 주문/결재 후 빠른 배송이 어려운 경우에는 솔직하게 배송에 소요되는 시간을 밝히고 예상 배송 시간대를 미리 알려 주문여부를 고객에게 결정토록 하는 것이 좋다.

3.2.5 상품의 품절

선입금 후주문을 하거나 동일한 상품의 주문이 폭주하여 재고 수량 이상의 주문이 접수되었을 때에는, 주문자에게 즉시 연락하여 사실을 알리고 유사한 품질의 상품으로 대체하거나 환불을 원하는 경우는 즉각 이를 처리한다.

미니사례 **택배시장 성장 대비 소비자 만족도**

대한상의는 "지난 2000년 이후 인터넷 쇼핑 등 전자상거래가 활발해지면서 택배시장은 급속도로 성장했다"면서 "택배업체들은 대규모 인프라 투자를 통해 선진시스템을 구축하고 다양한 서비스를 개발하는 등 급증한 수요에 대응하기 위해 많은 노력을 해왔다"라고 말했다. 이어 "하지만 이 과정에서 택배업체 간 가격경쟁이 심화되면서 배송 · 수거 지연, 물품상태 불량, 오배송 등의 서비스 수준 저하 문제가 불거졌다. 이는 곧 소비자 불만요소로 이어지고 있다"라고 지적했다.

실제 소비자의 18%는 택배를 이용하면서 피해를 입은 경험이 있다고 응답했으며, 피해 유형으로는 '물품 파손 · 부패'(44.8%), '배송지연'(27.6%), '분실 · 오배송'(26.6%)이 주를 이뤘다.

향후 택배서비스 수준 향상을 위한 중요 요인으로도 소비자들은 '배송속도 및 정확도'(49.8%)를 가장 많이 꼽았으며, 이어 '배송상태'(13.1%), '수 · 배송 택배기사의 친절도'(11.9%), '파손 · 분실 발생 시 처리태도'(9.9%) 등을 차례로 꼽아 가격보다는 신속한 배송과 친절함 등 서비스적 요인을 더욱 중시하는 것으로 나타났다.

택배서비스에 대한 만족도를 묻는 질문에는 대다수의 응답자가 '만족한다'(95.9%)고 답했으며, ('대체로 만족'(89.1%), '매우 만족'(6.8%)) 불만족스럽다는 응답은 4.1%에 그쳤다. 만족하는 이유로는 택배 수신의 경우 '빠른 배송'(48.1%)과 '배송 추적서비스'(27.2%)를 꼽은 응답자가 많았고, ('배송상태 양호'(14.9%), '배송기사의 친절함'(7.7%), '문제발생시 신속처리'(2.1%)), 발송의 경우는 '물품 수거 시간 준수'(39.2%), '휴일 · 당일 택배 등 다양한 서비스'(12.7%), '저렴한 가격'(12%), ('배송지역 다양'(11.6%), '배송기사의 친절함'(7.7%), '기타'(16.3%))의 순으로 꼽았다.

– 물류신문 2012. 08. 29

4. 수요예측 및 재고관리

4.1 수요예측

4.1.1 수요예측의 필요성

예측
수요예측

전자상거래 환경에서도 수요의 예측은 매우 중요한 기업 활동이다. 예측이란 실제 수요를 알기 전의 수요에 대한 추정치이다. 수요예측은 판매예측으로 이어지며 판매예측은 미래 판매량의 추정으로 기업의 각종 전략 계획 수립에 필요한 기초자료를 제공한다. 전자상거래 상거래는 기존의 판매경로인 오프라인의 판매경로에 부가적으로 온라인이라는 새로운 판매경로가 추가된 상태이다. B2C나 B2B 기업의 경우는 수요를 기반한 생산계획 혹은 구매계획을 세울 수 있으며, 적정 재고를 활용한 재고정책을 수립할 수 있게 된다. 가격경쟁이 치열한 전자상거래 환경에서 정확한 수요의 예측이 가능하다면 적정재고의 유지를 통한 재고유지비용을 줄일 수 있고, 예측된 수요에 기반 한 빠른 상품의 배송 준비를 통한 고객서비스 차원의 경쟁력을 갖출 수 있을 것이다.

그러나 미래에 발생할 수요를 정확히 예측하는 것은 불가능함이 당연하며 그 예측치 조차도 정확할 수 없다. 미래는 불확실하기 때문에 오차는 언제나 발생하기 마련이다. 수요의 예측 기간에 있어서도 주식가격의 예측처럼 장기간 혹은 단기간의 변동을 예측하며, 특히 수요는 소비자의 의사결정이고 수요에 맞춘 상품의 준비는 생산자 및 판매자의 의사결정이며 쇼핑몰 등 중간 상인의 관점에서는 소비자들이 원하는 시간에 원하는 상품을 원하는 가격에 배송하는 역할에 대한 신뢰가 곧

채찍효과(Bullwhip effect)

사업의 성패를 가늠하는 매우 중요한 요인이 된다. 근래에는 생산자와 소비자 간의 수요를 좀 더 정확하게 예측하고자 중간단계들을 거치면서 발생하는 채찍효과(Bullwhip effect)라고 불리는 수요의 왜곡을 해소하려는 노력으로 공급사슬(SCM) 단위의 합리화를 모색한다.

채찍효과가 나타나는 이유는 다음과 같이 요약할 수 있다. 공급망 내의 각 업체가 고객의 수요량에 대한 정보의 공유 없이 전단계의 주문량에 근거한 수요예측을 하거나 수요예측기법들의 특성 자체에 의해 나타날 수 있다. 리드타임이 길 경우 이러한 채찍효과는 더욱 커진다. 가격변동에 대비하거나 가격할인이나 판매촉진정책에 의해 일괄주문을 할 경우에도 수요 왜곡이 발생한다. 혹시 발생할 수 있는 품절에 대비한 가수요에 의해 발생하기도 한다.

이러한 채찍효과는 공급망 전체에 정보가 공유됨으로써 해결할 수 있다. 그밖에도 기업 간 재고가격이나 수송정책을 협의, 조정하거나 리드타임을 단축하여도 성과를 볼 수가 있다. 전자상거래 환경에서 채찍효과를 통제하는 방법으로는 공급사슬에 존재하는 생산자 내지 도매상과 쇼핑몰 간의 수요발생의 정보가 공유되는 체제를 구축하면 수요변동에 대한 즉각적인 생산 및 조달계획으로 반영이 가능하다.

4.1.2 수요예측의 방법

수요에 대한 예측을 잘 할 수 있다면 기업의 입장에서는 가장 좋은 재고정책은 무재고 시스템일 것이다. 전자상거래는 유통의 중간단계를 생략하고 생산 현장에서 소비자위치로 직접 배송되는 구조를 구축하여 가격의 경쟁력을 갖춘 것은 사실이다. 하지만 상대적으로 진입장벽이 낮은 전자상거래 환경에서 빠른 배송 서비스를 받고자 하는 고객의 욕구에 대하여 판매자 입장에서 전적으로 생산자의 상태에 의존할 수는 없는 현실이다. 델 컴퓨터조차도 처음에는 재고를 두지 않았지만 결국 자체적인 재고를 통하여 소비자에게 빠른 상품인도를 구현하게 된 것이다. 수요를 예측하는 방법은 일반적으로 두가지 접근법이 있다. 믿을 만한 과거 수요의 데이터가 수집되어 있을 때와 없을 때로 나누어 생각해 볼 수 있다. 즉 계량적인 방법과 정성적인 방법으로 나누며, 정성적 방법은 조직 내외의 전문가들의 경험이나 판단과 같은 주관적인 요소에 의하며 신규사업이나 중장기 예측에 많이 쓰인다. 계량적 방법은 과거의 개관적 자료에 근거하여 수요의 패턴 등을 판단하거나 인과적 관계를 규명하여 중 단기 예측에 사용한다.

(1) 정성적 방법

정성적 수요예측은 신규사업을 시작하는 경우나 수요예측을 빨리 해야 하기 때문에 계량적 자료를 수집할 시간적 여유가 없는 경우 또는 과거의 자료가 미래 상황을 예측하는 데 믿을 만하지 못한 경우에 유용하다. 정성적 예측 방법에는 시장 조사법, 위원회 합의법, 판매원 의견 종합법, 자료 유추법, 델파이법 등이 있다.

시장조사법

시장조사법은 정성적 방법 가운데 가장 정교하고 가장 계량적인 방법이다. 수요를 결정하는 것은 소비자이므로 소비자의견을 듣는 것은 지극히 당연하지만, 모든 미래의 소비자들을 접촉할 수는 없으므로, 면담, 전화, 우편 등의 설문 기법을 사용한다. 신제품의 도입이나 신규시장 개척을 하고자 할 때 유용하다.

위원회 합의법

판매원 의견 종합법

위원회 합의법은 경영자 소비자, 판매원등으로 위원회를 구성하고 그들의 의견을 수렴하여 정확도를 높이는 방법이며, 판매원 의견 종합법은 직접 고객과 접촉이 많은 판매원들의 의견을 수렴하는 방법이다. 온라인으로 고객을 접하는 전자상거래 환경에서 판매원 의견 종합법이란 전자적으로 판매 자료가 축적되기 전에 배송 담당자에게 얻어내는 개략적인 추측이 수요 예측을 대신할 수 있을 것이다. 반면 자료유추법은 유사한 기존의 제품에 관한 자료가 있을 경우 유추하여 가늠하는 방법이며, 델파이법은 전문가 집단에 서로 익명성을 유지한 채로 보통 3회 정도의 반복적인 설문을 통하여 의견을 수렴해 나가는 미래 예측 방법의 하나이다.

비록 전자적 거래를 하는 인터넷 환경의 상거래라고 하더라도 치열한 경쟁 환경에서의 가격과 품질 서비스경쟁을 달성하기 위한 방편으로서 적절한 수요의 예측은 매우 중요한 의사결정이며 수요에 대한 역사적 자료의 축적이나 계량화의 어려움이 있는 경우에 적용이 가능하다.

(2) 정량적 방법

대부분의 수요는 시간이 지남에 따라 어떤 추세를 나타내거나 계절에 따라 변동하거나 경기를 타는 등, 혹은 예상치 못한 사회변화에 민감하게 연동된다. 이런 경우에 다행스럽게 과거의 축적된 자료가 있는 경우는 좀더 과학적으로 계량적 수요예측 모형으로 미래 수요를 계산할 수 있게 된다. 계량적 수요 예측 모형 가운데 시간의 변화에 따른 수요의 변화를 예측하는 경우를 시계열 예측이라 하고, 그 분석 방법에는 전기수요법, 이동평균법, 지수평활법, 시계열 분해법 등이 있다. 이들 방법은 시간이 수요변화의 원인이라는 가정이 내재한다. 만약 시간이 원인이 아니라 기업경영의 사회적 경영환경이 수요변화에 원인으로 작용한다면, 즉 어떤 요인들 간에 인과적 관계가 수요변화의 원인이라면 회귀방정식을 사용할 수 있다. 예를 들어 스마트폰의 신규 모델의 판매는 스포츠모델을 활용한 광고의 영향에 의한 것이라면, 스마트폰의 판매량(y)은 광고비(x)와 인과 관계($y=a+bx$)가 있음을 예상할 수 있다.

전기수요법
이동평균법
지수평활법
시계열 분해법

전기수요법은 가장 단순한 경우로 현재의 수요 예측치는 지난 기간의 수요 실측치를 사용하는 방법이다. 예를 들어 3월에 마우스가 100개 팔린 경우 4월의 예측치를 3월의 실측치 100으로 예상하고 판매를 준비하는 방법이다. 반면 이동평균법은 전기수요법을 확장하여 지나간 3개월치 발생 수요의 평균치를 현재의 예측치로 사용하는 방법으로 과거 자료의 이용기간(이 경우, 3개월 평균)은 경험적으로 결정하면 된다. 만약 지난 수요의 실측치가 1월에 120개, 2월에 110개, 3월에 100개로 나타난 경우 3개월 이동평균을 사용하여 현재(4월)의 수요를 예측해 보면, 최근 3개월 평균치인 110개를 4월의 수요 예측치로 사용한다. 본 예에서처럼 지난 3개월의 수요가 감소 추세인 경우에도 4월의 수요는 100개로 계산되어서 변하는 추세를 적극 반영이 어려운 문제점은 현시점에서 가까운 과거에 더 큰 가중치를 부여하는 지수함수의 특성을 이용한 방법이 지수평활법이다. 시계열 분해법은 과거의 자료 속에 있는 변동 요인들 가운데 단순 추세변동, 계절적 요인에 의한 변동, 순환변동 및 우연요인에 의한 변동의 영향력을 분해하여 좀 더 직접적인 영향관계를 기반한 예측을 하고자 하는 방법이다.

4.2 재고관리

4.2.1 재고관리의 필요성

보통 전자상거래의 장점은 재고보존이 필요 없는 직거래로 인한 가격경쟁력에 있다. 그러나 초기 전자상거래 시장과는 달리 상대적으로 진입장벽이 낮은 전자상거래 환경은 전통산업보다 더 극심한 경쟁이 존재한다. 경쟁력의 가장 근원적인 면은 가격경쟁이고, 가격의 경쟁력을 갖춘 상태에서는 품질과 서비스의 경쟁이 중요한 요인임은 잘 알려진 사실이다. 이미 전자상거래 시장이 형성된 상태에서는 가격비교사이트 서비스 등을 통하여 가격하락의 압박은 더 이상 피할 수 없는 환경임을 감안하면, 보다 빠른 배송을 통한 주문시점과 상품의 도착시점의 부유시간을 줄이는 서비스 경쟁이 중요하다. 이러한 관점에서 적정 재고의 유지를 통한 가격절감효과를 줄이지 않는 범위에서의 빠른 배송을 위한 적정 재고수준의 유지는 중요한 의사결정 문제가 된다.

재고의 부족은 곧 판매기회의 상실로 수익의 손실을 유발하게 될 것이며, 고객서비스 차원에서도 부정적인 영향을 미치기 때문에, 판매자들은 언제나 충분한 재고를 유지하려고 노력했고, 이는 재고관리 비용으로 이어져 가격경쟁력을 상쇄하는 요인이 된다. 그러나 전자상거래 환경에서 대부분의 쇼핑몰들이 선구매 후배송 체제로 운영되기 때문에, 재고에 대한 부담은 상대적으로 줄어든 것은 사실이며, 재고란, 본질적으로 비용을 발생시키는 항목이기 때문에, 무 재고로 운영될 수 있다면 가장 이상적이겠지만, 전자상거래 환경이라 하더라도 다음과 같은 재고의 역할로 인해서 현실적으로 일정 수준의 재고가 유지되어야 한다.

- 불규칙한 수요와 수요변동을 흡수하는 역할
- 생산 및 조달시간의 불확실성을 완화하여 배송시간을 단축하는 역할
- 시장 가격변동을 억제하는 역할
- 납기나 생산지연을 단축시키는 역할

그러므로 재고관리의 목적은, 재고관리비용을 최소화하면서 고객이 원하는 시간에 지연되지 않고 제품이 배송될 수 있는 적정 수준의 재고를 유지함에 있다. 결국 적시에 적정량의 재고를 유지시킴으로써 고객의 서비스 수준을 최대로 하면서 동시에 비용을 최소화하는 데 있다. 상품의 재고를 적정 수준으로 유지함으로써 기대할 수 있는 장점은 다음과 같다.

- 상품의 구입 및 보관에 따른 금융비용을 최소화하는 역할
- 재고의 보관 및 관리인원의 투입 등의 관리 비용의 최소화 역할
- 시장수요에 빠른 대응을 통한 서비스 수준의 강화 역할

4.2.2 재고관리의 기본 모형

전자상거래 환경에서의 유용한 재고관리 모형이 따로 연구 개발되어 있지는 않지

만, 그 목적에 있어서 전통적인 재고관리 이론을 살펴볼 필요가 있다. 일반적인 재고관리 이론들에서의 추구하는 바는 다음의 두 가지로 요약된다.

- 주문량: 얼마나 주문할 것인가?
- 주문시기: 언제 주문할 것인가?

주문량

주문시기

효율적인 재고관리를 위해서는 수요예측에 의한 판매가능성에 따라 재고량을 결정한 다음 재고수량이 적정 수준이하로 줄어들면 추가 주문을 하여 재고를 다시 적정 수준으로 채우는 형태이다. 이런 경우에 재고를 유지하는 비용과 주문활동에 들어가는 비용 등을 고려하여 적정 주문 크기를 결정하게 된다. 전통적인 재고모형 가운데 대표적인 경제적 주문량 모형(EOQ: Economics Order Quantity)은 주문비용과 재고유지비용을 고려하여 가장 경제적인 1회 주문량을 결정한다. 또한 일정하게 줄어드는 재고량을 계속 실사하여 재주문이 적정한 시점(ROP: ReOrder Point)을 결정해야 한다. 한편 주기적 주문량 모형(POQ: Periodic Order Quantity)은 재고수준을 정기적으로 실사하여 필요한 보충량을 주문하는 방식을 취하며 적정 재고확인 주기를 결정한다. 주기적 주문량 모형에서는 주문량이 수요에 따라 변동하므로 경제적 주문량(EOQ)을 갖지 않고 주문량은 매번 달라진다. 만약 수요의 변화율과 주문이 채워지는 리드타임이 일정한 확정적인 경우는 경제적 주문량 모형과 같아진다. 그래서 이 교재에서는 수요와 리드타임이 확정적인 경우에 한하여 그 개념을 설명한다.

경제적 주문량 모형(EOQ: Economics Order Quantity)

재주문이 적정한 시점(ROP: ReOrder Point)

주기적 주문량 모형(POQ: Periodic Order Quantity)

(1) 경제적 주문량(EOQ)의 결정

경제적 주문량이란 재고유지와 관련된 총비용이 최소가 되는 재고수준을 유지하기 위한 1회 주문량을 결정하는 것이다. 이론적인 배경이 되는 가정은 다음과 같다.

- 수요의 발생은 확정적으로 일정하며 사전에 명확히 알 수 있다.
- 재고자산의 구입단가, 재고유지비용 및 1회 주문비용은 일정하다.
- 주문시점에서 입고시점까지의 기간(리드타임)은 일정하고 예측가능하다.
- 재고의 부족현상은 발생하지 않는다.

이상과 같은 조건을 고려하여 경제적 주문량을 계산하기 위한 기본적 재고관리 모형을 도식화하면 [그림 10-8]과 같다.

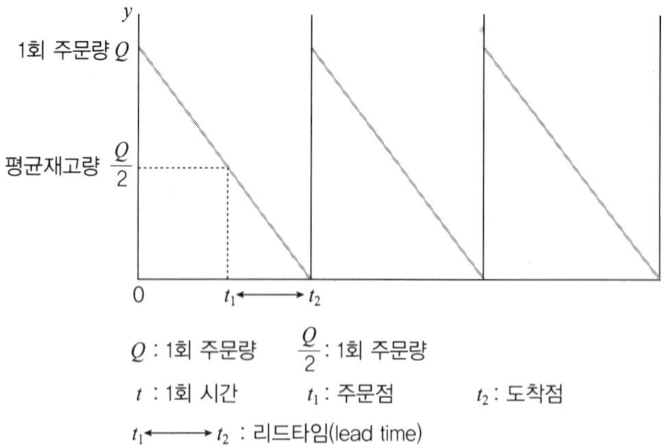

[그림 10-8] 재고관리의 기본모형

[그림 10-8]에서 1회 주문량을 Q, 단위당 재고유지비용을 H, 연간 총 소요량을 A, 1회 주문에 소요되는 비용을 P라고 가정하면 재고유지비용과 주문비용의 합으로 이루어지는 총 재고비용은 다음과 같고, 그림으로 도식화하면 [그림 10-9]와 같다.

총재고비용 = 재고유지비용 + 주문비용

TC = (Q/2 × H) + (A/Q × P)

그림에서 재고유지비용과 주문비용은 서로 상충적이며 그 중간에서 총비용이 최소가 되는 경제적 주문량 EOQ가 계산이 된다.

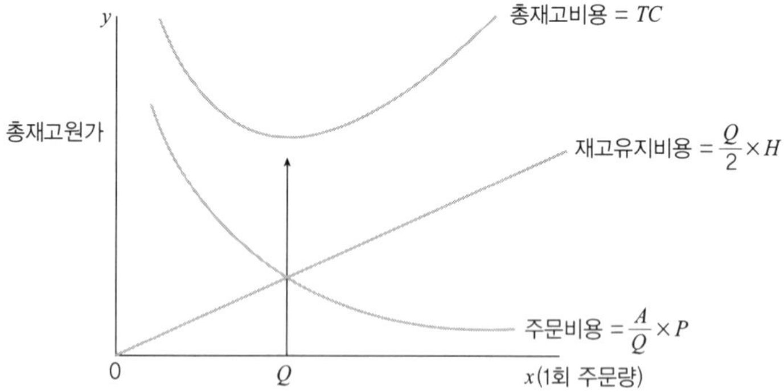

[그림 10-9] 경제적 주문량 결정

$$\frac{Q}{2} \times H = \frac{A}{Q} \times P$$

$$2AP = Q^2 H$$

$$Q^2 = \frac{2AP}{H}$$

$$\therefore Q(EOQ) = \sqrt{\frac{2AP}{H}}$$

예를 들어, 쇼핑몰-K에서 판매하는 마우스는 연간 1만개로 구입단가는 200원, 1회주문비용은 150원, 단위당 재고유지비용이 구입단가의 10%라면 경제적 주문량은 387개가 된다.

(2) 재주문점(ROP)의 결정

연간 수요량과 리드타임이 사전에 알려져 있는 확정적 모델에서 새로운 주문이 들어가야 하는 시점을 재주문점(ROP: ReOrder Point)이라 한다. 즉, 품목별 재고가 판매가능성을 고려할 때 품절이 예상되는 일정 수준 이하가 되면 미리 적정량을 주문하게 되는데 이를 재주문점이라 한다. 즉 상품의 재고가 완전히 판매되는 시점에 상품이 즉각 입고되는 개념을 가진다. 이 경우 어느 시점에 주문이 들어가야 하는지를 알려주는 의사결정이다. [그림 10-10]은 상품이 판매되는 과정과 재주문 시점을 단순화한 그림이다. 여기서의 가정은 1일 상품의 소비량은 일정하고 주문일과 도착일과의 시간간격(리드타임)은 일정하다고 가정하고 있다.

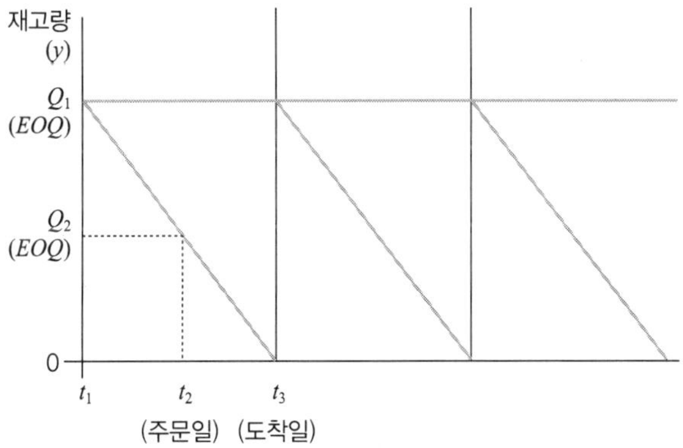

[그림 10-10] 재주문점 모형

[그림 10-10]의 t_1 시점에서 Q_1 만큼의 상품이 도착하였다면 1일 상품의 소요량은 총상품 소요량을 판매일수로 나눈 값이 된다. 또한 상품의 소요량이 Q_2 시점에 도달하면 재주문을 해야 한다. t_2 시점에서 상품재고량은 Q_2이기 때문에 주문일과 도착일까지의 리드타임을 고려하여 t_2 시점에서의 경제적 주문량만큼 주문하면 된다. 만약 t_3 시점이 되면 t_1 시점에서 입고된 상품이 완전히 판매됨과 동시에 t_2 시점에서 주문한 상품이 입고되어 재고수준은 다시 Q_1이 된다. 그리하여 이런 유형의 재고모형에서는 경제적 재주문점(ROP)은 다음과 같다.

$$\text{ROP} = \frac{\text{상품총소요량}}{\text{판매일수}} \times \text{리드타임}$$

예를 들어, 쇼핑몰-K에서 판매하는 마우스는 연간 10만 개로, 연간 판매일수는 250일이고 리드타임은 10일이라면, 재주문점(ROP)은 4,000개가 되는 시점이 된다.

(3) 안전재고 모형(Safety Stock)

상품의 수요가 일정하게 발생하고 확정적이며, 리드타임 또한 일정하여 예측이 가능한 경우로 재고부족 현상은 발생하지 않는다는 가정 하에 경제적 주문량(EOQ)모형과 주기적 주문량(POQ)모형인 재주문점(ROP)모형을 사용하여 재고모형을 단순화하여 사용한다. 그러나 현실에서는 판매가 불규칙하고 리드타임도 일정하지 못한 경우가 현실적인 경우로 판매활동에서 재고부족현상이 발생할 가능성이 높다. 주지하는 바와 같이 재고부족 현상은 판매 손실로 이어지기 때문에 일정한 재고수준을 유지하여 품절을 방지하고자 하는 노력이 따르기 마련이다. 이때 품절방지를 위하여 최저수준으로 재고를 유지하는 것을 안전재고(safety stock)라 한다. 안전재고는 예측할 수 없는 원인으로 발생하는 재고부족과 이로 인한 판매중단을 예방하는 완충역할을 한다. [그림 10-11]은 안전재고 모형을 단순화한 그림이다.

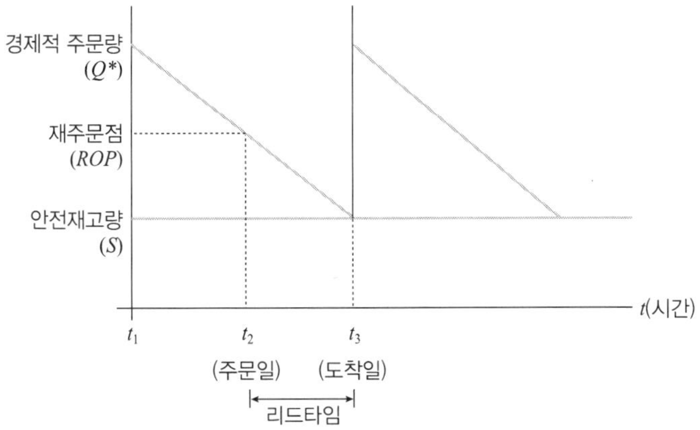

[그림 10-11] 안전재고 모형

만약 안전재고를 너무 많이 두게 되면 재고부족 현상은 방지할 수 있지만 과잉재고로 인한 재고유지에 드는 금융비용이 증가하게 된다. 그래서 적정의 안전재고량을 결정하는 일은 중요한 의사결정 중의 하나가 된다. 재주문점 모형을 근간으로 안전재고를 고려한 수정된 재주문점(ROP)은 재주문점 주문량에 안전재고를 합산하여 산출하면 된다.

예를 들면, 쇼핑몰-K에서 판매하는 마우스는 연간 10만 개로, 연 판매일수가 250일, 리드타임이 10일, 그리고 안전재고량이 30개일 때 안전재고를 고려한 재주문점(ROP)은 4,030개가 된다.

4.2.3 재고관리 전략

전자상거래 환경에서는 적정수준의 재고 유지 및 재고보유시간 단축은 전자상거래 기업의 경쟁력에 절대적인 영향을 미치기 때문에, 이러한 전통적인 재고관리 모형을 통해서 재고수준을 유동적으로 보충하는 것보다는 전략적 차원에서 이를 관리하는 것이 바람직하다. 최근 기업의 재고관리활동은 그 범위가 상품의 주문, 배송, 운송, 구매 등을 포함한 일반적인 물자변동관리의 개념으로 인식되고 있다. 즉, 물류 및 운송 업무 프로세스상의 정확한 예측을 바탕으로 예산 및 운영, 정보관리 등을 포함하는 공급사슬 전반에 대한 전략적 계획을 포함한다.

기업의 입장에서 통합되지 않은 공급사슬의 관리체제는 공급사슬 전체의 효율을 저하시키는 요인이 되기 때문에 공급사슬의 재고관리 관점에 협업과 정보공유는 매우 중요하다. 공급사슬의 각 구성원이 담당하고 있는 수요예측, 재고파악, 생산계획 등의 정보공유를 통해 고객수요에 빠르고 정확하며 효과적인 실시간 대응이 중요하다. 생산자와 판매자 간의 정보의 비대칭으로 인해 재고 및 생산계획, 주문정보가 실시간 공유되지 못하는 문제가 결국 판매 측의 불확실성에 대한 보험성 수요의 부풀리기로 재고의 과잉상태를 초래하였지만, 오늘날 정보기술을 바탕으로 하는 전자상거래 시대에는 정보기술 인프라를 구축하여 통합적 공급사슬관리가 가능하다. 특히 공급업체, 제조업체, 유통업체등 공급사슬에 관여하는 참여기업들의 통합된 업무프로세스로 협업체제를 이루어 글로벌 시장 경쟁구도에서도 수요자 관점의 평면적 생산 판매 시스템의 구현이 가능하기 때문이다.

무재고(zero inventory)

전자상거래 시장에서 물류는 기업경영의 핵심 경쟁 전략으로 물류프로세스의 효율화를 구현하고 가격 및 서비스경쟁력을 유지하는 기반이 된다. 만약 실시간으로 수요와 재고 및 생산의 정보가 연계된다면 다양한 정보기술의 도움으로 재고관리 분야는 결국 무재고(zero inventory)의 구현 목표가 이루어 질 것이다. 이를 위해 배송방식은 당연히 구매요청의 발생을 시발로 공동 물류센터에서 이미 준비된 상품을 인도하는 빠른 배송으로 판매자 측의 무재고 시스템을 실현한다. 또한 비교적 저렴한 비용으로 재고를 위탁 보관하는 방식으로 인력과 시간낭비를 줄여 생산자는 생산역량에 집중하고 구매자는 가장 근거리의 물류센터로부터 즉시 공급받는 JIT(Just In Time) 체제를 구현하는 것이다. 이러한 서비스가 빅데이터의 분석에 의하여 더욱 쉬워진 것이다. 빅데이터 분석은 각 소비자가 선호하는 제품의 지역별 판매 정보를 제공하기 때문에 사전에 인근 물류센터에 집중 보관이 가능하다.

5. 4차산업혁명 시대와 물류의 트렌드

5.1 옴니채널과 온디맨드

최근 전자상거래의 성장 과정에서 소비자와의 쇼핑을 위한 접점의 변화는 통합의 추세로 변해간다. 즉, 오프라인의 연계형인 온-오프가 통합되는 추세로, 모바일 쇼핑, TV 쇼핑, 콜센터 등이 모두 소비자의 욕구를 채집하는 채널로 사용된다. 인터넷이든 모바일이든 오프라인 매장이든지 간에 소비자가 이용가능한 모든 채널을 쇼핑의 창구로 유기적으로 연결하여 쇼핑에 불편이 없도록 하는 것이다. 이런 채널의 통합을 옴니채널(Omni-Channel), 상거래형태를 온-오프 연계형(O2O: Online to Offline)이라 한다. 스마트폰과 PC 그리고 오프라인의 매장이 연계형으로 쇼핑채널을 구성하여 시너지를 노리는 유통구조를 갖추는 것이다. 기존의 온라인은 오프라인과 연계하고, 기존의 오프라인은 온라인과 연계하여 상거래 활동에서 온라인과 오프라인의 구별이 없어지는 새로운 상거래 형태가 된다.

옴니채널(Omni-Channel)
온-오프 연계형(O2O: Online to Offline)

또한 1인 가구의 증가에 따른 개성 있는 소비자들의 다양한 요구에 개인 맞춤형 서비스인 온디맨드(on-demand)시장 형태가 싹트고 있다. 예를 들면 카카오택시나 우버가 해당된다. 온디맨드 서비스는 고객이 요구하는 맞춤형의 서비스를 의미하는 것으로 주로 IT업계에서 사용하던 용어였지만 최근에는 전자상거래 시장에서 일반화된 개념이 되었다. 날로 개인화되는 사회 분위기는 온라인 주문이 대세이지만 나홀로의 주문은 소형 경량화로 다빈도 주문이 된다. 소규모의 택배 물량이 증가하지만 배송도 역시 문 앞에 던져두는 형태로 비대면이 일반화 되고 있다. 하지만 스마트폰 앱의 활성화로 소통과정에서의 오류는 그다지 발생하지 않는 효과를 얻을 수 있다. 이러한 과정은 4차산업혁명이라는 인공지능을 기반한 정보통신기술의 발달로 더 편리한 쇼핑이 가능해진다.

온디맨드

그리고 과거에는 개별적이었던 소비자 개인 정보가 빅데이터로 통합되고 분석되어 이를 근거로 더 지능적인 개인화 서비스가 가능한 시대가 된 것이다. 이에 수반되어 물류환경 또한 당연히 변해야 하는 것이다. 같은 맥락에서 소비자가 물건을 고르고 주문하는 문제를 통합형으로 편리하게 구축해 준다면 실질적인 물건의 배송 또한 소비자가 편리하게 취득이 가능하도록 할 필요가 있는 것이다. 예를 들어 소비자는 집 근처 백화점에서 맘에 드는 핸드백을 직접 눈으로 확인하고도 직접 사지 않고 먼저 PC에서 온라인 쇼핑몰을 충분히 검색하여 가장 싼 곳을 찾아서 모바일로 결제하게 된다. 모바일 결제시 추가 할인이 되기 때문이다. 이때 유통업체는 온-오프가 연계형이기 때문에 물건의 배송은 물리적으로 고객과 가장 가까운 근처 매장에서 출고하여 배송하는 형태가 될 수 있다. 예를 들면 백화점 1층 픽업데스크라던지 혹은 회사 근처 편의점에서 퇴근길에 찾아 갈 수 있도록 서비스 한다든지 하는 형태로 변하고 있는 것이다. 실제로 아마존은 온라인 구매 상품을 지하철이나 동네편의점 등의 주차장에 라커를 설치하여 주문상품을 무료로 찾아갈 수 있도록 하고 있다. 무인 택배 서비스인 것이다. 이 과정에서 인공지능에 의한 대화처리, 인증, 결제 등의 과정이 4차산업혁명 시대라 불리는 미래의 상거래 환경인 것이다.

특히 홈쇼핑을 포함한 온라인에서 옷을 사야 하는 경우에 소비자인 여러분은 그 제품에 대한 신뢰와 직접적인 확인이 불가하다는 이유로 수많은 반품과 불신을 경험한 적이 있을 것이다. 이러한 문제는 가상현실(VR: Virtual Reality) 기술을 접목하여 시뮬레이션이 가능하다. 또한 식품과 같은 경우는 가장 가까운 오프라인의 체험장에서 눈으로 손으로 확인할 수 있는 기회를 제공 받을 수 있다. 예를 들어 중국의 알리바바는 Buy+ 라는 가상현실을 접목한 온라인 쇼핑을 선보였는데 사용자는 가상현실 장비(VR HMD)를 착용하고 마치 또 하나의 현실의 백화점에 들어온 듯한 몰입감을 느끼며 쇼핑을 한다. 온라인에서의 가상현실 서비스를 제공 받는 것의 불편함을 위해 제휴된 오프라인 매장에 가상현실 체험장을 두고 온-오프를 연계한 상거래를 지원할 수도 있다. 이와 같이 4차산업혁명의 시대에는 온라인과 오프라인의 구별이 없는 전자상거래 환경이 될 것이다.

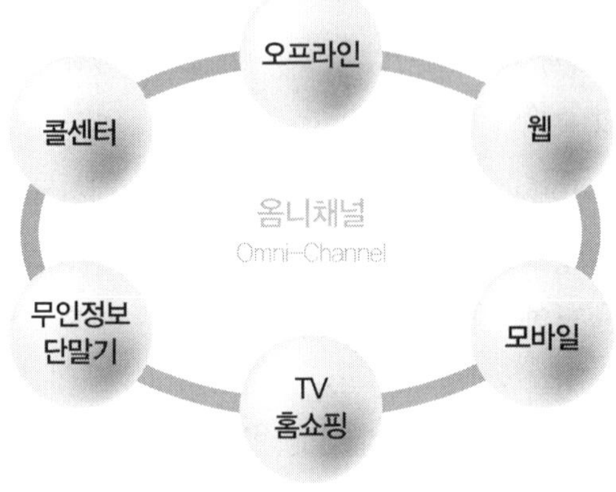

[그림 10-12] 옴니채널 쇼핑환경

*자료원: www.ktcunews.com

5.2 물류 프레임의 변화

물류 수요 다양화와 기술 변혁의 결과로 4차산업혁명 시대에도 실질적인 경영혁신은 물류분야가 그 핵심이 될 것이다. 물류 운송과 관련해서는 대량운송에서 맞춤형 운송 서비스 중심으로 그 수요가 이동하고 있다. 온라인쇼핑의 확대, 라이프 스타일의 변화, 소규모 개인 물류서비스의 증가 등 더 복잡한 환경변화에 물류창고의 대형화 고도화 현상이 일어난다. 국내의 경우 롯데, 신세계 등 유통업체들은 온라인 전용 배송창고를 두고 있으며 쿠팡과 같은 빠른 배송을 차별화로 하는 경우는 필히 자체적인 물류창고를 소유하고 사전 재고를 확보하는 형태로 갈 수 밖에 없는 실정이다.

그러므로 물류의 핵심 경쟁력은 물류네트워크, 노동, 상품, 서비스 등의 모든 면에서 소비자 니즈에 즉각적이고 탄력적이어야 한다. 전자상거래의 중간단계 축소에 따른 원가절감 노력으로 플랫폼방식의 물류네트워크 구축, 자동 물류 창고에 로봇의 투입, 무인자동차나 드론과 같은 무인 자동화기기에 의한 택배의 일반화, 빅데이터와 사물인터넷을 활용한 물류 서비스 확대 및 인공지능 기반의 정보통신기술의 고도화에 따른 서비스가 활성화 된다. 즉, 물류분야도 고도 정보화가 진행되면서 4차산업혁명 시대의 지능형 기반의 획기적인 혁신이 기대된다. 혁신의 방향은 비즈니스를 포함한 프로세스와 관련된 혁신이 있으며 또 다른 하나는 기술변화에 따른 기술 융합서비스 혁신이 된다. 기존의 대형화와 획일화된 물류 서비스 시대에서 맞춤형의 개인 소규모 물류 서비스로 변해가는 과정에서 전혀 예상하지 못하던 새로운 맞춤형 서비스가 생길 수 있다. 예를 들어, 현재는 허브앤스포크(Hub-and Spoke) 운송 방식이 주를 이루지만 이 경우 오히려 근거리 배송에 더 많은 시간이 소요되는 현상이 나타나기도 한다. 각 지역에서 중앙의 허브창고로 물건이 갔다가 다시 각 지역으로 배송되는 구조이기 때문에 이 과정에서 창고는 오히려 대형화 되고, 물건의 이동 거리는 오히려 길어지는 현상이 있다. 그런데 최근의 피기비(Piggybee)라는 회사의 서비스모델은 여행자가 여행하는 김에 물류배송을 겸하여 부수적인 수입도 되고 물류비용도 절약하는 형태가 된다. 마치 카카오 카풀 서비스인 자가용 소유자의 출퇴근 시간의 공유차량 개념의 공유경제의 모델이다. 뿐만 아니라 덴마크의 트랜스포테카(Transporteca)는 물류회사에 대한 가격비교사이트 같은 서비스 기업이다.

물류산업은 일반적으로 타 산업에 비교할 때 인력의존도가 높은 산업이기 때문에 그동안 경영혁신 분야에서 가장 늦게 혁신이 되고 있는 분야로 여겨저 왔다. 그러나 4차산업혁명의 시대가 도래함에 따라 인공지능을 기반한 자동화 기술의 증가로 여타의 일반 분야와 같이 급격한 변화가 일어나고 있다. 아마존은 물류 인건비를 줄이기 위해 이미 오래 전부터 물류창고로봇을 도입하여 물류센터의 운영비를 20%나 절감했다고 하며 재고 보관의 공간 이용율을 50% 증대하는 효과를 보았다고 한다. 최근 대표적인 흐름은 자율주행기기, 즉 무인 전기차와 같은 자율 주행차, 트럭, 선박, 항공기 들이 인공지능과 결합되어 물류시장의 대세로 투입되고 있다. 결국 미래의 물류분야의 핵심 경쟁력은 인공지능의 고도화를 바탕으로 하는 자동화된 무인 물류 네트워크를 구축, 소유하고자 각축전을 벌일 것이다.

5.3 기술인프라의 변화

전자상거래가 가상공간이라는 유통채널을 창조하였지만 결국은 물질의 이동이라는 물류의 현실을 극복하는 새로운 해법을 찾는 것이 경쟁력인 것이다. 단지 빠르고 정확하게 상품을 배달하는 단계를 넘어 더 편안하게 전달해야 하는 서비스의 차별화도 추가적으로 요구되는 시대가 되었다. 즉 단순한 비용절감의 문제가 아니라 새로운 가치 창출의 서비스를 구축하여야 한다. 이에 대응하기 위해서는 미래 물류기술을 확보하는 것이 중요한데, 4차산업혁명의 시대에 대표되는 기술로는 인공지능 기반의 빅데이터, 클라우드, 사물인터넷, 로봇, 자동화, 무인화 및 블록체인과 같은 기술들이 패러다임을 선도할 것으로 보인다.

블록체인 기술은 인터넷상에서 일어나는 거래를 안전하게 기록하기 위해 제안되어진 것으로, 금융권에서 먼저 이용이 되었지만 분산 원장의 개념으로 보안성이 우수하여 거래 과정에서 많은 문서가 발생하는 물류분야의 이용성이 커지고 있다. IBM은 머스크와의 협력을 통해 블록체인 기반 컨테이너 물류 및 추적시스템을 개발 하였다. 또 다이아몬드 생산과 유통 전과정에 대한 정보를 관리하는 스타트업 에버레저는 공급망 관리 및 관련 참여자의 투명한 제품 이력공유에 블록체인 기술을 이용하고 있다. 국내에서도 관세청은 블록체인을 수출입 통관 업무에 적용하는데 성공하였다. 블록체인 기술은 거래이력 추적 및 위변조 확인, 계약 확인 및 대금정산을 유연하게 처리할 수 있다는 장점이 있어 실물 거래에 널리 활용될 수 있으며, 실제 상품의 거래, 유통물류 및 SCM 분야에서도 효과가 기대된다. 그러나 현재 가장 활발한 물류 대변혁의 키워드는 자동화에 관한 로봇, 드론, 사물인터넷, 자율주행차, 빅데이터 및 가상현실 기법 등이다.

물류산업에서 가장 활발하게 활용되거나 개발중인 로봇은 아마존의 키바와 같은 무인이송 피킹로봇이다. 아마존이 물류센터에 로봇 1만 5,000대를 배치한 이후 이미 많은 피킹로봇이 나왔으며 상당 수준 상용화도 진행됐다. 로봇의 투입은 물류창고에서 화물의 입고, 재고 적치, 피킹 및 포장에 이르는 전 과정에서 사람이 직접 해야 하는 프로세스를 자동화 해준다. 영국의 온라인 식료품 기업 오카도(Ocado)는 세컨드핸즈라는 협동로봇을 개발하여 물류창고 내에서 사람을 도와 고객주문 식료품의 배송업무에 투입 예정이며, 인텔은 택배기사와 함께 작업 가능한 택배로봇 Loomo Go를 공개하였다. 증강현실(AR: Augmented Reality) 기술 또한 전자상거래 유통과 물류에 커다란 변화를 가져올 것으로 전망되며, 소비자의 개인 맞춤형 콘텐츠나 광고 등의 체험을 제공하는데 사용되기도 하지만 물류센터에서 계획, 피킹, 포장, 딜리버리 서비스 등을 포함한 제품의 조립, 라벨링 등의 창고 작업에서의 테스트에 유용할 것이다. 정리하면 드론과 같은 무인배송과 인공지능과 결합된 로봇 기반의 스마트물류가 핵심 대세이다. 스마트물류란 주문, 생산, 판매, 배송의 다양한 과정에 인공지능, 사물인터넷, 빅데이터, 클라우드 등의 기술과 접목된다.

드론은 현재 차세대 물류의 대세로 시험 비행이 거의 끝나고 현장에 투입 사용되고 있는 실정이다. 하늘뿐만 아니라 땅위에서도 배달용 지상드론이 시범적용 되고 있다. 영국의 드론업체 스타십 테크놀로지스는 소비자의 가정까지 직접 패키지를 배달하는 지상 주행용 드론을 개발하여 로컬허브나 식료품점에서 30분 이내에 배달을 완료하는 것을 목표로 하고 있다. 음식 배달업체인 저스트 이트와 프론토, 슈퍼마켓 체인인 메트로 그룹 등과 시범운용에 돌입했다. 지상드론은 주행용 바퀴 6대가 부착돼 있으며, GPS와 카메라, 동작 감지센서를 장착해 사전에 입력된 목적지를 스스로 찾아가고 장애물을 인식해 스스로 피한다. 드론택배를 이용할 경우는 교통체증을 피하고 비용을 절감할 수 있으며 신속한 배달이 가능하기 때문에 다양한 활용이 예상된다. 중국의 알리바바는 베이징과 상하이에서 드론 택배 시범 서비스를 하고 있으며, 아마존을 비롯한 세계적 물류 업체인 DHL, UPS, Fedex 등이 드론 프로젝트를 시험 적용 및 상용화를 추진 중이다. 국내의 경우도 한국과학기술원 항공우주공학과 심현철 교수팀이 2014년 국내 최초로 드론을 이용한 운송시스템 시연에 성공한 이래 국내 택배 업체들도 서비스 도입에 박차를 가하고 있다. 즉 CJ 대한통운, 한진택배 등에서 드론을 이용한 물류배달 시험 비행을 하였으며, 우정사업본부(우체국)에서 섬지역과 강원도 산골지역(영월, 2018년)에서 드론택배를 시연하였으며 향후 단계적으로 전국의 도서산간에 드론운영을 할 계획이라고 하였다. 국토교통부에 따르면 드론 시장 규모는 향후 15년 동안 (2015년 기준) 1조 6,000억 시장으로 전망하고 있으며 취미나 레저용으로 드론자체의 판매도 증가하는 추세이다. 더불어, 지상에서의 자율주행차량은 독일 물류업체 DB Schenker가 2018년 2월 트럭메이커인 MAN Truck & Bus로부터 군집주행이 가능한 파일럿 트럭을 인도받아 일일 물류 운영에 도입하기 위한 테스트를 하였으며, 이는 네트워크로 연결되어 운행된다.

아마존의 옥토콥터

DHL의 파켓콥터

[그림 10-13] 드론을 이용한 택배

*자료원: www.etnews.com

사물인터넷(IoT)
AI(인공지능)

기술의 진보는 물류관리 방법도 바꿔놓고 있다. 이런 거대한 변화 물결 위에서 기업은 잠재력을 높이고 소비자는 새로운 경험을 할 수 있다. 4차산업혁명 시대를 이끌고 있는 인공지능(AI)은 컴퓨터를 활용한 자동화 수준을 크게 향상시켰다. 소비자가 온라인에서 발송 예약을 할 때, AI 기반의 비서가 상담을 받는다. 물류 창고에서의 배송물의 상 · 하역 역시 AI 기반 로봇이 대신한다. 과거에는 상상할 수 없었던 기술이다. 사물인터넷(IoT) 기술을 사용하면 의료, 항공우주 및 고부가 가치의 첨단산업 등에서 화물의 위치, 온도, 압력, 포장상태, 습도 및 빛의 노출 여부 등을 실시간으로 모니터링 할 수 있는가 하면, 배송 과정에서 생기는 문제를 소비자가 실시간으로 확인할 수 있게 되는 것이다. 이러한 흐름은 당분간 스마트물류라는 이름으로 실용화에 박차를 가할 것이다. 스마트 물류는 주문, 조달, 생산, 판매, 배송의 전 과정에 IoT(사물인터넷), AI(인공지능), 빅데이터, 클라우드, 로보틱스(Robotics) 등 첨단 기술과 지능화된 SW를 적용해 물류시스템을 효율화, 최적화한 시스템으로 물류 창고 영역에서 활발한 적용이 실행되고 있다.

미니사례 미래 물류시장트렌드는 '빅데이터 · 옴니채널물류'

빅데이터와 옴니채널이 미래의 물류시장을 주도할 트렌드가 될 것이라는 주장이 제기됐다. 22일 대한상공회의소는 물류산업의 새로운 트렌드와 기술을 소개하는 DHL의 '물류 트렌드 레이더 2014(Logistics Trend Radar 2014)'의 한국어 번역판을 발간하고 이 같이 밝혔다. 지난해에 이어 DHL이 두 번째 시리즈로 발간한 이번 보고서는 미래사회 비즈니스 동향과 물류산업 미래를 좌우할 최신 비즈니스 트렌드와 기술을 담고 있다.

보고서는 향후 물류시장을 주도할 트렌드로 빅데이터를 활용한 '예측물류', 다양한 유통채널을 동시에 활용하는 '옴니채널 물류', 도시화와 인구 집중으로 인한 '도시물류', 대중의 참여와 협동을 활용하는 '크라우드 물류' 등을 꼽았다. 먼저 빅데이터를 활용한 물류효율화 여부가 미래성장동력을 가늠할 것으로 전망했다. 최근 글로벌 기업들은 과거에 불가능했던 일을 빅데이터를 통해 현실화하며, 새로운 성장동력 확보나 틈새시장 공략에 빅데이터 분석을 적극 활용하는 추세다. 물류업계도 예외는 아니라는 지적이다. 실제 DHL은 과거의 출하이력 데이터와 공휴일, 날씨, 구글 검색어, 온라인 고객의 쇼핑행태 등의 빅데이터를 통합 · 분석하고 있다. 이를 바탕으로 화물운송수요 발생지역과 물량 등에 대한 예측 정확도를 높여 공차운행을 감소시킬 계획이다. 또 아마존은 고객의 제품검색, 구매이력, 장바구니(wish list)는 물론 화면의 마우스 움직임정보까지 포함하는 빅데이터 분석을 통해 고객이 주문하기 전에 배송을 개시할 계획을 갖고 있다.

대한상의는 "빅데이터는 21세기 원유라 불릴 정도로 세계경제의 핵심산업으로 떠오르고 있다"며 "물류기업도 빅데이터 분석을 활용해 화물운송 예측의 정확성을 높이고 수배송 네트워크를 효율화해 나가야 한다"고 말했다. 아울러 보고서는 옴니채널 쇼핑의 부상도 물류업계에 새로운 변화를 일으킬 것으로 전망했다. 옴니채널(Omni-Channel) 쇼핑이란 온라인과 오프라인을 자유롭게 넘나드는 소비 형태로, 소비자들이 시간과 장소에 구애받지 않고 원하는 물건을 구매할 수 있게 하는 쇼핑체계를 말한다. 옴니채널 쇼핑에서는 오프라인 점포 내에서도 모바일 기기 등을 이용해 온라인으로 가격비교, 제품평을 확인하여 주문하거나, 온라인으로 상품을 주문한 후 상품을 오프라인 매장에서 직접 수령하는 것도 가능하다.

대한상의는 "유통시장의 옴니채널화에 따라 B2C 배송물량이 크게 늘어날 것으로 전망된다"며 "옴니채널 상거래 수요에 대응하는 창고 · 보관, 택배, 회수 업무 등에서 새로운 물류서비스 기회가 생겨날 것으로 기대된다"고 밝혔다. 이어 "향후 5년 안에 세계 인구의 절반 이상이 도시지역에 거주할 것으로 예상됨에 따라 도시 내 물류시장이 폭발적으로 성장할 것"이라며 "물류기업들은 인구가 많이 밀집되는 공항, 병원, 건설 현장 등의 공간에 대한 통합물류계획을 세우고, 제품 대여 · 공유 등의 새로운 물류비즈니스 모델을 발굴해 나가야 한다"고 주장했다.

이밖에 보고서는 "3D프린팅, 사물인터넷, 웨어러블 기술, 증강현실 등의 신기술이 물류업계에 새로운 기회를 가져다 줄 것"이라며 "크라우드 물류, 공정물류, 편의물류, 공유경제 물류 등도 주목할 필요가 있다"고 조언했다.

참조: http://www.asiae.co.kr/news/view.htm?idxno=2014102116194425503

참·고·문·헌

강금식,정우석, 생산운영관리, 오래출판사, 2011

구교봉, 이종호, 전자상거래, 탑북스, 2012

노규성외, 전자상거래 & e-비즈니스, 사이텍미디어, 2009

노규성외, 빅데이터시대의 전자상거래, 생능출판사, 2015

윤한성외, 기업경영과 e-Business, 경문사, 2008

조동훈, 전자상거래 개론, 한올출판사, 2002

아시아경제 등 기사

아웃소싱타임스(http://www.outsourcing.co.kr)

삼성SDS자료, Smart Logistics Business Unit, 2017.07.

현대경제연구원, 자료 17-34 (통권 707호), 2017

연·습·문·제

1. 물류의 개념을 정의하라.

2. 전자상거래 시대에서 물류의 중요성을 설명하라.

3. 전자상거래에서 물류아웃소싱의 의미를 설명하라.

4. 전자상거래의 신규 기업에서의 적합한 수요예측 방법을 제시하라.

5. 전자상거래 기업에서 재고의 기능을 설명하라.

6. 전자상거래 기업 관점에서 경제적 주문량 모델의 개념을 설명하라.

7. 전자상거래의 수요예측에 빅데이터가 접목될 수 있는 예시를 들어 설명하라.

8. 물류 거래에서 블록체인 기술의 가치를 설명하라.

9. SCM에 빅데이터를 접목할 수 있는 방안을 설명하라.

11

CHAPTER

쇼핑몰 구축과 웹사이트 관리

전자상거래에 있어서 쇼핑몰 구축과 운영은 일반적인 전통적 상거래에서 사업장을 구축하여 운영하는 것과 마찬가지이다. 인터넷 쇼핑몰은 이미 우리 경제나 생활에 중요한 부분을 차지하고 있는 실정이다. 매년 엄청난 비율로 증가하고 있는 인터넷 쇼핑몰이지만, 모두 다 성공의 열매를 맛볼 수는 없다. 자신의 쇼핑몰이 성공하기 위해서는 구축도 중요하지만, 구축 후 지속적인 유지 · 관리가 더 중요하다. 최근에는 아주 쉽게 쇼핑몰을 구축하고 관리할 수 있는 솔루션들이 많이 개발되고 있으며, 웹사이트와 모바일과의 연동이 중요한 화두로 떠오르고 있는 실정이다. 발빠르게 새로운 지식과 기술을 습득하고 철저히 고객지향적인 쇼핑몰을 운영한다면 성공의 길은 그리 어렵지 않을 것이다. 전자상거래의 특성을 최대한 잘 살려서 비즈니스를 한다면 실패도 줄이면서 성공의 지름길에 한걸음 다가설 수 있는 좋은 기회를 맞이하게 될 것이다.

1. 쇼핑몰 구축 방법과 절차
2. 성공적인 웹사이트 설계 전략
3. 웹사이트 내비게이션 전략
4. 웹사이트 프로젝트 관리
5. 모바일 웹사이트
6. 전자상거래 보안관리

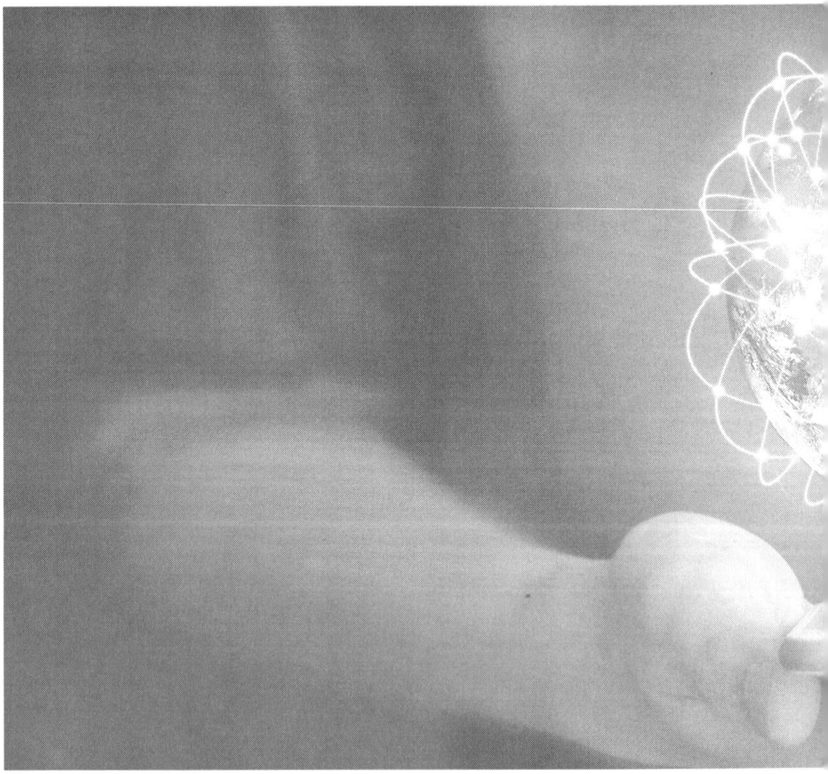

1. 쇼핑몰 구축 방법과 절차

쇼핑몰 사이트뿐만 아니라 웹사이트를 개발하는 일반적인 절차는 프로젝트 수행의 형태, 즉 자체 개발 혹은 용역개발 등의 방법에 따라 달라질 수 있다. 또한 사이트의 성격(소셜커머스, B2B 혹은 B2C 상거래 사이트, 경매 사이트 등)에 따라 약간씩의 차이는 있을 수 있으나 일반적으로 비슷한 절차를 통해 개발이 진행된다. 이 절에서는 전자상거래 사이트를 외주로 개발할 경우의 절차를 기준으로 설명하고 있으며, 웹에이전시(web agency, 웹사이트 외주개발 전문회사) 관점에서 개발절차를 설명하고자 한다. [그림 11-1]에 제시된 개발 절차는 웹사이트 개발을 위한 실무에서 빈번하게 사용되는 절차이다.

제안요청서(RFP: Request For Proposal)

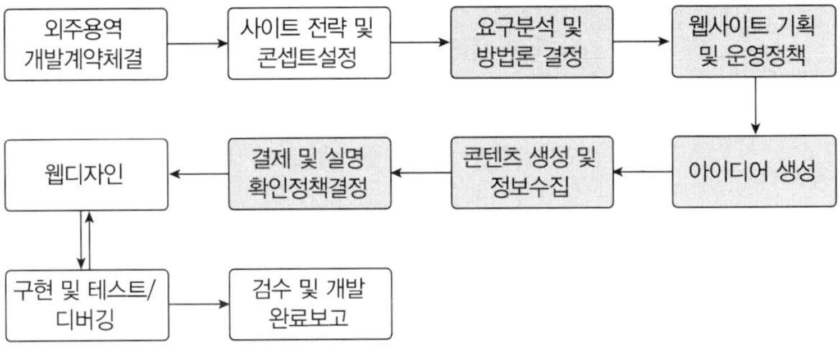

[그림 11-1] 웹사이트 개발절차

1.1 개발요청서와 개발계약 체결

웹사이트를 외주용역개발 방식으로 진행할 경우는 제안요청서(RFP: Request For Proposal)를 외주개발대행업체로 발송한다. 외주개발에 참여를 희망하는 업체는 제안서를 접수하게 되고, 클라이언트(Client, 웹사이트 개발의뢰 회사)는 제안서 평가를 통하여 개발업체를 선정하게 된다. 선정된 업체와의 개발계약을 체결함과 동시에 프로젝트는 시작된다.

(1) 제안요청서

클라이언트가 개발사에 제공하는 것으로 클라이언트가 희망하는 개략적인 요구사항을 개발용역을 수행하는 기업 혹은 조직에 전달한다. 이 서류는 개발사가 제안서를 작성하는 데 필요한 사항들로 요구사항에 대한 상세한 내용일수록 제안서의 내용에 정확하게 반영이 될 수 있다. RFP 작성을 소홀히 하여 제안 혹은 개발과정에서 개발사와의 마찰의 불씨가 되는 경우도 있다.

(2) 제안서(proposal)

RFP를 참고로 하여 프로젝트에 대한 제안서를 작성하는데 프로젝트 제안서의 주요 내용으로는 개발개요, 개발범위 및 내용, 인력투입계획, 일정계획, 사이트의 방향성 및 주요 콘셉트(concept), 개발과정, 예산소요계획, 교육훈련 등의 내용들로 구성된다.

(3) 개발사 선정 및 개발계약서 작성

제안서를 접수한 클라이언트는 제출된 제안서의 평가 및 검토 작업을 실시한 후에 어떤 업체에 프로젝트를 맡길 것인가에 관한 의사결정을 한다. 다음 단계로 개발계약을 체결하게 되며, 계약서의 주요 내용으로는 계약금액, 지불조건, 개발범위, 하자보수, 납기관련 조항 등의 내용으로 구성되며, 첨부로 개발범위, 인력 투입계획, 예산소요 계획 등에 대한 상세 문서들을 첨부할 수도 있다.

1.2 사이트 전략 및 콘셉트 설정

전체 개발 프로세스 중에서 사이트 콘셉트 및 전략설정 단계가 매우 중요한 단계인데 그 이유는 이 단계에서는 사이트의 전략, 사이트 콘셉트 설정, 사이트가 추구하는 목표, 마케팅, 이벤트 및 홍보 전략, 그리고 운영전략 등 전략적 관점의 명확한 정의가 필요한 단계이기 때문이다. 이 단계에서 결정해야 할 사항들을 좀 더 자세하게 살펴보면 다음과 같다.

(1) 사이트 콘셉트(site concept)

웹사이트를 통하여 사용자 혹은 방문자들에게 전달하고자 하는 내용을 말하는 것으로 웹사이트의 목표고객이 어떤 사람들인지, 어떤 내용을 어떤 구조로 제공하고 있는지, 사이트의 이미지는 어떤 것인지 등에 대하여 명확하게 전달하기 위한 개념이다. 콘셉트를 전달하는 요소로는 사이트의 구조와 전략, 콘텐츠의 종류, 내비게이션 방식, 그리고 그래픽 디자인 이미지 등이다.

(2) 사이트 목표(site goals)

많은 수의 웹사이트들이 존재하고 있으나 정작 고객들에게 진정한 가치를 전하는 사이트는 그리 많지가 않다. 잡다한 정보들을 제공함으로써 사이트 전체적으로 풍부한 콘텐츠를 보유하고 있는 것처럼 여겨질지라도 정작 대상고객에게 필요한 정보는 10% 내외의 수준이라면 사이트의 존재가치는 낮다고 볼 수밖에 없다.

광범위한 영역에 해당하는 정보를 갖추기 위해 힘과 노력을 낭비하는 것을 방지하기 위해서는 사이트의 존재 목표를 명확하게 하고, 누구에게 서비스를 제공할 것인가에 대한 명확한 정의가 전제되어야 한다. 핵심이 되는 부분에 자원과 노력을 집중해야 한다는 의미이다.

(3) 마케팅 및 홍보전략

전자상거래 사이트의 경우 전자적 환경에서 구매행위가 발생하는 특징이 있기 때문에 가격, 품질, 그리고 이에 따른 신뢰가 무엇보다 중요하다. 제품의 가격전략, 품질에 대한 인식을 높여주기 위한 방법, 지속적인 대 고객 신뢰 형성을 위한 방안 등에 대한 전략적 접근이 반드시 고려되어야 한다. 또한 마일리지 제공, 할인 프로그램, 이벤트 계획 등에 대해서도 개발 초기 단계에 고려해야 한다.

(4) 사이트 운영전략

운영단계에서는 고객지원, 개인정보보호정책, 운영에 관한 내부 규정 및 기준 등에 대한 사항들이 사전에 고려되어야 한다. 불량 회원들에 대한 처리규정은 어떻게 할 것인지, 물품의 반납 및 환불정책, 배송서비스는 어떻게 할 것인지, 코너별 입점 업체 관리기준은 어떻게 할 것인지 등을 고려하여야 한다.

1.3 사이트 기획

사이트의 콘셉트와 전략설정 단계 이후 사이트를 구체적으로 기획하고, 관련 요구사항들을 분석하고, 정보를 수집하며, 메인페이지 디자인 및 레이아웃에 대한 시안

시안(원형제작, prototyping)

(원형제작, prototyping)을 제작한다. 이 과정에서 명확하게 정의된 요구 사항은 프로젝트의 실패 가능성을 최소화하며, 클라이언트의 요구를 충족시켜 준다는 점에서 고객만족도를 높여 줄 수 있다. 이 단계에서 이루어지는 세부업무들은 다음과 같은 요소들이다.

(1) 사이트 기획(planning)

개발계약이 체결되면 요구분석 및 정보를 수집하는 과정을 거치게 된다. 사이트 기획의 초기 작업으로는 의뢰하는 기업의 담당 실무자들과의 의사소통이 매우 중요하다. 이 단계는 프로젝트를 추진하는 기업과 의뢰한 기업 간에 마찰이 생길 소지가 많은 과정이라고 할 수 있다. 왜냐하면 요구사항에 대한 정의가 명확하지 않은 상황에서 의뢰하는 쪽의 요구사항이 과다할 수도 있으며, 기술적으로 개발의 난이도가 높아져서 제안시의 계약금액이나 일정을 초과하는 경우도 발생하기 때문이다. 따라서 계약 시에 계약금액을 명확하게 확정을 하고 계약을 한 경우에도 예외조항을 두거나 수차례의 타협 과정을 거치면서 적정 수준에서 계약금액을 조정하는 것이 좋다.

(2) 시안제작

웹 페이지는 무형의 제품이라고 할 수 있기 때문에 프로젝트 완료단계에서 클라이언트와 프로젝트 수행조직과 의견차이가 생길 경우 심각한 문제가 발생될 우려가 있다. 따라서 이러한 문제점을 해소하기 위해서는 사전에 시안제작을 통하여 문제발생의 소지를 차단하는 것이 현명하다. 따라서 사이트 기획단계에 메인 화면의 디자인과 메뉴구조, 개략적인 사이트 맵 등에 대하여 시안을 제작하여 상호 논의과정을 거쳐야 한다. 특히 디자인 부분에서는 사람마다 주관적인 시각차가 많기 때문에 개발초기에 의견 조율이 매우 중요하다.

(3) 웹 내비게이션 보드 작성(web navigation board)[1)]

웹 내비게이션 보드란 스토리 보드와 비슷한 개념인데 웹사이트 디자인 및 개발을

1) 많은 경우에 스토리보드(storyboard)라는 용어를 사용하고 있으나 이는 웹사이트의 특성을 감안한다면 잘못된 용어라고 할 수 있다. 왜냐하면 스토리보드는 영화나 애니메이션 작업시 주요 장면을 사전에 그림으로 스케치한 것으로 순차적 특성을 가진다. 그러나 웹사이트의 하이퍼미디어(hypermedia)적 특성에는 비순차적 특성을 가지므로 부적합한 용어라고 할 수 있다. 따라서 웹 내비게이션 보드라는 표현이 적합하다.

위한 사전작업으로 전체사이트에 대한 가상 내비게이션 체계와 페이지별 레이아웃, 사이트 구성요소, 사이트 맵, 데이터 플로 차트(data flow chart) 등을 포함하는 기획서를 말한다. 일반적으로 프레젠테이션 소프트웨어를 사용하여 작성하는 경우가 많으며, 작성된 보드를 가지고 클라이언트와의 수차례에 걸친 협의 과정을 통해 확정을 하게 된다. 보다 자세한 사항에 대해서는 다음 절에서 살펴보도록 하자.

데이터 플로 차트(data flow chart)

(4) 타사이트 벤치마킹(benchmarking)

웹 기획을 담당하는 기획자들은 클라이언트들의 요구사항과 자신의 아이디어를 동원하여 전체적인 사이트의 윤곽을 설계하는 역할을 담당한다. 그 과정에서 창조적 아이디어 창출을 위해서 우수한 사이트를 벤치마킹하거나 분석하는 것이 필요하다. 아무리 아이디어가 풍부한 기획자라 하더라도 아이디어를 짜내는 것에는 한계가 있기 마련이다. 따라서 웹 기획자들은 앞서가는 사이트나 최신의 기술을 활용하여 제작된 홈페이지들을 벤치마킹할 필요가 있다. 한 가지 유념해야 할 사항은 벤치마킹이 복사를 의미하는 것은 아니며 모방을 의미하는 것은 더더욱 아님을 명심하고 단지 새로운 아이디어에 대한 힌트를 얻는 목적으로 활용해야 한다는 것이다.

(5) 기타 기획활동

그 밖에도 기획 단계에서 이루어지는 일들로는 사용자인터페이스 디자인, 구현방식 선정, 웹사이트 운영을 위한 관리자 툴 페이지 기획, 개발자 및 디자인 작업을 위한 환경조성, 그리고 프로젝트 팀 구성 및 관리 등에 대하여 관련 부서와 긴밀한 논의 등이다.

1.4 사이트 구현 및 테스트

사이트 구현의 과정은 크게 디자인 단계와 구현 및 테스트 단계로 나눌 수가 있다. 순서상으로 보면 페이지 디자인이 어느 정도 진행되면 프로그램 작업이 들어가는데 반드시 순차적으로 접근할 필요는 없다. 왜냐하면 회원가입, 상품 주문시 배달지 등과 같이 입력양식이 필요한 페이지를 위한 데이터베이스를 설계하거나 게시판 등과 관련된 프로그램작업을 병렬로 진행할 수도 있다. 또한 전자상거래 사이트의 경우 결제관련 모듈 부분에서 지불대행사(payment gateway service)의 인증시스템과 웹사이트의 연결과 관련한 각종 기술적 문제 등에 대한 개발도 있다. 또한 각종 마일리지 정책과 관련된 프로그래밍, 고객관계 마케팅 등을 위한 모듈 개발 등의 개발과정이 동시에 진행될 수 있다.

1.4.1 웹 페이지 디자인

그래픽 디자인은 웹사이트의 전체적인 분위기를 좌우하고, 효과적으로 사이트콘셉트를 전달하기 위한 매우 좋은 수단이다. 또한 각종 메뉴의 구조나 위치, 표현방식 등에 따라 사용자 편이성이 좌우되기도 하기 때문에 매우 중요한 작업 과정이다. 메뉴 바의 디자인, 배경화면의 분위기, 버튼의 모양 등을 통하여 방문자 혹은 사용자들의 감성적 만족감을 채워줄 수도 있다. 플래시 이미지를 이용하여 동적이고 재미있는 디자인을 제공함으로써 지루함을 달래주기도 한다. 따라서 웹페이지 상에서 표현의 범위나 상상의 한계는 무한하다고 볼 수 있으나 과도한 그래픽 이미지들을 사용하여 사이트 전체적인 성능을 떨어뜨리고, 사용자들의 주위를 산만하게 함으로써 오히려 역효과를 주는 경우도 있기 때문에 균형을 유지하는 것이 중요하다.

1.4.2 구현

ASP(Active Server Pages)
PHP(Hypertext Preprocessor)

ASP(Active Server Pages)나 PHP(Hypertext Preprocessor) 등의 서버사이드 언어(SSL: Server Side Language)나 스크립트 언어[2]를 이용하여 프로그래밍 작업이 진행되는데 프로그래밍 과정은 소스코드를 만들어 내는 작업이다. 프로그래밍은 디자인된 페이지 혹은 설계된 데이터베이스에 저장된 데이터들을 처리하는 역할, 페이지 상에 표현하고자 하는 내용을 HTML형식으로 표현하는 역할, 그밖에도 웹사이트에 필요한 다양한 기능들을 하드웨어 환경을 고려하여 소프트웨어로 구현하는 과정이다.

1.4.3 테스트 및 디버깅

웹 페이지가 디자인되고 프로그래밍이 완료되면 기획담당자, 클라이언트, 기타 관련자들에 의해 테스트가 진행된다. 초기 기획된 기능들이 정상적으로 구현되어 있

2) 프로그래밍에서의 스크립트는 다른 프로그램에 의해 번역되거나 수행되는 프로그램이나 명령어들의 나열을 말한다. 비교적 자주 사용되는 스크립트 언어로는 Perl, 자바 스크립트, IBM 메인프레임에서 사용되는 REXX, 그리고 Tcl/Tk 등이 있다. 스크립트는 컴파일된 프로그램보다 실행시간이 오래 걸리는데, 그 이유는 모든 명령어가 기본 명령어 처리기에 의해 직접 처리되지 못하고, 우선 다른 프로그램에 의해 전처리가 필요하기 때문이다(출처: 네이버지식백과).

는지, 정상적으로 구현된 기능들이 의도된 대로 작동을 하고 있는지, 확정된 내비게이션 보드 상에 명시된 작업들은 빠짐없이 개발되어 있는지, 전자상거래 기능에서 정상적으로 결제과정이 진행되는지, 관리자 툴의 기능은 정상적으로 작동하는지, 페이지 내용에 오탈자는 없는지 등등에 대한 세밀한 테스트 과정을 거치게 된다. 개발을 담당하는 팀에서는 검수를 위한 목록을 작성하여 제시할 수도 있으며, 테스트참가자들은 테스트리포트를 작성하여 수정보완 작업인 디버깅(debugging) 단계를 거치게 된다.

디버깅(debugging)

1.4.4 검수 및 개발완료 보고

검수 및 디버깅 과정을 거치고 검수가 완료된 사이트는 일반에 공개(launching)되며, 본격적인 운영에 들어가게 된다. 프로젝트를 완료하기 위해서는 그간 진행된 작업들에 대한 문서정리 작업을 하게 된다. 가장 바람직한 방법은 개발 도중에 개발일지를 작성하여 개발된 내용을 정리하는 것이 좋다. 그러나 많은 수의 개발자들의 경우 문서작업은 프로젝트 완료 단계에서 진행하는 경우가 있는데 바람직한 방법은 아니라고 생각된다. 반드시 프로젝트 진행과정에 문서작업을 병행해 나가야 하며, 문서화된 내용은 회사의 중요한 지적재산으로서의 가치를 지니게 되며, 이후 웹사이트를 유지보수하거나 업그레이드 작업을 하고자 할 경우에 매우 중요한 기술문서로서의 역할을 하게 될 것이다. 대개의 경우 개발완료 보고서에 관련 문서를 첨부하여 3부를 작성하고, 1부는 개발사에서 2부는 클라이언트가 보관하는 경우가 일반적이다. 문서 보고서뿐만 아니라 소스코드를 백업(backup)한 CD 원본도 같이 동봉하여 보관하는 것이 안전한 방법일 것이다.

공개(launching)

1.5 임대형 쇼핑몰

쇼핑몰을 만들 때 가장 먼저 고민을 해야 하는 것이 쇼핑몰 구축이다. 앞서 살펴본 내용은 쇼핑몰을 구축하기 위해서 외주(아웃소싱)를 주는 형태이고, 이 절에서는 최근들어 많이 사용하고 있는 솔루션을 통한 구축(임대형 쇼핑몰)에 대해 살펴보고자 한다.

현재, 국내에서 가장 많이 사용하고 있는 솔루션으로는 카페24, 가비아, 메이크샵, NHN 고도, 워드프레스 등이 있다.

1.5.1 카페 24

대표적인 쇼핑몰 솔루션으로 많은 이용자들이 이용을 하고 있으며, 바가지머리, 멋남 등이 대표적인 쇼핑몰이다. 카페24의 가장 큰 장점으로는 PG사 등록비, 도메인 등록비, 카드결제 수수료를 제외한 모든 서비스가 무료라는 점이다. 또한 서버를 무료로 호스팅을 할 수가 있고 모바일 쇼핑몰도 무료로 만들 수 있고 교육도 받을 수 있다는 장점이 있다. 그러나 기본적으로 html에 대한 지식이 있어야 하기 때문에 초보자들이 관리하기에는 어려움이 따른다.

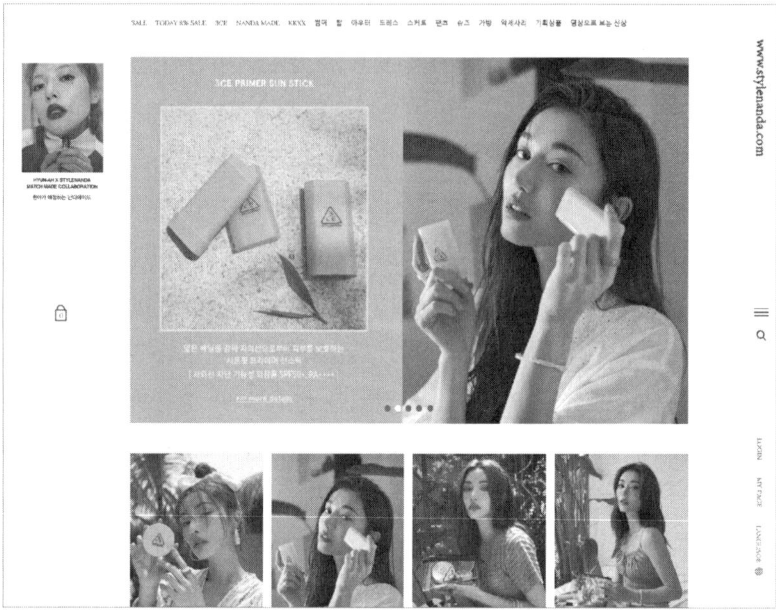

[그림 11-2] 카페24 솔루션을 이용한 쇼핑몰

1.5.2 가비아 퍼스트몰

가비아는 서버임대 서비스로 시작을 하였으며, 전자상거래에 필요한 모든 시스템이 탑재되어 있고 모두 무료로 사용이 가능하다. 또한 운영자의 편의성을 위해 주문 배송 관리와 사용 매뉴얼도 제공을 하고 있으며, 다양한 창업 교육도 지원을 하고 있다는 장점이 있다. 또한 최근에는 쇼핑몰을 개설하기 전에 퍼스트몰이 제공하는 쇼핑몰 등을 체험을 할 수가 있다. 아래 그림에서 보는 바와 같이 쇼핑몰, 모바일샵, 관리자, 관리자앱 등을 체험할 수가 있다.

[그림 11-3] 퍼스트몰 솔루션을 이용한 쇼핑몰

1.5.3 메이크샵

메이크샵은 임대형쇼핑몰 사용자를 가장 많이 보유한 업체로 김준희, 백보람, 황혜영 등 많은 연예인들의 쇼핑몰들이 운영되고 있다. 다른 업체에 비해 디자인적인 부분이 세련되고 초보자도 손쉽게 사용할 수 있는 구조의 쇼핑몰 호스팅 업체이며, 온라인/오프라인으로 무료 교육도 진행을 하고 있어 창업 초보자들에게 적합하고, 추후 쇼핑몰 디자인을 수정할 수 있다는 장점이 있다. 무료 쇼핑몰이지만, 매월 일정액의 서비스 이용료를 지불해야 한다. 그러나 임대형 솔루션만 있기 때문에 카페24와 같이 자유로운 기능 추가를 하려면 독립형 쇼핑몰로 이전을 해야 한다는 단점이 있다.

[그림 11-4] 메이크샵 솔루션을 이용한 쇼핑몰

1.5.4 NHN 고도

NHN 고도는 카페 24, 메이크샵에 비해 인지도가 낮은 편이다. 그러나 쇼핑몰의 솔루션이 다양하고, 무료형, 임대형, 독립형으로 구성되어 있어 소비자(운영자)가 원하는 대로 쇼핑몰을 만들 수 있다는 장점을 가지고 있다. 솔루션 비용이 상대적으로 저렴하기 때문에 창업을 처음 하는 경우에 유용하게 사용할 수 있다는 장점을 가지고 있다.

[그림 11-5] NHN 고도 솔루션을 이용한 쇼핑몰

1.5.5 워드프레스

국내에서는 아직 잘 알려져 있지 않지만, 해외에서는 woocommerce, jigoshop 등 다양한 쇼핑몰들이 워드프레스로 구축을 하고 있다. 워드프레스 쇼핑몰은 세계 최고 CMS(Contents Management System)인 워드프레스의 기능을 그대로 사용이 가능하고, 기초적인 지식이 있으면 레이아웃이나 페이지 구성 등을 쉽게 변경할 수 있다. 또한 반응형 레이아웃 기반으로 별도의 모바일 페이지나 앱의 구축이 불필요하고 해외 전용 쇼핑몰 구축에 용이하다는 장점을 가지고 있다. 그러나 다른 솔루션에 비해 고객관리, 마케팅, 상품관리 등 기본적으로 기능이 다양하지 못하고, PG사가 한정적이며, 쇼핑몰의 유지 보수를 위해서 기본적인 지식이 필요하다는 단점이 있다.

CMS(Contents Management System)

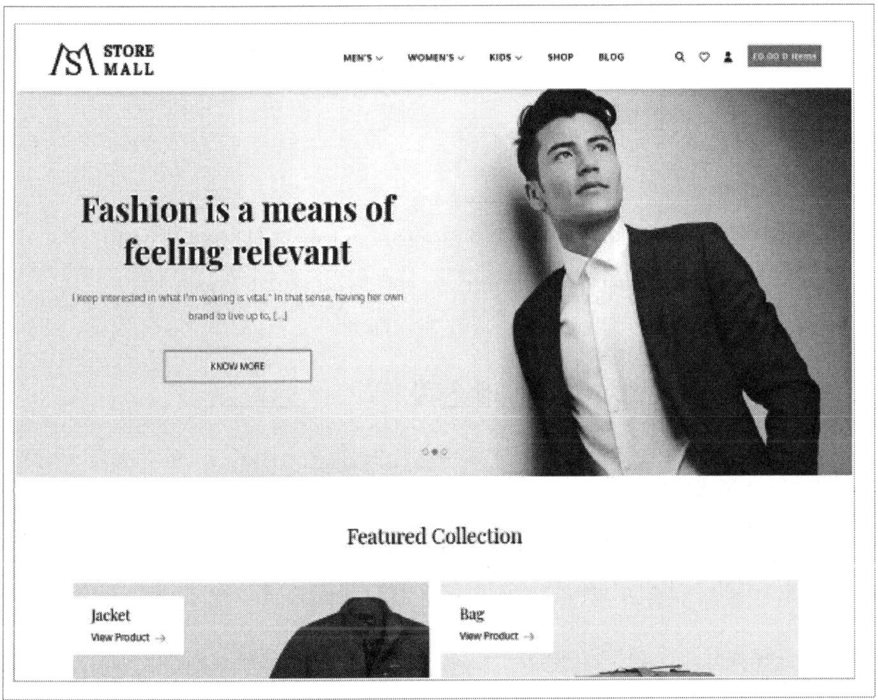

[그림 11-6] 워드프레스로 제작된 쇼핑몰

1.5.6 임대형 쇼핑몰 프로세스

창업 준비단계(아이템선정, 시장조사, 사업계획서 작성, 도메인 등록, 각종 행정적인 신고 등)가 되어 있다는 가정하에 쇼핑몰 구축절차에 대해서 소개하고자 한다.

쇼핑몰을 구축하기 전에 먼저 회원가입을 해야 한다.

쇼핑몰은 구축단계와 운영단계로 나뉜다. 먼저 구축단계에서는 솔루션 선택(임대형/독립형), 쇼핑몰 디자인, 상품 촬영/등록, 운영정책 결정, 결제서비스 준비를 차례대로 거치게 된다. 운영단계에서는 상품배송, 도매몰, 검색엔진 등록, 광고/마케팅 단계를 차례대로 거친다.

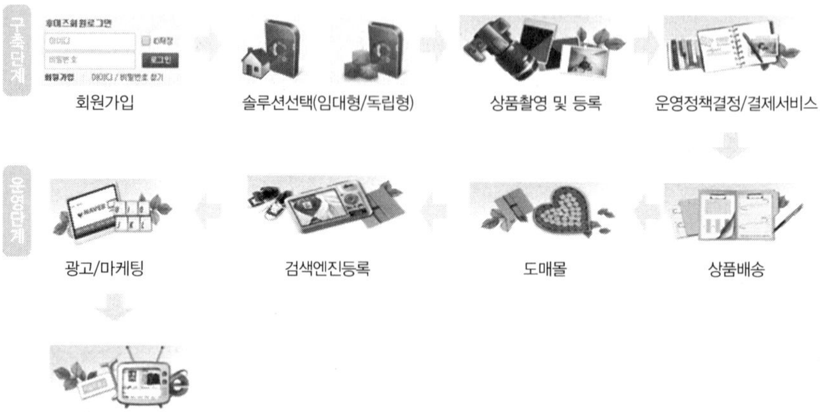

[그림 11-7] 임대형 쇼핑몰 프로세스(oldmall.whois.co.kr 참조하여 재구성)

2. 성공적인 웹사이트 설계 전략

2.1 성공적 사이트의 조건

임대형의 접근이 제약되어 있기 때문에 관계가 있지만, 일반적으로 성공적인 웹사이트 설계 전략은 다음과 같다.

2.1.1 기획개발 관점

기획개발 관점에서 웹사이트 구축시 고려해야 할 사항으로는 첫 번째로 변화 발전하는 사이트의 미래를 예측하여 기획되어야 한다. 즉, 웹사이트가 개발되어 서비스가 시작되는 시점에서는 가입회원 혹은 방문자의 수가 적을 수밖에 없다. 그러나 웹사이트가 운영되는 과정에서 서비스의 품질에 따라 방문자의 수가 급격하게 늘어날 수 있다. 이러한 경우에 개발 초기부터 데이터베이스의 설계 혹은 전체적인 시스템의 규모 등에 대하여 고려하지 않을 경우 시스템 불안정에 의한 서비스 품질이 떨어질 수도 있다. 또한 웹 기술은 매우 빠른 속도로 발전하고 있기 때문에 향후의 기술 발전의 흐름을 고려하여 웹사이트를 개발해야 한다는 것이다.

또 다른 예로는 웹사이트 구조의 설계 시에 메뉴 등이 향후 추가될 가능성을 고려하여 메뉴구조를 설계하여야 한다.

두 번째 고려사항은 웹사이트의 설계는 건축물 하나하나를 설계하는 것이라기보다는 도시를 설계하는 것으로 비유할 수 있다. 새로운 도시를 조성할 경우 가장 먼저 진행되는 것이 도시의 주요기능과 신도시가 추구하는 목적들이 결정되고, 이어서 도로와 상하수도시설, 전기 선로 및 배관시설 등의 기반시설이 먼저 구축된 이후 그 위에 건축물이나 기타 시설물이 설립된다. 즉 웹사이트는 전체 사이트의 주요기능과 주요 콘셉트를 명확하게 하고, 이들 콘셉트에 부합하는 메뉴구조, 이벤트 등의 프로모션을 위한 배치, 각종 마케팅 활동에 필요한 데이터베이스의 설계 등의 종합적 설계가 필요한 것이다.

세 번째 고려사항은 많은 사이트들에게서 공통적으로 나타나는 문제점 중의 하나인데 자사의 비즈니스 전략이 녹아들어 있지 않다는 것이다. 전자상거래 사이트의 경우 비즈니스 범위, 가격전략, 프로모션전략, 고객서비스 전략, 유통전략 등이 표현되어 있어야 한다.

네 번째 고려사항은 구현에 사용될 기술들에 대한 충분한 이해가 뒷받침이 되어야 한다는 것이다. 즉 서버의 운영체제를 유닉스 환경으로 할 것인지?, 윈도우즈 NT환경으로 할 것인지? 프로그래밍(스크립트) 언어는 ASP(Active Server Page)로 할 것인지?, PHP(Hypertext Preprocessor)로 할 것인지?, JSP(Java Server Page)를 사용할 것인지? 등에 대하여 사전에 결정하여야 한다. 만약 서버의 운영체제를 리눅스 등의 유닉스 계열을 사용할 경우는 PHP 스크립트 언어를 사용하여야 하고, 윈도즈 NT를 사용할 경우는 ASP 등의 언어를 사용하여야 한다.

JSP(Java Server Page)

다섯 번째 고려사항은 기획 단계부터 구현, 테스트단계에 이르는 전체 과정상에서 관련 프로젝트 구성원들 간의 긴밀한 커뮤니케이션이 활발하게 이루어져야한다는 것이다. 초기 기획단계에서는 사이트 구축에 아이디어들을 관련 팀이나 부서와 충분한 토의가 필요하며, 외주개발을 하는 경우에는 클라이언트와의 사전 논의가 충분하게 이루어져야 한다는 것이다. 또한 개발과 디자인 단계에서는 디자이너와 프로그래머 간의 의사소통, 테스트 단계에서 클라이언트, 개발자, 디자이너, 기획자 등의 프로젝트 참여자들의 원활한 의사소통이 반드시 필요하다. 웹사이트 구축 프로젝트의 상당수가 의사소통 과정의 미흡으로 인하여 개발 일정이 지연되거나 개발 후 보완이 필요한 사이트가 많아 오히려 전체적인 비용이 증가하는 오류를 범하고 있다.

2.1.2 디자인 관점

성공적인 웹사이트를 구축하기 위해서는 웹 페이지 디자인의 역할이 매우 중요하다. 지나치게 화려하고, 번잡하게 디자인된 웹페이지보다는 시각적으로 일목요연하게 정리되어 있어서 전체 사이트의 구성이 일관성을 가지는 방향으로 디자인되는 것이 무엇보다 중요하다. 성공적인 웹사이트 디자인의 특징을 요약하면 아래와 같다.

(1) 쉬운 내비게이션(easy-to-navigate)

웹 페이지의 메뉴를 아름다운 아이콘으로 디자인하는 것에 치중하다 보면 자칫 사용의 편이성을 떨어뜨리는 결과를 초래할 수도 있다. 또한 메뉴구조나 메뉴명을 통하여 전체 사이트의 성격을 파악하거나 다음 페이지의 내용을 쉽게 예측할 수 있도록 설계하여야 한다. 이처럼 성공적인 웹사이트는 쉬운 내비게이션 구조를 가지도록 디자인되어야 한다.

(2) 매력성(attractiveness)

충분히 매력적인 웹사이트란 사이트를 찾은 방문자에게 유용한 정보를 제공하거나, 방문자에게 무엇인가 소중한 가치를 제공하는 사이트를 의미한다. 윈도우 쇼핑과 같은 시각적 볼거리, 가격비교 정보 제공 등의 실용적 정보제공, 경제적 여행을 위한 저렴한 예약서비스 제공 등의 가치를 제공할 수 있도록 디자인된 매력 있는 사이트는 결과적으로 재방문율을 높여서 성공적인 웹사이트가 될 수 있는 것이다.

(3) 유용성(usability)

웹사이트의 유용성이라 함은 방문자 즉 사이트를 사용하거나 방문하는 사람들의 방문목적을 지원하는 사이트가 되어야 한다는 것이다. 우리 사이트를 찾아오는 사람들이 원하는 것은 무엇일까? 웹 페이지 상에서 방문자들의 행동 양식은 어떤 것일까? 웹사이트가 사용자들의 필요를 채워 줄 수 있을 것인가? 등의 의문점을 제기하여 목표로 하는 방문자들을 대상으로 다양한 조사를 통하여 파악해야하는 것이 필요하다.

(4) 전문성(specialty)

하루에도 전 세계적으로 수많은 사이트가 생겨나고 사라지는 과정을 되풀이 하고 있다. 성공적인 웹사이트가 되기 위해서는 사이트의 전문성이 무엇보다 중요한 요소라고 할 수 있다. 월스트리트 저널 사이트는 연간 79달러의 월정액으로 가입자 회원들을 대상으로 각종 비즈니스, 경제, 주식정보를 전문적으로 제공하는 유료사이트이다. 예컨대 월스트리트 저널과 같은 정보제공 전문사이트, 종합쇼핑 사이트, 컴퓨터 관련 전문 경매 사이트 등 사이트의 명확한 콘셉트와 더불어 전문성이 두드러진 사이트는 성공할 수 있는 가능성이 높고 차별화의 핵심요소이다.

(5) 상호작용성(interactivity)

많은 사이트가 온라인 고객지원 센터라는 메뉴를 구비하고 있으며, 게시판을 통하여 방문자가 질문을 할 경우 신속하게 이메일 회신을 통하여 궁금증을 해결해 주고 있다. 그러나 대다수의 사이트의 경우 기계적 메시지는 발송하였으나 실제적인 회신은 하지 않는 경우가 많다. 또한 관리자에게 메일이나 쪽지를 보내는 버튼을 설치해 두고 방문자들이 의견을 보낼 수 있도록 하고는 있으나 회신이 없거나 무성의한 답변을 하는 경우가 허다하여 방문자와의 상호작용이 정상적으로 이루어지지 않고 있다.

(6) 역동성(dynamics)

사이트의 역동성이란 시사성이 있는 콘텐츠의 즉시적 갱신이나 계절별 디자인의 시각적 요소에 대한 업데이트가 중요한 요소이다. 뉴스 사이트의 경우 신속성이 생명이라고 할 수 있는데 뉴스정보 제공 사이트에서 시사성이 떨어지는 콘텐츠의 경우는 사이트의 신뢰성을 떨어뜨리며, 역동성이 떨어진다고 볼 수 있다.

2.1.3 프로모션 관점

사이트를 구축하는 것도 중요하지만 일반에 선보이고 난 이후 활성화를 위한 프로모션 활동이 성패의 관건이 되는 것은 당연한 일이다. 최근에는 온라인 이벤트뿐만 아니라 오프라인상으로도 이벤트를 실시하여 온 · 오프라인 통합 이벤트를 추진하는 것이 일반적이다.

(1) 지속적인 프로모션

방문자들의 방문율을 높여서 사이트를 활성화하기 위해서는 다양하고도, 지속적인 프로모션/프로그램을 마련하여야 한다. 고객충성도 유지를 위해서 주로 사용하고 있는 방법은 제품의 구매시 마일리지를 지불하거나, 공동구매 행사를 제공하는 경우가 많다.

(2) 고객충성도 유지

유사 충성도(pseudo loyalty)
진정 충성도(authentic loyalty)

고객의 충성도란 한 사람의 고객이 자사의 사이트에 들어와서 실제로 구매로 이어지는 과정상에서 유사 충성도(pseudo loyalty) 고객과 진정 충성도(authentic loyalty) 고객으로 나눌 수 있다. 유사 충성도 고객의 특징은 온라인상에서의 행동이 구매로 이어지는 비율이 낮거나, 언제든지 타사이트로의 전환 가능성이 높은 고객으로 단기적 충성도를 보이는 고객이라고 할 수 있다. 반면에 진정 충성도 고객이란 온라인 사이트의 활동에 긍정적인 반응을 보이며, 타사이트로의 전환 가능성도 낮은 고객들이며, 반복 구매로 이어지는 비율이 높은 고객이므로 기업의 입장에서는 진정 충성도 고객의 비율을 높이는 것이 프로모션 활동의 1차적 목표라 할 수 있다.

(3) 풍부하고 고품질의 콘텐츠

프로모션이나 충성도를 유지하는 활동도 사이트 활성화에 중요한 요소이긴 하나 풍부한 양질의 콘텐츠를 확보하고 신속하게 업데이트하는 활동이 뒷받침되지 않은 사이트는 마치 돌보지 않는 화초처럼 아름다운 꽃을 피우지 못할 것이다. 전자상거래 사이트의 경우 고객들이 원하는 신제품의 등록이 느리거나 제품정보가 사실과는 다르게 등록되어 있는 경우는 사이트 전체의 품질 저하를 가져오는 결과를 초래한다.

(4) 허용 이메일 마케팅(permitted e-mail marketing)

옵트인(opt-in)
옵트아웃(opt-out)

원치 않는 이메일의 전송을 규제하는 방법으로는 크게 옵트인(opt-in) 방식과 옵트아웃(opt-out) 방식으로 구분한다. 옵트인 방식은 수신자가 이메일 수신에 대하여 사전 동의를 하지 않았을 경우에 메일 전송을 금지하는 방식이다. 옵트아웃 방식은 수신자의 사전 동의 없이도 이메일 전송이 가능하나 수신거부 표시를 한 이후에는 이메일 전송이 금지되는 차이점을 가지고 있다. 옵트인 방식을 채택하는 경우의 장점은 수신자의 입장에서 원하지 않는 메일을 사전에 차단할 수 있어서 좋은 점이라고 할 수 있으나, 정보를 접할 수 있는 기회가 상대적으로 줄어들어 정보 습득력이 떨어질 수도 있는 단점이 있다. 반면 옵트아웃 방식의 경우는 수신자가 다양한 정보를 접할 수 있는 1차적 기회가 많아지는 장점이 있는가 하면, 스팸메일 수신의 단점이 있기도 하다.

(5) 기타 프로모션 활동

이상과 같은 능동적인 활동 이외에도 신규 서비스를 지속적으로 개발하거나, 능동적 고객지원, 그리고 시스템 및 서비스 안정성(system stability and stable services) 유지 등의 요소들이 웹사이트를 성공적으로 운영하는 핵심 요소라고 할 수 있다. 이 밖에도 사이트의 특성에 따라, 대상 고객들의 특성에 따라 다양한 형태의 사이트 활성화를 위한 활동들을 전개할 수 있다. 다소 원론적인 결론이긴 하나 사이트의 성공을 위해 얼마나 많은 고객들에게 가치를 전달하고, 고객의 만족을 높여주기 위해 양질의 서비스를 어떻게 제공할 것인가? 무엇이 고객이 원하는 것이고, 무엇을 제공해 주어야 하는가?에 대한 자문을 계속적으로 하지 않으면 안 된다는 것이다.

2.2 디자인 및 인터페이스

웹사이트 디자인은 웹 디자이너 자신의 예술적 만족을 위해서가 아니라 사용자를 위해서 다자인을 해야 한다는 말은 교과서적인 말이면서도 반드시 염두에 두어야 할 말이다. 그럼에도 불구하고 많은 웹 디자이너들이 웹 페이지를 멋진 작품을 만든다는 생각을 가지고 접근하는 경우를 흔히 볼 수 있다. 사용자 중심의 디자인을 한다는 것이 무엇보다 중요하고, 이를 위해서는 실무자들이 항상 사용자의 관점을 유지해야 한다는 것이다.

2.2.1 목표 사용자 범위 설정

사이트를 방문하는 사용자에게 좀 더 나은 서비스를 제공하기 위해서는 목표사용자들을 얼마나 잘 이해해야 하는지에 대해 검토하여야 한다. 그러나 목표 사용자라고 하더라도 다양한 사용자들의 요구사항을 모두 수용한다는 것은 현실적으로 불가능하며, 바람직한 일도 아니다. 따라서 사이트의 콘셉트를 명확하게 설정하기 위해서는 예상 고객을 세분화하여 1차 목표고객이 어떤 특징을 가지고 있는 사용자들인지에 대해 충분한 검토가 있어야 하는 것이다. 예를 들어 20대 사용자들을 대상으로 하는 여행정보 사이트를 디자인한다고 할 경우 20대 사용자들의 피상적인 공통점은 20대라는 나이층이지만 이들 중에서 경제활동을 하는 사용자와 학생이면서 경제활동이 없는 사용자로 나눌 수 있을 것이다. 또한 경제활동을 하는 사용자라 하더라도 연봉의 차이, 결혼여부, 문화 및 취미생활에 사용하는 예산규모, 일반적인 라이프스타일 등에 대하여 면밀하게 조사하거나 검토하여 보다 정확한 목표고객을 1차로 확정하는 것이 중요하다.

2.2.2 디자이너와 사용자간의 인식차이 이해

일반적으로 사람들은 익숙해진 행동이나 상황에 대해서는 특별한 지각을 하지 않는 경향이 있다. 또한 그것에 대한 중요성에 대해서도 잘 인식하지 않는 것이 보통이다. 그래서 나 아닌 타인에게 오해를 주는 경우도 자주 경험하게 되는 것이다.

웹사이트 개발의 경우에도 비슷한 이치가 적용되는데 디자이너 혹은 개발자들의 경우는 전문지식을 가지고 있기 때문에 자신들이 디자인하거나 프로그래밍하는 과정에서 당연하다고 생각하는 것들도 사용자의 입장에서 볼 때는 생소하고 이해가 어려운 부분들이 많다. 디자이너는 사용자의 입장에서 생각을 하고 사용자가 인식을 할 수 있는 환경을 제공해야 한다.

2.2.3 웹디자인시 범하기 쉬운 10가지 실수

많은 사이트 운영자들이 웹사이트를 방문한 사용자들이 불편하게 느끼는 요소들을 찾고, 이에 대한 개선책을 제시하기 위한 노력을 기울이고 있다. 유용성 공학(usability engineering)에 관한 다수의 저서를 출간한 선 마이크로시스템즈의 컨설턴트인 제이콥 닐슨이 제시한 웹디자인 시 범하기 쉬운 10가지 디자인 실수와 그에 대한 개선점은 〈표 11-1〉과 같다.

〈표 11-1〉 웹디자인시 범하기 쉬운 10가지 실수

실수	의미	개선점
1. 유연성 없는 검색엔진	특수문자, 하이픈, 복수형 등의 검색어를 인식을 하지 못하는 경우가 많고, 검색 결과 정확도가 떨어짐	검색 내용의 중요성에 따라 목록의 순서를 제시해야 함. 키워드 검색의 유연성 제고
2. PDF파일	PDF파일을 이용한 온라인 콘텐츠 제공은 내비게이션의 맥을 단절하게 됨. 또한 별도의 뷰프로그램을 설치해야 함	매뉴얼 제공이나 인쇄를 요하는 문서들을 제외하고는 가능한 웹페이지로 표현할 것
3. 방문한 링크주소의 색깔 불변	이미 방문을 했던 사이트의 링크주소의 색깔이 변하지 않아 사용자들이 동일 사이트를 반복 방문하는 문제점 발생	방문을 완료한 사이트의 링크색깔을 변경하도록 할 것
4. 텍스트 표기방법	온라인용이 아닌 인쇄된 페이지 같은 형식의 텍스트 표기방식은 지루함을 줄 수 있고, 가독성을 떨어뜨림	부제목, 키워드 굵게 표시, 문단의 크기가 너무 크지 않도록 해야 함
5. 고정된 폰트사이즈	웹 페이지에 표시되는 폰트가 고정사이즈로 표현되어 가독성을 떨어뜨림. 특히 40대 이상의 이용자들에게 불편함	폰트사이즈를 변경할 수 있는 아이콘 제시할 것
6. 검색엔진에 노출되기 어려운 페이지타이틀	검색엔진이 발견하기 어려운 형태의 페이지 타이틀을 부여할 경우 검색서비스에 자동등록이 어렵게 되어 웹사이트의 홍보효과를 감소시킴	검색결과 첫 페이지에 표시되도록 HTML 〈title〉 tag를 이용하여 제목을 부여할 것(알파벳순, 가나다순)
7. 광고처럼 보이는 콘텐츠	사이트 방문자들은 광고성 내용을 거부하는 경향이 있음. 따라서 광고형태의 콘텐츠 디자인은 사용자들의 눈길을 끌 수 없음	배너형태, 지나친 애니메이션, Pop-up창 등을 피하고, 배너형태를 최소화할 것
8. 디자인의 일관성 미약	내비게이션 흐름이 방문자들의 예상을 벗어나거나 예측이 불가능한 문제 발생	일반적 웹사이트의 경향에 맞도록 디자인할 것. 전체 페이지의 Look & Feel의 일관성 유지
9. 새로운 윈도우창 띄우기	새로운 팝업 창이나 새로운 브라우저 창에 대한 거부감	기본 웹페이지 상에 표현하도록 디자인할 것
10. 사용자들의 질문에 대한 무응답 혹은 부정확한 답변	사용자들이 궁금한 사항에 대해 명확한 답을 제시하지 않음. 예컨대 B2C사이트의 경우 제품가격은 방문자들에게 가장 필요한 정보이나 제시하지 않고 있음. 게시판 응대 즉시성 부족	가급적이면 웹사이트에 제품 가격을 제시하고, 피치 못할 경우 이메일로 회신토록 할 것

*자료원: http://www.useit.com/alertbox

2.3 사이트 구조

정보를 재분류하는 방법에 있어서는 사람마다 다분히 주관적인 경우가 많다. 그러나 훌륭한 웹사이트 구조는 제공하는 정보들 간의 관계를 얼마나 잘 사용자들에게 전달하느냐 하는 것이다. 즉, 전자상거래 사이트의 경우 제품을 진열하기 위해서 상품을 어떻게 그룹핑을 하는 것이 쇼핑을 편리하게 하도록 할 것인가를 고려해야 하는 것이다. 오프라인 매장의 경우도 구매자의 시각으로 제품 진열을 하는 것이 매출에 상당한 영향을 미치게 된다. 아무리 좋은 제품이라도 진열대의 위치가 적절하지 못하면 팔리지 않는 것과 마찬가지라 할 수 있다. 또한 고객이 원하는 제품이 어느 정도의 위치에 있을 것이라고 예측이 가능하도록 하는 것이 중요하다. 그렇다고 제품의 진열을 위한 표준화된 방식이 제시되어 있는 것도 아니다. 특히나 웹의 경우는 메뉴체계나 콘텐츠의 배열에 관한 표준화가 매우 어렵다. 왜냐하면 사이트의 성격, 사이트의 지향점, 사이트의 내용, 사이트 운영 주체의 주관적 기획력, 목표사용자들의 다양성 등의 요소들이 표준화 및 조직화를 불가능하게 만든다. 따라서 웹에서 표준화된 배열체계를 설정하기는 어려우나 메뉴구조 등의 범주화 체계가 옳고 합당한 것인가 아닌가에 대해서는 판단이 가능하다. 사이트의 전체적인 구조를 설정하기 위해서는 사이트의 콘셉트와 비전, 목표고객의 특성, 운영전략 등의 다양한 요소들에 대한 사항들이 충분하게 고려되어야 한다.

- 사이트에서 가장 중요하게 표현되어야 할 내용이 무엇인가?
- 킬러 애플리케이션(killer application)으로 제시할 메뉴는 어떤 것인가?
- 첫 화면 즉 메인화면에 위치시킬 내용은 어떤 것들이 되어야 하는가?
- 메뉴는 어떻게 네이밍(naming)할 것인가?
- 메뉴의 깊이(depth)를 어느 정도까지로 할 것인가?
- 데이터의 종류는 어떤 내용(오디오, 텍스트, 동영상 등)으로 할 것인가?
- 입력양식이 필요한 메뉴는 어떤 것인가?
- 업데이트 혹은 잦은 갱신이 필요한 메뉴 혹은 코너는 어떤 것인가?
- 데이터베이스 테이블이 필요한 메뉴는 어떤 것인가?

이상과 같은 내용의 요소들에 대하여 사전에 결정이 되어야만 한다. 사이트 콘셉트에 부합하기 위해 사이트에서 가장 중요하게 표현되어야 할 내용을 사용자들이 잘 인식할 수 있도록 배치시키는 것이 중요하다. 또한 목표 사용자들에게 가치를 제공하기 위한 킬러 애플리케이션, 그리고 주요 메뉴들에 대한 네이밍 역시 중요하게 고려해야 할 사항이다. 네이밍시 주의해야 할 점은 지나치게 추상적이거나, 의미의 전달이 애매모호한 경우 좋은 네이밍이라고 할 수 없다는 점이다. 사용자들에게 명확하게 의미를 전달할 수 있어야 하며 메뉴명을 통하여 내용의 예측이 가능하도록 하는 것이 좋다.

또한 메뉴의 깊이(menu depth)를 설정해야 하는데 메뉴의 깊이란 주 메뉴로부터 내비게이션하여 최종 페이지에 다다르는 거리를 이야기한다. 메뉴의 깊이가 증가할수록 사용자들은 자신의 현재 위치를 잃어버리고 헤매는 경우가 발생한다. 따라서 지나치게 깊은 메뉴의 깊이는 가급적 피하고 가능한 3~4단계 정도의 깊이가 적당하다고 볼 수 있다.

2.3.1 HTML5를 활용한 모바일 웹의 연동

웹사이트에서 어떠한 기능을 구현하는가에 따라 다르겠지만, 시맨틱 마크업을 추가한 HTML5는 같은 기능을 구현할 때마다, HTML4보다 적은 양의 자바스크립트 코드를 사용한다. 즉, HTML5는 네트워크 속도에 예민한 모바일 환경에서 적용하기에 적합하다고 할 수 있겠다. HTML5는 인터넷이 연결 되지 않는 오프라인 환경에서도 웹의 응용이 정상적으로 실행될 수 있도록 하는 오프라인 웹 응용(Offline Web Application) 기능을 지원하고 있다. 또한 HTML5는 응용 캐싱(Application Caching) 기능과 웹 SQL 데이터베이스 기능이 새롭게 추가되어 오프라인에서도 웹 응용이 정상적으로 동작할 수 있도록 지원하고 있다. 이러한 기능들은 모바일 웹 환경에서는 반드시 필요한 기능이다(이원석, 2010). HTML5

유튜브가 기본 비디오 플랫폼을 플래시에서 HTML5 기술로 변경한다. 2010년부터 HTML5 기술에 대해 적용을 시도했지만, 상용화 제품에선 HTML5를 적극적으로 활용하지는 않았다. 그러나 유튜브는 2015년 1월 27일 공식 블로그를 통해 이전에는 HTML5 기술 자체에 대한 한계가 있었고, 가변 비트레이트 기술을 이용할 수 없었지만, 최근에는 수많은 기업과 커뮤니티의 노력으로 HTML5 기술이 좋아지고 있어 유튜브 기술에 HTML5를 적용하고 있다. 향후에는 크롬, 인터넷 익스플로러(IE) 11, 사파리 8, 파이어폭스 등에서 재생되는 유튜브 동영상은 HTML5 기술을 활용한 것으로 볼 수 있다(블로터닷넷, 2015.01.28).

2014년 10월 28일에 HTML5의 표준안이 확정되었으며, 강력하고 다양한 기능들로 무장을 하고 있어 모바일 브라우저에서 활용도가 높아지고 있다.

3. 웹사이트 내비게이션 전략

내비게이션의 사전적 의미로는 '항해', '항행'이라는 의미를 가지고 있다. 인터넷을 망망대해로 비유하여 내비게이션이라는 용어가 적절하게 채택되었다고 생각된다. 망망대해에 작은 배 하나가 나침반도 없이 떠 있는 상황을 상상해 보자. 폭풍이 일고, 비가 쏟아지는 가운데서 나아갈 방향을 찾지 못하는 상황은 얼마나 절망적일 것인가는 누구나 느낄 수 있을 것이다. 이처럼 웹사이트를 설계하는 과정에서 사용자들이 망망대해에서 방향을 잃은 작은 배와 같은 느낌을 느끼지 않도록 하는 것이 내비게이션 설계의 목적이라고 할 수 있다. 사용자들이 자신에게 스스로 아래와 같은 질문을 던질 수 있을 것이다.

- 어떻게, 어떤 코너를 찾아서 내가 원하는 제품이 진열되어 있는 곳에 다다를 수 있을 것인가?
- 어디를 가야 내가 찾는 서비스 혹은 제품에 대한 풍부한 사전정보를 획득할 수 있을 것인가?
- 결제 과정에서 신용카드 정보나 개인정보를 입력했는데 사이트 운영주체가 이러한 정보들을 안전하게 잘 지켜 줄 것인가?
- 현재 내가 머무르고 있는 페이지는 어디인가?
- 제품을 장바구니에 담은 후에 다음 단계로 어떤 행동을 취해야 하며, 결제과정은 어떻게 진행되는 것인가?
- 며칠 전에 주문한 제품이 언제 배달될 것이며, 지금쯤 제품은 어디까지 이동중인가?

[그림 11-9] 배송상황을 알려주는 서비스

3.1 내비게이션 보드(navigation board)

영화나 TV, CF, 만화, 애니메이션 등의 영상물이나 창작물의 경우 제작 전에 의뢰자와 제작자가 생각하는 이미지를 시각화하기 위해서 스토리보드(story board)를 제작한다. CF, 영화 혹은 애니메이션의 경우 무형의 산출물이다. 따라서 제작이 완료되기 전에는 초기에 전체적인 흐름을 스케치하여 관련자들 간 커뮤니케이션 및 공감대를 형성하는 것이 필요하다. 이를 목적으로 제작하는 것이 스토리보드이다.

스토리보드(story board)

웹사이트의 제작과정에서도 마찬가지로 구현단계 이전에 이와 같은 작업이 반드시 선행되어야 한다. 웹 페이지 디자인 및 개발을 위한 사전작업으로 전체사이트에 대한 가상 내비게이션 체계와 페이지별 레이아웃(layout), 페이지 구성요소, 데이터 흐름도(data flow diagram) 등을 포함하며, 클라이언트와 제작사 간에 웹사이트의 전체 구조에 대한 시각적 확인을 위하여 반드시 필요한 작업이다. 웹사이트를 기획하는 과정은 영화나 애니메이션 제작을 위한 과정과는 다소의 차이가 있다. 영화나 애니메이션의 경우는 전체적인 흐름이 순차적으로 이어지는 데 반해 웹 페

레이아웃(layout)

데이터 흐름도(data flow diagram)

하이퍼링크(hyperlink)
내비게이션 보드(navigation board)

이지 상에서 사용자들은 순차적인 행동을 보이지는 않는다. 개별 웹페이지들은 하이퍼링크(hyperlink)들로 구성되어 있어서 사용자가 언제든지 다른 페이지로 이동을 할 수 있다. 또한 동일한 페이지를 방문한다 하더라도 수많은 사람들이 방문 중인 사이트상에서 각자 자신이 원하는 페이지로 이동을 하기 때문에 스토리 보드의 개념을 적용하는 데는 무리가 있다. 따라서 웹 제작을 위해서는 '내비게이션 보드(navigation board)'라는 용어를 사용하는 것이 적절하다고 하겠다. 내비게이션 보드의 작성 목적 및 구성요소는 다음과 같다.

3.1.1 작성목적

내비게이션 보드의 작성목적은 첫 번째로 웹 기획자의 기획의도를 구체화시키는 역할을 한다. 웹 기획자의 아이디어와 클라이언트들의 요구사항들이 반영된 기획의도를 구체화하고, 명확하게 전달하는 것이 일차적 목적이다. 두 번째는 웹 기획자와 디자이너 혹은 프로그래머 간의 이해도를 증진하기 위한 목적이다. 우리가 사용하는 언어는 매우 불완전한 것이어서 커뮤니케이션 이후 상대방의 의도와 협의된 내용을 이해하는 정도가 달라지는 경우가 많다. 따라서 구두로 협의된 사항들에 대하여 구체화하는 작업을 통해 사이트의 전체적인 구성을 보다 명확하게 이해할 수 있도록 하기 위한 것이다.

세 번째는 홈페이지 구성요소의 명확화를 위한 것이다. 요구분석 단계에서 제시된 요구사항을 최대한 반영하여 개발하여야 한다. 따라서 전체적인 내비게이션 구조를 가시화하기 위해 홈페이지의 구성요소들에 대해 명확하게 할 필요가 있다. 네 번째는 개발 범위의 명확화이다. 대다수의 클라이언트들의 경우 기획단계에서 전체적인 요구사항을 명확화하는 데 상당한 어려움이 있다. 그 결과 구현단계에서 요구사항이 증가하는 경우가 빈번하다. 이러한 경우는 프로젝트의 전체적인 범위의 변경이 불가피하여 일정준수에 영향을 미치거나 개발비용에도 영향을 미치게 된다. 이러한 문제점을 사전에 방지하고 조정하기 위해서 내비게이션 보드작업이 선행되어야 하는 것이다.

다섯 번째는 클라이언트와의 커뮤니케이션을 위한 도구로 사용하기 위한 것이다. 무형의 산출물에 대하여 시각적으로 표현하여 제시하기 때문에 커뮤니케이션의 원활화를 꾀할 수 있다. 그 밖에도 웹사이트 전반의 미리보기(preview)를 통해 프로젝트 실패율을 최소화할 수 있으며, 프로젝트 일정계획을 명확하게 할 수 있다. 일반적으로 내비게이션 보드 작성 작업을 위해 파워포인트를 사용하며, 때로는 종이에 스케치를 하는 경우도 있다.

3.1.2 구성요소

내비게이션 보드의 주요 구성요소는 클라이언트들의 요구사항과 주요 기능, 웹사이트 전략과 콘셉트 메뉴구조 및 사이트 맵, 개략적 내비게이션 흐름, 데이터흐름도, 페이지별 구성요소, 그리고 콘텐츠의 위치에 대한 구체적인 명시 등의 내용이 포함되어야 한다. 또한 개발자 혹은 디자이너를 위해 작업시에 필요한 작업지시 사항 등이 추가된다.

3.1.3 버전(version) 관리

내비게이션 보드 작업은 여러 차례의 반복 작업을 통하여 확정하게 되며, 기획자에 따라 버전관리 방식은 다를 수 있다. 초기버전의 경우는 클라이언트의 제안 요구사항(RFP)의 내용을 분석하고, 제안 시 제시했던 사이트 주요구성요소, 경쟁 사이트라고 할 수 있는 유사 사이트를 벤치마킹한 결과 등을 참조하여 첫 번째 버전을 제작하게 된다. 일반적으로 첫 번째 버전은 ver 0.9로 표기하여 1차로 클라이언트와 제작사 간에 협의과정을 거치게 된다. 1차 협의의 결과를 반영하여 수정 보완된 버전으로 클라이언트와 다시 2차 협의과정을 거치게 된다. 2차 협의과정은 이메일이나 채팅도구를 사용하여 협의할 수도 있다. 이와 같은 과정을 반복하여 최종 합의가 완료될 때까지 협의과정을 거치게 된다. 최종 확정된 내비게이션 보드는 클라이언트와 제작사 간의 확인서명 과정을 거쳐서 구현단계로 넘겨지게 되며, 디자이너와 프로그래머는 확정된 최종본을 가지고 구현작업에 들어가게 된다.

3.2 성공적 내비게이션 전략

웹사이트 내비게이션을 위해서는 사용자 중심의 접근이 매우 중요하다는 것은 주지의 사실이다. 왜냐하면 사이트를 방문해서 쇼핑행위와 구매행위를 하는 주체는 바로 고객들이기 때문이다. 따라서 사이트 구축과정에서 내비게이션 전략을 철저하게 사용자의 관점에서 사고하고 사용자의 만족을 항상 염두에 두고 작업을 진행해야 할 것이다. 일반적으로 고객이 사이트를 방문하여 가질 수 있는 의문 몇 가지를 살펴보는 것이 내비게이션 전략을 수립하는 데 많은 도움이 될 것이다.

- 내가 찾고자 하는 상품을 어떻게 찾아야 할 것인가? 혹은 특정 기념일을 위한 선물은 어떤 종류를 구입하는 것이 좋을 것인가?
- 검색창에 어떤 단어를 어떤 식으로 입력하면 보다 정확하게 상품을 찾을 수 있을 것인가?
- 내가 찾는 상품과 비슷한 대체제품을 어떻게 찾을 수 있을 것인가?
- 찾은 상품의 품질이 내가 원하는 상품인지 여부를 어떻게 알 수 있는가?
- 결제과정에서 입력하는 개인정보들은 안전하게 관리되고 있으며, 보호받을 수 있을 것인가?
- 맘에 안 드는 상품일 경우 반품을 하는 절차는 번거롭지 않을 것인가? 아울러 환불에는 문제가 없는가? 반품을 원하는 경우 배송비는 누가 지불하는가?
- 구매신청한 상품의 배달에 소요되는 기간은 얼마나 소요되며, 배송절차는 사이트상에서 어떻게 확인이 가능한가?

이상과 같은 의문 이외에도 사람에 따라 다양한 궁금증들을 가지고 있을 것이다. 이러한 고객들의 궁금증을 풀어주기 위해서 어떤 내비게이션 전략을 수립하는 것이 바람직할 것인가에 대하여 웹 기획자들은 심도 깊은 검토와 수많은 시나리오를 통한 검증을 하는 것이 필요하다.

3.2.1 상품검색

내가 찾고자 하는 상품을 어떻게 찾아야 할 것인가? 혹은 특정 기념일을 위한 선물은 어떤 종류를 구입하는 것이 좋을 것인가? 라는 질문에 대하여 얼마나 충실하게 사이트가 안내를 해 줄 수 있느냐 하는 것이 성공의 열쇠가 된다고 해도 과언이 아니다. 동일한 사이트에서 빈번하게 물건을 구입하는 고객들의 경우는 홈페이지의 구조에 익숙해 있겠으나 처음 방문하는 사람들에게 얼마나 친숙하게 어필하느냐에 따라 재방문 횟수를 늘리고 충성고객으로 발전할 수 있도록 유도하는 척도가 되는 것이다.

구매하기를 원하거나 찾고자 하는 상품이 확정된 고객들에게는 여러 가지 안내를 위한 페이지나 정보를 번잡하게 제공한다는 것은 오히려 도움이 되지 않는 내비게이션 전략이 될 것이다. 따라서 이러한 고객들의 경우는 쉽게 검색을 할 수 있도록 첫 화면에 검색창을 마련하고 검색을 위한 절차도 간단하게 구현하는 것이 중요하다. 또한 검색단어의 정확도가 다소 떨어지도록 입력을 한다고 하더라도 유사한 이름을 가진 제품들을 같이 검색해주는 것도 중요하다. 너무 정확한 단어를 검색창에 입력할 것을 요구할 경우는 자칫 사용자들에게 상품이 없는 것으로 오인되어 다른 사이트로 이동하는 문제가 발생할 수도 있을 것이다. 그러나 한 가지 유의할 점은 유사한 이름을 가진 제품을 너무 많이 검색하여 검색의 정확도를 떨어뜨리는 것이라는 점이다. 검색의 정확도와 편이성 간의 균형을 잘 유지하여야 한다.

[그림 11-10] 용도별, 가격별 상품 진열 사례

검색창에 어떤 단어를 어떤 식으로 입력하면 보다 정확하게 상품을 찾을 수 있을 것인가? 웹사이트 방문에 익숙하지 않는 사람들의 경우는 검색창에 어떤 글을 입력해야 하는지 당황하는 경우가 많다. 숫자를 입력해도 되는 건지, 영어로 입력을 해도 되는 건지, 두 가지 제품을 한번에 찾고 싶은데 어떻게 해야 하는지, 정확한 상품명을 모르지만 대략 알고 있는 내용을 입력해도 검색이 되는지 등의 의문을 가질 수가 있다. 따라서 검색을 위한 안내를 친절하게 제시할 수 있는 내비게이션도 반드시 고려해야 할 사항이다. 또한 각종 기념일이나 축하를 위한 선물로 적합한 상품을 선택하지 못하고 사이트를 방문한 사람들에게 여러 가지 조언을 할 수 있는 코너를 마련하는 것도 고객입장에서의 내비게이션 전략의 하나라고 볼 수 있다. 생일을 맞은 연인에게 줄 선물을 고른다고 가정을 했을 때 상대방이 받아서 가장 좋아할 것 같은 선물은 어떤 것이고, 선물 구입 시 어느 정도의 비용규모를 예상하고 있는지, 선물을 받을 사람이 남자인지 여자인지, 연령대는 어느 정도인지 등에 대한 정보를 입력할 경우 이에 적합하다고 생각되는 상품들을 데이터베이스로부터 검색하여 제시해 주는 것도 중요하다.

3.2.2 상품의 품질

찾은 상품의 품질은 어떤지, 찾은 상품이 내가 원하는 상품인지 여부를 어떻게 알 수 있는가? 아마존(Amazon.com) 사이트는 책을 구입한 독자들이 책을 읽은 소감을 사이트에 올리도록 함으로써 책의 내용에 대한 품질을 입증하도록 하여 구매를 유도하였다. 최근 대부분의 전자상거래 사이트에서는 특정 상품을 구입하고 사용해 본 고객들이 상품에 대한 평을 올릴 수 있는 코너를 제공하여 상품의 품질에 대하여 판단의 근거를 제시하고 있다.

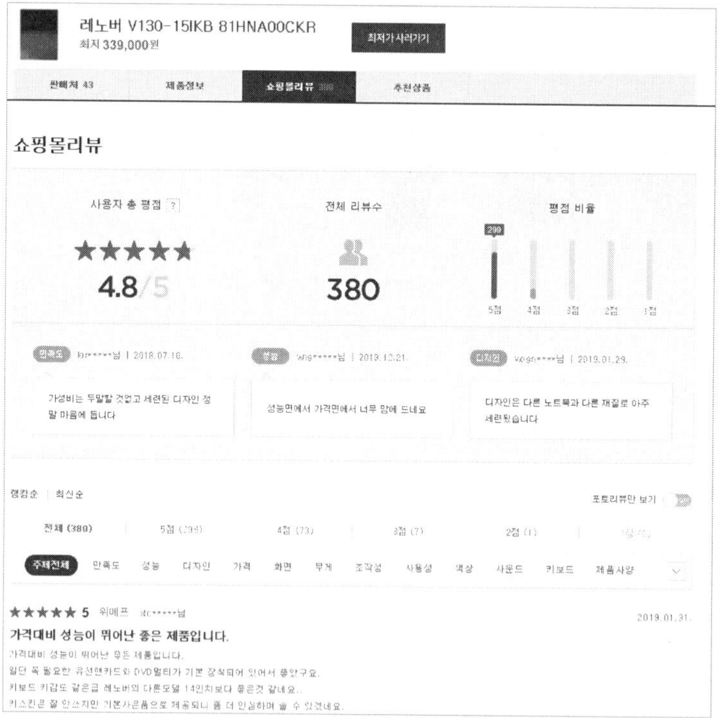

[그림 11-11] 고객들의 상품에 대한 리뷰(네이버 쇼핑)

또한 자동차를 구매하려는 사람들은 오프라인 환경에서는 직접 시승을 해보거나 만져보기도 하면서 품질을 확인할 수 있으나 온라인상으로는 이러한 시도가 불가능하기 때문에 이러한 단점을 보완하기 위한 여러 가지 시도를 하고 있다. 자동차의 이미지를 360도 회전하면서 자동차의 외관을 입체적으로 보여주기도 하고, 실제 운행 중인 자동차에 대한 동영상을 보여주면서 간접 경험을 할 수 있는 방안들을 제시하고 있다.

3.2.3 개인정보 보호 및 안정성

결제과정에서 입력하는 개인정보들은 안전하게 관리되고 있으며, 보호받을 수 있을 것인가? 쇼핑 사이트는 믿을 만한 사이트인가? 최근 인터넷 쇼핑몰 관련 범죄가 증가함에 따라 인터넷 쇼핑몰을 사용하는 사람들의 우려를 자아내고 있다. 구매한 물건에 대한 입금을 받은 후에 물건을 배송하지 않거나, 콘도회원권 분양을 위한 사이트를 통해서 분양비용을 챙긴 후에 사이트를 폐쇄하는 등의 사기행위가 빈발하고 있다.

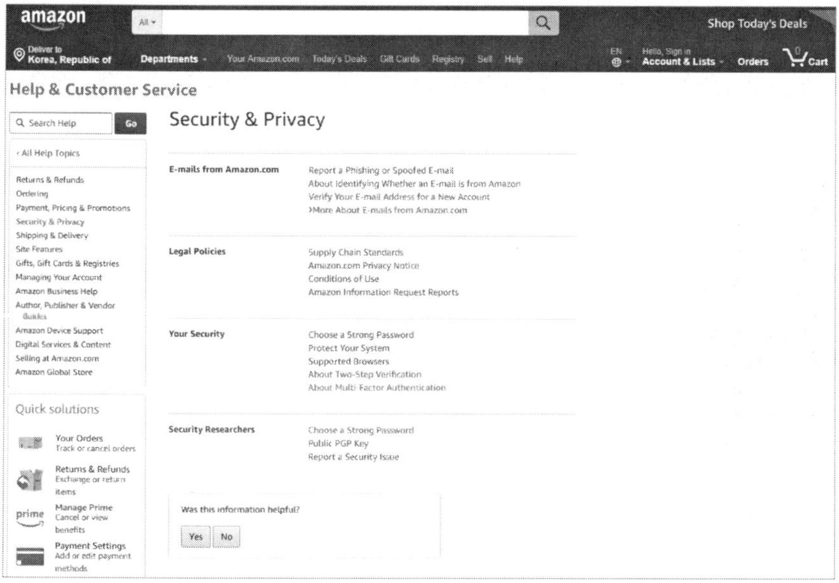

[그림 11-12] 개인정보에 대한 정책을 고객에게 사전에 알려주어 안심쇼핑을 유도

KNP 조사 결과에 따르면 44.7%(중복응답)의 응답자들이 제품 테스트 불가능 사

이트에 대한 불신(34.7%)과 개인정보 유출(22.5%)에 대한 우려로 인터넷 쇼핑몰 사용을 꺼린다고 응답한 것으로 나타났다(KNP, 2003). 개인정보보호와 사이트의 신용도 문제는 인터넷을 통한 전자상거래 산업전반의 신뢰성과도 긴밀하게 연결된다. 따라서 국가적으로도 정보통신망 이용촉진 등에 관한 법률을 통하여 정보통신서비스 제공자가 준수하여야 할 사항을 규정함으로써 정보통신서비스 이용자의 개인정보를 적절히 보호하기 위한 지침을 설정하여 소비자를 보호하기 위한 법적제도를 마련하고 있다.

3.2.4 반품 및 환불

맘에 들지 않는 상품일 경우 반품을 하는 절차는 번거롭지 않을 것인가? 아울러 환불에는 문제가 없는가? 반품을 원하는 경우 배송비는 누가 지불하는가? 등에 대한 궁금증도 전자상거래 사용자들에는 매우 현실적이고 중요한 문제이다. 온라인상에서의 쇼핑은 실제로 매장을 방문하여 구매를 하는 것과는 매우 다르다. 왜냐하면

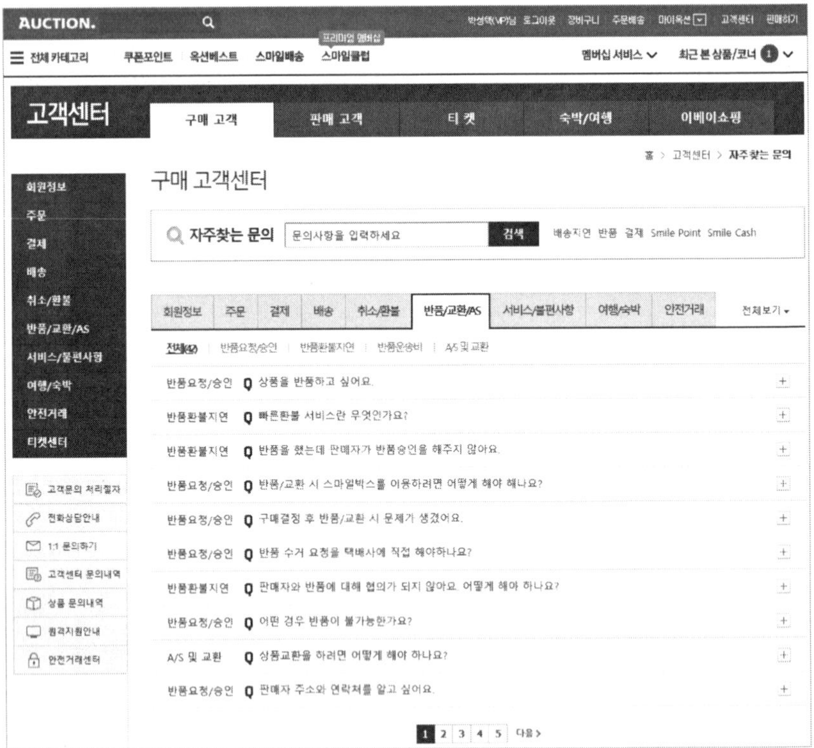

[그림 11-13] 취소/반품/환불교환과 관련한 FAQ 운영 사례

직접 만져보고, 확인해 보지 않고 구매가 이루어지기 때문에 반품의 가능성이 높다. 또한 결제과정에서 승인이 완료된 카드 결제를 취소하는 절차도 내비게이션 설계시에 충분히 고려되어야 하는 사항이다. 최근에는 인터넷 판매를 통한 각종 판매 사기가 빈번하게 발생하는 상황에서는 소비자들이 안심하고 쇼핑을 할 수 있도록 유도할 수 있는 내비게이션이 중요하다. 쇼핑몰 사이트에는 교환, 반품, 환불, AS 등에 관한 정책을 제시하여야 하며, 고객의 편의를 위해 FAQ 코너를 운영하는 것도 방법이다.

3.2.5 결제 및 배송

제품 구매를 결정하고 장바구니에 담긴 상품을 구매하는 절차를 마무리하는 과정이 결제과정이다. 결제수단으로는 사이트별로 다소의 차이는 있을 수 있으나 일반적으로 신용카드, 무통장 입금, 적립금 결제, 쿠폰 및 상품권 결제 외에도 소액결제의 경우 휴대폰 결제 등의 결제수단을 제공하고 있다. 게임 사이트, 소프트웨어 온라인 판매, MP3 등의 음악파일 판매 등의 사이트의 경우는 사이버캐시(cyber cash) 등의 결제도 가능하다. 결제가 완료된 경우 사용자들은 구매신청한 상품의 배달에 소요되는 기간은 얼마나 소요되며, 배송절차는 사이트상에서 어떻게 확인이 가능한가? 하는 의문을 가지게 된다. 대부분의 전자상거래 사이트에서는 주문/배송현황을 확인할 수 있는 코너를 마련하여 구매자들의 궁금증을 해결해 주고 있다. 모닝 365사이트의 경우 현재의 배송상태를 6단계로 설명하고 있다. 재고확보 중, 출고 대기 중, 해피샵 배송 중, 택배발송완료, 샵 입고판매대기, 판매완료 등과 같은 상태를 사이트상에서 확인할 수 있다.

4. 웹사이트 프로젝트 관리

프로젝트 관리는 매우 중요하며, 그 범위가 매우 넓어서 이 절에서 모두 언급하는 것은 불가능하다. 따라서 프로젝트 관리와 관련한 보다 상세한 지식은 별도의 전문서적을 참고하기 바란다. 이 절에서는 프로젝트 관리 활동 중 특히 중요하다고 생각되는 프로젝트 계획, 프로젝트 일정계획, 위기관리 그리고 자원관리 등의 활동에 대한 개략적 내용만 소개하도록 한다. 프로젝트 관리

4.1 프로젝트 계획

직무분할(work breakdown)

일반적으로 프로젝트 관리에서 가장 먼저 행하는 활동은 프로젝트 계획단계이다. 프로젝트 계획에는 여러 가지 종류가 있다. 품질계획, 타당성검토, 시스템 구성계획, 유지보수 계획, 그리고 인력개발계획 등으로 나눌 수 있다. 또한 대부분의 프로젝트 기획서에 포함되는 내용으로는 프로젝트 개요, 프로젝트 수행조직, 예상 위기요인분석, 하드웨어 및 소프트웨어 소요자원 내역, 직무분할(work breakdown), 프로젝트 일정, 그리고 관리 및 보고절차 등의 내용으로 구성된다.

```
프로젝트 제약 조건 및 한계점의 도출
        프로젝트에 영향을 미치는 주요 변수에 대한 평가실시
        프로젝트 주요 일정계획 및 완료일정 정의
        while 프로젝트 미완료 및 취소되지 않음  loop
          프로젝트 일정계획 작성
          일정계획에 따른 활동 명시
          (wait for a while)
          프로젝트 진도체크
          프로젝트 영향을 미치는 변수들의 체크 및 수정
          프로젝트 일정계획 수정보완
          프로젝트 제약조건 및 완료일정 수정보완
          if (문제발생) then
            기술재검토 및 해결가능성 타진
          endif
        end loop
```

[그림 11-14] 프로젝트 계획 절차

소프트웨어 개발뿐만 아니라 웹사이트 구축을 위해서도 일정기간, 주어진 예산을 가지고, 정해진 개발기간 동안 성공적으로 사이트 개발을 완료해야 한다. 따라서 앞서 언급한 바 있는 단계별 개발절차에 따라 전체적인 프로젝트 수행계획을 수립하여야 한다. 프로젝트 계획을 수립하는 시점에 클라이언트로부터의 제안요청서(RFP)를 접수하고, 클라이언트의 제안서 심사가 통과되면 개발계약이 체결되어 본격적으로 실질적인 프로젝트가 진행된다.

(1) 프로젝트 일정계획

프로젝트 일정계획은 프로젝트 관리자에게 가장 힘든 과정이다. 프로젝트 관리자들은 전체 프로젝트 활동을 완료하고, 이들 활동들을 면밀하게 수행하는 데 필요한 시간과 비용을 산출해야 한다. 또한 한번 수립된 일정계획은 프로젝트가 진행되는 동안 새로운 상황정보를 참조하여 지속적으로 수정 보완되어야 한다. 프로젝트 스케줄링의 절차는 소프트웨어 혹은 시스템 요구사항을 수행하기 위해 필요한 활동 파악, 활동 간 주종관계 파악, 활동에 소요되는 자원평가, 인력자원의 할당, 그리고 프로젝트 차트(선행 및 후행활동 간 네트워크, 작업별 소요기간 및 선후공정, 활동바차트, 인력할당 및 시간차트 등)를 작성하는 작업으로 진행 된다.

(2) 프로젝트 일정관리

프로젝트 일정은 비용 및 클라이언트의 만족도와 밀접한 관계가 있으므로 일정을 준수하는 것이 중요하다. 웹사이트 구축 프로젝트의 경우는 프로젝트 초기에 요구사항과 내비게이션 보드가 치밀하게 작업이 되었다면 다른 프로젝트에 비해 불확실성이 다소 적다고 볼 수 있다. 왜냐하면 웹사이트 구축에 필요한 기술의 난이도가 그리 높지 않고 게시판, 회원가입, 동호회 모듈, 전자상거래 결제페이지 등에 적용되는 기술은 거의 모듈 형태로 구현이 되어 있어 재활용이 가능하기 때문이다. 단, 불확실성이 내재하는 부분은 프로젝트 수행 도중에 클라이언트에 의한 추가 요구사항이 발생하는 경우와 홈페이지에 게재할 콘텐츠 확보에 어려움이 있는 경우는 일정지연의 중요한 원인이 되는 경우가 많다. 따라서 이러한 문제점의 발생가능성이 높을 경우는 기획단계에서 보다 명확하고 치밀한 요구분석을 통하여 프로젝트 수행도중에 추가 요구사항이 발생하지 않도록 해야 한다. 또한 홈페이지에 올라갈 콘텐츠의 확보를 위해서 클라이언트와의 긴밀하고도 충분한 협의가 반드시 병행되어야 한다.

(3) 프로젝트 자원관리

예기치 않은 상황이 발생하여 프로젝트 지연이 우려될 경우는 자원의 추가 투입을 결정해야 하는데 자원 추가 투입의 원인이 무엇인지를 명확하게 하고 어느 정도의 추가 자원이 투입되어야 하는지에 대해 검토하여야 한다. 추가 자원 투입에 대한 비용을 클라이언트가 부담하는 것이 옳은 것인지 아니면 프로젝트 조직의 내부 자원 활용의 유연성을 발휘하여 처리할 것인지를 판단해야 한다.

4.2 프로젝트 팀 구성

프로젝트 관리자(project manager)
웹 기획자(web planner)

웹사이트를 구축하는 프로젝트의 수행을 위해서 필요한 주요 인적자원으로는 프로젝트 관리자(project manager), 웹 기획자(web planner) 혹은 웹 PD, 웹 혹은 사용자 인터페이스 디자이너, 웹 프로그래머, 콘텐츠 기획자 등의 인적자원들로 팀을 구성하게 된다. 개발조직별로 약간씩의 차이가 있을 수는 있으나 팀원들이 담당하는 일반적인 역할은 다음과 같다.

(1) 프로젝트 관리자(project manager) 및 웹 마스터(web master)

웹 마스터

프로젝트 관리자 혹은 웹 마스터의 주요역할로는 클라이언트와 프로젝트 참여자들 간의 커뮤니케이션이 원활할 수 있도록 조정하고, 사이트 구축 과정 전반의 프로세스를 관리하는 역할을 담당하게 된다. 예산을 집행하거나 회의를 주관하여 프로젝트가 성공적으로 마무리되도록 하는 책임을 지고 있다. 프로젝트 관리자의 자격요건으로는 프로젝트를 성공적으로 마무리하기 위한 리더십이 있어야 하며, 문제해결 능력 등의 역량이 요구된다.

(2) 웹 기획자 및 웹 PD(web planner or web producer)

웹 기획자가 수행하는 주요 역할로는 클라이언트의 요구사항을 분석하고, 유사 사이트를 벤치마킹하며, 내비게이션 보드를 제작하는 역할을 담당하게 된다. 회의 자료를 준비하고, 클라이언트와 프로젝트 참여자들 간의 중재역할도 담당하게 되는데 프로젝트 전체 진행에서 웹 마스터(web master)와 같은 매우 중요한 역할을 한다. 웹 기획자에게 요구되는 역량으로는 창의적인 사고력, 풍부한 아이디어 창출, 사이트에 대한 종합적 사고와 이해력, 업무협조를 위한 책임감, 리더십 등의 역량이 요구된다.

(3) 웹 디자이너(web designer)

웹사이트 전체의 디자인 부분의 작업을 담당하고, 사용자들의 편이성을 고려하여 내비게이션 구조를 설계하는 등의 역할을 담당하게 된다. 디자인 요소가 사이트의 콘셉트를 표현하는 중요한 요소임을 감안하면 디자이너의 역할이 매우 중요하다. 웹 디자이너에게 요구되는 역량으로는 사이트 특성파악을 위한 전문가적 감각과 디자인적 창의력 및 응용력, 디자인 관련 툴 사용능력 및 HTML 코딩 능력 등의 역량을 갖추어야 한다.

(4) 웹 프로그래머(web programmer)

웹 프로그래머의 주요 역할로는 전체 사이트의 구조와 데이터베이스 구조를 설계하고, 사이트에서 구현되어야 할 각종 기능들에 대한 프로그램 소스코딩을 담당하게 된다. 또한 프로젝트 완료보고를 위한 문서작업, 데이터 플로우 다이어그램(data flow diagram) 등의 작업을 통하여 전체 사이트의 기능을 구현하는 역할을 담당한다. 웹 프로그래머가 갖추어야 할 주요 역량으로는 ASP, Java, PHP 등 서버사이드 언어(server side language)를 사용하여 웹 프로그래밍을 할 수 있는 능력, 데이터베이스 설계 및 관리기능 구현능력 등의 역량이 요구된다.

웹 프로그래머

(5) 웹 콘텐츠 기획자

소규모 사이트의 경우에는 일반적으로 웹 기획자와 콘텐츠 기획자가 같은 사람일 경우도 있으나 대규모 전자상거래 사이트의 경우에는 콘텐츠의 배열이나 콘텐츠 생성 및 업그레이드 등의 업무를 전담하는 인력이 필요하다. 콘텐츠 기획자는 머천다이저(merchandiser)로서의 역할을 담당해야 한다. 잘 팔리는 제품, 잘 팔리지 않는 제품, 기획 상품, 이벤트 상품 등의 상품들을 어느 위치에 진열할 것인가 등에 대한 전반적인 계획을 수립하고 실행하는 역할을 한다. 웹 콘텐츠 기획자들에게 필요한 역량으로는 고객의 욕구를 잘 파악하고, 상품의 특징, 계절별 소비패턴의 변화 등에 관한 추세를 잘 읽을 수 있는 역량이 필요하다.

웹 콘텐츠 기획자

4.3 예산수립

웹사이트 구축의 경우 개발계약 체결시 확정된 개발비용의 범위에서 프로젝트 예산이 설정되게 된다. 제안서 내용 중 예산규모가 언급이 되어야 하는데 예산을 수립하는 과정은 크게 두 가지 방법을 사용하고 있다. 예산 수립을 위한 첫 번째 방법으로는 전체적인 사이트의 페이지수를 기준으로 페이지당 개발단가를 곱하여 전체 예산을 수립하는 방법이 있다. 따라서 구축예산 = 총 페이지수 × 페이지당 단가로 계산될 수 있다. 이 방법의 장점으로는 전체 사이트의 페이지수가 정확하게 계산될 경우는 매우 정확하고 합리적인 예산을 수립할 수 있으나 개발초기에 전체 사이트의 총 페이지를 계산하는 것에 불확실성이 존재하기 때문에 어려운 점이 있다. 또한 페이지별 작업의 분량에 차이가 있기 때문에 일괄적으로 페이지 단가를 적용하는 것에 무리가 있을 수 있다. 두 번째 방법으로는 투입되는 인력자원의 인건비(고급, 중급, 초급기술자), 마진율, 기타 관련 비용 등을 합하여 소요기간을 곱한 금액으로 예산을 산정한다. 이 방법의 장점으로는 인건비등의 실제비용을 기준으로 예산을 수립하는 방법으로 비교적 정확한 비용 산출이 가능하다는 점이 있고 인건비 적용기준이나 마진율 등의 적용에 있어서 클라이언트와의 타협의 여지가 많은 단점이 있다. 일반적으로 현업에서 어떤 방식을 취할 것인지는 회사의 비용 수립정책에 따라 달라질 수 있다. 최근 오픈마켓의 등장, 개발사가 보유하고 있는 웹 템플릿(web template) 활용가능성 증가, 전자상거래 사이트 구축을 위한 상용화된 솔루션의 등장 등 웹사이트 개발이나 활용을 위한 예산을 절감할 수 있는 방법이 출현하고 있다.

4.4 위기관리

점차적으로 위기관리 활동은 프로젝트 관리 분야에서 매우 중요한 자리를 차지하고 있다. 왜냐하면 프로젝트 추진일정이나 프로젝트 산출물의 품질에 영향을 미칠 수 있는 위기요인을 사전에 인지하고 이를 해결하기 위한 노력은 비용절감이나 일정준수를 위한 중요한 활동이 되었기 때문이다(Hall, 1998; Ould, 1999). 다시 말하면 위기요인에 대한 효과적 관리를 통해 문제해결이 용이해지며, 예기치 않은 예산소요 혹은 일정지연 등을 용이하게 해결할 수 있다. 위기요인의 종류로는 크게 3가지로 나눌 수 있다.

- 프로젝트 위기요인: 프로젝트 추진일정이나 자원에 영향을 미치는 위기요인들로 예컨대 경험이 풍부한 디자이너의 부족이나 퇴사 등으로 인한 자원부족 등의 예가 있다.
- 제품 위기요인: 개발 중인 소프트웨어의 성능이나 품질에 영향을 미치는 위기요인으로 프로젝트를 위해 구입한 상용모듈의 품질미약 등의 예가 있다.
- 비즈니스 위기요인: 소프트웨어를 개발하거나 구매하는 조직에 영향을 미치는 요인으로 신제품을 개발하는 경쟁사가 비즈니스 위기요인이 될 수 있다. 프로젝트에 영향을 미치는 위기요인은 프로젝트나 조직 환경에 영향을 받는다.

예컨대 프로젝트 종료 이전에 경험이 많은 개발자가 퇴사하거나, 경영상 프로젝트 우선순위의 변경, 시스템의 전체 규모를 잘못 예측 등의 요인들이 발생할 수 있다. 위기관리의 주요 절차는 위기요인의 규명, 위기에 대한 상세분석, 위기 해결방안 모색, 그리고 위기감독 관리 등의 순서로 진행된다.

5. 모바일 웹사이트

스마트 기기의 보급으로 인해 이동 중에도 정보를 검색할 때가 종종 있다. 그러나 방문하려고 하는 사이트가 데스크톱 버전이라서 모바일에서는 사용하기가 어려울 수도 있다. 또한 모바일 버전이 아닌 경우에는 화면을 확대하거나 줄여야 한다.

5.1 웹에서 모바일로

현재 웹에서 모바일로 권력의 중심축이 이동을 하고 있으며, 전 세계는 모바일이라는 가상의 길 위에서 새로운 형태의 전쟁을 벌이고 있다. 이제 모든 비즈니스는 모바일을 통하지 않고서는 생존하기조차 어려운 시대가 도래하였다. 국내의 경우, 2013년 상반기부터 모바일 트래픽이 PC를 앞서고 있다. 네이트(nate.com)의 경우를 살펴보면, 소치 올림픽 생중계와 하이라이트 동영상을 모바일로 이용한 비중이 82%에 이르렀으며, 최근에는 스마트폰 운영체제(OS) 싸움에서는 애플(iOS)과 구글(Android)의 패권 다툼이 계속해서 일어나고 있다(한겨레21, 2014.03. 07). 미국의 경우를 살펴보면, 스마트폰 사용자의 94%가 스마트기기로 지역에 대한 정보를 검색하고 있으며, 직장이나 가정에서도 모바일을 통한 검색 비율이 77%에 이른다. 시장조사업체 뉴쥬(Newzoo)에 따르면, 2021년에는 전 세계적으로 38억 명에 달하는 사람들이 주기적으로 스마트폰을 이용할 것으로 전망했다.

5.2 웹사이트와 모바일 앱 연동

최근 모바일 기술의 발전으로 종래의 웹사이트 중심의 사업전략을 전개하던 기업들이 모바일 기기 환경에서 조직의 사업아이템, 즉 제품 혹은 서비스를 제공하고 있다. 예컨대 [그림 11-15]는 철도승차권 예매사이트로 웹사이트 상에서 승차권 예매서비스를 제공하였으나 스마트폰 환경에서 예매할 수 있는 애플리케이션(흔히 줄여서 '앱'이라고도 함) 프로그램을 제공하고 있다. 또한 은행권의 각종 은행업무 처리 역시 앱을 이용하여 처리할 수 있도록 하고 있으며, 최근 LTE(long term evolution) 등의 4G, 5G 무선통신 인프라의 획기적인 발전으로 통신기기의 융·복합화 현상이 가속화되고 있다. 따라서 정부 및 공공기관, 기업, NGO 등의 조직들은 모바일 환경에서의 사업전략 수립과 효과적인 대민 서비스 실행에 노력하고 있다.

[그림 11-14] 철도승차권 예매 사이트와 모바일 앱

모바일 커뮤니티(m-community)
모바일 콘텐츠(m-contents)
모바일 콘텐츠(m-contents)
모바일 오피스(m-office)

몇 가지 분야를 예로 살펴보면, 첫째, 모바일 커머스(m-commerce) 분야에서 은행, 증권거래 등의 금융관련 산업 분야에서 모바일 환경에서 많은 앱들이 제공되고 있다. 또한 종래의 웹사이트 중심의 쇼핑몰 등 유통분야에서도 모바일 환경의 앱을 제공하여 모바일 커머스 활성화에 기폭제 역할을 하고 있다. 둘째, 모바일 커뮤니티(m-community) 분야에서는 우리나라의 대표적인 무료서비스로 카카오톡과 카카오스토리를 들 수 있다. 이들 서비스는 기존의 무선통신 사업자들의 비즈니스 모델을 재조정해야 할 정도로 강력한 서비스가 되었다. 최근에는 무료전화서비스까지 제공함으로써 통신사의 생존을 위협하고 있다. 또한 트위터, 페이스북 등 모바일 SNS 서비스 앱을 제공함으로써 장소, 시간에 관계없이 커뮤니티 활동이 가능하게 되었다. 셋째, 모바일 콘텐츠(m-contents) 분야 역시 획기적인 발전을 하고 있다. 초고속 무선통신 인프라의 보급 확대로 유·무료 콘텐츠의 공급 채널이 모바일로 이동하고 있으며, 이들 콘텐츠의 거래와 공유의 신속성과 편리성을 높였다. 각종 영화, 전자책, UCC, Youtube, 방송, 신문 등의 콘텐츠 들이 모바일 앱을 통하여 공급되고 있다. 넷째, 모바일 오피스(m-office) 분야는 많은 기업들이 업무의 특성을 고려하여 업무의 효율성과 효과성을 높이고, 기업

의 비용절감을 위해 일부 도입하고 있거나 혹은 전체적으로 도입을 고려하고 있다. 업무전용 앱을 개발하여 언제 어디서나 원격근무를 할 수 있는 환경을 제공하고 있다.

모바일과의 연동 서비스를 위한 사이트 설계시 고려사항은 다음과 같다.

첫째, 기존 웹사이트 및 서비스의 대상을 도출하고 모바일로 전환하는 작업이 필요하다. 모바일 단말기 기반의 모바일 웹은 PC 기반의 웹사이트와는 다르게 제한된 인터페이스와 단말기의 성능으로 인해 차별적인 서비스의 기획 및 개발이 요구된다. 모바일 웹은 UX(User Experience)적 특징이 있다. 이로 인해 모바일 웹은 모바일 단말기의 특성에 의해 소수의 핵심기능에 초점을 맞추어야 한다. 따라서 메뉴별로 모바일화 여부를 파악하고 추진전략을 세워야 한다. 둘째, 신규서비스의 도출이 필요하다. 신규서비스 도출은 신규 아이디어 수집, 신규서비스 후보군에 대한 검토 절차를 통해 발굴이 가능하다. 도출된 후보 서비스들은 모바일 서비스 제공 목적의 타당성, 정책 지향성, 범용성, 업무적, 기술적 적시성, 타모바일 서비스와의 연계성 등을 검토하여 신구 서비스를 도출한다. 셋째, 서비스 구현방식의 선정이다. 모바일 서비스는 보편적 접근성 제고를 위하여 모바일 웹 방식으로 제공하도록 노력해야 한다. 모바일 서비스의 개발 방식에는 모바일 웹 방식으로 개발하는 것이 원칙이나, 모바일 웹 방식은 안정성 및 단말기의 고유 기능의 활용에 제약이 있기 때문에 서비스의 특성에 따라 애플리케이션 방식으로 개발하는 것이 가능하다. 모바일 서비스는 모바일 앱 방식과 모바일 웹 방식이 있으며, 다시 네이티브 앱(Native Application)과 하이브리드 앱(Hybrid Application) 방식으로 구분된다(모바일 서비스 개발 운영 가이드라인, 2011).

UX(User Experience)
네이티브 앱(Native Application)
하이브리드 앱(Hybrid Application)

5.3 모바일 친화적인 웹사이트 구축 12선

최근의 모바일 전문 사이트에 대해서 Jennifer Lonoff Schiff는 12가지 팁을 소개하였다. 이를 중심으로 소개하고자 한다(CIOkorea.com).

(1) 바로 반응하는 웹사이트 만들기

부동산 관리 소프트웨어 개발사인 랜드로드 스테이션(Landlord Station)은 반응(Responsive) 기술 프레임워크를 활용하여 쉽게 그리드로 배치해, 스크린 크기에 따라 그리드를 변경할 수 있도록 하였다. 부트스트랩은 무료 오픈소스 기반이고,

잘 개발되어 있어서 도입 또한 쉬운 기술이다.

(2) 손가락 하나로 조작 가능하게 하기

모바일 사이트에서 가장 중요한 것 중의 하나는 사용자들이 한 손으로 사이트를 내비게이션할 수 있어야 한다는 점이다. 이에 '핀치' 동작으로 확대를 할 필요가 있는 웹사이트라면 콘텐츠의 글자가 너무 작거나 모바일 기기에 최적화되어 있지 않기 때문에 이러한 점에 주의하여 모바일 웹사이트를 설계해야 한다.

(3) 디자인을 단순하게 하기

그래픽(플래시), 문구(카피), 동영상 등이 많으면 웹사이트 불러올 때 시간이 오래 걸리기 때문에 전달하고자 하는 메시지를 방해할 위험이 높다. 웹사이트를 디자인할 때, 중요한 것은 깨끗한 디자인에 초점이 맞춰진 카피(광고 문안)가 가장 효과적이다.

(4) 문구(카피)를 잘 활용하기

스마트폰은 PC보다 화면의 크기가 매우 작은 편이다. 이에 모바일 웹사이트에서는 텍스트의 양을 최소화하는 것이 중요하다. 왜냐하면 모바일 사용자는 빠른 스크롤을 좋아하기 때문에 하나의 문구(카피)로 독자의 관심을 끌어야 한다.

(5) 아이콘을 잘 활용하기

웹사이트를 만들 때에는 동작, SNS와의 연결, 메뉴바(텍스트) 대신 모바일 아이콘을 사용한다는 점이다. 이러한 심볼(symbol)은 사용자가 방문한 웹사이트가 모바일에 최적화되어 있다는 것을 사용자에게 알려주는 긍정적인 역할을 한다.

(6) 모바일에 최적화된 이미지로 빠른 사이트 구현하기

모바일 기기의 해상도와 비율은 240×320와 2560×1440의 사이에 있다. 현재 사용하고 있는 네트워크는 4G, 5G 등이며, 특정한 국가(한국 등)를 빼고는 아직까지 4G를 이용하고 있다. 이러한 문제점들을 고려하여 특정한 모바일 기기에서뿐만 아니라 모든 모바일 기기에서 사용이 가능한 해상도와 비율에 맞춰 이미지를 잘라내고, 크기를 재조정하며 최적화해야만 한다.

(7) 지나친 JAVA 사용은 자제하기

모바일 웹사이트에서는 자바스크립트 사용을 지양해야 한다. 자바스크립트를 사용하지 말라는 것이 아니라 적절한 자바스크립트를 사용하라는 의미이다.

(8) 연락처를 쉽게 찾을 수 있도록 배치하기

사용자들은 종종 영업시간, 전화번호, 예약번호, 사업장 위치 등을 웹사이트 방문을 통해서 찾고자 한다. 이에 사용자가 관련 정보를 쉽고 빠르게 찾을 수 있도록 디자인되어야 한다.

(9) 동영상을 현명하게 활용하기

모바일 기기 사용자는 노트북 및 PC 사용자보다 3배 이상이나 동영상 시청을 즐기는 경향이 있는 것으로 나타났기 때문에 반드시 웹사이트에서 동영상을 활용하는 것이 중요하다.

(10) 모바일에 최적화된 양식 사용하기

고객에게 연락할 때 필요한 정보를 최소화해야만 한다. 즉, 양식에서 항목의 크기와 개수를 최소화하고 모바일에 최적화된 기술을 활용해야 한다.

(11) 지리정보를 반드시 고려하기

기업들은 지리정보 기술을 이용하여 지도를 제공하고, 가장 가까운 사업장의 상품이나 서비스를 소개하고, 특정한 고객을 대상으로 판촉 활동을 추진할 수 있다.

(12) 다양한 기기, 플랫폼, 운영 시스템에서 콘텐츠 확인하기

웹사이트의 사용자 경험과 유용성을 높이기 위해서는 운영시스템(Android, iOS 등)별로 사용자 경험을 반드시 테스트해야만 한다.

6. 전자상거래 보안관리

인터넷을 이용한 전자상거래의 경우, 거래 내용, 신용카드 정보, 계좌번호, 혹은 관련 자금이체 비밀번호 등의 거래 정보들이 쉽게 노출될 수 있다. 과거에는 개방형 프로토콜인 TCP/IP기반 인터넷의 특성상 보안성이 취약하였으나 최근 보안관련 기술의 획기적 발전으로 취약했던 보안성을 대폭적으로 개선하였다. 전자상거래에서의 보안침해 유형을 살펴보면 통신 과정에서의 데이터 도청과 불법적 읽기 및 수정 등의 위협, 자신의 신분을 허위로 입력하거나 전자메일 등의 송수신 행위를 부인하는 행위, 비인가된 사용자가 네트워크상의 다른 시스템에 대한 접근 권한을 불법적으로 획득하여 침입하는 행위 등이 있다.

6.1 보안 요구 사항 및 기능

전자상거래 시스템 내에서 구현해야 할 보안상의 기능들은 일반적으로 다음의 네 가지로 요약되는데, 이는 곧 전자상거래에서 보안이라는 분야를 만족시키기 위해 갖추어야 할 필요조건이라고 이해하면 될 것이다.

6.1.1 기밀성(confidentiality)

기밀성은 제3자가 인가된 송수신자 간의 전달 내용을 어떤 방법으로든지 획득하지 못하도록 안전한 의사소통을 하는 것을 의미한다. 예를 들어, 전자결제를 위하여 은행 계좌 번호와 그 비밀번호 등이 인터넷을 통하여 전송될 때, 이를 암호화하여 전송하면 인가되지 않은 해커나 도청자가 스니핑(sniffing) 기법 등으로 전송된 데이터를 얻어내더라도 암호를 풀기 전에는 그 정보를 알아낼 수 없기 때문에 안전하다고 할 수 있다.

6.1.2 인증(authentication)

인증이란 인가된 사용자들 간에 정보를 송수신할 때, 자신이 받은 데이터가 올바른 사람에게로부터 온 것인가 하는 신원에 대한 확인이다. 예를 들어, 고객이 전자 거래를 통해 물품을 구입하고 그 상인에게 신용카드 번호를 보냈을 때, 상인은 그 번호가 그 고객이 보안 번호가 확실한가 하는 것을 알아내고 그 신용카드의 실제 소유자인지를 확인해야 한다.

6.1.3 무결성(integrity)

전자 거래에 있어서 무결성이란 정보의 송수신 도중에 데이터가 훼손되거나 데이터에 변화가 생기지 않았는가에 대한 확인을 하는 것이다. 예를 들어, 신용카드 회사의 입장에서 볼 때, 고객이 어느 상인에게 얼마의 돈을 지불하겠다는 등의 내용을 보냈다면 이 내용이 전송과정에서 변화가 없었는가 혹은 훼손되지 않았는가 하는 것들에 대한 확인을 해야 한다.

6.1.4 부인 방지(non-repudiation)

부인 방지는 사용자가 자신의 행위한 사실을 부인할 때 이것을 어떤 방법으로 막느냐 하는 것이다. 예를 들면, 고객이 어떠한 물품을 구매하고 상인에게 얼마의 금액을 지불하겠다고 했을 때 나중에 그 고객이 자신은 물품을 구입한 적이 없고 그 금액에 대한 지불을 약속한 적이 없다고 부정할 경우, 그 약속에 대한 확실한 증거를 제시함으로써 그 고객이 부인하는 것을 막아야 할 것이다.

6.2 보안기술

전자상거래가 발전하고 그 규모가 더욱 커짐에 따라 전자상거래상에서 일어나는 부정으로 인한 손실이 커지고 그만큼 보안에 대한 중요성도 부각되고 있다. 지금까지의 보안은 전자상거래를 구성하는 하나의 요소 정도로 인식되어 온 것은 사실이다. 그러나 최근에는 외부의 불법적인 침입을 방어하거나 통신 내용을 보호하는 기능뿐 아니라 사용자 인증, 데이터 무결성 보장, 송수신 부인 방지 등 보다 다양하고 복잡하며 통합된 형태의 개념으로 인식되기 시작하였다. 이에 따라 우리나라를 비롯한 세계 각국은 보안 분야의 기술적, 관리적, 정책적 측면으로부터 통합적인 전자상거래 보안 모델을 개발하고 있는 실정이다. 전자상거래 보안 기술은 크게 정보보호 기반 기술을 통해 전자상거래를 위한 시스템 및 네트워크를 보호하는 기술과 전자상거래 응용을 보호하는 기술로 구분할 수 있다.

정보보호 기반 기술은 다시 크게 정보통신 관련 기반 기술과 암호 관련 기반기술로 구분할 수 있다. 정보통신 관련 기반 기술은 기존의 정보통신 기술에서 제공하는 보안기술로, 사용자 ID와 패스워드를 통한 식별 및 인증, 접근제어 목록을 통한 접근제어 등 시스템과 네트워크에서 제공하는 기본적인 보안기술이다. 이러한 기본적인 보안 기술에 보다 강력한 보안 기능을 제공하기 위해 암호기술이 사용되기도 한다.

암호기술은 다시 기본적인 암호 알고리즘 기술과 인증이나 전자 서명과 같이 특정 목적을 수행하기 위한 암호 프로토콜 기술로 구분할 수 있다. 이러한 정보보

SSL
방화벽(Firewall)
침입탐지시스템(IDS)
Secure OS
Secure DBMS
Secure PC

호 기반 기술을 토대로 전자상거래를 구성하는 시스템 및 네트워크를 보호하기 위한 기술로서 SSL, 방화벽(Firewall), 침입탐지시스템(IDS), Secure OS, Secure DBMS, Secure PC 등이 있다. 주로 B2C 환경에서의 전자지불 시스템 보호 기술이 여기에 해당되는데, 즉 신용카드, 스마트 카드, 전자 현금에 대한 여러 보안 기술을 의미한다. 또한 B2B 환경에서의 메시지 보호를 위한 ×.400, ×.435를 위한 보안 기술 등이 여기에 포함된다.

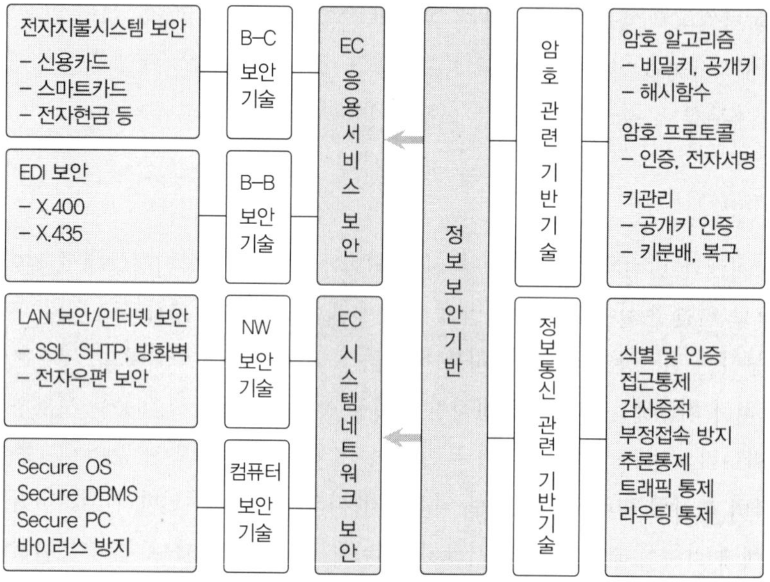

[그림 11–16] 전자상거래 보안 기술의 분류 체계

6.3 인터넷 보안

인터넷과 웹은 도처에 산재한 위험요소로 인해 현실적으로 전자상거래를 구현하는데 많은 어려움에 직면하고 있다. 따라서 인터넷을 이용해 전자상거래를 구현하기 위해서는 인터넷, 웹서비스를 안전하게 이용할 수 있는 인터넷 보안 기술이 반드시 필요하다. 여기에서는 SSL, IPSec, Firewall, IDS 등 인터넷 보안 기술에 대해 살펴보기로 한다.

6.3.1 SSL 보안

웹서버와 웹브라우저 간의 안전한 통신을 위해 넷스케이프 사가 통신보안규

약(1993)기술로서 공개키 암호화 알고리즘 기반의 보안기술이다. 응용계층과 TCP 계층을 연결하는 socket layer에 적용하는 기술이다. 응용계층의 FTP, TELNET, HTTP 등의 프로토콜에서도 안전성을 보장하며, 대부분의 전자쇼핑몰이 웹 서버 구축시 SSL을 지원하고 있다. 보안방식의 단순성 및 비용절감 측면을 고려해 볼 때, 당분간 지속적으로 발전이 예상된다.

6.3.2 IPSec과 VPN

IPSec는 인터넷상의 보안상 문제를 해결하기 위해 IP 계층에서 보안 서비스를 제공할 수 있도록 하는 인터넷 보안 프로토콜을 말한다. 이는 통신의 무결성, 인증, 재전송 공격 방지 등과 같은 서비스를 제공하도록 고안되었다. IPSec의 대표적인 응용기술로서 가상사설망(VPN: Virtual Private Network)을 들 수 있다. 이는 인터넷을 통하여 원격 사용자나 이동 사용자가 자사의 인트라넷에 접속하여 안전하게 정보를 공유할 수 있도록 서비스하는 것으로서 사설망처럼 이용하되 회선 비용을 크게 절감할 수 있게 해준다.

6.3.3 Firewall

방화벽은 외부로부터 내부망을 보호하고 외부의 불법 침입으로부터 내부의 정보자산을 보호하기 위한 목적으로 사용되는 네트워크 구성 요소를 의미하며, 외부로부터 유해정보 유입을 차단하기 위한 정책과 이를 지원하는 하드웨어(H/W) 및 소프트웨어(S/W)를 총칭한다. 인터넷 보안을 위해 외부에서의 침해 행위에 대한 대책으로 가장 많이 사용되는 방법이나 접속지연, 네트워크의 가용성 저하, 오류발생시 치명적 보안실패, 내부사용자 감시취약, 백도어(Back door)를 통한 불법적 접근 소지, 트래픽의 속도 저하 등의 단점이 있다.

6.3.4 IDS(Intrusion Detection System)

침입탐지시스템은 방화벽과 같이 단순히 네트워크를 통한 외부 침입을 차단하는 단계를 넘어 외부 침입에 의해 방화벽이 해킹된 이후의 침입 사실을 탐지해 이에 대해 대응하는 솔루션이다. 방화벽이 출입자 인증을 위한 「대문」의 역할을 수행한다면, IDS는 CCTV와 같이 건물의 「무인자동경비」 장치에 해당하는 역할을 수행한다.

6.4 스마트기기 보안

스마트폰 시장의 경쟁 본격화에 따른 개방형 플랫폼 증가와 앱스토어 활성화 등으로 인하여 범용 OS를 채택하고 있는 모바일 환경은 모바일 악성코드의 제작을 용이하게 만들고, 제작된 모바일 악성코드는 범용 OS로 인해 이식성이 높기 때문에 모바일 공격의 규모 및 피해가 증가할 것으로 예상된다. 따라서 향후 더욱 지능화되고 다양한 형태로 변형될 수 있는 악의적 행위에 의한 정보 유출, 불법 과금, 부정 사용 등과 같은 보안 위협으로부터 스마트기기 사용자를 보호하고, 서비스 환경에 안전성, 무결성, 가용성, 신뢰성을 제공하기 위한 스마트기기 보안기술 개발이 요구된다. 2009년 초 WIPI 폐지가 스마트폰 시장의 활성화에 기여하였지만, 현재 WIPI 폐지에 따른 국내 스마트폰 보안 취약점 및 위협에 대한 보안 기술 개발의 준비가 미비한 상태이다. 스마트기기 보안 기술은 PC 환경과 다르게 백신, 방화벽 등과 같은 단품형 기술을 적용하기에는 한계가 있다. 또한 다양한 OS별 스마트폰 출시와 개방 정도의 차이 등으로 인해 각기 특성에 맞는 보안 소프트웨어 적용이 요구된다. 특히, 국내의 경우에는 인터넷 보안 서비스 환경이 ActiveX를 통해 대부분 이뤄지고 있기 때문에 스마트기기를 이용한 안전한 결재 서비스에 어려움이 있으며 PC 환경과 다르게 보안 서비스도 제한적으로 지원할 수밖에 없는 실정이다. 안전한 스마트기기 서비스 환경을 보장하고 향후 발생 가능한 보안 위협에 대해 선제적 방어 체계를 구축하기 위해서는 단말 내부 보안기술과 더불어 원격 보안 관리, 안전한 결재 서비스 지원 및 앱스토어를 통해 배포되는 모바일 애플리케이션 검증 등의 기술이 필요하고, 국내외적으로 기술 초기 단계에 있는 스마트기기 서비스 보안 인프라 기술 개발이 요구된다(강동호외, 2010).

6.5 블록체인 기반 보안

블록체인은 전자상거래 시장을 변화시키고 있다. 블록체인을 전자상거래에 활용하면 다음과 같은 이점이 있다.[3]

첫째, 신속한 거래가 가능하다는 점이다. 블록체인은 365일 24시간동안 시간과 공간에 제약이 없이 액세스 할 수가 있다. 현재 모든 전자상거래의 거래가 네트워크 기반으로 이루어지고 있기 때문에 굳이 중개기관의 승인을 받을 필요는 없다.

3) https://www.cioreview.com/news/the-impact-of-blockchain-on-ecommerce-nid-27467-cid-176.html

둘째, 트랜잭션 비용의 절감이 가능하다. 앞서 설명한 것처럼 중개기관이 없다면 추가적인 비용이 들지 않으며, 분산 데이터베이스를 통해 유지보수 비용을 줄일 수도 있다.

셋째, 거래가 투명하다. 블록체인은 오픈소스 기반의 기술이며, 플랫폼을 소유하고 유지하는데 있어 다른 플랫폼과는 다르게 중앙의 엔터티가 없으며, 많은 사용자들이 데이터의 추적이 가능하기 때문에 데이터가 훼손되거나 문제가 될 수는 없기 때문에 전체 시스템의 보안을 높일 수 있다.

넷째, 데이터 보안이 높아진다. 블록체인은 분산되어 있으며, 블록체인에 저장된 데이터 역시도 분산되어 있다. 이로 인해 전체 블록체인을 해킹한다는 것은 거의 불가능하다고 알려져 있다. 블록체인 기술로 전자상거래를 구현한다면 전자상거래의 모든 데이터들이 안전하게 보호가 될 수 있다.

다섯째, 블록체인 워크플레이스 메커니즘이다. 블록체인은 판매자와 구매자가 확실하게 연결되는 플랫폼으로 다른 플랫폼(사업자 등)의 간섭이 없이도 거래가 가능하다는 장점이 있다.

중국의 소셜커머스 업체인 메이투(Meitu)는 정품 확인을 위해 전자상거래 비즈니스에 블록체인 기술을 활용하고 있다. 가상화폐를 구현하는 블록체인은 거래 정보를 블록 단위로 보고 이를 차례대로 연결한 공공 거래 장부이다.

[그림 11-15] Meipai 앱

즉, 위변조가 불가능하기 때문에 보안이 매우 강하다는 장점을 지니고 있다. 또한 모바일 앱회사 메이투는 블록체인을 전자상거래 정품 확인과 SNS 구축에 적용을 할 예정이다. 이를 위해 SNS 방식의 영상 공유 앱인 '메이파이'에 블록체인을 기술을 적용하고 주로 화장품 및 패션 분야의 정품 확인에 응용할 계획이다.[4)]

4) http://www.zdnet.co.kr/view/?no=20180109075322

참고문헌

김재일, 인터넷 마케팅, 박영사, 2001

강동호외, 스마트폰 보안 위협 및 대응기술, 전자통신동향분석, 제25권, 3호, 2010

남상신, 정현석, 조지훈, 성공적인 웹사이트를 위한 웹 내비게이션, 한빛미디어, 2000

노규성외, 전자상거래 & e-비즈니스, 사이텍미디어, 2009

노규성외, 스마트시대의 전자상거래, 생능출판사, 2013

노규성외, 빅데이터시대의 전자상거래, 생능출판사, 2015

모바일 서비스 개발, 운영 가이드라인, 서울특별시, 2011

이원석, HTML5와 모바일웹, TTA Journal 128:50-54, 2010

Hall, E., Managing Risk: Methods for Software Systems Development, Reading, MA:Addison Wesley, 1998

Ian Sommerville, Software Engineering, seventh edition, Pearson/Addison Wesley, 2004

Jennifer Flemming, Designing the User Experience WEB NAVIGATION, O' REILLY, 1999

Ould, M.A., Managing Software Quality and Business Risk, Chichester: John Wiley & Sons, 1999

Royce, W.W., Managing the development of the large software systems: concepts and techniques, Proc. IEEE WESTCON, Los Angeles, CA: IEEE Computer Society Press, 1970

http://blog.adic.co.kr/blog/com/index.vw

http://online.wsj.com/public/us

http://www.technology-in-action.com/

http://www.msn.com

http://www.useit.com/alertbox/

http://cyworld.nate.com/main2/index.htm

http://www.lgeshop.com, http://www.krnic.net

http://www.netpia.com, http://CIOkorea.com

블로터닷넷 등 기사

연·습·문·제

1. 웹사이트 구축절차에 대하여 설명하라.

2. 성공적인 웹사이트 구성요건에 대하여 기술하라.

3. 전자상거래 사이트의 바람직한 내비게이션 전략은 무엇인가 설명하라.

4. 웹사이트 구축절차를 크게 3단계로 구분하여 설명하라.

5. 보안요구사항의 4가지를 서술하라.

6. 웹 내비게이션의 작성목적 및 작성내용을 구체적으로 설명하라.

7. 웹사이트와 모바일 앱을 연동하여 경쟁우위를 확보하고 있는 사례를 제시하라.

8. 임대형 쇼핑몰 구축시의 장점과 단점에 대하여 설명하라.

12

CHAPTER

전자지불관리

정보통신기술의 급속한 발전으로 인해 스마트폰으로 대변되는 스마트 기기를 비롯하여 상거래 또한 많은 변화를 가져오고 있다. 인터넷 기술의 발전은 다양한 정보의 제공은 물론 전자상거래, 전자 정부, SNS(Social Network Service), 페이스북, 트위터, 블로그, 인스타그램 등 개인이 일상생활에서 필요로 하는 대부분의 서비스를 제공하고 있다. 이러한 인터넷 서비스에 대한 대가를 지불하는 방법에 있어서 지금까지는 전통적인 결제 서비스(인터넷뱅킹과 신용카드, 체크카드 등) 방법이 주로 사용되었지만, 최근에는 인터넷과 휴대폰을 통한 소액의 대가를 요구하는 서비스가 다양하게 제공되면서 소액 지불을 중심으로 전자화폐가 등장하게 되었다. 이 장에서는 전자상거래의 결제 수단으로 사용되고 있는 전자화폐를 비롯하여 다양한 전자지불시스템을 이해하기 위하여 국내외에서 사용되는 전자화폐 및 전자지불시스템의 사용 현황을 중심으로 살펴보고자 한다.

1. 전자지불관리시스템
2. 전자지불수단의 유형
3. 간편 결제 관리
4. 모바일 결제 관리

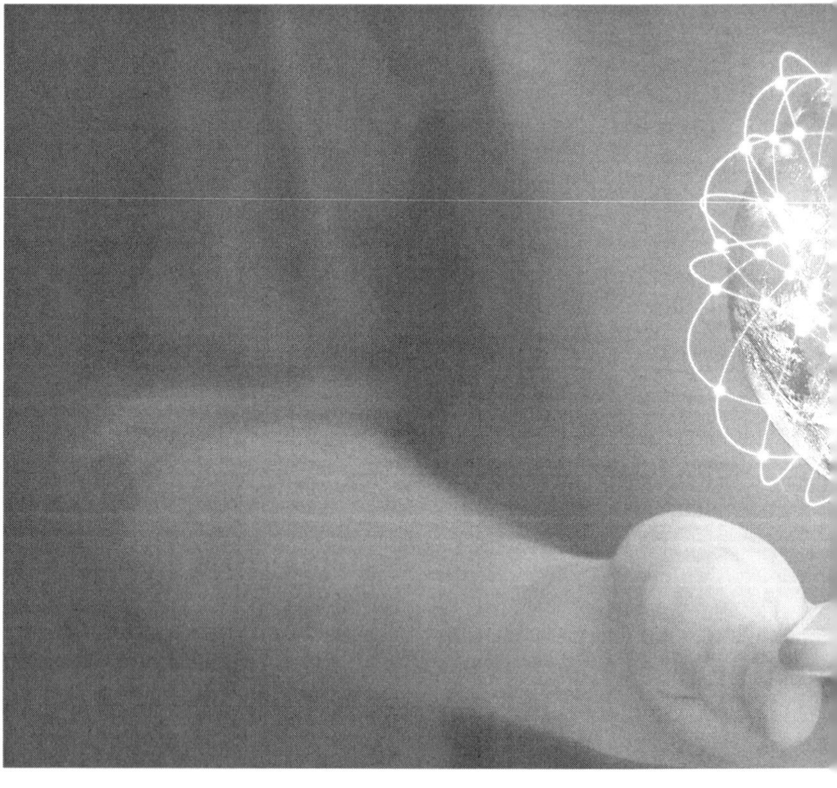

1. 전자지불관리시스템

1.1 전자지불관리시스템의 개념

상거래의 본질은 어떠한 상품이나 서비스와 그에 상응하는 경제적 가치 간의 교환이라고 할 수 있다. 따라서 인터넷상에서의 교환 가능한 경제적 가치를 마련하는 것이 전자상거래 활성화의 중요한 요소가 되는 것이다. 일반적인 상거래에서와 마찬가지로 전자상거래에서도 가격 협상 후 물건 대금을 지불하기 위한 방법을 선택해야 한다. 전자지불관리시스템은 화폐가치나 화폐가치에 대한 정보를 부호화하여 전자장치에 기록, 저장한 뒤 지급결제가 필요할 때마다 거래하는 상대방에게 화폐가치를 이전하거나 화폐가치에 대한 정보를 변경할 수 있도록 고안된 전자적 수단이나 시스템을 말한다(김정환외, 2001). 전자지불의 유형은 전자현금, 신용카드, 계좌이체, 가상계좌, 유선전화(ARS 등) 결제, 모바일(휴대폰, 스마트폰 등) 결제, EBPP 등이 있다. 자세한 내용은 2절에서 다루기로 한다.

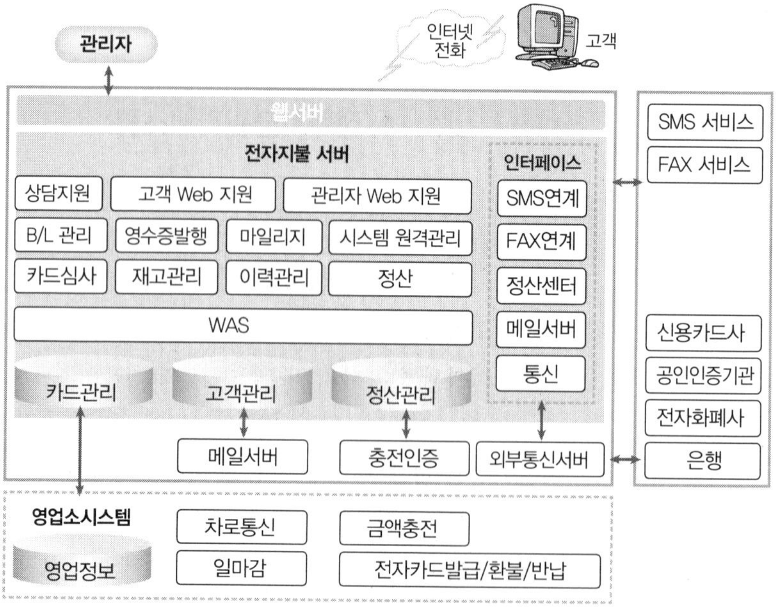

[그림 12-1] 전자지불시스템 구성도

*자료원: http://www.bigtel.net/product_eps.php

1.2 전자지불 게이트웨이(PG)

전자지불게이트웨이(PG: Payment Gateway)

인터넷 등을 통한 전자상거래에서는 소비자가 어떠한 지불수단이라도 안전하고 편리하게 거래 대금 이체가 가능한 환경이 조성되면 전자상거래가 보다 활성화될 것이다. 전자지불게이트웨이(PG: Payment Gateway)는 이를 원활하게 이루어지도록 지원하는 대행 서비스이다. PG는 일반적으로 전자상거래에서 판매자를 대신하는 계약을 맺고 구매자가 선택한 은행 신용카드 회사 및 통신사업자 등으로부터 대금을 지급받아 일정액의 수수료를 받고 판매자에게 지급해주는 서비스를 의미한다. 전자지불대행서비스는 PG로도 불리며 결제수단의 종류에 따라 신용카드대행서비스, 계좌이체대행서비스, 그리고 휴대폰 지급대행서비스 등으로 나누어진다.

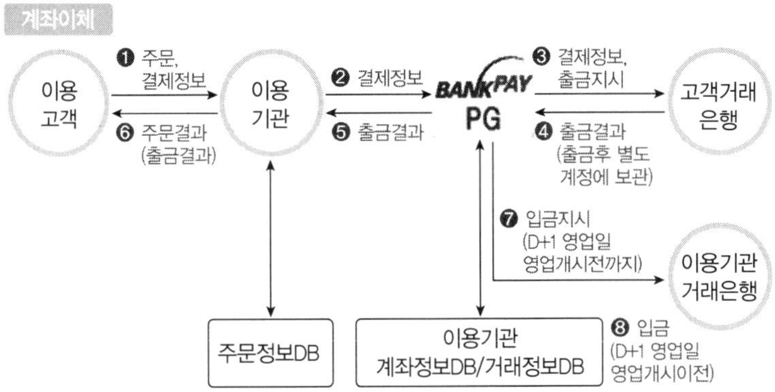

[그림 12-2] Payment Gateway

*자료원: http://www.bankpay.or.kr

대표적인 사례로서 BankPay 서비스는 금융공동망 운영기관인 "금융결제원"이 은행 및 다수의 금융투자회사와 함께 공동으로 제공하는 온라인 결제서비스이다.

이는 PG 서비스 이용기관에서 고객이 물품이나 서비스 구매시 고객이 지정한 계좌에서 물품대금을 출금하여 쇼핑몰 등의 이용기관 계좌로 입금하는 계좌이체 기반의 결제서비스이다. BankPay PG 서비스는 쇼핑몰 이용기관의 물품 고객에게는 안전한 결제환경을 제공하고 쇼핑몰 등의 PG 서비스 이용기관 관리자에게는 편리한 정산 및 결제환경을 제공한다. 또한 안전한 거래를 위해 공인인증서 기반의 결제서비스를 제공하며, PC 및 스마트폰, 태블릿PC, TV 등 쇼핑몰에 접속하는 다양한 환경에 최적화된 결제서비스를 제공하고 있다.

BankPay 서비스의 흐름은 다음과 같이 8단계로 이루어진다.

- 고객이 쇼핑몰 등 PG 서비스 이용기관에 접속하여 물품 및 서비스대금의 결제를 요청 → 고객이 결제요청시 고객의 계좌정보를 암호화하여 송신하기 위한 계좌이체 전자지갑이 고객 PC에 다운로드 → 고객이 전자지갑 창에 출금하고자 하는 출금계좌정보를 입력한 후 공인인증서로 전자 서명하여 결제를 요청
- PG 서비스 이용기관은 고객이 입력한 결제정보를 암호화한 데이터와 이용기관의 기타 정보를 조합하여 금융결제원 PG 서버로 결제 요청

- 금융결제원은 고객의 출금금융기관으로 출금지시를 송신하여 실시간으로 계좌 출금 요청
- 출금금융기관으로부터 실시간으로 출금요청 처리결과를 수신
- 금융결제원 PG 서버는 이용기관 앞으로 실시간으로 출금요청 처리결과 송신
- 이용기관은 고객에게 주문/결제 처리결과를 화면에 출력
- 금융결제원은 출금일 익영업일에 이용기관의 거래은행에 입금지시 송신
- 이용기관의 거래은행은 출금일 익영업일에 이용기관의 입금계좌로 결제금액 입금

1.3 유형별 전자지불수단과 그 기능

정보통신기술의 발달로 우리의 일상생활에 많은 변화를 가져오고 있다. 특히, 예금, 대출, 세금 납부와 같은 은행 업무들을 창구에 직접 찾아가지 않고, 인터넷(유선, 무선) 등 네트워크를 통해 해결할 수 있음은 물론 상품을 구매함에 있어 검색 → 주문 → 계약 → 대금 결제 등 일련의 과정을 컴퓨터 및 관련 장치를 이용하여 서류나 실물의 이동 없이 디지털 방식으로 처리할 수 있는 등 경제 활동에 미치는 영향이 증대하고 있다. 이러한 경제 패러다임의 변화는 전자화폐와 같은 보다 안전하고 편리한 결제 수단의 출현을 가져오게 했으며, 전자상거래에서 교환 가능한 경제적 가치를 제공하는 전자지불시스템은 매우 중요한 요소 중의 하나가 되었다.

2018년 중 현금 이외의 지급수단[1]을 통한 결제금액은 일평균 80.6조 원으로 2017년 대비(76.8조 원) 4.9%가 증가를 하였다. 또한 소액 결제망을 통한 계좌이체는 2017년 대비 8.9% 증가하였으며, 지급카드도 체크카드를 중심으로 2017년 대비 6.2% 증가하였다. 그러나 어음 수표 결제금액은 자기앞수표 및 전자어음 이용 감소 등으로 2017년 대비 5.6% 감소하였다(한국은행, 2019).

1) 금융결제원 운영 소액결제망의 계좌이체, 어음 · 수표, 지급카드(신용 · 체크카드 등) 단, 금융기관 간 거액자금이체가 이루어지는 한은금융망은 제외

〈표 12-1〉 현금 이외의 지급수단별 결제금액(일평균)[1] (조 원, %)[2]

	2015	2016	2017		2018	
			연간	증감률	연간	증감률
지급카드[2]	1.9	2.1	2.2	(5.9)	2.4	(6.2)
(신용카드)	1.5	1.7	1.8	(4.9)	1.9	(5.8)
(체크카드)	0.4	0.4	0.5	(10.0)	0.5	(7.6)
어음, 수표[3]	22.8	21.6	20.6	(-4.6)	19.5	(-5.6)
계좌이체[4]	50.8	52.6	54.0	(2.6)	58.8	(8.9)
합계	75.5	76.3	76.8	(0.7)	80.6	(4.9)

주: 1) ( )내는 전년대비 증감률

2) 신용카드, 체크카드, 선불카드, 현금IC카드 및 직불카드

3) 자기앞수표, 당좌수표, 약속어음, 전자어음 등

4) 전자금융공동망, 지로시스템, 타행환공동망, CD공동망, CMS공동망 등

*자료원: 금융결제원, 전업카드사 및 카드업 겸업은행, 금융투자회사 등

2018년 중 지급카드 이용실적(총 864조 원)은 일평균 2.4조 원으로 2017년 대비 6.2%로 증가하였다. 개인의 신용카드 이용실적은 전자상거래 이용 및 가전제품 구매 증가 등으로 증가세(+8.6%)인 반면에, 법인의 신용카드 이용실적은 국세 카드납부 축소 등의 영향으로 2017년 대비 소폭 감소(−2.9%)하였다.

개인의 신용카드 이용실적(일평균 1.4조 원)은 전자상거래 및 통신판매[3](+18.4%), 가구 및 가전제품[4](+10.8%), 공과금 및 개인 · 전문서비스(+10.1%), 연료판매[5](+9.5%), 등을 중심으로 증가를 하고 있는 추세이다.

---

2) 금융결제원 운영 소액결제망의 계좌이체, 어음 · 수표, 지급카드(신용 · 체크카드 등) 단, 금융기관 간 거액자금이체가 이루어지는 한은금융망은 제외

3) 인터넷 · 모바일을 통한 온라인쇼핑 이용실적이 거래의 편의성 및 용이성 등을 바탕으로 전년 대비 22.6% 증가 (출처: 통계청)

4) 냉방용품, 공기청정기 등 가전제품 판매액이 전년 대비 12.1% 증가 (출처: 통계청)

5) 승용차 개별소비세 인하(5.0%→3.5%, '18.7월 시행) 등으로 승용차 판매액 및 차량연료 판매액이 전년대비 각각 6.5% 및 8.3% 증가 (출처: 통계청)

〈표 12-2〉 개인 신용카드의 주요 소비유형별 이용실적(일평균)[1)2)] (십억 원, %)

	2015	2016	2017		2018	
			연간	증감률	연간	증감률
전자상거래 및 통신판매	113.2	141.2	1770	(25.4)	209.5	(18.4)
가구 및 가전제품	35.1	36.1	37.6	(4.1)	41.6	(10.8)
공과금 및 전문서비스	89.7	106.5	124.3	(16.7)	136.9	(10.1)
연료 판매	76.2	73.4	81.6	(11.2)	89.4	(9.5)
숙박 및 음식	129.5	138.7	151.2	(9.0)	163.8	(8.3)
종합 소매	185.1	195.0	208.7	(7.0)	221.0	(5.9)
(편의점)	11.2	14.8	18.5	(24.2)	22.1	(19.5)
여행 및 교통	27.6	30.8	35.1	(14.2)	37.0	(5.4)
(항공사)	9.2	10.7	12.8	(19.7)	14.0	(9.3)

주: 1) 국내 일반 · 할부구매 이용금액 기준

2) ( )내는 전년대비 증감률

*자료원: 전업카드사, 카드업 겸영은행

2018년 중 소액 결제망을 통한 계좌이체 규모는 일평균 58.8조 원으로 2017년 대비 8.9% 증가하였다. 인터넷뱅킹 및 모바일뱅킹 등 전자금융공동망을 중심으로 전년대비 10.4% 증가하였으며, 특히 모바일뱅킹의 경우 모바일 지급채널 이용 증가 등으로 2017년 동기대비 43.6%의 높은 증가세를 지속하고 있다(한국은행, 2019).

본 절에서는 전자상거래의 결제 수단으로서 사용되는 전자화폐 및 다양한 전자결제 수단에 대하여 살펴보고자 한다.

1.3.1 전자지불수단 분류 방식

전자지불수단은 가치저장형태, 카드통신 방식으로 분류해 볼 수 있다.

(1) 가치저장형태

IC카드형(Integrated Circuit Card)

네트워크형(Network)

먼저 전자지불수단은 그 가치저장 형태에 따라 IC카드형(Integrated Circuit Card)과 네트워크형(Network)로 나눌 수 있다.

IC카드형의 경우 외형상은 신용카드와 같으나 IC칩을 내장하고 있어 고도의 성능과 다양한 기능을 겸할 수 있기 때문에 흔히 스마트카드(smart card)라고도 부르는데 영국의 몬덱스나 미국의 비자캐시[6] 등이 이에 속한다.

(2) 전자화폐 발행현황

국내 전자 화폐는 2000년 처음 도입된 이후 2007년 말 기준 1,010만 장의 IC카드형 전자화폐가 발행, 보급되었다. 도입 당시 5개 사가 전자화폐사업을 의욕적으로 추진하였으나 2019년 현재는 3개 사만이 남아 영업을 계속하고 있다. 2019년 현재 국내 유통되는 전자화폐는 금융결제원의 K-Cash, ㈜마이비의 마이비(캐시비[7]), 한국스마트카드의 티머니 3종류가 있다. 다른 지급수단(신용카드, 직불카드, 가상화폐 등)과 차별화된 서비스를 제공하지 못해 활성화에 실패하였다. 2019년 2월 기준으로 금융기관의 공동 전자화폐인 K-Cash, 마이비, 티머니만 수익을 내고 있다.

2018년 말 현재 전자화폐 발급매수는 1,725만 건으로 전년대비(1,832만 건)에 비해 -5.8% 하락을 하였다(한국은행, 2019).

1.3.2 전자지불수단의 기능

(1) 현금지갑카드 및 전자종합 통장의 기능

일정한 금액의 가치를 현금과 동일하게 사용할 수 있는 현금지갑카드의 기능을 하며, 기존의 선불카드 서비스와는 달리 자신의 은행 계좌에 현금을 재입금함으로써 반복 사용이 가능하다. 카드 내에 많은 정보가 저장될 수 있기 때문에 여러 가지 통장을 한꺼번에 수용할 수 있으며, 통장과 도장을 소지하지 않고서도 입출금 거래를 할 수 있는 전자종합통장의 기능도 부수적으로 수행할 수 있다.

(2) 신용, 선불, 직불의 기능

전자화폐는 기존의 자기 띠(Magnetic Stripe) 대신 IC칩을 내장하기 때문에 기존의 선불 카드에서 발전하여 신용, 선불, 직불의 기능을 모두 포함한 서비스를 제공할 수 있다. 대체적으로 고가의 대금지급에는 신용카드 기능, 중가의 대금 지급에는

---

6) 현재는 서비스를 제공하지 않음

7) 현재 마이비 카드는 신규 발급이 불가하며, 캐시비 카드로 발급됨

온라인 직불카드 기능, 소액 거래에는 오프라인 직불 및 선불카드 기능을 이용하여 대금을 지급하고 있다.

1.4 전자지불의 특징

전자지불의 특징은 다음과 같다.

첫째, 기존의 결제방법보다 매우 편리하다. 기존의 상거래에서는 상품이나 서비스를 구매한 후 대금의 결제를 실물 화폐로 하였다. 그러다 보니, 도난이나 분실의 위험성은 항상 존재하였다. 그러나 전자지불은 직접 화폐를 들고 다니지 않아도 물건이나 서비스를 구매한 후 대금을 지불할 수 있다는 편리함이 있다.

둘째, 인증서 등으로 안정성이 보장되어 있다. 실물 화폐의 경우도 위조지폐를 제외하고는 안정성이 보장되어 있다. 그러나 전자지불은 실물 화폐가 아니기 때문에 안정성에 대한 우려가 있었다. 그러나 전자서명, 암호화 기술 등의 발전으로 인해 다른 지불 수단(실물 화폐)보다도 안전하다고 할 수 있다.

셋째, 다른 지불 수단보다 전자지불수단은 제한된 사용자만이 사용 가능하다. 일반적으로 실물 화폐의 경우는 불특정 다수가 사용자이다. 이로 인해 실물 화폐가 범죄에 사용되거나 은닉되는 등의 부정사용에 있어 문제점이 많이 발생을 하였다. 그러나 전자지불은 제한된 사용자만이 사용이 가능하기 때문에 부정사용을 막을 수 있는 장점이 있다.

넷째, 개인정보가 타인에게 노출되어서는 안 되는 익명성이 가지고 있다. 실물 화폐(천 원권, 만 원권, 오만 원권)의 경우는 일반적으로 개인정보가 타인에게 노출이 되지 않는다. 왜냐하면 불특정 다수가 사용을 하기 때문에 현금의 유통이나 흐름을 파악하기가 어렵다. 전자지불도 이와 마찬가지로 개인의 정보가 다른 사람에게 노출이 안 되는 익명성을 가지고 있다.

2. 전자지불수단의 유형

전자지불의 유형

전자지불의 유형은 분류기준에 따라 여러 가지 형태로 구분할 수 있다. 이 절에서는 전형적인 전자지불수단과 P2P 전자지불 및 모바일 결제로 구분해 설명하고자 한다.

〈표 12-4〉 전자지불수단의 유형

전자지불수단의 유형		내용
전자화폐		전자적인 매체를 통해 지급, 결제, 가치 이전 등 현금 본연의 기능을 수행
신용카드기반		카드사와 연계된 온라인 벤사업자로 안정적인 신용카드 승인 및 매입처리 지원
전자수표		현실 세계에서 사용되고 있는 종이로 된 수표를 그대로 인터넷상에서 구현
전자자금이체		인터넷을 이용하여 전자 자금을 이체하는 방식
전자어음		인터넷상에서 상품이나 서비스를 구매하고 사이버 어음으로 결제를 해주는 서비스 또는 발행인, 수취인, 금액 등의 어음 정보가 전자 문서 형태로 작성된 약속된 어음
전자상품권		플라스틱 카드 형태를 가진 실물상품권으로 발행, 판매, 회수, 정산, 폐기 등의 일련의 과정을 전자적인 방법으로 관리하는 상품권
상품권 결제		상품권(문화, 도서문화, 게임문화 등)을 온라인에서 결제 대금으로 사용할 수 있도록 지원
EBPP (Electronic Bill Presentment & Payment)		세금이나 요금 청구서를 인터넷을 통해 보내고 인터넷을 통하여 대금을 결제 지원
티머니(T-money)		교통 카드 및 전자화폐로 사용할 수 있는 스마트 카드
P2P 전자지불결제		이메일(e-mail)을 통해 개인이 타인에게 송금할 수 있도록 하는 결제 수단
모바일 결제	휴대폰	국내 모든 이동통신사의 휴대폰 번호와 SMS 인증번호를 통한 결제 지원
	스마트폰	국내 모든 이동통신사의 휴대폰 번호와 SMS 인증번호를 통한 결제의 기능과 스마트폰을 통한 결제 지원, 금융기관의 참여여부에 따라 직접 및 간접 결제 방식으로 구분
유선전화결제 (ARS)		일반 유선전화를 이용하여 결제 대금을 청구금액에 과금하는 결제 지원

*자료원: http://ecredit.uplus.co.kr 수정 및 보완

2.1 전형적인 전자지불수단

2.1.1 전자화폐

(1) 전자화폐의 정의

전자화폐(Electronic Money)

전자화폐(Electronic Money)는 많은 사람들이 Electronic Money, Cyber Money, Ecash, K-Cash 등 다양한 이름으로 부르고 있기는 하지만, 확실한 정의는 존재하지 않는다. 전자화폐라는 용어는 1990년대 중반 유럽중앙은행(ECB), 국제결제은행(BIS) 등에서 사용하기 시작하였다. ECB는 기술적 장치에 화폐 가치를 전자적으로 저장한 소지 인식 선불 지급 수단이라고 정의하였으며, BIS는 사용자가 가지고 있는 전자 장치에 저장되어 있는 선불카드 또는 소프트웨어 등으로 정의하고 있다. 이를 종합해 보면, 전자화폐란 전자적인 매체를 통해 지급, 결제, 가치 이전 등 현금 본연의 기능을 수행할 수 있는 수단으로 정의할 수 있다.

금융결제원에 따르면, 현금의 가치를 IC칩이 내장된 금융카드에 미리 충전한 후, 상품구매 또는 서비스 이용시 지불해야 할 대금을 카드에 충전된 금액에서 차감하는 방식으로 사용하는 선불형 지급결제카드 서비스를 전자화폐로 정의하고 있다.

(2) 전자화폐 발행현황

국내 전자화폐는 2000년 처음 도입된 이후 2007년 말 기준 1,010만 장의 IC카드형 전자화폐가 발행, 보급되었다. 도입 당시 5개 사가 전자화폐사업을 의욕적으로 추진하였으나 현재는 3개 사만이 남아 영업을 계속하고 있다.[8] 2008년 현재 국내 유통되는 전자화폐는 금융결제원의 K-Cash[9], (주)마이비의 MYbi, 비자캐시 코리아(주)의 VisaCash 3종류가 있으며 13개 은행과 2개 신용카드사에서 발행[10]되고 있다(황선철, 2008). 그러나 다른 지급수단(신용카드, 직불카드, 가상화폐 등)과 차별화된 서비스를 제공하지 못해 활성화에 실패하였다. 2014년 기준으로 K-Cash, MYbi만 수익을 내고 있으며, 비자캐시는 기존에 발행된 것만 소진되는 정도이다. 2013년 전자화폐는 연간 1천 420만 건, 190억 원으로 2012년 대비 43.2%와

---

8) 2005년 A-Cash와 Mondex 운영사가 폐업하여 해당 전자화폐의 사용이 중지되었음

9) 기업, 외환, 하나, SC, 신한, 농협, 우리, 국민, 대구은행(9개 기관)

10) 13개 은행과 2개 신용카드사는 우리 · 국민 · 하나 · SC제일 · 외환 · 신한 · 한국씨티 · 기업 · 대구 · 부산 · 경남 · 광주은행 · 농협 및 삼성 · LG카드이며, T-money는 전자금융거래법에 의거 선불전자지급수단으로 분류되어 제외하였음

37.0% 감소하였다. 이용건수는 2004년 1억 5천 817만 건보다 91.0%나 급감하였다(한국은행, 2014). 이용액을 살펴보면 2004년 1천 246억 원에서 현재는 84.7% 감소하였다.

2013년 5월 도입된 앱카드(앱형 모바일카드)는 2013년 12월 하루 평균 결제액이 95억 원으로 연간 전자화폐 이용액의 절반을 차지하고 있다. 이로 인해 전자화폐가 위축되는 속도는 더욱 빨라질 것으로 보인다(연합뉴스, 2014.05.26).

(3) 전자화폐의 도입효과

전자화폐의 효과는 고객의 편리성 향상, 거래 안정성의 제고 및 화폐 효율성의 제고 등으로 구분할 수 있다.

① 고객의 편리성 향상

첫째, 사용자는 현금을 찾거나 은행을 통할 필요 없이 현금 거래를 원활히 할 수 있다. 은행이 전자화폐를 고객에게 발급하면 고객은 집 또는 사무실에서 개인용 PC, 휴대폰, 스마트폰 등을 통하여 언제든지 자신의 계좌에 접속하여 금액으로 표시된 가치 정보를 인출하거나 입금 및 송금을 할 수 있다. 사용자는 원격지에서 판매자의 단말기와 전자화폐를 온라인으로 연결하여 물품 및 서비스의 구매대금을 결제할 수 있다.

둘째, 사용자는 전자화폐를 사용함으로써 편리하고 신속한 거래가 가능하게 된다. 전자화폐는 오프라인 거래가 이루어짐으로써 신용카드나 온라인 직불카드보다 거래 처리시간이 단축된다. 전자화폐는 잔돈을 소지할 필요가 없으므로 소비자 및 판매자가 현금을 취급하는 데 드는 시간과 비용을 절감할 수 있게 된다. 또한 금액을 필요한 만큼 재충전하여 사용할 수 있고 타인의 카드에 금액을 이체할 수 있다.

② 거래의 안정성 제고

첫째, 전자화폐는 기존의 자기 띠 대신에 IC칩을 사용하여 위조, 변조 및 부정 사용 등이 거의 불가능하기 때문에 대금 지급의 확실성이 보장된다. 전자화폐는 자체에 기억 장치 및 처리 장치가 내장되어 있기 때문이다.

둘째, 전자화폐는 거래의 안정성을 위한 보안 대책을 강구할 수 있다. 전자화폐는 가치 저장시 비밀번호를 사용하며, 전자화폐를 사용할 때 가치의 위조 및 변조를 방지하기 위하여 입출력되는 모든 정보를 암호화할 수 있다.

셋째, 전자화폐는 부정 사용의 추적을 위하여 저장된 가치가 익명으로 사용되더라도 가치사용자 또는 사용한 카드의 추적이 가능하도록 저장된 가치에 전자서명 또는 카드 번호를 부여한다.

③ 화폐 효율성의 제고

첫째, 전자화폐 발행자들은 전자화폐의 이용 내지 도입으로 현금 취급 비용을 절감시킬 수 있고, 카드의 부정사용으로 인한 손실을 줄일 수 있으며, 나아가 수수료 수입을 증대시킬 수 있다. 특히, 범용 선불 전자화폐의 경우 자금이 전자적 가치로 저장되어 있는 동안 유동자금에 대한 이자소득을 향유할 수 있다. 전자화폐의 발급 및 사용이 급증하게 되면 이러한 유동자금에 대한 이자소득 역시 급증할 것으로 보인다. 사용자에 대한 신용정보조회 없이도 익명으로 사용이 가능하기 때문에 사용자의 신용 상태에 대한 프라이버시 정책이 더욱 강화되어야 한다.

둘째, 판매자의 경우 전자화폐는 대금 지급시 오프라인으로 사용되기 때문에 온라인 직불카드 및 신용카드보가 적은 거래 수수료가 든다. 장표를 이용하여 대금을 결재하는 신용카드보다 거래 처리 비용을 절감하여 신속성이 보장된다.

셋째, 전자화폐의 사용은 판매점의 피고용인에 의한 판매 대금 횡령, 절도 및 도난의 위험을 감소시켜 준다. 판매점 단말기에 집적된 전자적 가치는 점포주만이 관리할 수 있어서 현찰의 경우 발생할 수 있는 부정한 손실을 방지할 수 있다.

넷째, 판매자의 IC 카드상의 판매자가 메모리 영역을 이용하여 새로운 소비자 프로그램을 개발할 수 있으므로 새로운 고객의 확보가 가능하다.

(4) 전자화폐의 사례

K-CASH(https://www.kcash.co.kr0는 Korea Cash의 약자로 1998년 한국은행과 금융결제원 및 국내 전 은행이 참여하여 개발한 전자화폐이다.

한국은행 및 국내 전 은행이 개발한 공신력 있는 전자화폐 K-CASH는 고객의 실명계좌로부터 충전을 하며 온/오프라인 가맹점에서 상품을 구매하거나 서비스를 이용할 때 결제수단으로 사용할 수 있다. 법적으로 인정받은 국내 유일의 전자화폐 K-CASH는 2007년 1월부터 시행된 전자금융거래법에 의해 K-CASH만이 국내 유일의 전자화폐가 되었다. 또한 끊임없이 진화하는 금융 IC카드로 K-CASH가 탑재된 금융 IC카드는 교통카드, 현금카드, 신용/직불카드, 공인인증서 저장, 다양한 물품구매, 학생증 기능, 전자통장, 모바일 뱅킹 등을 이용할 수 있으며, 최신 기술을 적용한 부가 기능을 지속적으로 추가 중에 있다.

K-CASH 시스템은 가맹점(단말기 운영자), VAN사, 중계센터(금융결제원), 금융기관(은행, 카드사)등을 네트워크로 연결한 종합적인 하드웨어 및 소프트웨어 집합체이며 서비스 흐름은 [그림 12-3]에서 보는 바와 같다.

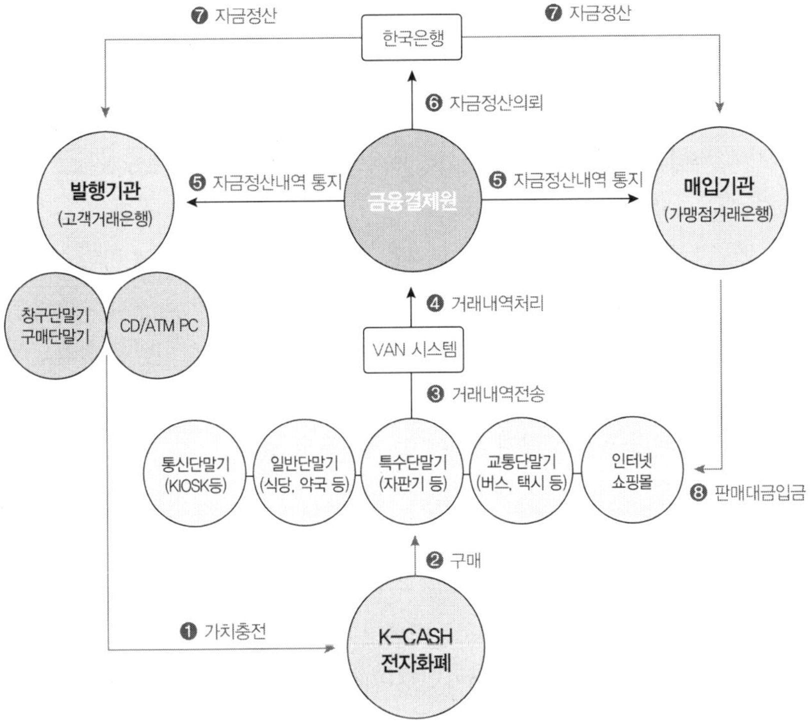

[그림 12-3] K-CASH 서비스 흐름도

- STEP 0: 고객이 발행기관에서 은행계좌를 근거로 전자화폐를 발급받는다.
- STEP 1: CD/ATM, 은행창구 단말기, 가맹점 단말기 등을 통하여 원하는 금액을 전자화폐에 충전한다.
- STEP 2: 가맹점 등에서 물품 또는 용역을 제공받은 후 가맹점 구매단말기, 전자상거래 지불시스템 또는 기타 과금시스템을 통하여 해당금액을 지불한다.

- STEP 3~4: 가맹점이 구매단말기 및 기타 과금시스템에 저장된 거래내역을 VAN사를 거쳐 중계센터로 전송한다.
- STEP 5~7: 발행-매입기관 간 정산 절차이다.
- STEP 8: 가맹점계좌로 구매금액이 이전한다.

2.1.2 네트워크기반 신용카드 지불

네트워크를 통한 신용카드 지불은 기본적으로 기존의 실세계에서 신용카드로 지불하는 것과 거의 같다. 인터넷상에서는 그 특성상 유통되는 상품들 중에는 상당히 적은 액수의 상품들이 많이 있는데, 이러한 상품들의 거래를 위해서는 트랜잭션 비용의 절감이 필수적이다. 온라인 상에서 상품, 디지털 콘텐츠, 서비스 등을 구매하고 카드 결제가 가능하도록 지원하며, 국내 전카드사와 해외카드 결제가 가능하다. 구매자가 카드결제를 이용하기 위해서는 본인을 확인하기 위한 인증절차를 거쳐야 한다. 각 카드사에서는 ISP(국민, BC 카드), 안심클릭 인증 등을 통해 안전결제 서비스를 제공하고, 공인인증서의 인증방식을 따른다. 또한 카드사에 따라 선포인트 할인 서비스를 제공한다. 선포인트 할인 서비스란 카드로 구매하는 고객들에게 카드사가 약정된 금액만큼의 할인을 우선 지원하고, 고객은 그 할인받은 만큼의 금액을 매월 이용실적별 적립되는 포인트를 이용하여 상환하는 방식을 말한다. 이외에도 각 카드사는 카드 포인트 결제 서비스를 제공하고 있다.

2.1.3 전자수표

현실 세계에서 사용되고 있는 종이로 된 수표를 그대로 인터넷상에서 구현한 것이 전자수표이다. 전자수표의 사용자는 은행에 신용 계좌를 갖고 있는 사용자로서 제한된다. 이 시스템은 발행자와 인수자의 신원에 대한 인증을 반드시 해야 하는 문제를 갖고 있다. 여기에 여러 가지 보안 기법들이 사용되고 있는데 이 때문에 거래처리 비용이 많이 든다. 그러나 전자수표는 상당히 큰 액수의 거래, 즉 기업과 기업 간의 상거래에 대한 지불 수단으로서 적합하며, 종이로 된 실세계의 수표보다는 처리 비용이 적기 때문에 종이 수표를 쓰는 것보다는 적은 액수의 지불에서도 사용이 가능하게 될 것이다.

2.1.4 전자자금이체

최근 인터넷을 기반으로 한 가상은행들이 생겨나고 있다. 인터넷 가상은행은 모든 것을 웹상에서 사용자와 인터페이스하여 운영되고, 전자자금이체를 이용한 지불 방식은 현재도 홈 뱅킹이나 ATM 기기로도 가능하다. 가상은행이 홈뱅킹이나 ATM보다 편리한 점은 좀 더 폭넓은 서비스를 시간이나 공간의 제약없이 제공할 수 있으며, 인터넷을 이용한 프로세스 처리가 무척 값싸기 때문에 수수료가 훨씬 적거나 없다는 점이 장점이다.

(1) 가상계좌입금

가상계좌(무통장입금)는 고객이 원하는 은행을 선택한 후 일회용 계좌를 발급 받아 인터넷뱅킹, 폰뱅킹, ATM을 통해 입금해야 하는 것으로 금액과 계좌번호가 일치해야 입금이 이루어지는 결제방식이다.

(2) 유선전화 결제(ARS 포함)

집 전화를 이용하여 인증 및 결제를 하고 집 전화 요금에 합산 청구하여 결제대금을 회수하는 결제 서비스 방식이다. 통신사의 한도정책으로 전화번호 및 1회 한도는 30만 원이며, 법인명의 전화, 미납상태 전화 등은 이용이 제한된다.

2.1.5 전자어음

전자어음이란 기존의 어음과 같이 인터넷상에서 상품이나 서비스를 구매하고 최장 90일 이내에 사이버 어음으로 결제를 해주는 서비스 또는 발행인, 수취인, 금액 등의 어음 정보가 전자문서 형태로 작성된 약속된 어음이다. 이미 세계적인 기업에서는 대부분 이러한 전자어음을 사용하고 있으며, 국내에서는 1999년 서비스를 처음 시작했다. 2018년의 어음 · 수표 결제금액은 총 4,768조 원이며, 일평균 19.5조 원으로 2017년 대비 5.6%가 감소하였다. 특히 자기앞수표의 경우, 지급수단의 다양화, 5만원 은행권 이용 확대[11] 등의 영향으로 10만 원권 등 정액권(−19.5%)을 중심으로 전년대비 13.9% 감소하였다. 전자어음

약속어음[12] 등은 15.6%로 결제규모는 증가하였으나 당좌수표 (−6.9%) 및 전자어

11) 5만 원 은행권 발행 잔액(조 원): '16년말 75.8 → '17년말 86.6 → '18년말 94.7

12) 금융투자회사의 콜차입 확대(전년대비 일평균 약 7천억 원 증가)에 따른 콜어음 발행 증가 등에 기인

음은[13] (-19.5%)로 결제규모는 감소하고 있다(한국은행, 2019).

2.1.6 전자상품권

전자상품권

전자상품권은 경제자율화를 위한 규제 개혁의 일환으로 상품권법이 폐지됨에 따라 등장했다. 이때 유통업체와 제조업체들은 물론 외식업과 일반 소매점들도 상품권을 발행할 수가 있게 되었는데, 특히 인터넷을 활용한 전자상거래가 활성화되면서 상품권을 사이버 공간에서 사고파는 형태의 매매와 함께 더 나아가 전자상품권이 나오게 된 것이다. 전자상품권이란 플라스틱 카드 형태를 가진 실물상품권으로 발행, 판매, 회수, 정산, 폐기 등의 일련의 과정을 전자적인 방법으로 관리하는 상품권을 의미한다. 상품권 발행 원가 및 운영관리 편리성에서도 지류상품권과 대비해서 탁월한 효과가 있으며, 직접적인 매출 증가와 다양한 프로모션을 전개할 수 있는 결제수단이다. 전자상품권은 지류 상품권과 마찬가지로 여러 가지 형태의 종

〈표 12-5〉 지류상품권과 전자상품권의 비교(온누리상품권)

구분	지류상품권	전자상품권
결제방식	현금과 동일하게 사용	카드단말기를 통해 횟수에 제한없이 잔여금액만큼 결제 가능
구매한도 및 할인율	개인할인한도: 1일 30만 원, 월 300만 원	개인할인한도: 1일 30만 원, 월 300만 원
	법인: 한도 없음 (법인은 할인 적용이 안 됨)	법인: 법인의 신용카드 한도의 50% (법인은 할인 적용이 안 됨)
판매처	새마을금고, 우체국, 신협, 기업은행, 부산, 광주, 전북, 경남, 대구은행 등	기업은행, 경남은행, 부산은행, 대구은행, 신협, 농협은행 등
액면금액	5천 원권, 1만 원권	5만 원권, 10만 원권
온라인사용	불가	가능(온라인 사용은 추후 확대예정임)
결제가능수단	개인: 현금, 공무원 복지카드	지류상품권과 동일
	법인: 현금, 법인카드	
취소 및 환불	판매처에서 구매 당일 본인에 한해 취소 및 환불 가능	지류상품권과 동일

*자료원: 온누리 상품권

13) 전자어음 발행 만기의 단계적 축소(현 1년 → 2021년 3개월) 시행(전자어음의 최장만기를 단계적으로 축소하는 개정 「전자어음의 발행 및 유통에 관한 법률」('16.5.29.공포)이 2년의 유예기간을 거쳐 2018.5.30일 시행) 등의 영향으로 전자어음 발행규모가 상당 폭 감소(2017년 557조 원 → 2018년 479조 원)

류로 발행된다. 발행자가 상품권에 기재된 금액에 대한 대가를 미리 받고 일반 소비자들에게 전자상품권을 제공하면 해당 상품권을 사용하여 발행자 또는 발행자가 지정하는 가맹점에서 물품을 구입하고 서비스를 제공받을 수 있게 되는 것이다.

2.1.7 상품권결제

지류상품권 앞면의 금액 부분을 스크래치하여 나오는 상품권 PIN 번호를 결제 창에 입력하여 온라인 콘텐츠 구매시 온라인에서 현금처럼 사용할 수 있게 하는 서비스이다. 해당 상품권의 홈페이지에 가입하여 ID/PW를 이용하여 결제하는 서비스이며, 사용자가 이미 지불한 금액에 해당하는 결제권을 받음으로써 미수가 없으며 안전한 회수가 가능하다는 장점을 가지고 있다.

2.1.8 EBPP

EBPP(Electronic Bill Presentment and Payment) 시스템이란 각종 세금이나 요금 청구서를 인터넷을 통해 보내고 인터넷을 통하여 대금을 결제하도록 지원하는 서비스이다. 기존에는 청구서 발송자가 고객에게 서비스 청구 내역 고지서나 지로를 우편으로 발송하면 고객은 청구 내역을 확인한 다음에 금융 기관을 통하여 요금을 지불했지만, EBPP 서비스를 통하면 청구서 발송자는 고객에게 이메일이나 웹사이트를 통해 청구 내역을 고지하고 고객은 컴퓨터 스크린에 고지된 내역을 살펴보고 단지 마우스를 클릭하여 간단하게 대금 지불이 끝나도록 되어 있다.

EBPP(Electronic Bill Presentment and Payment)

2.2 P2P 전자지불 결제

P2P(Peer-to-Peer) 전자지불이란 이메일(e-mail)을 통해 개인이 타인에게 송금할 수 있도록 하는 결제 수단이다. 대표적인 업체로는 페이팔, 구글월렛, 스퀘어 등이 있다. 대부분의 온라인 P2P 지불결제는 다음과 같은 과정을 통해 이루어진다(배찬권, 2002).

P2P(Peer-to-Peer)

- 송금인이 온라인 P2P 지불결제 서비스에 등록(기존 계좌 이용가능)
- 현금은 P2P를 통해 신용카드나 은행계좌에서 인출
- 수취인 계좌로 전달(e-mail이 수취인에게 발송)
- 수취인도 온라인 P2P 지불결제 서비스에 등록(기존 계좌 이용가능)

2.2.1 페이팔

P2P는 다양한 경로를 통해 수취인의 계좌에서 수수료를 인출한다. 서비스 수수료는 원칙적으로는 수취인이 부담을 하며 요율은 지불결제 방식, 신용이력 등을 포함한 다양한 요인에 의하여 결정된다. 이는 신용카드 이용한도 및 할부 구매시 수수료율의 산정 방식과 비슷하다고 보면 된다. P2P 지불 방식서비스의 대표적인 것이 미국의 페이팔(PayPal)이다. 현재 유사한 서비스를 제공하고 있는 업체들이 20여 개가 넘는다고 알려져 있으며, 구글월렛, 스퀘어와 경쟁을 하고 있다. 페이팔은 1998년 12월에 설립하였고 현재 이베이(eBay)가 모회사이며 최초의 인터넷 기반 P2P 지불 결제 회사라 할 수 있다.

[그림 12-4] 페이팔 홈페이지(https://www.paypal.com)

페이팔은 인터넷을 이용한 결제 서비스로, 페이팔 계좌끼리 또는 신용카드로 송금, 입금, 청구할 수 있다. 페이팔은 금전에 수수료를 받기도 하지만, 거래를 하면서 신용카드번호나 계좌번호를 알리지 않아도 되기 때문에 보안에 뛰어나며 주로 미국에 많이 보급되어 있다.

페이팔은 미국뿐만이 아니라 한국, 일본 중국 등에서 사용이 가능하다. 세계 최대의 전자상거래 기업 중 하나인 알리바바가 런칭한 알리익스프레스에서 고객에게 환불을 할 경우에 페이팔을 통해 환불을 받을 수 있는 서비스를 제공하고 있다.

페이팔은 15년 간 이베이와 결제분야에서 협력관계를 유지하고 있었으나, 2023년 7월까지만 이베이에서 페이팔을 통한 결제가 가능할 전망이다. 2018년 현재 이베이는 온라인 결제 회사를 네덜란드 온라인 결제 서비스 제공 업체인 애드옌

(Adyen)과 계약을 맺었다.

2.2.2 알리페이

2003년에 출시된 알리페이는 사용자가 온라인 지갑에 미리 돈을 충전한 뒤 결제하는 선불 전자결제 시스템이다. 기존의 중국 전자상거래 시장에서 문제가 되었던 판매자와 구매자 간의 불신 문제를 해결하고자 거래 과정에 알리페이가 중개인 역할을 하는 안심 서비스이다. 알리페이는 송금 기능 외에도 신용카드 대금 결제, 세금 납부, 교통비 결제 등 다양한 서비스를 제공하고 있다.

2.2.3 위챗페이

2013년에 출시된 위챗페이는 중국 최대 인터넷 기업 Tencent의 자회사 Tenpay에서 제공하는 결제수단으로 중국인 관광객 대상 간편결제 서비스이다. Wallet 기능으로 편리하게 계좌이체, 친구 송금 등이 가능하고 홍바오를 이용한 선물 및 마케팅 서비스 활용 가능하다는 장점을 가지고 있다. 현재 중국에서는 택시, 슈퍼마켓, 시장, 음식점 등 다양한 곳에서 위챗페이로 결제가 가능하다.

또한 위챗은 개인 간의 송금은 물론이고, QR코드를 통한 입출금, 더치페이 등 소셜 결제 방식이 가능하다는 장점이 있으며, 보험금 지급도 가능하다. 광둥성 선전에서는 병원 진료예약, 처방내역, 진료 내역도 찾아볼 수 있다. 항공사 역시 보딩서비스를 위챗 공중계정을 통해 제공하고 있다(https://platum.kr/archives/109242).

위챗과 알리페이의 효과는 아래 그림에서 보는 바와 같다.

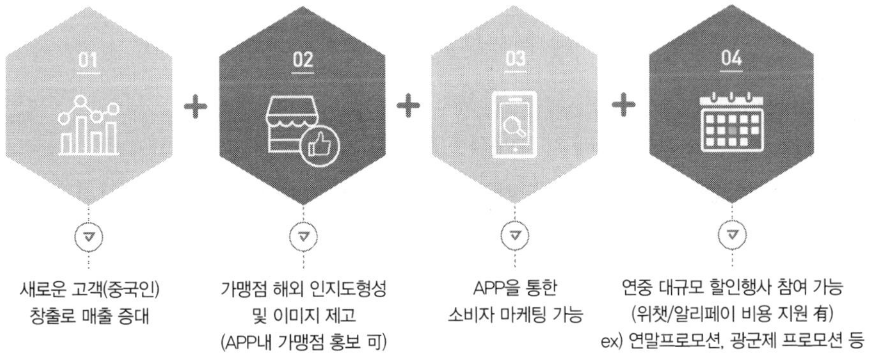

[그림 12-5] 위챗/알리페이 서비스 효과(https://www.ksnet.co.kr/Service/WechatAli)

2.2.4 트랜스퍼와이즈의 P2P 기반의 송금시스템

P2P 송금시스템은 해외 송금을 P2P 방식으로 제공하고 이를 통해 낮은 수수료(최대 0.5% 수수료와 이용자 관점에서 최적의 환율 제공)를 제공하여 소비자에게 직접적인 이익을 주는 시스템이다. 이 송금시스템은 국경을 넘어 실제로 돈을 환전해서 보내는 것이 아닌 상대방의 국가에서 반대로 돈을 보내려고 하는 고객을 찾아 서로 매칭을 시켜주는 서비스이다.

2.2.5 애플페이

2014년 9월 출시된 애플페이(Apple Pay)는 NFC를 이용한 모바일 결제서비스이다. 애플페이는 사용자가 자신의 카드번호를 등록하는 대신 카드에 암호화된 고유한 '기기 계정 번호'를 부과한 후 이를 사용자의 아이폰이나 애플 워치의 안전한 위치에 저장한 다음 결제 요청에 대해서는 일회성의 인증 번호를 생성하고 본인 확인 절차를 거쳐 결제를 하게 한다.

3. 간편 결제 관리

3.1 간편 결제 개념

스마트폰 사용자가 빠르게 증가하고 전자상거래의 이용이 높아지면서 현금을 대신한 편리하고 안정적인 새로운 결제 방식에 대한 소비자들의 욕구가 높아지고 있다. 이로 인해 전자상거래 관련 기업들은 새로운 결제 방식에 대한 욕구를 만족시키기 위해 다양한 서비스 개발 및 제공에 박차를 가하고 있다.

2016년 전 세계 비현금 거래 결제 규모는 4,826억 달러로 전년대비 10.1% 증가하였으며, 2016년부터 2021년까지 연평균 12.7%의 성장세를 보일 전망이다(World Payment Report 2018). 현재 세계에서 사용되고 있는 결제수단은 300개가 넘는 것으로 알려져 있으며, 사용 편의성과 안정성을 확보한 비접촉식 결제나 간편결제가 새롭게 부상을 하고 있다(삼정 KPMG, 2018).

2016년 글로벌 시장에서 비현금거래 중에서 전자지갑 등을 통한 거래는 418억 달러로 이중에서 71%인 297억 달러가 알리바바, 텐센트, 애플, 구글, 아마존과 같은 대형 전자상거래 업체에서 제공하는 지급 결제 서비스를 통해 거래 되고 있다.

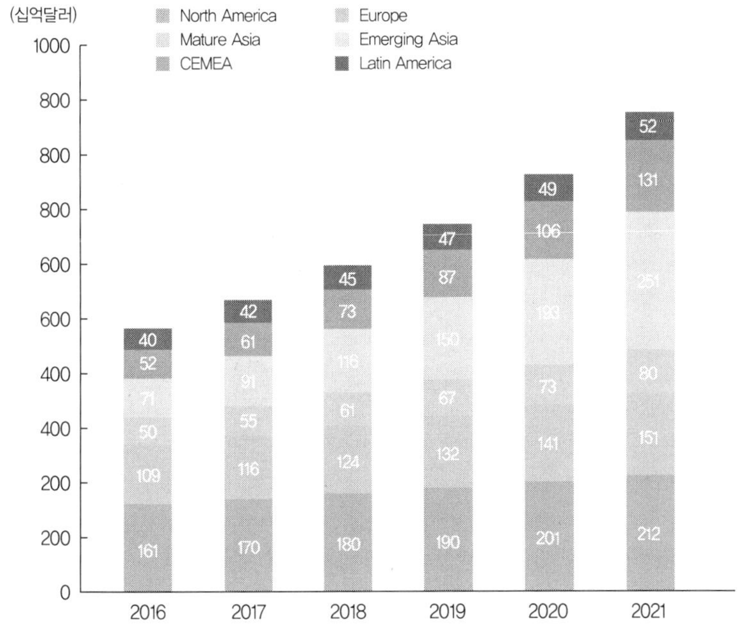

[그림 12-6] 글로벌 비현금 거래 결제 규모

*자료원: BNP Paribas & Capgemini, World payment Report, 2018

간편결제서비스는 온라인과 오프라인 상거래에서 빠르고 간편하게 결제할 수 있는 서비스이다. 스마트폰 등의 기기에 저장된 생체 정보, 신용카드 정보 등을 이용하여 바로 결제가 진행되기 때문에 추가적인 인증 수단이 필요하지 않다는 장점이 있다. 간편결제서비스를 위해 지문, 홍채, 지정맥 등의 생체 정보를 이용한 생체 인식 결제, 근거리 무선 통신(NFC) 방식, QR코드 방식, 마그네틱 안전 전송(MST) 방식, 일회용 가상 카드번호를 활용하는 앱 카드 결제 방식 등으로 대부분 사용 되고 있다. 간편결제서비스는 이용자들이 안전하고 쉽고 빠르게 이용할 수 있도록 높은 보안성과 간단한 사용자 인터페이스(UI)를 제공한다(IT용어사전, 한국정보통신기술협회)

간편결제서비스

마그네틱 안전 전송(MST)

간편결제의 프로세스는 다음 그림에서 보는 바와 같다. 국내에서는 온라인과 오프라인 거래서 부가가치통신망(VAN) 사업자와 온라인 거래의 경우는 PG사가 반드시 참여를 하는 독특한 구조를 가지고 있다. 결제정보의 흐름과 수수료 정보의 흐름은 기존의 결제 프로세스와 유사하다.

부가가치통신망(VAN)

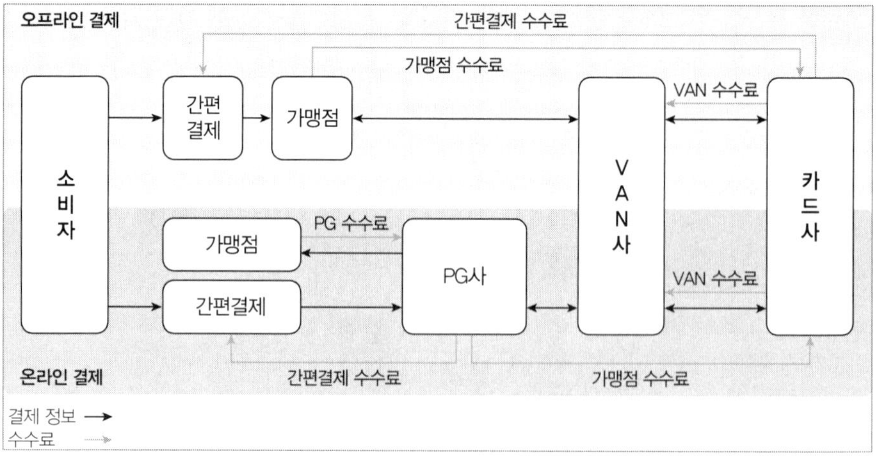

[그림 12-7] 간편결제의 결제 프로세스

*자료원: BNK 금융경영연구소, 모바일 결제의 발전이 신용카드업에 미치는 영향, 2015.09, p.10 삼정 KPMG, 2018

모바일 지급결제 프로세스에는 토큰화 기술, 근거리통신 기술, 중요 결제정보 저장 기술, 본인인증 기술 등이 적용이 된다. 그리고 온라인에서는 결제 단말기가 별도로 필요하지 않지만, 오프라인에서는 결제 단말기가 필요하다.

〈표 12-6〉 결제방식별 특징

결제방식	기술	결제단말기	정보저장방식	보안성	편리성	비용	적용사
앱카드	바코드, QR코드	바코드 리더기(O)	저장 불필요, 일회용가상 카드번호	일회용 가상 카드번호, 바코드, QR 코드	실물카드 불필요	×	카드사 앱카드, SSG페이, L페이, 페이나우 등
자기장방식	MST, WMC	기존 MS 단말기(X)	TEE 방식	암호화된 정보저장, 토큰화기술, Knox 프로그램, 지문인증	실물카드 불필요	×	삼성페이(MST) LG페이(WMC)
NFC		NFC 단말기 필요(O)	SE, TEE, HCE 모두 가능	암호화된 정보저장, 토큰화기술, 지문인증	실물카드 불필요, 일부가맹점		삼성페이, LG페이, 시럽페이, 유비페이

*자료원: 삼정KPMG 경제연구원

3.2 간편결제서비스 유형

현재 국내에서 서비스 중인 간편결제 서비스를 다음과 같이 분류하고자 한다. 정부/지자체, 금융결제원, 스마트폰 제조사, 전자상거래(쇼핑몰) 업체이다.

3.2.1 제로페이

먼저 정부 및 지자체에서 현재 제공하고 있는 제로페이가 있다. 제로페이란 소상공인의 가맹점수수료 부담을 줄이기 위해 정부, 서울시와 지자체, 금융회사, 민간 간편결제 사업자가 협력하여 도입한 공동 QR 코드 방식의 모바일 간편결제서비스이다. 민관이 협력하여 간편결제와 계좌이체 수수료는 대폭 낮추고 QR 코드를 사용하여 간편하게 결제할 수 있는 서비스를 제공하게 되었다.

가맹점은 제로페이 결제를 이용해 가맹점수수료 부담을 크게 낮출 수 있으며(전년도 매출 8억 원 이하 0%), 제로페이 웹사이트와 전용 앱을 사용하여 결제내역을 손쉽게 관리할 수 있다. 소비자는 기존에 사용하던 간편결제 앱을 그대로 사용하면서 제로페이를 이용하여 소득공제(40%) 혜택과 각종 할인혜택을 받을 수 있다. 또한 소상공인의 가맹점수수료 경감에 기여하여 우리나라 소규모 자영업자의 경영에 도움을 줄 수 있다는 장점을 가지고 있다.[14)]

물론 아직까지는 소비자(시민, 국민)들의 인식 전환이 필요한 실정이며, 수수료가 없다는 장점이 있는 반면에 기존에 다른 간편 결제 서비스에 비해 사용이 어렵고 불편하다는 점과 가맹점이 부족하다는 점이 성장에 한계로 작용을 하고 있다. 그러나 앞으로 성장 가능성이 높을 것으로 전망한다.

3.2.2 뱅크월렛

뱅크월렛은 국내 16개 은행이 공동으로 제공하는 안전한 모바일 지갑이다. 뱅크월렛을 스마트폰에 설치하고 뱅크머니를 받아 스마트폰 하나로 온라인과 오프라인의 가맹점에서 결제서비스와 휴대폰번호 기반 송금 서비스를 이용할 수 있는 안전하고 편리한 스마트폰 지급결제 서비스이다[15)].

---

14) https://www.zeropay.or.kr

15) https://www.bankwallet.co.kr/

3.2.3 삼성페이

삼성페이는 기존의 플라스틱 카드로 결제할 수 있는 모든 가맹점에서 사용할 수 있다. 지문인증 등을 통해 결제를 진행하기 때문에, 기존의 플라스틱 카드에 비해 보안성이 뛰어나다고 할 수가 있다. 또한 비교하여 낮은 수수료로 편리하고 안전하게 이용 가능한 해외 송금 서비스가 가능하다는 장점이 있다. 만14세 이상이면 바로 발급이 가능하고, 온라인 · 오프라인 가맹점에서 결제가 가능하며, 다양한 방식의 손쉬운 충전과 선물하기 기능이 있다[16).

또한 삼성페이는 은행, 교통카드, 쇼핑, 금융 등의 다양한 서비스를 이용할 수 있다는 장점이 있다. 그러나 안드로이드 기반에서만 사용이 가능하다는 단점이 있다.

3.2.4 LG 페이

LG전자가 개발한 간편결제 서비스이다. 삼성페이와 기능이 거의 유사하다. 보고 있는 화면에서도 화면 하단을 위로 밀어올리면 퀵페이가 실행되어 보다 빠르게 결제를 할 수 있다는 장점이 있다. 또한 신용카드, 체크카드, 멤버십 카드 사용이 가능한 전국 모든 가맹점에서 사용이 가능하다. 현재 신한은행에서 ATM을 통한 입출금 서비스가 가능하다는 장점이 있다.

3.2.5 네이버페이

네이버페이는 네이버에서 제공하고 있는 간편결제 서비스이다. 네이버 쇼핑몰, 온라인 쇼핑몰, 개인 쇼핑몰, Trip.com 등 다양한 쇼핑몰에서 네이버 페이로 결제가 가능하다.

3.2.6 페이코

페이코는 NHN페이코가 출시 및 운영하고 있는 간편 결제 서비스이다. 소셜커머스, 교보문고, 인터넷지로 등 많은 쇼핑몰에서 결제가 가능하다. 티머니와의 연동이 가능하고, 삼성패이와 제로페이에서 결제가 가능하다. 온라인과 오프라인에서 사용이 가능하다.

16) https://www.samsung.com/sec/samsung-pay/

3.2.7 11pay

11pay 는 11번가에서 출시한 간편 결제 서비스이다. 카카오페이처럼 별도의 앱이 없이도 통합형으로 사용이 가능하다는 장점이 있다. 11pay는 별도의 앱, 공인인증서, 액티브엑스가 필요하지 않으며, 사용하던 카드, 계좌, 휴대폰 등을 자유롭게 등록하고 하나의 비밀번호를 통하 편리하게 사용할 수 있다는 장점이 있다. 또한 생채인식(홍채, 지문 등)을 통한 결제도 가능하다.

3.2.8 스마일페이

스마일페이는 이베이코리아가 개발한 간편 결제 서비스이다.

스마일페이는 G마켓, 옥션, G9 등에서 사용이 가능하며, SPC와의 제휴를 통해 SPC에서 사용이 가능하다. 스마일페이만을 위한 전용 상품관도 별도로 운영을 하고 있다.

또한 부정사용 자동 방지 시스템을 기본적으로 제공하고 안전한 비밀번호 사용을 위한 보안 키패드로 안심하고 사용할 수 있다. 그리고 카드 정보는 분리 보관되어 누구도 알 수 없다.

3.3 간편 결제 시장 동향

간편결제의 이용액은 2016년 1분기에 13억 원에서 2017년 1분기에 447억 원, 2018년 1분기에 1,000억 원으로 지속적으로 증가를 하고 있으며, 이용건수도 2016년 44만 건에서 2018년 363만 건으로 증가 추세에 있다.

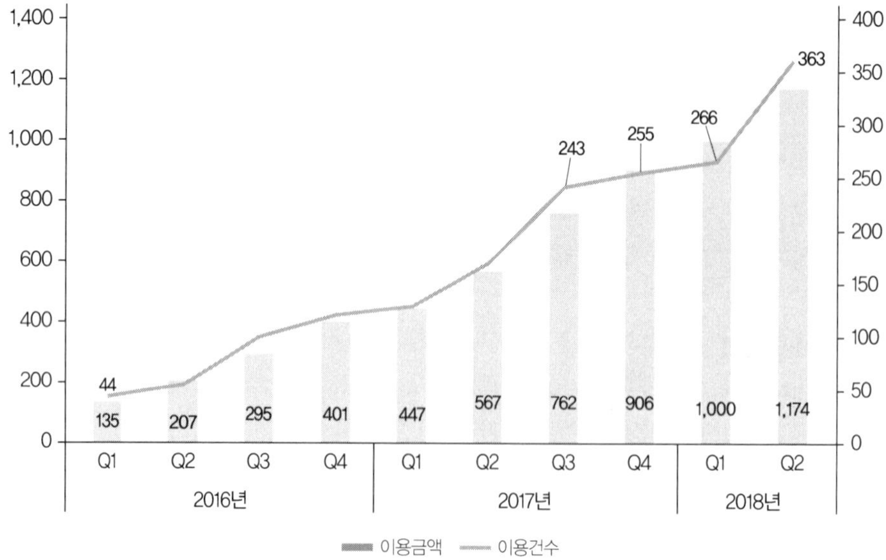

[그림 12-8] 간편결제 이용액 규모 추이

*자료원: 한국은행, 삼정KPMG

국내에서는 간편결제 서비스는 전자금융거래법상 전자지급결제대행서비스에 해당되기 때문에 서비스를 제공하기 위해서는 반드시 금융위원회에 등록을 해야만 한다. 단, 은행, 카드사 등은 별도의 등록 없이 서비스를 제공할 수 있다.

간편 전자지급서비스의 이용현황은 다음과 같다.

먼저 간편결제 이용건수는 2018년 354만 건으로 전년대비(207만 건) 70.6% 증가하였으며, 이용금액은 1,144억 원으로 전년대비(672억 원) 70.2% 증가 하였다.

또한 간편송금의 경우는 2018년 이용건수가 128만 건으로 전년대비(69만 건) 84.6%, 이용금액은 2018년 931억 원으로 전년대비(327억 원) 162.2%로 성장세가 가파르다.

〈표 12-7〉 간편 전자지급서비스 이용 현황 (일평균, 천 건, 십억 원, %)

		2016	2017	2018[4]	증감률[5]
간편결제[1)2)]	이용건수	858.8	2,079.6	3,548.4	70.6
	(정보 · 통신)	268.9	448.2	635.1	41.7
	(유통 · 제조)	589.9	1,631.4	2,913.3	78.6
	이용금액	26.0	67.2	114.4	70.2
	(정보 · 통신)	8.3	15.3	22.2	45.0
	(유통 · 제조)	17.7	51.9	92.1	77.7
간편송금[3)]	이용건수	153.1	693.8	1,280.5	84.6
	(전자금융업자)	139.7	646.4	1,209.9	87.2
	(금융기관)	13.5	47.5	70.6	48.8
	이용금액	7.1	35.5	93.1	162.2
	(전자금융업자)	6.7	32.7	87.8	168.4
	(금융기관)	0.5	2.8	5.4	90.9

주: 1) 2016년부터 통계 편제를 시작하였으며, 일부 서비스의 사업주체 변경에 따른 업권 재분류, 자료제출기관의 수정 · 보고사항을 반영하여 일부 자료수정
2) 신용카드 및 체크카드 이용실적만을 포함하며, 선불금 및 통신과금 이용실적은 포함되지 않음
3) 2016년부터 통계 편제를 시작하였으며, 조사대상기관 확대 및 자료제출기관의 수정 · 보고사항을 반영하여 일부 자료 수정
4) 2018년 1~9월 중 기준
5) 전년대비(%)

가상화폐(암호화폐)로 간편결제를 할 수 있게 되었다. 간편결제에 암호화폐를 활용한다. 빗썸(암호화폐 거래소)은 빗썸캐시를 테라는 블록체인 기반의 간편결제 서비스 테라페이를 준비중에 있다.

가상화폐(암호화폐)

국내 결제 시장의 90%는 신용카드를 중심으로 결제가 이루어지는 특징을 가지고 있기 때문에 블록체인에 기반한 서비스가 제공되더라도 사용자 기반을 확보하는 데는 시간이 걸릴 것으로 예상된다. 사용자들의 습관은 쉽게 바꾸지 않기 때문이다. 또한 암호화폐가 기존의 포인트 및 간편 결제 서비스와의 차별성이 부족한 점도 문제이고 사용방법도 복잡하다[17]. 이로 인해 도입 초기에는 사용자 기반의 확대를 모색할 수 있는 다양한 방안이 강구가 되어야 할 것으로 보인다.

17) https://news.joins.com/article/23348189

4. 모바일 결제 관리

휴대폰에 이어 스마트폰의 사용이 일반화되면서 휴대폰이나 스마트폰을 이용하는 모바일 결제시스템이 급속도로 확산되고 있다. 국내에서는 2000년부터 단순 계좌 조회 · 이체만을 제공하는 SMS 방식의 모바일 뱅킹에서부터 WAP 뱅킹, 금융칩 뱅킹, VM 뱅킹, 스마트 뱅킹 등으로 발전해 나가고 있다. 휴대폰과 결합된 결제방법도 바코드 방식, 폰빌(Phone Bill) 방식, 휴대폰에 탑재된 USIM 칩을 활용하는 NFC 방식 등 다양한 방식으로 발전하고 있으며, 금융기관의 고유기능인 지불결제 영역에 대한 융합 서비스도 여러 가지 형태로 진화되고 있다.

4.1 모바일 지급결제의 정의와 분류

4.1.1 모바일 지급결제의 정의 및 시장 규모

모바일 지급결제(M-Payment)는 개인이 휴대폰, PDA, 스마트폰, 태블릿PC 등 무선이동통신 단말기기를 사용해 자금이체나 상거래 대금의 결제 등을 이용하는 서비스를 말한다. 이는 모바일 금융의 한 분야로 온라인과 오프라인 상에서 상품이나 서비스를 구매하고 무선이동통신 단말기나 통신망을 이용하여 지불하는 결제 서비스를 의미한다. 이러한 글로벌 모바일 지급결제산업의 총수익은 2015년에는 450억 달러에서 2019년에는 1,080억 달러로 그 성장세가 가파르게 증가 할 전망이다.

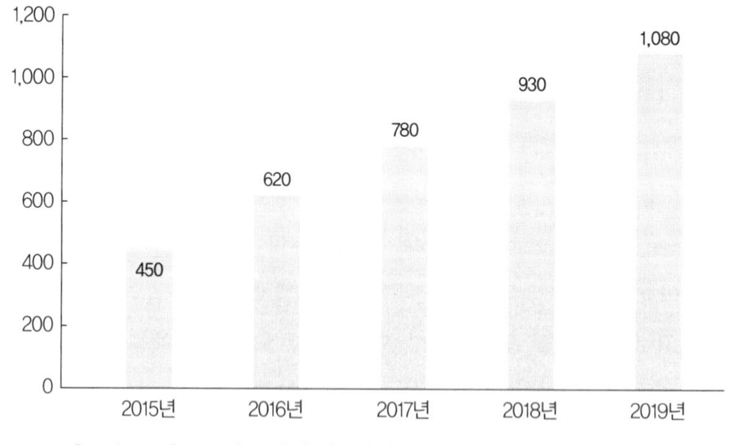

[그림 12-9] 글로벌 모바일 지급결제 산업의 총수익 (단위: 억 달러)

*자료원: 트랜스포스

4.1.2 모바일 지급결제의 분류 방식

모바일 결제는 PC 기반의 전자지불과 기술적으로 유사한 개념이지만, 모바일 단말기를 사용한다는 점에서 다소 차이점이 존재한다. 모바일 결제 방식은 모바일폰의 유형에 따른 분류, 이용 기술에 따른 분류, 금융기관 참여정도에 따른 분류, 결제시기에 따른 분류로 나누어 볼 수 있다.

(1) 모바일폰의 유형에 따른 분류

먼저 휴대폰 결제는 휴대폰 번호와 주민등록번호를 입력 후 휴대폰으로 SMS를 전송 받아 전송된 인증번호를 입력하여 결제를 하고 휴대폰 요금에 합산하여 청구하는 방식의 서비스이다. 이동통신사별로 한도의 정책이 있는데 주민등록번호로는 월 최대 90만 원(SK, KT, LGU+), 전화번호로는 월 30만 원, 1회 한도는 28만 원이다. 물론 가입자 및 이용자 등급에 따라 한도가 차등 적용되며, 미성년 요금제, 법인명의 전화, 미납상태전화 등은 결제 제한을 받는다.

둘째, 스마트폰 결제는 스마트폰이나 태블릿 PC 등을 이용하여 상품, 디지털 콘텐츠, 서비스 등을 구매하고 인터넷과 동일한 결제 수단을 제공하는 서비스이다. 서비스 제공 방식은 모바일 웹 또는 앱으로 구축된 고객사 모바일 쇼핑몰에서 결제 요청시 결제 모듈을 호출하여 결제를 한다. 국민카드와 BC 카드의 경우 모바일 ISP를 별도로 설치해야만 서비스 이용이 가능하다. 아이폰, 안드로이드폰, 아이패드, 안드로이드 탭 등 모든 스마트 기기(스마트 TV 포함)에서 서비스를 이용할 수 있다.

(2) 이용기술에 따른 분류

모바일 지급 결제는 기술 방식에 따라서 분류할 수도 있다. 금융 IC카드를 내장하거나, 탈착하는 것에 따라서 카드/비카드 방식과 무선네트워크의 이용 정도에 따라 온라인/오프라인 방식 등으로 구분된다.

〈표 12-8〉 이용 기술에 따른 모바일 지급 결제 서비스 종류

구분	종류	내용
스마트카드(IC 칩) 내장 또는 탈착 여부	카드 기반 (H/W식)	• 스마트카드(칩)에 결제정보를 담아 인증 및 결제서비스 ex) 싱글슬롯, 듀얼슬롯, 듀얼칩, NFC 카드 등
	비(非)카드 기반 (S/W식)	• 무선 네트워크를 통해 실시간 인증 및 대금결제 ex) Phone Bill • 휴대폰 메모리에 결제정보를 저장하는 모바일 지갑(Mobile Wallet) 방식(클라이언트형, 서버형)
무선네트워크 이용 여부	온라인 방식	• 무선인터넷에 접속, 모바일뱅킹 또는 무선 PG를 이용한 온라인 쇼핑몰 등에서 대금 지급결제(통화료 부담) ex) Phone Bill, Remote Payment
	오프라인 방식	• 휴대폰과 POS 단말기/ATM 사이에서 근거리 통신기술인 RF, 블루투스, 2D 바코드, NFC 칩 등을 이용한 대금지급 결제(통화요금 부담 無)

*자료원: 이용희, 국내외 모바일 지급결제 서비스 현황과 향후 발전방향, 금융정보(2012. 1)

(3) 금융기관의 참여정도에 따른 분류

모바일 지급 결제는 금융기관의 참여 정도에 따라 직접결제 방식과 간접결제방식 등으로 구분할 수도 있다. 직접결제 방식은 금융기관이 이동통신사와 직접제휴를 하거나, 간접적으로 모바일 지급결제 서비스에 참여하여 서비스를 제공하는 것으로 휴대폰의 메모리나, 바코드 등을 활용하여 선불/직불카드 기능을 탑재하거나 은행의 계좌기반으로 실시간 계좌이체를 제공하는 방식과 USIM칩 내에 신용카드 및 전자화폐 등의 기능을 탑재하는 전자지갑이 그 대표적인 예라고 할 수 있다.

〈표 12-9〉 금융기관 참여정도에 따른 분류

금융기관의 참여 정도	직접결제 방식	• 금융기관이 이통사와 제휴하여 서비스 제공 • 선불/직불, 신용카드, 계좌이체 등
	간접결제 방식	• 이동통신업체가 지급결제 서비스 제공 주체 • 지급결제과정 전반을 이동통신업체가 관리/책임부담 ex) Phone Bill(휴대폰 통합과금), SK의 네모서비스

간접결제 방식은 이동통신사가 직접 모바일 지급결제 서비스를 제공하는 사업자가 되어서 지급결제과정의 전반을 관리하고 책임을 지는 것으로 휴대폰 요금에 통

합 과금하는 폰빌과 과거 SK가 제공했던 네모(Nemo)서비스가 대표적인 사례이다.

(4) 결제시기에 따른 분류

모바일 결제시기는 〈표 12-10〉과 같이 후불, 선불, 직불방식 등으로 나누어진다. 먼저 후불방식은 이통사가 고객의 휴대폰 요금에 통합하여 과금하는 폰빌과 모바일 신용카드 이용대금에 통합하는 것으로 구분해볼 수 있다. 선불방식은 50만 원 한도 내에서 먼저 충전하여 사용하는 것으로 전자화폐 및 티머니 등이 대표적이며, 직불 방식으로는 은행계좌와 직접적으로 연결하여 이루어지는 모바일 계좌이체 PG와 모바일 체크카드 등이 있다.

〈표 12-10〉 결제시기에 따른 분류

결제방식 무선환경		근거리 통신 (오프라인, RFID, NFC)	원거리 통신 (온라인, 무선인터넷)
후불	휴대폰 과금	-	휴대폰 소액결제(폰빌)
	신용카드	IC 카드 연계, 칩 신용카드	
선불	전자화폐, 선불카드	모바일 T머니, T-CASH, 올레 Cash 등	
직불	은행계좌 기반	계좌이체 PG, 모바일 체크카드	

*자료원: 유한상, 모바일 지급결제 관련 주요이슈 수정 정리, 금융결제원

(5) 모바일 결제 방식의 분류

모바일 결제방식은 모바일 신용카드, 휴대폰 결제, 모바일 교통카드, 모바일 뱅킹, 전자지갑, 모바일 간편결제 등이 있다. 모바일 간편결제는 자신의 카드 정보를 한 번만 입력을 해 놓고, 결제시에 카드 정보 입력이나 공인인증서 없이도 아이디와 비번/휴대폰번호와 SMS 등의 간단한 인증만으로 간편하게 결제가 이루어지는 서비스로 최근 들어 인기를 끌고 있다(DMC Report, 2015).

〈표 12-11〉 모바일 결제 방식의 유형

방식	내용
모바일 신용카드	• 비접촉식 IC 칩을 USIM에 내장 • 매장에 설치된 NFC 리더기를 통해 결제 • 온라인상에서는 PG사를 통해 금융정보와 공인인증서를 연동하여 결제 처리

휴대폰 결제 (폰빌, 소액결제)	• 금융정보 대신 전화번호와 주민등록번호 입력만으로 결제 처리 • 결제 금액은 휴대폰 이용요금으로 청구
모바일 교통카드 (NFC 방식)	• 오프라인에서 가장 많이 사용하고 있는 모바일 결제 수단 • 교통카드뿐만 아니라 여러 매장에서 결제 수단으로 사용 중
모바일 뱅킹	• 은행 및 카드사가 스마트폰 앱을 이용한 송금서비스
전자지갑	• 이동통신사, 금융회사, 스마트폰 제조회사들이 주도 • 스마트폰 앱에 카드 정보를 사전에 입력하여 온라인 결제 수단으로 활용 • 전자지갑은 결제 수단 외에도 할인 쿠폰, 마일리지 적립 등과 같은 부가 기능도 함께 제공
모바일 간편결제	• 스마트폰, OS, 결제 앱을 활용한 결제 • 구글, 애플, 페이팔, 스퀘어, 텐센트, 알리바바 등과 같은 해외사업자들이 사업을 추진

4.1.3 모바일 지급 결제 서비스 밸류 체인

모바일 지급결제 서비스는 단말기 제조사, 플랫폼 사업자, 이동통신 사업자 등 다양한 이해관계자가 참여를 하고 있다. 다음 표는 모바일 지급결제 서비스의 밸류 체인이다.

〈표 12-12〉 모바일 지급결제 서비스 밸류 체인

사업자	역할
거래서비스 제공자	상품 판매
플랫폼 사업자	상품 판매 플랫폼 제공, PC 기반 온라인 사업자
금융기관	소비자 및 판매자의 지급 결제에 사용되는 소비자 계정의 발급 및 유지 관리, 고객 신용 체크, 은행 자동이체 의뢰
VAN사	신용카드 한도 조회 및 결제 승인 업무, 신용카드 매출 전표 매입
PG사	대표 가맹점으로 온라인 지불 및 결제 대행 업무, 영세 가맹점 리스크 관리
이동통신 사업자	데이터의 전송, 부분적으로 모바일 송금, 폰빌 등 지불결제 서비스 제공
보안 및 인증 제공자	USIM, 스마트카드 등을 통해 사용자 인증
애플리케이션 공급자	무선 단말기상 소프트웨어 또는 애플리에이션 제공
단말기 제조사	무선 단말기 제조
간편결제 사업자	간편결제 서비스 제공

*자료원: 삼정 KPMG 경제연구원

4.1.4 모바일 결제시스템 사례

(1) 구글 월렛(Google Wallet)

구글 월렛은 NFC 기반의 모바일 결제방식인 소프트 카드의 기술과 특허를 인수하기로 밝히면서, 2015년 하반기부터 버라이즌, AT&T, T-모바일 등에서 나오는 모든 안드로이드폰에 기본적으로 탑재될 예정이다. 구글 월렛은 결제 정보, 거래 내역, 쿠폰 등을 저장하며, 모든 내용은 클라우드에 동기화되어 사용하는 기기가 무엇이든 온라인/오프라인 어디에서 쇼핑을 하건 하나의 지갑으로 쇼핑을 할 수 있다. 구글 월렛은 모바일 앱을 다운로드하거나 온라인에서 구글 월렛을 사용하여 구글 월렛에 액세스할 수 있다.

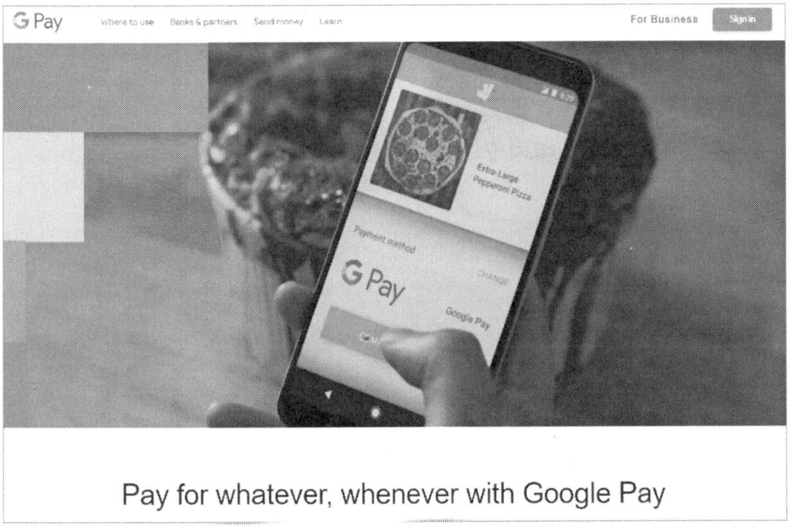

[그림 12-10] 구글월렛(https://www.google.com/wallet/)

(2) 스퀘어(Square)

스퀘어는 트위터의 설립자 중 한사람인 잭 도시(Jack Dorsey)가 창업한 모바일 카드 결제 시스템이다. 스마트폰의 이어폰 단자에 마그네틱 리더 동글을 연결해 신용카드를 인식한다. NFC 같은 신기술과 달리 스퀘어는 기존 신용카드를 그대로 사용할 수 있다는 점이 매력이다. 스퀘어는 이름 그대로 정사각형 상자모양을 하고 있으며, 휴대폰의 이어폰단자에 꽂아서 사용할 수 있다. 카드정보를 읽는 원리는 그리 복잡하지 않다. 스퀘어에 카드의 마그네틱 부분을 긁으면 데이터를 읽어서 소리로 변환하고, 3.5mm 이어폰잭(마이크 입력)을 통해 휴대폰으로 전송된다. 휴대폰으로 전송된 소리는 다시 디지털화(데이터) 되고, 이를 다시 암호화하여 3G/4G나 Wi-Fi를 통해 결제를 중계하는 서비스로 전송되는 개념이다. 스퀘어는 아이폰 이어폰 단자에 꽂고 카드를 긁으면 아이폰에 설치된 앱을 통해 스퀘어 서비스에 전송되고 이를 다시 카드사에 넘겨 승인을 받게 된다. 승인이 떨어지면 카드 결제자는 아이폰에 손가락으로 사인을 하고, 영수증은 결제자의 휴대폰으로 SMS가 오거나 결제자가 지정한 이메일로 바로 전송이 된다. 또한 종이 영수증은 발행되지 않는다. 물론 결제를 마친 카드관련 정보는 바로 지워지며, 아이폰에 남지 않는다는 장점이 있다(http://cusee.net/2462274).

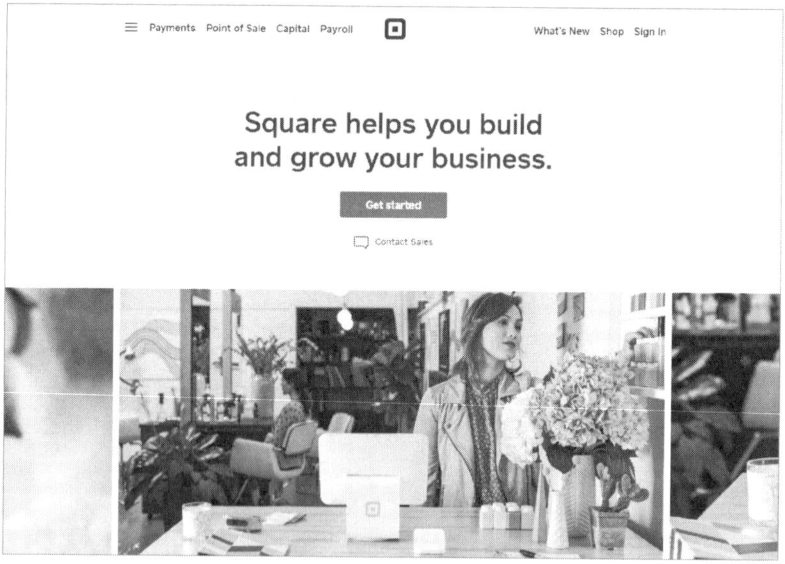

[그림 12-11] 스퀘어 홈페이지(https://squareup.com/us/en)

현재 스퀘어는 VAN사가 담당하는 중계서비스를 하고 있다. 개인사업자가 신용카드회사에 일일이 계좌를 만들 필요가 없이 스퀘어가 대행해 주는 형태다. 스퀘어는 기존 VAN 시스템 기능에 추가적인 부가기능을 넣어 서비스를 하고 있다. 2012년 현재 미국의 대선에서 선거자금을 스퀘어와의 제휴를 통해 모금을 하였다.

(3) 애플페이(Apple Pay)

2014년 10월 애플이 출시한 결제서비스인 애플페이는 NFC를 탑재한 아이폰6 애플워치(Apple Watch) 이후 버전에서만 이용할 수 있다는 제약이 있지만, 편리한 결제 UX의 구현이라는 평가를 받고 있다(한국에서는 서비스가 안됨). 애플페이는 사용자가 이미 앱스토어에 입력해 놓은 카드 정보를 활용하여, 모바일 앱에서 애플페이 아이콘을 클릭하고 지문을 인식시키기면 바로 결제가 가능하며, 오프라인 매장에서도 별도로 화면을 켤 필요가 없이 매장의 결제단말에 아이폰을 가져간 후, 지문만 인식시키면 바로 결제가 가능하다. 애플에서 제공하는 소프트웨어 개발도구(SDK)를 이용하면 모바일 앱에도 쉽게 추가할 수 있기 때문에, 앞으로 결제가 필요한 아이폰용 모바일 앱에는 애플페이가 기본적으로 탑재될 것으로 보인다.

[그림 12-12] 애플페이

(4) 삼성페이(Samsung Pay)

삼성전자가 도입한 모바일 결제 서비스인 삼성페이는 스마트폰을 마그네틱 신용카드 결제기 근처에 갖다 대면 기기 간 통신을 통해 결제가 이루어지는 방식이다. 또한 MST 바코드 방식뿐만 아니라 애플페이의 NFC(근거리무선통신) 기술도 지원하기 때문에 활용도가 훨씬 높으며, 결제 시 카드번호 대신 임시번호인 토큰 정보를 사용하고, 거래정보를 단말기에 저장하지 않기 때문에 안정성이 높다고 할 수 있다. 또한 지문인식 센서를 이용해 결제를 확정하는 방식 등 이중으로 보안성을 높였으며, 자체 개발한 모바일 보안 플랫폼 녹스(KNOX)도 탑재해 안정성을 한층 강화하였다.

NFC(근거리무선통신)
녹스(KNOX)

[그림 12-13] 삼성페이 홈페이지(https://www.samsung.com/sec/samsung-pay)

(5) 카카오페이(Kakao Pay)

국내 핀테크, 간편 결제시장에서 가장 많은 가입자를 확보하고 있으며, 2018년 8월 현재 가입자수는 약 2,300만 명이다. 카카오페이는 신용카드를 연결하면 별도의 공인인증서가 필요 없이 비밀번호 입력만으로 모바일과 인터넷에서 결제를 할 수가 있으며, 카카오톡 선물하기와 카카오픽에 적용된 이후 전체 결제의 30~40% 정도가 카카오페이로 이루어지고 있다.

다음카카오가 간편결제 시장에 적극적인 이유는 바로 O2O 시장의 본격적인 확대를 노리고 있기 때문이며, 카카오택시를 비롯한 생활밀착형 서비스로 영역확대에 나설 계획이다.

카카오페이는 약 3,500만 명에 달하는 카카오톡 가입자를 대상으로 마케팅을 전개할 수 있다는 강점이 있다.

[그림 12-14] 카카오페이 홈페이지(https://www.kakaopay.com)

4.2 모바일뱅킹

2018년 말 현재 인터넷뱅킹 등록 고객수는 1억 4,319만 명으로 전년(1억 3,504만 명) 대비 6.0%가 증가하였다. 또한 모바일 뱅킹 등록 고객수는 1억 340만 명으로 전년(9,089만 명) 대비 13.8%가 증가하였다.

〈표 12-9〉 주요 전자금융 이용 현황 (일평균, 천명, 천 건, 천매, 십억 원, %)

		2015	2016	2017	2018[5]	증감률[6]
인터넷 뱅킹[1]	등록고객수[2)3)]	116,853	122,538	135,407	143,197	6.0
	(개인)	109,760	114,755	126,593	134,212	6.0
	(법인)	7,093	7,783	8,453	8,984	6.3
	이용건수	78,022	87,264	94,924	115,180	21.3
	이용금액	40,285.3	42,290.9	43,482.9	53,515.1	23.1
모바일 뱅킹[4]	등록고객수[2)3)]	76,561	78,362	90,893	103,407	13.8
	(스마트폰 기반)	64,791	74,675	90,893	103,407	13.8
	이용건수	42,393	52,948	58,664	72,181	23.0

	(스마트폰 기반)		42,208	52,931	58,664	72,181	23.0
	이용금액		2,494.7	3,126.6	4,051.8	5,249.0	29.5
	(스마트폰 기반)		2,462.9	3,126.5	4,051.8	5,249.0	29.5
전자 화폐	발급매수[3]		16,928	17,735	18,326	17,256	-5.8
	이용금액		0.02	0.02	0.01	0.01	-46.4
전자 어음	발생 규모	건수	7.9	7.7	7.5	7.0	-6.9
		금액	1,900.4	2,104.1	2,281.5	1,955.0	-14.3
	할인 규모	건수	1.7	1.7	1.7	1.5	-11.8
		금액	84.5	80.7	80.6	71.9	-10.7

주: 1) 모바일뱅킹을 포함하며, 자료제출기관의 수정 · 보고사항을 반영하여 일부 자료 수정

2) 18개 국내은행(2개 인터넷전문은행 포함) 및 우정사업본부(우체국예금) 고객 기준(동일인이 여러 은행에 가입한 경우 중복 합산)

3) 기말 기준

4) IC칩 및 VM 방식의 모바일뱅킹서비스가 각각 2016년 9월, 2015년 12월에 종료됨에 따라 2017년부터 스마트폰 기반의 모바일뱅킹서비스만 포함하였으며, 자료제출기관의 수정 · 보고사항을 반영하여 일부 자료 수정

5) 전자어음 이용구모는 2018년 기준이며, 그 외는 2018. 1~3분기 중 기준(단, 인터넷뱅킹 및 전자화폐의 등록고객수 및 발급매수는 2018. 3분기말 기준)

6) 전년대비(%)

스마트폰기반 모바일뱅킹 등록 고객수는 1억 340만 명으로 전년대비 13.8% 증가 하여 전체 모바일뱅킹 등록고객수의 견인차 역할을 하였다. 이용건수와 이용금액도 지속적으로 증가를 하고 있다.

4.3 모바일 지급결제 서비스의 시장 동향

전 세계적으로 모바일 지급결제가 금융기관, 이동통신사, 휴대폰 제조업체, 스마트폰 제조업체, 유통기업 등이 공동으로 협력하여 관련 서비스의 개발과 마케팅을 진행하고 있다. 서비스를 제공하는 방식도 무선 네트워크를 통해 실시간 인증과 대금결제를 하는 폰빌 방식과 결제 정보를 저장하는 모바일 전자지갑, 휴대폰과 POS 단말기 또는 은행 자동화기기 사이에서 근거리 통신기술을 활용한 NFC 등 다양한 비즈니스 모델이 혼재되어 발전하고 있다. 국내 모바일 지급결제 시장은 지식경제부 및 방송통신위원회 중심의 정부주도형 NFC 사업과 금융기관/이동통신사 중심의 모바일 지급결제 사업으로 구분된다. 지식경제부에서는 애플, 구글, 비자카드,

마스터카드 등 주요 글로벌 기업들이 표준화 및 시장선점을 유도하고 있는 가운데 모바일 지급결제 시장을 선점하기 위하여 모바일 지급결제 표준화 추진협의회를 중심으로 모바일 신용카드 및 가맹점 단말기 등의 거래 중심의 업무표준화를 진행하고 있으며, 현재는 신용카드 및 현금카드의 국가 표준화 모델을 검토 및 개발하고 있다. 방송통신위원회에서는 2011년 3월 방통위 중심으로 이동통신사, 카드사, 제조사 등이 참여하는 '그랜드 NFC 코리아 얼라이언스'를 구성하여 스마트폰의 NFC 기능을 활용한 주문, 결제, 쿠폰, 쇼핑정보, 교통정보까지 시범 서비스를 제공을 하고 있다.

17개 시중 은행의 연합체인 모바일금융협의회에서는 금융결제원과 연계하여 NFC 지급결제 서비스의 표준화를 진행하고 있으며 시범서비스도 시작하였다. 모바일 지급결제수단으로 이니시스, 전국 17개 시중은행, 금융결제원이 중심이 되어 스마트폰 기반의 PG서비스를 개발하여 제공하고 있으며, 모빌리언스와 다날에서는 1회용 바코드 기반의 '엠틱' 및 '바통' 서비스를 개발 및 상용화 서비스를 제공하고 있다. 구글은 자사의 플레이 스토어(구 안드로이드 마켓)에서 휴대폰 소액결제서비스인 구글 페이먼트 코리아(Google Payment Korea Limited)를 설립하고, 통신과금 서비스사업자로 등록하여 서비스를 제공하고 있다.

4.4 모바일 간편결제 서비스

국내 ICT 업체들이 모바일 간편 결제시장에 도전장을 내밀고 있으며, 이미 해외시장에서 경쟁력이 입증된 해외 ICT 업체들도 국내시장 진출을 준비하고 있는 상황이다. 국내의 경우에는 그동안 금융규제(공인인증서의무사용)에 의하여 모바일 간편결제 서비스가 활성화되지 못하였으나, 금융당국이 공인인증서를 배제한 결제방식을 허용, 결제한도 금액 폐지 그리고 모바일 간편결제의 핵심인 PG사의 카드 정보 허용 등의 일련의 완화 조치를 시행하면서 모바일 간편결제 시장이 부상하고 있다. 또한 국내외 ICT 기업들도 모바일 간편결제 시장에 진입하고 있어 성장세가 지속될 것으로 보인다.

참고문헌

김정환, 이윤철, 이동일, 주간기술동향 01-06, 2001

노규성외, 전자상거래 & e-비즈니스, 사이텍미디어, 2009

노규성외, 스마트시대의 전자상거래, 생능출판사, 2013

노규성외, 빅데이터시대의 전자상거래, 생능출판사, 2015

배찬권, 미국의 P2P 전자지불 결제 현황, 방송통신정책 14권 22호, 2002

스마트카드의 시장 기술 보고서, BizFinder, 2009

여신금융연구소, 핀테크의 가치창출 요건 및 시사점, 2015

유한상, 모바일 지급결제 관련 주요이슈 수정 정리, 금융결제원, 2011

이용희, 국내외 모바일 지급결제 서비스 현황과 향후 발전방향, 금융정보, 2012

장상수, 핀테크가 정보보호산업에 미치는 영향에 관한 연구, Internet & Security Focus, 2015.

통계청, 2014년 연간 및 4/4분기 전자상거래 및 사이버쇼핑동향, 2014

한국은행, 2011년 상반기중 지급결제 동향, 2011.08.25.

한국은행, 2014년 3/4분기 국내 인터넷뱅킹 서비스 이용현황, 2014

한국은행, 2015년 1/4분기 국내 인터넷뱅킹 서비스 이용현황, 2015

황선철, 국외 주요 전자화폐 현황 및 시사점 지급결제와 정보기술 제33호, 금융결제연구소, 2008

IDG Deep Dive, 2015 핀테크 완전정복, IDG Korea, 2015

uAngel, 모바일 간편 결제 시장 동향 및 전망, 2014

http://cusee.net/2462274, http://ecredit.uplus.co.kr

https://squareup.com, http://www.bankpay.or.kr

http://www.bigtel.net/product_eps.php, http://www.google.com/wallet

http://www.onnurigift.co.kr, https://www.paypal.com

http://www.sk.co.kr, https://www.billgate.net

http://cusee.net/2462274

아이뉴스, 조선일보, 연합뉴스, 매일경제 등 기사

연습문제

1. 전자지불관리시스템에 대하여 설명하라.

2. 전자화폐가 등장하게 요인을 기업의 경영 활동 변화와 관련하여 설명하라.

3. 전자화폐는 수단에 따라 네트워크형과 IC 카드형으로 구분이 된다. 이의 차이점을 설명하라.

4. 전자지불수단에 대하여 전형적인 유형과 P2P 유형으로 나누어서 설명하라.

5. 모바일 결제관리가 다른 결제 관리에 비해 폭넓게 사용되는 이유가 무엇인지 설명하라.

6. 모바일 결제관리의 실제 사례를 구체적으로 조사하고 문제점에 대하여 설명하라.

찾아보기

ㄱ

가격(price) 289, 308
가격 전략 252
가공 194
가상현실(Virtual Reality) 180, 209, 353
가상화폐(암호화폐) 505
가치(Value) 192
가치사슬모형(value chain model) 269
가치활동(value activity) 269
간편결제서비스 499
강한 인공지능(strong AI) 217
개인정보(Privacy) 340
개인화(personalization) 45, 315, 339
거래 요금(transaction fee) 257
거래의 안정성 제고 489
거래형성 전략(Commerce Strategy) 313, 318
경영전략 242
경쟁우위 242
경쟁우위의 구성요소 242
경쟁우위의 원천 243
경쟁전략(competitive strategy) 243
경제적 주문량 모형(EOQ; Economics Order Quantity) 411
경제적 환경 263
고객맞춤 전략(Customization Strategy) 313, 315
고객의 편리성 향상 489
고객 자산 30
고정형 332
공개(launching) 433
공공성 146
공급사슬관리(SCM) 388
공급자 자산 30
공동배송 399
공동체운영 전략(Community Strategy) 313, 316
관계 확장 전략(Connection Strategy) 313, 319
교육 194
교차판매(cross-sell) 328
구글 226
구글 월렛(Google Wallet) 511
구독 경제(Subscribtion) 90
구매 전 의도 322
구매행동 322
구매 행동 변수 301
구매 후 행동 323
규모(Volume) 192
기계학습 218, 219
기계학습(Machine Learning) 218
기밀성(confidentiality) 468
기술 199
기술 분석적 변수 301
기술적 환경 263
기업 응용 포털(EAP: Enterprise Application Portal) 80
기업 정보 포털(EIP: Enterprise Information Portal) 80
기회와 포지셔닝 262
기획개발 관점 438

ㄴ

나라장터 124
내부환경분석 267
내비게이션 보드(navigation board) 449, 450
네이버 227
네이버페이 502
네이티브 앱(Native Application) 465
네트워크형(Network) 484

넷 마켓플레이스(Net Marketplace) 136
넷플릭스(Netflix) 90
녹스(KNOX) 513
느낌(look-and-feel) 유사성 329
니즈(needs) 277

ㄷ

다양성(Variety) 192
다운로드(download) 92
대체재(substitute) 265
데이터 모델 48
데이터분석 198
데이터 차원의 다양화 전략 305
데이터 플로 차트(data flow chart) 431
데이터 흐름도(data flow diagram) 449
동기성(synchronous) 316
디버깅(debugging) 433
디지털 만화 101
디지털 상품(digital goods) 254
디지털 서비스 제품(digital service products) 305
디지털 음악 92
디지털화 제품(digitalized products) 305
딥러닝(deep learning) 216, 219

ㄹ

레이아웃(layout) 449
로지스틱스(Logistics) 310
로테이션형 332
링크원 활용 334

ㅁ

마그네틱 안전 전송(MST) 499
마이크로 컴퓨터(Microcomputer) 216
마케팅믹스 304
마케팅 및 홍보전략 429
마켓메이커(Market Maker) 136
만물인터넷(IoE: Internet of Everything) 201
맞춤화 315
머신러닝(Machine Learning) 216
매력성(attractiveness) 440
머천다이징(Merchandising) 308
메인프레임(mainframe) 216
메트카프 법칙 29
모바일 간편결제 서비스 517
모바일 게임 98
모바일결제 487
모바일 광고 163
모바일 마케팅 345
모바일 멤버십(Mobile Membership) 348, 350
모바일 뱅킹 174
모바일 비즈니스 163
모바일 상거래(M-Commerce) 39, 172
모바일 오피스(m-office) 464
모바일 웹2.0 167
모바일 커뮤니티(m-community) 464
모바일 콘텐츠(m-contents) 464
모바일 쿠폰(Mobile Coupon) 348, 349
모바일 플랫폼 161
무결성(integrity) 468
무분별한 발송(spam mail) 286
무재고(zero inventory) 416
무형 자산 30
묶음판매 255
물류 379
물류정보시스템 387
미래(TO-BE) 273

ㅂ

바이럴 마케팅(Viral Marketing: 입소문 마케팅) 369
바코드(Bar Code) 387
반품물류 380
방화벽(Firewall) 470
배너광고 331

배송 392
배송관리 398
배송시스템 393
배송지연 404
배타적 시장포괄 309
뱅크월렛 501
번들링(Bundling) 전략 305
번들링(묶어팔기) 90
보조활동(support activities) 270
부가가치 통신망(VAN 128, 499
분석 194
브로셔웨어(Brochureware) 333
블록체인(block chain) 60, 151, 235, 472
블록체인 기술 60
블록체인 활용 전자상거래 235
비전설정 262
비즈니스 모델 44
비즈니스 수익모델 33
비즈니스 트렌드 변화 33
비즈니스 패러다임 25
비차별적 마케팅 302
비트코인 61
빅데이터(Big Data) 189
빅데이터 기반 서비스 195
빅데이터 비즈니스 모델 194
빅데이터의 가치 192
빅데이터의 사회 · 경제적 가치 193
빅데이터의 투입가치 192
빅데이터 플랫폼 191

ㅅ

사물인터넷(IoT) 166, 202, 422
사물인터넷 생태계 204
사물인터넷 전략 276
사물지능통신(M2M: Machine-to-Machine) 201
사업성 모델 47
사용건당 요금을 지불(pay-per-use) 257
사용자 인터페이스(user interface) 255
사이버무역 141
사이버 증권거래 107
사이트 기획(planning) 430
사이트 목표(site goals) 429
사이트 운영전략 429
사이트 콘셉트(site concept) 428
사회/문화적 환경 263
산업구조분석 264
삼성전자 227
삼성페이(Samsung Pay) 502, 513
상품권 487
상품 다양화 전략 252
상품 확보전략 252
상호작용성(interactivity) 441
상호 작용성 배너(interactive banner) 331
샘스클럽 나우(Sam's Club Now) 228
생산물류 380
생성적 적대 신경망 221
서비스 사업 모델 81
선택적 시장포괄 309
선호도(Preference) 339
성과(Performance) 337
센서네트워크(USN: Ubiquitous Sensor Network) 201
센싱(Sensing) 205
소비자 주도 시장 28
소셜 리포터 마케팅(Social Report Marketing) 371
소셜마케팅 363
소확행 55
속도(Velocity) 192
수수료(Commission) 전략 253
수요예측 406
수익(revenue) 49
수익모델(revenue model) 44, 49
수익원천(수익모델) 48, 49
수확 체증 31

수확 체증의 메커니즘 31
스마일페이 503
스마트 TV 39, 159
스마트 기기(device) 159
스마트러닝(smart learning) 84, 166
스마트 비즈니스(Smart Business) 28, 32, 163
스마트폰 마케팅 351
스마트혁명 160
스퀘어(Square) 511
스토리보드(story board) 449
스트리밍(streaming) 92
스폰서십 광고 333
시간 차원의 다양화 전략 305
시계열 분해법 409
시안(원형제작, prototyping) 429
시장 대응 전략 252
시장 방어 전략 256
시장 선점 전략 256
시장세분화(e-Segmentation) 299
시장조사법 408
시즈(seeds) 277
식센스(Sixense) 209
신경망 216
신유통(new retail) 386
심리 분석적 변수 301
심층강화학습 221
심층학습 218
쌍방향 커뮤니케이션 35

ㅇ

아마존 226
아마존고(Amazon GO) 228
아마존 대시 버튼 211
아마존 킨들 87
안전재고 모형(Safety Stock) 414
애니메이션 배너(animated banner) 331
애플 226
애플리케이션 스토어(Application Store) 181
애플페이(Apple Pay) 513
액티브X 56
약한 인공지능(weak AI, narrow AI) 217
양식 표준(Formatting Standards) 129
어나운스먼트(Announcement) 295
업셀(up-sell) 328
에듀테크 85
역동성(dynamics) 441
역동적 가격설정(dynamic pricing) 293
예측(Prediction) 339, 406
예측배송(Anticipatory Shipping) 383, 400
온디맨드 417
온라인 게임 95
온라인 공개 수업(Mooc : Massive Open Online Course) 85
온라인 마케팅(online marketing) 284
온라인 뱅킹(Online banking) 104
온라인 보험 110
온라인시장(on-line marketplace) 136
온라인 영화 89
온라인/오프라인을 병행하는 전략 255
온-오프 연계형 417
옴니채널 417
옵트아웃(opt-out) 442
옵트인(opt-in) 442
왓슨 포 온콜로지(Watson for Oncology) 223
외부환경분석 263
원가우위(cost leadership) 전략 245
원가 집중화(cost focus) 246
원스톱(one-stop)구매 295
원투원 마케팅(One-to-One Marketing) 346
월간 이용자수(MAU) 162
웨어러블(Wearable) 206
웹 2.0 19
웹 4.0 19
웹 EDI 132

웹 기반 83
웹 기획자(web planner) 460
웹 내비게이션 보드 작성(web navigation board) 430
웹 마스터 460
웹 마켓플레이스(web marketplace) 136
웹사이트 개발절차 427
웹 콘텐츠 기획자 461
웹 템플릿(web template) 462
웹 프로그래머 461
위원회 합의법 408
위치기반 마케팅(Location based Marketing) 347
위치기반 서비스(LBS: Location–Based Service) 178, 357
위치기반시스템(GPS: Global Positioning System) 178
유비쿼터스 마케팅(Ubiquitous Marketing) 347
유비쿼터스 컴퓨팅(Ubiquitous Computing) 201
유사 충성도(pseudo loyalty) 442
유용성(usability) 440
유통(place) 289
음성인식 233
의사소통 전략(Communication Strategy) 313, 317
이동성(Mobility) 기반 마케팅 346
이동평균법 409
이러닝(Electronic Learning, e–Learning, 전자교육, 전자학습) 82
이트레이닝(e–training) 84
인공신경망 218
인공신경망(ANN, Artificial Neural Networks) 219
인공지능(AI: Artificial Intelligence) 215
인공지능 비즈니스 모델 221
인공지능 알고리즘 221
인공지능의 분류 217
인공지능의 특징 220
인공지능 활용 225
인구 통계적 변수 300
인증(authentication) 199, 468
인지 322
인–카 딜리버리(In–Car Delivery) 211
인터넷(Internet) 19, 25
인터넷무역 141
인터넷뱅킹(Internet banking) 104
인터넷의 등장 25
인터넷의 성공 배경 23
임대형 쇼핑몰 433
임베디드 시스템(embedded system) 189

ㅈ

자동위치측정시스템(GPS: Global Positioning System) 387
자사물류(First–Party Logistics, 1PL) 389
자원 199
자회사 물류(Second–Party Logistics, 2PL) 390
재고관리 409
재고관리의 기본모형 412
재주문이 적정한 시점(ROP: ReOrder Point) 411
재테크 112
저작권 수집(Copyright Collectives) 전략 253
적시성(Timeliness) 345
전기수요법 409
전략(strategy) , 241
전략평가 275
전문성(specialty) 441
전이학습 221
전자무역(e–trading) 140
전자무역의 절차 143
전자상거래(EC: Electronic Commerce) 26, 33
전자상거래 기본법 33
전자상거래 발전 27
전자상거래 세분화 273
전자상거래의 단점 35
전자상거래의 장점 34
전자상거래 전략 247

전자상거래 전략수립 261
전자상거래 추진전략 252
전자상품권 487, 494
전자수표 487
전자시장(electronic marketplace) 136
전자어음 487
전자자금이체 487
전자자료교환(EDI: Electronic Data Interchange) 387
전자지불게이트웨이(PG: Payment Gateway) 480
전자지불의 유형 487
전자책(e-book) 86
전자화폐(Electronic Money) 487, 488
전자화폐의 사례 490
전환비용(switching cost) 266
정보통신기술(ICT) 383
정적형 배너(static banner) 331
정치/법적 환경 263
정확성(Veracity) 192
제3자 물류(Third-Party Logistics, 3PL) 390
제3자 물류 아웃소싱 389
제3자 물류회사(3PL: Third Party Logistics) 383
제4자 물류(Fourth-Party Logistics) 390
제로페이 501
제안서(proposal) 428
제안요청서(RFP: request for proposal) 427, 428
제품(product) 289
제휴마케팅 330
조달물류 380
조직 간 정보시스템 146
조직 자산 30
주기적 주문량 모형(POQ: Periodic Order Quantity) 411
주문량 411
주문시기 411
주활동(primary activities) 270
증강현실(AR: Augmented Reality) 180, 353
지류상품권 494
지수평활법 409
지식과 정보 전략(Contents Strategy) 313
지식 기반 기업 포털(KEP : Knowledge based Enterprise Portal) 80
지식획득 322
지적재산권(IPR: Intellectual Property Rights) 81
지정 시간형 332
직무분할(work breakdown) 458
직접마케팅(direct marketing) 284
직접 판매(Direct Selling) 전략 253
진입장벽(entry barrier) 265
진정 충성도(authentic loyalty) 442
집중적 시장포괄 308
집중화 전략 246

ㅊ

차별적 마케팅 302
차별적 집중화(differentiation focus) 246
차별화(differentiation) 전략 245
채찍효과(Bullwhip effect) 407
챗봇 230
초고가(skimming pricing) 전략 293
촉진(promotion) 289
충성도 형성 323, 326
침입탐지시스템(IDS) 470
침투가격(price lining) 전략 293
칩(Chip) 205

ㅋ

카카오페이(Kakao Pay) 514
캡슐망 221
커뮤니티(community) 25, 333
컨설팅 194
컴퓨터기반 83
콘테스트(contest) 335
콘텐디자이놀로지(ContentDesignology) 314

쿠폰(coupon) 335
크로스 플랫폼(cross-platform) 지식 328
클라우드(cloud) 92
클러스터링 230
클레임처리 403
키워드형 332

ㅌ

타사이트 벤치마킹(benchmarking) 431
타이밍 기반 마케팅(Timing based Marketing) 347
태도형성 322
통신 표준(Communication Standards) 129

ㅍ

파레토 법칙(80:20 법칙) 290
파밍(pharming) 105
판매물류 380
판매시점관리(POS: Point of Sale) 387
판매원 의견 종합법 408
팝업광고(pop-up advertisement) 332
패키지(Package)화 308
페이코 502
폐기물류 380
포지셔닝(e-Positioning) 303
포지셔닝 전략 유형 303
포털(Portal) 79
폰빌 509
표적 시장 선정(e-Targeting) 301
프로세스 모델 48
프로슈머(prosumer: producer+consumer)형 소비자 290
프로젝트 관리자(project manager) 457, 460
플랫폼 170
플릭(Flic) 211
피싱(phishing) 105
핀테크(FinTech) 56, 112
핀테크 산업 분류 113
핀테크 서비스 114

ㅎ

하둡(Hadoop) 195
하이브리드 앱(Hybrid Application) 465
하이퍼링크(hyperlink) 450
핫넘버(Hot Number) 348
핫코드(Hot Code) 348
핵심역량 268
혁신 145
현재(AS-IS) 273
혼합현실(MR: Mixed Reality) 353
화폐 효율성의 제고 490
효율적인 배송관리시스템(DCM: Delivery Chain Management) 383

A

AIDMA(Attention → Interest → Desire → Memory → Action) 295
AIoE(Ambient IoE) 201
AI(인공지능) 422
Ajax 168
ASP(Active Server Pages) 432

B

B2B 119
B2B2C(Business to Business to Consumer) 77
B2B2E(Business to Business to Employee) 78
B2C(Business-to-Customer) 38, 71
B2G(Business-to-Government) 38, 123
Banner 336

C

C2B(Customer-to-Business) 38, 76
C2C(Customer-to-Customer) 38, 74
CALS 26
CATV(Community Antenna Television) 83

CMS(Contents Management System) 437
CPC(Cost Per Click) 336
CPM(Cost Per Mille) 336
CRM 37

D

DIY(Do it yourself) 404
DNA(Data, Network, AI) 215

E

EBPP(Electronic Bill Presentment and Payment) 487, 495
e-cash 174
EDI(Electronic Data Interchange) 26, 119, 125
ERP 37
e-STP 전략 299
e-마케팅(e-Marketing) 283
e-마켓플레이스(Marketplace) 134, 259
e-변환(e-transformation) 249
e-비즈니스(e-Business) 28, 36
e-비즈니스 모델 43
e-비즈니스화(e-Transformation) 144
e-트레이닝 85

F

FinTech(Finance+Technology) 56
Firewall 471

G

G2C 75
G4C(Government for Citizen) 75

H

HCI 168
HSDPA 169
HTML5 447

I

IBM 226
ICBMA(IoT, Cloud, Big data, Mobile, AI) 215
ICT(Information & Communication Technology) 189
IC카드형(Integrated Circuit Card) 484
IDS(Intrusion Detection System) 471
IPSec과 VPN 471
IPTV 38

J

JSP(Java Server Page) 439

K

KT 227

L

LC(신용장) 286
LG전자 227
LG 페이 502
LoCation Services(LCS) 357
LTE 171

M

MES 37
MMS 348
Mobile-Commerce 27
MRO: Maintenance, Repair, Operation 121
MS 226
m-비즈니스 28

N

NFC(근거리무선통신) 112, 513

O

O2O 112

Operation 121
OTP(일회용 비밀번호) 104

P

P2P(peer-to-peer) 61, 495
P2P 전자지불 487
P2P 클라우드펀딩 111
PHP(Hypertext Preprocessor) 432
POS(Point Of Sales) 119
PR : Public Relationship 333

Q

QR(Quick Response) 146
QR 코드(Quick Response Code) 359

R

Repair 121
RFID 27, 388
ROMS(Realtime Online Maketing System) 337

S

Secure DBMS 470
Secure OS 470
Secure PC 470
SEM: Search Engine Marketing 335
SKT 227
SMS 348
SNS(Social Network Service) 39, 161, 358
S-O전략(시장 선점 전략, 다각화 전략) 272
SSL 470
SSL 보안 470
S-T전략(시장 침투 전략, 제품계열 확충 전략) 272
SWOT(Strength, Weakness, Opportunity, Threat) 272, 297

T

TCP/IP 23
Text 광고 336
TPO(Time, Place, Occasion) 354
TV를 이용한 상거래 38

U

UI 168
USIM 104
UX(User Experience) 465

V

VIP(Very Important Person) 291
VM 104

W

WiBro 169
Wi-Fi 169
W-O전략(핵심역량 강화 전략, 전략적 제휴 전략) 273
W-T전략(집중화 혹은 철수) 273
WWW(World Wide Web) 23, 24

X

XML 168

Y

YOLO 55

1코노미 55
4P 289
5G 169
5R 379
5V 191
6C 313
11pay 503